読売新聞 用字用語の手引

第7版

中央公論新社

まえがき

「読売新聞用字用語の手引」は、読売新聞記者が執筆、編集、校閲などのよりどころとしている「読売スタイルブック」から、一般の方々の参考になると思われる部分を抜き出し、まとめたものです。

パソコンやスマートフォンで文章を書き、発信する機会が多くなっていますが、漢字の変換ミスや言葉の意味の勘違いなどがあれば、言いたいことが正しく相手に伝わりません。

この本には、同音異義語の使い分け、誤りやすい慣用語句や表現など、正確で分かりやすい文章を作成するために必要な原則や用例、工夫が収められています。ビジネス文書、授業のリポート、サークルの会報、社内報、ブログ、メールなどを作成していて言葉の使い方に迷ったとき、手に取って参考にしていただける内容になっています。

また、戦後史年表、大化から令和までの元号一覧表、オリンピックの日本人メダリスト、日本の世界遺産のほか、四書五経、春、秋の七草といった「知っておきたい『名数』」などの資料集も充実しています。この一冊が手元にあれば、きっとお役に立つことと思います。

2024年3月

読売新聞社

読売信条

（2000年1月1日制定）

読売新聞は

責任ある自由を追求する。

個人の尊厳と基本的人権に基づく人間主義をめざす。

国際主義に立ち、日本と世界の平和、繁栄に貢献する。

真実を追求する公正な報道、勇気と責任ある言論により、

読者の信頼にこたえる。

目次

用字用語集

常用漢字表

資料集Ⅰ

資料集Ⅱ（巻末から）

記事のスタイル

文章を書くときの基本

文章には、新聞記事のように伝達を目的とする一般文と、詩や小説のように表現に重点を置く創作文とがある。個人の個性を最大限に発揮する創作文はさておき、伝達を目的とする文章では筆者の意図が読み手に正確に伝わることが第一で、そのために読者がすらすら読めて内容がすぐ頭に入る文章でなければならない。読者に負担のかからない、分かりやすい文章を書くための注意点は何かを中心に、要点を紹介する。

■文章を分かりやすくする構成

分かりやすい文章には、文章が分かりやすくなる基本的な構造が備わっている。その基本に気をつけて書きさえすれば、分かりやすい文章は半分以上できあがっていると言える。

1 **大事なこと――6要素から書く**　伝達を目的とする記事などでは、5W1H――①いつ（When）②どこで（Where）③だれが（Who）④なにを（What）⑤なぜ（Why）⑥どのように（How）が必要。しかし6要素のうち何が大事かは事例によって違う。そのつど判断し、文章を重要な順に書き始める（逆三角形の文体）。

2 **短い文章**　主語・述語が1組という文章が最も分かりやすい。一文は長くても5行前後、60字以内で。

3 **文頭の字下げと改行**　本文の最初、改行の文頭は必ず1字下げて、10～15行くらいで改行する。

4 **主語、述語を明確に**　主語、述語は文章に必要不可欠。忘れず、省略せず、きちんと対応するように。

5 **修飾語は短く、修飾される言葉のすぐ近くに**　長ければ長いほど、遠ければ遠いほど文意が通じにくい。

6 **統一された文体**　「です・ます」と「だ・である」が混在すると落ち着かない。

■簡潔・明快な文章

やさしいことを難しく書くのはやさしいが、難しいことをやさしく書くのは難しい。分かりやすい文章、記事を書くために、まず難しい言葉を使わないようにしたい。

1 **堅苦しい漢語・文語を避けよう** 多用すると文章が硬くなり、頭に入りにくい。
意見の一致を見た→意見が一致した
主たる→主な　効力を有する→効力がある
思料する→よく考える

2 **専門語やお役所言葉は言い換えよう** 誰にでも分かる言葉を使うことが最も大事だ。
橋梁→橋　当該の→その
障害不稔のおそれ→実らないおそれ

3 **カタカナ語を減らそう** 難しいカタカナ語は見当がつかず、拒絶反応を呼びやすい。
インキュベーション→起業支援
スキーム→枠組み

4 **アルファベット略語を乱用しない** 専門語やカタカナ語よりももっと分かりにくい。できるだけ言い換えたい。
MSF→国境なき医師団　QOL→生活の質

5 **紋切り型の文章に気をつけよう** 型にはまった出来合いの表現は読者の心に響かない。
大わらわ　うれしい悲鳴　押すな押すなの大盛況　黒山の人だかり　成り行きが注目される

6 **敬語はできるだけ簡潔に** 重複使用を避けて過剰にならないように注意する。
おっしゃられた→おっしゃった・話された

7 **カッコの多用を避ける** 〝 〟や「 」など強調や特定の意図を示すために用いるカッコは独り善がりに陥りやすいうえ、読みにくい。

8 **重ね言葉は使わない**
従来から→以前から　製薬メーカー→製薬会社
各事例ごとに→事例ごとに

9 **前の語を受ける「同」をできるだけ使わない**
同日　同社　同氏　同市　同署　同容疑者

記事の表記3原則

記事、見出しを読みやすくするため、次の3原則を必ず守る。

1　分かりやすい口語体を使う。
2　「常用漢字表（2010年・内閣告示）」と「現代仮名遣い（1986年・内閣告示）」による漢字・平仮名交じり文を基本とし、必要に応じてカタカナ、ローマ字を使う。
3　「送り仮名の付け方（1973年・内閣告示）」に従う。

文字遣いの基準

漢字の使い方

1　**使用する漢字**　常用漢字表に掲げられたものを使う。ただし、常用漢字表にない文字（表外字）のうち新聞協会新聞用語懇談会および本社が常用漢字として扱うことを決めた次の漢字9字は使ってよい。

卿（キョウ・ケイ）、哨（ショウ）、疹（シン）、胚（ハイ）、磯（いそ）、炒（いためる）、絆（きずな）、栗（くり）、淵（ふち）

・同懇談会が常用漢字表から除外することを決めた次の漢字7字は表外字として扱う。

虞、且、遵、但、朕、附、又

・常用漢字表に示された音、訓読みの範囲内で書く。

・常用漢字表にない漢字を用いた一般用語は、この本の取り決めに従って、言い換え、書き換え、読み仮名（ルビ）などによって処理する（用字用語集77ページから）。

2　**使用する字体**　常用漢字表、人名用漢字表に示された字体を原則とする。ただし、2004年の人名用漢字表改定で追加された旧字体・異体字の扱いは476ページを参照。

〔例〕宮澤壽一→宮沢寿一　文藝春秋→文芸春秋

・常用漢字表、人名用漢字表にない漢字は原則として正字を使う。

〔例〕森鴎外→森鷗外
千代田区麹町→千代田区麴町
ただし、「⻌」「飠」「示」の3部首は、従来の常用漢字の字形「⻍」「𩙿」「ネ」を使う。

・固有名詞に限り、次の14字は原則の字体（カッコ内）と異体字等を使い分けることができる。
渕（淵）、薗（園）、苅（刈）、嶽（岳）、舘（館）、穐（秋）、舛（升）、條（条）、嶋（島）、嶌（島）、冨（富）、峯（峰）、埜（野）、龍（竜）

・選挙期間中の候補者名は、届け出の字体による文字を使う。ただし、候補者本人に異論がない場合、常用漢字、人名用漢字の新字体を使ってよい。

・本人から特に強い希望があった場合には、旧字体・異体字を使うことを認める。

・中国の簡体字は、その字に対応する日本の漢字に改める（簡体字表561ページ）。

3 **例外的な扱いをする場合** 表外字または表外音訓（常用漢字表にない音と訓）を含む語でも、次の場合には使ってもよい（傍線部が表外字、表外音訓）。

・固有名詞およびこれに準ずるもの
〔例〕樋口一葉 新疆 夫婦善哉 絹本著色涅槃図 阿弥陀如来像 征夷大将軍 桐花大綬章

・記事中に引用する小説、短歌、俳句などの文芸作品や古文など原文を尊重するもの

・社外からの寄稿原稿で、筆者の希望するもの
〔注〕以上のうち、読みにくいものには読み仮名を付ける。

・新聞協会用語懇談会、読売新聞が認めた語
〔例〕貫禄 獅子 鍾乳洞 蘇生
＊一覧は475ページ

4 **言い換え** 表外字、表外音訓の語は、可能な限りほかの語に言い換える。言い換えとは、表外字、表外音訓を含む語を、発音の異なる別の語に置き換えることをいう。

・漢語の場合
a 常用漢字表の範囲内で書ける分かりやすい漢語、あるいは分かりやすい和語に言い換える。

〔例〕帰趨→成り行き、動向、行方、落ち着き先
熾烈→激烈、猛烈、激しい
跋扈→横行、はびこる、のさばる
b　分かりやすいカタカナ語に言い換える。
〔例〕舷梯→タラップ
隧道→トンネル
c　成語・成句はその意味をやさしく言い換えるか、または別の表現に改める。
〔例〕人口に膾炙する→広く知れ渡る
・和語の場合
常用漢字表の範囲内で言い換える。
〔例〕匕首→短刀
生け贄→犠牲
賜物、賜→頂いた物、成果

5　**書き換え**　言い換えに適当な語がない場合は書き換える。書き換えとは、表外字、表外音訓を含む語の表記を、その語と発音が同じ表内字もしくは仮名に置き換えることをいう。
・漢語の場合
a　話し言葉として耳になじんだ語は、そのまま仮名書きにする。
〔例〕石鹸→せっけん　団欒→だんらん
覿面→てきめん
b　旧国語審議会、あるいは新聞協会用語懇談会が決めた「同音の漢字による書き換え」によって他の漢字で代用する。
〔例〕意嚮→意向　月蝕→月食　叛乱→反乱
脈搏→脈拍
・和語の場合（全部平仮名書きにしてよい場合が多い）
a　一部または全部を平仮名書きにする。
〔例〕胡座、胡坐→あぐら　双六→すごろく
田圃→田んぼ
b　常用漢字表の範囲内の文字に書き換える。
〔例〕俤→面影　奨める→勧める

6　**交ぜ書き**　表外字、表外音訓を含む語で、適切な言い換え・書き換え語がどうしても見つからないときは、表外字、表外音訓にあたる漢字を平仮

名にする交ぜ書きもやむをえない。ただし、用字用語集に交ぜ書きが選択肢として記載されているものに限る。特に熟語の先頭の漢字が表外字、表外音訓である場合に、その漢字を平仮名にすると文章の中に紛れて読みにくい。できるだけ交ぜ書きを避けること。

7 **文脈全体の書き換え**　表外字、表外音訓にあたる漢字や熟語の機械的な言い換え、書き換えだけにとらわれずに、その文章の文脈全体を分かりやすく書き直すように努めること。

8 **読み仮名**　文芸作品などの原文の引用などで表外字、表外音訓を含んだ語を使用する場合は適宜、読み仮名を付ける。社外からの寄稿原稿、一般記事で表外字、表外音訓を含んだ語をやむを得ず使用する場合も読み仮名を付ける。また、人名・地名などの固有名詞で読者に分かりにくいと思われるものにも読み仮名を付ける。いずれも初出の際だけで、2度目からは必要ない。

・ルビとカッコ　読み仮名は、文字に添えるルビ文字を使うことを原則とする。行間が狭いときはカッコを使う。熟語の場合、1文字だけに読み仮名を振ることはしない。

〔**ルビの例**〕魑魅魍魎《ちみもうりょう》　徳本《とくごう》峠

〔**カッコの例**〕魑魅魍魎（ちみもうりょう）

徳本（とくごう）峠

熟字訓など漢字ごとに読み仮名を振れない場合は、全体に均等に付ける。

〔**ルビの例**〕無花果《いちじく》　和泉《いずみ》市　常盤《ときわ》貴子

・漢字の外国人名・地名の読み仮名　原則として、韓国・北朝鮮の人名・地名、中国・台湾の著名人らは現地の読み方をカタカナで示す。中国・台湾のそれ以外の人名・地名で難漢字を含むものは日本語の読みを平仮名で付ける。

〔**例**〕習近平《シージンピン》国家主席　金大中《キムデジュン》元大統領　大邱《テグ》

四川省都江堰《とこうえん》市

平仮名の使い方

1 接続詞、代名詞、連体詞は平仮名書きが原則だが、本社が決めた音訓を含め、常用漢字表の音訓の範囲内で書けるものは漢字で書いてもよい。

・接続詞

〔平仮名で書く例〕あるいは　しかし　しかも　すなわち　それとも　ただし　ついては　ところが　なお　また　もしくは　もっとも

〔漢字で書いてもよい例〕従って　並びに　故に

・代名詞

〔平仮名で書く例〕あそこ　あなた　あれ　ここ　これ　そこ　それ　どこ　どなた　どれ

〔漢字で書いてもよい例〕俺　彼女　彼　君　自分　誰　何　僕　私　我

・連体詞

〔平仮名で書く例〕あの　あらゆる　ある　いわゆる　かの　この　こんな　さる　その　どの

〔漢字で書いてもよい例〕明くる　大きな　単なる　主な　来たる　大の　小さな　当の　我が

2　副詞は訓読みのものは平仮名書き、音読みのものは漢字書きを原則とする。ただし訓読みで漢字を用いた方が意味の明らかになるものは漢字書きに、音読みでその漢字を使うことにあまり意味がないものは平仮名書きにする。

・副詞

〔平仮名で書く例〕あえて　あくまで　あまり　あらかじめ　いかにも　いくぶん　いくら　いずれ　いたずらに　いつか　いったん　いっぱい　いまだに　おおかた　おおむね　おおよそ　おのずから　およそ　かえって　がぜん　かつて　かねて　ことごとく　さしずめ　ざっと　さほど　じかに　しばらく　しょせん　すぐに　せっかく　ぜひとも　だいぶ　たかだか　たくさん　ただ　たとえ　ちょうど　ついに　つまり　とうとう　とにかく　とりわけ　なかなか　なぜ　なるほど　ぬけぬけと　ひいては　ひとえに　ひときわ　ほとんど　ほぼ　まさか　まさしく　まさに　まして　まず　ますます　まだ　まるっきり　まるで　まんざら　むしろ　むやみに　めったに　めっぽう　もし　もちろ

ん　もはや　やはり　やみくもに　ようやく　よく　わずか

〈漢字で書いてもよい例〉相変わらず　改めて　案の定　今にも　往々にして　大いに　恐らく　同じく　概して　皆目　重ねて　必ず　仮に　代わる代わる　決して　この頃　幸い　盛んに　強いて　実に　十分に　従来　少なくとも　少し　全て　是が非でも　大概　大変　絶えず　互いに　確かに　直ちに　例えば　度々　多分　試しに　断じて　次いで　次々に　努めて　常に　到底　時々　途端に　長らく　何か　何げなく　何とか　軒並み　初めて　果たして　再び　全く　間もなく　自ら　無性に　最も　割合に

3　感動詞、助詞、助動詞、補助動詞、補助形容詞、形式名詞などは平仮名で書く。

・感動詞

〈例〉あら　おはよう　おや　こんにちは　さようなら　はい　もしもし

・助詞

〈例〉くらい　ずつ　だけ　ながら　など　ばかり　ほど　まで

・助動詞

〈例〉ごとき　そうだ　たい　ない　べき　ようだ

・補助動詞

〈例〉…ていく（「ゆく」とも）…ている　…ておく　…（て）ください　…てくる　…てみせる　…てみる　…である　…という　…になる

〈注〉「離して置く」「伸び上がって見る」「お座りと言う」など実質的な意味を持つ場合は漢字を使ってよい。

・補助形容詞

〈例〉…してほしい　…でない

・その他の補助用言

〈例〉…かもしれない　…にすぎない

・形式名詞

〈例〉うち（遊んでいるうちに）　こと（見たこ

とがない） とき（うれしいときや悲しいとき） ところ（見たところでは） もの（冬は寒いものだ） わけ（許すわけにはいかない）

〔注〕「事が事だけに」「時の流れに身を任せ」「人の住む所は近い」など実質的な意味を持つ場合は漢字を使ってよい。

4 接頭語、接尾語は平仮名で書くが、漢字で書く習慣が強いもの、固有名詞的なものは漢字で書く。

・**接頭語** お… か… ご… み… す… ず… ど…

〔平仮名で書く例〕お返し お守り か弱い ご愛顧 ご結婚 ご飯 み仏 すばしこい ずぶとい ずぬける どぎつい

〔漢字で書いてもよい例〕御用始め 御利益 御所 素早い

・**接尾語** おき がち がる げ さ たち ども ぶり ぶる み め ら

〔平仮名で書く例〕厚み 枝ぶり 遠慮がち 大人げ 高め 強がる 手前ども 懐かしさ 僕ら もったいぶる 若者たち

〔漢字で書いてもよい例〕国際化 3回目 正味

〔注〕音読みの語に続く「人間味」などは漢字で書く。訓読みの語に続く語でも、「甘味」「うま味」「辛味」「渋味」「苦味」など味覚に関する用語に限り漢字で書いてもよい。

5 古くから使われている外来語で、一般にその語源が分からなくなっているものは平仮名で書く。

〔例〕かっぱ かるた きせる じゅばん たばこ

〔注〕たばこは「タバコの収穫」など植物名として使う場合はカタカナで書く。

6 常用漢字で書けない動物、植物名はカタカナで書くが、名称を比喩的に使っている場合には平仮名で書く。

〔例〕うなぎ登り すずめの涙 ぼたん雪 わしづかみ

〔注〕平仮名が続いて読みにくい場合は、カタカナで書いてもよい。

〔例〕ウのまねをするカラス

7　常用漢字で書けても、ほかの読み方に誤読されそうなものは平仮名で書く。

〔例〕細々と（「ほそぼそと」と誤読の可能性）→こまごまと
出所（「しゅっしょ」と誤読の可能性）→出どころ

8　当て字に類するものは平仮名で書く。

〔例〕あっぱれ（天晴れ）　どなる（怒鳴る）　むちゃ（無茶）　めでたい（目出度い）

9　擬態語は原則として平仮名で書く。ただし、特別のニュアンスを出したいときはカタカナで書いてもよい。

〔例〕うっとり　がっくり　きらきら　ごたごた　のらりくらり

10　表外字を避けるために書き換える場合

・病名、身体諸器官の名前で常用漢字で書けないものは、その部分を平仮名にする。意味の取りにくい場合は漢字を用い、読みを示す。

〔例〕肺がん　アキレスけん　膠原《こうげん》病

・話し言葉としてなじんでいるものは、その語の全体を平仮名で書く。

〔例〕a和語　あぜ（畦）　ただれる（爛れる）　まとめる（纏める）
b漢語　あぜん（啞然）　ごちそう（ご馳走）　とっさ（咄嗟）

カタカナの使い方

次の各項の語は、原則としてカタカナ書きにする。

1　外国（中国、朝鮮を除く）の地名・人名（703ページ「外国の国名、地名、人名の書き方」参照）

・慣例的に漢字で表記できる国名と1文字の国名略字は次の通り。

中国（中）　韓国（韓）　北朝鮮（朝）
米国（米）　英国（英）　豪州（豪）
フランス（仏）　ドイツ（独）　イタリア（伊）
カナダ（加）　ロシア（露）　ベトナム（越）
フィリピン（比）　インド（印）

2 外来および和製のカタカナ語（669ジペー「カタカナ語の書き方・使い方」を参照）

3 擬声語は原則としてカタカナで書く。ただし、特別のニュアンスを出したいときは平仮名で書いてもよい。

〔例〕ガーガー　カーン　ゴーン　ザーッと　ワンワン

4 俗語的なもの（隠語から出たものも含む）

〔例〕ネタ　ザマ（をみろ）　ダフ屋

〔注〕俗語や隠語は原則として使わない。

5 動物、植物の名称で常用漢字で書けないもの

〔例〕タヌキ　スズメ　サバ　ツバキ　スミレ

・常用漢字表に含まれている動物・植物名の漢字（特別に認められた表外字を含む）は次の通り。

動物＝犬　牛　馬　蚊　蚕　亀　鯨　熊　猿　鹿　象　鶴　虎　鶏　猫　蜂　羊　豚　蛇　蛍

植物＝藍　麻　稲　芋　梅　漆　柿　菊　葛　栗　桑　桜　芝　杉　竹　茶　菜　梨　藤　松　豆　麦　藻　桃　柳　綿

〔注〕「茨」「栃」は表内字だが、固有名詞以外には使わない。

6 元素名、化合物名など常用漢字で書けないもの

〔例〕ケイ素　フッ素　リン酸

7 特別の意味やニュアンスを出す場合

〔例〕そりゃーよかったネ　すごくカワイイ！

8 平仮名が続いて読みにくい場合など

〔例〕カンナやノコギリ

現代仮名遣い

1 「改定現代仮名遣い」（通称「新仮名」）は、仮名書きの現代語を音韻に従って書き表す場合の準則を示したもので、主として現代口語文に適用する。記事（寄稿も含む）および見出しの仮名遣いは、原則として現代仮名遣いによる（下段「要領」参照）。

2 ただし、次の場合に限っては、歴史的仮名遣い（通称「旧仮名」）を使ってもよい。

・詩歌、俳句の場合

〔例〕荒海や佐渡に横たふ天の河

　いにしへの奈良の都の八重桜けふ九重ににほひぬるかな

・特に原文または原表記の引用を必要とする場合

・寄稿で旧仮名使用が特に必要と判断される場合

・曲名、書名など固有名詞

改定現代仮名遣いの要領

1 仮名の使い方は、だいたい発音どおりにする。「ゐ」「ゑ」はすべて「い」「え」と書くが、「を」「は」「へ」は助詞に限りもとのままに書く。

〔例〕（×印は新聞では使わない文字または音訓）

ゐる（居）→いる　うゑる（植）→うえる　をどり（踊）→おどり　たふす（倒）→たおす　あらはない（洗）→あらわない　おもひます（思）→おもいます　なほ（×尚・猶×）→なお　あやふい（危）→あやうい　さへ→さえ　さうでせう→そうでしょう　くわし（菓子）→かし　ぐわいこく（外国）→がいこく　がくかう（学校）→がっこう

〈助詞〉「を」　本を読む　いわんや……をや　よせばよいものを

「は」　あるいは　それは　こんにちは　願わくは　……ものかは

「へ」　京都へ行く　……さんへ

2　「言う（ゆう）」は「いう」と書く。

3　長音は、それぞれの仮名で書き表す。ただし、オ列の長音は「う」で表す。

〔例〕おかあさん（母）　にいさん（兄）　ゆうがた（夕方）　キュウリ（キウリとは書かない）　きゅうしゅう（九州）　にゅうがく（入学）　ねえさん（姉）　おとうさん（父）　おうぎ（扇）　おうて（王手）　ほうる（放る）

〔注1〕『多い』『大きい』『氷』『遠い』『通る』『滞る』などは、歴史的仮名遣いでオ列の仮名に「ほ」または「を」が続くもので、オ列の長音として発音されるか、オ・オ、コ・オのように発音されるかにかかわらず、オ列の仮名に「お」を添えて、「おおい」「おおきい」「こおり」「とおい」「とおる」「とどこおる」などと書く。（29ページ「オ列長音の用例」参照）

〔注2〕「せい（背）」「春めいて」「へい（塀）」「とけい（時計）」「ていねい（丁寧）」のような語は、エ列長音として発音されるか、エイ、ケイなどのように発音されるかにかかわらず、エ列の仮名に「い」を添えて書く。

4　「ぢ」「づ」は原則として「じ」「ず」と書く。ただし、2語の連合によって、「ち」「つ」が濁る場合と、同音の連呼の場合は、「ぢ」「づ」を使う。

〔例〕ふぢ（藤）→ふじ　はぢる（恥）→はじる　ぢ（痔）→じ　まづ（先）→まず　づつ（宛）→ずつ　さかづき（杯）→さかずき

〈2語の連合〉　はなぢ（鼻血）　ひぢりめん（緋縮緬）　ちかぢか（近々）　ちゃのみぢゃわん（茶飲み茶碗）　みかづき（三日月）　ちかづく（近付く）　そこぢから（底力）　いっぽんぢょうし

（一本調子） つくづく（熟々） あぜくらづくり（校倉造り） わかづくり（若作り） 聞きづらい（聞き辛い）

〈同音の連呼〉 ちぢむ（縮） つづみ（鼓） つづる（綴）

〔注〕「2語の連合」の場合、1語になりきっているものには「じ、ず」を使い、2語からなっているものには、「ぢ、づ」を残す。ちかづく（近付く）は2語、ひざまずく（跪く）は1語と分かるが、同じ字をあてても、人妻は「ひとづま」、稲妻は「いなずま」、また「力ずく」（力まかせ）と「力づく」（元気がつく、力が加わる）とは書き分けなければならない。

「いなずま」と同様に、「せかいじゅう」（世界中）や「きずな」（絆）、「ほおずき」（酸漿、鬼灯）なども、現代語の語感としては一般的に2語と認識しにくいことから「じ」「ず」を使う。

1語になりきっているか、2語の連合であるかの解釈は、かなりむずかしい場合があり、厳密にいえば「もとづく」と「うなずく」を書き分ける理由はないわけだが、現状では書き分けることになっている。

また、「りゃくず」（略図）や「ふくじ」（服地）などは、漢字の音読みが本来濁っているためで、1語か2語の連合かとは関係がない。

なお、「いちじく」（無花果）や「いちじるしい」（著しい）は「同音の連呼」には当たらない。

（次ページ「ぢ・づ」と「じ・ず」の使い分け用例参照）

5 拗音《ようおん》を表す「ゃ」「ゅ」「ょ」およびつまる音を表す促音の「っ」などは、なるべく右脇に小さく書く。

〔例〕ちゅうしゃじょう（駐車場） フェアプレー ちょっと ショッピング

「ぢ・づ」と「じ・ず」の使い分け用例

「づ」を使うもの

づ　え　ほおづえ（頬杖）
づ　か　かいづか（貝塚）
　　　　ふでづか（筆塚）
づかい　かなづかい（仮名遣い）
　　　　こころづかい（心遣い）
　　　　こづかい（小遣い）
　　　　こまづかい（小間使い）
　　　　ひとづかい（人使い）
づかう　きづかう（気遣う）
づかえ　みやづかえ（宮仕え）
づかし　あいそづかし（愛想尽かし）
づかみ　おおづかみ（大摑み）
　　　　てづかみ（手摑み）
　　　　わしづかみ（鷲摑み）
づかれ　きづかれ（気疲れ）
　　　　たびづかれ（旅疲れ）
づ　き　おぼろづき（朧月）
　　　　つきづき（月々）
　　　　みかづき（三日月）
　　　　ひとづきあい（人付き合い）
　　　　しちぶづき（七分搗き）
づ　く　いろづく（色付く）
　　　　かたづく（片付く）
　　　　きづく（気付く）
　　　　ちかづく（近付く）
　　　　ちからづく（力付く）
　　　　　＝元気がつく
　　　　こづく（小突く）
　　　　どくづく（毒突く）
　　　　もとづく（基づく）
　　　　つくづく（熟々）
づくえ　きょうづくえ（経机）
づくし　こころづくし（心尽くし）
づくり　てづくり（手作り）
　　　　にづくり（荷造り）
づくろい　みづくろい（身繕い）
づ　け　あさづけ（浅漬け）
　　　　しおづけ（塩漬け）
　　　　ちゃづけ（茶漬け）
　　　　うらづけ（裏付け）
　　　　ことづけ（言付け）
　　　　ちからづける（力付ける）
づ　た　なつづた（夏蔦）
づたい　にわづたい（庭伝い）
づたえ　くちづたえ（口伝え）
づ　ち　あいづち（相槌）
　　　　かなづち（金槌）
つ　づ　つづうらうら（津々浦々）
　　　　つづく（続く）
　　　　つづみ（鼓）
　　　　つづめる（約める）

つづら（葛籠）
つづる（綴る）
づつ　たけづつ（竹筒）
ちゃづつ（茶筒）
づつみ　かみづつみ（紙包み）
こづつみ（小包）
づて　ことづて（言伝）
ひとづて（人伝）
づと　わらづと（藁苞）
づとめ　かいしゃづとめ（会社勤め）
づな　たづな（手綱）
ともづな（纜）
ひきづな（引き綱）
よこづな（横綱）
づね　つねづね（常々）
づま　きりづまやね（切り妻屋根）
にいづま（新妻）

ひとづま（人妻）
ひだりづま（左褄）
づまり　きづまり（気詰まり）
づまる　ゆきづまる（行き詰まる）
づみ　したづみ（下積み）
づめ　あるきづめ（歩き詰め）
おおづめ（大詰め）
おりづめ（折り詰め）
かんづめ（缶詰）
ごづめ（後詰め）
はこづめ（箱詰め）
はたらきづめ（働き詰め）
けづめ（蹴爪）
なまづめ（生爪）
ひづめ（蹄）
づもり　こころづもり（心積もり）
づよい　きづよい（気強い）
ちからづよい（力強い）
ねばりづよい（粘り強い）

づら　なきづら（泣き面）
ひげづら（髭面）
づらい　いいづらい（言い辛い）
よみづらい（読み辛い）
づり　おかづり（陸釣り）
よづり（夜釣り）
づる　おりづる（折り鶴）
かねづる（金蔓）
てづる（手蔓）
づれ　つれづれ（徒然）
みちづれ（道連れ）

「ず」を使うもの

ず　ずきん（頭巾）
ずじょう（頭上）
あいず（合図）
ぐずつく
ずが（図画）
りゃくず（略図）
かたず（固唾）

ときわず（常磐津）
くんずほぐれつ
ずう　ゆうずう（融通）
ずき　さかずき（杯）
ほおずき（酸漿、鬼灯）
ずく　あせみずく（汗みずく）
うでずく（腕尽く）
かねずく（金尽く）
ちからずく（力尽く）
＝力まかせ
うなずく（頷く）
かしずく（傅く）
つまずく（躓く）
なかんずく（就中）
ぬかずく（額ずく）
ひざまずく（跪く）
みみずく（木菟）
ずくめ　くろずくめ（黒尽くめ）
けっこうずくめ（結構尽くめ）
ずけ　てなずける（手なずける）
ずつ　ずつ（宛）
ひとつずつ（一つ宛）
でずっぱり（出ずっぱり）
ずな　きずな（絆）
ずま　いなずま（稲妻）
ずめ　さしずめ

「ぢ」を使うもの

ぢ　そえぢ（添え乳）
はなぢ（鼻血）
こぢんまり
ぢえ　いれぢえ（入れ知恵）
わるぢえ（悪知恵）
ぢか　ちかぢか（近々）
てぢか（手近）
まぢか（間近）
ぢから　そこぢから（底力）
ばかぢから（馬鹿力）
ちぢ　ちぢこまる（縮こまる）
ちぢみ（縮み）
ちぢむ（縮む）
ちぢれる（縮れる）
ぢち　もらいぢち（貰い乳）
ぢゃ　ちゃのみぢゃわん（茶飲み茶碗）
ぢょう　うわぢょうし（上調子）
ぼんぢょうちん（盆提灯）
ぢり　ちりぢり（散り散り）
ひぢりめん（緋縮緬）

「じ」を使うもの

じ　じめん（地面）
ぬのじ（布地）
ふくじ（服地）
いちじく（無花果）
いちじるしい（著しい）
じゅう　せかいじゅう（世界中）

「は」と「わ」の使い分け用例

「は」を使うもの

あるいは（或いは）
いずれは
惜しむらくは
恐らくは
これはこれは
こんにちは（今日は）
こんばんは（今晩は）
さては
ついては
ではさようなら
とはいえ
願わくは
または（又は）
もしくは
ものかは

「わ」を使うもの

雨も降るわ風も吹くわ
いまわの際
きれいだわ
来るわ来るわ
すわ一大事

「お」で表すオ列長音の用例

オ列長音は、「おとうさん（父）」「おうぎ（扇）」「おうむ（鸚鵡）」のように原則として「う」で表すが、次の語は「お」を添えて書く。

いきどおる（憤る）
いとおしい
おおい（多い）
おおう（覆う）
おおかた
おおかみ（狼）
おおきい（大きい）
おおせ（仰せ）
おおむね（概ね）
おおやけ（公）
おおよそ
こおり（氷、郡）
こおる（凍る）
こおろぎ
しおおせる（為果せる）
とお（十）
とおい（遠い）
とおる（通る）
とどこおる（滞る）
ほお（頬、朴）
ほおずき（酸漿、鬼灯）
ほのお（炎）
もよおす（催す）

送り仮名の付け方

原則

1　送り仮名は、1973年6月の内閣告示「改定送り仮名の付け方」に準拠して送る。

2　寄稿原稿、法令用語、官公庁の発表文などで、本社の基準と違うものは、本社の基準によって書き改める。ただし、法令名は原表記通りとする。

〔例〕差押え→差し押さえ　人事訴訟手続法

3　表外字、常用漢字表の範囲外の読み方（表外音訓）の送り仮名も、この「送り仮名の付け方の原則」を準用する。ただし、引用文はこの限りでない。

4　ここでは送り仮名の付け方についての基本的な考え方を示す。個々の用例は常用漢字表及び用字用語のページを参照すること。

通則

単独の語

1　活用のある語

・活用語尾を送る。

〔例〕表す（×表わす）　行う（×行なう）　生きる（×生る）　荒い（×荒らい）　潔い（×潔よい）

・活用語尾以外の部分を送る。

①活用語尾だけ送ったのでは、誤読・難読のおそれがあるものは、前の音節から送る。

〔例〕危ない／危うい（×危い）　和らぐ（×和ぐ）

②語幹が「し」で終わる形容詞は、「し」から送る。

〔例〕悔しい（×悔やしい）　珍しい（×珍らしい）

③活用語尾の前に「か」「やか」「らか」を含む形容動詞は、その音節から送る。

〔例〕暖かだ（×暖だ）　穏やかだ（×穏かだ）　滑らかだ（×滑かだ）

④活用しない部分に他の語を含む場合は、その含

まれている語の送り仮名を送る。

〔例1〕動かす／動く　勇ましい／勇む

「動かす」は、「す」の部分が「さ、し、す、せ、そ」と活用して、「か」の部分は活用しない。しかし、「動く」の未然形「か」と関係があるので、「動かす」は活用語尾以外の部分に「動く」の活用形「か」を含むとして、そこから送る。「照らす／照る」「浮かぶ／浮く」「癒やす／癒える」なども同様。

形容詞の「勇ましい」も、他に「勇む」という動詞があるので、「ま」の部分から送ることになる。「輝かしい／輝く」「喜ばしい／喜ぶ」なども同様。

〔例2〕重んずる／重い

「重んずる」は、「じ、ずる、ずれ、じろ」と活用して「ん」までがこの語の語幹であるが、形容詞「重い」の語幹と関係づけて、「ん」から送る。「確かめる／確かだ」「寂しげだ／寂しい」なども同様。

〔例3〕後ろめたい／後ろ

活用しない部分が名詞と関係のある語は、その名詞の送り仮名を基準として送る。

〔注1〕語幹と活用語尾との区別がつかない動詞は、「着る」「寝る」「来る」のように送る。

〔注2〕「連なる（連ねる）」「交わる（交える）」は、それぞれ「連れる」「交じる」とは関係づけない。

また、次の語は、それぞれ（　）の中に示す語を含むものとは考えない。

明るい（明ける）　荒い（荒れる）　悔しい（悔いる）　恋しい（恋う）

2　活用のない語

〈名詞〉

・原則として、送り仮名を付けない。

〔例〕月　鳥　花　山　男　女　彼　何

・例外として、次の場合は送り仮名を付ける。

▼最後の音節を送る。

①字訓で読んでほしい場合

〔例〕辺り（字音ヘンと読まれないため）
情け（字音ジョウと読まれないため）
②読みにくい場合
〔例〕誉れ　災い　自ら　互い
③読み違えられるおそれがある場合
〔例〕幸い／幸せ　幾つ／幾ら
▼活用語と関係のある名詞は、活用語の送り仮名を付ける。
①動詞、形容詞から転じたもの
〔例〕動き（←動く）曇り（←曇る）近く（←近い）
②形容詞、形容動詞の語幹に「さ・み・げ」などの接尾語が付いたもの
〔例〕暑さ　大きさ　明るみ　憎しみ　惜しげ
▼活用語から転じた名詞でも、次のようなものは、活用語としての感じがなくなったものとして送り仮名を付けない。
謡　趣　氷　印　頂　隣　富　恥　話　光　舞　折　係・掛（かかり）組　並（なみ）巻　割
ここに挙げた語の用例としては、「Aの組」「日の光」「虎の巻」「図書係」「時折」「並製品」などがある。ただし、動詞の意識が強く残っている場合は、「組み写真」「底光り」「巻きがゆるい」「係り結び」「折り目」「家並み」のように、送り仮名を付ける。「卸問屋」「卸値」「卸売り」「卸商」などは「卸」の「し」を送らないが、「棚卸し」などは送る。
（注）表・記号などに用いる場合には、ここに掲げてある以外の語でも、送り仮名を省いてもいい。
〔例〕曇り（曇）　晴れ（晴）　答え（答）

＜副詞・連体詞・接続詞＞
・原則として、最後の音節を送る。
〔例〕必ず　更に　既に　去る　及び
・例外として、次の場合は余計に送る。
①読みにくい場合
〔例〕明くる　大いに　直ちに　並びに
②他の語を含む語は、含まれている語の送り仮名の付け方により送る（含まれている語を〔　〕

の中に示す)。

〔例〕併せて〔併せる〕 至って〔至る〕 恐らく〔恐れる〕 従って〔従う〕 絶えず〔絶える〕 例えば〔例える〕 努めて〔努める〕 辛うじて〔辛い〕 少なくとも〔少ない〕 互いに〔互い〕 必ずしも〔必ず〕

複合の語

・単独の語が幾つか組み合わさってできている複合の語は、それぞれ単独の語の送り仮名をそのまま用いる。

〔例1〕活用のある語

書き抜く 打ち合わせる 向かい合わせる 長引く 裏切る 聞き苦しい 薄暗い 待ち遠しい 軽々しい 若々しい 望み薄だ

〔例2〕活用のない語

山津波 後ろ姿 斜め左 独り言 卸商 目印 田植え 封切り 落書き 雨上がり 日当たり 先駆け 巣立ち 手渡し 飛び火 教え子 合わせ鏡 生き物 落ち葉 預かり金 深情け 乗り降り 作り笑い 暮らし向き 取り扱い 歩み寄り 申し込み 移り変わり 早起き 苦し紛れ 大写し 乳飲み子 無理強い 立ち居振る舞い 常々 近々 深々 休み休み

(注)形容詞と動詞が複合した「短すぎる」は、「みじか」までが語幹であるから「か」は送らない。「暖かすぎる」は、「あたたか」までが語幹であるが、形容動詞「暖かだ」の送り仮名に準じて「か」を送る。

・複合の語のうち、次のような名詞は、慣用に従って、送り仮名を付けない。

〔例1〕特定の領域の語で、慣用が固定しているもの。

ア、地位・役職・法令・書式等の名

関取 取締役 社員見習 見習社員 退職願 取締法

イ、工芸品およびこれに準ずる物の名に用いられた「織」「染」「塗」「焼」など

博多織　型絵染　春慶塗　備前焼　鎌倉彫　鳴海絞

（注）工芸品であることが条件。素材・形態・技法などを表す「素焼き」「漆塗り」「木彫り」「紋織り」などは送り仮名を付ける。ただし、「一刀彫」と「楽焼」は、工芸品に準じて送り仮名を省く。

ウ、主として経済関係の語

売値　終値　書留　始値　引値　歩合

エ、語尾に「人・時間・所・金・書・機関・制度・数量・品目」を表す語の付くもの

受付〔期間〕借入〔金〕支払〔伝票〕

（36ページ「経済関係複合語組み合わせ表」参照）

（注1）動作・方法・状態などを表すものは送る。語尾に「―増、―開始、―条件、―方法(式)、―中止、―終了、―拒否、―請求、―状況」などが付くもの。

受け付け〔開始〕借り入れ〔条件〕支払い〔方法〕

（注2）複合語が二つ以上重なる場合は、原則として最初の複合語の送り仮名を付ける。

差し引き借越残高　申し込み受付期間　割り当て申込数量

〔例2〕一般に慣用が固定しているもの。

ア、職業の名

指物師　染物師　釣具店　振付師

イ、語頭に「合（あい）」の付く語

合方　合気道　合言葉　合図　合服　合間

ウ、語頭に「浮（うき）」の付く語

浮足　浮草　浮雲　浮名　浮橋　浮袋　浮世

エ、語頭に「貸（かし）」の付く語

貸衣装　貸座敷　貸室　貸舟・船　貸家

オ、語頭に「敷（しき）」の付く語

敷居　敷板　敷金　敷地　敷布団　敷物

カ、語頭に「建（たて）」の付く語

建網　建株　建具　建坪　建値　建前　建物

キ、その他

歌会始　絵巻　奥書　置物　覚書　織物

講書始　献立　座敷　指図　差出人　試合

仕立券　仕立物　字引　関守　立会演説　立場　建売住宅　付添人　手引（文書など）　灯台守　取組（相撲・経済）　名取　日付　…日付（3日付など）　乗換駅　乗組員　羽織　葉巻　星取表　掘割　見舞金　元締（職分）

（注）「くじ引き券」「貸しボート」などのように、前もしくは後ろの部分を仮名で書く場合には、他の部分については、単独の語の送り仮名の付け方による。

▼単独の語の用例については、常用漢字表（399ページ）を参照のこと。送り仮名を太字で示してある。

▼複合の語の用例については、用字用語集（77ページ以下）を参照のこと。用例にないものに関しては、ここに掲げた原則から類推して適用する。類推が許されるかどうかに迷う場合は、単独の語の送り方を基準とする。

付表の語

常用漢字表の「付表」（473ページ）に掲げてある語のうち、送り仮名の付け方が問題となる語については、次のようにする。

1　次の語は、次に示すように送る。

浮つく　お巡りさん　差し支える　立ち退く　手伝う　最寄り

2　次の語は、送り仮名を付けない。

息吹　桟敷　時雨　築山　名残　雪崩　吹雪　迷子　行方

（注）「息吹」「時雨」「雪崩」「吹雪」は、動詞には用いない。

経済関係複合語 組み合わせ表

①A語とB語が結びつく場合は慣用により送り仮名を省く。
②A語が単独で使われる場合、A語がB語以外の動作・方法・状態を表す語と結びつく場合は送り仮名を付ける。〔例〕預け入れ、預け入れ開始〔例外〕「受付」（＝人・職・所）、「受取」（＝書類）
③A語が①の複合語の前につく場合は送り仮名を付ける。〔例〕差し引き借越残高、申し込み受付期間

A語	
	預入 受付 受取 売上 売掛 卸売 買掛 貸越 貸出 貸付 借入 借受 借換 借越 仮受 仮払 繰入 繰越 小売 差引
	支払 立会 積立 取扱 取次 荷受 払込 払戻 引当 引受 振替 振込 振出 見積 申込 申立 割当 割増 割戻

B語	
人	員 係 掛 業 業者 者 商 人
時間	期 期間 期限 期日 時間 時期 時刻 日 日数
所	局 先 場 所 地 場所 窓口
金	価格 原価 物価 単価 額 金額 総額 株 残株 為替 勘定 金 基金 資金 代金 貯金 賃金 預金 料金
金	金利 口座 債 公債 社債 債券 資本 資本金 証券 残 高 残高 賃 運賃 手形 値 値段 配当 費
金	予算 利子 利息 料 手数料
書	券 小切手 書 書類 証 証書 帳 通帳 表 票 伝票 簿 帳簿 用紙
機関	会社 官庁 機関 企業 協会 業界 銀行 組合 市場 商社 信託 団 団体 店 商店 問屋
制度	規則 規定 制 制度
数量	合計 総計 累計 数 件数 冊数 総数 本数 枚数 数量 率 比率 利率 量 総量 枠
品目	品 現品 商品 物品 品目 物 物件 銘柄

句読点と符号

1　句点「。」

・句点は文の終わりに付ける。

〔注〕ダッシュ「――」やリーダー「……」で終わるときも、原則としてその後に句点を付ける。

・カッコと句点

a　段落がカッコで始まりカッコで終わるとき、閉じカッコの後に句点を付けない。

〔例〕「最終目標はホワイトハウスだ」
　知事に近い人物はこう明かす。

b　段落の途中からカッコで新しい文が始まり、閉じカッコで段落が終わるとき、その後に句点を付けない。

〔例〕彼は悔しさを隠そうとしなかった。「必ず雪辱してみせます」

c　その他の場合には、閉じカッコの後に句点を付ける。

〔例〕会心の復帰戦を振り返り、「とにかく楽しかった」。

d　文末に注釈的な丸カッコを使った場合は、閉じカッコの後に句点を付ける。ただし、二つ以上の文章の総括的注釈の場合は、句点は丸カッコの前に付ける。

〔例1〕ベースアップは11月から実施する（要求は8月から実施）。

〔例2〕11月の貿易統計では、貿易黒字額は前年同期比12・2％減の7974億円で、4か月ぶりに前年同月を下回った。輸出額は同9・7％増の7兆2720億円。輸入額は同13・2％増の6兆4746億円。（財務省20日発表）

・「？」「！」と句点

　文末に「？」や「！」を用いた場合、これが句点と同格であることから句点を付けず、その後の1字分をあける。

〔例1〕しまった！　俺の碁はそんな碁じゃないんだ。

〔例2〕キリンって、どんな動物？　聞かれて思い描くのは、まず長い首。

・座談会、対談記事で場の様子などを（　）に入れる場合、閉じカッコの後に句点を付ける。

〔例〕私も平安時代に生まれていれば二枚目だったと思いますよ（笑）。

・末尾に句点を付けない場合

a　見出し、写真説明、表など短い文章

b　人事、地名・人名、物事の列挙

c　標語、短歌、俳句、川柳など

d　箇単な箇条書き

〔注〕追い込み箇条書きでは、各箇条の終わりに句点を付けず、最後の箇条と本文を――でつなぐ。

〔例〕国、自治体が行うべき「公助」は、①人命救助②減災③避難誘導④緊急治療⑤緊急輸送――の五つだ。

2　読点「、」

・読点は、記事を読みやすくするために、また文章の構造に従って正しく理解してもらえるように使う。息の切れ目や読むときの間合いを目安にするとよい。

a　文章の主題が分かりやすいよう主語の後に

〔例〕苦労してたどり着いたメジャーは、水が合った。

〔注〕句や文が短いときは省いてよい。

b　並列的に語句を列記したとき

〔例〕澄んだ空気、輝く太陽、目にしみる木々の緑

c　対立的な文章が並んだとき

〔例〕首相は北へ、幹事長は南へと応援に飛んだ。

d　文の切れ目で

〔例〕昨日の山は大荒れだったが、今日は見渡す限り雲がない。

e　カッコの前が名詞のとき

〔例〕会長は「温室効果ガス削減につながらない」と反論、「既存の温暖化対策費の組み替えなどを考えるべきだ」と提案した。

f　文意が分かりにくいとき

〔例〕佐藤さんは傷を負いながら、逃げる男を追った。

g　読みにくいとき

〔例〕くさむらや、やぶのなか

・記事の重要な要素が紛れないように使う。

a　住所や所在地に続く氏名や施設名などの前

〔例〕東京都千代田区大手町、読売新聞ビル

b　「いつ」「どこで」「誰が」「どうして」などを表す各語句の後に

〔例〕全国高校サッカー選手権大会の決勝が9日、国立競技場で…

3　**中点（中黒）「・」**

・中点は、同格のものの列記や判読しやすいように区切りをつける場合などで、読点を使うのと別の効果を出したいときに使う。

a　同格のものの列記

〔例〕自民・公明推薦

b　組み合わせ、取り合わせを示す

〔例〕吉田・トルーマン会談

c　属性を示す

〔例〕巨人・阿部監督　京大教授・山中伸弥氏

d　区切り符号として

〔例〕本社・東京　スティーブン・スピルバーグ

e　省略符号として

〔例〕東京・大手町　9・11

f　小数点など数字の単位や区切りに

〔例〕53・8％　0120・4343・81

〔注〕小数点として用いるのは縦書きのときで、横書きではピリオドを使う。

4　**ダッシュ（単柱）とリーダー「―」「――」「……」**

・2字分のダッシュを使う場合

a　挿入句

〔例〕藤田さんは、そのあいだを――都市と自然の境目を――描いています。

b　引用句を受け文を続けるとき

〔例〕＜苦しいときほど人間がもっとも人間らしくなるときはない＞――作家・山本周五郎はエッセー「人生の冬自然の冬」でそう書いている。

c　インタビューなどで問いの文頭に

〔例〕――新しい球団だが、印象はどうか。

「戦力は充実している。あとはチームワークだ」

d　箇条書きをまとめるとき

〔例〕検討会では、①通信体制②孤立集落③高齢被災者④土砂崩れ――などの対策を協議する。

e　末尾省略や文中、文末で余韻や間を持たせるとき

〔例1〕「トリスタン――」の初演から150年に当たり、ワーグナー好きが集まった。

〔例2〕旧制度に逆戻り――そんなことがあってはならない。

〔例3〕それでも受賞した。近代文学はついにここまで行き着いてしまった――。

・1字分のダッシュを使う場合

a　区間などを表すとき

〔例〕東京―新潟間

b　事態の推移を示すとき

〔例〕乱開発―耕地減少―農村疲弊の悪循環は

c　組み合わせ、スコアを示すとき

〔例〕鹿島―名古屋戦では　3―2で勝った

・数値の幅を示すときには、数字の1との紛れを避けるため、波ダッシュ「～」を使う。

〔例〕販売休止前より50～100円値上げする。

・リーダーは2字分で使い、省略や無言を示す。

〔例〕お年寄りが「喉が痛くて……」と言葉をつまらすと

5　**繰り返し符号（踊り字）「々」「ゝ」「〃」**

・繰り返し符号「々」は、同じ漢字が二つ重なった熟語にかぎり使う。

〔例〕種々　人々　先祖代々　処々方々

ただし、同じ熟語が重なっている場合、別の熟語とつながっている場合は「々」を使わない。

〔例〕民主主義　南南東　五分五分　毎日毎日　大学学長　高高度　古古米　三三九度

〔注〕「先々週」「先々代」「複々線」「翌々週」など慣用として定着しているものは使ってよい。

・仮名の繰り返し符号「ゝ」「ゞ」「ヽ」「ヾ」「〱」「〲」は原則として使わない。

〔注〕「いすゞ」「金子みすゞ」など固有名詞は別。

・同一事項を示す「〃」は、表類に限り使う。

6 その他

・かぎカッコ「　」

a 会話や引用をくくる

b 会社名、映画・音楽の作品名、本の書名などの語句を強調したいとき

c 文中で紛れやすい語句を明示するとき

・二重かぎカッコ『　』

かぎカッコでくくられた会話、引用文の中で二重に引用するときに使う。

〔例〕「今年は『青い着物が欲しい』という女の子が多いんです」とデパートの声

・ちょんちょんカッコ〝　〟

語句を強調するときや二重かぎカッコの中でさらにカッコが必要なときに使うが、多用しない。

〔注〕引用符を二重、三重に使う場合は次のような順序で使う。「『〝　〟』」

・丸カッコ（　）

語や文の後に注記するときなどに使い、名前の後の年齢、発言の引用中の補足、時差などは定型として用いる。

〔例〕陳雲海さん（32）　6日昼（日本時間同日夕）

・山カッコ〈　〉

主に丸カッコの中でさらにカッコが必要なときに使うが、多用しない。

・双柱「‖」

複数の語句のつながりを示すとき、文中で写真やイラストなどを注記するとき、写真説明の注記や配信社を示すときに使用する。

・コンマ「，」とピリオド「．」

コンマは横組み洋数字の位取りに、表などで使う。ピリオドは横組み数字の小数点として使う。

〔注〕横組み文章の区切りとしては読点と句点を使い、コンマ、ピリオドは使わない。

数　字

■数字の書き方（洋数字・漢数字）

記事中の数字は、洋数字（アラビア数字）を使うのを原則とする。2桁までは横並び1字分、3桁以上は縦に並べる。

▼年齢　山田太郎さん(45)
・103歳でも元気に（100歳以上は、例外として3連数字を使う）
・30歳代とみられる（年齢を指すことが明らかなら30代などとしてもよい）

▼世紀・年月日・時間　19世紀末　紀元前700年　1945年（昭和20年）8月15日の終戦　1987～2001年、2010～14年
・エキスポ05愛・地球博（西暦を下2桁で示す場合、通常省略記号のアポストロフィー「，」はつけない）　70年代のファッション
・昭和50年代末からのバブル期（年号表示の年代は年号を略さない）
・午後0時50分　120分の映画　2時間3分6秒（表類を除き、03分06秒としない）

▼住所など　東京都千代田区大手町1の7の1　電話03・3242・1111
・郵便番号100・8055（単柱「｜」は「1」と見誤るおそれがあるため使わない。☎や〒は使ってもよい）

▼金額など　1万円札　5千円札　千円札　500円硬貨　50円玉　57億9502万円

▼組織・職階　第1管区海上保安本部　1等書記官　第1書記　営業1課　捜査2課　第3師団

▼その他　1日当たり　1級建築士　1審判決　1票の重み・格差　第1子　（野党）第1党　○原発2号機　2期工事　2進法　2世議員　ヨハネ・パウロ2世　2大政党　2代目社長　第2次世界大戦　2・26事件　3分の2　3等星　第3極　第3次産業　第3小法廷　第3セクター(3セク)　日系3世　北方4島の2島返

還論　4畳半　第5××丸　6・3制　7月革命　環状8号（環8）　10大ニュース　第15代将軍慶喜　第44代米大統領　50音順　55年体制　100%間違いない　100年に1度の経済危機

1　表記に迷うときは次の原則を参考に洋数字を選ぶ。

・ほかの数字に置き換え可能のときは洋数字

・大きな違和感がないときは洋数字

2　寄稿原稿中の数字は、筆者の意向によって漢数字を使ってもよい。

3　数字には、原則として万以上の単位語（万、億、兆…）をつける。

〔例〕3億4000万円　13万5640人

〔注1〕募金の名簿、社告、見出しなどで、切りのよい数字のときは「千」を使ってもよい。

〔例〕▽1億5千万円　3千人

〔注2〕位取りの「、」は使わない。横組みの表などで単位語を省略するときは三数位ごとにコンマ（，）で区切るのを原則とする。三数位は千位、百万位、十億位などである。

〔例〕36,500ドル

〔注3〕特に大きな数字の場合には、万単位、億単位などで打ち切ってもよい。その場合には、打ち切った単位を必ず注記する。

〔例〕34,517（単位万人）

〔注4〕予算の数字など、日本では単位未満を切り捨てて示し、アメリカでは単位未満を四捨五入で示すのが通例である。この場合は（1億円未満切り捨て）（100万ドル未満四捨五入）などと注記する。

4　次のようなものは漢数字書きとする（48ページからの「漢数字、洋数字の使い分け用例」参照）。

▼ひとつ、ふたつ、み（っ）つ…と読む場合

一つ屋根の下　三つ星のレストラン

▼一人（ひとり）の場合

・ことわざ、成語、熟語

〔例〕娘一人に婿八人　一人芝居　一人息子
・「単独」の語感や意味合いが強いもの
〔例〕一人でも動かせる　ただ一人
・ほかの数字に置き換えられない場合
〔例〕次代のリーダーの一人
▼二人（ふたり）の場合
・「お二人」と書くとき
〔注〕カップルなども原則洋数字。
▼熟語、成語、ことわざなどを構成する数字
二者択一　三十にして立つ　白髪三千丈
▼歴史的に表記が固まっている語
前九年の役　三国干渉　倭の五王　三民主義
▼他の数字と自由に差し替えられない数を含む語
一村一品運動　百万長者
▼仏事、伝統行事など
一周忌　四十九日の法要　お七夜　七五三
▼囲碁、将棋、武道などの段位（級は洋数字）
谷川九段　アマ三段　柔道五段
▼「冠」で示す囲碁、将棋のタイトル獲得数
井山が七冠を達成　羽生三冠　里見女流六冠
▼伝統芸能、伝統工芸などの「代」や「世」など
五代目古今亭志ん生　十三世名人
▼漢数字書きの固有名詞、タイトル、引用文
壺井栄作「二十四の瞳」
▼続き柄
三男　三女
〔注〕次男、次女は別。また、「2男3女をもうける」など人数を表すときは洋数字。
▼学校名・会社名など
日大三高　第一日暮里小　八十二銀行
▼その他漢数字書きがなじんだ語など
・一戸建て　福島第一原発　二院制　三角形　非核三原則　法曹三者　四半世紀　第五福竜丸　東京六大学　七五調　百八十度の方針転換
▼漢数字を使う運動用語
・野球　一回…九回（「7回を1点に抑えた」など合計イニング数は洋数字）一塁　二塁　三塁　二塁打　三塁打　三振　四球　三重殺　一

投一打　特大の一発　三冠王（打撃部門）　三者凡退　三遊間　一軍　二軍

・相撲　十両　三段目　序二段　三役（そろい踏み）（殊勲、敢闘、技能の）三賞　右四つ　四つ相撲　結びの一番　二本差し

・柔道　一本勝ち　一本背負い

・陸上競技　三段跳び　十種競技　近代五種

・テニス、ゴルフの四大大会

・競馬クラシックレースの三冠馬

〔注1〕陸上競技、水泳などの種目名に含まれる距離は洋数字。１００㍍、１５００㍍、３０００㍍障害など（陸上競技）、１００㍍平泳ぎ、１５００㍍自由形など（水泳）。

〔注2〕柔道・重量挙げ・レスリングの階級、大相撲の枚数は洋数字。

5　概数、あいまい数は次のように書く。

2、3人　10年余　十二、三か所（「12、13か所」も）　二十数人　四、五十年　2、3百円　2百数十　３００余人　5千数百万　1億数千万

〔注〕「数～」の範囲の捉え方は人によって異なるため、できる限り具体的な数字で書く。

6　「第一報」の後に2報、3報と続くようなケースでは、「第2報」「第3報」と洋数字で表記し、文中で混在する場合は「第1報」とする。

■数の幅

1　数の幅を示すときは、省略を行わないことを原則とする。

〔例〕３６０億～３８０億円　６５０～６９０㌦（「３６０億～80億円」「３６０～３８０億円」「６５０～90㌦」と書かない）

〔注〕省略を行うのは、「１９４０～45年」など年の期間を表す場合（72㌻）に限る。

2　数の幅を表すのには数字と紛れないように、「—」ではなく「～」を使う。

■分数、小数、倍数、序数詞

1　分数は、一般記事中では「×分の×」と書くの

を原則とする。
〈例〉3分の1　10分の3
2　分数は、表、統計などでは「×/×」と書いてもよい。
〈例〉1/3　3/10
3　小数は、縦組みの場合には中点を、横組みの場合にはピリオドを使って書くのを原則とする。
〈例〉0・2、1・5、3・08
　　0.2　1.5　3.08
4　小数は特に説明的に使う場合には、下に「割・分・厘」をつけて書いてもよい。
〈例〉2割　3割6分5厘
5　倍数は、下に「倍」をつけて書く。
〈例〉2倍　3・5倍
〈注1〉「3・5倍」は、場合によっては「3倍半」と書いてもよい。
〈注2〉場合によって「10割」を使うこともある。このとき、2倍は20割、3・5倍は35割となる。
6　序数詞には、上に「第」をつけて書く。
〈例〉第5章　第2部
〈注〉「第」をつけないと、五つの章、二つの部と誤解されるおそれがある。

■数え方

1　数字の範囲
(1)50個以上・以下・から・まで＝50個を含む
50個を超える・未満＝50個を含まない
〈注〉50個を含むことをはっきりさせる必要のある場合は、「50個または50個以上」などのように書く。「円」「歳」なども同様。
(2)吉田氏ら10人、吉田氏以下10人、吉田氏はじめ10人＝合計10人
吉田氏ほか10人＝合計11人
2　期間の経過
(1)満3年、3か年、3周年、3年ぶり＝まるまる3年
〈注〉「○年ぶりに解決」は、事件の起こった翌年から数え始め、解決の年を含める。「日」「月」

の場合も同じ。一般に望ましい状態に戻る場合に使う。

足かけ3年、3年目、3年越し、3年来、3年がかり＝起算の年を含んで3年

〈注1〉主に横並びの空間列、ABCDのうち「Aから3番目」は「D」（起算はB。A～Dが駅名など具体例の場合。Aが右端で「右から3番目」という表現なら起算はAで、「C」となる）。

〈注2〉仏事の法要は、一周忌のほかは、すべて回忌で示す。126ページ「かいき」の項参照。

(2)10日以前、10日以後（降）、10日から、10日まで＝10日を含む

〈注1〉「明治以前」「太平洋戦争以前」など「時」に幅のある場合は、その始まりの時点（明治元年、1941年12月8日）より前を指すこととし、「明治時代」「太平洋戦争期間」を含めない。基準が始まりの時点であるから「明治以後」「太平洋戦争以後」は「明治時代」「太平洋戦争期間」を含む。

〈注2〉記事中で期間を表す場合は、「7月20日から8月31日まで」を「7月20日～8月31日」のように書いてもよい。

(3)今明日中＝今日か明日か
　一両日中＝1日か2日のうち
　両三日中＝2日か3日のうち

(4)あと3日＝翌日から数えて3日先の目的日を入れる

〈注〉期間の残り数をいうときは、「今年もあと3日となった29日」のように起算の日から数えて最終日まで。

■特殊な用法

場所や期間、条文などを数えるときは、「○箇所」「○箇月」「○箇条」などとせず、「○か所」「○か月」「○か条」とする。「カ」「ヶ」は使わない。

〈例〉2か所　数か月　3か条

漢数字、洋数字の使い分け用例

一、1

【いち】

日本一
正一位
一院制、二院制
1円玉
1円たりとも
単1形乾電池
1学期~3学期（学校）
一から十まで
一からの出発
一眼レフ
一軍、二軍（プロ野球など）
一芸に秀でる
一元化
一語の重み
小一時間
一時金
一時しのぎ
1次試験・予選・リーグ
一社員の不祥事
季節が一巡する
打者一巡
ドラフト1巡目
一大イベント
一度もない
一度や二度失敗しても
もう一度
4年に1度のW杯
一、二を争う
一日一日
一日駅長・署長
一日中
一日も早く会いたい
暑い一日
1日当たり
丸1日
一人称、二人称、三人称
一人前の職人
1人前の料理
1人区、2人区（選挙）
一年草
一年中
一年で最も寒い頃
一年の計
この1年を振り返る
一の酉《とり》、二の酉《とり》、三の酉《とり》
一場面
一番勝負
一番好きな歌
一番だし、二番だし
一番弟子
一番乗り
1番手
大一番
ここ一番
春一番
結びの一番
クラスで1番の成績
一分銀
一分の隙もない
一部区間
営業1部
歴史の一ページ
1㌻目から引き込まれる
一枚一枚
一枚岩
一枚うわて
一枚看板、二枚看板
一面の銀世界
1面トップの特ダネ
テニスコートが1面ある
一問一答
一文なし
びた一文
一夜明けて
一夜漬け
一卵性（二卵性）双生児
一里塚
一流、二流、三流
一輪挿し
一輪車
バラ1輪
一塁、二塁、三塁（野球）

横一列に並ぶ
1列縦隊
1浪、2浪、3浪

【いっ】

一家5人
捜査1課、捜査2課
一回〜九回（野球。合計イニング数は洋数字）
一回一回
一回きり
一回もない
もう一回
一巻の終わり
全10巻の1巻目
1期（2期）工事
一極集中
思い出の一曲
1曲歌った
一級の資料
1級河川
1級建築士
英検・書道1級

一句ひねる
一軒家
例の一件
通報は1件
一個一個
1個300円
一戸建て
一国一城令
一国二制度
1佐〜3佐（自衛隊）
一昨日
お薦めの一冊
本を1冊買う
一酸化（二酸化）炭素
一死、二死（野球）
マンションの一室
野菜の一種
1種免許
一周忌
開店1周年
世界一周、日本一周
世界・日本・島・グラウンドを1周（する）

一升瓶
酒を1升飲む
白一色
1審（判決）
1親等、2親等、3親等
一寸先は闇
一席設ける
歌の一節
一戦一戦
一戦交える
伝統の一戦
一線級、二線級
一線を越える
一村一品運動
1対1（マンツーマン）
1対1（比率）
1―1（スコア）
一昼夜（2以上は洋数字）
一丁上がり
（改革の）一丁目一番地
豆腐・拳銃1丁

次の一手
一滴も飲めない
大海の一滴
しょうゆを1滴たらす
一斗缶
一投一打
一党一派
一党独裁
駅前の一等地
1等〜3等海佐
1等書記官
1等星、2等星、3等星
一杯機嫌
一杯食わされる
ちょっと一杯やろう
酎ハイ1杯で酔う
1泊2日
一発勝負
レフトへの一発
清き1票
1票の重み・格差
一品料理

魚料理が1品
一分一秒を争う
一歩一歩
一歩も譲らず
一歩リード
いま一歩
歴史的な一歩
1歩前に出る（動作）
一本化
一本勝ち
一本勝負
一本背負い
一本調子
一本取られる
仕事一本やり
指一本触れさせぬ
指1本でキーをたたく
1本3000円のワイン

【ひと】

一口大の肉
1口3万円
1切れ、2切れ

昭和一桁世代
1桁の成長率
青春・映画の一こま
1こま（4こま）漫画
一つ～九つ
一粒残さず
キャンディー1粒
一通りやってみる
方法は1通りではない
一晩中
一回りも二回りも
会場・近所を一回り
一役買う
一人芝居
一人旅
一人っ子
一人でも動かせる
一人一人
一人二役
一人もいない
一人息子、一人娘
娘一人に婿八人

首相候補の一人
ただ一人
誰一人として
夜道の一人歩き
1人当たり
3人のうちの1人

【第…】

第一印象
第一関門は突破
○○第一原発1号機
第一（第二）東京弁護士会
第一に…第二に…
第一人者
第一発見者
第一声
第一線を退く
第一報
安全第一
第1～第3号被保険者
第1～第10師団（陸自）
第1～第3次産業
第1次（第2次）世界大戦

第1～第4四半期
第1志望、第2志望
第1～第3小法廷
第1書記
第1陣
第1弾
第1子
第1種～第4種郵便物
（野党）第1党
第1波（津波）

二、2

【に】

2・26事件
二院制
二階屋
2階建て
2学期
二期作
2期工事
2強1弱
二極化、二極分化

二軍（プロ野球など）
二元論
二項対立
2国間関係
二酸化炭素
2次会、3次会
二次感染・災害・利用
2次元、3次元、4次元
2次試験・予選・リーグ
二者択一
二重課税
二重構造
二重三重の安全対策
二重奏
二重丸
テープを二重に巻く
二畳紀
二正面作戦
2審（判決）
二進、三進（野球）
2進法
2世議員

2世帯住宅
2層構造、3層構造
二足のわらじ
二足歩行
二束三文
2大政党（制）
2代目社長
親子2代
二段構え
序二段（相撲）
2段階選抜（入試）
二転三転
二度としない
二度手間
二等辺三角形
二刀流
2人区（選挙）
二人三脚
二杯酢
2泊3日
二番煎じ
二番だし

2番手
二匹目のどじょう
2分（4分）音符
2部作、3部作
二分する
2等分する
二本差し（相撲）
2本立て
二枚貝
二枚看板
二枚舌
二枚目（三枚目）俳優
2枚重ね
二面性
二毛作
二輪車、自動二輪

【ふた、ふつ】

二重まぶた
2桁勝利
二手に分かれる
二間続き
二股をかける

お二人
2人1組
二日酔い

【第…】

第二の人生
第二地銀

三、3

【さん】

三角巾
三角形
三が日
三冠王（プロ野球打撃部門）
三冠馬（競馬クラシックレース）
羽生三冠（将棋）
カメラの三脚
御三家
日本三景
維新の三傑
上位3傑

三原色
三権の長
三権分立
労働三権
非核三原則
武器輸出3原則
三国干渉・協商・同盟・防共協定（歴史用語）
バルト3国
大和三山
三者三様
三者面談（教育関係）
三者凡退
法曹三者
3者会談
3者三振
3球三振
三種の神器
3種（4種）混合ワクチン
三重苦
三重殺（野球）
三女（四女…続き柄）

三賞（大相撲）
万歳三唱
三畳紀
三色旗
青白赤3色の旗
三色スミレ
3審制
三すくみ
舌先三寸
日系3世
三題ばなし
三大祭り
3大都市圏
3大メガバンク
三段飾り
三段跳び
三段目（相撲）
三段論法
三度目の正直
3度目の出産
三男（四男…続き柄）
3男1女をもうける

三人官女
3人1組
石の上にも三年
三羽がらす
スズメが3羽
三杯酢
三番稽古
3番手
三拍子そろう
3拍子の曲
三分（五分、七分）咲き
三分（五分、七分）がゆ
盗っ人にも三分の理
三方一両損
三本締め
3本柱
三枚肉
魚を三枚に下ろす
三枚目の役回り
三位一体
三民主義
三面鏡

三文判
三役（大相撲）
党三役、政務三役
三遊間、三本間（野球）
三割自治
三輪車、四輪車

【み、みっ】

三つどもえ
三つ星のレストラン
三日天下
三日三晩

【第…】

第三紀
第三国
第三者
第三者割当増資
第三世界
第3極
第3京浜
第3セクター（3セク）
第3世代
第3のビール

第3分野

四、4

四角形
四間飛車（将棋）
四肢
四捨五入
四足歩行
四天王
四の五の言わずに
（第1～第4）四半期
四半世紀
四分五裂
平行四辺形
四方八方
50㌢四方
四六判
A4判
四字熟語
4畳半
四つ切り
四つ相撲
右四つ、左四つ
四つ葉のクローバー
4年制大学
4番打者
四大大会（テニス、ゴルフ）
四大文明のうちの3文明
北方4島の2島返還論
四輪駆動（四駆、4WD）
第四紀

五、5

5・15事件
5・4運動（中国）
5円玉
倭の五王
五街道
五角形
五月人形
五月病
五感を働かせる
五言絶句
五七五
五指に余る
近代五種
五重塔
五寸くぎ
五節句
五大湖
五大陸
五段活用
五人ばやし
五分五分
五分刈り
五分（七分）づき（精米）
五分の星
五目並べ
第五福竜丸
第5××丸（一般の船）

六、6以上

6・3制
6畳一間きり
6畳1間と8畳2間の間取り
六大学（東京六大学など）
六面体
六価クロム
第六感
六法全書
七五三
七五調
北斗七星
七転八倒
伊豆七島
七福神
七分袖
お七夜
七色の虹
春・秋の七草
七大タイトル（囲碁）
七つ道具
七不思議
環状8号（環8）
近江八景
口八丁

数字

八大タイトル（将棋）
八頭身
八方美人
九死に一生
憲法９条
九分九厘大丈夫
前九年・後三年の役
ベートーベンの第九
交響曲第９番
十戒
十干十二支
打撃10傑
十種競技
10進法
10円玉、50円玉、１００円玉
十台、百台（位取り）
10大ニュース
10（歳）代の女性
十人十色
十人並み
十年ひと昔

10年に１人の逸材
苦節10年
10年余、10余年
十の位、百の位
十両（相撲）
十二指腸
ダライ・ラマ14世
十五世名人
十五年戦争
第15代将軍慶喜
十七回忌
十七条憲法
18金、24金
十八番
弱冠20歳
二十四節気
三十石船
三十にして立つ
32型テレビ
四十肩、五十肩
第46代米大統領
赤穂四十七士

四十九日の法要
50音順
東海道五十三次
55年体制
六十の坂を越す
六十の手習い
人のうわさも七十五日
四国八十八か所、二十三番札所
99％大丈夫
百条委員会
地方自治法１００条
名水百選
１００点満点の出来
百日裁判（公職選挙法）
百年の計
百年の恋
１００年に１度の経済危機
生誕１００年
１００％間違いない
１００％子会社

１００㍍自由形
百発百中
百分率
百も承知
日本百名山
百八の煩悩
１１０番、１１９番
百八十度の方針転換
１８０度向きを変える
３６０度のパノラマ
５００円硬貨
五百年遠忌
千円札、２千円札、５千円札
千年紀
３０００㍍障害
１万円札
百万長者
加賀百万石
石高は１００万石
一億総ざんげ

助数詞の使い方

▼同一種類の事物には、なるべく同じ助数詞を使う。
▼同一種類の事物に使われる助数詞が2種以上ある場合には、できるだけ適用範囲の広いものを使う。
▼古い助数詞、特殊な助数詞を避け、できるだけ一般的な分かりやすいものを使う。

助数詞使用の基準

1　人

人は「人」で数える。「名」は使わない。

〔例〕3人が重傷　五人委員会　2万人が集合

〔例外〕2名連記　若干名

2　動物

・動物は「匹」で数えるのを原則とする。ただし、鳥類は「羽」で数え、大型の獣類は「頭」で数えることもある。魚類を数える「尾」は、なるべく使わない。

〔例〕ウサギ3匹　99匹の羊　数百万匹のイナゴ　マダイ2匹　スズメ3羽　数十頭の象の群れ

〔注〕匹と頭の境目は難しいが、犬を例に挙げると、中小型犬が匹、大型犬が頭というのが一つの目安。人間の訓練を受けた盲導犬、警察犬などは頭で数えられることが多い。

・助数詞の選択に迷う場合、また種類の異なる動物を一括して数える場合には「匹」を使う。

〔例〕牛、豚、鶏など家畜十数匹　鳥獣100匹

3　物品・物体

・不定形な物品・物体は「個」で数えるのを原則とする。

〔例〕庭石3個　茶わん5個　10個のリンゴ

・助数詞の選択に迷う物品・物体は、原則として「個」で数える。

〔例〕財布、たばこケース各1個　数百個の大腸菌を発見

・きわめて小さな物品・物体には「粒」を使ってもよい。

〔例〕1粒の麦　真珠5粒　丸薬20粒

助数詞の使い方

・形の長い物品・物体は「本」で数えるのを原則とする。

〔例〕腰ひも1本　ネクタイ3本　十数本の立ち木　日本刀、竹ヤリなど十数本

・平面的な物品・物体などは「枚」または「面」で数える。

〔例〕1枚の地図　油揚げ5枚　むしろ、ござなど10枚　碁盤1面　テニスコート4面　養殖池8面

・機械、器具、車両、固定した施設などは「台」または「基」で数える。車両を「両」で数えることもある。

〔例〕テレビ1台　カメラ2台　自転車3台　5台の自動車に分乗　1基の石塔　2基のクレーン　ガスタンク3基　原子炉4基　8両編成の列車

・船舶は「隻」、航空機は「機」で数える。ただし、小型の舟艇を「そう」で数えることもある。

〔例〕貨物船1隻　2隻の潜水艦　はしけ3そう　ヘリコプター2機　3機の飛行機

・主として手に持って使う器具・道具・銃器などは「丁」で数える。

〔例〕ノミ1丁　スキ、クワなど5丁　小銃10丁

・建物は「棟」で数える。ただし、住居の単位としては「戸」または「軒」を使う。

〔例〕倉庫1棟　工場など5棟　住宅21棟を全焼　床下浸水100戸　仮設住宅2000戸を建設　クリーニング店、洋品店など4軒

・種類の異なる物品・物体を一括して数える場合は「点」または「件」を使う。

〔例〕椅子、テーブル、テレビなど20点　衣類、時計、宝石など十数点　土地、建物3件

助数詞の使用例

【あ】いかだ（枚、床）▽遺骨（体、柱）▽石灯籠（個、基）▽椅子（脚、個）▽遺体（体）▽位牌《いはい》（柱）▽宇宙船（機、隻）▽うどん（玉）▽映画（本、作）▽エレベーター（台、基）▽エンジン（台、基、個）▽置物（個）▽帯（本、筋）▽折り詰め（折り）

【か】絵画（点、枚、幅）▽貝殻（個、枚）▽鏡（面、

枚）▽鏡餅（重ね）▽額（面、枚）▽掛け軸（本、幅、軸）▽かご〔駕籠〕（丁）▽滑走路（本）▽蚊帳（枚、張り）▽棺（基）▽ギター（本、台、丁）▽記念碑（基）▽草花（本、株、輪、鉢）▽くし（枚、本）▽薬（錠、粒、服、包）▽ゲレンデ（面）▽こいのぼり（匹、本、枚）▽口座（口）▽琴（張り、面）▽古墳（基）▽こんにゃく（個、枚）

【さ】材木（本、枚）▽ざるそば（枚）▽敷物（枚）▽三味線（さお、丁）▽集積回路（個）▽重箱（重ね、組）▽数珠（本、連）▽書画（幅）▽人工衛星（基、個）▽神体（体、柱）▽スーツ（着、組、そろい）▽スキー（台、本）▽すずり（面、個）▽すだれ（張り）▽滑り台（基、台）▽ズボン（本、着）▽墨（個、本）▽石碑（基、台）▽扇子（本）▽ソフトウェア（本）▽そろばん（面、丁）

【た】対局（局、番）▽太鼓（張り）▽大砲（門）▽山車（台）▽ダム（基）▽たる（個）▽弾丸（発、個）▽たんす（本、さお）▽茶器（個、組）▽彫塑（個、体、台）▽ちょうちん（張り、個）▽机（脚、台、卓）▽手袋（組、対）▽電気スタンド（台、個）▽テント（張り）▽電話機（台、個）▽砥石《といし》（個、丁）▽塔（基）▽豆腐（丁）▽土俵（面）▽鳥居（基）▽トロフィー（本）

【な】なぎなた（振り）▽鍋（個）▽人形（個、体）▽のぼり（本）▽のれん（枚、垂れ）

【は】バイオリン（本、丁）▽墓石（基）▽はさみ（丁、本）▽橋（本、基）▽箸（膳）▽旗（本、枚）▽花びら（枚、ひら）▽ピアノ（台）▽ひつぎ（基）▽びょうぶ（台、双）▽琵琶（面）▽仏像（体、座）▽布団（枚、組）▽ベッド（台、床＝病院）▽帽子（個）▽宝石（石、粒）▽盆栽（鉢）

【ま】巻物（巻、本、軸）▽幕（張り、枚）▽みこし（基、台）▽ミサイル（発、基）▽眼鏡（個、本）▽モーター（基）

【や】焼き鳥（本、串）▽弓（張り）▽ヨット（艇、隻）

【ら】料理（品、人前）▽列車（本＝便数、両＝車両）▽ロケット（機、基、発、台）

計量単位

1　計量単位はメートル法を使う。ただし、次のようなものは例外とする。

・ことわざや形容詞的なもの

〔例〕一寸の虫にも五分の魂　白髪三千丈　土一升金一升　一里塚　国境は1インチたりとも譲らない　六尺ゆたかな

・史実や古文書を引用する場合

〔例〕加賀百万石の封土　三十石船

・談話、寄稿などに出てくる場合

　ただし、メートル法による換算値をカッコ内に注記する。

〔例〕一町（約110メートル）ばかり追いかけたが

・尺貫法時代に使われた容器・器具の名称

　必要があれば、メートル法による換算値をカッコ内に注記する。

〔例〕一升瓶　五寸くぎ

・スポーツの種目名、ルールによって規定されているもの

〔例〕10マイルレース（陸上）　60ヤードのロングゲイン（アメリカンフットボール）　東京よみうりCC＝7023ヤード（ゴルフ）

・船の速度、航行距離などに使われるノット、カイリ

　ただし、カッコ内にキロメートルを注記する。

〔例〕20ノット（時速37キロ・メートル）　沿岸3カイリ（5・6キロ・メートル）

〔注〕1カイリは1852メートル。海上距離はキロメートルで表す。

・メートル法によらない数値そのものが重大なニュース要素である場合（とくに科学記事）

　この場合、メートル法による換算値をカッコ内に注記する。

〔注〕巨大望遠鏡の大きさ、たとえばウィルソン山天文台の100インチ鏡、パロマ山天文台の200インチ鏡など国際的にインチを単位に表現しており、固有名詞に近いものになっている。これを254センチ鏡とか508センチ鏡などといわない。

・海外市場などで正式な取引単位として採用されているもの

〔例〕バレル（原油）トロイオンス（貴金属）

2　メートル法の単位は、原則として単一の単位を使う。

〔例〕3メートル45または345センチ（・メートル）とし、3メートル45センチ（・メートル）とはしない。

〔注〕1メートル以上の人の身長は原則として「1メートル72」などと表記し、「172センチ（・メートル）」としない。

3・5キロ（・グラム）または3500グラムとし、3キロ500グラムとしない。

1・5キロ・リットルまたは1500リットルとし、1キロ500リットルとしない。

なお、紛らわしくない場合は、カッコ内のメートルやグラムなどは省いてもよい。

3　おもに使う単位は次の通り。

・長さ＝キロ（メートル）、メートル、センチ（メートル）、ミリ（メートル）、マイクロメートル（＝1000分の1ミリ）、カイリ、光年（＝約9兆4600億キロ・メートル）

・速度＝時速○キロ（メートル）、分速・秒速○メートル、ノット（1ノットは1時間に1カイリを進む速度。時速○ノットとするのは誤り）

・重さ＝トン、キロ（グラム）、グラム、ミリグラム、カラット

・容積、体積＝キロリットル、リットル、デシリットル、ミリリットル、立方メートル、立方センチ（メートル）、立方ミリ（メートル）、容積トン

・面積＝平方キロ（メートル）、平方メートル、平方センチ（メートル）、平方ミリ（メートル）、ヘクタール、アール

・工率＝キロワット、ワット、馬力（＝735・5ワット）

・流量（一定時間に一定箇所を流れる水の量）＝立方メートル毎秒、立方メートル毎分、立方メートル毎時（以上容積）、キログラム毎秒、トン毎時（以上重さ）

・光度（光源の明るさ）＝カンデラ

・照度（光を受けている面の明るさ）＝ルクス

計量単位

・周波数＝メガヘルツ、キロヘルツ、ヘルツ
・騒音＝デシベル
・気圧＝ヘクトパスカル
・熱量＝キロカロリー（生理・栄養学。キロを省く大カロリーは用いない）、ジュール
・電気＝アンペア（電流）、オーム（電気抵抗）、ボルト（電圧）、ワット（電力。発電所の設備容量＝キロワット）、ワット時（電力量。販売電力量＝キロワット時）
・放射線＝グレイ（吸収線量）、シーベルト（実効線量、線量当量）、ベクレル（放射能）

4　とくに必要な場合は、一般に使われている略号（m、cm、km、g、kg、cc、W、kW、ppmなど）を使ってもよい。

5　船舶トン数は、原則として種類を明記する。

〔例〕あるぜんちな丸（1万918総トン）
　　ばるせろな丸（1万2554重量トン）

船舶トン数のおもな種類は次の通り。

◇商船
総トン（グロストン）＝船舶内部の総容積。

純トン（ネットトン）＝旅客・貨物を積載できる容積。

載貨重量トン（デッドウェートトン）＝貨物・燃料・人員・食料・水など、積むことのできる荷物の総重量。単に重量トンともいう。

◇軍艦
基準排水量＝国際的な測定法による排水量。

満載排水量＝弾薬・食料・水・燃料など、すべての消耗品を定量積載した際の排水量。


漁船や小型船舶は一般に総トン、タンカーは載貨重量トン、軍艦は基準排水量で表す。この場合は、トンの種類を書かなくてよい。軍艦に満載排水量を使うときは、「満載排水量」と明記する。

〔例〕マグロ漁船第5松栄丸（47トン）
　　タンカー出光丸（20万9302トン）
　　米原子力空母エンタープライズ（7万5700トン）
　　米原子力空母エンタープライズ（満載排水量

8万5350トン)

6　数を示す接頭語とその記号は次の通り。

10^{30}倍	Q	クエタ
10^{27}倍	R	ロナ
10^{24}倍	Y	ヨタ
10^{21}倍	Z	ゼタ
100京(10^{18})倍	E	エクサ
1000兆(10^{15})倍	P	ペタ
1兆倍	T	テラ
10億倍	G	ギガ
100万倍	M	メガ
1000倍	k	キロ
100倍	h	ヘクト
10倍	da	デカ
10分の1	d	デシ
100分の1	c	センチ
1000分の1	m	ミリ
100万分の1	μ	マイクロ
10億分の1	n	ナノ
1兆分の1	p	ピコ
1000兆分の1	f	フェムト
100京分の1	a	アト
10^{21}分の1	z	ゼプト
10^{24}分の1	y	ヨクト
10^{27}分の1	r	ロント
10^{30}分の1	q	クエクト

〔注〕文中で接頭語の意味を補うときは、「数百テラ・バイト（テラは1兆倍）」「3ナノ・メートル（ナノは10億分の1）」などと書く。

外国通貨

1　外国通貨による金額には、原則としてカッコ内に最新のレートによる円換算を示す（551ページ「世界の通貨」参照）。

〔例〕対比借款5億ドル（約720億円）

〔注〕円換算率の変動には、常に注意している必要がある。概算で示す場合は「約」を入れる。

2　外国通貨の円換算は、記事中に登場するごとに計算に基づいて表記するのを原則とする。

3　同じ金額が同一記事内に2回以上出てくる場合には、2回目からは、円換算を示さなくてもよい。

人名の書き方

（外国人名の書き方は703㌻）

1　姓名の書き方

・日本人、外国人とも初出の際は姓名を略さずフルネームで書き、文中で繰り返す場合には姓だけを書く。なお、同姓の人が2人以上いる場合など、必要に応じて、2度目以降でも名を書いてよい。

〔例〕(1)荒山明さん（25）は通信教育の学士となった。荒山さんは……。
(2)鈴木亀三さん、鈴木鶴吉さんの2人が乗り組んでいたが、亀三さんは……。
(3)AFP極東総局長レオン・プルー氏は……プルー氏は……。

・記事に繰り返し登場したり、同一紙面の複数の記事に現れたりする人物は、フルネームにこだわらない。次のようなケースでは最初から姓だけでもよい。

＜日本人＞歴史上の超有名人、現職首相・閣僚、前・元首相、衆参両院議長・最高裁長官、主要政党の長・三役（自民党は五役）

＜外国人＞歴史上の超有名人、米英伊加仏独露の元首（国王、大統領）・首相、米国防・国務長官など

・同じ記事中に同姓が2人以上出てくるときは、名の最初の1字を姓の下に書くなどして区別する。政党、団体などに同姓の有名人がいる場合は、登場人物が1人でも同様にする。

〔例〕(1)賛成派、反対派は次の通り。
賛成派――佐藤常、山崎、大石
反対派――大山、原口、佐藤大、倉石
(2)ジャンプ週間の日本勢では小林陵が……。

・難しい漢字の姓名や読み方に迷う姓名には、平仮名で読み（ルビ）を振る。

〔例〕罌嘔《あいおう》氏　五百旗頭《いおきべ》真氏　仲井真弘多《ひろかず》氏

・「ケ」のつくものは小文字にする。

・欧米人などの場合、代表的なファーストネームとファミリーネームを使用し、ミドルネームなどは原則として省く。

2 肩書の書き方

・肩書が複数ある場合は次の順序で書く。
⑴職名　⑵官名　⑶学位　⑷位階　⑸姓名

〔例〕⑴財務省理財局総務課長財務事務官山田浩氏
⑵東京大学法学部教授文部教官法学博士従四位小林吉雄氏

・二つ以上の職名を肩書に書く必要がある場合は、最初にそのニュースに直接関係のある肩書を書く。文中で繰り返すときは、最初の肩書を使う。

〔例〕県商工会議所会頭、第一商事社長岡村三郎氏は会議所定期総会で……岡村会頭は……

この場合、次のように二つの肩書を姓の前後に分けて書いてもよい。

〔例〕オーストラリア代表へイハースト大使

・列記する場合は、混乱しないように注意すれば別の書き方でもよい。

〔例〕総会では、次の各県代表から反対意見があった（カッコ内は県名）。佐藤（青森）、田中（新潟）、高橋（岡山）。

・肩書が姓名あるいは国名と混乱するおそれのあるときは、次のように書く。

〔例〕コモロ大統領アザリ氏（アザリ・コモロ大統領とは書かない）
桜井市長松井正剛氏（姓のみにする場合も松井桜井市長とは書かない）

姓の上の肩書が姓とからみ合う場合は、その間に「・」を入れる。

〔例〕委員長・谷川徹三氏（「委員長谷川徹三氏」とすると「委員・長谷川徹三氏」と誤読されるおそれがある）

・団体の責任者などをカッコ内に示すときは、肩書と姓名の間に中点（・）を入れる。

〔例〕実行委員会（委員長・林明子氏）

〔注〕カッコ内を（林明子委員長）の形にしてもよい。

・肩書につける「前」「元」の使い方

⑴「前」は、当人の直接の後任者が現職にある場合、または当人が辞任後まだ後任者が決まらない場合に使う。

(2)「元」は、当人の直接の後任者が辞任した場合、副社長など複数ポストの人が辞めた場合、称号、身分、職業、制度などが変わった場合に使う。

〔例〕元皇族賀陽氏　小泉純一郎元首相　元官吏山本二郎氏　元左官職山田金三さん

なお、相撲の横綱、三役（大関、関脇、小結）が引退し、または格下げになった場合、すべて「元」を使う（「前」は使わない）。

〔例〕宮城野親方（元横綱白鵬）　元関脇高見山

(3)選挙による公職（衆・参両院議員、地方議員、知事、市町村長など）の場合、解散、または任期満了後は、現職者は「前」となり、前職者は「元」となる。

・「故」について

原則として人名には「故」をつけない。亡くなっていることを明らかにしなければならないときは、「○年○月に死去した○○さん」のように、人名に年（月）を付記した形で書く。

3　敬称の使い方

・敬称は原則として、政治・外電・経済記事では「氏」、その他の記事では「さん」を使う。必要に応じて、夫人、老、翁、師（牧師、僧侶、一部の芸能人）、関（力士）、画伯などを使ってもよい。

・子どもの敬称は原則として次の通りとする。

▽男子　小学校入学前＝「ちゃん」、小中学生＝「君」、高校生＝「さん」▽女子　小学校入学前＝「ちゃん」、小学生以上＝「さん」

ただし、記事内容によっては、小学生に「ちゃん」、男子高校生に「君」を使ってもよい。

・姓（名）の下に肩書をつける場合は敬称は不要。

〔例〕松本会長、竹井委員長、梅田香織部長

・人名を列記する場合は各人に敬称をつけず、次のように書く。

〔例〕(1)山田五郎、村上勇の両氏
(2)大内、鈴木の両委員は……。
(3)大口、山田、天野、林の諸氏
(4)幸三郎（52）、妻かね（48）、長男正一郎（25）さんたちは……。

・死傷者や被災者、または表彰者などの氏名を列記して敬称を省略する場合は（敬称略）を入れる。
・死亡記事の氏名には、すべて敬称をつける。
〔例〕梨元勝氏　65歳（なしもと・まさる＝芸能リポーター）

4　敬称をつけない場合

・運動欄、芸能欄、テレビ・ラジオ欄などに登場する運動選手、芸能人には、敬称をつけなくてよい。
〔注〕死亡、事故など、本来のスポーツ、芸能活動と関係なく社会欄などで扱う場合には、敬称をつける。
・次のようなものには敬称をつけない。
(1)人事や、候補者一覧など　(2)歴史上の人物
・同一記事では、同じ資格に立つ限り原則として区別をつけない。
〔例〕菊田澄江さんは島津貴子さんと協力して…
〔注〕元皇族でも、島津貴子さんとし、菊田さんと区別をつけない。

5　容疑者の呼称

・容疑者は呼び捨てにせず、氏名のあとに「容疑者」の呼称をつける。
(1)容疑者とは、逮捕（現行犯を含む）、指名手配、送検（身柄送検及び書類送検）された者をいう。
(2)事件、事故の状況などから容疑者であることが明らかな場合は、取り調べや逮捕状請求・取得に至っていなくとも、容疑者の呼称をつけることができる。
(3)逮捕状が出ただけの段階では、匿名ないし実名
・肩書呼称とする。ただし、犯罪の態様によっては、実名・容疑者呼称もできる。
(4)記事の最初に「容疑者」とした場合、続く記事の中では、できるだけ呼称を統一する。
(5)複数の容疑者名を列記する場合、「両容疑者」などのように書くこともできる。
(6)容疑事実の記述の中の「……した疑い」は省略しない。現行犯逮捕でも、原則として「……した疑い」などと記述する。
(7)起訴したことを伝える記事では、「容疑者」の

呼称を使う。その後の続報では、「被告」呼称とする。再逮捕したことを伝える記事では、最初の事件と再逮捕した事件との関連性や重大性を比較検討し、「被告」を継続するか「容疑者」を使うかを判断する。社会的関心が高い重大事件では、記事の最初に「○○被告（××罪で起訴）」と表記した上で、2回目以降は「容疑者」を使うことができる。この場合、続報記事では最初から「容疑者」にする。

(8)未成年者については、「少年（年齢）」「少女（年齢）」「高校1年の男子生徒（年齢）」などとする。

・犯罪の態様によっては、肩書呼称も使うことができる。

(1)贈収賄、公務員職権乱用、特別公務員職権乱用、特別公務員暴行陵虐、背任、特別背任、業務上過失致死傷など、個人の社会的立場と犯罪が密接な関連性がある場合については、初出箇所のみ肩書呼称を使うことができる。以後は容疑者呼称とする。ただし、過失犯など犯罪の質、軽重などの面から判断し、全文を肩書呼称で記述することもできる。

(2)微罪（軽犯罪法など）、特別刑法犯（政治資金規正法、公職選挙法など）の場合には、犯罪の質、軽重などの面から判断して、肩書呼称、敬称を使うことができる。

・選挙違反者の呼称

(1)候補者の場合、敬称の氏をつけず「○○候補」とする。

(2)運動員は肩書のある場合は、その肩書を名前の下におく。肩書のない場合は「○○運動員」と名前の下に書く。

(3)実情によっては「○○派運動員で○○市議、農業○○○○容疑者を逮捕した」のように書いてもよい。

・その他

(1)刑事裁判の被告人は実名で書き、氏名の後に「被告」を付ける。判決確定までは、本記、関連記事とも被告呼称とする。ただし、関連記事では肩書呼称を使うこともできる。

(2)実刑確定から収容までの間は実名で書き、「元被告」を付ける。肩書呼称も選択できる。

(3)実刑が確定し、収容された者は、社会に大きな影響を与えた事件では、刑期満了までは実名とし、「受刑者」を付ける。懲役刑の場合は「服役囚」も使用できる。死刑が確定した者は実名で書き、「死刑囚」を付ける。

(4)無罪確定後は敬称をつける。死刑を執行された者は「元死刑囚」とする。

(5)刑期満了後に、再審請求をした者については、肩書・敬称ないし「元受刑者」を付けて、実名で報道できる。

(6)再審開始決定が出た者については、実名とし、釈放されたり、決定が確定したりした場合は、肩書・敬称ないし「元被告」に切り替えることができる。再審決定前でも釈放された場合は同様とする。再審公判中は「被告」などとする。

6 年齢の書き方

年齢は満の年齢で、姓名敬称、または姓名の下につけた肩書の次にカッコに入れて、洋数字で書く（100歳以上は3連数字を使う）。年齢は発生日現在を原則とし、話題物などは掲載日の年齢とする。

〔例〕須藤彩菜ちゃん（5） 山口勇教諭（27） 山田花子さん（103）

ただし、事件に直接関係のない人で、自分の年齢を公表したがらないと思われる場合は伏せる。

選挙で公示・告示日以降に掲載する候補者一覧などでは、投票日の満年齢で表し、その旨を注記する。

7 住所が加わる場合

住所は原則として姓名の前におき、間に読点（、）を入れる（次項「地名の書き方」参照）。

〔例〕東京都港区赤坂1、渡辺聡（36）
東京都北区王子2、森さん方、松田茂さん

ただし、勤務先の所在地とまぎらわしい場合には姓名、敬称、年齢のあとにカッコに入れて続ける。

〔例〕日本海運株式会社総務課長山本雅夫氏（53）
（東京都港区西新橋2）

地名の書き方

（外国地名の書き方は703ページ）

1　地名を書く順序

原則として「都道府県―市―区―町―丁目」、あるいは「都道府県―町村―大字」の順序で書く。「丁目」「大字」は略してもよい。郡名は原則として省く。

〔注1〕「東京・新宿区」のように都道府県名と市区町村名を「・」でつなぐ書き方はせず、「東京都新宿区」と書く。ただし、「東京・新宿」のように一般地名として挙げる場合はかまわない。

〔注2〕東京都関係の記事でも都名を省略しない。

2　地名の省略

右の原則にかかわらず、必要に応じて地名の一部を省略してもよい。省略できる場合、およびその方法は次の通り。

・都道府県庁所在地の市名は都道府県名を省略する。

・地域版の場合、その都道府県名は省略する。

・一般に通用している書き方をした方が分かりやすい場合には原則を適用しない。

〔例〕オランダ坂（「長崎市東山手町」より分かりやすい）

・政令市など全国的に著名な市、名所旧跡、山岳、島、半島名、また有名公共施設などの場合には、都道府県名や町名を省いてもよい。

〔例〕川崎市　別府温泉　日光東照宮　阿蘇山　佐渡島　三浦半島　東京・日比谷公園など

・近くに有名な目標物などのある場合

〔例〕東京・神田駅北口（「東京都千代田区内神田3」より分かりやすい）

・県名や番地に重きを置かない場合

〔例〕宇都宮市在住の山本八郎さん(53)は……。

3　地点の示し方

震源地、遭難などの場合、その位置を説明するのに、緯度、経度のほか、分かりやすい目標物を書く。

理解を助けるためにできるだけ地図を使う。

〔例〕北緯45度、東経140度――利尻島南方海上15キロの地点。
震源地は北緯40度、東経145度――岩手県久慈市東方海上300キロの地点。

4 難しい地名

むずかしい漢字を使った地名や何通りもの読み方が考えられる地名は読み仮名（ルビ）を振る。

〔例〕北海道留寿都《るすつ》村　香川県豊島《てしま》
沖縄県今帰仁《なきじん》村　JR桜井線 京終《きょうばて》駅
英彦山《ひこさん》（福岡・大分県）

5 「が」「か」と読む「ケ」

小文字の「ヶ」を使う。

〔例〕鎌ヶ谷市（かまがやし）　七ヶ宿町（しちかしゅくまち）

6 差別観念を与える表記は使わない

〔例〕表日本、裏日本 → 太平洋側、日本海側

7 「来―」「帰―」「滞―」などの使い方

上京、在京など、一般にも分かるものは使ってもよいが、離京、東上、西下や、来札（札幌に来る）、滞名中（名古屋に滞在中）、帰樽（小樽に帰る）、離神（神戸を離れる）など、全国的にみて分かりにくいものは、「札幌に着く」「神戸を出発」などと、地名をはっきり書く。

日時の書き方

■時　刻

1　時刻は、分単位までできるだけ正確に示すことを原則とする。正確な時刻が分からないときは、5分刻みに書き、「午後5時15分頃」などと不正確な時刻であることを示す。

〔注〕小さなニュースでは「午前」「午後」「早朝」「深夜」「未明」などと簡略化する。「未明」はその日の午前0時から夜明け前までの時間帯に使う。

2　時刻は「午前×時×分」「午後×時×分」と書く。「午後3時30分」は「午後3時半」と書いてもよい（死亡記事は「半」を使わない）。

〔注〕「午後2時50分」を「午後3時10分前」とはしない。「午後3時9分」などと誤解される恐れがあるため。

3　「12時」は「0時」で表す。

〔例〕1日午前0時10分　10日午後0時25分

〔注1〕期限を表す場合は、「午後6時から午後12時まで」のように「12時」を使ってもよい。

〔注2〕午後0時ちょうどは「正午」とする。

4　24時間制をとっているものは、12時間制に直して書く。

〔例〕午後6時55分博多発東京行き

〔注〕ドキュメント記事や鉄道・航空の空席情報などでは24時間制を使ってもよい。

5　外電記事の時刻は、原則として現地時間によって表し、日本に関係ある重要なものはカッコ内に日本時間を注記する。

〔例〕国務長官は出発に先立ち5日午前11時（日本時間6日午前1時）記者団と会見……。

〔注〕詳しい時刻が特に必要な場合を除き、「午前」「午後」などとなるべく簡略化する。

6　外電記事の見出しの時刻は、原則として日本時間によって表す。世界の各地間の時差を調べるには、時差表（巻末）を参照すること。

〔注〕いわゆる夏時間を使用している国の記事につ

いては、時差の換算に特に注意する。

■日

1　日付は、明記することを原則とする。「昨夜」「今日」「明朝」「今週」「来週」などという表し方は、掲載の日付が変わったり、記事が遅れて使われたりする場合に混乱を招く。

〈注〉特に必要のある場合には、混乱の起こる心配がないときに限って、「昨日」「今日」「明日」のようなものを使ってもよい。

2　週日は、特殊な場合だけに使う。

〈例〉委員会は当分の間、毎週水曜および木曜日の午後に開かれる。

〈注1〉1週は日曜日に始まり、土曜日に終わる。

〈注2〉欧米の新聞では、主として週日を使い、日付はむしろ従となっているが、わが国の新聞では日付を主とする。

3　日付変更線に注意する。

〈注〉おおむね太平洋上の経度180度線が日付変更線となっている。これを越えて東に進む場合は日付を1日遅らせ、西に進む場合は1日早める。

■週、旬

1　特定の週を表すときは、上に「第」をつける。期間を表すときは、下に「間」をつける。

〈例〉7月第1週に始まり3週間で終わる……。

〈注〉「先週」「今週」「来週」などという表し方が、混乱を招くおそれのあるときには、明確な日付で表す。週末の場合には、特に注意する。

2　旬は10日間を表す。

〈注1〉上旬は1日から10日まで、中旬は11日から20日まで、下旬は21日から末日までを表す。

〈注2〉「2月上旬」のような場合には2月1日から10日までの期間を表すこともあり、またその期間中の1日（または数日）を表すこともある。

■月

月は明記することを原則とし、その月のニュースは「月」を略してよい。「先月」「今月」「来月」などという表し方は、混乱を招きやすい。

〔注1〕特に必要のある場合には、混乱の起こる心配がないときに限って、「先月」「今月」「来月」を使ってもよい。

〔注2〕「先々月」は使わない。

■半期、四半期

半期、四半期は、必要に応じて使う。

〔注1〕半期は、1年を二つに分けたもので、四半期は半期をさらに二つに分けたものである。

〔注2〕半期、四半期の決め方には、暦年によるものと、年度によるものとがある。

〔注3〕暦年の場合は、1月1日から6月30日までを上半期、7月1日から12月31日までを下半期という。

〔注4〕四半期は第1四半期、第2四半期、第3四半期、第4四半期のように書く。

■年

1　一般記事で「年」を表す場合は西暦を使い、必要に応じてカッコ内に年号を注記する。

〔例〕2021年の東京五輪
　　1560年（永禄3年）の桶狭間の戦い

〔注1〕記事初出の西暦年の上2桁は省略しない。

〔注2〕裁判の判決理由、国会での首相演説など発表文を記事化する場合は、年号のままでもよい。

2　期間を表す場合は、年号を使ってもよい。

〔例〕明治初期の創業　昭和末期のバブル景気

3　西暦で期間を表す場合は、「〜」を使い、「〜」の後は上2桁を省略する。ただし、世紀をまたぐ場合は省略せずに書く。

〔例〕文化文政（1804〜30年）の頃
　　志賀直哉（1883〜1971年）

4　その年のニュースは、年を省略し、月以下を書くのを原則とする。

〔注1〕特に必要のある場合には、混乱の起こる心

配がないときに限って、「去年」「今年」「来年」のようなものを使ってもよい。
〔注2〕「一昨々年」「明々後年」などは使わない。
5　年度を表す場合には、「度」を添えて書く。
〔例〕２０１４年度予算案
　２００８～12年度の歳入増減は……。
〔注1〕財政年度は、国によって、それぞれ定められている。
▼日本、イギリス、カナダ、インド、ニュージーランド　その年の4月1日から翌年の3月31日まで。
▼アメリカ　前年の10月1日からその年の9月30日まで。
▼フランス、ロシア、ドイツ、オーストリア、イタリア、中国、ベルギー、オランダ、スイス　その年の1月1日から12月31日まで。
〔注2〕米穀年度　農林水産省は、前年の11月1日からその年の10月31日までとしてきた「米穀年度」の使用をやめ、例えば平成16年7月から17年6月までの1年間をもって平成16年産米と呼ぶことに変更した。
〔注3〕民間の会社などでは、独自の年度を使っているものがある。

■世　紀

世紀は、必要に応じて使う。
〔注1〕各世紀は、それぞれ1年に始まり、１００年に終わる。20世紀は１９０１年から２０００年までである。
〔注2〕各世紀の1年から50年までを前半世紀、51年から１００年までを後半世紀という。

敬語の使い方

敬語はできるだけ平明・簡素な使い方をする。

1　普通、敬語といわれるものには、次の5種類がある。

・丁寧語〔例〕です　ます
・美化語〔例〕お米　お茶わん
・尊敬語〔例〕召し上がる　いらっしゃる
・謙譲語Ⅰ〔例〕申し上げる　うかがう
・謙譲語Ⅱ（丁重語）〔例〕いたす　参る　申す

＊極端に高い尊敬語や極端に低い謙譲語、必要以上の美化語は使わないようにする。

2　「お」「ご」について

・付けてよい場合

a　相手の物事を表す「お」「ご」で、言い換えれば「あなたの」という意味になるような場合
〔例〕おからだを大切に。
　ご意見をはがきで係まで。

b　真に尊敬の意を表す場合
〔注〕皇室関係記事の「お」「ご」については76ページ参照。

c　慣用が固定している場合
〔例〕おはよう　おかず　おたまじゃくし　ごはん　ごくろうさま
おいでになる（「お――になる」の型）
ご覧になる（「ご――になる」の型）

d　自分の物事ではあるが、相手に向けてする物事であるため、それを付けることに慣用が固定している場合
〔例〕お礼をさしあげます。
　お願い　ご返事　ご報告

・省いてよい場合
対象を美化して述べる「お」「ご」は、新聞記事では、寄稿の場合を除き、原則として用いない。
〔例〕（お）米　（お）菓子　（お）茶わん
（お）ひる　（ご）祝儀　（ご）あいさつ

・付けてはいけない場合
〔例〕（お）チョッキ　（お）靴下　（ご）芳名

（ご）令息　（ご）調査された（「調査された」または「ご調査になった」が正しい。「お（ご）＋名詞＋される」の型は誤用）

3　動作の尊敬語について

・助動詞「れる」「られる」

〈例〉書かれる　受けられる

この型は、受け身の言い方と紛れる欠点はあるが、すべての動詞に規則的につき、かつ簡単でもあるのでこれを基本型として使う。

・「お（ご）＋動詞連用形（漢語）＋になる」

〈例〉お書きになる　ご訪問になる

この「お（ご）――になる」の型を「お（ご）――になられる」と言うのは、過剰敬語である。

・「お（ご）＋動詞連用形（漢語）＋あそばす」

〈例〉お書きあそばす　ご訪問あそばす

この型は、平明・簡素な敬語としては望ましくないので、原則として使わない。

4　動作の謙譲語について

謙譲語Ⅰと謙譲語Ⅱ（丁重語）の2種類がある。

・謙譲語Ⅰには動作の向かう先を高める働きがある。向かう先が高めるのにふさわしい対象でないときには使えない。

〈例〉お客さまをご案内する　先生の家に伺う
陛下にお目にかかる　×妹の家に伺う

「妹の家に伺う」は、向かう先である妹は身内であり、高めるのにふさわしい対象ではないため、適切な表現ではない。

・謙譲語Ⅱ（丁重語）は、自分側の動作を読み手・聞き手に対して丁重に述べるものである。動作の向かう先を高める働きはない。

〈例〉母を案内いたしました　私は家におります
先生の家に参ります　妹の家に参ります

向かう先（先生・妹）ではなく、聞き手（読み手）に対し、改まって伝える敬語である。

謙譲語Ⅰは「ます」を付けずに使うこともできるが、謙譲語Ⅱは一般に「ます」を付けて使う。

5　敬称について

「人名の書き方」（64ページ）を参照のこと。

6　皇室関係記事について

皇室に対しては敬語を使うが、過剰使用は避ける。

・二重、三重の敬語は使わない。

〔例〕ご訪問される→訪問される　ご訪問になる

ご臨席を仰ぎ→お迎えして

秋篠宮さまご夫妻→秋篠宮ご夫妻

・1センテンスに1敬語を原則とする（ただし敬称は別）。複数の動詞が用いられる場合は最後の動詞を敬語表現にする。

〔例〕天皇陛下は国技館をご訪問になり、夏場所を観戦された→天皇陛下は国技館を訪れ、夏場所を観戦された

・主語が変わる場合は、1センテンスに複数の敬語を使ってもよい。

〔例〕天皇陛下が質問され、秋篠宮さまが答えられた

・複数敬語を避けるため、名詞に「お」や「ご」は原則として付けない。ただし、次の場合を除く。

①原則として付けるもの

「お祝い」「お歌」「お言葉」「お印」「お題」「お二人」「ご一家」「ご夫妻」「ご逝去」

②文章上の意味合いやバランスを考え、付けるか付けないか判断するもの

「お元気」「お名前」「お墓」「お見送り」

・文章全体で敬意が感じられるなら、敬語なしのセンテンスが挟まってもかまわない。

・写真説明にも以上の原則を適用する。

・見出しでは、「お」「ご」を付ける語のほかは敬語を使わなくてもよい。

・外国の王室から国王などが来日し外国王族が皇族とともに同一記事中に登場する場合などは、皇族に準じて敬語を使用する。

・皇室関係にだけ使われている特殊な用語は、なるべく普通の言葉に言い換える（517ページ「皇室用語」を参照）。

用字用語集

用字用語集の使い方

1　常用漢字表（新聞協会新聞用語懇談会および本社が使用を決めた字種を含む）にない漢字、または同表にない音訓（同懇談会が使用を決めた音訓を除く）が使われている語は、この用字用語集により言い換えるか、または書き換える。

2　この用字用語集には、語例を次の要領で掲げた。

（1）見出し語（上段・仮名書き）は、50音順に配列した。

（2）矢印（↓）の上のカッコ内は、原則として使わない表記である。使う表記を矢印の下に示した。

（3）使わない表記には、次のようなものがある。

・常用漢字表にない漢字（●）を含むもの
〔例〕（阿吽）↓あうん

・常用漢字表にない音訓（■）を含むもの
〔例〕（強面、怖面）↓こわもて

・誤った表記と認められるもの（×）
〔例〕（悪どい）↓あくどい

・甚だしい当て字と認められるもの
〔例〕（誤魔化す）↓ごまかす

・二様以上の表記のあるもので、慣用度が低いと認められるもの
〔例〕（失心）↓失神

・二様以上の表記が慣用されているもので、その一方を統一的に使うもの
〔例〕（雨季）↓(統)雨期

・学術用語などで名称が変更されたもの
〔例〕（痴呆）↓認知症（の症状）

（4）双柱（‖）で並列してあるのは、同訓異字または同音異義語、および送り仮名の使い分け用例を示す。用例には適宜、カッコ内に簡単に意味、用法を記した。

〔例1〕あたたかい
‖温かい〔一般用語。冷の対語〕温かいスープ、温かいもてなし、家庭の温かさ、体が温かい、人情の温かさ、懐が温かい
‖暖かい〔寒の対語。主に気象・気温〕暖かい

気候・室内、暖かいセーター、暖かい日の色、暖かい冬
〔例2〕せいこん
＝精根〔精力と根気〕精根尽きる、精も根も尽き果てる、精根を使い果たす
＝精魂〔一つの物事に打ち込む精神力〕精魂込める、精魂を傾ける、不屈の精魂
〔例3〕うらがき
＝裏書き〔一般用法〕潔白を裏書きする証拠、事実を裏書きする、犯行を裏書きしている
＝裏書〔経済用語〕裏書譲渡、裏書人、手形・小切手・証券の裏書

（5）注意すべき用法、参考になる情報などを＊印以下に記した。
〔例〕ぶぜん（憮然）→がっかり、失望・落胆して、驚きあきれて、ぶぜん
＊「腹を立てている様子」の意味で使う場合が多いが、本来は「失望や不満でむなしくやりきれない思いでいる様子」。文意が伝わらない恐れがあるので、できるだけ言い換える

（6）よく使われる慣用表現を掲げ、必要に応じ意味を付した。
〔例〕つめ　爪　爪痕、爪切り、爪に火をともす（＝倹約する）、爪のあかを煎じて飲む（＝あやかろうとする）、爪を研ぐ（＝待ち構える）

（7）間違えやすい表記、用法を、誤用の形（☒）と正しい形を併記して示した。
〔例〕さくさく（嘖嘖）→さくさく（＝口々に褒めそやす）　好評さくさく　☒悪評さくさく

3　用例中漢字書きのものは、場合によって平仮名書きあるいはカタカナ書きにしてよい。また、平仮名書きのものは、カタカナ書きにしてもよい。

4　この用字用語集に掲げた用例は、代表的な例示である。使用する場合には、正確さと分かりやすさを旨に、文脈に応じ適切な表現を工夫する。言い換え語を考える手がかりとして、熟語に用いられた表外字の意味を適宜記した。

5　表外字のうち、新聞用語懇談会および本社が読

み仮名をつけて使うことを決めたものは、ルビをつけて示した。ただし、難しい漢字は読めても必ずしも意味が分かるわけでなく、ルビが頻出すると読みやすさが損なわれるおそれがある。掲げてある言い換え語、類語で間に合う場合は、そちらを使うのが望ましい。

6 この用字用語集には、次の記号を使用した。

（1）見出し語の漢字の右側に付した記号

● 常用漢字表にない漢字（表外字）

■ 常用漢字表にない音訓（表外音訓）

▲ 表内字だが、新聞用語懇談会が表外字として扱うことに決めた漢字

◉ 表内字だが、同懇談会および本社が当面、①読み仮名を付けて使う②言い換える③仮名書きにすることに決めた漢字・音訓

○ 表外字だが、同懇談会および本社が使用を決めた漢字

□ 表外音訓だが、同懇談会が使用を決めた音訓

× 誤った表記と認められるもの

（2）その他の記号

◎ 1956年7月の国語審議会総会で決定した「同音の漢字による書きかえ」

㊛ 表外音訓を含む熟語、熟字訓などで慣用表記として使用を認めた語（常用漢字表の付表の語および付表に追加した語）

㊕ 常用漢字で二様以上の表記が慣用されている語の一方を統一的に使うもの

㊕ 表外字を含むが、同懇談会および本社が特に読み仮名なしでの使用を認めた語

送 送り仮名を送らない語例

類 類語。常用漢字表内の漢字を用いていても、文語的で堅苦しく分かりにくい語などは、類語例を参考にできるだけ言い換えるのが望ましい

対 対語

＊ 使う際に注意すべきこと、参考になる情報

⬅○○ジペー 解説や誤用例のある「誤りやすい慣用語句、表現」「注意したい用語」の当該ページ

⇩ 参照項目など

【あ】

あい
＝相〔一つの事柄に共に関わる〕相客、相性、相席、相乗り、相部屋、相棒、相星・相四つ（相撲）〔語調を整える接頭語〕相変わらず、相済まぬ、相次ぐ、相半ばする
＝合い〔合致、程度、互いに同じ動作をする〕合いの手、意味合い、色合い、打ち合い、撃ち合い、立ち合い（相撲、剣道など）、出合い頭、度合い、肌合い、風合い、間合い、見合い、寄り合い所帯
送合鍵、合方、合気道、合口（がいい）、合言葉、合図、合服、合札、合間、居合（抜き）、気合、試合、泥仕合
＝会い〔人と人とがあう〕会いに行く、立ち会い（一般用語）
送入会権、入会地、立会人
＝（間■）→あい〔あいだ〕谷あい、幕あい（幕間＝「まくま」とは読まない）、山あい

あい 藍・アイ 藍色、藍染め、青は藍よりいでて藍より青し

あいあいがさ（相々傘）→相合い傘

あいいれない（相容■れない）→相いれない

あいうち（相討ち、相撃ち）→㊔相打ち

あいかた
＝合方〔歌舞伎、能、落語などのはやし、またははやし方〕
＝相方〔相手役、漫才の一方〕

あいがも（合鴨●、間■鴨●）→アイガモ・合いガモ（＝野生のマガモとアヒルの雑種）

あいかん
＝哀歓〔悲しみと喜び〕哀歓を共にする、人生の哀歓
＝哀感〔もの悲しさ〕哀感が漂う、哀感を込めて歌う

あいがん 愛玩 動物を愛玩する
類愛用、かわいがる

あいぎ（間■着）→合着（＝春と秋に着る衣服）、合服

あいきょう（愛嬌●、愛敬■）→愛らしい、人なつこい、かわいらしい、愛嬌《あいきょう》
＊「愛想」とも言い換えられるが、意味・用法が微妙に異なることに注意
愛嬌《あいきょう》〔自然に備わった顔立

ちや性行〕愛嬌《あいきょう》がある、愛《あい》嬌《きょう》をふりまく⬅375ページ
愛想〔人当たりのよさ、人への好意〕愛想がいい、愛想を尽かす

あいくち（匕•首■、合口）↓あいくち、短刀

あいくち　合口（がいい）

あいくるしい（愛苦×しい）↓愛くるしい（＝幼児や少年少女の顔やしぐさがかわいらしい）

あいごま（間■駒）↓合駒（将棋）

あいさつ（挨拶）↓あいさつ
＊従来の表記習慣に従い、仮名書きを原則とする。ただし、寄稿等で漢字表記を用いるときは読み仮名は不要

あいしょう（合性）↓(統)相性

あいず（相図）↓(統)合図

あいせき
＝哀惜〔人の死などを悲しみ惜しむ〕哀惜の念に堪えない
＝愛惜〔惜しんで大切にする〕愛惜の品（古くは「あいじゃく」とも）

あいそ・あいそう　愛想　愛想尽かし、愛想笑い、無愛想
⇩「あいきょう」の項参照

あいづち（相槌•、合いづ×ち）↓相づち　相づちを打つ　⊠相づちを入れる

あいにく（生憎■、合憎）↓あいにく　あいにくなことに、あいにくの雨、おあいにくさま

あいのて　合いの手　合いの手を入れる⬅375ページ

あいびき（合挽•、相挽•）↓合いびき　牛豚肉の合いびき

あいびき（逢•引、媾•曳•）↓あいびき（古風な言い方）

あいぶ（愛撫•）↓かわいがる、優しくなでる、愛撫《あいぶ》

あいふく（間■服）↓合服（＝春と秋に着る衣服）、合着

あいべや（合い部×屋）↓相部屋
[類]同室

あいまい　曖昧・あいまい　曖昧模糊《もこ》　[類]あやふや、不確実、はっきりしない

あいまって（相俟•って、相待×って）↓相まって（＝互いに関係・作用しあって）

あいよく（愛慾•）↓◎愛欲

あいろ（隘•路）↓狭（く険し）い道、難関、難点、障害、困難

あう
＝合う〔合致、調和、互いに同

じ動作をする〕落ち合う、気が合う、計算が合う、道理に合う、殴り合う、話し合う、話が合う、間に合う、巡り合う、目と目が合う
＝会う（逢●う、遇■う）〔主に人と人とがあう〕客に会う、死に目に会う、席に立ち会う、友人と出会う
＝遭う〔思わぬことにあう、嫌なことにぶつかる〕返り討ちに遭う、交通事故に遭う、災難に遭う、台風・にわか雨に遭う、反対に遭う、ひどい目に遭う

あうん（阿●吽●）→あうん（＝吐く息と吸う息）あうんの呼吸

あえぐ（喘●ぐ）→あえぐ　高熱にあえぐ、貧困にあえぐ

あえて（敢■えて）→あえて

あえない（敢■えない）→あえない　あえない最期を遂げる

あえる（和■える）→あえる　あえ物、ごまあえ

あおい（葵●）→アオイ（植物）フタバアオイ、葵《あおい》の御紋、葵《あおい》祭

あおいきといき　青息吐息（＝苦しいときにつくため息）

あおぐ
＝仰ぐ〔下の者から上の者へ〕教えを仰ぐ、裁可を仰ぐ、師と仰ぐ（＝尊敬する）、会長に仰ぐ（＝敬い迎える）
＝（扇■ぐ、煽●ぐ）→あおぐ〔風を送る〕扇子であおぐ

あおたがい　青田買い
＊「青田刈り（青刈り）」とは区別する⬅375ページ

あおにさい（青二歳）→青二才（＝若くて経験に乏しい）

あおむけ（仰■向け）→あおむけ

あおる
＝（呷●る）→あおる〔一気に飲む〕毒杯をあおる（「仰ぐ」とも）
＝（煽●る）→あおる〔勢いを強める、風がものを揺り動かす〕強風にあおられる、不況のあおりを食う、民衆をあおる

あかあか
＝赤々〔真っ赤なさま〕赤々と咲く花、赤々と夕日が沈む、火が赤々と燃える
＝明々〔きわめて明るいさま〕明々と照る月、明々と点灯、夜が明々と明ける

あかい（紅■い）→赤い

あがく（足■掻●く）→あがく　類じ

●表外字　■表外音訓　▲不使用漢字　◉難読音訓　○追加漢字　□追加音訓

たばたする、もがく

あかし（証し）↓証し　身の証しを立てる

あかす

＝明かす〔あきらかにする〕真意を明かす、種を明かす、鼻を明かす（＝出し抜いてアッと言わせる）

＝飽かす〔ふんだんに使う〕金に飽かして買い集める、暇に飽かして読書にふける（「飽かせて」とも）

＝（証す）↓証す〔証明する〕身の潔白を証す

あがなう

＝（購う）↓あがなう〔「買う」の古い言い方〕

＝（贖う）↓あがなう〔つぐなう〕罪をあがなう

あかね（茜）↓アカネ（植物）
あかね色、あかね雲

あかみ

＝（赤味）↓赤み〔赤い様子、程度〕赤みがさす・増す

＝赤身〔肉の赤い部分、肉の色の赤い魚〕

あがめる（崇める）↓あがめる
神仏をあがめる、あがめ奉る

あからさま（明からさま、明白）↓あからさま

あからむ

＝明らむ〔明るくなる〕東の空が明らむ（「明るむ」とも）

＝赤らむ〔赤くなる〕顔が赤らんでくる、頰が赤らむ

あかり（灯り）↓明かり

あがる・あげる

＝上がる・上げる〔下がる・下げるの対語〕〔高いところへ移る、段階が高くなる〕上げ石（囲碁）、上げ板、上げ下ろし、上げ潮、上げ底、浮かび上がる、お手上げ、顔を上げる、学校に上がる、着物の丈を上げる、軍配を上げる、差し上げる、資金を吸い上げる、遮断機を上げる、祝杯を上げる、尻上がり、水中から助け上げる、線香を上げる、畳を上げる、地位が上がる、賃金引き上げ、つるし上げる、手を上げる（挙手以外の一般用語、ホールドアップ、殴る）、手を上げて歓声に応える、手を上げてタクシーを止める、手を上げて伸びをする、胴上げ、成り上

がる、荷上げ〔登山用語〕、2階に上がる、花火が上がる、人前で上がる、物価が上がる、マウンドに上がる、幕が上がる、水・意見をくみ上げる
〔程度が高まる、結果を残す〕息が上がる、意気が上がる、腕前が上がる、追い上げムード、業績・実績・成果・成績を上げる、効果が上がる、収益が上がる、スピードを上げる、調子を上げる、名を上げる〔有名になる〕、震え上がる
〔大きな音・声を出すなど〕産声を上げる、凱歌《がいか》を上げる、歓声が上がる、気炎を上げる、気勢を上げる、経を上げる、善隣友好をうたい上げる、第一声を上げる、名乗りを上げる、非難の声が上がる
〔終わる〕雨が上がる、公演を打ち上げる、仕事が上がる、刷り上げる、血祭りに上げる、納期前に上がる、彫り上げる、病み上がり

＝挙がる・挙げる〔はっきり分かるように示す〕候補に挙がる、質問の手が挙がる、条件を挙げる、証拠を挙げる、手を挙げて意見を言う、名を挙げる〔列挙〕、もろ手を挙げて賛成する、例を挙げる
〔取り出す、引き出す〕人材を挙げ用いる、全力を挙げる、やり玉に挙げる
〔スポーツなどで得点したり勝利を収めたりする〕勝ち星を挙げる、実を挙げる、先取点を挙げる、トライを挙げる、ポイントを挙げる
〔執り行う〕式を挙げる、祝言を挙げる
〔すべてにわたって〕一家を挙げて、国を挙げて

＝揚がる・揚げる〔高く掲げる、目に付くところに置く、空中に浮かぶ〕揚げ足取り、揚げ幕、アドバルーンを揚げる⬅376ページ、いかりを揚げる、国旗が揚がる、死体が揚がる、白旗を揚げる、たこ揚げ、旗揚げ、一旗揚げる、帆を揚げる
〔場所を移す〕委員の総引き揚げ、海から車を引き揚げる、出資金を引き揚げる、荷揚げ〔一般用語〕、引き揚げ者、水揚げ、陸揚げ

〔油で煮る〕揚げ油、揚げ出し豆腐、揚げ鍋、揚げ物、唐揚げ、てんぷらを揚げる
＊次の語は慣用的に「揚」を使う　揚げ巻き〔髪形など〕、入れ揚げる、帯揚げ
＊「～て（で）あげる」の形の補助動詞は仮名書き　買ってあげる、本を読んであげよう

あかるみ　明るみ　明るみに出る
➡375ページ

あき…〔明き〕→(統)空き　空き缶、空き巣、空き地、空き箱、空き部屋、空き家

あきたらない〔慊らない〕→飽き足らない（「飽き足りない」とも）

あきらめる　諦める

アキレスけん〔アキレス腱〕→アキレスけん（「弱点」の例えにも）

あきれる〔呆れる〕→あきれる

あきんど〔商人〕→あきんど

あく〔灰汁〕→あく　あく抜き、あくが強い（＝個性が強すぎる）

あく・あける
＝空く・空ける〔からになる〕家を空ける、時間を空ける、席が空く、手が空く、中身を空ける、間が空く
＝明く・明ける〔あかるくなる、中身が分かるようになる、期間が終わる、片が付く〕明け暮れ、明け荷、明け離れる、明け渡す、休暇が明ける、年が明ける、年季が明ける、秘密を打ち明ける、目が明く〔目が見えるようになる〕、喪が明ける、夜が明ける、らちが明かない、連休明け
＝開く・開ける〔ひらく〕開け方が分からない、開け放つ、穴が開く、戸が開く、蓋を開ける、幕開け〔演劇用語は「幕開き」〕、店を開ける、目を開ける
＊「水をあける」（＝引き離す）は仮名書き

あくぎょう　悪行（悪い行い）　類不品行

あくごう　悪業（仏教用語）　悪業の報い

あくたい〔悪体〕→悪態　類悪口

あくどい〔悪どい〕→あくどい

あくば　悪罵　類毒づく、ののしる、悪口（を言う）

あくび〔欠伸〕→あくび

あくまで〔飽く迄〕→あくまで

あぐら（胡●座■、胡●坐●）↓あぐら
あくらつ（悪辣◉）↓悪辣《あくらつ》　類悪質、あくどい、ひどい
あくりょう　悪霊（一般には「あくりょう」、キリスト教では「あくれい」と言うことが多い）
あけ…　明け暮れる、明け渡し期日、明け渡す
あげあしとり（挙げ足取り）↓㊔揚げ足取り
あげおろし
＝揚げ降ろし　積み荷の揚げ降ろし
＝上げ下ろし　箸の上げ下ろし、布団の上げ下ろし
あげく（揚げ句）↓㊔挙げ句　挙げ句の果て、～した挙げ句
＊本来は、連歌・俳諧用語。発句に対する結句の意

あけすけ（明け透け）↓あけすけ
あけすけに批判する
あけっぱなし（明けっ放し）↓㊔開けっ放し　開けっ放しの窓
あけっぴろげ（明けっ広げ）↓㊔開けっ広げ　開けっ広げな人
あげまく　揚げ幕（能・歌舞伎用語）
あける　空ける・明ける・開ける
⇩「あく・あける」
あげる　上げる・挙げる・揚げる
⇩「あがる・あげる」
あご　顎
あこがれる（憬■れる）↓憧れる
あさ　麻・アサ　麻織り
あさぎ
＝浅黄〔薄い黄色〕浅黄染め
＝（浅葱●）↓あさぎ〔青みを帯びた薄い緑色〕あさぎ裏（「葱」＝ネギ）
＊「浅葱」は「浅黄」とも書かれた。「浅黄」の表記で「青みを帯びた薄い緑色」を表す場合もある

あざける（嘲◉る）↓あざける
あさって（明■後■日■）↓あさって
あさはか（浅墓）↓浅はか
あさる（漁■る）↓あさる
あざわらう（嘲■笑う）↓あざ笑う
あし
＝足〔一般用語。主に足首から先の部分〕足跡、足音、足掛かり、足が速い（俊足）、足が早い（売れ行き、鮮度）、足が棒になる、足癖、足代、足手まとい、足止め、足取り、足慣らし、足早に立ち去る、足踏み、足を出す、勇み

足、襟足、客足、球足が速い、出足、逃げ足、抜き足差し足、足がつく（＝足取りが分かる、悪事が見つかる）、足が出る（＝出費が予算を超える）、足を洗う（＝身を引く。本来は、悪行から抜けること）、足並みをそろえる、後足で砂をかける（＝恩知らずなことをする）
＝脚〔主に太ももから下の部分、物を支える部分〕脚の線が美しい、後（前）脚、雨脚、差し脚・末脚（競馬）、机の脚、橋の脚、日脚、船脚

あしかけ
＝足掛け〔足場など〕
＝足かけ〔期間。起算の年月日を含む。～目、～越し、～がかりと同じ〕

あしげ 足蹴・足げ（にする）⬅375ページ
あじけない 味気ない
あした（明日、朝）→あした
あしまめ（足豆、足忠実）→足まめ 足まめに通う
あしもと（足下、足許）→(統)足元
あじわう 味わう ☒味あう
あじわわせる 味わわせる ☒味あわせる
あす (慣)明日
あずかる
＝預かる〔保管・管理・保留する〕預かり金、現金を預かる、勝負を預かる、台所を預かる、留守を預かる
＝（与る）→あずかる〔関与する、受ける〕あずかって力がある、あずかり知らぬ（＝関知しない）、お招きにあずかる、恩恵にあずかる、相談にあずかる

あずき (慣)小豆
あずけいれ… 預け入れ開始
(送)預入金、預入期日など
⇩経済関係複合語（36ページ）
あずまや（東屋、四阿）→あずま屋
あぜ（畔、畦）→あぜ
あせも（汗疹）→あせも
あせる 焦る 焦りの色が濃い
あせる（褪せる）→あせる 色あせる
あぜん（唖然）→あきれる、あっけにとられる、言葉につまる、あぜん
あたい
＝価〔金額で表現した数量〕価

を尋ねる
＝値〔ねうち、抽象的表現に〕一見に値する、Xの値を求める、称賛に値する、千金の値、注目に値する、春宵一刻値千金（出典の蘇軾《そしょく》の詩では「直千金」）

あだうち（仇●討ち）→あだ討ち
類報復、仕返し、敵討ち

あたたかい
＝温かい〔一般用語。冷の対語〕温かいスープ、温かいもてなし、家庭の温かさ、体が温かい、人情の温かさ、懐が温かい
＝暖かい〔寒の対語。主に気象・気温〕暖かい気候・室内、暖かいセーター、暖かい日の色、暖かい冬

あたたまる・あたためる
＝温まる・温める〔冷たいものを加熱して適度な温度にする。抽象的表現にも〕旧交を温める、心温まる、スープを温める、席の温まるいとまがない、手足を温める、鳥が卵を温める、ベンチを温める、ものを温めておく
＝暖まる・暖める〔温度が上がる。主に気象・気温〕空気が暖まる、室内を暖める

あだな（仇●名、徒■名、渾●名、綽●名）→あだ名

あたま… 頭打ち、頭越し、頭ごなし⬅375ページ、頭割り

あたり
＝当たり 当たり狂言、当たり障り、当たり外れ、当たり前、当たり屋、人当たり
＝辺り 辺り一面、辺り構わず、この辺り
＊「来月あたり」「彼あたり」など接尾語的用法は仮名書き

あたりどし 当たり年⬅375ページ

あたる
＝当たる〔接触、的中、配分、相当〕宝くじに当たる、1人当たり10万円、予報が当たる
＝（中■る）→あたる〔体にさわる、中毒〕暑気・湯あたり、食べ物・毒にあたる

あつい
＝暑い〔寒の対語〕暑い土地、暑い夏、暑がり、暑苦しい、部屋の中が暑い
＝熱い〔冷の対語〕熱い血潮、熱い湯、お熱い仲
＝厚い〔薄の対語。厚情〕厚い

布団、厚切り、厚化粧、手厚いもてなし、分厚い本、信頼が厚い、友情に厚い
＝（篤い）↓あつい〔病気が重い、気持ちが深い〕あつい病、信仰心があつい

あっかん（圧観）↓圧巻（＝最もすばらしい部分）

あっこうぞうごん　悪口雑言

あっせい
＝圧制〔無理に抑えつける〕政治的圧制、暴力による圧制
＝圧政〔権力で抑えつける政治〕圧政に苦しむ国民

あっせん（斡旋）↓あっせん、世話、取り持ち、仲介、仲立ち

あっぱれ（天晴れ）↓あっぱれ

あつみ（厚味）↓厚み

あつらえる（誂える）↓あつらえる　背広をあつらえる

あつれき（軋轢）↓いざこざ、もめごと、不和、摩擦、あつれき

あて
＝当て　当て馬、当てが外れる、当て込む、当て字、当てつける、当てにする、当てはめる、当て身、当てもなく
＝宛て　友人宛てに送る
(送)宛先、宛名

あてがう（宛行う）↓あてがう
あてがいぶち

あてど（当て所、当て処）↓あてど
（＝目当て）　あてど（も）なく

あてる
＝充てる〔充当〕教材に充てる、建築費に充てる、抵当に充てる、保安要員に充てる
＝当てる〔接触、的中、配分、相当〕風に当てる、答えを当てる、日光に当てる、額に手を当てる、的に当てる、胸に手を当てる、割り当てる
＝宛てる〔手紙など〕母に宛てた手紙

あと
＝後〔先・前の対語。後続〕後味、後追い、後押し、後片付け、後が絶える、後がない、後釜、後腐れ、後始末、後になり先になり、後の祭り、後払い、後回し、後戻り、後を絶たない（後続）、後を頼む、後をつける、後を引く
＊「あと1人」「あと2時間」「あと少し」などは仮名書き
＝跡〔物事の行われたあと。相続、行跡〕足跡、跡形もない、

跡取り、跡目相続、跡を絶つ（消息）、苦心・努力の跡、立つ鳥跡を濁さず、犯行の跡
＝痕〔主に人体。比喩表現も〕手術・注射・やけどの痕、戦争の傷痕、台風の爪痕、弾の痕（弾痕）、血の痕（血痕）
＊「跡」か「痕」か迷うときは「跡」を使う

あとあし
＝後脚〔動物の脚〕後脚で立つ
＝後足〔比喩的用法〕後足で砂をかける

あとつぎ
＝後継ぎ〔前任者を継ぐ。後継者、後任〕総裁の後継ぎ、農家の後継ぎ
＝跡継ぎ〔家督・名跡を継ぐ〕家元の跡継ぎ

あな（孔■）→穴

あなた（貴■方■、貴■男■、貴■女■）→あなた

あばく（発■く）→暴く

あびせたおし　浴びせ倒し

あひる（家■鴨●）→アヒル・あひる

あぶ（虻●）→アブ・あぶ

あぶく（泡■）→あぶく　あぶく銭

あぶなげ（危な気）→危なげ

あぶら
＝油〔液体状。主に植物・鉱物〕油揚げ、油炒め、油絵、油染みる、油を流したような水面、ゴマ油、水と油
＊慣用表現は「油」を使うことが多い。油が切れる（＝元気がなくなる）、油を売る（＝仕事を怠ける）、油を絞る（＝厳しく叱る。製造の意では「油を搾る」）、火に油を注ぐ（＝あおりたてる）
＝脂〔固体状。主に動物〕脂足、脂汗、脂が乗る、脂ぎった顔、脂性、脂太り、肉の脂身

あぶる（焙●る、炙●る）→あぶる

あふれる（溢●れる）→あふれる

あへん（阿●片）→アヘン
＊「あへん法」などは別

あま
＝㊝海◉女◉
＝海◉士◉→海士《あま》（男の場合）
＊常用漢字表付表に示された語だが、読み仮名を付ける

あま…　雨ざらし、雨垂れ、雨漏り、雨宿り

あまあし（雨足）→㊕雨脚⬅376ページ　雨脚が速い、激しい雨脚

あまい・あまえる　甘い・甘える

甘えん坊、甘ったれる、甘やかす、甘んじる

あまくだり（天降■り）↓天下り

あまごい　雨乞い

あまどい（雨樋●）↓雨どい

あまねく（遍■く、普■く）↓あまねく　類すみずみまで、広く

あまのがわ（天の河）↓天の川

あまのじゃく（天の邪鬼■）↓あまのじゃく　類つむじまがり、へそまがり

あまみ（甘味）↓甘み（味覚を表すときは「甘味」でもよい）

あまり

＝余り〔名詞〕余りが出る、余り物、100円余り

＝あまり〔形容動詞、副詞〕あまりにひどい、あまりの多さに、あまりよくない、悲しみのあまり

あまる（剰■る）↓余る　思案に余る、時間が余る、身に余る

あみ

＝編み　編み上げ靴、編み方、編み針、編み目、編み物

＝網　網棚、網目、かすみ網、投網

あめ（飴●）↓あめ　あめ玉、アメとムチ

あめもよう　雨模様（「あまもよう」とも）

＊本来は「雨が降り出す前の曇り空」の意。近年、「小雨が降っている状態」の意で使う場合も多くなっている。人により、解釈が分かれる言葉なので、「降り出しそうな空模様」など、誤解のない表現を工夫する

あや（綾●、文■、彩■）↓あや　あや織り、あやとり、言葉のあや

あやしい

＝怪しい〔奇怪、不気味、不安、異様〕怪しい人影、彼の日本語は怪しい、挙動が怪しい、空模様が怪しい

＝妖しい〔妖艶《ようえん》、神秘的〕妖しい魅力、妖しく輝く瞳

あやしむ　怪しむ

あやまち（誤ち）↓過ち（＝過失）過ちを犯す・償う、酒の上の過ち、若気の過ち

あやまつ（誤つ）↓過つ　身を過つ（古風な表現）

あやまって

＝過って〔過失〕過ってけがをさせる

=誤って〔誤認、錯誤〕誤って傷を付ける、誤って転落した

あやまる

=誤る〔間違う〕運転を誤る、人選を誤る、道を誤る

=謝る〔わびる〕平謝り、非礼を謝る

あらい

=荒い〔勢いが激しい状態。乱れ〕荒々しい、荒磯、荒い波風、荒海、荒稼ぎ、荒肝、荒行、荒くれ、荒事、荒仕事、荒立てる、荒茶、荒縄、荒武者、荒物、荒療治、荒業（一般用語）、荒技（相撲・柔道など）、金遣いが荒い、気が荒い、手荒い

=粗い〔精・密の対語。大ざっぱ、粗雑〕粗板、粗織り、粗がんな、粗削り、粗ごなし、粗塩、粗筋、粗塗り、粗びき、粗彫り、粗利益、きめが粗い、守備が粗い、木目が粗い

あらがう（■抗う）→あらがう

あらかじめ（■予め）→あらかじめ

あらさがし（粗捜し）→(統)あら探し

あらし　嵐　砂嵐

あらまき（荒巻き）→(統)新巻き（サケ）

あららげる　荒らげる　声を荒らげる

＊「荒げる=あらげる」は誤用

あられ（●霰）→あられ

あらわす・あらわれる

=表す・表れる〔表面に出る、心の中にあることを言葉・表情などで示す、ある事柄を別の事柄で示す、表示、表明〕意思を表す、影響が表れる、顔色に表れる、結果に表れる、効果・兆候が表れる、症状・副作用が表れる、名は体を表す、喜びを表す

=（■顕）→現す・現れる〔隠れていたものが出てくる、出現、示現〕正体を現す、太陽が現れる、頭角を現す、皮膚に湿疹が現れる、馬脚を現す、目撃者が現れる

あらわす　著す〔本を出す〕書物を著す

あり…

=有り〔無の対語〕有り余る、有り合わせ、有り金、有りさま、有りよう

=在り〔存在、所在〕在りか、在り方、在りし日

ありがたい（有り難い）↓ありがたい（「めったにない」の意味に使うときは漢字でよい）

ありがとう（有り難う）↓ありがとう

ある

＝（在る）↓ある　西にある建物

＝（有る）↓ある　妻子がある、貯金がある

＝（或る）↓ある〔連体詞〕ある時、ある日、ある人

あるいは（或いは）↓あるいは

あるじ（主）↓あるじ

あれ…　荒れ狂う、荒れ性、荒れ地、荒れ模様

あわせる

＝合わせる〔一致させる、合計する〕合わせ鏡、合わせて一本、合わせ目、合わせる顔がない、合わせ技、顔合わせ、数を合わせる、体に合わせる、力を合わせる、調子を合わせる、手合わせ、巡り合わせ

＝会わせる〔対面させる〕

＝併せる〔並べる、両立させる〕併せ馬、併せて健康を祈る、併せて支給、併せ持つ、清濁併せのむ、両者を併せ考える

あわだつ

＝泡立つ〔泡ができる〕

＝（粟立つ）↓あわ立つ（＝寒さや恐ろしさで毛穴が縮まり鳥肌のようになる）

あわもり　泡盛

あわや　あわや←376ページ　あわや大惨事

あわゆき

＝淡雪〔うっすらと積もった雪〕春の淡雪

＝泡雪〔泡のように消えやすい雪〕泡雪豆腐

あわれむ（憐れむ）↓哀れむ

あわをくう（粟を食う）↓泡を食う（＝驚きあわてる）

あわをふかせる（粟を吹かせる）↓泡を吹かせる（＝一泡吹かせる。「泡」＝口から出るあぶく）

あんえい（暗翳）↓◎暗影

あんぎゃ　行脚（元は仏教用語。歩き回ること）諸国行脚

あんきょ（暗渠）↓地下排水溝、地下（通）水路

あんしょう

＝（暗誦、諳誦）↓◎暗唱　詩を暗唱する

＝暗証　銀行カードの暗証番号

あんしんりつめい（安神立命）↓㊎安心立命（仏教用語で「あんじんりゅうめい」「あんじんりゅうみょう」とも）

あんたん（暗澹●）↓暗い、真っ暗、暗たん

あんど（安堵●）↓ほっとする、胸をなでおろす、一安心、安堵《あんど》

あんどん（行灯■）↓あんどん

あんのじょう（案の条×、案の上×）↓案の定（「定」は決まっていること。多くは好ましくない結果について使う）

あんのん　安穏

あんば（鞍●馬）↓あん馬

あんばい
＝（按●排、按●配）↓案配（配置、処理など）仕事を案配する
＝（塩■梅）↓あんばい（具合、味加減など）いいあんばいに晴れた、吸い物のあんばい

あんぶん（按●分）↓◎案分（票）

あんぶんひれい（按●分比例）↓比例配分

あんま（按●摩）↓マッサージ（師・業）、もみ療治
＊国家資格は「あん摩マッサージ指圧■師」

あんや（闇■夜）↓◎暗夜、闇夜（読みは「やみよ」）

【い】

い
＝異　異彩、異同、異動、異例、差異
＝違　違算、違和感、相違
＝威　威風、威名、威容、威力
＝偉　偉観、偉業、偉勲

いあい■　居合（剣術）↓いい　居合抜き

いい（良い、好■い）↓いい　いい気味、いい調子、いい年をして

いい…　言い合い、言い落とす、言い換え、言い返す、言い方、言い草、言い伝え、言い分、言い回し、言い訳、言い渡し

いいかげん
＝いい加減（連語。適度）いい加減の湯
＝いいかげん（形容動詞、副詞）いいかげんな人、いいかげんにしろ

いいだくだく　唯々諾々（＝他人の言うままに従う）

いいづらい　言いづらい

いいなずけ（許■婚、許■嫁■）↓婚約者、いいなずけ

いう

＝言う〔言葉で表す、述べる〕あえて言えば、言うことを聞く、言うまでもなく、言わずと知れた、彼は「大丈夫だ」と言う、はっきり言って
＝いう〔「言う」の実質的意味が薄れた場合など〕あっという間、敗れたとはいえ、～というわけだ
いえども（雖●も、言×えども）↓（～と）いえども（文語的表現）
いえる　癒える
いおう　慣硫黄
いがい
＝以外〔～のほか〕～以外の何ものでもない、係員以外の入室禁止、これ以外に方法がない
＝意外〔思いのほか〕意外性、意外な事件、意外に強硬

いがい　遺骸　類遺体、亡きがら（動物は死骸）
いかいよう　胃潰瘍
いかが（如■何■）↓いかが
いかく　威嚇　威嚇射撃
いかす（活■かす）↓生かす
いかだ（筏●）↓いかだ
いかん
＝異観〔珍しい眺め〕異観を呈する
＝偉観〔素晴らしい眺め〕偉観を誇る　類壮観
いかん
＝（如■何■）↓いかん〔事の次第、どのように〕いかんせん、いかんともしがたい、理由のいかんを問わず
＝遺憾〔心残り、気の毒〕遺憾ながら、遺憾に堪えない、実力を遺憾なく発揮する

いき
＝息〔呼吸、気息〕息が合う、息が上がる、息が切れる、息がかかる（＝有力者の後援を受ける）、息が長い、息遣い、息継ぎ、息抜き、息巻く、息を凝らす・殺す・詰める（＝緊張する）、息をのむ（＝驚く）、鼻息が荒い、虫の息
＝生き〔生鮮〕生きがいい
＝意気〔心ばえ、気概〕意気が上がる、意気込む、意気盛ん、意気天をつく、意気投合、心意気、人生意気に感じる、生意気
＝粋〔あか抜けている〕粋がる、粋な計らい、粋な装い、小粋
いき（委棄）↓遺棄　死体遺棄

いき…
＝行き　行き当たり、行き帰り、行き来、行き掛かり、行きがけ、行き届く、行き先、行き止まり、行き過ぎ、行き場
＝生き　生き生きと、生き写し、生き埋め、生き肝、生き死に、生き字引、生き血、生き恥、生き永らえる、生き物
…いき　「東京行き」など

いぎ
＝異義〔異なった意味〕異義に解釈する、同音異義
＝異議〔異なった意見〕異議続出、異議なし、異議申し立て
＝意義〔重要性、意味〕意義を見いだす、歴史的意義

いきがい（生き甲斐）→生きがい

いきぎも（活き胆）→生き肝

いきけんこう（意気軒昂）→意気軒高、意気盛ん　対意気消沈

いきざま　生きざま
＊「死にざま」からの類推でできた語。語感がよくないと気にする人もいるので、安易に使わない

いきしょうてん（意気昇天）→意気衝天

いきづかい　息遣い　荒い息遣い

いきどおる　憤る

いきぼとけ（活き仏）→生き仏（＝高徳の僧）
＊チベット仏教の最高位の僧は「活仏（かつぶつ）」

いきまく（意気巻く）→息巻く（＝激しく言い立てる）

いきょう
＝異郷〔「郷」はふるさと。故郷を離れた土地・国〕
＝異境〔「境」は場所。外国、他国〕

いぎょう
＝偉業〔立派な仕事・事業〕偉業を成し遂げる
＝遺業〔故人が残していった仕事・事業〕父の遺業を継ぐ

いく
＝行く〔本動詞。実質的な意味を持つ場合〕行き帰り、行き先、大阪へ行く
＝いく〔補助動詞。実質的な意味が薄れた場合〕うまくいく、合点がいく、消えていく、減っていく、満足がいく
＝逝く〔亡くなる〕多くの人に惜しまれながら逝った、ぽっくり逝く
＊「ゆく」とも。「ゆく」の方

が文語的
いくさ　戦　勝ち戦、負け戦
いくじ　㊘意気地　類気力、意地
いくせい　育成（＝育て上げる）
＊「育生会」など固有名詞は別
いくどうおん（異句同音）↓異口同音
いけい　畏敬　畏敬の念　類敬服、心服、尊敬
いけうお（活け魚）↓生け魚（「活魚〈かつぎょ〉」とも）
いけがき（活け垣）↓生け垣
いけす（生け簀）↓いけす
いけづくり（活け作り）↓生け作り（「生き作り」とも）
いけどり（活け捕り）↓生け捕り
いけにえ（生け贄）↓いけにえ、犠牲
いけばな（活け花）↓生け花

いける（活ける）↓生ける
いけん
＝異見〔異なった意見・見解〕異見を唱える
＝意見〔思うところ、考え、訓戒〕大方の意見、親の意見
いこう（意嚮）↓◎意向
いごこち　㊘居心地
いこじ（依怙地）↓意固地
いこん　遺恨　遺恨試合
いさい
＝異才・偉才〔優れた才能（を持つ人）〕異才の誉れが高い
＝異彩〔際立った趣〕異彩を放つ
いさいかまわず　委細構わず（＝遠慮なく）
いさぎよい　潔い　潔しとしない（＝自分の信念に照らして好ましいと思わない）⬅376㌻

いさみ…　勇み足、勇み肌
いさめる（諫める）↓いさめる（＝目上に忠告する）⬅376㌻
いざよい（十六夜）↓いざよい、十六夜《いざよい》（＝陰暦16日の月。古語の「いさよふ」＝ためらう意＝から）
いさりび（漁火）↓いさり火
いし
＝意思〔持っている考え・思い。法律用語に多い〕意思の疎通、意思表示、辞任の意思（が強い）、自由意思、承諾の意思、本人の意思
＝意志〔成し遂げようとする心。心理学、哲学、文法用語に多い〕意志が強い・弱い、意志薄弱、意志を貫く、鉄の意志

＝遺志〔死者の生前の志〕故人の遺志を継ぐ

いし（縊●死）→首つり、首をくくる

いしゃりょう（慰藉●料）→◎慰謝料

いしゅ　意趣　意趣返し（＝仕返し、報復）、意趣を含む（＝恨む）

いしゅう（蝟●集）→密集、群がる、寄り集まる

いしゅく（萎◉縮）→萎縮《いしゅく》

＊「畏れ入ってかしこまる」意では「畏縮」も

いしょう

＝（衣裳●）→◎衣装　衣装合わせ、馬子にも衣装

＝意匠〔デザイン〕意匠登録、意匠を凝らす

いじょう

＝異常〔一般用語。正常の対語。名詞、形容動詞の形で使う〕異常乾燥、異常気象、異常事態、異常な執念、異常に発達、エンジンに異常がある、胸部に異常なし、野鳥の異常死

＝異状〔限定用語。名詞としてのみ使う〕異状死・異状死体（＝医師法）、「西部戦線異状なし」（レマルク著の小説邦題）

いじょう

＝委譲〔権限などを下の者に委ねる〕社長権限の一部を副社長に委譲

＝移譲〔権限などを他に渡す。行政関係では「移譲」が使われる〕行政事務・税源を国から地方自治体に移譲、所有権を夫から妻に移譲、政権移譲

いしょく（依嘱）→(統)委嘱　審議会の委員を委嘱する

＊〔人〕に〔肩書・役職〕を委嘱する

いす　椅子・いす

いずれ（孰●れ、何■れ）→いずれ（文語的表現）類そのうち、結局、どちらにしても

いすわり（居坐●り、居据わり）→(統)居座り

いせき（遺蹟●）→◎遺跡

いそ（磯○）→磯　磯釣り

いそうろう　居候

いたく（依託）→(統)委託　業務委託

いたけだか（威■猛高、威丈高）→(統)居丈高

いたしかたない　致し方ない（「致し方」は「しかた」の改まった言い方）

いたずら（悪■戯■）→いたずら（＝

悪ふざけ）

いたずらに（徒■に）→いたずらに（＝無駄に、無益に） いたずらに時を過ごす

いただき
＝頂〔頂上〕山の頂
＝（戴■き）→頂き〔もらう、得る〕この勝負は頂きだ

いただく
＝（戴■く）→頂く〔「もらう」の謙譲語、のせる〕頂き物、賞状を頂く、雪を頂く
＊「いただきます」（食べ始めのあいさつ）、「いただけない」（感心しない）は仮名書き
＝（戴■く、頂く）→いただく〔「～てもらう」の意味の補助動詞〕お読みいただく、来ていただく、出席していただく

いたむ・いためる
＝痛む・痛める〔痛苦、身体の故障〕足が痛む、痛ましい出来事、痛み入る、痛み分け、傷が痛む、心を痛める、肘を痛める、人を痛めつける、懐が痛む
＝傷む・傷める〔破損、劣化、傷つく〕家が傷む、傷みを繕う、傷んだ果物、髪・爪・肌を傷める、機械が傷む、根が傷む、花を傷める

いたむ 悼む〔哀悼〕故人を悼む、死者を悼む

いためる（炒める）→炒める 炒め物、野菜炒め

いたる（到■る）→至る 至る所、至れり尽くせり

いちおう（一往）→㊔一応

いちぐう
＝一隅〔片隅〕庭の一隅
＝一遇〔1度の出会い〕千載一遇のチャンス

いちげんこじ ㊓一言居士（＝何事にもひとこと意見を言わないと気が済まない人）

いちげんのきゃく（一見■の客）→いちげんの客

いちじく（無■花■果■）→イチジク

いちず（一途■）→いちず、ひたすら、一筋（に）

いちどう
＝一同〔全員〕一同着席、一同を集める、有志一同
＝一堂〔同じ建物〕一堂に集める、一堂に会する

いちぶ
＝一分 1分1厘、一分咲き、

一分の隙もない
＝一部　一部開通、一部完成、一部始終

いちべつ（一瞥●）↓一見、一目、ちらっと見る

いちぼう（一眸●）↓一望　渓谷を一望する、一望千里（＝視界が遠くまで開けている）

いちまつ　一抹（＝ほんの少し）一抹の不安・恐れ

いちもく　一目　一目置く（＝敬意を払って一歩譲る。囲碁用語から）、一目も二目も置く（強調表現）、一目瞭然

いちょうらいふく（一陽来福×）↓一陽来復（＝運が向いてくる）

いちりつ（一率×）↓一律

いちる（一縷●）↓いちる　いちるの望み　類一筋、わずか、かすか（な）

いちれんたくしょう（一蓮●托●生）↓道連れ、共同責任、行動や運命をともにする、一蓮托《いちれんたく》生《しょう》（本来は仏教用語）

いつ（何■時■）↓いつ　いつとはなしに、いつ、いつになく

いっかく
＝一角（片隅、一部分）建物の一角、繁華街の一角、氷山の一角、優勝候補の一角
＝一画（漢字を構成する一続きの線、土地の一区切り）一点一画、分譲地の一画

いっかくせんきん（一攫●千金）↓一獲千金（「一攫」＝一握り）

いっかつ　一喝（＝叱りつける）

いっかん
＝一環（鎖などの輪、全体としてつながりを持つもの）計画の一環として
＝一貫（初めから終わりまで）一貫した思想、終始一貫して、中高一貫教育、裸一貫
＝一巻（巻物・書物・フィルムなどの一つ）一巻の終わり、第1巻

いっき（一揆●）↓㊕一揆

いっきうち（一騎討ち）↓(統)一騎打ち

いっきかせい（一気呵●成）↓一気に、一息に、一気呵成《かせい》

いっけんや（一軒屋）↓一軒家

いっこ　一顧（＝かえりみる）一顧だにしない（＝問題にしない、無視する）

いっさい
＝一切（すべて、例外なく）一

切関知しない、一切の費用
＝一再〔一、二度〕二再ならず（＝たびたび）
いっさいがっさい（一切合財）↓一切合切（＝なにもかも）
いっさんに（逸散に）↓一散に（＝一目散に）
いっしどうじん（一視同人×）↓一視同仁（＝分け隔てなく愛する）
いっしゃせんり（一瀉千里）↓あっという間に、一気に、一息に、一瀉《いっしゃ》千里
いっしゅう
＝1周〔ひとまわり〕世界・日本・島・グラウンドを1周（する）、1周100㍍、開店1周年
＊「世界一周」「日本一周」のみ四字熟語扱いで漢数字書き
＝1週〔7日間の単位〕4月の第1週
いっしゅう（一蹴）↓はねつける、拒否する、一蹴《いっしゅう》
いっしゅうき　一周忌
いっしょ（一諸×）↓一緒
いっしょうけんめい　一生懸命（本来は「一所懸命＝いっしょけんめい」だが、「一生懸命」に統一する）
いっしをむくいる　一矢を報いる（＝わずかでも反撃・反論する）
いっしん
＝一心　一心同体、一心に祈る、一心不乱
＝一身　一身をささげる、同情を一身に集める
いっせいちだい　一世一代（「一世」「一代」＝人の一生）
いったん（一旦）↓いったん　類一時、一度
いっちょう（1挺）↓◎1丁（「丁」は鉄砲、ピストル、刃物、豆腐などに付く助数詞）
いってつ　一徹　頑固一徹、老いの一徹
いってんばり　一点張り（＝押し通す）知らぬ存ぜぬの一点張り
いっぱい
＝一杯〔名詞、数詞〕一杯機嫌、一杯食わされる、仕事帰りにちょっと一杯、コーヒーを1杯飲む
＝いっぱい〔形容動詞、副詞〕いっぱいある、元気いっぱい、今月いっぱい、時間いっ

ぱい、場内いっぱいの人、精
いっぱい、力いっぱい、目い
っぱい

いっぱつ
＝一発　一発回答、号砲一発
＝一髪　間一髪、危機一髪

いっぴん
＝一品〔一つの・一つしかない
品〕一品料理、天下一品
＝逸品〔優れた品〕逸品の書、
天下の逸品

いっぺんとう（一遍到）→一辺倒

いつわ　逸話　類挿話、秘話、裏話
＊「逸」は「記録から漏れる」意。
「有名な逸話」などは不適切

いつわる（詐■る）→偽る

いでたつ（出■で立つ）→いで立つ

いてつく（凍■て付く）→いてつく

いでゆ（出■湯）→いで湯

いどう
＝異同〔相違〕計数の異同、字
句の異同
＝異動〔地位・勤務・状態が変
わる〕人事異動、定期異動、
住所の異動（住民基本台帳法）
＝移動〔位置が動く〕移動性高
気圧、移動図書館、人口移動

いとおしい（愛■おしい）→いとお
しい（「いとしい」とほぼ同意）

いとこ（従■兄■・従■弟■、従■姉■・従■妹■）
→いとこ

いとしい（愛■しい）→いとしい

いなか　(慣)田舎

いなり　(慣)稲荷

いぬじに　犬死に（＝無駄死に）

いのちがけ　命懸け

いのちごい　命乞い

いはい（位牌●）→位牌《いはい》

いはつをつぐ（遺髪を継ぐ）→衣
鉢を継ぐ（＝法を継いだ証拠
として師僧から弟子へ伝えら
れる法衣と鉢を継ぐ意）

いばら（茨、棘●、荊●）→いばら・
イバラ（植物）　いばらの道
＊「茨」は固有名詞のみに使う

いばる　威張る

いはん（違犯）→(統)違反

いふ　畏怖　畏怖の念を抱く

いぶき　(慣)息吹

いぶく（息■吹く）→いぶく

いまいましい（忌■々しい）→いま
いましい

いまだに（未■だに）→いまだに（＝
まだ。文語的表現）

いまわしい　忌まわしい（＝縁起
が悪い、嫌な感じ）

いまわのきわ　いまわの際（「い

まわ」＝臨終、最期）
いみ… 忌み明け、忌み嫌う、忌み言葉
いみしんちょう 意味深長 意味深長な発言
いもち（稲熱）↓いもち（病）
いや
＝嫌 嫌々ながら、嫌がらせ、嫌気が差す、嫌気して（商況用語）、嫌というほど
＝（否）↓いや いや応なしに・いやが応でも・いやでも応でも（＝是非を言わせずに）
＝（弥）↓いや いやが上にも（＝なおその上に）⬅376ページ
いやし 癒やし
いやしくも（苟も）↓いやしくも（文語的表現。仮にも、かりそめにも）
いやす 癒やす
いやみ（嫌味、厭味）↓嫌み
いよう（偉容）↓統威容 威容を誇る、～の威容を仰ぐ
いり… 入り海、入り江、入り口、入り組む、入り船、入り用
いりあい 入り会い
送入会漁業、入会組合、入会権、入会地など
いりもや 慣入り母屋（造り）（社寺などに多い和様建築）
いりょく（偉力）↓統威力
いる
＝入る〔「はいる」の文語的表現。主に複合語、慣用表現で使う〕
文語的表現（鬼籍に入る、飛んで火に入る夏の虫）
慣用表現（悦に入る、気に入る、堂に入る）
複合動詞（痛み入る、恐れ入る、消え入る、恥じ入る）
複合名詞（入り江、入り用、仲間入り、念入り、深入り）
＝要る〔必要〕金が要る、返事は要らない、保証人が要る
いる（炒る）↓煎る 肝煎り、コーヒー豆を煎る、ゴマを煎る
いれあげる 入れ揚げる（＝夢中になって金銭をつぎ込む）
いれかえ（入れ代え）↓入れ替え
いれかわりたちかわり 入れ代わり立ち代わり（「入り代わり立ち代わり」とも）
いれずみ（文身、刺青）↓入れ墨
いれる
＝（容れる、納れる）↓入れる

受け入れる、仲間に入れる
＊「相いれない」は仮名書き
＝（淹れる）→入れる　コーヒーを入れる

いろづく　色付く

いろどる（色取る）→彩る

いわい　祝い　祝い金、祝い酒、祝い物、内祝い、入学祝い

＊複合語も送り仮名を付ける

いわかん（異和感）→違和感

いわく（曰く）→いわく（＝事情、理由）　いわくありげな態度、いわく因縁、いわく付き（＝複雑な事情のあるもの）

いわば（言わば、謂わば）→いわば

いわゆる（所謂）→いわゆる

いわれ（謂れ）→いわれ（＝理由、由来）　いわれなき迫害、地名のいわれ

いん
＝陰〔陽の対語。かげ、外からは見えない状態〕陰影、陰画、陰気、陰険、陰惨、陰性、陰徳、陰謀、陰暦、光陰、夜陰、緑陰
＝隠〔かくす、かくれる、表面に出ない〕隠居、隠見、隠語、隠者、隠然、隠退、隠匿、隠忍、隠微、隠滅

いんうつ（陰鬱）→陰鬱《いんうつ》　類うっとうしい、陰気

いんえい（陰翳）→◎陰影

いんぎん（慇懃）→丁寧、懇ろ、礼儀正しい、いんぎん（「慇」「懃」＝丁寧）　いんぎん無礼（＝うわべを丁重に見せかけた尊大な態度）

いんこう　咽喉　耳鼻咽喉科

いんこう　淫行　淫行条例

いんしゅう（因襲）→因習

いんじゅん　因循（＝古いしきたりにこだわること）

いんせき　姻戚　類親族、親類、姻族

いんせき（隕石）→隕石《いんせき》

いんぜん　隠然　隠然たる、隠然と

いんたい
＝引退〔役職・地位から退く〕引退後の生活、引退声明、現役を引退
＝隠退〔世を逃れて閑居する〕隠退生活、郷里に隠退

いんち　引致（＝引っ張って連れて行く）

いんとう　咽頭

いんとく　陰徳（＝人に知れない

よい行い） 陰徳を積む
いんとく 隠匿（「隠」「匿」＝隠す）
いんにん 隠忍 隠忍自重する
いんねん 因縁 因縁ずく、因縁を付ける
いんび 隠微 対顕著
いんび（淫靡）→淫ら
いんぺい（隠蔽）→隠匿、隠す、隠蔽《いんぺい》
いんぼう（隠謀）→統陰謀
いんめつ（湮滅）→隠滅、消滅、もみ消し

【う】

うい… 初（名詞について「初めての」の意） 初産、初陣
ういういしい 初々しい
うえる 植える 植え替え、植え込み
送植木
うえる（餓える）→飢える
うえん（迂遠）→遠回り、回りくどい、実際的でない
うおがし 慣魚河岸
うかい（迂回）→遠回り、回り道、回る、迂回《うかい》
うかい（鵜飼い）→鵜《う》飼《か》い
うかがい
＝伺い〔一般用法〕伺いを立てる、暑中伺い
＝伺〔書類、書式〕進退伺
うかがう
＝伺う〔聞く、問う、訪ねるの謙譲語〕お宅に伺う、お話を伺う
＝（窺う、覗う）→うかがう〔そっとのぞく、時機を待つ〕辺り・顔色・機会をうかがう
＊うかがわれる（＝自然に知れる） 決意のほどがうかがわれる
うかつ（迂闊）→うかつ、うっかり
うき（雨季）→統雨期
うき…
＝浮き 浮き貸し、浮き沈み、浮き球（球技）、浮きドック、浮き彫り
送浮足（立つ）、浮具、浮草、浮雲、浮玉（漁具）、浮名、浮橋、浮袋、浮身（泳法）、浮実（スープなど）、浮世、浮世絵、浮輪
＝憂き 憂き身をやつす、憂き目
うけつけ 受け付け 受け付け開始、受け付け業務、受け付け順、受け付け状況、受け付け条件、受け付け増加、受け付

け中、受け付け手続き、受け付け方法
送受付（人、職、所の意味の場合）、受付額、受付期間、受付窓口など
⇩経済関係複合語（36ページ）
うけとり　受け取り　受け取り拒否、受け取り指定日、受け取り方法
送受取（＝領収書）、受取価格など
⇩経済関係複合語（36ページ）
うけわたし　受け渡し　受け渡し場所、受け渡し方法
送受渡価格、受渡期日など
うけにいる（有卦●に入る）↓うけに入る⬅376ページ　類運が向く、幸運に巡り合う
うける
＝受ける〔授の対語。負う、自分のものにする、好まれる〕受け売り、受け答え、受け皿、受け太刀、受け継ぐ、受け付ける、受けて立つ、受け止める、受け取り（に行く）、受け取る、受け流す、受け身、受け持ち、相談を受ける、大衆に受ける、注文を受ける、命令を受ける
＝請ける〔ひきうける、保証する〕請け合う、請け負う、請け書、請け人、請け判、下請け、質請け、茶請け、元請け
送請負
うげん　右舷
うごめく（蠢●く）↓うごめく
うし（丑●）↓丑《うし》　丑《うし》三つ（＝午前2時から2時半頃。真夜中）、土用の丑《うし》の日
うしお（潮■）↓うしお
うしなう（喪■う）↓失う
うしょう（鵜●匠）↓鵜匠《うしょう》
うしろ…　後ろ姿、後ろ盾、後ろ向き、後ろめたい、後ろ指
うす　臼　石臼
うずたかい（堆■い、うず高い）↓うずたかい
うずめる（埋■める）↓うずめる
うずもれる（埋■もれる）↓うずもれる
うせる（失■せる）↓うせる
うそ（嘘●）↓うそ
うそぶく（嘯●く）↓うそぶく（＝豪語する、知らん顔をする）
うた
＝歌〔一般用語。歌謡、曲のついた歌詞、和歌〕歌合わせ、

歌声、歌心、歌を歌う、子守歌、舟歌、万葉集の歌
＝唄〔限定用語。邦楽・民謡など。動詞には使わない〕小唄、地唄、長唄、端唄、馬子唄

うたい　謡　素謡（すうたい＝はやしや舞を伴わない）、地謡（じうたい＝地の文を大勢でうたう）

うたう
＝歌う〔一般用語。詩や歌などをうたう〕歌い手、悲しみを詩に歌う、情感を歌い上げる、鳥が歌う、流行歌を歌う
＝謡う〔限定用語。謡曲など〕「高砂」を謡う
＝（唄う）→うたう〔小唄など〕地唄・長唄・端唄・馬子唄をうたう
＝（謳う）→うたう〔強調する、賛美する〕うたい文句、効能をうたう、条文の中にうたう、神童・天才とうたわれる、わが世の春をうたう

うたかいはじめ　歌会始

うたぐる（疑る）→うたぐる　うたぐり深い

うたげ（宴）→うたげ

うたよみ（歌読み）→歌詠み（＝歌人）

うち（家、中）→うち

うちかけ（裲襠）→打ち掛け

うちこむ
＝打ち込む　くいを打ち込む、仕事に打ち込む
＝撃ち込む　銃弾・ミサイルを撃ち込む

うちとる
＝打ち取る〔試合などで相手を打ち負かす〕第1シードの選手を打ち取る
〔野球で打者を打たせてアウトにする〕凡打に打ち取る（三振には使わない）
＝討ち取る〔武器を使い敵を殺す〕敵将を討ち取る

うちょうてん　有頂天

うちわ（団扇）→うちわ

うつ
＝打つ〔打ち当てる、たたく。「打ち」の形で動詞の上について意味を強めたり、語調を整えたりする接頭語にも〕相打ち、一騎打ち、打ち合い、〔興行・仕事などの〕打ち上げ、打ち明ける、打ち合わせ、打ち掛け（女性の礼服、

囲碁用語）、打ち勝つ、打ち切り、打ち首、打ち消す、（棒で）打ち殺す（「殺す」を強めていう場合にも）、打ち沈む、打ち据える、打ち出し（太鼓）、（金字塔・新記録を）打ち立てる、打ち付ける、打ち解ける、打ち止め、打ちのめす、打ち負かす、打ち身、打ち水、打ち破る、打って変わって、打って出る、追い打ち、くぎを打つ、組み打ち、心を打つ、碁を打つ、仕事に打ち込む、太刀打ち、注射を打つ、手打ち式、電報を打つ、同士打ち、逃げを打つ、抜き打ち（解散）、狙い打ち（野球）、非の打ちどころがない、不意打ち、胸を打つ、（棒で）めった打ち、焼き打ち

＝討つ〔征伐、成敗。やや古風な表現〕あだ討ち、討ち入り、討ち死に、討っ手、返り討ち、上意討ち、だまし討ち、敵を討つ、闇討ち、夜討ち朝駆け

＝撃つ〔主に射撃〕（ピストルの）撃ち合い・抜き撃ち、（銃で）撃ち落とす、撃ち方、撃ち殺す、銃で撃つ、狙い撃ち（射撃、一般）、挟み撃ち、早撃ち、的を撃つ、迎え撃つ、（銃を）めった撃ち

うつ（鬱◉）→うつ（状態）

うづき（卯●月）→卯月《うづき》（＝陰暦4月）

うっくつ（鬱◉屈）→鬱屈《うっくつ》　類心がふさぐ

うっけつ（鬱◉血）→うっ血

うつす・うつる

＝（撮■）→写す・写る〔写真、文書など〕写し取る、写真写りがよい、証明書の写し、答案を写す、丸写し

＝映す・映る〔映写、反映〕映画・スライド・ビデオを映す、鏡に姿を映す、壁に影が映る、着物がよく映る、世相を映す、テレビに映る、防犯カメラ・ビデオに映った男

うつす・うつる（遷■）→移す・移る　郊外に移る、時代が移る、住まいを移す、都を移す

＊「病気をうつす」「風邪がうつる」などは仮名書き

うっせき（鬱◉積）→鬱積《うっせき》　類内にこもる、（不平、不満が）積もる

うっそう（鬱◉蒼●）→うっそう　うっそうとした森

うっちゃる（打棄■る）↓うっちゃる
うつつ（現■）↓うつつ　うつつを抜かす（＝夢中になって本心を失う）、夢うつつ
うっとうしい（鬱◉陶しい）↓うっとうしい
うつびょう（鬱◉病）↓うつ病
うつぶせ（俯●せ）↓うつぶせ
うっぷん（鬱◉憤）↓鬱憤《うっぷん》　類不満、怒り
うつむく（俯●く）↓うつむく
うつろ（空■ろ、虚■ろ）↓うつろ
うなぎのぼり（鰻●登り）↓うなぎ登り
うなずく（頷●く）↓うなずく　✕うなづく
うなどん（鰻●丼）↓うな丼
うなばら　慣海原
うのみ（鵜●呑●み）↓うのみ

うば　慣乳母
うぶ（初■心■）↓うぶ
うぶ…　産（「出産時の」の意）
産着、産毛、産声、産湯
うまい
＝（上■手■い、巧■い）↓うまい〔上手〕
＝（美■味■い、甘■い、旨■い）↓うまい〔美味〕うま煮
うまみ（旨■味）↓うまみ（味覚を表すときは「うま味」でもよい）
うみのおや　生みの親
うむ・うまれる
＝産む〔出産、主に母親の側からの言い方〕産み落とす、産み月、産みの苦しみ（出産）、卵を産む
＝生む〔作り出す〕生みの苦しみ（創作）、傑作を生む、新記録を生む、利潤を生む
＝生まれる〔誕生、主に子の側からの言い方〕赤ちゃんが生まれる、生まれ変わる、生まれつき、生まれ月、明治生まれ
うめ…　埋め合わせ、埋め草、埋め立て地、埋め立てる
うめぼし　梅干し
うもれる　埋もれる　埋もれ木
うよきょくせつ（紆●余曲折）↓曲折、複雑な経過、紆余《うよ》曲折
うらがき
＝裏書き〔一般用法〕潔白を裏書きする証拠、事実を裏書きする、犯行を裏書きしている
＝裏書〔経済用語〕裏書譲渡、裏書人、手形・小切手・証券の裏書
うらがれる（末■枯れる）↓うら枯

れる（＝草木の枝先・葉先が枯れる）

うらぶれる（心■ぶれる、裏×ぶれる）→うらぶれる　類落ちぶれる

うらみ■

＝（怨み）→恨み〔ひどい仕打ちに対する憎悪、遺恨〕恨みがましい、恨み骨髄に徹す⬅377ページ、恨み言、恨みつらみ

＝（憾■み）→うらみ〔心残り、不満、欠点〕公平を欠くうらみ、拙速のうらみ

うらむ（怨■む）→恨む

うらめしい（怨■めしい）→恨めしい

うらやましい　羨ましい

うらやむ　羨■む

うららか（麗■らか）→うららか

うり（瓜●）→ウリ・うり　うり二つ

うり…　売り上げ、売り上げ課税、売り上げ増、売り上げ目標、売り惜しみ、売り買い、売り掛け（増・予定）、売り切れ、売り食い、売り子、売り言葉、売り込み、売り材料、売り筋、売り出し、売り出し期間、売り立て、売り地、売り手市場、売り止め、売り場、売り払う、売り物、売り家、売り渡し、売り渡し価格、売り渡す

送売値

売上金、売上収益、売上品目など

売掛金、売掛債権など

⇩経済関係複合語（36ページ）

うるさがた（うるさ形、煩■型）→うるさ型

うれい・うれえる

＝愁い・愁える〔何となく心が晴れず気が沈む。もの悲しい〕愁いに沈む、春の愁い、身の上を愁える

＝憂い・憂える〔先のことを思って気に病む。不安、心配〕憂い顔、憂いを残す、後顧の憂い（＝後々の心配）、備えあれば憂いなし、病気再発を憂える⬅377ページ

＊「愁い・憂い」は「愁え・憂え」の音が変化したもの

うれいがお

＝愁い顔（＝悲しくて心がふさいでいる顔つき。「愁え顔」とも）

＝憂い顔（＝悪いことが起こりそうで案じている顔つき。「憂え顔」とも）

うれしい（嬉●しい）→うれしい

うろこ（鱗●）→うろこ
うわ… 上書き、上滑り、上澄み、上っ張り、上積み、上手投げ、上塗り、上回る、上向く
うわき 慣浮気
うわぎ（上衣■）→上着
うわぐすり（釉●、釉●薬）→うわぐすり、上薬
うわさ（噂●）→うわさ
うわぢょうし 上調子（邦楽）
うわつく 慣浮つく
うわべ（上辺）→うわべ　うわべを繕う
うわや（上家）→上屋（＝仮の建物、屋根）
うんこう
＝運行〔バス、電車、天体〕
＝運航〔船、航空機〕
うんちく（蘊●蓄）→うんちく　うんちくを傾ける　×うんちくを注ぐ　類学識、深い知識
うんぬん（云●々）→うんぬん、等々、など　うんぬんする（＝とやかく批評する）
うんも 慣雲母（「うんぼ」とも）

【え】

え（画■）→絵　絵心、絵空事、絵はがき、絵に描いた餅（＝実際の役に立たないもの）
え 餌　餌付け
えいき
＝英気〔元気、優れた才気・気性〕英気はつらつ、英気を養う、天性の英気
＝鋭気〔鋭く強い気性〕鋭気に満ちる、鋭気をくじく
えいこう（曳●航）→引く、引航、えい航
えいごう（永劫●）→永遠、永久、（未来）永劫《えいごう》
えいし 衛視（国会）
えいじ（嬰●児）→赤ん坊、乳飲み子、乳児
えいせん（曳●船）→引き船
えいぞう
＝映像〔物の表面に映る形、イメージ〕テレビの映像、母の映像
＝影像〔絵・彫刻などで表した神仏・人の姿〕神の影像
えいち（叡●智●）→◎英知　英知を集める
えいよう（営養）→栄養
えがお ■慣笑顔
えかき（画■描き）→絵描き
えがく（画■く）→描く

えぐる（抉●る）↓えぐる

えこう　回向（＝死者の冥福《めいふく》を祈る）

えこひいき（依●怙●贔●屓●）↓えこひいき

えさ　餌■

えし（壊死）↓（細胞、組織の）死滅、壊死《えし》

えじき　餌食

えたい　得体　得体が（の）知れない

えっけん　謁見（謙譲語。国王や君主に会う）

＊皇室記事では「お目にかかる」「お会いする」とする

えつにいる　悦に入る

えと（干■支■）↓えと・干支《えと》⬅394ページ

えとく　会得

えのぐ　絵の具

えび（海■老■、蝦●）↓エビ・えび

えびす

＝（恵比須、恵比寿■、夷●、戎●、蛭●子）↓えびす　えびす講

＊固有名詞はそれぞれの表記で書く

＝（夷●、戎●）↓夷《えびす》、戎《えびす》（蝦夷〈えみし〉の転。歴史用語）荒夷《あらえびす》

えびすがお（恵比須顔）↓えびす顔（＝にこにこしている顔）

えまき　絵巻（物）

えみ　笑み

えもいわれぬ　えも言われぬ（＝何とも言いようがない）

えもの

＝得物（武器、道具）得物をとって戦う、棒を得物にする

＝獲物（狩りや漁でとる獣や魚）獲物を狙う、狩りの獲物

えり（衿●）↓襟　襟首（＝首の後ろの部分）、襟巻き、襟を正す（＝気持ちを引き締める）

えり…（選■り）↓えり　えり好み、えりすぐり、えり抜き、えり分ける

＊「えり…」は「より…」とも

える

＝得る（入手、可能性）あり得ない（「あり得る」の本来の読みは「ありうる」）、得てして、許可・勝利・地位を得る、やむを得ない

＝獲る（鳥獣を捕らえる）（現代語としては「獲物」の形で使うのがほとんど）

えんえき（演繹●）↓演繹《えんえき》（一般か

ら個々へ） 対帰納
えんえん（蜿•蜒•）↓延々（＝長く続くさま） 類うねうね、長々
えんか（艶◉歌）↓演歌
えんぎ　縁起
えんきょく（婉•曲）↓穏やかに、それとなく、遠回し、やんわり
えんぐみ　縁組
えんご（掩•護）↓◎援護
えんこん（怨◉恨）↓怨恨《えんこん》 類遺恨、恨み
えんざい（冤•罪）↓ぬれぎぬ、無実の罪、冤罪《えんざい》
えんすい（円錐•）↓円すい
えんせい（厭•世）↓世をはかなむ、厭世《えんせい》（自殺）
えんせん（厭•戦）↓厭戦《えんせん》（気分）
えんだて　円建て
えんてい（堰•堤）↓せき、堤防、土手、ダム
えんばく（燕•麦）↓エンバク、カラスムギ
えんぶ
＝演武〔武芸の練習・公演〕
＝演舞〔舞の練習・公演〕
＝円舞〔大勢で輪になって踊るダンス〕

【お】

お（御■）↓お（接頭語）お家芸、お国入り、お歳暮、お世辞
お
＝尾　犬の尾、尾ひれが付く、尾を引く、彗星《すいせい》の尾
＝緒　堪忍袋の緒が切れる、鼻緒、へその緒
おい（甥•）↓おい
おい…
＝追い　追い落とす、追い返す、追いかける、追い風、追い越し禁止、追い込み、追い銭、追い出す、追い羽根、追い払う、追い回す
＝生い　生い先、生い茂る、生い立ち
おいうち（追い討ち、追い撃ち）↓統追い打ち
おいさき
＝生い先〔成長の前途〕生い先が楽しみ
＝老い先〔余命、余生〕老い先短い
おいしい（美■味■しい）↓おいしい
おいはぎ　追い剝ぎ
おう（逐■う）↓追う
おういつ（横溢•）↓あふれる、みなぎる、いっぱい

おうおうにして　往々にして（＝しばしば）

おうか（謳●歌）→たたえる、享受、満喫、謳歌《おうか》（「謳」＝声をそろえ歌う）青春を謳歌《おうか》する

おうぎ（奥儀）→奥義（「おくぎ」とも）類極意、こつ

おうし　横死（「横」＝思いがけない）類変死、非業の死、不慮の死

おうせい
＝王制〔王が統治する政治制度、王の定めた制度〕類君主制
＝王政〔王が行う政治〕王政復古

おうせい　旺盛（「盛ん」に言い換える方が分かりやすい場合も）

おうたい（応待）→統応対

おうちゃく　横着　横着な人、横着を決め込む、横着をする

おうと（嘔●吐）→吐く、もどす、嘔吐《おうと》（「嘔」「吐」は同意）

おうなつ（押捺●）→押印、押す（「押」「捺」は同意）指紋押なつ

おうのう（懊●悩）→苦悩、悩み、もだえ（「懊」「悩」は同意）

おうへい　横柄　対謙虚

おうよう（鷹●揚）→おうよう、おっとり、ゆったり、おおらか

おえつ（嗚●咽■）→おえつ、すすり泣き、むせび泣き　おえつを漏らす

おおう（被■う）→覆う

おおかた
＝おおかた〔副詞・たいてい〕おおかたそのようだ
＝大方〔名詞・多くの人〕大方の意見

おおしい　雄々しい（＝果断な態度。性別を限定しない）

おおぜい（多勢）→大勢（「多勢」は「たぜい」と読み、「多勢に無勢」の慣用表現を作る）

おおだてもの　大立者　類大御所、重鎮、大家

おおづかみ（大摑●み）→大づかみ

おおづめ　大詰め

おおてあい　大手合
＊囲碁の昇格制度だったが、廃止された

おおはば（大巾■）→大幅

おおばんぶるまい（大番×振る舞い）→大盤振る舞い（語源的に本来の表記は「椀飯《おうばん》」）

おおみえ（大見得）→大見え　大見えを切る（＝自信のほどを

示す）

おおみそか（大晦●日）↓大みそか

おおむね（概■ね）↓おおむね

おおもと（大元）↓大本　国の大本

おおもの　大物　大物食い（＝強いものをよく負かす）

おおやけ　公　公にする

おおよそ・およそ（大凡■、凡■そ）↓おおよそ、およそ

おおらか（大らか）↓おおらか

おおわらわ（大童■）↓大わらわ

おか
＝丘〔一般用語。小高い土地〕丘を越えて
＝岡〔限定用語〕岡っ引き　岡持ち
＝〔陸■〕↓おか〔陸地〕おか蒸気、おか釣り

おかしい（可■笑■しい）↓おかしい

おかしらつき（御×頭付き、お頭付き）↓尾頭付き（＝祝儀に用いる尾と頭のついた魚）

おかす
＝犯す〔法や規則などを破る〕過ちを犯す、犯した罪の償い、法を犯す
＝侵す〔領地、権利などを侵害する〕学問の自由が侵される、国境を侵す、主権を侵す、病魔に侵される、プライバシーを侵す
＝冒す〔無理に押しきって進む〕危険を冒す、尊厳を冒す、風雨を冒して

おかみ（女■将■）↓女将《おかみ》（旅館・料亭などの女主人）

おかみさん（お内■儀■さん、お上さん）↓おかみさん（他人の妻を親しんで呼ぶ）親方のおかみさん

おかめはちもく（傍■目八目）↓岡目八目

おかん（悪感）↓悪寒

おき…　起き上がる、起き抜け、起き伏し

おき…　置き換え、置き去り、置き手紙、置き時計、置き場、置き引き、置き土産、置き忘れ
送置物

…おき（置き）↓おき〔接尾語。間隔をあける〕1メートルおきに花を植える、3秒おきに画面が変わる⬅398ページ

おきあい　沖合

おきて（掟●）↓おきて

おきな（翁■）↓おきな　対おうな（媼●）

おく
＝置く〔本動詞〕石を置く、重きを置く、距離を置く、一呼吸置く
＝おく〔補助動詞〕言っておく、書いておく、読んでおく
＝（措■、擱●）↓おく　彼をおいて適任者はいない、それはさておき、筆をおく（＝書き終える、書くのをやめる）

おく…　奥の手、奥深い、奥行き
送 奥書、奥付

おくぎ（奥儀）↓奥義（「おうぎ」とも）類 極意、こつ

おくする　臆する　類 気後れする、おじけづく

おくせつ（憶説）↓臆説（＝根拠のない意見）

おくそく（憶測）↓臆測（＝いいかげんな推測）類 当て推量

おくだん（憶断）↓臆断（＝根拠のない判断）

おくて
＝（晩■稲■、晩■生■、晩■熟■）↓おくて〔植物で成長が遅い品種〕
対 わせ（早■稲■、早■生■）
＝奥手〔心身の成熟が遅いこと・人〕奥手な子

おくびょう　臆病

おくめんもない　臆面もない　類 ずうずうしい、遠慮したふうもない

おくゆかしい（奥床しい）↓奥ゆかしい

おくらいり（お倉入り）↓お蔵入り（＝取りやめになる）

おくり…
＝送り　送り仮名、送り状、送り出し、送り主、送り迎え
＝贈り　贈り物

おくりな（諡●）↓贈り名、追号

おくる
＝送る〔迎の対語。送達、送別、過ごす、届ける〕エールを送る、祝電を送る、順送り、声援を送る、敵に塩を送る、荷物を送る、野辺の送り、拍手を送る、日を送る、見送る
＝贈る〔贈与。感謝の気持ちを込める〕贈る言葉（賛辞）、感謝状を贈る、勲位を贈る、賛辞・祝辞を贈る、称号を贈る、～の言葉を贈る

おくれる
＝遅れる〔進み方が遅い。主に時間関係〕一歩遅れる、遅ればせ、会合に遅れる、開発の遅

れた地域、完成が遅れる、時代に遅れる、出世が遅れる、スタートで遅れる、立ち遅れ、月遅れ、手遅れ、出遅れ株、電車が遅れる、流行遅れ

＝後れる〔先の対語。取り残される、劣る〕後れ毛、後れを取る、気後れ、死に後れる（ここに挙げた慣用表現以外は、「遅」を用いるのが一般的）

おけ（桶●、槽■）↓おけ

おこす・おこる

＝起こす・起こる〔立つ、始める、発生する、掘り返す〕岩を掘り起こす、会社・事業を起こす（起業）、体を起こす、災害を引き起こす、事件が起こる、訴訟を起こす、伝票を起こす、寝た子を起こす、畑を起こす、物事の起こり

＝興す・興る〔盛んにする〕家を興す、会社・事業を興す（振興）、学問が興る、国が興る、産業を興す

＊「村おこし」「町・街おこし」は仮名書き

おこす・おこる（熾●）↓おこす・おこる　炭火をおこす

おごる

＝（奢●る）↓おごる〔ぜいたくする、ごちそうする〕おごった暮らし、うな丼をおごる

＝（驕●る）↓おごる〔増長する〕おごり高ぶる（＝思い上がる、威張る、高ぶる）

おさ（長■）↓おさ　一族・集落のおさ（古風な言い方）

おさえる

＝押さえる〔物理的におさえる、確保〕（力ずくで）押さえ込む、押さえて動かさない、傷口を押さえる、差し押さえ、座席・部屋を押さえる（予約）、証拠を押さえる、選挙区を押さえる、手綱を押さえる、目頭を押さえる、要点を押さえる

＝抑える〔抑圧、抑制、抑止、くいとめる、こらえる〕相手打線を抑え込む、怒りを抑える、インフレを抑える、抑えが利かない、抑え込み（柔道）、抑えの切り札、経費を抑える、新人を抑えて当選、ストライキを抑える、敵の反撃を抑える、涙を抑える、発言を抑え付ける、発病を抑える、病気の流行を抑える、物価の

上昇を抑える、欲望を抑える
おさな… 幼子、幼心、幼なじみ
（送り仮名に注意）
おざなり（お座成り、お座形■）↓
おざなり（＝その場しのぎにやること）⬅377ページ

おさまる・おさめる
＝収まる・収める〔収容、収拾、解決、よい結果を出す、記録に残す〕争いが収まる、怒りを収める、インフレが収まる、収まりがつかない、風が収まる、興奮が収まる、混乱が収まる、写真・ビデオに収める、手中に収める、勝利を収める、成果を収める、博物館に収まる、不平が収まらない、矛を収める、丸く収まる、目録に収める、元のさやに収まる、利益を収める
＝納まる・納める〔納付、納入、あるべきところに落ち着く、おしまいにする〕歌い納め、納まり返る、棺に納める、国庫に納める、仕事納め、写真・ビデオに納まる、社長の椅子に納まる、税金を納める、得意先に品物を納める、年貢の納め時、舞い納め、見納め、胸に納める
＝治まる・治める〔乱の対語。正常な状態になる、統治する〕痛みが治まる、気が治まる、国を治める、腹の虫が治まらない、水を治める
＝修まる・修める〔行いがよくなる、学問・技芸を身につける〕学業を修める、身を修める

おし… 押し入れ、押し売り、押し込み強盗、押し倒し、押し出し、押し葉、押し花、押し目買い、押し問答
おじ
＝（慣）伯父〔父・母の兄〕
＝（慣）叔父〔父・母の弟〕
＝（小父■）↓おじ〔中年男性を親しんで、「さん」をつけて使う〕隣のおじさん
おじいさん（お祖■父■さん、お爺●さん）↓おじいさん
おしきせ（押×し着せ）↓お仕着せ
（＝一方的に上から与えられたもの。お決まり、お定まりの意味でも）
おしはかる（押■し量る）↓推し量る
おしまい（お終い、お仕舞い）↓
おしまい

おしむらくは　惜しむらくは（＝惜しいことには、残念なことには）

おしょう　和尚

＊宗派によって「かしょう」「わじょう」など読み方が異なる

おしろい（白■粉■）↓おしろい

おす

＝押す〔引の対語。力を加える〕後押しをする、押し合いへし合い、押し上げる、押し掛ける、押し込める、押し殺した声、押し付ける、押し詰まる、押し通す、押しやる、押し寄せる、判を押す、人を押しのける、ベルを押す、病を押して出席する、横車を押す、列を押し進める

＊「押しも押されぬ」は誤表現。正しくは「押しも押されもせぬ」

＝推す〔推進、推量、推薦〕A案を推す、推して知るべし、推し量る、議長に推す、政策を推し進める

おす（牡●）↓雄

おせっかい（お節介）↓おせっかい

おぜんだて　お膳立て　類支度、用意

おそまき（遅蒔●き、遅巻×き）↓遅まき　遅まきながら

おそれ

＝（怖■れ、惧■れ、懼●れ、虞▲）↓恐れ　洪水の恐れ

＝畏れ　神仏への畏れ

おそれる

＝（怖■れる、惧■れる、懼●れる）↓恐れる〔一般用語。おそろしい、恐縮〕恐れ入る、恐れ多い、恐れながら、死を恐れる、失敗を恐れるな、報復を恐れて逃亡する

＝畏れる〔限定用語。かしこまる、畏敬〕神を畏れる、師を畏れ敬う

＊「おそれ入る、おそれ多い」などは特に畏敬の念を表すときは「畏」を使う。迷うときは「恐」か仮名書きにする

おち…　落ち合う、落ち口、落ち着く、落ち度、落ち葉、落ち武者、落ち目

おちいる（落ち入る）↓陥る

おちゅうど　慣落人（「おちうど」とも）

おちる（墜■ちる、堕■ちる）↓落ちる

おっくう（億劫●）↓おっくう、面倒

おっつけ
＝〔追っ付け〕→おっつけ〔副詞。まもなく〕おっつけ来るだろう
＝〔押っ付け〕→おっつけ〔相撲用語〕
おっとりがたな 押っ取り刀〔＝大急ぎで駆けつける様子〕⬅377ページ
おてまえ〔お手前〕→慣お点前〔茶の湯〕
おてもり お手盛り〔＝自分に都合のいいように取りはからう〕お手盛り予算
おてんば〔お転婆〕→おてんば
おどかす〔威■かす、嚇■かす〕→脅かす
おとさた 音沙汰 類音信、消息
おどし〔威■し、嚇■し〕→脅し

おとしあな〔陥■し穴〕→落とし穴
おどす〔威■す、嚇■す〕→脅す
おととい〔一■昨■日■〕→おととい
おととし〔一■昨■年■〕→おととし
おとな 慣大人 大人げない
おとなしい〔温■和■しい、大人しい〕→おとなしい
おとひめ 慣乙姫
おとめ 慣乙女
おとも〔お伴■〕→お供
おどる
＝踊る〔リズムに合わせて手足を動かす（舞踊）、何かに操られて行動する〕踊り子、踊り字、踊り場、バブルに踊る、人に踊らされる、笛吹けども踊らず、盆踊り
＊東をどり、都をどり、阿波おどりなど固有名詞に注意

＝躍る〔跳び上がる、跳ね上がる（跳躍、躍動）、わくわくする〕躍り上がって喜ぶ、躍りかかる、躍り食い、躍り出る、小躍りする、心が躍る、見出しが躍る、胸が躍る
おなか〔お中、お腹■〕→おなか
おの〔斧●〕→おの
おのおの〔各、各々〕→おのおの
＊「各＝おのおの」は表内訓だが、読みにくいので仮名書きにする
おのずから〔自■ずから〕→おのずから
おののく〔戦■く〕→おののく
おば
＝慣伯母〔父・母の姉〕
＝慣叔母〔父・母の妹〕
＝〔小母■〕→おば（さん）隣

のおばさん

おばあさん（お祖■母■さん、お婆■さん）↓おばあさん

おはこ（十■八■番■）↓おはこ（＝とっておきの芸。「じゅうはちばん」とも）

おはち　お鉢　お鉢が回る（＝順番が回ってくる）

おはなし

＝お話〔名詞〕お話をする（「話」の丁寧表現）、お話にならない（「問題にならない」の慣用表現）

＝お話し〔動作性のある用法〕お話しする（謙譲表現）、お話しになる（尊敬表現）

おびあげ（帯上■げ）↓帯揚げ

おびえる（脅■える、怯●える）↓おびえる

おひとよし（お人好■し）↓お人よし

おびな　(慣)男びな

おびやかす　脅かす

おひれ（尾鰭●）↓尾ひれ　尾ひれがつく（＝誇張される）

おひろめ　お披露目

おぼえがき（覚え書■き）↓覚書

おぼしめし（思し召■し）↓おぼしめし（＝お考え、お気持ち）

おぼつかない（覚束■ない）↓おぼつかない（「おぼつかぬ」「おぼつかず」は誤用）⬅377ページ

おぼれる　溺れる　溺れる者はわらをもつかむ、酒色に溺れる

おまわりさん　(慣)お巡りさん

おみき　(慣)お神酒

おみずとり　お水取り（東大寺二月堂の行事）

おめし　お召し（＝呼び出し、着物の尊敬表現）

おめみえ（お目見得■）↓お目見え

おもう（想■う、念■う、憶■う、懐■う）↓思う　思い半ばに過ぎる（＝思い当たることが多い）

おもうつぼ（思う壺●）↓思うつぼ　⬅377ページ

おもおもしい　重々しい

おもかげ（俤●）↓面影

おもし（重石■）↓重し（押さえるために上に載せるもの）⬅377ページ　漬物の重し

おもしろい　面白い

おもて

＝表〔裏の対語。表面、公のもの・場所〕裏表がない、江戸表、お国表、表替え、表芸、表沙汰、表通り、表に出る、表向き、畳表

＝面〔顔、正面〕面も上げず、面を伏せる、矢面に立つ

おもはゆい（面映■ゆい）→面はゆい

おもみ（重味）→重み

おもむき　趣

おもや（(慣)母家）→(慣)(統)母屋

おもり　お守り　お守りをする

おもわく　思惑　思惑買い、思惑が外れる

おもんぱかる（慮■る）→おもんぱかる（「おもんばかる」とも）

おやくごめん　お役ご免（「お役目ご免」は誤用）

おやじ（親父■、親爺●、親仁■）→おやじ

おやま　(慣)女形（「おんながた」とも）

おやもと（親許■）→親元　親元を離れる

およそ（凡■そ）→およそ（「おおよそ」とも）

および　及び　及び腰、及びもつかない、A及びB（接続詞の場合は仮名書きでも）

おり

＝折り〔動作性のある用法〕折り合い、折り入って、折り返し（運転・点）、折り重なる、折り紙、折り畳み式、折り詰め、折り箱、折り曲げる、折り目、菓子折り、菓子一折り、三つ折り、指折り

＝折〔機会、時期、場合〕折あしく、折々、折から、折に触れ、折もあろうに（＝もっとよい時もあるだろうに）、折も折、折よく、折を見て、～する折、その折に、時折

おり

＝織り〔一般用法〕織り上げる、織り糸、織り方、織り出す、織り地、織り交ぜる、織り目、織り模様、手織り、平織り、紋織り

[送]織元、織物

＝織〔地名等を冠した工芸品〕西陣織、博多織

おりがみ　折り紙　折り紙付き（＝定評がある）

おりこむ

＝折り込む〔中に折り曲げる、挟み入れる〕シーツを折り込む、折り込み広告

＝織り込む〔組み入れる〕織り込み済み、教訓を織り込む、計画に織り込む

おりづる　折り鶴

おりる
＝下りる〔上から下へ移る〕階段を下りる、肩の荷が下りる、木から下りる、坂を下りる、遮断機が下りる、タラップを下りる、土俵から下りる、2階から下りる、幕が下りる、胸のつかえが下りる、屋根から下りる、山から下りる、リフトで下りる
〔指示が出る〕許可が下りる
＝降りる〔乗り物から出る、降下〕駅で降りる、エレベーターで(から)降りる、車・電車・飛行機から降りる、月面に降りる、高速道路から降りる
＊馬、船などは熟語「下馬」「下船」に合わせ「下りる」を使う
〔地位・役割を退く〕主役を降りる、総裁候補から降りる、マウンドから降りる(降板)、壇を降りる
〔地上に生じる〕霜が降りる、露が葉に降りる
＊複合語は「降」を使う　駆け降りる、滑り降りる、飛び降りる、舞い降りる

おれ　俺

おろし
＝卸し〔動作性のある用法〕棚卸し
＝卸〔一般用法〕卸売り、卸問屋、卸値
送卸売価格、卸売業、卸売市場、卸売数量、卸売人など
⇩経済関係複合語（36ページ）

おろし（颪）↓おろし　赤城おろし、六甲おろし

おろしがね（卸し金）↓統下ろし金

おろす
＝下ろす〔上から下へ移す〕いかりを下ろす、肩の荷を下ろす、腰を下ろす、手を下ろす、幕を下ろす、雪下ろし
〔切り落とす〕枝を下ろす
〔しめる〕看板を下ろす、錠を下ろす、シャッターを下ろす
〔新しくする〕下ろしたての服、書き下ろし
〔引き出す〕貯金を下ろす
〔裂く、すり砕く（仮名書きでも）〕下ろしあえ、三枚に下ろす、大根下ろし
＝降ろす〔乗り物などから外へ出す〕乗客を降ろす、積み荷を降ろす、荷降ろし
〔地位・役割から退ける〕旗を

降ろす、マウンドから降ろされる、役職から降ろす
＝卸す〔商業用語〕小売店に卸す、棚卸し
おろそか（疎■か）→おろそか
おわりね 終値
おんぎ（恩誼●）→◎恩義
おんけん（温健）→穏健 穏健派
おんこう 温厚 温厚篤実
おんこちしん 温故知新（＝故《ふる》きを温《たず》ね新しきを知る）
おんじょう
＝恩情〔恵み深い心、目下の者へ向けた慈しみの心〕師の恩情に報いる
＝温情〔温かで思いやりのある優しい心〕温情主義、温情にすがる、温情判決
おんぞうし（御曹子）→(統)御曹司

おんちょう（恩寵●）→恩顧、恩恵、恵み
おんど 音頭 音頭を取る
おんねん 怨念 [類]恨み、遺恨
おんのじ 御の字（＝十分で、ありがたい）
おんぷ
＝音符〔音楽記号など〕全音符、2分音符、4分音符
＝音譜〔楽譜〕音譜を頼りに弾く、音譜を読む
おんみつ (慣)隠密 隠密裏に行動する
おんりょう 怨霊 [類]亡霊、悪霊
おんわ（穏和）→温和 温和な土地、温和な人柄

【か】

か
＝科〔区分、種類など〕勘定科目、教科、選択科目
＝課〔割り当て、事務機構の単位など〕課税、課題、教育課程、考課表、総務課
かあさん (慣)（お）母さん
かい（甲■斐●）→かい 生きがい、かい性、友達がい、ふがいない
かい… 買い上げ（価格）、買い一服、買い入れ、買い受け人、買い置き、買いオペ、買い替え、買い掛け（増）、買い気、買い切り、買い食い、買い気配、買い言葉、買い支え、買い占め、買い出し、買い付け、買い手市場、買い取り価格、買い主、買い戻し、買い物
[送]買値
買掛勘定、買掛代金など

⇩経済関係複合語（36ページ）

かいか
＝開花〈花開く、盛んになる〉桜の開花、庶民文化の開花、努力の成果が開花する
＝開化〈開け進む〉文明開化

がいか（凱歌•）↓勝ちどき、凱歌《がいか》

がいかく（外廓•）↓◎外郭　外郭環状道路、外郭団体

かいかつ（快闊•）↓◎快活

がいかん
＝外観〈外から見た様子〉外観だけは立派
＝概観〈大体の様子〉全体を概観する

かいき　回忌
＊死の翌年は一周忌、翌々年は三回忌。以後、七＝満6年＝、十三、十七、二十三、二十七、三十三、五十、百回忌と続く

かいきえん（怪気焔•）↓◎怪気炎（＝威勢が良すぎて真実味が疑われるような意気込み）怪気炎を上げる
＊快気炎（＝気持ちいいほど元気な話しぶり）は誤用

かいきしょく（皆既蝕•）↓◎皆既食

かいぎゃく（諧謔•）↓滑稽、（気の利いた）冗談、ユーモア

かいきゅう　懐旧　懐旧の情

かいきょう（回教）↓イスラム教

かいげん　開眼（仏教用語）開眼供養、大仏開眼（「開眼手術」などは「かいがん」）

かいこ
＝回顧〈過去を顧みる〉回顧録
＝懐古〈昔を懐かしむ〉懐古趣味、懐古の情

かいご（改悟）↓（統）悔悟　悔悟の情

がいこう
＝外向〈内向の対語〉外向的な性格
＝外交〈外国・外部との交際・交渉〉外交辞令

かいこく（誡•告）↓◎戒告

がいこつ　骸骨

かいさい（快哉•）↓快哉《かいさい》　快哉《かいさい》を叫ぶ（＝痛快がる）

かいさく（開鑿•）↓◎開削　［類］切り開く

かいざん（改竄•）↓改変、変造、改ざん

がいして　概して

かいじゅう（晦•渋）↓難解

かいしゅん（改悛•）↓悔悟、改心、改悛《かいしゅん》（の情）（刑法の条文では「改悛の状」）

かいしゅん　買春　児童買春・児童ポルノ禁止法

かいしょ　楷書

かいじょう　解錠　対施錠

＊「特殊開錠用具の所持の禁止等に関する法律」（ピッキング防止法）などの法律用語は別

かいしん（快心）→会心（＝心にかなう）　会心の笑み、会心の作

かいじんにきす（灰燼に帰す）→全焼する、灰になる、燃え尽きる

かいせき

＝会席〔寄り合いの席、宴会料理〕会席膳、会席料理

＝懐石〔茶席の料理。転じて懐石風のコース料理〕懐石料理、茶懐石

がいせん（凱旋）→凱旋《がいせん》　凱旋《がいせん》公演、凱旋《がいせん》パレード

がいぜんせい　蓋然性　類公算、確率、確かさ　対必然性

かいそう

＝海藻〔海の藻類の総称〕

＊主な食用海藻＝緑藻類（アオサ、アオノリ、イワヅタ、ヒトエグサ、ミル）、褐藻類（アラメ、コンブ、ハバノリ、ヒジキ、マツモ、モズク、ワカメ）、紅藻類（アサクサノリ、ウシケノリ、オキツノリ、オゴノリ、キリンサイ、スサビノリ、トサカノリ）

＝海草〔海中の植物で花の開くもの。アマモ、スガモなど〕

かいぞえ　介添え

送介添人

かいそく

＝快足〔足が速い〕快足の1番打者

＝快速〔気持ちよいほど速い〕快速船、快速電車

かいだめ（買い溜め）→買いだめ

がいため　慣外為

かいちゅう（蛔虫）→◎回虫

かいちょう（開張）→開帳　賭博開帳の疑い、秘仏の開帳

＊刑法の「賭博開張図利罪」も「賭博開帳図利罪」と表記する

かいちょう

＝諧調〔調和のとれた音・色の調子〕

＝階調〔グラデーション〕

かいてい

＝改定〔一般用語。決めたものを定め直す〕運賃・購読料の改定、学習指導要領の改定、給与改定、計画を改定する

＝改訂〔書籍・文書・表の内容の一部を直す〕改訂版、工程表を改訂する、字句の改訂、辞書の改訂作業

かいとう
＝回答〔質問・照会への返事〕質問に回答する、身の上相談への回答、世論調査の回答率
＝解答〔問題・疑問を解いた答え〕クイズの解答、試験問題の解答集、模範解答

がいとう
＝外灯〔屋外灯〕門柱の外灯
＝街灯〔街路灯〕銀座の街灯

かいふく（恢復、快復）→◎(統)回復（病気・景気の）回復期、国交回復、失地回復

かいへん
＝改変〔内容を改める〕規則を改変する、国政の改変
＝改編〔編成・編集し直す〕機構の改編、テレビ番組の改編

かいほう
＝開放〔開け放つ、出入り自由〕開放経済、開放的な性格、開放都市、校庭を開放、市場開放、窓を開放する、門戸開放
＝解放〔束縛を解いて自由にする〕解放区、解放戦線、女性解放運動、農地解放、人質解放、貧困からの解放

かいほうかん
＝開放感〔閉塞《へいそく》感の対語〕開放感のある広いオフィス
＝解放感〔束縛感の対語〕長期休暇で解放感を味わう

がいぼう（外貌《がいぼう》）→外見、見かけ、輪郭、外貌

かいまみる　垣間見る（＝隙間からのぞき見る）⬅378ページ

かいめい
＝解明〔解き明かす〕原因の解明、真相を解明
＝開明〔知識が進み開けている〕開明的な君主、開明の世

かいめつ（潰滅）→壊滅

かいもく→皆目　皆目分からない

かいよう　潰瘍　胃潰瘍

がいよう（概容）→概要

かいらい（傀儡）→操り人形、手先、ロボット、かいらい（政権）

かいり
＝（乖離）→乖離《かいり》〔背き離れる〕
[類]懸け離れる、隔たり、背離
＝解離〔解け離れる〕解離性障害、解離性大動脈瘤《りゅう》、電気解離

かいり（海里、浬●）→カイリ

かいろう（廻●廊）→◎回廊

かいわい（界隈●）→周辺、付近、辺り、近辺、かいわい

かえす・かえる

＝返す・返る〔主に事物が戻る。元の状態になる〕生き返る、追い返す、贈り物を返す、原点に返る、自然に返る、借金を返す、正気に返る、初心に返る、先祖返り、立ち返る、宇宙返り、土に返る、童心に返る、とって返す、とんぼ返り、寝返り、白紙に返す、引き返す、紛失物が返る、元へ返す、野性に返る、領土を返す、我に返る

〔応じる〕言い返す、意趣返し、恩をあだで返す、香典返し、はね返す

〔同じ動作をする、繰り返す〕返す返すも、染め返す、ぶり返す、読み返す

〔すっかり～する〕あきれ返る、しょげ返る、煮えくり返る

＝帰す・帰る〔主に人が戻る〕家に帰る、生きて帰る、親元に帰す、帰らぬ人となる、帰り新参、帰り道、車で帰す、里帰り、領土が帰る

＊「二塁走者をかえす」などは仮名書き

かえす・かえる（孵●す・孵●る）→かえす・かえる　卵をかえす、ひながかえる

かえだま　替え玉　替え玉受験

かえば（換え刃）→㊕替え刃

かえりうち　返り討ち

かえりざき　返り咲き（＝再び地位・役職に就く）

かえりみる

＝省みる〔反省する〕省みて恥じない、自らを省みる

＝顧みる〔振り返る、気にかける〕顧みて他を言う、過去を顧みる、結果を顧みない

かえる・かわる

＝変える・変わる〔前と違った状態になる〕

〔変化〕色が変わる、打って変わって、生まれ変わる、顔色を変える、形を変える、変わり種、変わり果てる、変わり身が早い、変わり者、季節が移り変わる、声変わり、心変わり、生活を変える、調子を変える、早変わり（一般用語）

〔変更〕位置が変わる、議題が変わる、攻守所を変える、宗旨変え、住所が変わる、立場を変える、方針を変える

＝換える・換わる〔物と物を取りかえる〕

〔交換〕空気を換える、取り換え、引き換え

〔換金〕物を現金に換える

〔換言〕言い換え、書き換え

〔置換〕置き換え、借り換え

〔転換〕配置を換える、乗り換え

＝替える・替わる〔新しく別のものになる〕入れ替え、入れ替わる、植え替え、買い替え、替え歌、替えズボン、替え地、額を掛け替える、着替え、切り替え、国替え、組み替え〔遺伝子は「組み換え」〕、くら替え、クラス替え、衣替え、差し替え、商売替え、すげ替える、住み替え、すり替え、組織替え、代替わり（経営者、年代など）、台替わり（金、数字）、立て替え（金銭）、建て替え（建物）、月替わり、積み替え、詰め替え、手を替え品を替え、ドルを円に替える（為替）、二の替わり、塗り替え、年度替わり、生え替わる、早替わり（歌舞伎など）、日替わり、吹き替え、振り替え輸送、巻き替え（相撲）、持ち替える、模様替え、役替え

送両替

＊「換」か「替」か迷うときは「替」を使う

＝代える・代わる〔ほかのものに役目が移る〕

〔交代〕入れ（入り）代わり立ち代わり、代わり映え、代わり番こ、社長・大臣が代わる、政権が代わる、電話を代わる、投手を代える、取って代わる、余人をもって代え難い

〔代表、代理〕あいさつに代えて、命に代えても、親代わり、肩代わり、代わりの品、背に腹は代えられぬ、父に代わって、身代わり

かえん（火焔）↓◎火炎　火炎瓶

＊法律名「火炎びん処罰法」も「火炎瓶処罰法」と表記する

かお　顔　顔立ち、顔付き、顔触れ、顔見せ（歌舞伎などの「顔見世興行」は別）

かおり・かおる

＝香り・香る〔一般用語〕香り高い、菊が香る、香水の香り、茶の香り、花が香る、古里の香り
＝薫り・薫る〔比喩的、抽象的。品位・品格が高い〕風薫る5月、菊薫る佳日、初夏の薫り、文化の薫り
＊「香」「薫」ともに、よくない臭いや雰囲気には使わない

がかい　瓦解　類崩れる、崩壊

かがく
＝科学〔サイエンス〕科学技術、自然科学、科学警察研究所（警察庁）
＝化学〔ケミストリー〕化学工業、化学繊維、化学肥料、理化学研究所（独立行政法人）

かかし（案■山■子）→かかし（「かがし」とも）

かかずらう（拘■う）→かかずらう
＊「かかずりあう」「かかずらわる」とも言うが、標準的な語形は「かかずらう」

かがみ
＝鏡〔姿・形を映す道具〕鏡張り、鏡餅、手鏡、水鏡
＝（鑑■）→かがみ〔手本、模範〕武士・サラリーマンのかがみ

かがむ（屈■む）→かがむ

かかり
＝係〔職務〕係員、戸籍係、進行係
＝掛〔職務。限定用語〕御用掛

かかる　係る（＝関係する）係り結び、本件に係る訴訟

かかる・かける
＝掛かる・掛ける〔ひっかかる、ぶらさげる、作りつける〕足場を掛ける、網に掛かる、押し掛ける、看板を掛ける、くぎに掛ける、拍車を掛ける、魔の手に掛かる、眼鏡を掛ける、呼び掛ける〔手足、腰の動作〕腰を掛ける、手を掛ける〔実質的な意味が薄い以下の用例では仮名書きにする〕医者にかかる、疑いがかかる、江戸から明治にかけて、襲いかかる、かかり合う、かかり切り、かかりつけ、技術にかけては日本一、気にかける、苦労をかける、時間をかける、仕事にかかる、しょうゆをかける、雑巾がけ、双肩にかかる、力がかかる、手間暇をか

ける、電話をかける、病気にかかる、迷惑をかける
＝懸かる・懸ける〔ぶらさがる〕神懸かり、雲が懸かる、月が中天に懸かる、橋懸かり（能楽）
〔託されている〕賞金が懸かる、信用が懸かる、優勝が懸かった試合
〔隔たっている〕懸け離れる、懸け隔て（懸隔）
〔託す、願う〕命を懸けて（懸命）、神に懸けて、賞金を懸ける、人生を懸ける、メンツに懸けて、望みを懸ける
＝架かる・架ける〔かけわたす〕架け替え工事、ケーブルが架かる、綱を架け渡す、電線を架ける、橋が架かる、友好の架け橋（比喩）

かかわる（係■わる、拘■わる）↓関わる
＊「多少にかかわらず配達する」（＝関係なく）、「熱があるにもかかわらず外出する」（＝…なのに）など「（に・にも）かかわらず」は仮名書き

かき　柿・カキ　渋柿、干し柿

かき（花卉●）↓草花、花、花卉《かき》（「卉」は草の総称）

かき（夏期）↓(統)夏季
＊「夏期講習」など特に期間を表すときは別

かぎ
＝鍵〔キー。差して錠を開け閉めする金具〕鍵穴、鍵を掛ける、事件の鍵を握る、問題を解く鍵
＊「錠」と区別する場合もあるが、一般的には「錠」も含んだ意味で使う
＝（鉤●）↓かぎ〔フック。先が曲がった道具やその形〕かぎかっこ、かぎ裂き、かぎ針

かきいれどき（掻×き入れ時）↓書き入れ時

かきとめる　書き留める
(送)書留（郵便）

かきょう（華僑●）↓(特)華僑（「僑」＝仮住まいする人、旅人）

かぎょう
＝家業〔家代々の仕事〕家業を継ぐ
＝稼業〔生活のための仕事〕サラリーマン稼業、人気稼業

かきん（家禽●）↓飼い鳥、家禽《かきん》

かく
＝書く〔字や文を記す〕記事を

書く、行書で書く、本を書く
＝〔画■く〕→描く〔絵や図を記す〕絵描き、絵に描いた餅、地図を描く、漫画を描く
＝〔掻●く〕→かく〔こする〕落ち葉をかき集める、水をかく

かぐ　嗅ぐ

がく〔顎◉〕→顎《がく》　顎《がく》関節

かくう　架空　架空名義

かくさ
＝格差〔格付けの差〕企業格差、賃金格差
＝較差〔比較した差〕最高最低気温の較差（本来の読みは「こうさ」。主に気象関係で使われるが、なるべく「差」または「違い」などと言い換える）

かくし　客死（＝旅先で死ぬ。「きゃくし」とも）

かくしゃく〔矍●鑠●〕→元気、壮健、達者、かくしゃく（＝老年になっても元気なこと）

かくしゅ〔鶴■首〕→鶴首《かくしゅ》　鶴首《かくしゅ》して待つ（＝首を長くして待ちわびる）

かくせい　覚醒　類自覚、目覚め

かくせいざい　覚醒剤

かくぜん〔劃●然〕→◎画然

がくぜん〔愕●然〕→〔非常に〕驚く、衝撃を受ける、がくぜん

かくちく　角逐（＝互いに競争する）類競り合い

かくてい
＝確定〔はっきり決まる〕確定申告、当選が確定
＝画定〔土地などの区切りを決める〕境界線の画定、国境の画定
＊法律関係では、「境界確定訴訟」など「確定」も使われる

かくはん〔攪●拌●〕→かき混ぜる、かき回す

かぐら　慣神楽

かくらん〔攪●乱〕→かき乱す、混乱させる、かく乱（本来の読みは「こうらん」だが、慣用読みの「かくらん」が定着）

かくらん〔霍●乱〕→日射病、暑気あたり、（鬼の）かくらん

かくれが〔隠れ処■〕→隠れ家

がくわり　学割（学生割引の略）

かけ…　掛け合い、掛け売り、掛け替え（橋は「架け替え」）、掛け金、掛け声、掛け小屋、掛け算、掛け軸、掛け図、掛け捨て、掛け時計、掛け取り、掛け値、掛け布団、掛け目、

掛け持ち、掛け物

…かけ（掛け）→かけ（動作が途中であること）帰りがけ、食いかけ、読みかけ

かけ… 駆け上がる、駆け足、駆け落ち、駆けずり回る、駆け出し、駆け引き、駆け回る

かげ

＝陰〔光の当たらない側、表面に表れない所〕陰口、陰膳（＝不在の人の無事を祈って供える）、陰で糸を引く、陰で支える、陰で悪口を言う、陰ながら、陰に隠れる、陰になり日なたになり、陰の声、陰の実力者、陰弁慶（＝内弁慶）、陰干し、草葉の陰で、木陰で休む、島陰（＝島に隠れて見えない所）に停泊する、日陰（＝日が当たらない場所）、山の陰になる、寄らば大樹の陰、歴史の陰の部分

＝影〔光を遮ることで出来る黒い部分〕影絵、影の内閣、影法師、影武者、影も形もない、障子に影が映る、月影を踏む、光と影

〔光の反射で生じる物の形〕湖面に映る山の影、帆影

〔物の形〕うわさをすれば影、面影、島影（＝島の姿）、人影がない、見る影もない

〔光〕影が薄い（＝目立たない）、影が差す（＝人の気配がする。悪い兆候が出る）、影を潜める、月影、日影、星影

がけ 崖 崖崩れ、崖下

がけっぷち（崖っ淵×）→崖っ縁・崖っぷち

かけはし（梯•、桟■、掛け橋）→架け橋 日中の架け橋、夢の架け橋

かけひき（駈•け引き、掛け引き）→駆け引き

かける 掛ける・懸ける・架ける

⇩「かかる・かける」

かける 賭ける〔ばくち〕賭け金、賭け事、賭けに勝つ、危険な賭け、金品を賭ける

かける

＝（馳•ける、駈•ける）→駆ける〔速く走る〕馬が駆ける、駆け足

＝（翔•る）→かける〔空中を飛ぶ〕天がける、空をかける

かげる（翳•る）→陰る 景気が陰る、日が陰る

かげろう（陽■炎■）→かげろう（気

象現象）

かげろう（蜻蛉、蜉蝣）↓カゲロウ（昆虫）

かげん　加減　味・さじ・手・湯加減、加減がいい、加減する

＊形容動詞、副詞の「いいかげん」は仮名書き

かご

＝籠〔竹・針金などを編んで作った入れ物〕籠の鳥（＝自由を奪われている人）

＝（駕籠）↓かご〔乗り物〕かごに乗る、かごを担ぐ

かこうがん（花崗岩）↓花こう岩、御影石（俗称）

かこく（苛酷）↓㊔過酷　類厳しい、むごい

かこつ（託つ）↓かこつ（＝自分の境遇などについて嘆く）不遇をかこつ

かさ

＝傘〔頭上にかざすもの〕雨傘、傘立て、日傘

＝（笠）↓かさ〔頭にかぶるもの〕編みがさ、陣がさ、電灯のかさ、かさに着る（＝権力を頼んで威張る）

＝（嵩）↓かさ〔大きさ、分量〕かさ上げ、かさにかかる

＝（暈）↓かさ〔光環〕月がかさをかぶる

＊キノコの「かさ」は仮名書き

かざみどり（風見鶏）↓風見鶏（周囲の状況に応じ態度を変える人の例えにも）

かさむ（嵩む）↓かさむ　出費がかさむ、荷物がかさむ

かし　㊖河岸　魚河岸、河岸を変える（＝飲食・遊興の場所を変える）

かし（華氏）↓カ氏（＝°F）

＊氷点32度、沸点212度。ドイツの物理学者ファーレンハイトの中国語表記「華倫海」から

かし

＝貸し〔単独の場合。「借り」の対語〕貸しがある

〔動詞から転じた名詞〕貸し売り、貸し借り、貸し切り列車・バス、貸し倒れ、貸し倒れ引当金、貸し手

＝貸…〔複合語で具象名詞の場合〕貸衣装、貸金、貸室、貸自転車、貸席、貸地、貸賃、貸店舗、貸主、貸舟・貸船、貸本、貸間、貸元、貸家

＊貸しスキー、貸しボートなど

続く語がカタカナの場合は送り仮名を付ける

かじ（舵•、楫•、梶•）↓かじ　かじ付きフォア、かじを取る

かじ　(慣)鍛冶　刀鍛冶

かしおり　菓子折り

かしかた　貸し方（＝貸す方法）、貸方（経済用語）

かしこし　貸し越し　貸し越し増
［送］貸越金、貸越残高など
⇩経済関係複合語（36ページ）

かしこまる（畏■まる）↓かしこまる　かしこまって意見を言う

かしだし　貸し出し　貸し出し開始、貸し出し基準、貸し出し実績、貸し出し状況、貸し出し条件、貸し出し増、貸し出し方法
［送］貸出期日、貸出金利、貸出件数、貸出先、貸出比率など
⇩経済関係複合語（36ページ）

かしつけ　貸し付け　貸し付け開始、貸し付け実績、貸し付け条件、貸し付け増、貸し付け担保、貸し付け範囲、貸し付け方法
［送］貸付金、貸付残高、貸付信託、貸付利率、貸付枠など
⇩経済関係複合語（36ページ）

かしゃく
＝仮借〔許す〕仮借ない追及、仮借のない攻撃
＝（呵•責■）↓苦悩、責め苦、とがめる　良心の呵責《かしゃく》

かじゅう
＝加重〔重みや負担が加わる〕加重平均、刑を加重する、累犯加重　［対］軽減
＝荷重〔物体に作用する力、耐える力〕荷重試験、荷重に耐える、クレーンの荷重
＝過重〔重すぎる〕過重な負担、過重な労働、労働過重

かしょ（個■所）↓箇所　箇所付け、疑問の箇所、複数箇所
＊「2か所」「数か所」など助数詞として使う場合は仮名書き

かしょう
＝過小〔過大の対語〕過小資本、過小に見誤る、過小評価
＝過少〔過多の対語〕過少金額、過少申告、過少な見積もり
＝寡少〔非常に少ない〕寡少な人員、寡少な勢力

がじょう　牙城　牙城に迫る　［類］堅陣、根拠地、本拠、本陣

かじょうがき（個■条書き）↓箇条

書き
かしわで（柏●手、拍■手）↓かしわ手
かす
＝（粕●）↓かす〔酒を搾った後に残る〕かす漬け、酒かす
＝（滓●）↓かす〔くず〕食べかす
かすか（微■か、幽■か）↓かすか
かすがい（鎹●）↓かすがい　子はかすがい
かすみ（霞●）↓かすみ
かする
＝科する〔罰金・刑などを負わせる〕制裁・懲役・ペナルティーを科する
＝課する〔税金・学業などを割り当てる〕宿題・責任・追徴金・任務・ノルマを課する
かする（掠●る、擦■る）↓かする
かすり傷、矢が的をかする

かぜ　風　風当たり、風通し、風の便り（＝出どころが分からないうわさ）
かぜ　(慣)風邪　風邪薬
かぜい（苛税）↓重税
かせいソーダ（苛性曹■達）↓カセイソーダ（＝水酸化ナトリウムの工業製品としての慣用名）
かせつ
＝仮設〔一時的に設置する〕仮設住宅、仮設スタンド
＝架設〔電線や橋などを架け渡す〕電話の架設、橋を架設する
がぜん（俄●然）↓急に、突如、突然、にわかに、がぜん
かせんじき　河川敷（「かせんしき」とも）
かそう
＝仮装〔仮にある姿を装う〕仮装行列、仮装売買
＝仮想〔仮定の想像〕仮想現実、仮想図、仮想敵国
かぞえどし　数え年（生まれた年を1歳とし、以後正月になると1歳を加える）[対]満年齢
かた
＝形〔姿、目に見える形状〕アーチ形、足形（踏んで残る足の形）、跡形もない、S字形、H形鋼、大形の模様、女形、形崩れ、（大形・中形・小形）形鋼、形無し、かまぼこ形、髪形、コの字形、自由形（水泳）、丁字形、手形、波形、ハート形、歯形（歯でかんだ跡）、ひょうたん形、V字形、三日月形、痩せ形、山形、弓形
〔基本となる動作・体勢〕柔道

・剣道・空手道の形
＝型〔形をつくるもと〕足型（靴などを製造するときの型）、鋳型、型紙、型枠、型をとる、木型
〔しきたり、手本〕型通り、型にはまる、型破り
〔分類上の形態・特徴、タイプ、パターン〕うるさ型、大型機械、大型の小売店、大型の魚、大型の台風、大型免許（自動車）、型絵染、型式証明（自動車・航空機など）、型を見ない（釣り）、血液型、小型船舶、新型、デスクトップ型、～年型、歯型（歯並びを写しとったもの）、人型（ロボット）、ひな型、紋切り型

かたい
＝固い〔しっかりと揺るがない、確固〕固い握手、固い絆、固い決意、固い約束、固い友情、固く戒める、固く禁じる、固く辞退、固く信じる、固く握り締める、固く念を押す、口を固く閉ざす、決意が固い、志が固い、財布のひもが固い、辞意が固い、地盤が固い、団結が固い、約束を固く守る
〔しまっていて崩れにくい、固形〕固織り、固練り、固太り
〔融通がきかない〕頭が固い、固いことを言わずに
＝堅い〔隙間なく詰まっている。「もろい」の対語〕ガードが堅い、堅い守り、堅いつぼみ
・木材、堅炭
〔浮ついていない、確実〕お堅い役所、考え方が堅い、堅気、堅苦しい、堅物、義理堅い、口が堅い、合格は堅い、底堅い動き、手堅い商売
＝硬い〔ごつごつ、ごわごわしている。軟の対語〕硬い石・鉛筆・氷・土・肉・布地・皮革、硬い皮膚・骨
〔こわばっている、張りつめている〕硬い文章、硬い目つき、硬さがほぐれる、体の動きが硬い、選手が硬くなる、話が硬い、表情が硬い

かたがき 肩書

かたがつく（方・形・型が付く）↓片が付く（＝始末が付く）

かたき（仇）↓敵 敵討ち、敵同士、目の敵にする

かたぎ

＝堅気〔真面目、律義〕堅気になる、堅気の商売
＝〔気質〕↓かたぎ〔気風、性質〕江戸っ子かたぎ、職人かたぎ、昔かたぎ
＊個々人の性質を表す「気質(きしつ)」に対し、「気質(かたぎ)」は、同じ職業・地域の人に共通して見られる特徴的な性格を指す

かたくりこ〔片栗粉〕↓片栗粉・かたくり粉

かたず〔固唾〕↓固唾《かたず》　固唾《かたず》をのむ(＝息を凝らす)
＊常用漢字表付表に示された語だが、読み仮名を付ける

かたすかし　肩透かし　肩透かしを食う(＝気勢をそらされる)

かたどる〔象る、模る、形どる〕↓かたどる

かたまり
＝固まり〔主に集まり、一団〕観光客の固まり、星の固まり
＝塊〔かたまったもの、切り取られた部分〕金の塊、脂肪の塊、一塊の土、ファイトの塊、欲の塊

かたみ
＝片身〔体の半分〕カツオの片身
＝形見〔思い出の品、遺品〕形見分け、青春の形見、亡父の形見
＝肩身〔肩と胴体〕肩身をすぼめる
〔他人に対する面目〕肩身が狭い・広い

かためわざ　固め技

かたよる
＝偏る〔標準からずれる、中立的でなくなる、偏向、偏在〕栄養が偏る、考え方が偏る、処分が偏る、人口が都市に偏る
＝片寄る〔ずれて一方に寄る〕隅に片寄る、トラックの荷が一方に片寄る

かたりべ　㊝語り部(＝ある事柄を語り伝える人)

かたる
＝語る〔言葉で表す〕語るに落ちる(＝うっかり本当のことを言ってしまう)
＝〔騙る〕↓かたる〔だます〕学歴をかたる、かたりの手口

かたわら〔側ら〕↓傍ら

かたわれ　片割れ(＝対になったものの一片)

かたん〔荷担〕↓㊔加担

かち… 勝ち戦、勝ち気、勝ち越す、勝ちっ放し、勝ち点、勝ち取る、勝ち星、勝ち目

…がち（勝ち）↓がち（接尾語） ありがち、遠慮がち、曇りがち

かちゅう

＝渦中〔紛糾のさなか〕渦中の人

＝火中〔火の中〕火中の栗を拾う（＝他人のために危険を冒す）

かつ

＝活〔生きる、生かす〕活を入れる⬅378ページ、死中に活を求める

＝喝〔叱る、どなる〕一喝する、喝を食らわす、大喝する

かつ（且▲つ）↓かつ（文語的表現）

類 一方では、同時に、さらに、その上

がっか

＝学科〔学問の種類〕専門の学科、法律学科

＝学課〔学業の割り当て〕全学課を修了

がっかい

＝学会〔学術研究団体・会合〕日本産科婦人科学会

＝学界〔学者・学問の社会〕医学界の第一人者、学界の権威

かっきてき（劃●期的）↓◎画期的

かっけ（脚■気）↓かっけ

かっけつ（喀●血）↓血を吐く、喀血《かっけつ》

＊「喀血」は呼吸器系から出た血を吐くこと。消化器系からの血は「吐血」

かっこ（確●乎●）↓確固

かっこう（恰●好）↓格好

かっさい 喝采 喝采を博する

がっしょう 合掌 合掌造り

がっしょうれんこう 合従連衡

かったつ（闊●達）↓おおらか、度量の広い、活発 自由闊達《かったつ》

かつて（曽■て、嘗●て）↓かつて

✖かって

かって 勝手 勝手口、使い勝手

かっとう 葛藤（カズラやフジが絡み合っている意から） 類 争い、もつれ、いざこざ

かっぱ（合羽）↓かっぱ（ポルトガル語）、レインコート

かっぱ（河■童■）↓かっぱ・カッパ かっぱの川流れ（＝名人も失敗することがある例え）

かっぱつ（活潑●）↓◎活発 活発な子、活発になる

かっぷく（恰●幅）↓押し出し、体つき、かっぷく

かっぽ（闊●歩）↓大手を振って歩

く、ゆったりと歩く、闊歩《かっぽ》

かっぽう（割烹•）→（日本）料理（店）（肉を割いて、煮＝烹る意）

かっぽうぎ　かっぽう着

かつもく（刮•目）→注目（「刮」＝こする）

かつようじゅ（闊•葉樹）→広葉樹

かてい
＝過程〔進行のプロセス・段階〕進化の過程、製造の過程
＝課程〔ある期間に割り当てた学業・仕事など〕業務課程、修士課程

がてん　合点　合点がいく（＝納得できる）

かど　角　角が立つ（＝事が荒立つ）、角が取れる（＝円熟して穏やかになる）

かどう（花道）→(統)華道

かどう
＝（稼動）→(統)稼働〔かせぎ働く〕稼働時間、稼働率
＝可動〔動く仕掛け〕可動橋、可動ぜき、可動の車両数

かどで（首■途■）→門出

かな　(慣)仮名　仮名遣い、漢字仮名交じり文

かな…　金切り声、金縛り、金づち

かなう
＝（適■う）→かなう〔あてはまる〕道理にかなう
＝（叶•う）→かなう〔望みが実現する〕願ったりかなったり

かなえ（鼎•）→かなえ　かなえの軽重を問う（＝権威や実力を疑う）☒かなえを問う

かなた（彼■方■）→かなた　空のかなた

かなめ　要　扇の要、肝心要

かね
＝鐘〔つるして鳴らす〕鐘を突く、寺の鐘、早鐘、割れ鐘
＝（鉦•）→かね〔たたいて鳴らす〕かねをたたく、かねや太鼓で探す（＝大騒ぎして探し回る）

かね　金（貨幣）　金繰り、金ずくで解決、金遣い、金包み、金詰まり、金づる、金回り
＊金（ゴールド）と区別するため仮名書きも。カネ余り、政治とカネ

かね　金（金属の総称）　金ばさみ、金づち（読みはいずれも「かな」が普通）、金のわらじで探す（＝根気よく探し回る。金は「鉄」の意）

かねじゃく（曲尺）↓かね尺（＝直角に曲がった金属製物差し）

かねつ
＝加熱〔熱を加える、熱くする〕
加熱処理、徐々に加熱する
＝過熱〔熱くなりすぎる〕 景気の過熱、ストーブが過熱する

かねて（予て）↓かねて⬅392ページ

…かねない（兼ねない）↓かねない（～しそうだ） 問題になりかねない

…かねる（兼ねる）↓かねる（～できそうもない） 希望に沿いかねる、腹に据えかねる

かのう（化膿）↓うむ、化膿《かのう》

かのこ 鹿の子 鹿の子模様

かばやき（蒲焼き）↓かば焼き

かばう（庇う）↓かばう

かばん（鞄）↓かばん かばん持ち（上の者に取り入ろうとする人を皮肉って言う）

かひ 可否 可否を決する、可否を論じる

かぶき 歌舞伎

かぶと（甲、兜、冑）↓かぶと かぶとを脱ぐ（＝降参する）

かぶる（被る、冠る）↓かぶる 罪をかぶる、波をかぶる

かぶん 寡聞（＝見聞の狭いこと。多く謙遜表現で） 寡聞にして知らない

がべい 画餅（「がへい」とも） 類徒労、無効、無駄、あだ、絵に描いた餅

かほんか（禾本科）↓イネ科

かま
＝窯〔焼き物などを作る設備〕 窯元、炭焼き窯、登り窯、ピザ窯
＝釜〔炊飯などの生活用具〕 釜飯、茶釜、風呂釜、同じ釜の飯を食う（＝起居を共にした親しい仲）、後釜に座る（＝後任となる）
＝（缶、罐）↓かま〔ボイラー〕 SLのかま

かま 鎌 鎌首、鎌をかける、草刈り鎌、鎖鎌

かみ… 髪飾り、髪形、髪結い

かみ… 神懸かり、神頼み、神代、神業

かむ（咬む、嚙む）↓かむ 一枚かむ（＝何らかの関係を持つ）、かんで含める（＝丁寧に説き聞かせる）

かめ 亀・カメ ゾウガメ、亀の甲より年の功

かも（鴨●）→カモ・かも　かもにする（＝相手を食い物にする）

かや　慣蚊帳　蚊帳の外（＝仲間はずれ）

かゆい（痒●い）→かゆい　かゆい所に手が届く（＝配慮が行き届く）

から…　空売り、空騒ぎ、空振り、空回り

がらあき（がら明き）→統がら空き

からあげ（空揚げ）→統唐揚げ

からす・かれる

＝枯らす・枯れる〔植物が水気を失って死ぬ〕植木が枯れる、雑草を枯らす、痩せても枯れても

〔老成・円熟する〕枯れた芸風、人間が枯れて丸くなる

＝（涸●）→枯らす・枯れる〔資源がなくなる〕井戸が枯れる、水枯れ

〔活動の源がなくなる〕才能が枯れる、資金枯れ

＝（嗄●）→からす・かれる〔声がかすれる〕声をからしての応援、喉がかれる

ガラス（硝■子■）→ガラス

からだ（身体■、躰●）→体

からて（唐手）→統空手

からねんぶつ　空念仏（＝実行の伴わない主張。「そらねんぶつ」とも）

からぶき（乾■拭き）→から拭き

からみ（辛味）→辛み（味覚を表すときは「辛味」でもよい）

からめる

＝絡める〔巻き付ける、結び付ける〕足を絡めた攻撃

＝（搦●める）→からめる〔縛りつける〕からめ捕る、がんじがらめ

がらん（伽●藍◉）→寺院、仏閣、伽藍《がらん》

カリ（加里）→カリ（＝カリウム。オランダ語）　青酸カリ

かり…　仮住まい、仮縫い、仮払い、仮払い申請、仮払い申し込み、仮払い申込書

送仮受金、仮払金など

⇩経済関係複合語（36ページ）

かり…　借り上げ、借り入れ、借り入れ契約、借り入れ実績、借り入れ条件、借り入れ申請、借り入れ担保、借り入れ返済期日、借り入れ方法、借り入れ申し込み、借り入れ申込期日、借り受け、借り入れ申込書

借り受け、借り受け契約、借

り受け条件、借り受け申請、借り受け返済
借り換え、借り方〔借りる方法〕、借り着、借り切り、借り越し、借り倒し、借り地、借り賃、借りっ放し、借り手、借り主、借り物
[送]借方〔経済用語〕
借入金、借入機関、借入期間、
借入品、借入利子など
借受金、借受期限など
借換金、借換債など
借越金、借越比率など
⇩経済関係複合語〔36ページ〕

かりだす
＝狩り出す〔追い出し捕らえる〕獲物を狩り出す
＝駆り出す〔強いて行かせる〕デモに駆り出す

かりゅう〔顆•粒〕→顆粒《かりゅう》〔「粉末」より大きい〕

かりゅうど (慣)狩人〔「かりうど」とも〕

かりょう
＝科料〔軽い刑事罰〕科料に処せられる
＝過料〔軽い行政罰〕過料を取られる

がりょうてんせい〔画竜■点睛•〕→画竜点睛《がりょうてんせい》〔を欠く〕

かる
＝〔苅•る〕→刈る〔草木、頭髪など〕青刈り、稲を刈る、刈り入れ、刈り込む
＝狩る〔鳥獣を捕らえる。尋ね探して観賞する、探してとる〕イチゴ狩り、獲物を狩り出す、獣を狩る、潮干狩り、魔女狩り、紅葉狩り
＝駆る〔追い立てる〕馬を駆る、駆り立てる、衝動に駆られる、人を駆り集める、不安に駆られる、余勢を駆る

かれ… 枯れ枝、枯れ草、枯れ山水、枯れ野、枯れ葉、枯れ木も山のにぎわい〔＝ないよりはまし。自分を卑下した言い方〕

がれき〔瓦礫•〕→がれき〔「礫」＝小石〕
＊行政上、災害で発生した廃棄物一般を「がれき」と総称する

かれつ 苛烈 [類]激烈、激しい、猛烈

かれる 枯れる・かれる
⇩「からす・かれる」

かれん〔可憐•〕→いじらしい、かわいらしい、愛らしい、かれん

かろうじて　辛うじて

かわ（河）→(統)川　天の川、小川、川岸、川沿い、隅田川、山川

＊「河＝かわ」は表内訓だが、「かわ」と読むときは「川」を使う。「河」は本来、黄河を指した

かわ

＝皮〔天然皮、表皮〕皮算用、皮をなめす、木の皮、毛皮、獣の皮、面の皮、骨と皮、ミカンの皮

〔本質を覆い隠すもの〕化けの皮が剝がれる、欲の皮がつっぱる（＝非常に欲深い）

＝革〔加工皮〕革かばん、革靴、革ジャンパー、革製品、革袋、太鼓の革、なめし革、ワニ革

かわいい（可愛■い）→かわいい

かわいそう（可哀■想、可哀■相）→かわいそう

かわく

＝乾く〔水分や湿気がなくなる〕乾いた土地、空気が乾く、洗濯物が乾く

＝渇く〔喉がかわく、渇望〕愛情の渇き、渇きを覚える

かわす

＝交わす〔交換、交差〕握手を交わす、言い交わす、言葉を交わす、酒を酌み交わす、取り交わした誓約書

＝（躱●す）→かわす〔避ける、そらす、外す、退ける〕相手の意図をかわす、体をかわす、矛先をかわす

＊競馬などで「追い抜く」意でも使われるが、「振り切る」と意味が紛れるので注意する

かわせ　(慣)為替

かわも　(慣)川面

＊「水面＝みなも」は読み仮名を付ける

かわら（磧●、(慣)川原）→(慣)(統)河原

かわらぶき（瓦葺●き）→瓦ぶき

かわる　変わる・換わる・替わる・代わる

⇩「かえる・かわる」

かん

＝観〔外から見た様子、見方〕価値観、終末観、人生観、世界観、先入観、相場観、達観、別人の観、唯物史観、歴史観、〜の観を呈する

＝感〔物事に触れて起こる思い、気持ち、感じ方〕安心感、違和感、解放感、隔世の感、季節感、責任感、第六感、悲壮

感、不信感、不透明感
＊「底値観・感」「先高観・感」などの経済用語や「無常観・感」「倫理観・感」、記事の「雑観・感」などは内容によって使い分ける
＝勘（直感によって感じとる能力）勘がいい・鈍い、勘で分かる、勘を働かせる、試合勘、勝負勘、山勘・ヤマ勘

がん（癌）→がん

かんがい（旱害）→◎干害

かんがい（灌漑）→かんがい、水利、引き水

かんがみる（鑑みる）→かんがみる・鑑《かんが》みる

かんかんがくがく（侃々諤々）→かんかんがくがく（＝剛直に正論を吐く様子）×けんけんがくがく

かんき（乾季）→(統)乾期

かんきつ（柑橘）→かんきつ（類）

がんぐ　玩具　類おもちゃ

がんくび（雁首）→がん首　がん首をそろえる（＝何人もが集まること。軽蔑《けいべつ》した言い方）

かんぐる　勘ぐる（＝悪い意味に推測する）余計な勘ぐり

かんげき（間隙）→間隙《かんげき》　類隙間、（一瞬の）隙、溝

かんけつ（間歇）→◎間欠（＝一定の時間をおいて起こったりやんだりする）間欠泉、間欠的

かんげん（諫言）→忠言、忠告、いさめる（＝目上に向かって忠告する）

かんげんがく（管絃楽）→◎管弦楽

かんご
＝監護（民法、児童福祉法）監護義務者
＝観護（少年法）観護措置
＝看護　看護師、老人看護

かんこう（箝口、緘口）→口止め、かん口（令）

がんこう　眼光（＝見抜く力、観察力）眼光紙背に徹す

かんこつだったい　換骨奪胎

かんこどり　閑古鳥（＝カッコウの異称。さみしいものの代名詞）閑古鳥が鳴く

かんさ
＝監査（監督、検査）会計監査
＝鑑査（審査）無鑑査で出品

かんさつ
＝監察（視察し監督する）監察医、監察官、行政監察
＝観察（注意深く見る）観察眼、

自然観察、保護観察

かんし
＝監視〔注意して見張る〕業務を監視する、プール監視員
＝環視〔取り巻いて見る〕衆人環視

かんしゃく（癇●癪●）→かんしゃく

かんしゅ（監守）→看守

かんじゅく
＝完熟〔未熟の対語〕完熟した果物
＝慣熟〔なれて上手になる〕慣熟飛行、業務に慣熟する

かんしょ
＝（甘蔗●）→サトウキビ（「かんしゃ」とも）
＝（甘薯●、甘藷●）→サツマイモ

かんしょう
＝観照〔客観的に見つめる、本質を見極める〕自然観照、人生観照の哲学
＝観賞〔見て楽しむ〕映画観賞（「鑑賞」とも）、草花の観賞、風景を観賞する
＝鑑賞〔芸術作品などを味わい理解すること〕絵画・音楽の鑑賞、能楽鑑賞

がんじょう（岩乗、岩畳）→頑丈

かんしん
＝関心〔心にかかる、気にかける、興味を持つ〕関心がある、関心事、無関心
＝歓心〔うれしく思う〕歓心を買う
＝感心〔心に感じ入る〕いたく感心する、感心な行い
＝寒心〔心配でぞっとする〕寒心に堪えない

かんじん（肝腎●）→(統)肝心

かんすう（函数）→関数

かんせい
＝喚声〔わめき声〕驚きの喚声、喚声を上げて突進する
＝（喊●声）→ときの声〔戦場で士気を鼓舞する声〕
＝歓声〔喜びの声〕勝利の瞬間に歓声が起こる、大歓声に包まれる

かんせい
＝官制〔行政機関の組織・権限など〕官制改革
＝官製〔政府の製造〕官製談合
＝管制〔管理、制限〕管制塔

かんせい（陥穽●）→落とし穴、わな

かんせつ
＝間接　間接照明、間接税
＝関節　関節炎、関節が外れる

がんぞう（贋•造）↓偽造
かんたい（款待）↓歓待
かんだかい（疳•高い）↓甲高い
かんたん（感歎•）↓◎感嘆
かんたん　肝胆　肝胆相照らす（＝親しい交わり）
がんたん　元旦（＝元日の朝）⬅392ページ
かんち
＝関知〔あずかり知る〕一切関知しない
＝感知〔感じる、反応する〕相手の意図を感知する、ガス漏れ感知器
かんちがい（感違い）↓勘違い
かんづく（勘付く）↓感付く
かんづめ
＝缶詰〔一般用法〕カニの缶詰、缶詰工場
＝缶詰め〔動作・比喩的用法〕缶詰め作業、缶詰め状態、車内に缶詰めになる
かんてん（旱•天）↓◎干天
かんどころ（甲所）↓勘所
かんなづき　神無月（＝陰暦10月）
かんなん（艱•難）↓苦難、困苦、困難　艱難《かんなん》辛苦
かんにさわる（癇•に触る）↓かんに障る（＝腹立たしく思う）
かんにん（勘忍）↓堪忍　堪忍袋の緒が切れる
かんぱい（乾•盃•）↓乾杯
かんばつ（旱•魃•）↓干ばつ、日照り、渇水、干害
かんぱん　甲板（「こうはん」とも）
がんばん
＝岩盤〔地中にある岩石層〕岩盤の亀裂
＝岩板〔プレート〕地球を覆う十数枚の岩板
かんぷ　完膚（＝傷ついていない皮膚）　完膚なきまでに（＝徹底的に）
がんぶつ（贋•物）↓偽物
かんぺき　完璧•　類完全、万全
かんぼく（灌•木）↓低木
がんみ（翫•味、含味）↓玩味（＝食べ物や意義をよく味わう）　熟読玩味
かんめい（肝◉銘）↓感銘
がんめい（頑冥）↓頑迷　頑迷に自説に固執する
かんめん（干麺）↓乾麺
がんもく　眼目　類主眼、要点
かんよ（干•与）↓関与
かんよう（涵•養）↓育成、養成、蓄える

かんりゅう
＝還流〔流れて元に戻る〕銀行券の還流、資金の還流
＝環流〔流れめぐる〕海水・大気の環流、血液の環流
＝貫流〔貫き流れる〕平野を貫流する大河

かんりゅう（乾溜●）→◎乾留

かんれき　還暦（＝数え年61歳。満年齢では60歳）

かんろく（貫禄●）→㊕貫禄

かんわきゅうだい　閑話休題⬅378ページ

【き】

き
＝期〔一定の尺度で区切られた月日、期間〕雨期、学期、乾期、今期（前期・後期）、時期、農閑期、漁・猟期、期せずして（＝偶然、思いがけなく。この「期」は「期待」の意）
＝季〔春夏秋冬で区切られた月日、季節〕春季、夏季、秋季、冬季、四季、今季・来季（運動用語）、年季を入れる（＝長年、修練を重ねる）
＝機〔頃合い、要〕逸機、機運、機密、機を見るに敏

き
＝気〔目に見えない働き。精神、気質、気体など〕気負う、気後れ、気立て、気遣い、気遣う、気疲れ、気付け薬、気詰まり、気動車、気取り、気抜け、気恥ずかしい、気晴らし、気任せ、気短、気密、気持ち、気安い、気休め、二十四節気、気が置けない（遠慮がいらない）⬅379ページ、気が差す（後ろめたくなる）、気を吐く（盛んな意気を示す）、気を許す
〔送〕気合、気付（＝宛先。「大使館気付」など）

き
＝生〔純粋〕生一本（な性格）、生じょうゆ、生そば、生成り

き
＝機〔複雑または大型のもの〕編み機、印刷機、映写機、拡声機、火災報知機、乾燥機、機材（建設機材など）、起重機、警報機（踏切）、検眼機、耕運機、削岩機、自動販売機、写真機、遮断機、受信機、信号機、洗濯機、扇風機、掃除機、送信機、送風機、測深機、脱穀機、探査機、探知機、端

末機、通信機、電算機、転つ機、電話機、農機具、発電機、録音機
＝器〔単純または小型のもの〕泡立て器、うそ発見器、温水器、火炎放射器、家庭電器、器械体操、器具、器材〔教育器材など〕、吸入器、計器、警報器〔ガス漏れなど〕、計量器、煙感知器、検温器、受話器、消火器、聴診器、抵抗器、電熱器、孵化《ふか》器、兵器、変圧器、歩行器、補聴器、湯沸かし器
＊「警報機・器」「盗聴機・器」「治療機・器」「発信機・器」「噴霧機・器」などは内容により使い分ける

き〔樹■〕↓木　木切れ、木組み、木登り、木で鼻をくくる〔＝無愛想にする〕、木によりて魚を求む〔＝間違った方法でやっては成功の見込みはない〕

きあけ　忌明け

きいん〔基因〕↓㊕起因

きうん〔気運〕↓㊕機運

きえ　帰依〔＝教えを信じて自己を任せきる〕

きえん
＝機縁〔因縁、きっかけ、機会〕これを機縁に
＝奇縁〔不思議な縁〕合縁奇縁、ここで会うとは奇縁だ

きえん〔気焔●〕↓◎気炎

ぎえんきん〔義捐●金〕↓義援金〔「捐」＝捨てる〕

きおうしょう〔既応×症〕↓既往症

きおくれ〔気遅れ〕↓気後れ

きか
＝奇貨〔意外な利益を生みそうな品物・機会〕これを奇貨として、奇貨おくべし〔＝好機を逃さず利用するべきだ〕
＝奇禍〔思いがけない災難〕奇禍に遭う

きか〔麾●下〕↓指揮下、部下、配下

きが〔饑●餓〕↓◎飢餓

きかい
＝機械〔動力を用いる大型・複雑なシステム〕医療機械、機械的、機械化、光学機械、工作機械、精密機械
＝器械〔人間が動かす小型・簡単なシステム〕器械体操、測定器械

きがい〔気慨×〕↓気概〔「概」＝

心持ち〕

きがえ〔着換え〕→㊕着替え

きがかり〔気懸かり〕→気掛かり

きガス〔●稀ガス〕→希ガス、貴ガス

きかん

＝器官〔生物の組織、体内の臓器など〕呼吸器官、消化器官

＊「三半規管」は別

＝気管〔呼吸器の一部〕気管が弱い、気管支炎

きかん〔汽●罐〕→汽缶、ボイラー

きき〔◉毀棄〕→毀棄《きき》　文書等毀棄《きき》罪

ききいっぱつ〔危機一×発〕→危機一髪〔「一髪」＝髪の毛一筋ほどのわずかな余地〕

ききうで　利き腕

ききざけ〔聞き酒〕→㊕利き酒

ききとして〔●嬉々として〕→喜々として

ききめ

＝効き目〔効能〕効き目がある

＝利き目〔よく使う方の目〕利き目で見る

ぎきょうしん〔義●侠心〕→正義感、義侠心《ぎきょうしん》

ききん

＝基金〔基本資金〕飢餓救済基金

＝寄金〔寄付金〕政治寄金

ききん〔飢●饉〕→凶作、飢饉《ききん》

きく

＝聞く〔自然に音が耳に入る〕うわさを聞く、聞き捨てならない、聞き流す、話し声を聞く、また聞き

〔要求を受け入れる〕親の言うことを聞く、聞き分けがない、聞く耳持たぬ

＝〔●訊く〕→聞く〔質問をする〕聞きただす、事情を聞く、道を聞く、胸の内を聞く

＝聴く〔注意深く耳を傾ける〕音楽を聴く、講義を聴く、声なき声を聴く、国民の声を聴く

＊「聞く」「聴く」は、きく態度によって使い分けるが、迷うときは「聞く」を使う

きく

＝利く〔役に立つ。機能・能力を発揮する〕エアコンが利く、応用が利く、押しが利く、顔が利く、利いたふうなことを言う、気が利く、利かん気、利き腕、利き駒（将棋）、利き酒、利き目で見る、機転が利く、口利き、口を利く、ごまかしが利かない、小回りを利かせる、自由・無理が利く、

スパイスが利いた料理、すごみを利かす、つぶしが利く、展望が利く、にらみが利く、幅が利く、パンチの利いた歌、左利き、ブレーキが利く、保険が利く、保存が利く、目が利く、目端が利く、めりはりが利く、融通が利く、ワサビを利かせる
＝効く〔ききめがある。効果・効能が表れる〕効き目がある、薬が効く、先取点が効く、宣伝が効いた、パンチが効く（ボクシング）、賄賂が効いた

きぐ
＝器具〔道具類、比較的小さな物〕医療器具、ガス器具、健康器具、照明器具、電気器具
＝機具〔機械及び器具、比較的大きな物〕機具置き場、農機具、船舶機具

きぐ　危惧　絶滅危惧種

きぐう（寄•寓）↓仮住まい、同居、身を寄せる、厄介になる

きぐう　奇遇（＝思いがけない出会い）

きけい（•畸形）↓◎奇形

きげん（×気嫌）↓機嫌

きげん（起原）↓起源

きげんそ（•稀元素）↓◎希元素（存在がきわめてまれであると考えられた元素の総称）

きこう
＝帰航〔帰りの航海・飛行〕帰航中の漁船、帰航中の事故
＝帰港〔出た港に帰る〕帰港途中の航海、明朝帰港の予定
＝（寄航）↓寄港〔港・空港に寄る〕外国船が寄港、寄港地

きごう（揮•毫）↓筆を執る、揮毫《きごう》

きこうぼん（•稀•覯本）↓希書、希少本、珍本

きこえる（×聴こえる）↓聞こえる

ぎごく　疑獄（＝政治問題となる大規模な汚職事件）

きさい
＝奇才〔世にもまれな優れた才能〕不世出の奇才
＝鬼才〔人間とは思えないほどの才能〕映画界の鬼才
＝機才〔機敏に働く才気〕機才にたける

きさき（■后、■妃）↓きさき

きざす（•萌す）↓兆す

きさらぎ（■如■月）↓如月《きさらぎ》（＝陰暦2月）

きし（旗•幟）↓態度、立場、旗印

（「幟」＝のぼり） 旗幟《きし》を鮮明にする

きじ
＝木地〔塗り物の下地、木目〕木地師、木地塗り
＝生地〔自然のままの質、布地〕生地が出る、洋服の生地

ぎじ（擬似、偽似）→疑似

きじく
＝基軸〔基準、中心〕基軸政党、基軸通貨
＝機軸〔車輪の軸、活動の中心・方式〕新機軸を打ち出す

ぎじばり（擬餌鉤●）→擬餌針

きしむ（軋●む）→きしむ

きしゃ（寄捨）→喜捨

きしゃく（稀●釈）→◎希釈

きじゅん（規準）→(統)基準

きしょう（稀●少）→◎希少

きしょう（徽●章）→◎記章、バッジ

きしょう
＝気性〔生まれつきの性質〕気性が荒い、進取の気性
＝気象〔大気中に発生する現象〕異常気象、気象観測

ぎしょう
＝偽称〔名乗りを偽る〕肩書を偽称する
＝（欺証）→偽証〔証言を偽る〕偽証罪

ぎじょうへい（儀仗●兵）→儀仗《ぎじょう》兵

ぎしんあんき 疑心暗鬼⬅379ページ

きすう（帰趨●）→成り行き、動向、行方、落ち着き先

きずな（絆○）→絆

きせい
＝既成〔すでに出来上がっている物事〕既成概念、既成事実、既成政党、既成道徳
＝既製〔すでに商品として出来上がっているもの〕既製品、既製服

きせい（規正、規整）→規制
＊「政治資金規正法」は別

きせい 期成（＝やり遂げようと互いに誓うこと）期成同盟

きせき 鬼籍 鬼籍に入る（＝死ぬ。文語的表現）

きせき（奇蹟●）→◎奇跡

きせん 機先 機先を制する

きぜん（毅●然）→厳然、決然、毅然《きぜん》

ぎそう
＝偽装〔いつわり、ごまかし〕偽装結婚、偽装工作、偽装殺人
＝擬装〔カムフラージュ〕擬装陣地、擬装砲

ぎそう（艤装）↓艤装《ぎそう》

きそうきょく（綺想曲）↓奇想曲

きそくえんえん（気息奄々）↓今にも死にそう、息絶え絶え（「奄」＝塞がる）

きそん（毀損、棄損）↓毀損《きそん》　名誉毀損《きそん》　類損傷、破損

きたい・きだい（稀代）↓◎希代

ぎだゆう　慣義太夫

きたる　来たる　来たる3月3日、来たるべき選挙、球春来たる、待ち人来たらず、若者来たれ

＊送り仮名は活用語尾から送るという原則からすれば「来る」となるが、「来（く）る」と誤読されるおそれがあるため、「た」から送る。また、内閣告示「送り仮名の付け方」には連体詞の「来る」が示されているが、これも同様に「来たる」とする。

きだん（綺談）↓◎奇談

きたんない（忌憚ない）↓遠慮のない、率直な、腹蔵ない、忌《き》憚《たん》ない

きち（機智）↓◎機知　機知に富む会話

きちょうめん（几帳面）↓きちょうめん

きづかう　気遣う　気遣い

＊「気をつかう」は「使う」

きづく　気付く

きつけ　着付け

きつけ　気付け（薬）

きづけ　気付（大使館気付など。「きつけ」とも）

きっこう（拮抗）↓張り合う、競り合う、対抗、伯仲、拮抗《きっこう》

きっすい　生粋（＝混じり気がない、生え抜き）

きっすい（吃水）↓◎喫水（＝船体が水中に没している部分の深さ）　喫水線

きつね（狐）↓キツネ・きつね　キタキツネ、きつね色、きつねうどん、きつね火

きてい（規程）↓統規定

＊「自民党総裁公選規程」など固有名詞は別

きてん

＝起点（終点に対し始まりとなる点）鉄道・路線の起点

＝基点（基となる点、中心点）○○を基点として半径10キロ

きてん（気転）↓統機転

きとう（祈禱）↓祈り、祈念、祈願

きとく
＝危篤〔病気・けがが重く生命が危うい〕危篤に陥る
＝（奇篤）→奇特　奇特な人（＝行い・心がけの優れた人）

きぬ
＝（衣■）→きぬ　きぬ擦れ、ぬれぎぬ、歯に衣《きぬ》着せず
＝絹　絹糸、絹織り、絹織物、絹ごし豆腐、絹針

きねん
＝（紀念）→記念〔覚えておく〕記念日、記念品
＝祈念〔祈る〕世界平和を祈念する
＊平和記念式典（広島市原爆死没者慰霊式並びに平和祈念式）、長崎原爆犠牲者慰霊平和祈念式典、平和記念公園（広島）、平和祈念像（長崎）

きのう　慣昨日
きのう　帰納（＝個々から一般を導く）対演繹《えんえき》
きのみきのまま　着の身着のまま　着の身着のままで焼け出される
⬅379ページ
きば　牙　牙をむく
きはく（気魄●）→気迫
きはく（稀●薄）→◉希薄
きはん（軌範）→規範
きばん
＝基盤〔物事の土台〕会社の基盤、強固な基盤、生活基盤
＝基板〔電気回路が埋め込まれている板、ウェハー〕電子回路の基板、プリント基板
きびき　忌引
きびす（踵●）→きびす　きびすを返す（＝引き返す）、きびすを接する（＝続いて物事が起こる）

きふく（帰伏）→統帰服　類帰順、服従、支配下に入る
きべん（詭●弁）→詭弁《きべん》　詭弁《きべん》を弄《ろう》する
きぼり　木彫り（「もくちょう」と読む場合は「木彫」）
きまぐれ（気紛■れ）→気まぐれ
きまじめ　慣生真面目
きまり…　決まり手、決まり文句
ぎまん（欺瞞●）→欺く、偽る、ごまかす
きみ
＝黄み〔黄色い色合い〕
＝黄身〔卵黄〕
きみじか　気短
きみつ

＝気密〔気圧の変化を受けない〕
気密室、気密性が高い服
＝機密〔政治・軍事・組織上の重要な秘密〕 機密書類、機密費、機密を漏らす、データの機密性

きみゃく 気脈（＝気持ちのつながり） 気脈を通じる（＝ひそかに連絡を取り合う）

きめ…
＝決め 決め球、決め付ける
＝（極■め）→きめ（相撲用語） きめ倒し、きめ出し

きめ（肌■理■）→きめ（＝皮膚・物の表面） きめが粗い・細かい

きも（胆■）→肝 肝試し、肝っ玉、肝に銘ずる・銘じる、肝を据える、肝を冷やす

きもいり（肝入り）→肝いり・肝煎り（＝世話をする）

きゃしゃ（華■奢●）→きゃしゃ

きゃたつ 脚立

きゃはん（脚絆■）→脚半

きゆう（杞●憂）→取り越し苦労、無用の心配、杞憂《きゆう》

きゅう（灸●）→きゅう おきゅう、きゅう師
⇩「しんきゅう」の項参照

きゅういん 吸引（力）（アヘンなどには「吸飲」を使うこともある）

きゅうかく 嗅覚

きゅうきゅう 救急 救急救命士、救急車
＊施設は「救命救急センター」

きゅうきゅうとして（汲●々として）→きゅうきゅうとして 類あくせく、ゆとりなく

きゅうきょ（急遽●）→急ぎ、急いで、急に、緊急に、急きょ

きゅうきょう（窮況）→窮境

きゅうきょく（窮極）→(統)究極

きゅうし 臼歯 類奥歯

きゅうしゃ（厩●舎）→馬小屋、うまや、厩舎《きゅうしゃ》

きゅうしゅきょうぎ（鳩●首協議）→鳩首《きゅうしゅ》協議（＝額を寄せ合って熱心に相談する）

きゅうしゅん（急峻●）→（非常に）険しい、急峻《きゅうしゅん》

ぎゅうじる 牛耳る

きゅうしん
＝急伸〔業績、株価など〕 売り上げ・株価が急伸する
＝急進〔漸進の対語〕 急進的、急進派、艦船を急進させる

きゅうす 急須

きゅうする 窮する 言葉・返答に窮する、生活に窮する、窮すれば通ず（＝行き詰まるとかえって道が開ける）

きゅうせき（旧蹟●）→◎旧跡

きゅうせんぽう（急先鋒●）→急先鋒《せんぽう》

きゅうだん（糺●弾）→◎糾弾

きゅうてき（仇●敵）→敵、あだ

きゅうてんかい

＝急展開〔急に範囲・様相などが広がる〕交渉・事態が急展開する

＝急転回〔くるりと方向を変える〕減税から増税へ政策を急転回させる

きゅうはく

＝急迫〔さしせまる〕急迫した事態、情勢の急迫

＝窮迫〔困りきる〕財政の窮迫、生活が窮迫

きゅうむいん（厩●務員）→厩務《きゅうむ》員

きゅうめい

＝究明〔道理・原因などを究め明らかにする〕真相を究明

＝（糺●明）→◎糾明〔罪状などをただし明らかにする〕責任を糾明

きょう 慣今日

きょう（卿○）→卿 チャーチル卿

きょうあい（狭隘●）→狭い、窮屈な

きょうあく（兇●悪）→◎凶悪

きょうい

＝脅威〔脅す、恐れ、威力〕脅威にさらされる、軍事的脅威、大自然の脅威（天災など）

＝驚異〔普通では考えられない驚き〕驚異的進歩、驚異的な記録、大自然の驚異（景観など）

きょうえん（饗●宴）→供宴

きょうえん

＝共演〔同じ舞台・ドラマなどに出演する〕共演メンバー、トップスターの初共演

＝競演〔同じ役柄・演目などを競い合う〕ビッグバンドの競演、リア王を競演

きょうおう（饗●応）→◎供応（＝酒食でもてなす）

きょうかい（教誨●、教誡●）→教《きょう》誨《かい》（師）

きょうがく（驚愕●）→（非常に）驚く、仰天、肝をつぶす

きょうかつ（脅喝）→恐喝

きょうかん（兇●漢）→◎凶漢

きょうき（兇●器）→◎凶器

ぎょうぎょうしい（業々しい）→仰々しい 類大げさ

 ●表外字 ■表外音訓 ▲不使用漢字 ◉難読音訓 ○追加漢字 □追加音訓

きょうきん●胸襟　胸襟を開く
きょうこ（鞏固）→◎強固
きょうこう
＝強行〔障害・困難・反対を押し切って行う〕強行採決、強行突破、工事を強行する、試合を強行する　☒強行な
＝強硬〔強い態度で押し通そうとする〕強硬手段、強硬な意見、強硬な抗議、強硬な態度、強硬に主張　☒強硬する
＝強攻〔強気で攻める〕強攻して失敗する、ヒットエンドランの強攻　☒強攻な
＊「強行策」「強硬策」「強攻策」は内容によって使い分ける
きょうこう（兇●行）→◎凶行
きょうごう（強●剛●）→(統)強豪
ぎょうこう（僥●倖●）→（思わぬ）幸運・幸せ
きょうこつ（頰■骨）→頰骨《きょうこつ》
きょうさく（狭窄●）→狭窄《きょうさく》　気管・視野狭窄《きょうさく》
きょうざつぶつ（夾●雑物）→不純物、混じり物
きょうざめ（興醒■め）→興ざめ
きょうじ（矜●恃、矜●持）→誇り、自負（「きんじ」は慣用読み）
きょうしょう（狭少）→狭小　(対)広大
きょうじん（兇●刃）→◎凶刃
きょうじん（強靱●）→粘り強い、強固、頑丈、強靱《きょうじん》
きょうせい（匡●正）→矯正（＝正しい状態にする）矯正視力、歯列矯正、風紀の乱れを矯正する
ぎょうせい
＝（擬陽性）→疑陽性〔陽性かと疑われる〕
＝偽陽性〔誤って陽性とされる〕
ぎょうせき
＝行跡〔行状〕不行跡、行跡が好ましくない（道徳的な観点から言う）
＝業績〔成果〕業績不振、業績を残す、社の業績が上がる
きょうそう
＝競争〔互いに優劣を争う〕競争価格、生存競争
＝競走〔走り比べ〕競走馬、自転車競走、徒競走、モーターボート競走
＝（競漕●）→競漕《きょうそう》〔こぎ比べ〕ペーロン競漕
きょうそうきょく
＝協奏曲〔コンチェルト〕バイ

オリン協奏曲
＝狂想曲〔カプリッチオ〕
＝狂騒曲〔比喩的用法〕歳末狂騒曲

きょうそく（脇■息）↓脇息《きょうそく》

きょうだい 兄弟
＊性別が不明のとき、「兄2人、姉2人の5人きょうだいの末っ子」などの例では「きょうだい」と仮名書きにする

きょうたん（驚歎●）↓◎驚嘆

きょうてん
＝教典〔教育上・宗教上よるべき書物〕初等教育の教典
＝経典〔宗教的な教えの書〕仏教・キリスト教・イスラム教の経典
＊「四書五経」など儒教の書は経典（けいてん）

きょうどう
＝（協同）↓(統)共同〔一緒に行う・使う〕
＊「協同一致」「協同組合」「産学協同」などは別
＝協働〔力を合わせて活動する〕行政とNPOの協働

きょうとうほ（橋頭堡●）↓足掛かり、拠点、橋頭堡《きょうとうほ》（「堡」＝とりで）

きょうねん 享年（＝生きていた年数）享年90歳（「歳」は付けなくてもいい）

きょうはく
＝脅迫〔おどし・刑法〕脅迫罪、脅迫状、暴行脅迫
＝強迫〔無理強い・民法、医学、心理学〕強迫観念、強迫性障害、強迫による意思表示、詐欺または強迫

きょうべんをとる（教鞭●を執る）↓教える、教壇に立つ、教職に就く

きょうぼう（兇●暴、狂暴）↓(統)◎凶暴

きょうぼく（喬●木）↓高木

きょうまん（驕●慢）↓高慢、横柄（「驕」＝おごる、「慢」＝あなどる）

きょうみしんしん 興味津々

きょうよう
＝共用〔共同で使う〕共用の水道、共用部分、炊事場の共用
＝供用〔使用させる〕供用林、施設の供用を開始する

きょうりょう（橋梁●）↓橋（「梁」＝橋）
＊「橋梁工事」は「架橋工事」

「橋の修理工事」などのように言い換えを工夫する
ギョーザ（餃子）●■→ギョーザ
ぎょかい（魚貝）→魚介（海産動物の総称）
きょきん（醵●金）→拠金
きょくげん
＝局限〈範囲を限ること〉問題を局限する
＝極限〈ぎりぎりのところ〉体力の極限に達する
きょくげん
＝極言〈極端に誇張して言う〉あえて極言すれば
＝曲言〈遠回しに言う。直言の対語〉
ぎょくせきこんこう（玉石混淆●）→玉石混交
きょくち
＝局地〈限られた土地・区域〉局地戦、局地的解決、局地豪雨
＝極地〈行き着く果ての地、南・北極〉極地探検、極地法（登山・探検での方法）
＝極致〈最高の境地、きわみ〉美の極致
きょさつ（巨刹◉）→巨刹《きょさつ》（「刹」＝寺）[類]大寺院
ぎょしゃ（馭●者）→◎御者
きょしゅつ（醵●出）→拠出
ぎょしょう　魚礁（人工的な場合は「漁礁」も使う）
きょしんたんかい（虚心坦懐●）→こだわりなく、虚心、わだかまりなく、虚心坦懐《たんかい》
ぎょする（馭●する）→◎御する（＝操る）
きよほうへん（毀◉誉褒貶●）→世評、評判、毀誉褒貶《きよほうへん》（「毀」＝そしる、「誉」「褒」＝ほめる、「貶」＝けなす）
ぎょもう（魚網）→〔統〕漁網
ぎょろう（漁撈●）→◎漁労
きらい
＝嫌い〈好きの対語、区別〉負けず嫌い、男女の嫌いなく
＝きらい〈好ましくない傾向がある〉えこひいきするきらいがある、独断のきらいがある
きらぼし（綺●羅星）→きら星　きら星のごとく（＝立派な人々が並んでいる様子。本来は、「きら、星のごとく」）
きり…　切り上げ、切り売り、切り絵、切り替え、切り返し、切り株、切り紙、切り傷、切り崩し、切り口、切り子（「江

戸切子」「薩摩切子」などの固有名詞は別）、切り口上、切り込み、切り裂く、切り下げ、切り捨て、切り炭、切り倒す、切り出し、切り妻造り、切り詰める、切り通し、切り取り線、切り抜き、切り花、切り離し、切り貼り、切り開く、切り札、切り干し、切り身、切り盛り

きり

=切り〔名詞〕切りがない、切り狂言

=きり〔助詞〕行ったきり、これっきり、一人きり

=（■限）→きり〔受け渡し期限〕先ぎり、当ぎり、8月きり

きりつ（紀律）→規律

きりづま 切り妻 切り妻造りの社殿、切り妻屋根

きりは（切り端）→切り羽（=鉱山の採掘現場）

きりゅうさん（●稀硫酸）→◎希硫酸

ぎりょう（技●倆、伎●倆）→◎技量

きる

=（■伐る、●截る、●剪る）→切る〔一般用語〕縁を切る、期限を切る、首を切る（解雇）、たんかを切る、電源を切る、ナイフで首を切られる、野菜を切る

=斬る〔限定用語〕悪徳商法を斬る（強く批判する）、一刀の下に敵を斬る、首を斬る（斬首刑など）、時代・世相を斬る、つじ斬り

＊迷う場合は「切る」を使う

きれ… 切れ味、切れ切れ、切れ字、切れ端、切れ目、切れ者

きれい（●綺麗）→奇麗

きれつ 亀裂

きわだつ 際立つ

きわまる

=極まる〔限界に至る。極限、極度〕感極まる、危険極まる、失礼極まりない

＊「このうえなく～である」という意味の「～極まる」は、否定形「～極まりない」でも同じ意味

=窮まる〔行き詰まる〕窮まりなき宇宙、進退窮まる

＊「返答に～」「生活に～」などは「窮する」で受ける

きわみ 極み 遺憾の極み

きわめ 極め（=鑑定） 極め書き、極め付きの品（「極め付

け」は誤用）

きわめる

＝極める〔頂点に達する。最高の状態になる。極限、極度〕栄華を極める、口を極めて褒める、位人臣を極める、混雑を極める、山頂を極める、見極める

＝究める〔深奥に達する。探究、追究〕学問・真理を究める、真相を究める

＝窮める〔突き詰める〕奥義を窮める

きん　錦　錦秋、錦上花を添える（＝さらに良くなる）

きんかぎょくじょう　金科玉条（＝絶対的なよりどころ。「金」＝黄金、「玉」＝宝石、「科」「条」＝法律）

きんこ（禁固）→禁錮（法律用語）

きんさ　僅差　類小差、微差、わずかな差

きんしたまご（金糸卵）→統錦糸卵

きんしゅ　筋腫

きんじゅう（禽●獣）→鳥獣

きんしょう　僅少　残部僅少　類少し、わずか

ぎんしょう（吟誦●）→◎吟唱（＝詩歌を歌うように読む）

きんじょうとうち　金城湯池（＝守りの堅固な城。転じて、侵し難い勢力範囲）

きんせい（均斉）→均整

きんせいひん（禁製×品）→禁制品

きんぱく（金箔●）→金箔《きんぱく》

きんむく（金無垢●）→純金、金無垢《むく》

【く】

ぐあい（工■合）→具合

くい（杭●）→くい　出るくいは打たれる⬅386ページ

ぐうきょ（寓●居）→仮住まい

くうぜんぜつご　空前絶後⬅379ページ

くうていぶたい（空挺●部隊）→降下部隊、空挺《くうてい》部隊

くうほう

＝空包〔弾丸が入っておらず音だけが出る弾薬。演習・儀礼用〕対実包、実弾

＝空砲〔実弾を込めていない銃砲、また空包を撃つこと〕空砲で脅す、空砲を鳴らす

ぐうわ（寓●話）→寓話《ぐうわ》（＝教訓や風刺を込めた例え話）

◎同音書き換え　×誤表記　慣慣用表記　統統一表記　特使用可

くかく（区劃●）→◎区画
くぎ（釘●）→くぎ　くぎ付け、くぎ抜き、くぎを刺す
くきょう（苦況）→苦境
くくる（括■る）→くくる　締めくくり、ひもでくくる
くぐる（潜■る）→くぐる　門・トンネルをくぐる
くげ　慣公家
くけい（矩●形）→長方形
くさい　臭い　かび臭い、きな臭い、臭い物に蓋、焦げ臭い
＊「照れくさい」「面倒くさい」「年寄りくさい」などは仮名書き
くさばのかげ　草葉の陰（＝墓の下、あの世）
くさび（楔●）→くさび　くさびを打ち込む（＝敵の勢力を二分する。自分の力を広げていく足がかりを設ける）
くさむら（叢●）→草むら
くし　串　串刺し、串焼き、玉串
くし（櫛●）→くし　くしの歯が欠ける（欠けた）よう（＝寂しい様子）⬅379ペ
くじく（挫■く）→くじく　足首をくじく、出はなをくじく
くしくも（奇■しくも）→くしくも
くじびき（籤●引き）→くじ引き
くじゅう
＝苦汁〔苦い経験〕苦汁をなめる、苦汁を飲む、苦汁の日々
＝苦渋〔心の苦しみ〕苦渋に満ちた顔、苦渋の決断
くず（屑●）→くず　紙くず、くず糸
くず　葛・クズ（＝秋の七草の一つ）　葛切り、葛餅、葛湯
くずおれる（頽●れる）→くずおれる（＝崩れるように倒れる・座る、気力を失う）
くすだま（薬■玉）→くす玉
ぐずる（愚図る）→ぐずる
くせもの
＝（曲■者）→くせ者〔怪しい人物〕くせ者が忍び込む
＝（曲■者）→くせもの〔用心すべき状態・物事〕その親切がくせものだ
ください
＝下さい〔本動詞〕お手紙を下さい
＝（下さい）→ください〔補助動詞〕ご了承ください、～てください
くだす（降■す）→下す　命令を下す、強敵を下す、手を下す

くだもの 慣果物
くだらない（下らない）→くだらない（＝価値がない、つまらない）
くだり 下り 下り坂、下り列車
くだり（件■、条■）→くだり（＝文章の一部分） 誤ったくだりを削除する
くち 口 口利き、口答え、口元
くち… 朽ち木、朽ち果てる
ぐち 愚痴 愚痴る
くちづたえ 口伝え（「口づて」と同義） 口伝えに教える
くちづて（口伝て■）→口づて 消息を口づてに聞く
くちばし（嘴●）→くちばし くちばしが黄色い（＝若くて未熟）、くちばしを入れる（＝自分とは関係ないことに口を出す）

くちびる（口×びる）→唇 唇をかむ・とがらす
くっさく（掘鑿●）→◎掘削（「鑿」＝うがつ）
くっしん
＝屈伸〔のびちぢみ〕屈伸運動、膝の屈伸
＝屈身〔体操競技〕屈身姿勢、後方屈身2回宙返り
くったく 屈託 屈託がない（＝心配事がない）
くっぷく（屈伏）→統屈服
くつろぐ（寛■ぐ）→くつろぐ
くとうてん 句読点（＝句点「。」と読点「、」）
くどく 功徳 功徳を施す
くどく 口説く 口説き文句
くにづくり（国作り）→国造り

くにもと（国許■）→国元（「国」＝領国、故郷）
くはい（苦敗×）→苦杯 苦杯をなめる ⬅380ページ
くび 首 首ったけ、首っ引き、首に縄を付ける、首（小首）をかしげる、首をそろえる、首を突っ込む、首を長くする、首をひねる
くびじっけん（首実験×）→首実検（＝本人かどうかの確認）
くふう（工風）→工夫 工夫を凝らす
くま 熊・クマ 穴熊（将棋）、熊手、ツキノワグマ、ヒグマ
くみ
＝組み〔動作性のある用法〕腕組み、活字の組み違い、組み写真、組み体操、組み立て、

組み手（空手の種目は「組手」）、CD3枚組み、4枚組みの写真、枠組み
送縁組、組合、組曲、組立工
＝組〔グループなど〕赤組・白組、組員、組替え（クラス替え）、組違い同番号（宝くじ）、組分け、3人組、CDセット4組、5組の夫婦

くみかえ
＝組み替え〔一般用語〕予算の組み替え
＝組み換え〔遺伝学用語〕遺伝子の組み換え

くみする（与■する、組する）↓くみする（＝同意する、味方する）くみしやすい（＝相手として扱いやすい）

くむ
＝酌む〔酒をつぐ、思いやる〕酒を酌み交わす、事情を酌む
＝（汲●む）↓くむ〔液体をすくう、取り入れる〕意見をくみ上げる、誠意がくみ取れる、流れをくむ、水をくむ

くもり・くもる　曇り・曇る　曇り空、眼鏡が曇る

くもん（苦悶●）↓苦しみ、苦悶《くもん》

くやしい（口惜■しい）↓悔しい

くやむ　悔やむ　お悔やみ（＝弔意）

くよう　供養　永代供養

くら
＝倉〔倉庫〕倉荷証券、倉渡し、製品を倉に納める
＝蔵〔土蔵など〕穴蔵、蔵払い、蔵開き、米蔵、酒蔵、質店の蔵、お蔵入り・お蔵になる（＝映画、演劇などの公開が中止になる）

くら（鞍●）↓くら〔馬具〕くら替えする（＝職業、思想などを替える）

くらい
＝位〔名詞〕位が上がる、位が高い、百の位、位人臣を極める　✕位人身を極める
＝（位）↓くらい〔助詞〕これくらい、中くらい、休みの日くらい（「ぐらい」とも）

くらべる（較■べる、競■べる）↓比べる

くらます（暗ます）↓くらます　姿・行方をくらます←380ページ

くらやみ　暗闇○

くり（栗）↓栗・クリ　甘栗、栗きんとん、栗毛、栗ようかん

●表外字　■表外音訓　▲不使用漢字　◉難読音訓　○追加漢字　□追加音訓

くり（庫裡●）↓庫裏（＝寺の台所、住職の住まい）

くり… 繰り上げ、繰り合わせる、繰り入れ、繰り越す、繰り返し、繰り言、繰り込む、繰り下げ、繰り出す、繰り延べ、繰り広げる
送繰入勘定、繰入金など
繰越勘定、繰越額など
⇩経済関係複合語（36ページ）

くりぬく（刳●り貫■く）↓くりぬく

くる 繰る 糸を繰る、ページを繰る

くるま 車 車止め、車寄せ

くるわくるわ 来るわ来るわ

くれなずむ 暮れなずむ（＝日が暮れそうで暮れない）⬅380ページ

くろ… 黒ずくめ（✕黒づくめ）、黒塗り、黒光り、黒焼き

ぐろう（愚弄◉）↓からかう、なぶる、侮る、ばかにする、愚弄《ぐろう》

くろうと 慣玄人 玄人はだし（＝玄人顔負けの技術を持つ素人）

くろこ（黒衣■）↓黒子（＝陰で働く人）黒子に徹する

くろご（黒衣■）↓黒衣《くろご》（歌舞伎用語）

くわえる（銜●える、啣●える）↓くわえる 指をくわえる（＝物欲しそうな様子）

くわしい（委■しい、精■しい）↓詳しい

くわせもの 食わせ物（＝偽物）、食わせ者（＝くせ者）

くんかい（訓誡●）↓◎訓戒

ぐんき（軍規）↓統軍紀 軍紀を定める、軍紀を保つ

くんし 君子 君子豹変《ひょうへん》（＝変わり身が早いこと。本来は、過ちを素早く改めるという良い意味で用いられた）

くんじ（訓辞）↓統訓示 訓示を垂れる

ぐんしゅう
＝群衆〔人の群れ〕群衆を扇動する、群衆に紛れる、数万の群衆、大群衆 ✕群衆する
＝群集〔人・物が集まる〕群集劇、群集心理、群集墳、やじ馬が群集する

くんじょう（燻●蒸）↓燻蒸《くんじょう》

くんせい（燻●製、◎薫製）↓燻製《くんせい》

ぐんせい（群棲●）↓群生 群生地、高山植物が群生する

くんとう 薫陶 薫陶する、薫陶を受ける、薫陶のたまもの

【け】

…け　味気ない、嫌気、色気、食い気、産気、商売っ気、ちゃめっ気、吐き気、火の気
＊「寒気」「人気」は音読みの語と紛れるため「寒け」「人け」と仮名書きにする

…げ（気）↓げ　惜しげもなく、大人げない、自信ありげ、何げなく、誇らしげ

けあな（毛孔■）↓毛穴

けい
＝形〔ありさま、かたち〕円形、外形、胸郭成形、形式、形態（学）、原形をとどめない、固形、三角形、陣形、体形、隊形、定形郵便物、馬てい形、美形、変形（する）、U字形、流線形
＝型〔模範となるもの、形をつくるもと〕規格成型、（鋳物などの）原型、定型詩、典型、飛型点（スキー）、母型、無定型、模型、理想型、類型

けいがいか　形骸化　類形式化、空洞化

けいがん（炯●眼、慧●眼）↓眼識、洞察力（「炯」＝光、「慧」＝知恵）

げいぎ（芸妓●）↓芸者、芸妓《げいぎ》（「げいこ」とも）

けいけん（敬虔●）↓信心深い、信仰（心）のあつい、敬虔《けいけん》（「虔」＝謹む）

けいこ　稽古
＊文脈により仮名書きも

けいしょう（軽小）↓軽少　軽少な問題、被害は軽少

けいすう
＝（系数）↓係数〔数学・物理・経済に関する用語〕エンゲル係数、摩擦係数
＝計数〔経理・計算に関する用語〕計数管、計数器、計数に明るい

けいせい
＝形成〔形作る〕形成外科、人間形成
＝形勢〔ありさま、なりゆき〕形勢逆転、天下の形勢

けいせん（繫●船）↓◎係船　係船する、係船用ドック

けいそ（硅●素、珪●素）↓ケイ素（＝シリコン）

けいそう（繫●争）↓◎係争（＝訴訟で、当事者間で争うこと）

けいぞく（繋●属）→◎係属（＝事件が審理中であること）

けいそつ　軽率　軽率な言動　対慎重

けいたい（形体）→形態　形態学（生物学の一分野）

けいちょうふはく（軽佻●浮薄）→軽薄、軽佻《けいちょう》浮薄（「佻」＝軽《けい》い）

けいどうみゃく（頸●動脈）→頸動脈

けいべつ（軽蔑）◉→さげすむ、見下す、侮る、軽蔑《けいべつ》

けいほうき
＝警報機〔大型のもの〕踏切警報機
＝警報器〔小型のもの〕ガス漏れ警報器

けいま（桂●馬）→㊕桂馬（将棋用語。略して「桂」）

けいもう（啓蒙●）→啓発（「蒙」＝無知、「啓」＝ひらく・教え導く）
＊「啓蒙主義」「啓蒙思想」などの歴史用語は読み仮名をつけて使う

けいら（警邏●）→巡回、パトロール（「邏」＝見回る）

けいり（計理）→経理
＊旧制度の「計理士」は別

けいりゅう（繋●留）→◎係留　岸壁に係留する

けいれん（痙●攣●）→けいれん、ひきつけ（「痙」「攣」＝ひきつる）

けいろ（径路、逕●路）→経路　感染経路、入手経路

けう（稀●有、希■有）→まれ、珍しい、希少

けおされる（気圧■される）→気おされる

けが（怪■我）→けが　けがの功名

げき
＝激〔一般用語〕激暑、激賞、激職、激震、激甚、激痛、激変、激務
＝劇〔薬品・薬物関係など〕劇症（肝炎）、劇毒、劇物、劇薬
＊「激」は普通以上に強くあたるのを波に例えたもの。「劇」は力が強く働くのを刀（りっとう）に例えたものとも

げき（檄●）→げき（＝古代中国で役所が出した木札の文書）げきを飛ばす⬅380ページ

げきこう（激昂●）→激高（「げっこう」とも）類憤激、激怒

げきしゅう（劇臭）→㊔激臭

げきりんにふれる（逆■鱗●に触れる）→（目上の人を）激怒させる

せる、逆鱗《げきりん》に触れる
けげん（怪■訝●）↓けげん　けげんがる、けげんな顔
げこくじょう（下剋●上）↓◎下克上
けさ　㊜今朝
けさ（袈●裟●）↓けさ　けさ懸け
けし…　消しゴム、消し炭
送消印
げし　夏至（6月22日頃）
けしき　㊜景色
けしきばむ　気色ばむ（＝怒りを表す）
けずりぶし　削り節
けた　桁　桁違い、橋桁、2桁
げた（下駄■）↓げた　げたを預ける（＝相手に処理を任せる）
けっかい（決潰）↓決壊　堤防が決壊する
けつがん（頁■岩）↓頁岩《けつがん》、泥板岩

けっき（蹶●起）↓◎決起（「蹶」＝はね起きる）
けっこう　結構　結構ずくめ　☒結構づくめ
けっこん　血痕
けっさい
＝決済〔売買取引を終える。支払い、精算〕債務の決済、手形の決済
＝決裁〔責任者が案件の可否を決める。裁断、裁定〕決裁を仰ぐ、大臣の決裁
けつじょ（欠除）↓欠如、欠落
けっしょう（血漿●）↓血漿《けっしょう》（血液の液体成分）　血漿《けっしょう》製剤
げっしょく（月蝕●）↓◎月食（地球が太陽と月の間に入ったときに起こる）
けっしん（決審）↓結審

けっせん
＝決戦〔最後の勝敗を決める戦い〕決戦を挑む、短期決戦
＝決選〔決定選挙の略〕決選投票、決選に持ち込む
けつぜん（蹶●然）↓決然　決然たる態度
けっちゃく（結着）↓決着　決着をつける、交渉が決着する
けつべつ（訣●別）↓◎決別（「訣」＝別れる）
けづめ（距■）↓蹴爪
げどく（下毒）↓解毒　解毒作用、解毒する
けなげ（健■気）↓けなげ（「け〈異〉なりげ」＝「普通とは異なる様子」から）
げねつ
＝解熱〔熱を下げる〕解熱剤

＝下熱〔熱が下がる〕まもなく下熱する

げばひょう　下馬評〔＝第三者の批評〕下馬評が高い、下馬評に上る

けむ〔煙〕→けむ　けむに巻く
⬅380ページ

けむい　煙い

けむたい　煙たい　煙たい存在、煙たがる

けむる〔烟る〕→煙る　雨に煙る街角

ける　蹴る　ボールを蹴る、要求を蹴る〔「足蹴」は読みにくいので「足げ」と仮名書きも〕
＊口語「蹴る」の連用形は「蹴り」だが、複合動詞には文語連用形「蹴(け)」を残すものが多い。蹴上げる、蹴落とす、蹴散らす、蹴飛ばす、蹴破る。命令形は「蹴ろ」ではなく「蹴れ」

けん　険　顔に険がある〔＝表情がとげとげしい〕

げん　験〔＝縁起〕験がいい、験直し、験を担ぐ

げん〔絃〕→◎弦　管弦、弦を張る、上弦の月

けんいん〔牽引〕→引っ張る、先導、リードする

けんいんしゃ〔牽引車〕→牽引《けんいん》車
＊「チームの牽引《けんいん》車」など先頭に立って行動する人の比喩にも

けんうん〔絹雲〕→㊮巻雲〔＝筋雲、巻き雲〕

けんか〔喧嘩〕→けんか、争い

げんかしょうきゃく〔×原価×消却〕→減価償却

けんがみね　剣が峰　剣が峰に立つ〔＝追いつめられて絶体絶命の状態〕

げんきょう〔元兇〕→◎元凶〔本来は、悪者の親玉の意〕

げんけい
＝原形〔変化・修復する前のもとの形〕原形質、原形を保つ、原形をとどめない
＝原型〔出来上がりのもとになる型〕鋳物の原型、型紙の原型、農耕文化の原型
＝現形〔現在の形・ありさま〕現形のまま保存

けんげん
＝権限〔公的に行使できる権利の範囲〕各省の権限争い、職務権限、何の権限もない
＝権原〔権利の発生する法律上の原因〕権原にもとづく占有

者、占有の権原
けんげん（献言）→〘統〙建言（＝官庁・上司への意見）
けんけんごうごう（喧●々囂●々）→けんけんごうごう（＝口々にやかましく騒ぎ立てる様子。「喧」「囂」＝やかましい）
☒けんけんがくがく
げんこつ（拳■骨）→げんこつ
けんこんいってき（乾■坤●一擲●）→乾坤一擲《けんこんいってき》 ［類］のるかそるか
げんさい 減殺（「殺」＝へらす）
けんさん（研鑽●）→研究、研さん（「鑽」＝深く研究する） 研さんを積む
けんし（検死）→〘統〙検視
けんじゅう 拳銃
げんじょう
＝原状〔もとの状態〕原状回復、原状に戻す
＝現状〔現在の状態〕現状維持、現状打破、現状分析
けんしん
＝検診〔主に特定疾患を対象とした検査〕胃の集団検診、乳がんの検診
＝健診〔総合的な健康診断〕乳幼児健診、春の定期健診
けんせい（牽●制）→けん制
けんせき（譴●責）→けん責（処分）
けんせきうん（絹積雲）→〘慣〙巻積雲（＝いわし雲、さば雲、うろこ雲）
げんせん（原泉）→源泉 エネルギーの源泉、源泉課税・徴収
げんぜん（儼●然）→◎厳然 厳然たる態度
けんそ（嶮●岨●）→◎険阻（＝けわしい地勢）
げんそ（原素）→元素
けんそう（喧●噪●、喧●騒）→騒がしい、騒々しい、やかましい
けんそううん（絹層雲）→〘慣〙巻層雲（＝薄雲）
げんそく 舷側
けんそん 謙●遜 ［類］控えめ
けんたい（倦●怠）→だるい、倦怠《けんたい》（期）（「倦」＝あきる）
けんたん（健啖●）→大食、食欲旺盛
げんち 言質 言質を取る（＝証拠となる言葉を言わせる）
げんてい（舷●梯）→タラップ
けんでん（喧●伝）→言いはやす、言い立てる、言い触らす、吹聴
けんどちょうらい（捲●土重来）→捲土《けんど》重来（「重来」は「じゅうらい」とも） ［類］巻き返し

 ●表外字 ■表外音訓 ▲不使用漢字 ◉難読音訓 ○追加漢字 □追加音訓

げんのう（玄翁■、玄能）↓げんのう（＝石などを砕く大きな金づち）
けんばん（鍵盤）↓鍵盤《けんばん》
げんばん
＝原板〔現像した写真フィルム。ネガ。「げんぱん」とも〕
＝原版〔印刷・複製を作るもとになるもの。「げんぱん」とも〕
＝原盤〔CDなど〕
けんぶん
＝検分〔一般用語〕工事の状況を検分する
＝見分〔捜査用語〕実況見分
けんぽう　拳法
けんま（研摩）↓研磨　研磨剤、研磨材
けんまく（権幕、剣幕、見幕）↓けんまく
けんらん（絢爛）↓きらびやか、華麗（「絢」＝美しい、「爛」＝鮮やか）
けんろう（堅牢）↓堅固、丈夫、頑丈、壊れにくい
げんわく（眩惑）↓幻惑（「眩」＝目をくらませる）

【こ】

こ…　小刻み、小高い、小出し、小突く、小降り（雨・雪）、小ぶり（＝小さめ）
送小包
ご…
＝（御）↓ご〔接頭語一般〕ごあいさつ、ご縁がある、ご協力、ご結婚、ご厚意、ご仁、ご多分に漏れず、ご覧になる
＝御〔接頭語のうち漢字書きの習慣の強いもの、固有名詞的なもの〕御三家、御所、御前試合、御託、御殿、御紋、御用（捕物）、御用学者、御用邸、御利益、御陵、御料牧場、天下御免
こい
＝恋〔名詞的な用法〕恋歌、恋心、恋路、恋仲、恋人、恋文、恋患い
＝恋い〔動詞の場合〕恋い焦がれる、恋い慕う
ごい（語彙）↓語彙《ごい》（「彙」＝集める）　類語類、言葉、ボキャブラリー
＊語彙は、ある言語・地域・分野などで用いられる語の総体（基本語彙、山村語彙など）や、「語彙が豊富な人」のように個

人が用いる語の総体を言う

こいき（小意気）→小粋

こいねがう（冀●う、希■う、請い願う）→こいねがう（＝切望する、強く願う）

こいのぼり（鯉●幟●）→こいのぼり

こう

＝請う〔一般用語〕案内を請う、許可を請う、請われて出馬する、紹介を請う、許しを請う

＝乞う〔限定用語。名詞形にも〕雨乞い、いとま乞い、命乞い、乞うご期待、慈悲を乞う

ごう

＝剛〔かたい、しっかりしている、柔の対語〕外柔内剛、剛球、剛健、剛速球、剛直、剛の者、剛腕

＝豪〔勇ましい、たけだけしい、権勢〕強豪、豪雨、豪快、豪気、豪傑、豪語、豪打、豪胆

＝強〔強い、勢力がある〕強引、強弓、強情、強訴、強欲、強力

ごう

＝（濠●）→堀、溝、濠《ごう》

＝（壕●）→壕《ごう》 塹壕《ざんごう》、防空壕《ごう》

こうい

＝好意〔親愛の情〕好意的な扱い、好意を抱く、好意を寄せる

＝厚意〔他人の示してくれる親切心〕厚意に報いる、厚意を受ける、ご厚意に感謝する

こういん（拘引）→勾引（状）（法律用語）

＊一般には「連行する（される）」「連れていく（いかれる）」とし、むりやり連れていかれる意では「拘引」も

こううん（好運）→幸運

こううんき（耕耘●機）→耕運機

こうえい（後裔●）→子孫

こうえん

＝口演〔口で述べる〕講談・浪曲などの口演

＝公演〔演技・演奏などの公開〕本邦初公演

＝講演〔公衆に講義する〕学術講演会

ごうおん（轟●音）→轟音《ごうおん》 航空機の轟音《ごうおん》

こうがい 梗概（「梗」＝あらまし）［類］概要、粗筋、あらまし

こうがい（慷●慨）→憤慨、悲憤、憤る、嘆く（「慷」＝憤り、嘆く）悲憤慷慨《こうがい》

こうかく 口角（＝口の脇）口角泡を飛ばす（＝激しい議論）

こうがく
＝向学〔学問を志す〕向学の志、向学心
＝好学〔学問を好む〕好学の士
＝後学〔後で自分の役に立つ知識や学問、後進の学者〕後学のために見学する、後学の徒

こうかつ（狡猾）→ずる賢い、悪賢い

こうかん
＝交換〔取り換える〕エールの交換、交換学生、物々交換、名刺を交換する
＝（交驩）→◎交歓〔ともに楽しむ〕交歓試合、親しく交歓する（「驩」＝喜ぶ）
＊「新年交歓会」など、「〜会」に続く場合は「交歓」を使う場合が多いが、「賀詞交歓会・交換会」は主催者によって両様の表記がある
＝交感〔感応しあう〕交感神経（自律神経系を形成する神経）

こうかん（巷間）→世間、世上、ちまた

ごうかん（強姦）→（少女・女性への）乱暴・暴行、性的暴行、婦女暴行（事件）

ごうがん（傲岸）→尊大、横柄、高慢、居丈高、傲岸《ごうがん》

こうがんむち　厚顔無恥（＝面の皮が厚い、ずうずうしい）

こうき
＝好期〔よい時節〕登山の好期
＝好機〔チャンス〕好機を逸する

こうき　綱紀　綱紀粛正（「綱」＝太い綱、「紀」＝細い綱）

ごうきゅう（豪球）→㊔剛球

こうきょ（薨去）→（ご）永眠、（ご）逝去、お亡くなりになる

こうきょ（溝渠）→溝（「渠」＝溝）

こうぎょう
＝興行〔演芸・スポーツなどを催す〕興行会社、興行収入、興行ビザ、秋季興行、地方興行
＝興業〔産業や事業を興す〕興業債券、殖産興業

こうぎょう（礦業）→◎鉱業（「礦」＝製錬していない鉱石）

こうぐう　厚遇　対冷遇、薄遇

こうげ　香華（＝仏前に供える香と花）香華を手向ける

こうげん
＝公言〔公衆の面前で堂々と言う〕
＝広言〔あたりはばからず放言する〕

＝高言〔偉そうに大きなことを言う〕
＝巧言〔口先がうまい〕巧言令色（「令色」＝顔色をよくする。表面を取り繕うこと）

こうげん（抗元）↓抗原

こうこう・こうくう（口腔●）↓口《こう》腔《こう》・口腔《こうくう》

＊口腔外科など医学用語は「こうくう」。動物学関係と一般記事では「こうこう」。「鼻腔」「腹腔」も医学界では「びくう」「ふくくう」

こうごうしい　神々しい

こうこく
＝広告〔世に広く知らせる〕意見広告、誇大広告、全面広告
＝公告〔官庁などが一般市民に知らせる〕官報に公告、競売公告、公告を縦覧する
＝抗告〔上級裁判所に不服を申し立てる〕準抗告、即時抗告
⇩法令関連用語（507ページ）

こうこつ（恍●惚●）↓うっとり、陶然、恍惚《こうこつ》

こうさい（虹彩）↓虹彩（角膜と水晶体の間にあって、眼球内に入る光の量を調整する）

こうさ（交叉●）↓◎交差（「叉」＝分岐）交差点

こうさん　公算（＝見込み、確率）公算が大きい⬅381ページ

こうし　格子　格子じま、格子戸

こうし（嚆●矢）↓物事の初め、先駆け（「嚆矢」は戦いを始める合図として射かけたかぶら矢）

こうじ　好事　好事魔多し（＝良いことには邪魔が入りやすい）

こうじ　公示
＊総選挙、参院通常選挙に用いる。衆参両院補欠・再選挙、地方選挙、最高裁裁判官国民審査は「告示」

こうじ　好餌

ごうし（合祀●）↓合祀《ごうし》

ごうしゃ（豪奢●）↓豪華、豪勢

こうじゅつ
＝口述〔口頭で述べる〕口述試験、口述筆記
＝公述〔意見を言う〕（公聴会の）公述人
＝後述〔後に述べる〕詳細は後述する

こうしょう（哄●笑）↓大笑、高笑い（「哄」＝どよめき）

ごうじょう（剛情）↓強情

こうじょうせん　甲状腺
こうしょはじめ　講書始（＝宮中の新年儀式）
こうしん（昂進、亢進）→高進
デフレが高進する
＊心悸亢進《しんきこうしん》など病名は「亢進《こうしん》」
こうじん（好甚）→幸甚　幸甚に存じます（手紙文で使う）
こうずか　好事家（＝物好き、風流を好む人）
こうせい
＝（甦生）→◎更生〔生まれ変わる。再起、再生〕会社更生法、更生会社、（生活保護法の）更生施設、更生して再出発、自力更生
＝更正〔正しく改める。税金関係など〕更正処分、更正登記、更正予算、税金の更正決定
＝厚生〔生活を豊かにする。社会福祉関係など〕（会社の）厚生施設、厚生年金、福利厚生
こうせい
＝後世〔後の時代〕名を後世に残す
＝後生〔後から生まれる人、後輩〕後生畏るべし
こうせき（礦石）→◎鉱石（「礦」＝製錬していない鉱石）
こうせき（効績）→功績
こうせつ（巷説）→風説、（世間の）うわさ
こうそ
＝公訴〔刑事事件で検察官が起訴状を提出、審理・裁判を請求すること〕公訴手続きを取る、公訴を提起する
＝控訴〔第1審判決を不服として上訴すること〕原告が控訴する、高裁へ控訴する、控訴審
⇩法令関連用語（501ページ）
こうそう（宏壮）→◎広壮
ごうそう（豪荘）→豪壮
こうそく（梗塞）→梗塞《こうそく》　心筋梗塞《こうそく》
ごうそっきゅう（豪速球）→(統)剛速球
こうた　小唄
こうたい（交替）→(統)交代
こうだい（宏大）→◎広大
ごうたん（剛胆、強胆）→(統)豪胆
こうち（巧緻）→巧妙、精巧、精密
こうちゃく（膠着）→行き詰まり、手詰まり、足踏み（「膠」＝にかわ）
こうちょう
＝好調　絶好調
＝高潮　最高潮

＝高調　気分が高調する
こうちょう
＝公聴〔一般用語〕公聴会
＝広聴〔行政用語〕広聴活動
こうてい
＝工程〔作業の順序・過程〕工程管理、工程表、製造工程
＝行程〔道のり、旅行などの日程〕約2時間の行程、行程表
＝航程〔船・飛行機の道のり〕
こうてい（校定）↓校訂
こうでい　拘泥（＝細かいことにこだわる、かかずらう）
こうていえき（口蹄●疫）↓口蹄疫《こうていえき》
こうてつ　更迭（「迭」＝かわる）
こうでん（香奠●）↓◎香典
こうとう（昂●騰）↓◎高騰
こうとう
＝口答〔口で答える〕　対筆答
＝口頭〔口で述べる〕口頭試問、口頭弁論、命令を口頭で伝える
こうとう　喉頭（がん）
こうとうむけい　荒唐無稽
こうどく
＝購読〔買って読む〕雑誌を購読する、新聞の購読料
＝講読〔読んで意味を説き明かす〕原書の講読、講読会
ごうのもの（豪の者）↓剛の者
こうばい　勾配　類傾斜、傾き、斜面
ごうはら　業腹（＝非常に腹の立つこと）
こうはん（広汎◉）↓広範
＊「広汎《こうはん》性発達障害」などの病名は別
こうはん　甲板（「かんぱん」とも）
こうふ
＝公布〔法令などを広く世に知らせる〕法律の公布
＝交付〔書類・金品などを渡す〕交付金、証明書の交付
こうふく（降服）↓統降伏
ごうふく（豪腹、強腹）↓剛腹（＝物事に動じないこと）
こうふん（昂●奮、亢●奮）↓◎興奮
こうほう
＝（弘●報）↓◎広報〔官公庁や企業・団体などが広く知らせる〕広報担当、政府広報（「弘」「広」＝ひろめる）
＝公報〔公式の知らせ。公の機関が公示すべき事項を一般に知らせるために発行する文書。都道府県知事が発行する

官報に準ずる文書〕選挙公報、戦死公報
こうぼう（光芒）→光線、光（「芒」＝穀物の先端の針状突起。とがったもの）
ごうほう（剛放）→豪放　豪放磊落《らいらく》
こうまい（高邁）→秀でた、気高い、高い（「邁」＝すぐれる）
ごうまん（傲慢）→高慢、おごり、人を見下す、横柄、傲慢《ごうまん》
こうもん（肛門）→㊕肛門
こうや（曠野）→◎広野
こうゆう
＝交友〔友人としての付き合い〕交友関係を調べる、交友の範囲が広い　☒交友する
＝交遊〔親しい付き合い〕家族ぐるみで交遊する、交遊録、政治家との交遊

こうよう（昂揚）→◎高揚
ごうよく（強慾）→◎強欲
こうり…　小売り指導価格、小売りマージン
送小売価格、小売業、小売商、小売店、小売人、小売値など
⇩経済関係複合語（36ページ）
こうりがし　高利貸（職業）
こうりゅう・こうち
＝勾留〔判決が確定するまでの間、容疑者や被告の身柄を拘禁すること〕勾留期間の延長、勾留質問、勾留状、勾留理由開示、未決勾留
＊外国の事件関係では「拘束」を使う
＝拘留〔30日未満の最も軽い自由刑。主として軽犯罪に〕20日の拘留に処せられる
＝拘置〔刑の言い渡しを受けた者を拘禁すること〕
⇩法令関連用語（501ページ）
こうろ
＝航路〔船・航空機の通り道〕航路標識
＝行路〔通り道、世渡り〕行路病者（＝行き倒れ）、人生行路
こうをそうする　功を奏する
ごえつどうしゅう　呉越同舟⬅381ページ
こえる・こす
＝越える・越す〔場所・地点・時期を過ぎて先に行く、水平方向へ移動する、越権〕頭越しに、インターホン越しに、一線を越える、垣根・壁・柵を越える（比喩表現も）、K点を越えるジャンプ、権限を越

える、国境を越えて亡命、先を越す、素人の域を越える、それに越したことはない、峠を越える、度を越す、野越え山越え、ピークを越える、分を越える、冬を越す、六十の坂を越す
＝超える・超す〔基準・限度・範囲の上に出る、垂直方向に伸びる、ボーダーレス〕基準を超える、国境を超えた愛・犯罪・M&A、時代・世代を超えて、10万人を超す、制限量を超える、先人を超える、想像・予想を超える、定員を超える、党派を超えて、70％を超える、能力を超える、80歳を超える、範囲・枠を超える、100万円を超す、目標を超す金額
＊複合動詞の場合は原則として「越」を使う　売り越す、買い越す、勝ち越す、乗り越える、踏み越える、持ち越す

こおどり（雀●躍り、小踊×り）↓小躍り

こおり
＝氷〔名詞〕氷砂糖、氷詰め、氷水
＝凍り〔動詞連用形〕凍り付く、凍り豆腐

こおる（氷■る）↓凍る

こおろぎ（蟋●蟀●）↓コオロギ

ごかく（互格、牛■角）↓互角

こかつ（涸●渇）↓◎枯渇

こがね　黄金　黄金色

こがらし（凩●）↓木枯らし

こかん　股間

こかんせつ　股関節

ごかん
＝五官〔五つの感覚器官。目・耳・舌・鼻・皮膚〕
＝五感〔五つの感覚・働き。見る・聞く・味わう・嗅ぐ・触れる〕

こき（古稀●）↓◎古希（＝70歳。杜甫の詩「人生七十古来稀〈まれ〉なり」から）

こぐ（漕●ぐ）↓こぐ　舟をこぐ（＝居眠りをする）

こくじ　告示
＊衆参両院補欠・再選挙、地方選挙、最高裁裁判官国民審査に用いる。総選挙、参院通常選挙は「公示」

こくじょう（国状）↓㊕国情

こくめい（刻明）↓克明　克明な観察、克明に見る

こけ（苔●）→コケ・こけ　こけむす、ヒカリゴケ

こけ（虚仮）→こけ　こけおどし、こけにする、こけの一念

こけい（固型）→固形　固形燃料、固形物

こけつ　虎穴　虎穴に入らずんば虎児を得ず（＝功名を立てるには危険を冒すことも必要）

こけらおとし（柿■落とし）→こけら落とし⬅381ページ

＊「こけら」は木の削りくずで、「柿（かき）」とは別字

こけん（沽●券）→体面、品位、こけん（に関わる）

ごげん（語原）→語源

ここう　虎口（＝危険な場所）虎口に入る、虎口を脱する

こごえる　凍える　凍え死に

ここち　(慣)心地　居心地、座り心地、心地よい

こころ　心　心温まる、心当たり、心意気、心構え、心変わり、心添え、心遣い、心尽くし、心付け、心積もり、心なしか、心憎い、心残り、心ばえ（＝気だて）、心もとない

こころやり（心遣■り）→心やり（＝気晴らし、うさばらし。「心遣い」の意味で使うのは誤用）

こころよい（心良い）→快い

こざかしい（小賢■しい）→こざかしい

こさつ（古刹◉）→古刹《こさつ》（「刹」＝寺）
(類)古寺

こし（故紙）→(統)古紙

こし　腰　腰折れ、腰掛け、腰巾着、腰砕け、腰だめ、腰投げ、腰巻き、腰元

こじ
＝固辞〔かたく辞退する〕就任を固辞する
＝固持〔しっかりと持ち続ける〕信念を固持する

こじ　(慣)居士（＝男子の法名に添える語。「一言居士」「慎重居士」など、「～居士」の形で、ある特徴を持つ男性を指す用法がある）

こしたんたん（虎視眈●々）→虎視たんたん、機会をしぶとく待つ（「眈」＝にらむ）

こしゃく（小癪●）→生意気、こざかしい、こしゃく

ごしょう　後生　後生大事

こしょくそうぜん（古色蒼●然）→古びた、古めかしい、古色蒼然《そうぜん》

こじらいれき（古事来歴）↓故事来歴

こしらえる（拵●える）↓こしらえる

ごじん（御仁）↓ご仁（本来は尊敬語だが、現在ではからかって言う方が多い）

こす　越す・超す
⇩「こえる・こす」

こすう（箇■数）↓個数

こする（擦■る）↓こする

ごする（伍●する、互×する）↓肩を並べる、加わる、伍《ご》する

こせいだい　古生代（＝原生代と中生代の間。カンブリア紀、オルドビス紀、シルル紀、デボン紀、石炭紀、二畳紀に分かれる）

こせき（古蹟●）↓◎古跡

こせんきょう（跨●線橋）↓陸橋、渡線橋（「跨」＝またぐ）

こそく（姑●息）↓一時しのぎ、間に合わせ、姑息《こそく》（「姑」＝かりそめ、「息」＝休む）

ごぞんじ（御存知×）↓ご存じ
＊「存ずる」の連用形による。「じ」は活用語尾で、「知」の意味はない

こたえる
＝答える〔返答、返事〕受け答え、口答え、質問に答える、呼べば答える
＝応える〔反応、応じる、報いる〕歓呼に応える、期待に応える、手応え、歯応え、旗を振って応える、見応え、要請に応える、読み応え
＝（堪■える）↓こたえる〔耐える、我慢する〕こたえられない味、持ちこたえる
＊「寒さが身にこたえる」「骨身にこたえる」「胸にこたえる」などは「応える」が当てられるが、仮名書きが望ましい

ごたく　御託（＝御託宣の略）
御託を並べる（＝他人の発言をちゃかした言い方）

こだち　木■立

こたつ（火●燵、炬●燵●）↓こたつ

ごたぶんにもれず（ご多聞×に漏れず）↓ご多分に漏れず（「多分」＝大多数の人が従う方向）

ごちそう（御馳●走）↓ごちそう

こぢんまり（小じんまり）↓こぢんまり（よくまとまっている、感じがいいなど、肯定的な意味で使う）

こづかい　小遣い　お小遣い、小

●表外字　■表外音訓　▲不使用漢字　◉難読音訓　○追加漢字　□追加音訓

遣い銭
こっかく（骨骼•）→◎骨格
こづく　小突く
こっけい　滑稽
こつずい　骨髄　骨髄に徹する（＝心の奥までしみ込む）
☒骨髄に達する
こつぜん（忽•然）→突然、たちまち、不意に、にわかに、こつぜん（「忽」＝たちまち）
こつそしょうしょう（骨粗鬆•症）→骨粗しょう症
こっとう（骨董•）→古美術品、古道具、古物、骨董《こっとう》（品）（「董」＝古道具）
こっぱみじん（木っ葉×微■塵•）→木っ端みじん
こと　事　考え事、芸事、事欠く、事柄、事細かに、事足りる、事と次第、事なかれ主義、事始め、出来事、悩み事、習い事、願い事、物事、約束事
＊「あんなこと」「勝手なこと」「見たこともない」など形式名詞的用法は仮名書き

こと（糊•塗）→取り繕う、一時しのぎ、ごまかす
ごとく（如■く）→ごとく（文語的表現）、ように
ことし　(慣)今年
ことづけ（託■け）→言付け
ことづて（言伝■て）→言づて
…ごとに（毎■に）→ごとに
ことばのあや（言葉の綾•）→言葉のあや（＝複雑な言い回し、飾り）
ことほぐ（寿■ぐ）→ことほぐ、祝う
こども　子ども・子供・こども
＊「ども」は複数を表す接尾語に由来。祝日「こどもの日」は仮名書き

ことわざ（諺•）→ことわざ
こはく（琥•珀•）→琥珀《こはく》
ごはさん（ご破×産）→ご破算　契約をご破算にする
こはる　小春（＝陰暦10月の異称）
小春日和⬅381㌻
こはんとき　小半時（＝昔の一時〈いっとき〉の4分の1。約30分）
ごびゅう（誤謬•）→誤り（「謬」＝誤り）
こびる（媚•びる）→こびる
こぶし　拳　握り拳
ごへい　語弊（＝誤解を招く言い方）　語弊がある
こべつ

=個別〔一つ一つ〕個別指導、個別訪問調査（世論調査）
=戸別〔一軒一軒〕戸別配達、戸別訪問（選挙運動など）

ごぼうぬき　ごぼう抜き（=1人ずつ勢いよく引き抜く）ごぼう抜き人事、デモ隊をごぼう抜きにする
＊競走などで次々に抜き去るさまを表すのは、新しい用法

こま
=駒　駒不足、駒を進める、持ち駒、ひょうたんから駒（=冗談が現実になる）
=（齣●）→こま〔映画用語、一区切り〕こま送り、授業3こま

こま（独■楽■）→こま　こまを回す

ごまかす（誤魔化す）→ごまかす

こまぎれ（小間切れ）→細切れ

こまねく（拱●く）→こまねく（本来の言い方は「こまぬく」）

こまやか
=細やか〔こまかい〕細やかな編み目、細やかに説明する
=（濃■やか）→こまやか〔濃い、情が深い〕こまやかな心遣い、人情こまやか

こむ
=込む〔入り組む、込み入る、連用形に付いて複合語を作る〕仕事が立て込む、手が込む、煮込む、吹き込む、負けが込む
=混む〔混雑する〕回線が混み合う、混み合う店内、電車が混む、人混み

こめぐら（米倉）→米蔵

こめる
=込める〔詰める、含める〕心を込める、弾を込める
=（籠■める）→込める〔出られなくする、霧などが立って視界を悪くするなどの意味の複合動詞に使う〕雨に降り込められる、言い込める、押し込める、霧が立ち込める、塗り込める、やり込める

こもり　子守　子守歌

こもる（込×もる、隠■る）→籠もる
＊「口ごもる」「心がこもった贈り物」などは表記習慣により仮名書きも

こやす　肥やす　私腹を肥やす

こゆう（個×有）→固有（「固」=元。そのものだけにあること）固有名詞

こよい（今宵■）→こよい、今夜、

今晩

こよう（雇傭●）→◎雇用

ごよう　御用（＝宮中・官庁の用事）　御用始め、御用納め⬅381ページ

ごようたし　㊜御用達（「ごようたつ」とも）

こりしょう（凝り症×）→凝り性

ごりむちゅう　五里霧中（＝判断がつかない状態）

ごりやく　御利益

こるい　孤塁（＝孤立したとりで）　孤塁を守る

これはこれは　これはこれは（「これわ」とはしない）

ころ　頃　子供の頃、頃合い、先頃、3時頃、食べ頃、春頃

ごろ　語呂　語呂がいい

ころう（故老）→古老

ころう（固陋●）→頑固、頑迷、かたくな、強情（「陋」＝狭い）

ころもがえ（更■衣■）→衣替え

こわい

＝（恐■い）→怖い〔恐怖〕怖い顔、怖いもの知らず（「恐」の訓読みは「おそ〈ろしい〉」）

＝（強■い）→こわい〔強力、頑固〕情がこわい、手ごわい

こわいろ　声色　声色を使う

こわす（毀■す）→壊す

こわき　小脇　小脇に抱える

こわもて（強■面■、怖面■）→こわもて　こわもてに出る

こん　根　根比べ、根負け、根を詰める

ごんげ　権化（「権」＝仮、「化」＝姿を変える）　悪の権化

こんげん（根原、根元）→根源

こんこう（混淆●）→◎混交　玉石混交、神仏混交

ごんごどうだん　言語道断（＝言葉も出ないほどひどい）

こんこん

＝懇々〔心を込めて説く〕懇々と諭す

＝（昏●々●）→こんこん（と眠る）

＝（渾●々、滾●々）→こんこん（と湧き出る）

こんじゃく　今昔　今昔の感

こんじょう（根精）→根性　根性を入れ替える（＝悔い改める）

こんしん（渾●身）→満身、全身

＊「渾身の」は「あらん限りの」、「渾身の力で」は「全力で」などと言い換えを活用する

こんすい（昏●睡、昏●酔）→意識不明、昏睡《こんすい》

＊刑法の「昏酔強盗」も「昏睡《こんすい》強盗」と表記する

こんせき　痕跡

こんせん
＝混戦〔敵と味方が入り乱れて戦う〕混戦模様のペナントレース、三つどもえの混戦
＝混線〔通信で複数の信号が入り交じる、話の筋が混乱する〕電話が混線する、話が混線して要領を得ない

こんぜん（渾●然）→混然（「渾」＝混）混然一体

こんだて　献立

こんてい（根柢●）→◎根底

こんとん（混沌●、渾●沌●）→混沌《こんとん》

こんにちは（今日は）→こんにちは（あいさつ）

こんぱい（困憊●）→疲れ果てる、非常に疲れる　疲労困憊《こんぱい》

こんばんは（今晩は）→こんばんは（あいさつ）

こんぶ　コンブ・昆布（「こぶ」とも）

こんぼう（棍●棒）→こん棒（「棍」＝棒）

こんぽう（梱●包）→包む、荷造り、梱包《こんぽう》（「梱」＝荷造り）

こんめい（昏●迷）→◎混迷

こんりゅう　建立
＊本来は寺院・堂塔を建てる意味なので、文学碑や銅像などには使わない

こんりんざい（根輪×際）→金輪際
金輪際口を利かない

【さ】

さい
＝采〔とる、彩り、姿〕喝采、采配、納采、風采、采を取る（＝指揮をする）
＝（賽●、采）→さい〔さいころ〕さいの目、さいは投げられた

さい（才）→歳（年齢）

さい（差違）→(統)差異

ざいか（罪過）→(統)罪科

さいかい
＝再会〔再び会う〕旧友に再会、再会を約す
＝際会〔たまたま会う〕危機に際会、好機に際会
＝再開〔再び開く〕休憩後に再開

さいきかんぱつ（才気煥●発）→才気縦横、才走る、才気煥発《かんぱつ》（「煥」＝光り輝く）

さいぎしん（猜●疑心）→疑心、疑念、邪推（「猜」＝そねむ、

妬む）

さいくん（妻君）→細君（本来は、自分の妻を指す謙称）

さいけつ
＝採決〔議案の可否を賛否の数で決める〕強行採決、起立採決
＝裁決〔上位者による裁断、審査請求などに対する行政庁の決定〕議長裁決、海難審判所・国税不服審判所の裁決

さいけん
＝債券〔有価証券〕債券を発行する、割引債券
＝債権〔債務の対語。貸した金を返してもらう権利〕債権者

さいご
＝最後〔一番あと〕最後の機会
＝最期〔死に際〕悲惨な最期

さいこうちょう（最高調）→最高潮

さいごつうちょう（最後通牒●）→最後通告

さいさき ㊚幸先　幸先がいい

さいし（祭祀●）→祭事、祭り、祭祀《さいし》

さいじき（歳事記）→歳時記（俳句）

さいじつ　祭日（＝「国民の祝日」の俗称。新聞では「祝日」とする）

さいしゅほ（採種圃●）→採種園（田・畑）、種畑

さいしょう
＝最小〔一番小さい。最大の対語〕最小限度、最小公倍数、最小湿度
＝最少〔一番少ない。最多の対語〕最少額、最少得点、最少の人数

さいせい
＝再生〔生まれ変わる、生き返る、作り直す、再現する〕再生紙、再生繊維、再生装置、再生不良性貧血、再生を誓う、廃物利用の再生品、録音・録画の再生
＝再製〔製品を加工して作り直す〕機器の再製品、再製酒、再製茶

ざいせき
＝在席〔職場で自分の席にいる〕会議のため在席していない
＝在籍〔団体・学校などに籍があること〕在籍学生、本校には○○人が在籍

さいだいもらさず（最大漏らさず×）→細大漏らさず（＝細かいことも大きいことも全部）

さいだん
＝裁断〔布・紙・革などを定ま

った型にたちきる、理非・善悪を判断する〕生地を裁断する、裁断を下す
＝細断〔ものを細かくたちきる〕機密書類を細断する、細断機（＝シュレッダー）

さいはい　采配　采配を振る・振るう　✕采配を奮う　類指図、指揮

さえる（冴●える）→さえる　さえない男、弁舌がさえる

さお
＝（竿●）→さお〔竹の棒〕旗ざお、物干しざお
＝（棹●）→さお〔舟を操るのに使う長い棒〕流れにさおさす（＝時勢・流行にのる）

さおとめ　慣早乙女

さか　逆（複合語として使う）　逆上がり、逆恨み（＝好意を悪くとって恨む）⬅381ページ、逆落とし、逆立ち、逆なで、逆巻く

さかぐら（酒倉）→酒蔵

さかさま（逆様）→逆さま

さがす
＝探す〔主として欲しいものを見つけようとする。探究〕あら探し、獲物を探す、貸家を探す、職を探す、宝探し、父の面影を探す、店で好みの財布を探す、ルーツ探し
＝捜す〔主として失われたもの、隠されたものを追い求める。捜査〕家出人を捜す、家族を捜し求める、孤児の肉親捜し、紛失物を捜す、身元捜し、目撃者を捜す、行方不明者を捜す、容疑者を捜す、離散家族を捜す
＊家（いえ）探し＝住む家を求める、家（や）捜し＝家の中を物色する。人探し＝求人、人捜し＝行方不明者
＊「探し歩く・捜し歩く」「探し出す・捜し出す」「探し物・捜し物」などは内容に応じて使い分ける

さかずき（盃●）→杯　杯を傾ける

さかな（肴●）→さかな　酒のさかな　さかなにする（＝人をからかったり、うわさ話のたねにしたりする）

さかのぼる（溯●る、逆上る）→遡る

さき…　先借り、先立つ、先付け小切手、先取り、先乗り、先走り、先払い、先細り、先回り、

先行き、先んずれば人を制す

さぎ（詐偽）↓詐欺

＊公職選挙法の「詐偽投票」「詐偽登録」は別

さきがけ（魁・先駈け）↓先駆け

類先駆、草分け、走り

さく

＝裂く〔破る、引き離す〕岩の裂け目、切り裂く、布を裂く、引き裂く、夫婦仲を裂く

＝割く〔切り分ける、分け与える〕給料を割く、魚を割く、時間を割く、紙面を割く、人員を割く、領土を割く

さく　柵　柵越え、柵を巡らす、鉄柵

さくい

＝作為〔わざと手を加える、工夫を巡らす〕作為的、作為の跡が見える、作為を交える、不作為の違法性、無作為抽出

＝作意〔制作の意図、たくらみ〕作意不明、別に作意はない、見え透いた作意

さくがんき（鑿岩機）↓削岩機

さくさく（嘖嘖）↓さくさく（＝口々に褒めそやす）好評さくさく　×悪評さくさく

さくさん（醋酸）↓◎酢酸（食酢の主成分）

さくせい

＝作成〔文書・計画・法案・原本などを〕計画書・試験問題の作成、ケアプラン・ホームページ・マニュアル・名簿・目録の作成

＝作製〔物品・図面などを〕カレンダー・設計図の作製、標本・ポスターの作製、細胞・ワクチンの作製

＊地図、パンフレット、本などの場合、内容（ソフト）に重きを置くときは「作成」、物として出来上がった形（ハード）に重きを置くときは「作製」と、使い分ける

さくそう（錯綜）↓交錯、入り乱れる、もつれる、錯綜《さくそう》（「錯」＝入り交じる、「綜」＝集まる）

さくづけ…　作付け転換、作付け割当面積

送作付面積

さくばく　索漠（＝もの寂しい、気がめいる）索漠たる毎日

さくれつ（炸裂）↓爆発、破裂、はじける、さく裂（「炸」＝爆発）

さげすむ（蔑◉む、貶●む）→さげすむ 類見下げる、ばかにする

さけめ 裂け目

さげる

＝下げる〔上げるの対語。低くする、下に垂らす〕上げたり下げたり、供物を下げる、下げかじ、下げ渡す、値段を下げる、バッグを肩に下げる、ぶら下げる、見下げる

＝提げる〔手に持つ〕手提げかばん、手鍋提げても

さげん 左舷

ざこ 慣雑魚

さこうべん（左顧右眄●）→左顧右《さこう》眄《べん》（＝周囲の形勢をうかがって決断をためらう。右顧左眄《うこさべん》とも）

ささい（些●細）→ささい 類少々、わずか、取るに足りない

ささげる（捧●げる）→ささげる 祈りをささげる、賜杯をささげる、身命をささげる

＊連体形は「ささげる」（口語）、「ささぐる」（文語）。「友にささぐ勝利」などは誤用

さざなみ（小■波、細■波、漣●）→さざ波

ささやく（囁●く）→ささやく

さし 差し（＝向かい合う） 差しで会う

さし…

＝差し 差し合い、差し上げる、差し入れ、差し押さえ、差し替え、差し金、差し紙、差し込み、差し障り、差し出し口、差し出す、差し違え（相撲）、差し支え、差し手（相撲）、差し出口、差し止め、差し伸べる、差し挟む、差し控える、差し引き、差し引く、差し向かい、差し戻し

送差出人

＝刺し 刺し網、刺し子、刺し身

＝挿し 挿し木、挿し花

送挿絵

＝指し 指し切り・指し込み・指し手（将棋）、指し示す、指し値、指し物、指し分け

送指図、指物師

さじ（些●事、瑣●事）→小事、枝葉末節、ささいなこと、つまらないこと

さじ（匙）→さじ さじを投げる（＝断念する、見捨てる）

ざし（坐●視）→◎座視 座視するに忍びない 類傍観

さしあし

＝差し足〔音を立てない歩き方〕
抜き足差し足忍び足
＝差し脚〔競馬で先行馬を抜き去る際の走り方〕

さしえ（挿画）→挿絵

さしがね 差し金（＝そそのかし、あやつる）

さじき ㊫桟敷

ざしき 座敷 座敷に通す

さしずめ（差し詰め）→さしずめ

さしつかえる ㊫差し支える

さしひき… 差し引き借り越し、差し引き借越残高、差し引き計算
㊮差引勘定、差引残高など
⇩経済関係複合語（36ページ）

さしょう（些少）→少々、わずか

ざしょう（坐礁）→◎座礁

ざしょう 挫傷 ㊩打ち身、打撲傷

さじん（砂塵）→砂煙、砂ぼこり

さす

＝差す〔生じる、きざす〕影が差す、潮が差す、眠気が差す、頬に赤みが差す、魔が差す
〔かざす〕傘を差す
〔差し挟む〕刀を差す、差し出口、抜き差しならぬ
〔相撲・舞踊関係〕行司の差し違え、差し手（相撲）、差す手引く手
＝（射す）→差す〔光が注ぐ〕日が差す
＝（注す）→差す〔液体を注ぐ〕油を差す、杯を差す、差しつ差されつ、水を差す（比喩表現も）
＝指す〔目標とする事物・方向などを示す。指示、指向、指定、指名〕指し切り（将棋）、指し示す、指し手（将棋）、指し値、将棋を指す、名指しする、目指す方向
＊「指さす」「人さし指」は仮名書き
＝刺す〔とがった物を突き入れる〕くぎを刺す、串刺し、刺し網、刺し子、刺し殺す、刺し違えて死ぬ、突き刺す、とげが刺さる、刃物で刺す、本塁で刺される（野球）
〔刺激・衝撃を与える〕鼻を刺す臭い、冷気が身を刺す、寸鉄人を刺す
＝挿す〔細い物を突き入れる。挿入〕かんざしを挿す、挿絵、挿し木、花を挿す

さすが（流■石■）→さすが

ざせつ　挫折

さた　沙汰　沙汰の限り（＝論外、言語道断）、沙汰やみ（＝中止になる）、正気の沙汰でない

ざっかん

＝雑感〔さまざまな感想〕雑感随想、人生雑感

＝雑観〔いろいろな所見〕（本記に対する）雑観記事

さつき　慣五月　五月晴れ（本来は、「梅雨の間の晴れ間」の意）

さつき（皐●月）→皐月《さつき》（＝陰暦5月）

さっそう（颯●爽）→さっそう

さっそく　早速

さっとう（殺倒×）→殺到

ざっとう（雑沓●）→◎雑踏

さつりく（殺戮●）→惨殺、大量殺害、殺りく（「戮」＝殺す）

さてつ（蹉●跌●）→失敗、つまずき、挫折（「蹉」「跌」＝つまずく）

さとがえり　里帰り⬅382ページ

さなえ　慣早苗（苗代から田に移し替える頃の苗）

さなか（最中■）→さなか、真っ盛り

さばく

＝裁く〔裁判、裁定〕大岡裁き、法の裁き

＝（捌●く）→さばく〔解きほぐす、処理する〕売りさばく、魚をさばく、乗客をさばく、手綱さばき、荷さばき

さばく（沙漠）→統砂漠

さびしい（淋●しい）→寂しい

さびれる　寂れる　対にぎわう

さほど（左程、然■程）→さほど（打ち消しを伴う）　さほど寒くはない

さま

＝様〔敬称〕王様、お姫様、神様、観音様、殿様、仏様

＊皇室関係は「上皇さま」「皇后さま」のように仮名書き

＝（様）→さま〔丁寧〕お世話さま、お互いさま、お疲れさま、ご苦労さま

〔様子〕あしざま、さまになる、死にざま、続けざま、ぶざま、平然としたさま、街のさまが一変する

さます・さめる

＝（醒■）→覚ます・覚める〔睡眠・興奮・迷いなどの状態から戻る〕意識を覚ます、太平の眠りを覚ます、寝覚めが悪い、眠気を覚ます、迷いを覚ます、麻酔から覚める、目の覚

めるような色、夢から覚める
＝（醒■）→さます・さめる〔酔いの状態から戻る〕酔いがさめる
＝冷ます・冷める〔熱い物の温度が下がる。興奮・興味・関心を失う〕愛情が冷める、興が冷める（「興ざめ」は別）、興奮が冷める、熱を冷ます、ほとぼりが冷める、湯冷めする
＊「覚めた目」「冷めた目」などは内容によって使い分ける

さまたげる 妨げる ～を妨げない（＝～してもかまわない）

さまつ（些•末、瑣•末）→さまつ、わずか、重要でない

さまよう（彷•徨•う、さ迷う）→さまよう 生死の境をさまよう

さみしい（寂■しい、淋•しい）→さみしい（「さびしい」の変化）

さみだれ 慣五月雨（＝陰暦5月の長雨。梅雨） 五月雨式（＝断続的に繰り返す例え。仮名書きでも）

さむけ（寒•気）→寒け

さめる（褪•める）→さめる（＝薄くなる） 色のさめたジーンズ、顔が青ざめる

さやあて（鞘•当て）→さや当て（＝ちょっとした意地や面目に関わる争い）

さゆ（白■湯）→さゆ

ざゆう 座右（＝身近） 座右の銘

さらい… 再来週、再来月、再来年

さらす（晒•す、曝•す）→さらす 恥をさらす、日にさらす

されき（砂礫•）→砂利、小石（「礫」＝小石）

さわやか 爽やか 爽やかな朝・笑顔

さわり・さわる
＝触り・触る〔ふれる〕触らぬ神にたたりなし、手が触る、手触りが良い、肌触り
＝（触り）→さわり〔クライマックス、要点〕曲のさわり⬅382ページ
＝障り・障る〔差し支え、害になる〕当たり障り、気に障る、人気に障る、深酒は体に障る、耳障りな言葉、目障り

ざんがい 残骸

さんかくきん 三角巾

さんがにち（三箇日）→三が日

ざんぎゃく（惨虐•）→残虐

さんきんこうたい（参観•交代）→参勤交代

さんく　(慣)産駒（競馬用語）

ざんげ（懺●悔■）→ざんげ（＝罪を告白して悔い改める。キリスト教用語。仏教では「さんげ」とも）

さんけい　参詣　類参拝、お参り

さんげん（三絃●）→◎三弦、三味線

ざんげん（讒●言）→中傷、告げ口（「讒」＝そしる）

ざんこく（惨酷●）→残酷

さんごしょう（珊●瑚●礁）→サンゴ礁

さんさしんけい（三叉●神経）→三《さん》叉《さ》神経

ざんさつ
＝斬殺〔きり殺す〕刀で斬殺する
＝惨殺〔むごたらしく殺す〕一家4人が惨殺される

さんさろ（三叉●路）→三差路（「交差」に合わせた表記）

さんざん（惨々×）→散々　散々な結果、散々迷惑をかける

さんさんごご　三々五々（＝小人数に分かれて行動する様子）

さんじ（讃●辞）→◎賛辞

ざんし（残滓●）→残りかす、名残、残滓《ざんし》（「ざんさい」は慣用読み）

さんしょう（山椒●）→サンショウ（植物）・さんしょう（香辛料）（「さんしょ」とも）

ざんしん　斬新（「斬」＝際立った）類目新しい　対陳腐

さんすい（撒●水）→◎散水（「撒」＝まき散らす。「撒水」の本来の読みは「さっすい」）

さんぜん（燦●然）→きらびやか、きらきら、輝かしい

さんたん（讃●嘆、讃●歎●）→◎賛嘆　類嘆賞、称賛

さんたん（惨憺●）→悲惨、惨め

さんだんとび　三段跳び

ざんにん（惨忍）→残忍

さんはんきかん　三半規管

さんび（惨鼻）→酸鼻　酸鼻を極める

さんび（讃●美）→◎賛美（歌）

さんぷ（撒●布）→◎散布（「撒」＝まき散らす。「撒布」の本来の読みは「さっぷ」）

さんぼう
＝三方〔神前、貴人などに物を供える器物。「さんぽう」とも〕三方に盛る
＝三宝〔仏教用語。仏・法・僧を指す〕三宝荒神、三宝を敬う

さんまい　三昧　類無我の境
＊「読書・念仏ざんまい」など熱中する意味で接尾語的に使

う場合は仮名書きも
さんまん　散漫　対周到、細心
さんみいったい　三位一体（キリスト教用語。3者が一体となって協力する例えにも）
さんめんろっぴ（三面六臂）↓縦横無尽（＝1人で数人分の働きをする）
さんろく　山麓　類山裾、裾野

【し】

し
＝士〔資格、称号、職名〕栄養士、介護福祉士、技術士〔建設部門など〕、気象予報士、技能士（「造園」「ビルクリーニング」など）、救急救命士、行政書士、言語聴覚士、建築士、公認会計士、歯科衛生士、歯科技工士、自動車整備士、司法書士、社会福祉士、社会保険労務士、税理士、潜水士、測量士、中小企業診断士、土地家屋調査士、範士・教士・錬士（剣道など）、不動産鑑定士、弁護士、弁理士、保育士、ボイラー技士、無線技士、無線技術士、理学療法士、臨床心理士
＝司〔職名〕児童心理司、児童福祉司、身体障害者福祉司、知的障害者福祉司、保護司
＝師〔教師、指導者、資格、職名〕衛生検査技師、看護師、技師、きゅう師、教誨《きょうかい》師、柔道整復師、助産師、診療放射線技師、調理師、調律師、伝道師、導師、はり師、美容師、牧師（プロテスタント。カトリックは神父）、保健師、マッサージ師、薬剤師、理容師、臨床検査技師
送振付師
し…　仕上がり、仕上げ、仕入れ（値段）、仕打ち、仕送り、仕納め、仕掛け、仕掛け人、仕掛け花火、仕切り（場）、仕組み、仕込み、仕損じ、仕出し（弁当）、仕立て、仕立て上がり、仕付け（糸）、仕向け地、仕分け
送仕上工、仕出屋、仕立券（付き）、仕立物、仕立屋、仕舞
じ…　地鳴り、地引き網、地合い
しあい　試合
＊「泥仕合」は別
しあん

＝私案〔自分だけの案〕座長が私案を提示、私案にすぎない
＝試案〔試みの案〕審議会の改革試案、試案の段階　対成案
＝思案〔考えを巡らせる〕思案顔、思案投げ首（＝考えあぐねる）、思案に余る（＝いくら考えてもよい知恵が浮かばない）、思案に暮れる（＝考えがまとまらない）、思案を巡らす（＝あれこれと策を練る）

しい（思惟●）→思考、思索、考え（「惟」＝思う。仏教用語では「しゆい」とも）

しい（恣◉意）→恣意《しい》（「恣」＝気まま）　恣意《しい》的判断　類勝手、気まま

じい　示威（「しい」とも）　示威運動、示威行動

しいたげる　虐げる

しいる　強いる　譲歩を強いる

じうた　地唄◉（＝土地の俗謡）

しえん（私怨◉）→私怨《しえん》　類私恨、私憤、（個人的な）恨み

しお
＝塩　塩漬け、塩焼き
＝（汐●）→潮　潮風、潮時、潮干狩り、潮待ち

しおさい　慣潮騒（「しおざい」とも）

しか　鹿・シカ

しが　歯牙　歯牙にもかけない（＝問題にしない、無視する）

じか　自家（＝自分）　自家製のジャム、自家中毒、自家発電

じか…（直■）→じか　じか積み、じか履き、じか火
＊「慣直談判」「慣直取引」は別

しがい　死骸　類死体、遺体（人間の場合）

しかけ　仕掛け　仕掛け花火、種も仕掛けもない

しかく
＝視覚〔目で物を見る感覚・はたらき〕視覚が弱る、視覚障害、視覚に訴える
＝視角〔目の中心から対象物の両端を結ぶ2直線がつくる角度。視点・観点の意味でも〕視角が広い、視角の一端に捉える、視角を変えて考え直す
＝死角〔目が届かないところ。身近にありながら気づかない事柄の意味でも〕死角で見えない、死角に入る、法の死角

しかし（然■し、併■し）→しかし

じかじゅふん（自花受粉）→自家

受粉

じかせんえん 耳下腺炎
じかたび（直■足袋）→地下足袋
しかつめらしい（鹿爪らしい）→しかつめらしい [類]堅苦しい、もったいぶった
じかに（直■に）→じかに じかに返答する
しかる•叱る
しかん（弛•緩）→緩み、たるみ、弛緩《しかん》（「弛」「緩」＝ゆるむ）筋弛緩《しかん》剤
じかんわり 時間割
しき（志気）→士気 士気が上がる、士気に関わる
しき… 敷き写し（＝そっくりまねる）
[送]敷居、敷石、敷板、敷皮、敷金、敷地、敷布、敷布団、敷物

じき
＝（時季）→(統)時期〔一定の長さの期間、季節〕時期尚早、時期外れ、重大な時期、多忙な時期、花見の時期
＊労働基準法の「時季指定権・変更権」は別
＝時機〔頃合い、しおどき、チャンス〕時機到来、時機をうかがう、時機を逸する、時機を失う、時機を見計らう
じぎ 時宜（＝程よい頃合い）時宜にかなう、時宜に適した、時宜を得た措置
しきりに（頻■りに）→しきりに
しく（布■く）→敷く 布団を敷く、鉄道を敷く、レールを敷く（「下準備をする」の例えでも）

じくうけ（軸承■け）→軸受け
しぐさ（仕•草、仕種■）→しぐさ
じくじ（忸•怩•）→深く恥じ入る
しぐれ (慣)時雨（＝晩秋から初冬にかけて断続的に降る小雨。「せみ時雨」など、しきりに続くものの例えにも）
＊動詞「しぐれる」は仮名書き
しけ（時■化、不■漁■）→しけ [対]なぎ（凪•）
しげき（刺戟•）→◎刺激（「戟」＝古代の武器）
しげる（繁■る）→茂る 青々と茂る、うっそうと茂る
しげん（資原）→資源 観光資源、地下資源
じげん
＝次元 次元が異なる、次元が低い、3次元空間

=時限　時限スト、時限爆弾、時限立法、2時限目の授業

しこ　四股　四股を踏む
＊「四股名、醜■名」は「しこ名」と仮名書き

しこう
=志向〔心がある目的に向かう。一般用語〕海外志向、学問を志向する、権力志向、高級化志向、上昇志向、ブランド志向
=指向〔特定の方向を向く。限定用語〕指向性アンテナ、指向性の強いマイク、性的指向による差別禁止
＊「プラス（マイナス）思考」を「～志向」とするのは誤り

しこう
=施行〔主に法令の効力を発生させること〕施行細則、施行日、政策を施行する
=施工〔工事をすること。「せこう」とも〕施工業者、施工図、施工主

しこう（嗜●好）→好み、愛好、嗜《し》好《こう》（「嗜」=好む）

しこうひん（嗜●好品）→好物、嗜《し》好《こう》品

しさい（仔●細）→子細、詳細、訳

しし（獅●子）→㊕獅子　獅子舞、獅子身中の虫（=組織の中にいながら組織に害をなす者）、獅子奮迅（=激しく奮闘する）

しじ
=指示〔指図・命令する〕指示に従う、指示を仰ぐ、部下に指示する
=支持〔意見・思想などに賛同して後押しする〕価格支持制度、内閣を支持する

ししゅう（刺繡●）→刺しゅう、縫い取り（「刺」=縫う、「繡」=模様を付ける）

ししゅく　私淑 ⬅382ページ

じしょ
=自署〔署名〕誓約書に自署する　対代署
=自書〔自筆〕自書式の投票方法、遺言状を自書する　対代書

じじょ（二■女）→次女

じじょう（自乗）→2乗（読みは「にじょう」）

じじょうじばく　自縄自縛　自縄自縛に陥る　類自業自得

ししょごきょう　四書五経（=大学・中庸・論語・孟子、易経・詩経・書経・春秋・礼記）

じすべり（地辷り）↓地滑り

しずまる・しずめる
＝静まる・静める〔物音や動きがやむ、落ち着く〕嵐・火山活動が静まる、気を静める、心が静まる、静まり返る、場内を静める、鳴りを静める、寝静まる、物音が静まる
＝鎮まる・鎮める〔おさまる、力で収束する〕痛みを鎮める、取り鎮める、内乱が鎮まる、霊が鎮まる

しずむ　沈む　悲しみに沈む、声（身）を沈める、沈む球

しせい
＝市制〔市としての体制〕市制施行、市制を敷く
＝市政〔市が行う政治〕市政運営、市政刷新、市政だより
＝市勢〔市の人口・産業・財政・施設などの情勢〕市勢総覧、市勢要覧

じせい
＝時世〔時代時代で移り変わる世の中〕ありがたいご時世、激動の時世に生まれる、時世に合わない、時世の流れ
＝時勢〔時代が移り変わる勢い、大勢〕時勢に遅れる、時勢に逆らう、時勢に順応する

じせい
＝自制〔自分の欲望を抑える。抑制、自重、克己〕怒りを自制する、自制心、自制を求める
＝自省〔自分の言動を反省する。内省〕自省の念に駆られる、深く自省する

しせき（史蹟）↓◎史跡

じせき　自責　自責の念

じせき
＝（事蹟）↓◎事跡〔歴史上の事件などの跡〕事跡を訪ねる
＝事績〔成し遂げた仕事・功績〕先人の事績に学ぶ

じせつ
＝自説〔自分の意見〕
＝持説〔平素から主張している意見〕

しぜんとうた（自然淘汰）↓自然淘汰《とうた》

しそう　志操（＝主義・考えを変えない）志操堅固

した　舌　舌足らず、舌先三寸（＝心がこもっていない弁舌。「舌三寸」とも。☒口先三寸）、舌の根の乾かぬうち（＝言い終わるか終わらないうち）、

舌を巻く（＝感心し、驚く）

したい
＝肢体〔手足と身体〕肢体の不自由な子、しなやかな肢体、伸びやかな肢体
＝（姿体）→姿態〔ある動作をしたときの姿、体つき〕美しい姿態、なまめかしい姿態

したい（●屍体）→◎死体

じだい 事大（＝強い者のいいなりになる。「事」＝仕える）事大主義（＝権威に服従し、保身を図る）

したうけ 下請け（業者・工事・代金・人）

したく（仕度）→㊔支度 支度部屋（相撲）、身支度する

しだし 仕出し（＝出前）仕出し弁当・料理
[送]仕出屋

したつづみ 舌鼓 舌鼓を打つ

したて… 仕立て上がり、仕立て直し
[送]仕立券、仕立物、仕立屋

じだらく 自堕落（＝だらしがない）[類]不作法、ふしだら

じだんだ（地団太、地団駄）→じだんだ じだんだを踏む（＝悔しがる、立腹する。喜ぶ場合は「小躍りする」）

しちぐさ（質■種）→質草

しちてんばっとう（七●顛八倒）→◎七転八倒（「しってんばっとう」とも）

じちょう
＝自重〔軽はずみな行動を慎む〕隠忍自重、ご多忙の折ご自重ください、自重自戒
＝自嘲〔自分で自分をあざける〕自嘲気味に話す

しっくい（漆●喰）→しっくい・漆喰《しっくい》

しつけ
＝（●躾）→しつけ〔礼儀作法〕しつける、ぶしつけ
＝仕付け〔裁縫〕仕付け糸、仕付ける

じっこう
＝実行〔実際に行う。実践〕計画を実行に移す、実行税率（関税）、実行予算、実行力、不言実行
＝実効〔実際に表れる効力・効果〕実効が上がる、実効価格、実効金利、実効支配、実効性が乏しい、実効税率（所得税など）

じつじょう（実状）→㊔実情

しっしん（失心）→失神（「神」＝心）

しっしん（湿疹）→湿疹

しっせい

＝（叱正）→叱正《しっせい》（しかりただす）ご叱正《しっせい》のほどを

＝（叱声）→叱声《しっせい》（しかる声・言葉）叱声《しっせい》が飛ぶ

しっせき（叱責）→叱る、叱責《しっせき》

じっせん

＝実践（実際に行う。理論、観念の対語）実践記録、実践的解決、進んで実践する

＝実戦（実際の戦闘。演習の対語）実戦訓練、実戦経験、実戦部隊 ☒実戦する

しっそう　失踪（「踪」＝足跡）

類失跡、行方不明

じったい

＝実態（実際の状態・情勢）いじめの実態、経営（営業）実態のない会社、取引・売買の実態がない、実態調査

＝実体（本質、本体）実体経済、実体のないペーパーカンパニー、生命の実体

しっと　嫉妬　類やきもち

じつどう

＝実動（実際に行動する）実動演習、実動台数、実動部隊

＝実働（実際に労働する）実働時間、実働7時間

じっぱひとからげ（十把一絡げ）→十把一からげ（＝良い悪いの区別をせず、ひとまとめにして扱う）

しっぽ　慣尻尾

しつよう（執拗）→しつこい、執念深い、執拗《しつよう》

じてん

＝辞典（言葉を主とした辞書）国語辞典

＝事典（事柄を主とした辞書）百科事典

＝字典（文字を主とした辞書）康熙字典

じどう（自働）→自動　自動延長、自動制御、自動的

しとめる（仕止める）→仕留める

しとやか（淑やか）→しとやか

しない　慣竹刀

じならし（地均し）→地ならし　ローラーで地ならしする、交渉の地ならし

じなん（二男）→次男

しに…　死に石、死に顔、死に神、死に際、死に装束、死に体、死に水、死に目、死に物狂い

しにせ　慣老舗

しにょう（屎•尿）→大小便、汚物、し尿（「屎」＝大便）

じにん

＝自認〈自覚する〉お人よしを自認する、過失を自認する、性自認

＝自任〈自負する〉勝負強さを自任する、食通を自任する、第一人者だと自任する

しのぎ（鎬•）→しのぎ　しのぎを削る（＝激しく競り合う）

しのつく（篠•突く）→しのつく　しのつく雨（＝激しく降る雨）

しのぶ

＝忍ぶ〈我慢する、ひそかに行う〉忍び会い、忍び足、忍び込む、忍び泣き、忍ぶ恋、恥を忍ぶ、人目を忍ぶ、不便を忍ぶ、見るに忍びない

＝（偲•ぶ）→しのぶ〈懐かしく思い出す〉遺徳をしのぶ、故郷をしのぶ、故人をしのぶ

しばふ　慣芝生

しはらい…　支払い延期、支払い条件、支払い申請、支払い停止、支払い方法、支払い保証、支払い申し込み、支払い申込書

送支払額、支払期限、支払件数、支払先、支払伝票など

⇩経済関係複合語（36ページ）

しばらく（暫■く）→しばらく

しはん

＝（屍•斑）→死斑〈死後数時間ほどで皮膚に現れる〉

＝紫斑〈内出血によって現れる〉紫斑病、打撲による紫斑

じびき　字引

じびきあみ　地引き網

しぶかわ　渋皮　渋皮がむける（＝あか抜けする、巧みになる）

しぶとい（渋×太×い）→しぶとい

しぼり

＝絞り〈一般用法〉絞り染め、絞りの浴衣、総絞り、豆絞り、レンズの絞り

＝絞〈地名等を冠した工芸品など〉有松絞、鳴海絞

しぼる

＝絞る〈ねじって水分を除く、範囲・程度を限定する〉油を絞る（叱る）、音量を絞る、声を振り絞る、絞り上げる、タオルを絞る、ない知恵を絞る、人数を絞る

＝搾る〔締め付けて液体を取る、無理に出させる〕油を搾る（製造）、牛乳を搾る、搾りかす、税金を搾り取る、レモンの搾り汁

しまい

＝（仕舞い）↓しまい〔物事の最後〕おしまい、しまいには泣き出す

＝仕舞〔能などで演舞・演技すること〕仕舞謡

しまつ（仕末）↓始末　始末書

しまる・しめる

＝締まる・締める〔緩の対語。しめつける、しめくくる〕一本締め、ウエストが締まる、帯を締める、家計を締める、原稿を締め切る、心を引き締める、締まった筋肉、締まりのない生活、締めくくる、締め金、締め切り（日）、締め込み、締めさば、締め付け、抱き締める、帳簿を締める（合計する）、手を握り締める、戸締まりをする、ねじを締める、羽交い締め、ひもを締める、まわしを締める、喜びをかみ締める、雪を踏み締める

＝絞まる・絞める〔首・喉を圧迫する〕首が絞まる、絞め殺す、絞め技（柔道）

＝閉まる・閉める〔開の対語。開いているものが閉じる〕閉め切った部屋、栓を閉める、戸が閉まる、蓋を閉める、窓を閉める、店が閉まる

しみず　㊎清水

しみる（滲みる、沁みる）↓染みる

色が染みる、心に染みる、染み込む、染み出る、染み抜き、骨身に染みる、目に染みる

＊「所帯じみる」などは仮名書き

しみる（凍■みる）↓しみる（＝凍りつく、寒さで縮み上がる）しみ豆腐、しみるような夜

じむとりあつかい　事務取扱（職分）

しめい

＝使命〔任務〕使命感、使命を帯びる、使命を果たす

＝死命〔急所〕死命を制する（＝相手の生死を左右するような急所を押さえる）

しめだす

＝閉め出す〔中に入れない〕家・部屋・建物から閉め出す

＝締め出す〔仲間はずれにする〕

業界から締め出す、外国製品を締め出す

しめなわ（標■縄、注■連■縄、七■五■三■縄）↓しめ縄

しめる　締める・絞める・閉める
⇩「しまる・しめる」

しもつき　霜月（＝陰暦11月）

しもん
＝試問〔問題を出して知識・学力を問う〕口頭試問
＝諮問〔人や機関に対し意見を求める〕諮問機関、諮問を受けて答申する（「諮」＝下の者に相談する）

しゃ　斜　斜に構える（＝皮肉な態度、からかいの気持ちで対する）

しゃくしじょうぎ（杓●子定規）↓しゃくし定規　(類)画一的、四角四面、融通の利かない

しゃくねつ（灼●熱）↓焼けるように熱い、炎熱、熱烈、灼熱《しゃくねつ》（「灼」＝焼く）

じゃくねん（弱年）↓(統)若年（「弱」＝若い）

じゃくはい（弱輩）↓(統)若輩

じゃけん（邪慳●）↓邪険　邪険にする

しゃこうしん（射倖●心）↓◎射幸心　射幸心をあおる

しゃし（奢●侈●）↓ぜいたく、おごり、むだな消費、不相応な暮らし（「奢」「侈」＝おごる）

しゃだつ（洒●脱）↓あか抜けした、俗気のない、洗練、洒脱《しゃだつ》（「洒」＝さっぱりした様子）

じゃっかん
＝若干〔あまり多くない数。わずか、やや〕若干の金、若干不安がある、若干名
＝弱冠〔男子20歳の異称、転じて年の若いこと〕弱冠18歳のチャンピオン、弱冠30歳で社長に就任する
＊20歳だけに限定して使う必要はないが、語源を考慮すると「弱冠50歳」「弱冠5歳」などは不適切

じゃっき（惹●起）↓引き起こす（「惹」＝引く）

しゃにむに　遮二無二（＝見境なく、強引に、がむしゃらに）
☒遮二無に

しゃへい（遮蔽◉）↓覆う、遮る、遮蔽《しゃへい》

しゃべる（喋●る）↓しゃべる

しゃみせん　(慣)三味線

じゃり　(慣)砂利

し

しゃりょう（車輛）→◎車両
しゃれ（洒落）→しゃれ
しゅ
＝主〔中心となる〕国家主席、主将、主唱、主題（中心的なテーマ）、主犯、天主教、党主席
＝首〔先頭に立つ〕元首、首位、首席（代表）、首題（冒頭に置く題目）、首長、首都、首脳、首班、首謀者、首領、党首
しゅい（主意）→趣意
＊国会用語の「質問主意書」は別
しゅうう（驟雨）→にわか雨
しゅうえん（終焉）→終わり、終息、終幕、最後、最期、末期、臨終（「焉」は助字）
しゅうか（蒐荷、集貨）→◎集荷
しゅうか　衆寡　衆寡敵せず（＝多勢に無勢）

しゅうかく（収獲）→収穫
じゆうがた（自由型）→自由形（水泳）
しゅうき（秋期）→(統)秋季
＊特に期間を表す場合は別
じゅうき（什器）→器具、道具（「什」＝普段使用する）
しゅうぎょう
＝修業〔学業・技芸などを習い修める〕修業課程、修業証書、修業年限
＝終業〔業務・学年などを終える〕終業時刻、終業式
＝就業〔業務に就く。仕事がある〕就業規則、就業拒否、就業時間、就業人口
しゅうきょく
＝終局〔最後の局面、落着。碁将棋の対局の終わり〕終局を迎える、事件の終局

＝終極〔物事の最後、極まるところ〕終極目標（＝最終目標）
しゅうこう（修交）→修好
しゅうしゅう
＝（拾収）→収拾〔混乱した状態をおさめる〕事態を収拾する、収拾がつかない
＝収集〔1か所に集める〕ごみの収集
＝（蒐集）→◎収集〔コレクションする〕切手を収集する、情報の収集
じゅうじゅん（柔順）→(統)従順
じゅうしょう
＝重症〔重い症状〕重症の肺炎
＝重傷〔重い傷〕全治3か月の重傷
しゅうしょうろうばい（周章狼狽）

→右往左往、あわてふためく、うろたえる、周章狼狽《ろうばい》

しゅうじんかんし　衆人環視〔「衆人」＝多くの人、「環視」＝取り巻いて見る〕

しゅうせい（終世）→終生　終生忘れ得ぬ人

しゅうせい

＝修正〔正しくする、直す〕軌道修正、修正案、修正液、文案を修正

＝修整〔整える、加工する〕写真・画像の修整

しゅうそく

＝収束〔収まりがつく・つける〕事態を収束する、紛糾が収束に向かう

＝（終熄●）→◎終息〔終わる、絶える〕悪疫が終息する、戦火が終息する、戦乱が終息をみる　☒～を終息する

＊使い分けに迷う場合は「収拾、鎮静、解決、終結」などに言い換える

しゅうたい（醜体）→醜態　醜態をさらす

じゅうたい（重●態●）→重体

じゅうたん（絨●緞●、絨●毯●）→じゅうたん、カーペット

しゅうち

＝周知〔広く知れ渡る、広く知らせる〕周知徹底、周知の事実、周知の通り、周知を図る

＝衆知〔多くの人の知恵・知識〕衆知を集める

しゅうち　羞恥（心）類はにかみ、恥じらい、恥ずかしさ

じゅうてん（充塡◉）→充塡《じゅうてん》〔「充」「塡」＝満たす〕類詰める、満たす、補充

しゅうと

＝（舅●）→しゅうと〔配偶者の父〕

＝（姑●）→しゅうと〔配偶者の母。「しゅうとめ」とも〕

しゅうとく

＝拾得〔落とし物を拾う〕拾得物　対遺失

＝収得〔自分の物にする〕株式を収得、収得罪、収得賞金、収得税

しゅうとく（修得）→習得

＊「修得単位」などは別

しゅうとめ（姑●）→しゅうとめ〔＝配偶者の母。「しゅうと」とも〕

じゅうにんといろ　十人十色〔＝人により、好み、性質、思想が異なること。顔や容姿の違

し

いを指すのは誤り）

しゅうびをひらく　愁眉を開く
類安心する、ほっとする、心配事がなくなる

じゅうふく　重複（「ちょうふく」とも）

じゅうぶん（充分）→統十分（「十分」が本来の表記）

しゅうめい　襲名（＝親、師匠の名を継ぐこと）

しゅうもく　衆目　衆目の一致するところ、衆目を集める、衆目を驚かせる

しゅうよう
＝収用（法律用語。取り上げて使う）強制収用、収用委員会、土地収用法、非常収用
＝収容（収め入れる、詰め込む）強制収容所、収容人員、収容量、倉庫に収容

しゅうらく（聚落）→◎集落（「聚」＝集まり）

しゅうりょう
＝終了（ものごとが終わる、終える）会期を終了、試合終了、予定の通り終了
＝修了（学業・課程を修め終える）義務教育・修士課程を修了、修了証書、全科目を修了

じゅうりょうあげ　重量挙げ

じゅうりょうぜい　従量税
＊物の重量・容積などを基準に税率を決める租税。酒税、揮発油税など。「自動車重量税」は別

じゅうりん（蹂躙）→踏みにじる、（人権）侵害、じゅうりん（「蹂」「躙」＝踏みにじる）

しゅうれん（修錬）→統修練

しゅうれん（収斂）→収束、収縮、集約、縮小、縮む（「斂」＝集め取る）

しゅうろく
＝収録（書物・新聞などに収める。録音・録画する）収録作品、新語を収録した辞書、ビデオに収録する
＝集録（集めて記録する）各大会の成績を集録する、各地の伝説を集録する

シューマイ（焼売）→シューマイ

しゅかい（首魁）→首謀者、首領、張本人（「首」「魁」＝かしら）

しゅかん
＝主管（責任をもって管理・管轄する）財務省の主管、主管官庁、～を主管する官庁

=主幹（仕事の中心となる役職・人物）主幹を務める、編集主幹 ☒~を主幹する

じゅきゅう

=需給（需要と供給）需給相場、電力需給が逼迫《ひっぱく》する

=受給（給与・配給を受け取る）受給資格、年金を受給する

しゅぎょう

=修業（一般用語。学術・技芸・技術などを修める。「業」は「わざ」の意）板前修業、二軍で修業し直す、文章修業

=修行（仏法・武道などを修める、巡礼する。「行」は「行い・道」の意）学問の修行（古風な表現として）、修行僧、諸国修行、寺で修行する、仏法修行、武者修行

じゅくし（熟柿■）↓熟柿《じゅくし》

しゅくじつ 祝日（「祝祭日」とはしない）

⇩「さいじつ」の項参照

しゅくしょう（縮少×）↓縮小

しゅくせい

=粛正（厳しく取り締まって不正をなくす）綱紀の粛正、乱脈を粛正する

=粛清（厳しく取り締まって異分子を取り除く）粛清の嵐、血の粛清、反対派を粛清する

しゅくどう 縮瞳

しゅくはい（祝盃●）↓祝杯 祝杯を上げる

じゅけん

=受験（試験を受ける。入学・入社・昇進の試験などに）大学受験、受験科目

=受検（検査を受ける。規格の検定、血液検査などに）新弟子検査を受検する

しゅこう（趣好×）↓趣向 趣向を凝らす

しゅさい

=主催（中心になって催す。会合・集会などに）主催団体、新聞社主催の展覧会、大会の主催者、会議を主催する（=会議を運営する）

=主宰（上に立って事にあたる。結社・劇団などに）劇団の主宰者、同人雑誌を主宰する、会議を主宰する（=長として会議を執り行う）

しゅし（主旨）↓趣旨 趣旨をまとめる、設立の趣旨

しゅしょう（首唱）↓主唱 改革

を主唱する、主唱者

じゅしょう
=受賞〔賞（褒美）を受ける〕芥川賞の受賞者、ノーベル賞を受賞する
=受章〔勲章・褒章を受ける〕紫綬褒章の受章者、文化勲章を受章する
=授賞〔賞（褒美）を授ける〕授賞式に臨む、授賞を見送る
=授章〔勲章・褒章を授ける〕授章式に臨む、授章を見送る
＊「授賞（章）者側」のような使い方もある。また「受彰者」は使わず、「被表彰者」「表彰される人」などとする

じゅず 慣数珠　数珠つなぎ

じゅせい
=受精〔卵子が精子と結合する〕受精卵、体外受精、体内で受精する
=授精〔人為的に精子を与える〕顕微授精、人工授精

しゅせき
=主席〔地位をあらわす称号。国家・政府・政党の長〕国家主席、党主席
=首席〔第1位の席次〕首席奏者、首席代表、首席で卒業、首席を占める

しゅせき（手蹟）→◎手跡、筆跡

じゅそ（呪詛）→呪い（「呪」「詛」=のろい）

しゅだい
=主題〔主たる題目、テーマ〕楽曲の主題、主題歌、論文の主題
=首題〔冒頭につける題目〕経文の首題、首題に表示、首題の件について

しゅっしょ
=出所〔出どころ〕出所不明の金、出所を明らかにする
〔刑務所から出る〕出所祝い、仮出所
=出処〔職にとどまることと退くこと〕出処進退を誤る・明らかにする（もとは、「出」は「官職に就く」、「処」は「民間にいる」の意）

しゅつらんのほまれ（出藍の誉れ◉）→出藍《しゅつらん》の誉れ（=弟子が師より優れた業績を上げる）

しゅのう（主脳）→首脳

じゅばく　呪縛　類とらわれる、束縛

しゅはん（首犯）→主犯　対従犯

しゅはん（主班）→首班（=第1

の地位。総理大臣指名は首班指名とせず「首相指名」)

じゅばん（襦●袢●）→じゅばん

しゅび 首尾（=始めと終わり）
首尾一貫、首尾よく

じゅふん
=受粉〔めしべが花粉を受ける〕
自家受粉
=授粉〔めしべに花粉をつけてやる〕人工授粉

しゅぼう（主謀）→首謀（者）

じゅもん 呪文 類まじない（言葉・文句）

しゅよう 腫瘍 類腫れ物

じゅよう（需用）→統需要
＊地方予算科目の「需用費」は別

しゅりゅうだん（手榴●弾）→手投げ弾

しゅん 旬（=野菜、魚介類などの出盛り、適した時期）今が旬、旬の果物

じゅん 旬（=1か月を3等分した10日間）上旬、中旬（11～20日）、下旬（21日～末日）、旬間（10日間）

じゅん 殉（=命を投げ出す）
殉教（=信仰を守って死ぬ）、殉死（=主君の後を追って死ぬ）、殉職（=職務遂行中に死ぬ）

じゅん
=準 準会員、準学士（短大、高専卒）、準抗告、準指導員（スキー、スケートなど）、準星
=准 准尉、准看護師、准教員（旧制）、准教授、准将

じゅんか（馴●化）→順化（=生物が環境に適応する）

じゅんか（醇●化）→純化（=純粋になる）

しゅんき（春期）→統春季
＊特に期間を表す場合は別

しゅんきょ（峻●拒）→（厳しく）拒絶、拒否（「峻」=厳しい）

しゅんげん（峻●厳）→極めて厳しい、冷厳、厳格、険しい

しゅんこう（竣●工、竣●功）→落成、完工、完成、竣工《しゅんこう》（「竣」=終わる）

じゅんこう
=巡行〔巡り歩く。山車など〕みこし・山ほこの巡行
=巡航〔船・航空機など〕巡航速度、巡航ミサイル、定期船が巡航する

しゅんさい（駿●才）→◎俊才

じゅんしゅ（遵▲守）→順守

しゅんじゅう　春秋（＝年月）
春秋に富む（＝年が若く、将来性がある）

しゅんじゅん（逡巡）→尻込み、ためらい（「逡」＝ためらう）

じゅんじゅんと（諄々と＝丁寧に教え戒める様子）→懇々と、懇ろに（「諄」＝懇ろ）

じゅんしょく　潤色（＝事実をゆがめること）

じゅんじる（准じる）→準じる
会員に準じた待遇、先例に準じる（「準ずる」とも）

じゅんしん（純心）→純真

しゅんせつ（浚渫）→しゅんせつ（船）（「浚」「渫」＝さらう）

しゅんそく（駿足）→俊足、快足（「駿」＝優れた馬、優れて立派）

しゅんどう（蠢動）→うごめく
（「蠢」＝虫がうごめく）

じゅんぷう　順風（＝追い風）
順風に帆を揚げる、順風満帆（＝順調に進む例え。読みは「まんぱん」）対逆風

じゅんぽう（遵法）→順法（闘争）

じゅんぼく（醇朴）→純朴

しゅんめ（駿馬）→良馬、名馬

じゅんりょう
＝純良〔不純物がない〕純良なバター
＝順良〔素直〕順良な性格

じゅんれい（順礼）→巡礼

しょ
＝所　刑務所、検疫所、拘置所、裁判所、支所（刑務支所、拘置支所など）、収容所、少年鑑別所、職業安定所、測候所、駐在所、登記所、派出所、保育所、保健所、保護観察所、療養所
＝署　海上保安署、警察署、支署（税関支署、税務署支署、警察署支署など）、消防署、森林管理署、税関監視署、税務署、労働基準監督署
＝処　補給処・支処（自衛隊。海上自衛隊は「補給所」も）

しょ　緒（＝糸口）　緒に就く（＝見込みが立つ。「ちょ」は慣用読み）

しょう
＝小〔小さい。大の対語〕過小（評価）、狭小、極小、最小（限度）、弱小、縮小、小額（紙幣）、小憩、小康、小差、小食、小数（点）、小生、微小（生物）

＝少〔少ない。多の対語〕過少〔申告〕、希少、軽少、減少、最少〔得点〕、少額〔出資〕、少数〔派〕、少量、微少〔量〕〔若い〕年少、幼少

しょう

＝性〔性質〕飽き性、荒れ性、苦労性、こらえ性、凝り性、心配性、冷え性〔体質〕、貧乏性

＝症〔症状〕恐怖症、健忘症、熱中症、冷え症〔病気〕

しよう

＝仕様〔製品や仕事の方式・性能に関する規定〕仕様書き、仕様書、特別仕様

＝仕様→しよう〔方法、手立て、しかた。「〜がない」の形で使う〕言ってもしようがない、寒くてしようがない、しようがない怠け者、涙が出てしようがない、返事のしようがない

＊話し言葉では「しょうがない」とも

しょういだん〔焼夷弾〕→焼《しょう》夷《い》弾

しょうう

＝小雨〔すこし降る雨〕小雨決行

＝少雨〔多雨の対語〕少雨情報

しょうえん 慣荘園

しょうか〔頌歌〕→賛歌〔「頌」＝ほめる〕

しょうか〔銷夏〕→◎消夏〔＝夏の暑さをしのぐ〕消夏法

しょうかい

＝紹介〔引き合わせる、取り持つ〕業者・知人・新製品を紹介する、紹介状

＝照会〔問い合わせる〕照会に回答、取引の照会、身元照会

しょうかい〔哨戒〕→哨戒〔＝警戒して見張る〕哨戒艦、哨戒機

しょうがい〔障碍〕→◎障害〔「碍」＝さまたげる〕

しょうがく

＝小額〔高額の対語。わずかな額面〕小額紙幣

＝少額〔多額の対語。わずかな金額〕少額出資

しょうかん

＝召喚〔裁判などに呼び出す〕召喚状、召喚に応じる

＝召還〔派遣していた者を呼び返す〕在外大使を召還

＝償還〔金銭債務を返す〕国債・社債を償還する

じょうき

＝常軌〔普通のやり方〕常軌を

逸する、常軌を外れる ✕常軌を失する
＝条規〔条文の規定〕憲法の条規
じょうぎ（情誼、情宜）→◎情義
しょうきゃく
＝（銷却）→◎消却〔消し去る、消費、返却〕株の自己消却、名簿から消却する
＝償却〔償い返す〕減価償却、償却資産
＝焼却〔焼き捨てる〕ごみの焼却、焼却炉
じょうきょう（情況）→(統)状況
しょうけい（少憩）→(統)小憩 類小休止
しょうけい（憧憬）→憧れ（「どうけい」は慣用読み）
じょうけい（状景）→(統)情景
じょうご（漏斗）→じょうご

しょうこう 小康（＝悪い状態がしばらく収まる） 小康を得る、小康を保つ
しょうこり 性懲り（多く「～もなく」の形で使う）
しょうさ（少差）→小差
しょうさん（賞讃、賞賛）→◎称賛
じょうし（上梓）→出版（「梓」＝版木の材料）
じょうし（城趾、城址）→城跡
しょうしつ
＝焼失〔焼けてなくなる〕国宝の建造物が焼失、焼失面積
＝消失〔消えてなくなる〕権利の消失
しょうしゃ（瀟洒）→すっきりした、しゃれた、あか抜けした（「瀟」＝清い、「洒」＝あか抜けている）

しょうしゅう
＝招集〔地方議会・自衛隊・外国議会・外国軍隊などに使う〕会議を招集する
＝召集〔国会・旧軍隊の兵役関係に使う〕国会を召集する、旧日本軍の召集令状（俗称「赤紙」）
じょうしゅう
＝常習〔悪いことを繰り返す〕覚醒剤の常習者、遅刻の常習犯
＝常襲〔災害に繰り返し襲われる〕台風・水害・津波などの常襲地帯（地震・干害・冷害・虫害・地滑り・雪崩などは「頻発地帯」とする）
じょうじょう（上乗）→上々 上々の出来
しょうしょく（少食）→小食
しょうじん 精進 精進揚げ、精

進落ち、精進潔斎

しょうしんよくよく 小心翼々（＝気が小さく、びくびくしている様子）

じょうず 慣上手

しょうすい（憔●悴●）→やつれ、衰え（「憔」「悴」＝やつれ）

しょうすう
＝小数〔1に満たない数〕小数点
＝少数〔多数の対語。わずかの数〕少数意見、少数精鋭主義

しょうする
＝賞する〔褒美を与える、観賞し褒めたたえる〕功績を賞する、花を賞する
＝称する〔偽る、名乗る、呼ぶ〕食通を称する、病気と称して休む

じょうせい（状勢）→統情勢

じょうせき
＝定石〔囲碁、一般用語〕定石通り
＝定跡〔将棋用語〕

じょうぜつ（饒●舌）→冗舌（「饒」＝多くある）類多弁、おしゃべり

しょうぜん（悄●然）→しょんぼり、意気消沈、元気なく

しょうそう（焦躁●）→◎焦燥 類いらだつ、いらいらする

しょうぞく（裳●束）→装束

じょうたい（常体）→常態
＊「敬体（文）」の対語の「常体」は別

じょうたい（情態）→状態

しょうち（召致）→招致

しょうちゅう 焼酎

しょうちん（銷●沈）→◎消沈

しょうてん
＝衝天〔天をつく〕意気衝天、怒髪衝天
＝昇天〔天に昇る〕旭日《きょくじつ》昇天の勢い、昇天祭

しょうど
＝焦土〔焼け野原〕焦土作戦、焦土と化す
＝焼土〔農地の表面を焼く〕焼土作業

しょうどう
＝唱道〔人の先に立って唱える〕改革運動を唱道、唱道者（「道」＝言う）
＝唱導〔仏教用語。先立ちとなって導く〕唱導師

じょうとう（常套●）→ありふれた、決まり切った、常とう（手段・句）（「套」＝定まった通り、

し

古くさい）
しょうにゅうどう（鍾乳洞）→㊕鍾乳洞
しょうにん　上人
＊宗派によっては開祖に「聖人」を使う
しょうび（称美）→賞美
しょうび　焦眉（＝眉毛を焦がすほど近い）　焦眉の急、焦眉の問題　類危急、切迫、緊急
じょうひ（剰費）→冗費（＝無駄な費用）
しょうひざい　消費財　耐久消費財（住宅、自動車など）、非耐久消費財（食料、燃料など）
しょうふく（承伏）→承服
しょうへい（招聘）→招請、招く、迎え入れる、招聘《しょうへい》
しょうへき（牆壁）→◎障壁（「牆」＝垣根）
じょうまん　冗漫　類長たらしい、とりとめがない、締まりがない
しょうみ（正身）→正味　正味10時間働いた、正味の気持ち
しょうや（庄屋）→㊕庄屋
じょうやど（常宿）→定宿
しょうゆ（醤油、×正油）→しょうゆ
しょうよう　従容（＝落ち着いている様子）　従容たる態度、従容として死に臨む
しょうよう（賞揚）→称揚
しょうよう（逍遥）→散歩、散策、そぞろ歩き、気の向くまま歩く
じょうり
＝条理〔物事の筋道〕　条理にかなう、条理に反する、条理を説く、不条理の哲学
＝情理〔人情と道理〕　情理兼ね備える、情理を尽くす
じょうりゅう（蒸溜）→◎蒸留（「溜」＝したたりたまる）
しょうりょう（小量）→少量
しょうりょう　渉猟（＝多くの書物を読みあさる）
じょうるり　浄瑠璃
じょうれい
＝条例〔地方自治体の制定する法規〕　公安条例
＝条令〔箇条書きの法令〕　法律の条令
じょうれん（定連）→常連
しょかん（書翰）→◎書簡
しょき
＝初期〔物事の初めの時分。当初〕　昭和初期、初期化、初期症状、初期の作品

＝所期〔期待している事柄〕所期の目的を達成

しょぎょう
＝〈所行〉→(統)所業〔おこない、しわざ、ふるまい〕目に余る所業
＝諸行〔仏教用語。存在一切、諸善行〕諸行往生、諸行無常

しょくざい〈贖●罪〉→罪滅ぼし、罪の償い

しょくじ　食餌　小動物の食餌実験

しょくじりょうほう〈食餌療法〉→食事療法
＊医療関係では「食餌療法」を使う場合もある

しょくじん〈蝕●甚〉→食甚（＝日食・月食で、太陽・月が最も多く欠けた瞬間）

しょくよく〈食慾●〉→◎食欲

しょくりょう
＝食料〔食べ物全体。肉・魚・野菜など主食以外も含む〕携帯食料、食料自給率、食料品（店）、生鮮食料
＝食糧〔穀物を中心とした主食物〕（旧）食糧管理制度、食糧管理特別会計、食糧費、食糧法
＊次の用語は意味によって使い分ける。
食料（糧）安保、食料（糧）援助、食料（糧）危機、食料（糧）供給、食料（糧）事情、食料（糧）需要、食料（糧）不足、食料（糧）問題、食料（糧）輸出・輸入

じょくん　叙勲
＊「叙勲」は勲章を授けることなので、受ける人を「叙勲者」と呼ぶのは不適当。「受章者」「受勲者」などとする

しょざいない　所在ない（＝退屈にしている）所在なげな様子　✕所在なさげ

じょさいない　如才ない（＝気が利く）如才ない受け答え

じょじょう〈抒●情〉→◎叙情（「抒」＝思いを述べる。「順序立てて述べる」意の「叙」で代用する）　叙情詩

じょすうし
＝序数詞〔順序を表す数詞。〜番、〜番目、〜度、第〜など〕対基数詞（物事の数量を表す。一つ、2個など）
＝助数詞〔数量を表す数字の下につける語。〜個、〜枚、〜

頭、～件など〕

じょせい

＝助成〔事業や研究に関し、経済面で手助けする〕研究を助成する、助成金

＝助勢〔精神的・肉体的に手助けする〕助勢を仰ぐ、弱い者に助勢する

じょせい　女婿（「むすめむこ」と読むときは「娘婿」）

しょせん（所詮）↓しょせん

しょせん

＝初戦〔第1戦〕シリーズの初戦に勝つ

＝緒戦〔戦いの始まった頃〕緒戦の劣勢を後半で逆転

しょたい　所帯　大所帯、男所帯、所帯じみる、所帯道具、所帯持ち、所帯やつれ、新所帯、貧乏所帯、寄り合い所帯〔法律や統計などに使う公的な用語としては「世帯〈せたい〉」〕

しょちゅう　暑中（＝立秋前の18日間）暑中見舞い、暑中伺い（立秋以降は「残暑見舞い」）

しょっかく

＝触覚〔触れたときに起こる感覚。五感の一つ〕触覚器官、皮膚の触覚、敏感な触覚

＝触角〔昆虫などの感覚器官、探知する能力〕触角を伸ばす、触角を働かせる、バッタの触角

しょほうせん　処方箋（「箋」＝紙片）　類対処法（比喩的用法）

しょよう

＝所用〔用事〕所用で外出する、所用を帯びて

＝所要〔必要〕所要金額・時間、所要の条件・手続き

じらい（爾来）↓以来、その後

しらが　慣白髪

しらふ（素面）↓しらふ

しらやき　白焼き

しり　尻　尻上がり、尻押し、尻込み、尻が重い（＝なかなか行動を起こさない）、尻が軽い（＝軽率。浮気っぽい）、尻をまくる（＝居直る）、尻を割る（＝露見する）、尻馬に乗る（＝何も考えず同調する）

じりき

＝地力〔本来の力。底力、実力〕地力に勝る、地力を発揮する・つける

＝自力〔自分だけの力。独力〕自力更生、自力で脱出する・立ち直る

じりつ
＝自立〈ひとりだち。他に依存していない〉親から自立する、経済的に自立する、自立経営、自立心
＝自律〈他律の対語。他から強制されない〉景気の自律回復、自律神経（失調症）、自律性

しりょう
＝資料〈一般用語。調査・研究などの基となる材料、データ〉
＝史料〈歴史研究の材料。文献、記録など〉江戸初期の史料
＝試料〈化学分析・検査などの材料〉試料分析

しるし
＝印〈目印〉印ばんてん、印を付ける
＝（証■）→しるし〈あかし〉愛のしるし、おわびのしるし、しるしばかりの謝礼
＝（徴■）→しるし〈きざし〉火山噴火のしるし、景気回復のしるし
＝（験■）→しるし〈効き目〉祈りのしるし

しるす
＝（誌■す、認■す）→記す〈書く〉思い・出来事を記す、心に記す、手帳に記す
＝（印■す、標■す）→しるす〈印をつける〉足跡をしるす、第一歩をしるす

しれい
＝指令〈指揮、命令、指示〉指令本部、指令を通達、スト指令を下す、通信指令室〈警察、消防〉、輸送指令室（JR）
＝司令〈軍事・スポーツなどで命令を下す主体〉消防司令、司令官、司令塔、司令部

しれつ（熾●烈）→激烈、猛烈、激しい（「熾」＝火が激しく燃える）

しれん（試煉●、試錬）→◎試練　試練に耐える

しろうと　慣素人　素人離れした腕前　☒素人はだし⇐383ページ

しろくろ　白黒（＝是非・善悪）白黒を決める⇐383ページ

じろん（自×論）→持論　持論に固執する、年来の持論

しわけ
＝仕分け〈区分、分類〉事業仕分け、商品の仕分け、分類別に仕分けする

=仕訳〔簿記用語。勘定科目に分けること〕仕訳帳

しわざ　仕業

しわす　(慣)師走（=陰暦12月。「しはす」とも）

しん

=心〔こころ、精神、慣用の熟語〕心から納得する、心棒、核心、灯心、炉心

=芯〔ものの中央、中心〕体の芯まで冷える、鉛筆・バット・リンゴ・ろうそくの芯

じん　腎　腎移植、腎バンク

じんあい（塵埃）→ほこり、ちり、俗事（比喩的用法）

しんうち　真打ち（=落語家、講談師の最高位）

しんえん（深淵）→深い淵、底知れぬ場所

しんか

=進化〔主に生物学用語。優れたもの、複雑なものに変化する例え〕進化論、生物の進化、進化する電化製品　対退化

=深化〔程度が深まる。良い・悪い両面で〕研究が深化する、思索の深化、対立が深化する

じんかい（塵芥）→ごみ、ちり

じんがさ（陣笠）→陣がさ（=「陣がさ連」の略。役職に就いていない一般の議員）

しんがた（新形）→新型

しんかん　心肝　心肝を寒からしめる

しんかん（深閑）→森閑（=音のしない様子）　森閑とした空気

しんかん（震撼）→揺るがす、震え上がらせる、震撼《しんかん》（「撼」=動かす・動く）

しんき

=新奇〔新しくて珍しい〕新奇な型、新奇な考案、新奇な着想、新奇な催し、新奇をてらう

=新規〔物事が新しい〕新規開店、新規採用、新規事業、新規まき直し、新規要求

しんき

=心気〔心のあり方〕心気が高ぶる、心気がさえる

=心機〔心の働き〕心機一転（=何かを契機に気持ちが良い方へ変わる）

しんぎ　真偽

しんきまきなおし（新規蒔き直し）→新規まき直し（=初めに戻ってやり直す）

しんきゅう（鍼灸）→はり・きゅ

う　鍼灸《しんきゅう》院・師・術
＊公的な資格名は「はり師」「きゅう師」

しんきょう
＝心境〔心の状態〕現在の心境、心境の変化
＝進境〔進歩の程度・様子〕進境著しい、進境を見せる

しんきろう（蜃●気楼）→蜃気楼《しんきろう》

しんきんこうそく（心筋梗塞◉）→心筋梗塞《こうそく》

しんく（真紅）→㊔深紅

しんけつ　心血（＝全精神）　心血を注ぐ⬅383ページ

しんげん（震原）→震源（地）　うわさの震源（比喩的用法）

しんげん（神厳）→森厳　類荘厳、厳粛、厳か、いかめしい

じんご　人後　人後に落ちない（＝ひけを取らない）

しんこう
＝侵攻〔他国または他の領土を攻め侵す。侵略〕
＝進攻〔軍を進め攻め込む。進撃〕

しんこう
＝振興〔学術・産業を盛んにする〕産業の振興を図る、新技術が振興する、地域の振興
＝新興〔新しい勢力〕新興住宅地、新興勢力　✕新興する

じんこう
＝人口〔人の数〕失業人口、人口動態、人口密度、昼間・夜間人口
＝人工〔人が手を加える〕人工衛星、人工呼吸、人工芝、人工臓器、人工知能、人工都市

じんこうにかいしゃする（人口に膾●炙●する）→広く知れ渡る、有名になる、もてはやされる（意味が分かりにくく表現も古めかしいので、一般記事では原則として言い換える）

しんこく
＝申告〔官公庁・上司に申し出る〕確定申告、所得を申告する、申告漏れ
＝親告〔被害者側が訴える〕親告罪（＝名誉毀損《きそん》罪など）

しんこん（神魂）→心魂　心魂を傾ける

しんさん　辛酸（＝苦しくつらい経験）　辛酸をなめる

しんし（真摯◉）→真摯《しんし》　真摯《しんし》に取り組む　類真剣、真面目、誠実

しんしゃく（斟●酌）→配慮、考慮、

手心、手加減（「斟」「酌」＝くみとる）

しんしゅつ（滲出•）→浸出

＊「滲出《しんしゅつ》液」「滲出《しんしゅつ》性中耳炎」などの医学用語は別

しんしょ

＝信書〔個人間の手紙〕信書の秘密

＝親書〔自筆の手紙、元首などの公式の手紙〕首相の親書を手渡す

しんしょう　身上　身上を築く、身上をつぶす

＊「しんじょう」と読めば「身の上」「とりえ」の意の別語

しんしょう

＝心証〔心に受ける印象〕心証を害する、心証をよくする（特に、審理で裁判官が得た主観的認識をいう）

＝心象〔心の中に浮かぶイメージ〕心象風景、心象のパリ

しんじょう

＝心情〔気持ち、思い〕心情的に共鳴する、若者の心情を理解する（主に他者の心を推し量る場面で使う）

＝真情〔本当の気持ち。まごころ〕真情のこもった手紙、真情を訴える（主に自分の気持ちを吐露する場面で使う）

しんじょう

＝信条〔固く信じている事柄〕思想信条の自由、生活信条

＝身上〔身の上の事柄、とりえ〕身上監護、誠実さが身上だ

しんしょく

＝（侵蝕•）→◎侵食〔じわじわと食い込む〕領土・権利を侵食

＝（浸蝕•）→◎浸食〔水が染み込んで損なう〕河川の浸食、浸食作用

＊理科系教科書などは「侵食」だが、原則的に「浸食」を使う

しんしん

＝心身〔精神と肉体〕心身症、心身ともに健全、心身を鍛える

＝心神〔精神〕心神耗弱、心神喪失（「神」＝心）

しんずい（真髄）→（統）神髄（＝「精神」と「骨髄」の意。物事の本質、その道の奥義）

しんせい

＝真正〔本物〕真正相続人、真正な議事録、旅券が真正か確認する

＝真性〔仮性・疑似の対語〕真

性コレラ・赤痢

じんせい 人生 人生行路（=人生を旅に例えたもの。「人生航路」は最近の表現）

しんせいだい 新生代（=地質時代分類で最新の時代。第三紀と第四紀に分かれる）

しんせき 親戚 類親類、親族、身内

しんせき（真蹟●）→◎真跡、真筆、本当の筆跡

じんせきみとう（人跡未到）→人跡未踏 人跡未踏の地

じんぞう 腎臓

しんそこ（真底）→心底 心底から愛する・賛同する

しんたい 進退 進退伺、進退窮まる

じんたい（靱●帯）→靱帯《じんたい》 靱帯《じんたい》損傷

しんちゅう（真鍮●）→黄銅、真ちゅう

しんちょう（伸暢●、伸張）→◎伸長（「伸張」は平面的に広がる意だが、「伸長」で代用）

しんちょく（進捗◉）→進捗《しんちょく》（「捗」=はかどる） 進捗《しんちょく》状況、進《しん》捗《ちょく》率 類進展、進行

しんてん
=伸展〔伸長発展。勢力や規模が伸び広がる〕経済力の伸展、貿易・業績が伸展
=進展〔進行発展。事態や物事の局面が開ける〕局面の進展、結婚話が進展、事件の進展

しんでんづくり 寝殿造り

しんとう（滲●透）→◎浸透

しんとう（振盪●、震盪●）→しんとう 脳しんとう

しんどう
=振動〔揺れ動く〕音の振動数、（新幹線などの）振動公害、振動数を測定、振り子の振動
=震動〔震え動く。主に地震など自然現象の場合〕火山の震動、大地の震動、家鳴り震動

しんにゅう
=侵入〔他の領分に不法に押し入る〕家宅侵入、国境を越えて侵入する、敵が侵入する、ハッカーの侵入経路
=浸入〔土地や建物に水が入る〕川の水・濁流が浸入する
=進入〔人や車が進み入る〕場内・滑走路に進入する、進入禁止

しんにん
=信任〔信用して任せる〕信任

が厚い、信任状、信任投票、信任を得る

＝親任〔天皇・国王が任命する〕親任式

＝信認〔信用して認める〕市場の信認、署名を信認する、ドルの信認

しんぴょうせい（信憑性）↓信頼性、信用度、信ぴょう性（「憑」＝頼る）

しんぷく（震幅）↓振幅

しんぼう（辛棒）↓辛抱

しんぼく　親睦　類親善、親交、懇親

しんまい　新米（社員）（本来は「新前〈しんまえ〉」）

じんましん（蕁麻疹）↓じんましん

しんみょう　神妙（＝殊勝にする。反省する様子）

しんめい　身命　身命をなげうつ

じんめんじゅうしん　人面獣心（スフィンクスなどは「人面獣身」）

じんもん（訊問）↓◎尋問

じんもん　陣門（＝敵の軍門）陣門に下る

しんやくせいしょ（新訳聖書）↓新約聖書　対旧約聖書

しんよう　信用　信用貸し、信用取引、信用を失う

しんらつ（辛辣）↓辛辣《しんらつ》（「辣」＝厳しい）類痛烈、手厳しい、辛口（の）、容赦ない

しんりゃく（侵掠）↓◎侵略（「掠」＝奪い取る）

しんれい

＝心霊〔肉体を離れて存在すると思われている魂〕心霊現象（＝科学では説明できない超自然現象）、心霊術

＝神霊〔神のみたま、神の霊妙な徳〕神霊の加護、神霊の導き

しんろ

＝進路〔進んで行く道。退路の対語〕進路指導、進路に立ち塞がる、進路を開く、台風の進路、船の進路（＝前方）を塞ぐ

＝針路〔船や航空機の進む方向〕針路を南にとる、小型船を避けるため針路を変更する（「日本の針路」など、進むべき方向の例えとしても用いる）

【す】

す…　素足、素通し、素振り、素早い、素晴らしい、素焼き

すい…　吸い口、吸い取り紙、吸

い飲み、吸い物
すい　酸い　酸いも甘いもかみ分ける（＝人生経験豊富で、人情の機微に通じている）⬅384ページ
すいきょう（粋狂、酔興）↓酔狂
類物好き、好奇心旺盛
すいげんち（水源池）↓水源地
＊特に池を指す場合は別
すいこう（推敲•）↓文（表現）を練る、推敲《すいこう》
ずいしょ（随処）↓随所　類至る所、あちこち、どこでも
すいしょう（推賞、推称）↓推奨
推奨に値する、推奨銘柄
すいせい（彗•星）↓彗星《すいせい》、ほうき星
すいせん（推選）↓推薦
＊地方自治法の「指名推選」は別
すいぞう（膵•臓）↓膵臓《すいぞう》

すいたい（衰頽•）↓◎衰退（「頽」＝崩れる）
すいたい（推戴）↓推挙、推戴《すいたい》
＊読み仮名を付ける
ずいどう（隧•道）↓トンネル（隧道は「すいどう」とも）
ずいぶん　随分
すいほう
＝水泡〔水の泡〕水泡に帰す（＝努力や成果が無駄になる）
＝（水疱•）↓水疱《すいほう》〔水ぶくれ〕
すいれん（睡蓮•）↓スイレン
すうき　数奇（「奇」＝不運）数奇な一生、数奇な運命
すうききょう（枢機卿○）↓枢機卿
＊カトリック・ローマ教皇に次ぐ高位聖職者。原則として、司教から選ばれる。「すうきけい」とも

ずうずうしい（図■々しい）↓ずうずうしい
すうせい（趨•勢）↓大勢、動静、動向、流れ（「趨」＝おもむく）
ずうたい（図■体）↓ずうたい（多く、体ばかり大きいことを言う）類体つき、体
ずえ
＝図会〔あるテーマに沿って、絵や図を集めたもの〕江戸名所図会、国勢図会
＝図絵〔絵画、図画〕地獄図絵
すえき　須恵器
すえる　据える　上座に据える、社長に据える、据え置き（期間・料金）、据え付け、腰を据える、腹に据える（＝落ち着く）、腹に据えかねる（＝我慢できない）、腹を据える（＝覚悟する）、

目を据える（＝じっと見る）
ずがいこつ　頭蓋骨（「とうがいこつ」とも）
すかす・すく
＝透かす・透く〔光が通る〕透かし編み、透かし織り、透かし彫り、透かし模様、透き通る
＝（空■かす・空■く）→すかす・すく〔中身が少なくなる〕手がすく、電車がすく、腹をすかす
すがすがしい（清■々しい）→すがすがしい
すき（数奇）→慣統数寄　数寄を凝らす（＝風流の工夫）、数寄者（＝風流を愛する人）
すき　隙　油断も隙もない
すきま（透き間）→統隙間
すきや（慣数奇屋）→慣統数寄屋（＝茶の湯のための建物）数寄屋造り
すぎる　過ぎる　過ぎたるはなお及ばざるがごとし（＝物事はほどほどがよい。論語・先進）
ずきん　頭巾（「巾」＝布きれ）
すく（梳●く、抄■く、漉●く、鋤●く）→すく　髪をすく、紙をすく、田をすく
…ずく（尽■く）→ずく　腕ずく、金ずく、計算ずく、力ずく、納得ずく、欲得ずく
すぐ（直■ぐ）→すぐ
すくう（巣食う）→巣くう　街に巣くう暴力団、よこしまな考えが巣くう
…ずくめ（尽■くめ）→ずくめ　規則ずくめ、黒ずくめ、結構ずくめ
すぐれる（秀■れる、勝■れる）→優れる　気分が優れない、優れた素質
すけっと　慣助っ人
すげない（素気ない）→すげない　類つれない、そっけない、薄情
すごい（凄■い）→すごい
＊連体形「すごい」を「すごいうれしい」のように連用修飾に使うのは俗用。「すごくうれしい」が本来の言い方
すごろく（双■六）→すごろく
ずさん（杜●撰●）→粗雑、ぞんざい、手抜きが多い、誤りが多い、ずさん（「ずざん」とも）
すし（鮨●、鮓●、寿■司）→すし　すし詰め（＝ぎっしり入っている例え）
すじ　筋　粗筋、筋交い、筋書き、筋向かい、青筋を立てる（＝激しく怒る）、筋が違う・筋

違い（＝道理に外れている）、筋金入り（＝精神・身体がしっかりしている）、筋を通す（＝しかるべき手続きを踏む）

すじょう（素姓、素生）→㊎素性
類由来、由緒、本性、正体

すす（煤●）→すす　すす払い

すすぐ（濯■ぐ、雪■ぐ、漱●ぐ）→すすぐ　足をすすぐ、口をすすぐ、恥をすすぐ

すずなり（鈴生■り）→鈴なり　見物人で鈴なりになる、鈴なりのリンゴ
＊多くの物や人が1か所に群がっているのをいう

すずめ（雀●）→スズメ・すずめ
すずめの涙（＝ごくわずか）、すずめ百まで踊り忘れず（＝若いときの習慣は年老いてからも抜けない。特に、芸事についていう）、～すずめ（＝ある世界の事情に詳しい人。「楽屋すずめ」など）

すすめる
＝進める〔進行、前進〕会議を進める、計画を進める、交渉を進める、地位を進める、時計を進める、膝を進める
＝（奨■める）→勧める〔勧誘、奨励。ある行為を促す〕食事を勧める、席を勧める、節約を勧める、転地を勧める、読書を勧める、入会を勧める
＝薦める〔推薦、推挙。人物・事物を推す〕委員長に○○氏を薦める、お薦め品、良書を薦める、私の薦める銘柄

すする（啜●る）→すする　うどんをすする、すすり泣く

すそ　裾　お裾分け、裾野、山裾

ずつ（宛■）→ずつ　少しずつ話す、1人ずつ出る、二つずつ分ける

すっぱい　酸っぱい　口が酸っぱくなる・口を酸っぱくする（＝同じ言葉を何度も繰り返す）

すっぱぬく（素っ破抜く）→すっぱ抜く　類暴く、暴露する、明るみに出す

すてき（素的、素適）→すてき・素敵

すてる（棄■てる）→捨てる　ゴミを捨てる、試合を捨てる、捨て売り、捨て金、捨て値、捨て身、捨て石（＝他者のために犠牲になる）、捨てたもの

ではない（＝まだ見込みがありそう）、捨てばち（＝自暴自棄）、捨てる神あれば拾う神あり（＝世の中はさまざま）

すなわち（即■ち、則■ち、乃●ち）↓すなわち（文語的表現）類 つまり、言い換えれば、そうすれば

ずにのる（頭に乗る）↓図に乗る（＝いい気になる、つけあがる）

ずぬける（頭抜ける、図抜ける）↓ずぬける、ずばぬける、際立っている

すね（臑●）↓すね（＝膝からくるぶしまで）　すねに傷を持つ（＝後ろ暗いところがある）、すねをかじる（＝経済的に親などの世話を受ける）

ずぶとい（図太い）↓ずぶとい　ずぶとい神経、ずぶとく構える

すべ（術■）↓すべ　なすすべもない

すべて（凡■て、総■て）↓全て
＊表記習慣により仮名書きも

すべる（辷●る）↓滑る　口が滑る、滑り込み、滑り台、滑り止め、入試に滑る

すみ（角■）↓隅　隅に置けない（＝油断できない）

すみ　墨　墨染め（＝黒色の僧衣）、墨付き（＝権威や効力の保証。多く「お墨付き」の形で使う）

すみか（栖●、棲●み処■）↓すみか（動物など）、住み家（人）
＊「か」は「場所」の意で、「家」とするのは本来は当て字。「栖」＝鳥の巣

すみわけ（棲●み分け）↓すみ分け
＊「2世帯での住み分け」など人の居住は別

すむ
＝住む〔人〕住み込み、住み着く、住めば都⬅384ページ
＝〔棲●む〕↓すむ〔動物など〕海辺にすむ鳥、魔物がすむ

すもう（角■力■）↓慣相撲　相撲にならない（＝力の差がありすぎる）

する
＝刷る〔印刷〕刷り上がり、刷り込み（＝インプリンティング）、刷り物、手刷りの賀状、版画を刷る、名刺を刷る
＝擦る〔こする、触れる〕靴擦れ、擦り傷、擦り込む、擦り抜ける、擦れ違う、擦れっからし、双方の見解を擦り合わせ

る、床擦れ、膝を擦りむく、服が擦り切れる、マッチを擦る
＝（摩■る、磨■る、摺●る、擂●る）
↓する〔細かくつぶす、使い果たす〕靴がすり減る、競馬でする、ゴマをする、墨をする、すり足で進む、すり芋、すりガラス、すりつぶす、すり鉢、すり身

ずるい（狡●い）↓ずるい

すわ　すわ（＝驚いて出す声）すわ一大事（文語的表現）

すわる
＝（坐●る）↓座る〔腰を下ろす、一定の場所・地位を占める〕居座り、社長の椅子に座る、座り方、座り心地、座り込み、末席に座る、横座り
＝据わる〔動かなくなる、一定の場所・地位に落ち着く〕赤ん坊の首が据わる、腰が据わる、据わりが悪い、度胸が据わる、腹が据わる、（酔って）目が据わる

すんか　寸暇（＝わずかの暇）寸暇を惜しんで働く⬅384ページ

すんげき（寸隙◉）↓寸隙《すんげき》　類寸暇

すんごう（寸毫●）↓寸分、少し（「毫」＝細い毛）

すんぶん　寸分　寸分たがわず、寸分の違いもない

【せ】

せいあつ（征圧）↓制圧
＊「がん征圧月間」などは別

せいいく
＝成育〔子供などに〕
＝生育〔動植物に〕稲の生育期間、稚魚の生育場

せいかく（精確●）↓正確

せいかん（精悍●）↓たくましい、勇ましい、精強、精悍《せいかん》（「精」＝鋭い、「悍」＝勇ましい）

せいがん
＝請願〔役所などに願い出る〕国会に請願する、請願権、請願書、請願デモ
＝誓願〔神仏に誓いを立てて祈願する〕事の成就を誓願する、誓願を立てる

せいき
＝生気〔生き生きとした気分、活気〕生気がみなぎる、生気はつらつ、生気を取り戻す
＝精気〔精神と気力、生命活動の根源〕精気を奮い起こす、万物の精気

＊共に「気力」の意味。「精気」の方が神秘的なニュアンスがある

せいぎょ（制馭）→◎制御（「馭」＝馬を操る）

せいぎょう

＝正業〔堅気の職業〕正業に就く

＝生業〔生活費を得るための仕事〕生業に励む、農業を生業とする

＊「生業＝なりわい」と読む場合は仮名書き

せいけい

＝成形〔形をつくる〕胸郭成形術、プラスチックの成形加工

＝成型〔型にはめて作る〕規格成型、成型品

＝整形〔形を整え、正常にする〕整形外科

＊やけどなどの治療・修復は形成外科

せいこう

＝性向〔性質上の傾向〕消費性向、貯蓄性向（「温厚な性向」など、人間について使う場合は、「気質」「性癖」「気だて」などの方が分かりやすい）

＝性行〔性質と行動〕性行不良

せいこく（正鵠）→核心、急所　正鵠《せいこく》を射る（得る）⬅384ページ

せいこん

＝精根〔精力と根気〕精根尽きる、精も根も尽き果てる、精根を使い果たす

＝精魂〔一つの物事に打ち込む精神力〕精魂込める、精魂を傾ける、不屈の精魂

せいさい（生彩）→(統)精彩　精彩を欠く、精彩を放つ

せいさく

＝制作〔主に芸術的なものを作る〕絵画・工芸品の制作

＝製作〔主に実用的なものを作る〕機械・器具の製作

＊映画・演劇・放送番組・ＣＤなどでは「制作・製作」が混用されている。固有名詞に注意

せいさん

＝清算〔貸し借りのない状態にする。関係を断ち切る〕過去を清算する、借金の清算、清算会社、清算取引

＝精算〔詳しく計算する〕運賃の精算、経費を精算する、精算書

せいさん（凄惨）→凄惨《せいさん》　[類]むごたらしい、痛ましい、悲惨、陰惨

せいさんざい　生産財

せいしき
＝正式〔正当な方法・簡略でない方式〕正式に契約する、正式名称
＝制式〔定められた様式、きまり。主に軍事関係。名詞で使う〕制式銃、制式採用された戦車

せいじしきんきせいほう　政治資金規正法

ぜいじゃく〔脆●弱〕↓もろい、弱い、脆弱《ぜいじゃく》（「脆」＝もろい）

せいじゅく〔生熟〕↓成熟　改革の条件が成熟する、成熟した社会、成熟卵

せいじょう
＝性状〔人の性質と行状、物の性質と状態〕性状が粗野、物質の性状
＝性情〔人の性質と心情〕温和な性情（文語的表現）類気だて、性質

せいじんびょう〔成人病〕↓生活習慣病

せいすう
＝正数〔負数の対語。ゼロより大きい数〕
＝整数〔自然数とそれに対応する負数及びゼロ〕

せいぜつ〔凄◉絶〕↓凄絶《せいぜつ》　類すさまじい、ものすごい、想像を絶する

せいそ〔清楚●〕↓清らか、すっきり、清楚《せいそ》（「楚」＝すっきり）
清楚《せいそ》な身なり

せいそう
＝正装〔正式の服装。礼装〕正装して認証式に臨む、正装に威儀を正す　対略装
＝盛装〔華やかに着飾る、美装〕振り袖姿に盛装して出かける

せいそう　星霜（＝年月）　幾星霜、星霜を重ねる

せいそう〔凄◉愴●〕↓痛ましい、すさまじい、むごたらしい、ものすごい、悲惨

せいそく〔棲●息〕↓◎生息、住む
＊動物に使うのが一般的。植物の場合は「自生」「群生」などが適切

せいたい
＝生体〔生きているままの体〕生体解剖、生体肝移植、生体実験、生体反応　対死体
＝生態〔生物が生活している状態〕生態系、生態写真、野鳥・若者の生態を調査

せいだく　清濁　清濁併せのむ（＝善悪の区別なく、すべて受け入れる）

ぜいたく（贅•沢）→ぜいたく　ぜいたくを言えばきりがない

せいち（精緻◉）→精巧、精密、きちんとした、精緻《せいち》（「精」「緻」＝細かい）

せいちょう（生長）→成長〔動植物ともに〕稲の成長、子供の成長、成長株

せいちょう
＝清聴〔話をきいてくれる〕ご清聴ありがとうございました
＝静聴〔静かにきく〕ご静聴願います

せいてんのへきれき（晴天の霹•靂•）→青天のへきれき（「霹靂」＝激しい雷）類寝耳に水

せいてんはくじつ（晴天白日）→青天白日（＝やましいことがない心境）　青天白日の身

せいとう
＝正当〔正しく道理にかなう。不当の対語〕主張の正当性、正当化する、正当行為、正当な利益、正当防衛
＝正統〔正しい系統。異端の対語〕政権の正統性、正統主義、正統な後継者、正統派、正統を継ぐ

せいとん　整頓

せいひ
＝正否〔正しいか否か〕事の正否を見定める、正否を明らかにする
＝成否〔成功するか否か〕成否の鍵を握る、成否を占う

せいひん　清貧　清貧に甘んじる（＝俗世間にへつらわない）

せいふく（征伏）→征服

せいゆじょ•（精油所）→製油所

せいよく（性慾•）→◎性欲

せいらい（性来）→生来（文語的表現。「しょうらい」とも）

せいらん（青嵐▪）→青嵐《せいらん》（＝初夏、青葉の頃に吹く爽やかな風。薫風。「あおあらし」とも）

せいれい
＝政令〔憲法・法律を実施するために内閣が定める命令〕政令指定都市
＝制令〔制度法令〕

せいれい
＝精霊〔主に原始宗教の信仰対象。山川草木などに宿る霊的存在〕精霊崇拝、水の精霊

＊「精霊（しょうりょう）」は、先祖の霊魂を指す仏教用語。精霊会、精霊送りなど
＝聖霊〈キリスト教の信仰対象。神、キリストとともに三位一体を形成する〉聖霊降臨祭（ペンテコステ）

せいれつ〈清洌●〉→清らか（「洌」＝清らか）

せいれん
＝精練〈繊維から不純物を取り除く〉生糸の精練
＝精錬〈粗金属を精製、純度の高いものにする〉粗鋼の精錬
＝製錬〈鉱石、スクラップなどから金属を取り出す〉製錬所（工程により「精錬所」とも）

せいれんけっぱく　清廉潔白（＝私利私欲がない）

ぜかひか　是か非か

ぜがひでも　是が非でも（＝何としてでも）類ぜひとも、いやでも応でも

せき〈咳●〉→せき

せき〈堰●〉→せき（を切ったように）河口・可動堰《ぜき》

せきがく〈碩●学〉→大家、権威、大学者、博学（「碩」＝優れている）

せきずい　脊髄

せきつい　脊■椎

せきとめる〈塞き止める、堰●き止める〉→せき止める　せき止め湖

せきとり　関取（＝十両以上の力士）

せきのやま　関の山（＝限度いっぱい。せいぜいこの程度だとあざけりの気持ちで使う）

せきばく〈寂寞●〉→寂しさ、ひっそり（「寞」＝寂しい）

せきりょう〈寂寥●〉→ひっそりとしている、ものさびしい、わびしい（「寥」＝寂しい）

せきわけ　㊦関脇

せけん　世間　世間ずれ（＝世の中でもまれて悪賢くなる）⬅384ジペー

せけんてい　世間体　世間体が悪い、世間体を取り繕う

せこ　世故　世故にたける（＝世の中の事情に通じていて、世渡りがうまい）

せし・せっし〈摂氏〉→セ氏（＝℃）
＊スウェーデンの物理学者セルシウスの中国語表記「摂爾修」から

せじょう

=世上〔世間一般〕世上にはやる、世上のうわさ
=世情〔人情を含んだ世間のありさま〕世情に疎い、世情に通じる

せたい　世帯　世帯数、世帯調査、世帯主
＊日常的な言い方の「所帯」に比べ、法律や統計など公的な用語として使う場合が多い

せつ　節（＝志を守ること）　節を折る・屈する・曲げる

せっかく（折角）↓せっかく

せっかん（折•檻）↓せっかん

せっき
=節気〔季節の区分〕二十四節気
=節季〔商店などの経理の区切りとなる盆暮れの時期〕節季大安売り、節季払い

せっきょく　積極　積極的
＊「積極さ」「積極な」など形容動詞の用法はない。「積極性」「積極的な」とする⬅381ページ

せっく（節供）↓節句
＊特に3月3日の桃の節句と5月5日の端午の節句をいう。他に七夕、重陽などがある

せっくつ　石•窟

せっけん（石•鹸）↓せっけん
＊「石けん」と交ぜ書きにしない

せっけん（席•捲）↓㊫席巻（＝巻き取るように片端から土地を攻め取ること）　㊮攻略、圧倒、勢力下に収める

せっこう（石•膏）↓石こう　石こう細工、石こうボード

せっさたくま（切•磋•琢•磨）↓鍛錬、互いに鍛える、修練、切磋琢磨《せっさたくま》

ぜっさん（絶•讃）↓◎絶賛　絶賛を受ける・博する、新作を絶賛する　㊮激賞、べたぼめ

せっしょう　殺生
＊もと仏教用語。非情である意味の形容動詞としても。「あまりにも殺生だ」

せっしょう　折衝（＝利害を異にする組織対組織の交渉）　予算編成で折衝する、外交折衝　㊮交渉、談判、駆け引き

せつじょく　雪辱（＝屈辱を晴らすこと）　雪辱を果たす⬅384ページ

せっせい
=摂生〔健康に注意し、体をいたわる〕摂生して回復に努める、不摂生

＝節制〔欲望を抑えて、度を越さぬよう控えめにする〕酒・たばこを節制する

せっせん〔切線、截●線〕↓接線

ぜったい　絶対　絶対安静、絶対音感、絶対多数、絶対反対、絶対に売れる・許さない

ぜったいぜつめい〔×絶対絶命〕↓絶体絶命　絶体絶命の危機　類剣が峰

せっちゅう〔折中〕↓折衷〔＝良いところを合わせる〕折衷案、折衷主義、和洋折衷

せつな　刹那〔＝サンスクリット「クシャナ」の音訳。時間の最小単位〕刹那主義・刹那的〔＝過去や将来を考慮せず、今がよければいいとする考え方・態度〕類瞬間、一瞬

せっぱく〔接迫〕↓切迫　事態が切迫する　類急迫、緊迫

せっぱつまる　切羽詰まる　類行き詰まる、身動きがとれなくなる

せっぴ〔雪庇●〕↓雪庇《せっぴ》

せっぱん〔切半〕↓折半　費用を折半する　類等分

ぜっぽう〔舌鋒●〕↓弁舌、舌鋒《ぜっぽう》〔弁舌の鋭さを「鋒先〈ほこさき〉」に例えた言い方。文語的表現〕

せつり

＝節理〔岩石の割れ目〈もと筋道の意〉〕柱状節理、板状節理

＝摂理〔万物を支配する法則。神の意思〈主にキリスト教の概念〉〕神の摂理、自然の摂理

ぜひ

＝是非〔名詞〕是非に及ばず、是非もない、是非を問う

＝ぜひ〔副詞〕ぜひ実現したい、ぜひとも

せぶみ　瀬踏み〔＝様子を見る、瀬の深さを測る意〕

せめぎあう〔鬩●ぎ合う〕↓せめぎ合う〔＝力と力でぶつかり合う〕

せめる

＝攻める〔攻撃〕質問攻め、弱点を攻める、城を攻め落とす、攻めあぐむ、敵陣を攻め立てる

＝責める〔非難〕浮気したのを責められる、失敗を責める

〔要求〕金を返せと責め立てる、子どもに責められておもちゃを買い与える

〔拷問〕むちで責めさいなむ

〔調教〕馬を責める

せりふ（台詞、科白）→せりふ
お決まりのせりふ、捨てぜりふ、せりふ回し

せる（躍る）→競る　ゴール前で激しく競り合う、競り市、競り売り、競り落とす、初競り

せん　腺　汗腺、胸腺、前立腺、乳腺、涙腺

ぜん　膳　お膳立て、陰膳、配膳、薬膳（料理）

せんい
＝繊維〔一般用語〕繊維工業、食物繊維、繊維植物、繊維状強化材
＝線維〔医学用語〕神経線維、線維細胞、線維素原（フィブリノゲン）

せんえい（尖鋭）→◎先鋭（「尖」＝とがる）　先鋭化、先鋭分子

せんえつ（僭越）→思い上がり、出過ぎ、出しゃばり、せんえつ（「僭」＝分を越える。へりくだりの気持ちからも使う。「せんえつながら申し上げます」）

せんか
＝戦火〔戦争による火災、戦闘〕戦火が広がる、戦火を交える
＝戦禍〔戦争による災い・被害〕戦禍を被る、戦禍を免れる
＝戦渦〔戦争による混乱〕戦渦に巻き込まれる
＝戦果〔戦争・戦闘で得た成果〕戦果を上げる

ぜんかい（全潰）→全壊

せんきょ（船渠）→ドック（「渠」＝溝）

せんぎり（繊切り）→千切り

せんけつ
＝先決〔先に決める、まず解決すべきこと〕人命救助が先決、先決問題
＝専決〔決定権を持つ人物が決める〕所長が専決する、専決事項、独断専決

せんこう
＝潜行〔表面に出ない〕潜行取材、ダイバーが潜行する、地下に潜行する
＝潜航〔水に潜っての航行〕海溝に潜航する、潜航艇

せんこう
＝（選衡、銓衡、詮考）→選考〔詳しく調べて選ぶ〕書類選考
＝選好〔好きな物を選ぶ〕金利選好、選好度調査

せんこう（閃●光）→きらめき、瞬間的な輝き、閃光《せんこう》（「閃」＝ひらめく）
ぜんごさく（前後×策）→善後策　善後策を講じる
せんざいいちぐう（千歳一遇）→千載一遇　千載一遇の好機
せんさく（穿●鑿●）→詮索　類ほじくる、探る、細かく調べる
ぜんじ　漸次（文語的表現）類次第に、徐々に、だんだん（に・と）、おいおい
せんじょう（洗滌●）→◎洗浄（「洗滌」の本来の読みは「せんでき」。「滌」＝洗う）
せんじょう（煽●情）→◎扇情（特に、性的な欲望に関して使う）
せんじょうこん（旋条痕、綫●条痕）→線条痕　類ライフル痕

ぜんしょうせん（前哨○戦）→前哨戦（＝前線での小規模戦闘。本格的活動の前の手始めの行動の意でも）
せんしょく
＝染色〔糸・布などの着色〕染色糸、染色体、染色法
＝染織〔染め物・織物の技法、製品〕染織工芸
せんじる　煎じる
ぜんじんみとう（前人未踏）→前人未到　前人未到の偉業
せんせい（専政）→専制　専制君主、専制政治
せんせんきょうきょう（戦々兢●々）→◎戦々恐々（「兢」＝恐れる）
せんそう（船艙●）→◎船倉
ぜんそく（喘●息）→ぜんそく
せんたん（尖●端）→◎先端　時代の先端、先端技術、岬の先端
せんちゃ　煎茶（「煎」＝煮詰める）
ぜんちょう（前徴）→前兆
せんてい（剪●定）→枝切り、刈り込み、剪定《せんてい》（「剪」＝切る）
せんてつ（銑●鉄）→㊕銑鉄
せんどう（煽●動）→◎扇動　群衆を扇動する、扇動的な文章、扇動に乗る　類そそのかす、あおりたてる
せんにゅうかん（先入感）→先入観　先入観で人を判断する
せんばづる　千羽鶴
せんびょうしつ　腺病質
せんぺい（尖●兵）→先兵
せんべつ（餞●別）→はなむけ、餞別《せんべつ》
せんぺんいちりつ（千篇●一律）→◎千編一律（＝みな同じ調子で、変化や面白みに欠ける）

●表外字　■表外音訓　▲不使用漢字　◉難読音訓　○追加漢字　□追加音訓

せんべんをつける（先鞭●をつける）↓先駆けとなる、先んじる、先に着手する、道をつける

せんぼう　羨●望

せんぽう（先鋒●）↓先頭（に立つ）、先陣（をつとめる）、先駆け、先鋒《せんぽう》

ぜんぼう（全貌◉）↓全容、全体像、全体の姿・ありさま、全貌《ぜんぼう》

せんぼつ（戦歿●）↓◎戦没（「戦死」の改まった言い方）

せんめつ（殲●滅）↓全滅（させる）、皆殺し、壊滅（させる）（「殲」＝滅ぼす）

ぜんめん

＝全面〔あらゆる方面・部門にわたり及ぼす。面全体〕全面広告、全面戦争、全面的に信頼する

＝前面〔特に表に出す〕改革を前面に押し出す、人垣の前面に押し出される

せんゆう

＝占有〔自分の物にする。所有、領有〕先祖伝来の土地を占有する、占有権、占有の意思、占有離脱物横領罪

＝専有〔独り占めにする。共有の対語〕経営権を専有する、専有部分、専有面積、専有物

せんよう

＝占用〔自分の物にして使う〕占用許可、土地の占用

＝専用〔ある目的またはある人や団体だけで使う〕自動車専用道路、政府専用機

せんりつ（戦慄◉）↓おののく、震え上がる、恐るべき、衝撃、戦慄《せんりつ》（「慄」＝恐れる）

ぜんりつせん　前立腺

せんりょのいっしつ　千慮の一失（＝思わぬ失策、思いがけない失敗）

【そ】

そう

＝壮〔勇ましく元気にあふれている〕強壮、広壮、豪壮、少壮、壮観、壮挙、壮健、壮絶、壮大、壮図、壮途、壮年、壮麗、壮烈、大言壮語、悲壮、勇壮

＝荘〔おごそか〕荘厳、荘重〔仮住まい〕山荘、別荘

そう

＝沿う〔長く続いているものから離れない〕海沿いの町、道・川・線路に沿う

〔決定した事柄から離れずに従う〕既定方針・趣旨・基本線に沿って行動する
＝〔副■う〕↓沿う〔期待される状態と離れないようにする〕期待・意・希望・提案に沿う
＝添う〔そばについている〕添い寝、付き添い
送付添人
〔夫婦になる（古風な表現）〕添い遂げる、連れ添う、2人を添わせてやりたい
そうい（相異）↓統相違　案に相違して　類違い、差異、異同
そうかい　爽快　気分爽快、爽快な目覚め
＊「肉体的に快い」「元気にあふれている」意では「壮快」も
そうかつ（総轄）↓統総括　事務を総括する、総括質問、総括責任者
ぞうがん（象●嵌●）↓◎象眼
そうきょく（箏●曲）↓特箏曲
ぞうきん　雑巾（「巾」＝布きれ）
そうく（走狗●）↓手先（「走狗」＝狩猟に使われる犬）
そうくつ　巣窟　類根城、巣、温床
ぞうげ　象牙
ぞうけい（造型）↓統造形　造形美術
ぞうけい　造詣　造詣が深い　類学識、知識、たしなみ
そうこう（奏効）↓統奏功⬅384ページ
そうごう　相好（＝顔つき）相好を崩す（＝笑う）
そうごう（綜●合）↓◎総合　意見を総合する、総合的に判断、総合病院
そうこく（相剋●）↓◎相克（文語的表現）、争い
そうごん（壮厳）↓荘厳（宗教的なニュアンスで使う）荘厳な神事　類荘重、気高い、厳か
ぞうさ（雑作）↓統造作（「手間がかかる」意の古風な表現）造作ない（＝たやすい）
そうさい　相殺　貸し借りを相殺する（「殺」＝そぐ。「そうさつ」は本来、誤読）
そうざい（惣●菜）↓◎総菜、おかず
ぞうさく（雑作）↓統造作（建築用語。比喩的に顔のつくり）
そうし（草子、双紙、冊■子）↓草紙（紙をとじて作った書物の総称）
＊「枕草子」「御伽草子」など

固有名詞は別

そうしそうあい（想思相愛）↓相思相愛　相思相愛の仲

そうしょ（叢•書）↓双書、シリーズ（「叢」＝集める）

そうじょう（騒擾•）↓騒動、騒乱（罪）（「擾」＝入り乱れる）

そうしん（痩◉身）↓痩身《そうしん》（術）

そうしん（喪神）↓喪心　類気絶、正気を失う

そうせい
＝創成（何かの出来初め）経営学の創成、創成期（本来の表現は「草創期」）
＝創世（世界の出来初め）創世記（旧約聖書）、創世神話
＝創製（初めての製造）明治時代創製の和菓子

そうせい　早世（＝早死に）
＊近年、「早逝」とも書かれるが、定着した表記ではない

そうそうたる（錚•々たる）↓立派な、一流の、堂々たる、そうそうたる（「錚々」＝楽器の音の形容）

そうそふ　曽祖父

そうそぼ　曽祖母

そうそん　曽孫

そうだ（操舵•）↓操舵《そうだ》　操舵《そうだ》機、操舵《そうだ》手

そうだい（荘大）↓壮大　自然の壮大な美しさ、壮大な場面

そうちょう（壮重）↓荘重　荘重な音楽、荘重な文体

そうてい（装幀•、装釘•）↓◎装丁

そうてい（漕•艇）↓ボート

そうてん（装◉塡）↓装塡《そうてん》　弾丸を装塡《そうてん》する

そうと
＝壮図（壮大な企画）壮図を抱く、壮図半ばにして　類壮挙、大規模計画
＝壮途（勇ましい門出）壮途に就く、壮途を祝す

そうとう（掃蕩•）↓掃討、掃滅（「蕩」＝払い除く）

そうばな　総花（＝店の全員に配る祝儀。利益・恩恵がすべてに少しずつ行き渡る例え）
＊「総花的」「総花式」は、悪平等やその場しのぎのやり方を非難して使う

そうふ（送附▲）↓送付　請求書を送付する

ぞうぶつ（贓•物）↓盗品等、盗品、横領品（「贓」は不正な手段によって得た財物。犯罪の種

類によって適宜言い換える）
そうへき　双璧（「璧」＝宝石。悪いもの、優劣が明らかなものを指しては使わない）類好一対、両雄、両横綱
そうほう（相方）→双方
そうぼう（僧房）→僧坊
そうめい（聡●明）→賢明、賢い、聡明《そうめい》
そうめん（素■麺）→そうめん
そうらん
＝争乱〔争い〕戦国の争乱
＝騒乱〔騒ぎ〕騒乱罪
ぞうり　慣草履　ゴム草履、わら草履
＊「ゾウリムシ」はカタカナ書き
そうりょ　僧侶●（「侶」＝仲間）
そうりょう（惣●領）→◎総領　総領の甚六（＝長男・長女が人がよいのを皮肉って言う）
そうれい（荘麗）→壮麗　壮麗な建築、壮麗な寺院
そうろうぶん　候文
そうわ　挿話（＝本筋と関係ない話）類エピソード
そえる　添える　添え書き、添え木、添え乳、添え物、手を添える（＝助力する）、花を添える（＝より美しくする）
ソーダ（曹達■）→ソーダ（オランダ語）
そがい
＝阻害〔物事を進めさせない〕議事の進行を阻害する、発展の阻害（事柄について使う）
＝疎外〔嫌ってのけものにする〕仲間から疎外される、自己疎外（哲学用語）
そきゅう（遡◉及）→遡《そ》及《きゅう》（文語的表現なので、できるだけ「遡る」と言い換える）
そぐ（殺■ぐ、削■ぐ）→そぐ　気勢をそがれる、竹をそぐ、美観をそぐ
ぞくじ　俗耳（＝世間一般の人の耳）俗耳に入りやすい（＝一般の人々に受け入れられやすい）
そくする
＝即する〔ずれないように合わせる。ぴったりつく〕自然に即して暮らす、時代に即する、実情に即して対処する
＝則する〔ある基準に従う。のっとる〕古式に則した儀式、前例に則する、法に則する
そくせい

＝促成〔人手を加えて作物の成長を促す〕促成栽培　対抑制栽培
＝速成〔本来は時間がかかるものを素早く仕上げる〕速成教育、速成講座
＝即製〔その場で作り上げる〕即製即売、即製の料理
＝即成〔その場で成立する〕即成犯（刑法用語。殺人罪など）

ぞくせい（簇生）→群生、◎族生（「簇」＝群がる）

そくせんそっけつ　速戦即決

そくだん
＝即断〔素早い判断〕上司に即断を求める、即断即決
＝速断〔早まった断定〕速断は禁物、速断を避ける

そくとう（速答）→即答

そくぶん（仄聞）→側聞（文語的表現）（「仄」＝ほのか）類間接的に聞く、伝え聞く、うわさに聞く

そくわんしょう（側彎症）→（脊柱）側彎《そくわん》症

そげき　狙撃　狙撃兵

そこ　底　底入れ、底無し、底冷え、底光り、底引き網、底が割れる（＝見破られる）、底をつく（＝蓄えがなくなる）、底を払う・はたく（＝中身を出し尽くす）

そご（齟齬）→食い違い、行き違い、手違い、かみ合わない

そこう（遡行）→遡行《そこう》（船では「遡航《そこう》」も）類遡る、上流に向かう

そさい（蔬菜）→野菜（「蔬」＝野菜）

そし（沮止）→◎阻止

そしゃく（咀嚼）→かみ砕く、かみこなす、消化　言葉・文章を咀嚼する→よく考えて理解する、理解して自分のものにする

そじょう（遡上）→遡上《そじょう》　類遡る、上流に向かう

そじょう（俎上）→俎上《そじょう》（＝まないたの上）　俎上《そじょう》に載せる（＝話題・問題にする。「問題として取り上げる」「批評、論評を加える」など分かりやすく言い換えるのが望ましい）、俎上《そじょう》に上る（＝話題・問題になる）

そすい（疏水）→◎疎水（＝発電、給水などのために設けた水

路）
＊「琵琶湖疏水」など固有名詞は別

そせい（蘇●生）→㊕蘇生　類よみがえる、生き返る

そそう（沮●喪）→◎阻喪（「沮」＝くじける）　意気阻喪する

そそう　粗相（＝しくじり）　粗相のないように

そそぐ
＝注ぐ〔液体を流す〕水を注ぐ、火に油を注ぐ
〔集中する〕愛情を注ぎ込む、視線を注ぐ、全神経を注ぐ
〔流れ込む、降りかかる〕雨が降り注ぐ、川が海に注ぐ
＝（雪■ぐ）→そそぐ〔名誉を回復する〕恥・屈辱・汚名をそそぐ（「すすぐ」とも）

そそのかす　唆す（＝悪い方へ誘う）

そつ
＝卒〔急に〕卒然、卒中、卒倒
〔終わる〕卒業
〔兵士〕軍卒、従卒、兵卒
＝率〔ひきいる〕引率、率先、統率
〔軽はずみ〕軽率
〔あるがまま〕率直

そつう（疏●通）→◎疎通　意思の疎通を図る

そつがない（卒×がない、率×がない）→そつがない

そっけつ（速決）→即決

そっけない　素っ気ない　素っ気ない態度、素っ気なく答える

そっこう（即攻）→速攻

そっこう
＝速効〔短い時間で効き目が出る。歯学・医学の学術用語〕速効性作用、速効肥料　対遅効
＝即効〔すぐに効き目が出る〕景気回復の即効薬

そっせん（卒先）→率先

そつぜん（率然）→卒然

そっちょく（卒直）→率直

そっとう（率倒）→卒倒

そで　袖　長袖、振り袖、袖にすがる（＝頼る）、袖にする（＝冷淡にする）、袖振り（すり）合うも多生の縁（＝ちょっとしたことも前世からの因縁によるもの）、袖を引く（＝誘う、そっと注意する）

そとうば　慣卒塔婆（「そとば」とも）

そとぼり（外濠●）→外堀

そなえる

＝備える〔準備する、用意しておく〕備えあれば憂いなし、台風に備える、老後に備える
＝〔具■える〕↓備える〔具備する、生まれつき持っている〕安全装置を備えた車、運動神経を備えた人
＝供える〔神仏に物をささげる〕神前にサカキを供える、仏前に花を供える

そなわる（具■わる）↓備わる

そば（蕎●麦■）↓そば（食品）・ソバ（植物） ざるそば、そば打ち、そば粉、ソバの実

そば（傍■、側■）↓そば そばづえを食う（＝とばっちりを受ける）

そばだてる（欹●てる）↓そばだてる 耳をそばだてる

そぶり（素振り）↓そぶり 怪しげなそぶり、そぶりも見せない
＊野球などの「素振り」と区別するため、仮名書きにする

そほう（疎放）↓粗放 類おおざっぱ、綿密でない

そむける 背ける 顔を背ける、目を背けんばかりの惨状

そめる
＝染める〔色を付ける〕赤く染める、黒染め、墨染め、染め上がり、染め返す、染め粉、染め付け、染め物、血染め
＊地名等を冠した工芸品、職業などは「め」を送らない 型絵染、京染、草木染、染物師、友禅染
〔取り掛かる〕悪事に手を染める
＝初める〔動詞連用形に付いて「初めて〜する」〕桜が咲き初める

そもう（梳●毛）↓梳毛《そもう》 梳毛《そもう》機

そらす
＝（逸■らす）↓そらす 話をそらす、飛球をそらす、目をそらす
＝反らす 得意そうに胸を反らす、身を反らして難を避ける

そらんじる（諳●んじる）↓そらんじる（＝暗記・暗唱をする）

そり 反り 反り身、反りが合わない（＝しっくりいかない）

そりゃく（疎略）↓粗略 粗略に扱う

そろう（揃●う）↓そろう 足並みがそろう、粒がそろう（＝そろって優秀）

そろう（粗漏）↓疎漏 類おおざっぱ、手抜かりがある、おろそか

そろばん（算盤■）→そろばん　そろばんをはじく（＝不利にならないよう考える）、そろばんが合わない（＝採算がとれない）、そろばんずく（＝損得を考えて行動する）

そんしょく　遜色（「遜」＝劣る、「色」＝様子）類見劣り、引け目

そんぞく　尊属　直系尊属（＝父母、祖父母）、傍系尊属（＝おじ、おば）対卑属

そんたく（忖●度）→推量、推測、推察（「忖」「度」＝推し量る）

そんもう（損亡、損毛）→損耗（本来の読みは「そんこう」）　損耗をきたす

【た】

だい

＝代〔年代・年齢などのおおよその範囲〕1990年代、明治30年代、40（歳）代

〔地質時代の区分〕古生代、中生代、新生代

〔家督の順〕15代将軍、2代目の社長

＝台〔値段・時間・速度などのおおよその範囲〕午後5時台、100キロ台、1000円の大台

＊「チームの平均年齢は26歳台」のように、計算で出された数値には年齢でも「台」を使う

たいいんれき　太陰暦（陰暦とも）

＊日本で1872年まで使用されたのは、正確には「太陰太陽暦＝旧暦」

だいおんじょう　大音声（＝「大きな声」の古風な表現）

たいか（滞荷）→滞貨

だいかぐら　慣太神楽

だいがわり

＝代替わり〔君主・経営者などがかわる〕商店の代替わり、天皇の代替わり

＝台替わり〔数字の単位がかわる。主に経済用語〕平均株価の大台替わり

たいかん（戴冠）→戴冠《たいかん》（式）

＊読み仮名を付ける

たいき（待期）→待機　自宅待機

たいぎ

＝大義〔重要な意義、大切な道

義〕国家の大義、大義に殉じる、大義にもとる、大義名分
＝大儀〔重大な儀式〕即位の大儀〔おっくう〕口を利くのも大儀、仕事が大儀になる

たいきょ
＝退去〔立ち退く〕アパートを退去する、退去命令
＝退居〔隠居〕山里に退居する
＊「入居」の対語は「退去」

たいきょくけん　太極拳

だいきん　代金　代金支払い
送代金引換（郵便）

たいけい
＝体系〔系統づけられた組織・システム〕給与体系、診療報酬体系、体系づける、体系的に学ぶ、理論体系
＝大系〔系統立てて編集した著作物・シリーズ〕漢文大系、古典文学大系

たいけい（体型）→体形　体形が崩れる、肥満体形

たいこ　太古（＝有史以前）

たいこ（大鼓）→太鼓（大鼓は「おおつづみ」「おおかわ」で鼓の大型のもの）太鼓判を押す（＝人物や事柄に間違いがないことを保証する）

たいご（隊伍）→隊列、隊

たいこう
＝対抗〔対決〕対抗策、対抗馬、与党案に対抗する
＝対向〔対面〕対向車、対向車線

たいこうぼう　太公望（＝釣り人）

だいこくばしら　大黒柱（＝家庭や組織の支えになっている人物）

だいごみ（醍醐味）→醍醐《だいご》味　類本当の面白さ、最高の味わい、妙味、何とも言えない趣

たいざんめいどう（泰山鳴動）→大山鳴動　大山鳴動してねずみ一匹

たいじ（対峙）→対抗、にらみ合い、相対する、対峙《たいじ》（「峙」＝そびえ立つ）

たいしょう
＝対称〔つり合っている〕左右対称、対称図形、対称点
＝対象〔意識や関心が向かう先〕調査の対象、読者対象
＝対照〔比較する、相反する特徴を持つ〕AとBとを対照する、貸借対照表、対照的な存在

たいしょく（褪色）→◎退色　類色あせる、あせた色

たいしん（対震）↓耐震
＊「対震自動消火装置付きストーブ」などは別

たいせい
＝体制〔恒久的な組織、統一的な仕組み、社会や集団を維持する支配的勢力〕旧体制、教育体制、強権体制、現体制、資本主義体制、社会体制、新体制、生産体制、責任体制、戦時体制、体制内、独裁体制、反体制、有事即応体制、20人体制で委員会が発足
＝態勢〔一時的な身構え・状態、特定の事柄に対応する準備〕厳戒態勢、出動態勢、準備態勢、スト態勢、選挙態勢、増産態勢、着陸態勢、独走態勢、特別輸送態勢、逃げ切り態勢、臨戦態勢、50人態勢で行方不明者を捜索
＝体勢〔体の勢い、姿勢〕体勢が崩れる（相撲など）、得意な体勢に持ち込む
＊「受け入れ体制・態勢」「挙党体制・態勢」「警備体制・態勢」「24時間体制・態勢」などは内容により使い分ける

たいせい（頽●勢）↓◎退勢　退勢を食いとめる・盛り返す

たいせき（堆積◉）↓積もる、累積、堆積《たいせき》（「堆」＝うずたかい）堆積《たいせき》岩、堆積《たいせき》平野

たいぜんじじゃく　泰然自若（＝落ち着き払って動じない）

たいそう（大層）↓たいそう（やや古風な表現）　たいそう暑い、たいそうなことを言う
類大げさ、ひどく、大変

だいそれた　大それた〔他人に対して言うときは非難の意が、自分について言うときは謙遜の意がこもる〕類とてつもない、突拍子もない、途方もない

だいたい（大腿●）↓太もも、大腿《だいたい》（部・骨）

たいてい　大抵　並大抵

たいと　泰斗（＝その道で目標として仰ぎ尊ばれる人物。「泰山北斗」の略）

たいとう（擡●頭）↓台頭　類新興、頭をもたげる、勢力を増す

たいのう（怠納）↓滞納

たいはい（頽●廃）↓◎退廃（「頽」＝衰える）　退廃した文化、退廃的な気分

た

たいひ
＝退避〔退いて難を避ける。避難〕危険区域から退避する、退避訓練、退避命令、ホーム下の退避場所
＝待避〔一時的によけて待つ〕保線作業員の待避所、列車の待避線
たいひ（堆肥）↓堆肥《たいひ》
だいぶ（大分）↓だいぶ（「だいぶん」とも）
たいへい（大平、泰平）↓太平
太平楽を並べる・言う、天下太平
たいぼう（戴帽）↓戴帽《たいぼう》（式）
＊読み仮名を付ける
たいまつ（松明）↓たいまつ
たいよう（体様）↓態様（文語的表現）類様子、形態、形
たいようしゅう　大洋州（＝オセアニア）
だいろっかん（第六勘）↓第六感
類直感、勘、霊感
だえき　唾液
たえる
＝耐える〔こらえる、辛抱する〕悲しみに耐えられない、困苦欠乏に耐える、重圧に耐える、耐えきれぬ苦痛、耐え忍ぶ、風雪に耐える、理不尽な批判に耐える
＝堪える〔十分に満足できる、価値を持っている〕鑑賞・使用・実用に堪える、聞く・見る・読むに堪えない、任に堪えない、批判に堪える学説、感に堪える（＝「感に堪えない」に同じ）〔感情が極まって、抑えられない状態になっている。「〜に堪えない」の形で、「〜」には感情を表す語が入る〕遺憾に堪えない、驚きに堪えない、寒心に堪えない、ざんきに堪えない、憤慨に堪えない、憂慮に堪えない、喜びに堪えない、感に堪えない（＝感動を抑えきれない）
＝（断える）↓絶える〔続いていたものが途中で切れる〕息が絶える、消息・通信・連絡・補給が絶える、送金が途絶える、絶え絶え、絶え間
だえん（楕円）↓長円、楕円《だえん》
たおる　手折る（花や枝について使う。文語的表現）
たかとび

＝高飛び〔逃走〕容疑者が高飛びする
＝高跳び〔跳躍〕走り高跳び、棒高跳び

たかねのはな〔高嶺●の花〕→高嶺《たかね》の花

たかみのけんぶつ〔高処■の見物〕→高みの見物（「み」は接尾語）

たかをくくる〔多××寡をくくる〕→高をくくる（＝程度や力量を低く見てあなどる）

たき 多岐 多岐にわたる、複雑多岐を極める

だき 唾棄 類忌み嫌う、嫌悪、排斥

たく
＝炊く〔食べ物を煮る〕炊き込みご飯、炊き出し、煮炊き
＝〔焚●く〕→たく〔火を燃やす〕護摩をたく、たき火、火をたく、風呂をたく
＝〔炷●く、薫■く〕→たく〔香をくゆらせる〕香をたく、線香をたく

たぐい〔比■い〕→類い 類いまれな才能

たくさん〔沢山〕→たくさん

たくす〔托●す〕→託す

たくはつ〔托●鉢〕→托鉢《たくはつ》（「托」＝手に物を載せる） 托鉢《たくはつ》僧

たくみ 巧み 巧みな話術

たくみ〔匠■、工■〕→匠《たくみ》 匠《たくみ》の技

たくむ〔工■む、巧■む〕→たくむ たくまざる美、たくまずして成る

たくらむ〔企■む、謀■む〕→たくらむ 謀反をたくらむ

たくわえる〔貯■える〕→蓄える

たこ
＝〔蛸●、章■魚■〕→タコ・たこ 酢だこ、たこ足配線、たこ焼き、引っ張りだこ、ゆでだこ
＝〔凧●、紙■鳶●〕→たこ たこ揚げ
＝〔胼●胝●〕→たこ ペンだこ、耳にたこができる

たざんのいし 他山の石 ⇐385ページ

だし 慣山車

だし〔出汁■〕→だし だし汁、人をだしにする、二番だし

たしせいせい〔多士斉×々〕→慣多士済々（＝多くの優れた人材が集まっている様子。「たしさいさい」とも）

たしなむ〔嗜●む〕→たしなむ 生け花をたしなむ（＝心得がある）、酒はたしなむ程度（＝

た

 ●表外字 ■表外音訓 ▲不使用漢字 ◉難読音訓 ○追加漢字 □追加音訓

ほどよく親しむ）、我が身をたしなむ（＝慎む）

だしもの（演■し物）→出し物　類演目、上演作品

だじゃく（懦•弱）→惰弱（「懦」＝弱い）類だらしがない、意気地がない、体力がない

たしょうのえん（他生の縁、多×少×の縁）→統多生の縁

＊「多生」は何度も生まれ変わること。多生の間に結ばれる因縁が「多生の縁」。「他生」は今生に対する前世と来世を指す。共に仏教用語で、混同されて古くから「他生の縁」とも書くが、「多生の縁」が本来の表記

たすける（救■ける、援■ける、扶■ける）→助ける　成長を助ける、助け合い、助け舟

たずねる

＝訪ねる〔会いに行く、おとずれる〕知人・史跡を訪ねる

＝（訊•ねる）→尋ねる〔問い求める〕証人・被告に尋ねる、行方・道・名前を尋ねる、由来・起源・歴史を尋ねる、お尋ね者、尋ね人、尋ね物

だせい（随勢）→惰性　惰性で飲酒する

たそがれ（黄■昏•）→たそがれ　人生のたそがれ

だそく　蛇足　蛇足ながら一言　類あらずもがな、なくもがな、無駄、余分

ただ（只•、唯■）→ただ　ただならぬ、ただ乗り、ただ者ではない

たたえる

＝（讃•える、賛■える、称■える）→たたえる　功績をたたえる

＝（湛•える）→たたえる　満面に笑みをたたえる、水をたたえる

たたかう

＝戦う〔一般用語。勝ち負け、優劣を競う〕意見を戦わせる、言論で戦う、告示前の戦い、戦わずして勝つ

＝闘う〔障害・困難などに打ち勝とうと努める〕時間との闘い、自然との闘い、精神と肉体との闘い、病魔との闘い（闘病）

〔主張・要求・訴えを通そうと奮闘する。闘争〕基地返還の闘い、闘う組合、派閥の闘い、労使の闘い

たたく（叩●く）↓たたく　たたき台にする、たたけばほこりが出る、減らず口をたたく

ただし（但▲し）↓ただし　ただし書き

ただす

＝正す〔悪いところを改める、きちんとする〕素行・襟・姿勢・威儀・居住まいを正す

＝（質■す）↓ただす〔明らかにする。質問〕疑問・方針・問題点をただす、真意をただす

＝（糾■す）↓ただす〔取り調べる。吟味〕是非をただす、罪をただす

たたずむ（佇●む）↓たたずむ〔＝しばらく立ち止まる、ひっそりと立つ〕街角にたたずむ、森の中にたたずむ人家

たたみ　畳　石畳、畳いわし、畳表、畳替え、畳敷き

たたむ　畳む　折り畳み、畳みかける、畳み込む、店を畳む、胸に畳んでおく

たたる（祟●る）↓たたる　悪霊にたたられる、不勉強がたたる

たち　㊐慣太刀　太刀打ち、太刀持ち

たち…　立ち会う、立ち居振る舞い（「立ち振る舞い」とも）、立ち入り（禁止）、立ち売り、立ち往生、立ち遅れ、立ち枯れ、立ち木、立ち消え、立ち食い、立ち腐れ、立ち込める、立ち直る、立ち話、立ち番、立ち回り、立ち見、立ち役、立ち寄る

[送]立場

…たち（達■）↓たち　君たち、子供・子どもたち、友人たち

＊「(慣)友達」は別

たちあい

＝立ち会い〔同席・列席する〕お立ち会い、市場の立ち会い、手術の立ち会い、立ち会い終了

[送]立会演説、立会時間、立会場、立会人など

＝立ち合い〔互いに立つ〕剣道の立ち合い、相撲の立ち合い

たちこめる（立ち籠■める）↓立ち込める　霧・煙が立ち込める

たちのく　(慣)立ち退く

たつ

＝断つ〔続いていたものを途中でやめる。切り離す、打ち切る〕関係・国交を断つ（断交）、

後続・資金源・退路・補給路・通信線・糧道を断つ・断たれる〔切断・分断〕、思いを断つ〔断念〕、酒色を断つ、食事を断つ〔信仰・修行・療養のための断食。病気治療の場合は「絶つ」とも〕、断ち難い思い、茶断ち塩断ち、電源を断つ、〔電気・熱の〕伝導を断つ、筆を断つ〔断筆〕、未練を断ち切る

＝絶つ〔続くはずのものをそれ以上続けない。絶える、絶やす〕足跡・通信・連絡・行方を絶つ、縁・接触・消息・望みを絶つ・絶たれる、後を絶たない、跡を絶つ〔消息〕、命を絶つ〔絶命〕、交際・交流を絶つ〔絶交〕、食事を絶つ〔絶食。治療上、食べ物を摂取しない〕

＝裁つ〔寸法に合わせて切る。裁縫用語〕裁ち板、裁ち方、裁ち台、裁ち縫い、裁ちばさみ、裁ち物、服地を裁つ

たつ

＝立つ〔現れる、成り立つなど〕うわさが立つ、窮境に立つ、立つ瀬がない、煮え立つ、見通しが立つ

〔建物がそこにある〕家が立ち並ぶ、縁日に店が立つ、丘に立つ家、石碑の立つ公園、ビルが立っている

＝（起■つ）→立つ〔起立、決起〕演壇に立つ、使者に立つ、席を立つ、民衆が立つ

＝建つ〔建設する〕空き地にビルが建つ、新しく丘に建つ家、駅前に新しく店が建つ、石碑が建つ予定の公園、屋敷にふさわしい塀が建った

＝（発■つ）→たつ〔出発する〕9時の便でたつ、東京をたつ

＝（経■つ）→たつ〔時間が過ぎる〕月日がたつ

だっきゅう　脱臼

たっけん（達見）→卓見　類見識、立派な意見

たっしゃ　達者　口が達者、達者に暮らす

たっとい・たっとぶ　尊い・尊ぶ、貴い・貴ぶ（とうとい・とうとぶの古風な言い方）

⇩「とうとい・とうとぶ」

たづな●　手綱　手綱を締める

たて（楯●）→盾　盾突く（＝目上

に対し反抗する）、盾に取る（＝言い訳にする）

たて　慣殺陣　類立ち回り

…たて（立て）↓たて　生まれたて、ペンキ塗りたて、焼きたて

だて（伊達）↓だて　男だて、だて男、だての薄着、だて眼鏡

たてあな（竪穴）↓縦穴
＊遺跡の場合は特竪穴

たておやま　慣立女形（＝一座の中心の女形俳優）

たてがみ（鬣、立て髪）↓たてがみ（＝馬や雄のライオンなどの首筋の長い毛）

たてこう（竪坑、縦坑）↓立て坑

たてこむ（立て混む、建て込む）↓立て込む　仕事が立て込む、店の中が立て込んでいる

たてこもる　立て籠もる・立てこもる

たてなおす
＝立て直す〔一般用語〕経営を立て直す
＝建て直す〔建築〕家を建て直す

たてる
＝立てる〔一般用語〕お膳立て、顔を立てる、義理立て、計画を立てる、志を立てる、邪魔立て、立て板、立て替え（金銭）、立て替え金、立て看板、（障子の）立て付け、立て続け、立て膝、立て札、忠義立て、手柄を立てる、2頭立て、2本立ての映画、腹を立てる、身を立てる
送立女形、立役者
＝建てる〔主に建築・経済用語〕一戸建て、円・ドル建て、国を建てる、石碑・銅像を建てる、建て売り、建て替え（建築）、建てページ、建て増し、2階建て、別建て、両建て預金
送建網、建売業者、建売住宅、建玉、建具、建坪、建値、建前、建面積、建物、建屋
＝（点てる）↓たてる　茶をたてる

たとい・たとえ（仮令、縦令、例え）↓たとい・たとえ（～しても）

たとえる（譬える、喩える）↓例える　例え（話）、例えば

たどる（辿る）↓たどる　記憶をたどる、地図をたどって進む

たな　棚　棚上げ、棚卸し、棚からぼた餅、棚に上げる（＝あ

えて触れない）
たなざらし（店晒■•し、店曝■•し、棚晒•し）→たなざらし　類売れ残り、滞貨
たなばた　慣七夕
たにあい（谷■間）→谷あい
たね　種　変わり種、種明かし、種切れ、種まき、てんぷらの種、一粒種（＝一人っ子）
たばこ（煙■草■）→たばこ（製品）・タバコ（植物）　たばこを吸う、タバコの葉
たび　慣足袋
だび（茶■毘•）→火葬、茶毘《だび》（仏教用語。仏教以外には使わない）　茶毘《だび》に付す
たびだち　旅立ち
たぶん　他聞　他聞をはばかる（＝他人に聞かれるのを嫌う）
たべる　食べる　食べ歩き、食べ頃、食べ盛り、食べ物
だほ（拿•捕）→捕獲、拿捕《だほ》（「拿」＝捕らえる）
たま
＝（珠■）→玉（一般用語。価値のあるものの例え）替え玉、（取って置きの）隠し玉、くす玉、シャボン玉、掌中の玉、善玉悪玉、玉串、玉転がし、玉突き衝突、玉手箱、玉にきず、玉の汗、玉のこしに乗る、玉乗り、鉄砲玉（比喩）、パチンコ玉、火の玉、目の玉
＝球（競技に使うボール、球体）隠し球（野球）、決め球、くせ球、球足が速い、球遊び、電気の球、ピンポン球、棒球
＝弾（弾丸）大砲の弾、流れ弾、ピストルの弾
たまう（給■う、賜■う）→たまう
たまご（玉子）→卵　卵とじ、卵焼き
＊「玉子丼」は別
たまもの（賜■物、賜■）→たまもの、頂いた物、成果
たまる（貯■まる、溜•まる）→たまる　金がたまる、疲労がたまる、ランナーが塁にたまる
たまわりもの　賜り物　類頂き物
たまわる　賜る（「もらう」「受ける」の謙譲語。一般的には、「いただく」「くださる」を使う）
たむける　手向ける　手向けの花
だめ　駄目　駄目を押す（＝念を押す。囲碁用語から）

ためいき（溜●め息）→ため息

ためし
＝（例■）→ためし〔先例〕 試合に勝ったためしがない
＝（験■し）→試し〔こころみ〕 試しにやってみる、物は試し

ためる 矯める 矯めつすがめつ（＝いろいろな角度から念入りに見る）

ためる（貯■める、溜●める）→ためる へそくりをためる、目に涙をためる

たもと（袂●）→たもと たもとを分かつ

たゆう 慣太夫・大夫（「たいふ」とも）
＊文楽は「太夫」

たらいまわし（盥●回し）→たらい回し（＝次々にほかへ回す） 政権のたらい回し、役所でたらい回しにされる

たりきほんがん 他力本願 ⬅398ページ

たる（樽●）→たる 酒だる、ビアだる

たるき 垂木

だるま（達■磨）→だるま 火だるま、雪だるま

だれ 誰

たれる 垂れる 糸を垂れる、垂れ流し、垂れ幕、範を垂れる

たわいない（他愛■ない）→たわいない（「たわいがない」「たわいもない」とも） たわいない話、たわいなく負ける

たわむ（撓●む）→たわむ 類しなう

たんか（担●荷）→担架

たんか（啖●呵●）→たんか たんかを切る（＝威勢良くまくし立てる）

だんか（檀●家）→檀家《だんか》

だんかい 団塊 団塊の世代

だんがい（弾劾◉）→弾劾《だんがい》 裁判官の弾劾《だんがい》、弾劾《だんがい》裁判所

だんがい 断崖 断崖絶壁

たんがん（歎●願）→◎嘆願 嘆願書

だんぎ
＝談義〔仏教用語。道理を説く〕 談義僧、長談義（＝堅苦しくつまらない話）、法話談義
＝談議〔気ままに話し合う〕 ゴルフ談議、政治談議に花を咲かす

たんきゅう
＝探求〔探し求める。探索〕 真実を探求、平和の探求
＝探究〔見きわめる。研究〕 真

理の探究、美の本質を探究

たんけん（探険）→(統)探検

だんこ（断乎）→断固　断固拒否する

たんこう

＝炭坑〔石炭を掘る穴〕炭坑に入る、炭坑節（歌名）

＝（炭礦）→◎炭鉱〔石炭の出る山〕炭鉱のある町、炭鉱爆発、炭鉱労働者、三池炭鉱

だんこん　弾痕

たんしょ（端初）→端緒（「たんちょ」とも）端緒に就く

[類]糸口、手掛かり

たんしょう（嘆称）→嘆賞　[類]賞嘆、感嘆

たんす（簞笥）→たんす

たんせい（丹誠）→(統)丹精　丹精を込める・凝らす（＝一心に努める）

たんせい（端整）→端正　端正な顔だち、端正な着こなし

たんそ（炭疽）→炭疽《たんそ》（菌・病）

たんたん

＝淡々〔あっさり、さっぱり〕心境を淡々と語る、淡々とした態度

＝（坦々）→たんたん〔地面・道路が平ら〕たんたんとした道〔平凡な、変化がない〕たんたんとした人生

だんだん

＝段々〔段があるさま〕段々畑

＝（段々）→だんだん〔次第に〕だんだん良くなる（「だんだんと」「だんだんに」とも）

たんてき　端的（文語的表現）端的に言えば（＝要点を言えば）

たんでき（耽溺）→溺れる、ふける、夢中になる、熱中する（多く感心しないものに心を奪われる場合に使う）

たんとうちょくにゅう　単刀直入

たんどく（耽読）→読みふける、夢中になって読む

だんな　旦那　旦那衆、若旦那

＊文脈により仮名書きも

たんのう　(慣)堪能　語学に堪能、料理を堪能する

＊練達、上手を意味するときの本来の読みは「かんのう」

たんぱく（淡白）→(統)淡泊　[類]こだわらない、さっぱりしている、あっさりしている

たんぱくしつ（蛋白質）→たんぱく質

たんぺいきゅう　短兵急（＝短刀

などの短い武器「短兵」で「急」に敵を攻めること。せっかちに行動する）　短兵急な申し出

たんぺん（短篇●）→◎短編

たんぼ（田圃●）→田んぼ、田

だんらん（団欒●）→だんらん、なごやかに集う、くつろいで過ごす（「団」＝円い、「欒」＝集まる。みんなで車座に座る意）

＊「団らん」と交ぜ書きにしない

たんれん（鍛練）→㊔鍛錬

だんろ（煖●炉）→◎暖炉、ストーブ

【ち】

ち　乳　乳飲み子、乳房

ちえ（智●慧●、智恵）→◎知恵　知恵袋、知恵を付ける（＝そそのかす）

ちかく

＝地核（地球の中心）高熱高圧の地核

＝地殻（地球の最外層）地殻構造、地殻変動（「業界の地殻変動」など、社会・組織の大きな変化を指してもいう）

ちからずく　力ずく（＝力任せ）力ずくで奪い取る　類腕ずく

ちからづく　力付く（＝元気付く）励ましに力付く

ちくいち　逐一（＝一つずつ順を追い詳しく）逐一報告する

ちぐう　知遇（＝人格・才能などを認められ、手厚く遇される）知遇を得る

ちくようぎょ（畜養魚）→蓄養魚

ちご　慣稚児　稚児行列

ちしつ（知悉●）→精通、熟知、知り尽くす（「悉」＝すべて）

ちしゃ（智●者）→◎知者

ちせき（治跡）→治績（＝政治上の功績）

ちぢこまる　縮こまる　類すぼむ、すくむ、縮み上がる、すくみ上がる

ちぢみ

＝縮み（一般用法）縮み織り、布地の縮み、伸び縮み

＝縮（地名等を冠した工芸品）阿波縮、越後縮、能登縮

ちなむ（因■む）→ちなむ　ちなみに

ちのう（智●能）→◎知能　知能指数、知能犯

ちほう（痴●呆●）→認知症（の症状）

ちまた（巷●）→ちまた、町中、街路、通り　ちまたのうわさ（世間）、戦乱のちまた（場所）

ちみつ（緻密）→精密、綿密、細密、きめ細かい、細かくて詳しい、緻密《ちみつ》（「緻」＝きめ細かい）

ちゃ　茶　茶入れ、茶漬け、茶筒、茶摘み、茶摘み歌、茶飲み友達、茶わん蒸し

ちゃかす（茶化す）→ちゃかす

ちゃくふく　着服　[類]横領

ちゃめ（茶目）→ちゃめ　おちゃめな子、ちゃめっ気がある

ちゅう　宙　宙返り、宙に浮く・迷う（＝決着がつかない）

ちゅうおしがち　中押し勝ち（囲碁）

ちゅうかい（註解）→◎注解

ちゅうけい（仲継）→中継

ちゅうこく（注告）→忠告

ちゅうしゃく（註釈）→◎注釈

ちゅうしゅう

＝中秋（陰暦8月15日）中秋の名月、中秋の夜

＝仲秋（陰暦8月の別称。初秋と晩秋の間）仲秋の候

ちゅうしょく（中食）→昼食

＊「中食（なかしょく）」は、市販の弁当や総菜を買ってきて家庭で食べる食事。外食と家庭で作る料理の中間の意

ちゅうしん　衷心　衷心よりおわびします（書簡などで使う硬い表現）

ちゅうぜい　中背　中肉中背

ちゅうせいだい　中生代（＝古生代と新生代の間。三畳紀、ジュラ紀、白亜紀に分かれる）

ちゅうせき　沖積　沖積世、沖積層、沖積土、沖積平野

ちゅうせん（抽籤）→抽選、くじ引き（「籤」＝くじ）

ちゅうたい（紐帯）→つながり、連帯、絆

ちゅうちょ（躊躇）→ためらい、迷い、ぐずぐずする、ちゅうちょ（「躊」「躇」＝ためらう）

ちゅうづり（宙吊り、中吊り）→宙づり

＊電車などのつり広告は「中（なか）づり」

ちゅうハイ　酎ハイ

ちゅうぶらりん（宙ぶらりん）→(統)中ぶらりん（「中ぶらり」とも）

ちゅうぼう（厨房）→台所、調理室・場、厨房《ちゅうぼう》

ちゅうみつ（稠密）→周密、密集、多く集まっている（「稠」＝稲が茂るように多い）

ちゅうもん（註●文）→◎注文　注文を付ける

ちゅうやをおかず（昼夜を舎■かず）→昼夜をおかず（＝絶えず行う。「舎」＝やすむ）

ちょうあい（寵●愛）→かわいがる、気に入り、特別にする（「寵」＝いつくしむ）

ちょうい

＝弔意〔哀悼の意〕弔意を表する

＝弔慰〔死者を弔い遺族を慰める〕弔慰金

ちょうかん（鳥瞰●、鳥観）→見下ろす、鳥瞰《ちょうかん》（図）（「瞰」＝見下ろす）

ちょうこう（徴候）→㊔兆候　類前触れ、兆し

ちょうこうぜつ　長広舌（仏典の「広長舌」の変化したもの）

ちょうし（銚●子）→ちょうし、とっくり

ちょうじ　弔辞（国会関係は「弔詞」＝ちょうし」）

ちょうじ（寵●児）→人気者、花形（「寵」＝いつくしむ）

ちょうしゅう

＝徴収〔金銭を取り立てる〕会費を徴収する、源泉徴収、税金の徴収

＝徴集〔人を呼び集める〕人員を徴集する、予備兵の徴集

ちょうしょう　嘲笑　類冷笑、あざ笑う

ちょうじり　帳尻　帳尻を合わせる（＝つじつまを合わせる）

ちょうずばち（手■水■鉢）→ちょうず鉢、手洗い

ちょうせい

＝調整〔調子や過不足などを整える〕意見を調整する、エンジンを調整する、時間の調整、成分無調整豆乳、調整池、年末調整

＝調製〔注文に応じて作る〕選挙人名簿を調製する、脱穀調製、調製豆乳、土産品の調製

ちょうだい

＝（頂戴）→ちょうだい〔親しみを込めて要求・要望する〕おやつをちょうだい、買ってちょうだい　類ください

＝頂戴〔「もらう」「食べる・飲む」の謙譲語〕お叱りを頂戴する、頂戴物　類頂く

ちょうちょうはっし（打■々発止）→丁々発止（＝激しく議論を戦わすさま。刀のぶつかる音

ち

から）丁々発止と渡り合う

ちょうちん（提灯）→ちょうちん
ちょうちん持ち（＝ごまをする）

ちょうでんどう
＝超伝導〔学術用語〕
＝超電導〔JISなど〕
＊リニアモーターカーなど実用化の分野でも「超電導」が使われている

ちょうど（丁度）→ちょうど

ちょうび（掉尾）→最後、最終（「尾」を「掉（振）る」の意。「掉尾＝とうび」は慣用読み）

ちょうふ　貼付
＊「貼付＝てんぷ」は慣用読み。「貼り付ける」など分かりやすい表現も活用する

ちょうふく　重複（「じゅうふく」とも）

ちょうへん（長篇）→◎長編

ちょうほう（調法）→重宝（＝貴重な宝、役に立つ）何かと重宝な男
＊調法は「不調法」の形で「行き届かない」意。不調法ながら、不調法いたしました

ちょうほう（諜報）→秘密情報、情報（局）、諜報《ちょうほう》

ちょうもんかい（聴問会）→聴聞会

ちょうらく（凋落）→衰微、没落、落ち目（「凋」＝しぼむ）

ちょうりょう（跳梁）→横行、はびこる、のさばる

ちょうろう（嘲弄）→ばかにする、からかう、嘲弄《ちょうろう》

ちょくじょうけいこう　直情径行

ちょすいち　貯水池

ちょっかん
＝直感〔瞬間的に感じとる、ひらめき〕怪しいと直感する、直感を働かせる、直感的に分かる（＝勘で判断する。日常的な言い方）
＝直観〔論理・知識を用いずに本質を捉える〕直観主義、哲学的直観、直観的に分かる（＝本質を見抜く。哲学や神学で使う）

ちょっこう
＝直行〔寄り道をしない〕現場に直行する、直行便（トラック、飛行機）、直行列車
＝直航〔船が直接、目的地まで行く〕直航船、直航便（船舶）

ちょっと（一寸、鳥渡）→ちょっと（くだけた言い方）

ちょとつもうしん（猪●突猛進）↓猪突《ちょとつ》猛進　類無鉄砲、向こう見ず

ちり（塵●）↓ちり　ちりも積もれば山となる

ちりばめる（鏤●める、散×りばめる）↓ちりばめる　金銀をちりばめる、美辞麗句をちりばめる

ちんぎん（賃銀）↓賃金

ちんせい
＝沈静〔自然に落ち着く。「～が」に続く〕インフレが沈静する、景気が沈静する、沈静した空気、値上げムードが沈静、噴火が沈静した
＝鎮静〔人為的に落ち着かせる。「～を」に続く〕景気鎮静策、鎮静剤、反乱を鎮静する

ちんせいか（鎮静化）↓沈静化　デモの沈静化を図る

ちんでん（沈澱●）↓◎沈殿

ちんにゅう（闖●入）↓乱入、侵入（「闖」＝不意に入り込む）

ちんぷ　陳腐　陳腐化

【つ】

ついかんばん　椎間板

ついきゅう
＝追及〔悪事などを暴くために追い詰める〕疑惑・責任・容疑者・余罪を追及する、追及の手を緩めない、追及をかわす
＝追求〔目的達成のために追い求める〕利益・利潤・理想・真実を追求する、幸福の追求（＝幸福になりたいと努める）
＝（追窮）↓追究〔明らかにするために研究する〕学問・真理・本質・原因を追究する、幸福の追究（＝幸福とは何か解明する）

ついじゅう　追従（＝そのまま従う）　上司の意見に追従する

ついしょう　追従（＝へつらう）　追従口（＝おべっか）、追従笑い（＝ご機嫌取りに笑う）

ついたち（朔●、朔●日■）↓慣一日

ついたて（衝■立）↓ついたて

ついては（就■いては）↓ついては

ついに（終■に、遂■に）↓ついに

つうちょう（通牒●）↓通達、通告、知らせ

つうば　痛罵　類痛烈な悪態、激しい非難、ののしり

つうよう（痛痒●）↓苦痛、痛み

つえ（杖●）↓つえ　つえをつく、

つ

松葉づえ

…つかい　息遣い、色遣い、上目遣い、仮名遣い、金遣い、気遣い、心遣い、小遣い銭、言葉遣い、人形遣い、筆遣い、無駄遣い、文字遣い、両刀遣い

＊例外的に「使い」を用いるもの　お使いに行く、剣術使い、子供の使い、忍術使い、人使いが荒い、普段使い、文使い、魔法使い、猛獣使い

つかう　使う　上目を使う、金の使い道、漢字を使う、気を使う、現地の言葉を使う、心を使う、声色を使う、神経を使う、大金を使う、使い勝手、使い切れぬほどの金額、使い込みが発覚、使い捨て、使い手、使い走り、使い古し、使い分け、道具を使う、道路建設に使う予算、二枚舌を使う、人形を使う

＊動詞の形で「遣」を使うのは「気遣う」だけ。ただし、「気を〜」は「使う」

つかさどる（司■る）↓つかさどる　議事進行をつかさどる

つかずはなれず（即■かず離れず）↓付かず離れず（＝ほどよい関係）類不即不離

つかのま（束■の間）↓つかの間（「束」＝少しの時間）

つかまる・つかまえる

＝捕まる・捕まえる〔逃げないよう取り押さえる〕現行犯で捕まる、虫を捕まえる、容疑者を捕まえる

＝（摑•、捉■）↓つかまる・つかまえる〔しっかり持つ、引き留める〕機会をつかまえる、木の枝につかまる、タクシーをつかまえる、手すりにつかまる

つかむ（摑•む）↓つかむ　つかみ合い、つかみどころがない、手づかみ

つかる（浸■かる）↓漬かる

つかわす　遣わす　使者を遣わす、褒美を遣わす

つき

＝付き〔一般用法〕賞金付き、付き合い、付き人〔芸能界〕

＝付〔職分〕審議室付、役員室付

つき　月　月明かり、月遅れ、月掛け（貯金）、月替わり、月決め、月並み、月初め、月払い、月割り

つぎ 次 次々に、次の間

つきかげ（月陰）↓月影（=月の光、月の姿）

つぎき（継ぎ木）↓接ぎ木

つきぎめ（月極■）↓月決め 月決め駐車場、月決め料金

つきそい 付き添い
送付添人

つきやま 慣築山

つく

=（衝■く、撞●く）↓突く 鐘を突く、弱点を突く、玉を突く、鼻を突く臭気、棒で突く
〔複合語〕突き当たり、突き合わせる、突き落とし、突き倒し、突き出し、突き詰める、突き通す、突き止める、突き放す、突っ掛かる、突っ切る、突っ込む、突っ張る

=（突く）↓つく〔実質的な意味が薄いもの〕意表・不意をつく、嵐をついて進む、口をついて出る、底をつく、つえをつく、手・肘をつく、判子をつく

=（舂●く、搗●く）↓つく 米をつく（精米）、餅をつく

=（憑●く）↓つく〔乗り移る〕悪霊がつく

=（吐■く）↓つく〔息や言葉などを出す〕悪態をつく、うそをつく、ため息をつく

つく・つける

=（附▲）↓付く・付ける〔取れなくなる、添える、定める、加わる〕味を付ける、色を付ける、嫌みな様子が鼻に付く、裏付ける、顔に墨が付く、片付ける、傷を付ける、気を付ける、語学が身に付く、刺し身に手を付ける、条件を付ける、力付ける、知識・技術を身に付ける、帳付け、付き合う、付き添う、敵に追い付く、名付け親、バッジ・リボンを付ける、火が付く、味方に付ける、目を付ける、寄せ付けない、利息が付く

=着く・着ける〔達する、ある場所・位置に身を置く、身にまとう・帯びる〕足が地に着かない、衣装を身に着ける、落ち着く先、課題に手を着ける、シートベルトを着ける、仕事が手に着かない、席に着く、手紙が着く、東京に着く、配置に着く、船を岸に着

ける、マスク・腕章を着ける
＝（付・着）→つく・つける〔実質的な意味が薄いもの〕後をつける、板につく、折り合いをつける、株価が○○円をつける、決着をつける、けりがつく、差がつく、高くつく、取り返しがつかない、日記をつける、ピンそばにつける、4位につける
＝就く・就ける〔始める、ある仕事・地位に身を置く〕王座に就く、外野の守備に就く、帰途に就く、職に就く、緒に就く、任務に就く、眠りに就く、役職に就ける、病の床に就く
＝（即）■→つく・つける〔即位〕皇位・王位につく
＝（点）■→つく・つける〔点灯〕電灯・エアコンをつける、ネオンがつく

つぐ

＝次ぐ〔すぐ後に続く。順次〕相次ぐ事件、大臣に次ぐ地位、地震に次いで津波が起こる、社長に取り次ぐ
＝継ぐ〔受け伝える。継続〕（社長の）後継ぎ、（家元の）跡継ぎ、跡目を継ぐ、遺志を受け継ぐ、家業を継ぐ、中継ぎ投手〔付け加える〕言葉を継ぐ、継ぎ手、継ぎはぎ、継ぎ目（管、レール）、継ぎを当てる、二の句が継げない、矢継ぎ早、矢を弓に継ぐ、夜を日に継いで（×日を夜に継いで）
＝接ぐ〔接続、接合〕接ぎ木、接ぎ穂、接ぎ目（壁、タイル）、骨接ぎ、割れ物を接ぎ合わせる
＝（注ぐ）■→つぐ〔そそぎこむ〕酒をつぐ、投手をつぎ込む

つくる

＝作る〔こしらえる。主として規模の小さいものに。一般用語〕生き・生け作り、形作る、規則を作る、記録を作る、米作り、作り話、作り笑い、罪作り、手作り、人形を作る、文を作る
＝造る〔造成、醸造、営む。主として規模の大きいものに〕石造り、国造り、財産造り、酒を造る、数寄屋造り、宅地を造る、造り酒屋、庭園を造る、荷造り、船を造る、みそを造る、寄せ木造り
＝創る〔創造、独創を強調する〕

場合。限定用語〕新しい文化を創る
＊「街・町づくり」「人づくり」「体力づくり」など使い分けに迷う場合は仮名書きにする

つけ… 付け合わせ、付け加える、付け足し、付け出し、付け届け、付け人〔相撲など〕、付け焼き刃

つけ・づけ
＝付け〔一般用法〕味付け、当て付け、位置付け、意味付け、格付け、門付け、着付け、義務付け、心付け、立て付け、飲み屋の付け、のり付け、火付け、吹き付け、節付け、焼き付け
＝付〔日付〕1日付人事、5日付の発表

…づけ
＝漬け〔調味料〕かす漬け、塩漬け、ぬか漬け、みそ漬け
〔素材〕白菜漬け、らっきょう漬け、わさび漬け
〔手法〕一夜漬け〔急ごしらえの準備の意でも〕、即席漬け、早漬け
〔毒されている例え〕薬漬け〔診療〕、接待漬け
＝漬〔製品名〕奈良漬、福神漬

つけもの 漬物

つける 付ける・着ける・就ける・つける
⇩「つく・つける」

つごう 都合

つじ〔辻●〕↓つじ、十字路、街頭、道筋 つじ説法

つつうらうら 津々浦々〔「つづうらうら」とも〕

つづきがら 続き柄

つっけんどん〔突っ慳●貪〕↓つっけんどん〔「慳」＝物惜しみ、「貪」＝むさぼる〕つっけんどんな態度

つつしむ
＝慎む〔抑制する〕言葉を慎む、酒を慎む、慎み深い、身を慎む
＝謹む〔かしこまる〕謹んで聞く、謹んで祝意を表す

つつましい〔慎■ましい〕↓つつましい〔＝態度が控えめな様子〕
＊「つましい」〔＝質素で倹約している様子〕とは区別する

つづら〔葛■籠■〕↓つづら〔＝衣類入れ〕

つづらおり〔葛■折り、九■十■九■折り〕↓つづら折り〔＝曲がりくね

つ

った山道）

つづりかた（綴●り方）→つづり方
＊昔の小学校の教科で、現在の「作文」にあたる

つづる（綴●る）→つづる　手記に心境をつづる、綻びをつづる

つて（伝■手）→つて　つてを頼る、人づてに聞く

つとまる・つとめる
＝務まる・務める（役目・職責を果たす。任務）議長の役が務まる、司会を務める、主役を務める、土俵を務める、兵役を務める
＝勤まる・勤める（働いて給料をもらう。勤労）会社員が勤まる、会社に勤める、勤め帰り、勤め先、勤め人、仏道に勤める・朝のお勤め（勤行）、宙乗り相勤め申し候・一席勤める（演劇・落語）
＊歌舞伎などの古典芸能では、「〇〇（役名）を勤める」「舞台を勤める」など「勤」を使うのが慣例

つとめる（力■める、勉■める）→努める（＝力を尽くす）　解決・完成に努める、努めて早起きする、努めて平静を装う

つなみ（津浪■）→津波

つね　常　常々、常日頃

つば　唾　唾を付ける、天に唾する（＝人に害を与えようとして、逆に自分が被害を受ける）

つばぜりあい（鍔●迫■り合い）→つばぜり合い（＝互角に勝負を争う）　つばぜり合いを演じる

つぶさに（具■に）→つぶさに　つぶさに報告する　類詳細に、細かく、詳しく、もれなく

つぶやく（呟●く）→つぶやく　不満そうにつぶやく

つまさき　爪先

つましい（倹■しい）→つましい（＝質素で倹約している様子）
＊「つつましい」（＝態度が控えめな様子）とは区別する

つまずく（躓●く）→つまずく　計画がつまずく、敷石につまずく

つまはじき（爪弾■き）→爪はじき　爪はじきにされる

つまびく　爪弾く（＝弦楽器を指で弾く）

つみ…　積み下ろし、積み替え、積み金、積み木、積み肥、積み込み、積み出し、積み立て、積み立て開始、積み立て条

件、積み立て分譲、積み立て方法、積み立てる、積み荷、積み残し
送積立金、積立貯金など
⇨経済関係複合語（36ページ）

つむぎ（紬●）↓つむぎ　つむぎ織り、つむぎがすり、大島つむぎ、結城つむぎ

つめ　爪　爪痕、爪切り、爪に火をともす（＝倹約する）、爪のあかを煎じて飲む（＝あやかろうとする）、爪を研ぐ（＝待ち構える）

つめ…・…づめ
＝詰め〔一般用法〕折り詰め（弁当）、缶詰め状態、ぎゅう詰め、すし詰め、詰め合わせ、詰め襟、詰めが甘い、詰め替え、詰め込み主義、詰め所、詰め手、20字詰め、箱詰め・瓶詰め（作業）、膝詰め談判、（橋の）南詰め、理詰め
送詰碁、詰将棋
＝（詰め）↓づめ〔同じ状態が続く〕歩きづめ、立ちづめ、鳴りづめ、乗りづめ、働きづめ
＝詰〔製品、勤務場所〕缶詰、瓶詰、本省詰、本店詰、支店詰

つもり（心■算■）↓つもり　死んだつもりで頑張る

つや（艶◉）↓つや　色つや、つや消し、つやっぽい、つややか

つゆ　㊞梅雨

つら　面（＝「顔」のぞんざいな言い方）　上っ面、面当て（＝当てつけ）、面構え、面汚し（＝名誉・面目を失う）、でかい面、泣きっ面

つらい（辛■い）↓つらい　聞きづらい、つらい仕打ち

つらら（氷■柱■）↓つらら

つりあい　釣り合い　釣り合いがとれる、不釣り合い

つる　鶴・ツル　折り鶴、千羽鶴、ナベヅル、マナヅル、鶴の一声（＝全員が従わざるを得ない権威ある一言）

つる
＝釣る〔針・かぎなどで引っ掛けて上げる〕魚を釣り上げる、釣り糸、釣り鐘、釣り具、釣りざお、釣り銭、釣り道具、釣り場、釣り針、釣り人、釣り船・舟、釣り堀
送釣具店
〔誘い出す〕甘言で釣る、釣られて笑う、釣り球（野球）

＝（攣る）→つる〔ひきつる〕足がつる、筋肉がつる
＝（吊る）→つる〔ぶら下げる、引っ張る〕首をつる、棚をつる、宙づり、つり革、つり下げる、つり出し（相撲）、つり橋、つり輪、天井からつる、中づり（広告）、物価・相場をつり上げる、目をつり上げる

つるす（吊す）→つるす　風鈴をつるす

つわもの（兵、強者）→つわもの　その道でなかなかのつわもの

【て】

てあい
＝手合い〔連中、やから〕ああいった手合い（見下した意味合いで使う）
＝手合〔囲碁・将棋で対局すること〕

であい
＝（出逢い）→出会い〔知り合った初め。巡り合い〕偶然の出会い、劇的な出会い、出会いと別れ、愛犬との出会い、新聞との出会い、妻との出会い
＊人に限らず、強い印象や影響を受けた事柄や動物に対しても使う。人間以外のものに関しては「出合い」とも
＝出合い〔川・谷・沢などの合流点〕本流との出合い、一の倉沢の出合い
〔経済用語〕売り買いの出合い
送出合残高

であいがしら　出合い頭　出合い頭に衝突する

であう
＝（出逢う）→出会う〔思いがけず行き合う〕思春期に出会った音楽、すばらしい作品と出会う、ばったり旧友と出会う（人間以外のものに関しては「出合う」とも）
＝出合う〔物事と遭遇する、事件・事故などに出くわす〕思わぬ障害に出合う、旅先で事故に出合う、山道で熊と出合う
〔川・道などが合流する〕国道と県道が出合う、支流と本流が出合う

てあて
＝手当て〔治療、対策など〕応急手当て、傷の手当て、資金の手当て、人の手当てをする
＝手当〔金銭〕お手当、家族手

当、期末手当、住宅手当

てい（態■）→体　世間体が悪い、体たらく、体よく断られる、ほうほうの体で逃げ出す

ていかん　諦観（本来の意味は本質を見極めること）類達観、悟り

ていけい
＝定形〔一定の形〕定形郵便物
＝定型〔決まった型〕定型詩、定型的な業務

ていげん
＝逓減〔だんだん減る。逓増の対語〕収穫逓減の法則
＝低減〔減る、安くする〕価値が低減する

ていじ（呈示）→提示　回答が提示される、方針を提示する

ていしゅつ（呈出）→提出　意見を提出する

ていしょく（觝●触）→◎抵触　原則・法律に抵触する

ていじろ　丁字路　✕T字路（ティーじろ）

ていしん（挺●身）→捨て身、挺身《ていしん》（隊）

ていせい（帝制）→帝政　帝政ロシア

ていだん（鼎●談）→3人の座談会、3人で話し合う、鼎談《ていだん》（「鼎」＝3本足の金属製の器）

ていちょう（鄭●重）→◎丁重　丁重に扱う、丁重にもてなす

ていてつ（蹄●鉄）→てい鉄（「蹄」＝ひづめ）

ていねい（叮●嚀●）→◎丁寧

でいねい（泥濘●）→ぬかるみ（「濘」＝ぬかるみ）

ていねん（停年）→(統)定年

ていねん　諦念　類悟り

ていはく（碇●泊）→◎停泊

ていりつ（鼎●立）→3者並立、3者対立

てうち
＝手打ち〔手作り、和解〕手打ちうどん・そば、手打ち式
＝手討ち〔斬り殺す〕手討ちにする

てがかり（手懸かり）→(統)手掛かり　何の手掛かりもない

てがたい（手固い）→手堅い　手堅い手法、手堅く攻める

できあい　溺愛

てきがいしん（敵愾●心）→敵意、敵対心（「愾」＝憤り）

てきかく
＝（適確）→(統)的確〔的を外さ

ず、間違いがない〕的確な判断、的確に表現する

＝適格〔資格にあてはまる〕適格者、適格手形

てきざいてきしょ 適材適所 適材適所に配置する

できし 溺死 類水死

てきしゅつ〔剔出〕→摘出、えぐり出す

てきじょう〔敵状〕→敵情

てきせい

＝適正〔当てはまっていて正しい〕適正価格、適正規模、適正な手続きを踏む

＝適性〔適した性質・能力〕記者としての適性、適性検査、適性を見て採用 ✕適性な

てきちゅう〔適中〕→的中 予感が的中する

できばえ〔出来映え〕→統出来栄え

てきめん〔覿面〕→てきめん 効果てきめん、てきめんに効く、天罰てきめん

てきよう

＝適用〔法律・規則・方法をあてはめる〕規則を適用する、適用除外、法の適用を誤る

＝摘要〔要点の抜き書き〕摘要メモ、摘要欄、論文の摘要

てくだ 手管（＝うまくだます手段）手管を弄《ろう》する、手練手管

てこ〔梃子〕→てこ てこ入れ、てこでも動かない

でこぼこ 慣凸凹、でこぼこ（「凹凸〈おうとつ〉」よりも口語的）

てさげ 手提げ（かばん）

でずいり 慣手数入り（＝横綱の土俵入り。「手数」＝技）

てすき〔手透き、手隙、手空き〕→手すき お手すきの折

てすき〔手漉き〕→手すき 手すきの和紙

でずっぱり〔出突っ張り〕→出ずっぱり

でぞめしき 出初め式

てちょう〔手帖〕→◎手帳

てづくり〔手造り〕→手作り

てつけ 手付け 手付けを打つ 送手付金

てっけん 鉄拳 鉄拳制裁

てっする

＝徹する〔貫く〕安全第一に徹する、恨み骨髄に徹する⬅377ページ、眼光紙背に徹する

＝撤する〔取り除く〕囲いを撤する、陣を撤する（文語的表現。「取り除く」「取り払う」

などに言い換えるのが適当）

てつだう 〔慣〕手伝う

てっつい（鉄槌●）→痛撃、制裁

てっついをくだす（鉄槌●を下す）→厳しく処置・処罰する

てづる（手蔓●）→手づる 〔類〕糸口、縁故

てつをふむ（轍●を踏む）→失敗を繰り返す、轍《てつ》を踏む（「轍」＝車のわだち）

てなずける（手懐■ける）→手なずける 部下・猛獣を手なずける

てなみ 手並み お手並み拝見

てぬぐい 手拭い

てのひら（掌■、手の平）→手のひら 手のひらを返す（＝露骨に態度を変える）

てはじめ（手初め）→〔統〕手始め

ではな（出端■）→出はな 出はなをくじく（「出ばな」とも）

てばなし（手離し）→手放し 手放しで称賛する、手放しで喜ぶ、手放し技（体操）

てばなす（手離す）→手放す 仕事が手放せない、政権を手放す、わが子を手放す

＊「手を離す」は別

てばなれ（手放れ）→手離れ 手離れが早い子

てびき

＝手引き〔誘導などの動作〕脱税の手引きをする、内部の者の手引きによる犯行

＝手引〔案内・解説などの文書〕税の手引、手引書、用字用語の手引

てもと（手許■）→手元 手元、手元金、手元不如意（＝家計が苦しい状態）

てらう（衒●う）→てらう（＝誇り、見せびらかす） 奇をてらう

てらこや（寺小屋）→寺子屋

てらまいり（寺詣■り）→寺参り

でるくいはうたれる 出るくいは打たれる 〔×〕出るくぎは打たれる

てんい

＝転位〔位置が変わる〕胎児の転位

＝転移〔他の場所に移る〕がんの転移、肺に転移する

てんか

＝転化〔他の状態に変わる〕田んぼが宅地に転化する、転化糖

＝転嫁〔罪や責任を押し付ける〕税負担を国民に転嫁する、責

任転嫁

てんか 天下　天下一品、天下御免、天下太平、天下の険、天下晴れて、天下分け目の戦い

てんかい

＝転回〔回って方向を変える、考え方を大きく変える〕コペルニクス的転回、針路を転回する、方針を百八十度転回する

＝展開〔繰り広げる、新しい段階に進展していく〕議論を展開する、事態の急展開、すばらしい景観が目前に展開する、展開図

でんかのほうとう 伝家の宝刀（＝とっておきの手段）☒天下の宝刀

てんかん（癲癇）→てんかん

でんき

＝電気〔電力一般〕静電気、電気器具、電気製品、電気分解、（家庭用の）電気料金（産業用は「電力料金」）

＝電器〔主に日用器具〕家庭電器、小型電器、電器街（秋葉原などの電気街は別）、電器商

＝電機〔電力を使った機械〕軽電機、弱電機、重電機、電機メーカー

てんぐ（天狗）→てんぐ　てんぐになる（＝うぬぼれる）

てんけい（添景）→点景

でんげん（電原）→電源　電源開発

てんさい（甜菜）→テンサイ（植物。砂糖大根、ビートとも）

てんさいとう（甜菜糖）→てん菜糖、ビート糖

てんしゅかく（天主閣）→天守閣

てんしん

＝転身〔職業・生活・考え方などを大きく変える〕鮮やかな転身を見せる、プロに転身

＝転進〔方向を変えて進む。第2次大戦中、旧陸軍では「退却」の代わりに使った〕船が北西に転進する

てんしんらんまん（天真爛漫）→天真らんまん（「天真」＝生まれつきのままで飾り気がない、「爛漫」＝花が咲き乱れ、光り輝く）類純真、無邪気な、飾らない、気取らない

てんせい

＝転生〔生まれ変わる〕仏の転生（「てんしょう」とも）

＝転成〔別の性質のものに変わる、他の品詞に変わる〕連用

形から転成

てんせい（天成）↓天性　天性の資質　類生まれつき

でんそう
＝伝送〔データ、パルスなど〕
＝電送〔写真、ファクスなど〕

てんたん（恬●淡）↓淡泊、あっさり、執着がない、無欲、淡々と（「恬」＝あっさりしている）

てんてこまい（転手古舞い）↓てんてこ舞い　てんてこ舞いの忙しさ

てんてん
＝点々〔点を打ったように散らばる、滴り落ちる〕血痕が点々と続く、滴が点々と落ちる
＝転々〔次々と移る、ころがりゆく〕各地を転々とする、職業を転々と変える、打球が外野を転々とする

てんとう（顛●倒）↓◎転倒　つまずいて転倒する、本末転倒

でんどう
＝電動〔電力を動力源とする〕電動工具、電動のこぎり、電動発動機
＝伝動〔動力を他の部分に伝える〕機械の伝動装置、伝動ベルト
＝電導〔電気が伝わる〕超電導
＝伝導〔伝わっていく現象〕超伝導、伝導体、伝導率、熱・電気が伝導する
⇩「ちょうでんどう」の項参照

でんどう　伝道（主にキリスト教で、教義を伝え広める）伝道師、農村に伝道する　類布教

てんどん　天丼

でんぱ（伝播●）↓広がる、広まる、伝わる、波及
＊電波法では「伝搬＝でんぱん」

てんぴ
＝天日〔太陽の光・熱〕天日塩（「てんじつえん」とも）、天日で干す、天日にさらす
＝天火〔オーブン〕天火でパンを焼く

てんびき　天引き（貯金）

てんびん（天秤●）↓てんびん　てんびんに掛ける（＝優劣・損得を比較する）

てんぷ
＝添付〔付け添える〕書類を添付する、メールの添付ファイル
＝貼付〔のりなどで貼り付ける〕切手を貼付する
＊「貼付」の本来の読みは「ち

ょうふ」。また「貼付」は「貼り付ける」など分かりやすい表現も活用する

てんぷく（顚覆）→◎転覆　脱線転覆、船が転覆する

てんぷら（天麩羅）→てんぷら・天ぷら

でんぷん（澱粉）→でんぷん

てんぺん
＝天変〔天空の異変。月食、日食、暴風、雷鳴など〕天変地異（「地異」＝地震、洪水など）
＝転変〔移り変わる。変遷〕有為転変（「有為」＝すべてのこと）、転変する世の中

てんぽ（店舗）→店舗

てんません　慣伝馬船

てんまつ（顚末）→始末、いきさつ、経緯、一部始終（「顚」＝頂）　顚末《てんまつ》書

てんらく（顚落）→転落　岩場から転落する、転落の道をたどる

【と】

どあい　度合い　緊張の度合いが増す、被害の度合いを調べる

とあみ　慣投網　投網を打つ

といし（砥石）→砥石《といし》　砥石《といし》で研ぐ

どうあげ（胴挙げ、胴揚げ）→胴上げ

とうか
＝（燈火）→灯火〔明かり〕灯火管制、灯火親しむべき候（＝読書にふさわしい季節。秋）
＝（燈下）→灯下〔明かりの下〕灯下に書をひもとく

とうかい（倒潰）→倒壊　家屋が倒壊する

とうかつ（統轄）→統統括　事務を統括する（「轄」＝取り締まる）

どうかつ（恫喝）→脅し

とうかん（投函）→（手紙を）出す、（ポストに）入れる、投函《とうかん》

とうかん　等閑（＝なおざり）等閑視する

とうき（冬期）→統冬季
＊特に期間を表す場合は別

どうき（動悸）→動悸《どうき》

どうきゅう（撞球）→玉突き、ビリヤード（「撞」＝突く）

どうくつ　洞窟（「窟」＝穴）類洞穴

どうけい（憧憬）→憧れ（「憧憬」の本来の読みは「しょうけい」）

とうげんきょう（桃源境）→桃源

郷（陶淵明「桃花源記」から）
類 理想郷、別天地、仙境、ユートピア、楽土

どうこう　瞳孔

どうこういきょく　同工異曲（＝似たり寄ったり）

どうこく（慟●哭●）→号泣、泣き叫ぶ（「慟」＝ひどく悲しむ、「哭」＝大声で泣く）

とうさい
＝搭載（積み込む）機関砲を搭載する、搭載重量
＝登載（掲載する）候補者名簿に登載する

とうさん　慣（お）父さん

とうじ　冬至（12月22日頃）

とうじ（杜●氏）→杜氏《とうじ》（＝酒造り職人。「とじ」とも）

どうし
＝同士（仲間、同類）隣同士、仲間同士、似たもの同士
＝同志（志を同じくする者）同志の人々、同志を募る

どうしうち（同士討ち）→統 同士打ち

とうしゅう（蹈●襲）→◎踏襲（「蹈」＝踏む）今までのやり方を踏襲する

とうしょ（島嶼●）→島々（「嶼」＝小さい島）島嶼《とうしょ》国

どうせい（同棲●）→同居、一緒に暮らす

どうせい（動勢）→動静　各界の動静、動静を探る

とうせん（当籤●）→当選、くじに当たる（「籤」＝くじ）

どうせん
＝動線（人や物が移動する経路）客の動線を考えて商品を並べる、動線のよい間取り
＝導線（電流を流すための線）

とうそつ　統率　部隊を統率する

とうた（淘汰●）→整理、選別、淘《とう》汰《た》（「淘」「汰」＝水で洗う）自然淘汰《とうた》

とうだい　灯台　灯台守、灯台下暗し（この「灯台」は、灯明台を指す）

どうちゃく（撞●着）→食い違い、矛盾、つじつまが合わない

とうつう（疼●痛）→痛み、うずき、ずきずきする痛み（「疼」＝うずく）

とうてい　到底　到底できない、到底無理だ（否定的な表現で使う）

とうてき（投擲●）→投てき

とうとい・とうとぶ
＝尊い・尊ぶ〔尊敬する気持ちを起こさせる〕神仏を尊ぶ、祖先を尊ぶ、尊い生き方、尊い教え、尊い犠牲、平和の尊さ
＝貴い・貴ぶ〔貴重で価値がある〕真実を貴ぶ、貴い資料、貴い体験、和をもって貴しとなす
＊「生命をとうとぶ・とうとい人命」は一般的には「貴」を使うが、尊敬の念を込めて「尊」を使うことも

とうとう（到頭）→とうとう　とうとう実現した

どうどうめぐり　堂々巡り（＝繰り返すばかりで進展しない）

どうにいる　堂に入る（＝態度が立派で堂々としている）

とうはん（登攀●）→よじ登る、登山

とうび（掉●尾）→最後、最終（本来の読みは「ちょうび」）

とうびょう（投錨●）→停泊、入港

とうほん　謄本（＝原本をすべて写し取った文書）戸籍謄本
対抄本（＝一部を抜き書きした文書）

どうまわり（胴周り）→胴回り

どうもう（獰●猛）→凶暴、荒々しい、乱暴、どう猛（「獰」＝憎々しい様子）

とうや（陶冶◎）→陶冶《とうや》（「陶」＝陶器」と「冶」＝鋳物」を作る意）
類鍛錬、錬成

とうよう（登庸）→登用　人材を登用する

とうりゅう（逗●留）→滞在、宿泊（「逗」＝とどまる）

とうりょう（棟梁●）→（大工の）親方、かしら、棟梁《とうりょう》

とうろう　灯籠　灯籠流し、釣り灯籠

とえはたえ　慣十重二十重　十重二十重に取り囲む

とおる　通る　試験に通る、主張が通る、筋が通る、光がガラス窓を通る、よく通る声

とかす・とく・とける
＝溶かす・溶く・溶ける〔固体・粉末などを液体に入れて液状にする、まざり合う、一体となる〕砂糖を水に溶かす、絵の具を油で溶く、地域に溶け込む
〔どろどろにする、かきまぜる〕小麦粉を水で溶く、卵を溶く
＝（熔●、融■）→溶かす・溶く・

溶ける〔固体を熱や薬品で液状にする〕鉄を溶かす、バターが溶けてから材料を入れる
＝解かす・解く・解ける〔固まっていたものが緩む、答えを出す、以前の状態に戻る、解除、解消、解決〕疑いを解く、謹慎が解ける、氷・雪が解ける、心が解け合う（＝隔てがなくなる）、謎が解ける、難問を解く、日光が氷を解かす、任を解く、包囲を解く、ほほえみが怒りを解かした、結んだ髪を解く、雪解け

とかす・とく（梳●かす・梳●く）↓とかす・とく　頭をとかす、髪をとく

とがめる（咎●める）↓とがめる　気がとがめる、失敗をとがめる

とがる（尖●る）↓とがる　口をとがらせる、とがった鉛筆

ときあかす
＝説き明かす〔説明〕易しく説き明かす
＝解き明かす〔解明〕事件の謎を解き明かす

ときおり　時折

とぎすます　研ぎ澄ます　神経を研ぎ澄ます

ときめく
＝時めく〔時流に乗る〕今を時めくタレント
＝ときめく〔期待と喜びを感じる〕恋の予感に胸がときめく

どぎも（度胆■）↓度肝　度肝を抜く・抜かれる

どきょう　(慣)読経（＝声を出して経を読む）

ときわず（常■磐●津）↓㊕常磐津（浄瑠璃の一流派）

とく
＝得〔損の対語〕お買い得、お得な品、得な性格、得をする、100円の得
＝徳〔仁徳、恩恵〕徳用、徳を施す、早起きは三文の徳

どくが　毒牙　毒牙にかかる

とくしか（特志家）↓篤志家

とくしゅ（特種）↓特殊
＊自動車損害賠償保障法施行令の「特種用途自動車」は別

とくしょく（瀆●職）↓汚職

どくだんじょう　独壇場（本来は「独擅●場＝どくせんじょう」）

とくちょう
＝特徴〔特に目立つ点。特色〕特徴のある字、犯人の特徴、

目元に特徴がある人
＝特長〔特に優れている点。長所〕機能性に優れているのが特長、特長を生かす

どくづく（毒突く）↓毒づく

とくとく 得々（＝得意そうな様子）得々として話す

どくとく（独得）↓㊔独特　一種独特の作風、首相独特の手法

どくみ（毒見）↓毒味　毒味役

とくめい 匿名（＝名を隠す、別名を使う）匿名批評

とくよう（得用、特用）↓徳用　徳用品

とくり（徳利）↓とくり、とっくり

とげ（刺■、棘●）↓とげ　とげが刺さる、とげのある言い方

とけい ㊏時計

とける 溶ける・解ける
⇩「とかす・とく・とける」

とこ 床　床上げ、床飾り、床擦れ、床離れ

とこ 常　常夏、常春、常世

ところ
＝所〔位置・場所など実質的な意味〕打ち所が悪い、所構わず、所変われば品変わる、所狭しと並べる、所番地、所を得る（＝よい地位・境遇を得る）
＝ところ〔形式名詞。「～の点」「～の側面」など〕今のところ、おおよそのところ、ちょうど家を出たところ、望むところ、見るべきところはない

とざま ㊏外様（＝「外様大名」の略。組織などで傍系にあることの例えにも）

とし（歳■）↓年　年には勝てない、年を取る、見かけより年を食っている

どしがたい 度し難い（＝救いようがない）

とじこもる（閉じ込■もる）↓閉じ籠もる・閉じこもる

としのいち（歳■の市）↓年の市

としま ㊏年増

とじまり 戸締まり

としゃ（吐瀉●）↓吐き下し〔「瀉」＝腹を下すこと〕

どしゃ 土砂　土砂崩れ、土砂降り

としゅくうけん 徒手空拳（＝何も頼るものを持たない）

どしょうぼね 土性骨

としより
＝年寄り〔高齢者〕お年寄り、年寄りの冷や水
＝年寄〔日本相撲協会の資格、

江戸時代の役職〕

とじる
＝閉じる〔「開ける」の対語〕
本を閉じる、幕を閉じる
＝（綴●じる）→とじる〔つづり合わせる〕書類をホチキスでとじる、卵とじ、袋とじ

とする 賭する（＝目的のために犠牲になる覚悟をする） 社運を賭●する、身を賭する

とぜつ（杜●絶）→◎途絶 交通・通信が途絶する

とそ（屠●蘇●）→とそ

とだえる（杜●絶える）→途絶える 人通りが途絶える

どたんば（土断場■）→土壇場 土壇場に立たされる 類絶体絶命

とち（栃、橡●）→とち・トチ（植物） とち餅、トチの実
＊「栃」は固有名詞のみに使う

とちかん（土地感、土地勘）→土地カン・土地鑑（＝土地の地理や事情に通じていること。「鑑」＝見分ける、見識）

とっさ（咄●嗟●）→とっさ〔「咄」「嗟」＝驚き嘆く声〕

とって（把手■）→取っ手

とっぴ（突飛●）→とっぴ

とつべん（訥●弁）→口下手、つかえながらしゃべる、とつ弁〔「訥」＝口ごもる〕 対能弁

どて（土堤■）→土手

どどいつ 慣都々逸

どとう（怒濤●）→荒波、大波、激浪
＊比喩的に使うことはなるべく避け、「激しい」「猛烈な勢い」などと言い換える

とどけ
＝届け〔一般用法〕付け届け、届け先、届け書、届け済み、届け出、届け出る、届けを怠る、届けを出す、無届け
＝届〔書類〕引退届、欠席届、離婚届

とどこおる 滞る 車の流れが滞る、借金の返済が滞る

ととのう・ととのえる
＝整う・整える〔きちんとする〕足並み・隊列を整える、衣類を整える（整頓）、室内・机の上が整う、身辺・環境を整える、準備が整う、体制・服装を整える、体調・呼吸を整える、体裁・形を整える、整った顔立ち、整った文章
＝調う・調える〔必要なものがそろう〕衣類を調える（調達）、

と

買い調える、家財道具・資金が調う
〔望ましい状態になる〕味を調える
〔まとまる〕縁談・婚約が調う、協議・商談が調う

とどまる（留■まる、止■まる）→とどまる　現職にとどまる、被害は軽微にとどまる

とどめ（止■め）→とどめ　とどめを刺す（＝息の根を止める。同類の中で最も優れる）

どどめ（土止め）→土留め　土留め工事

とどめる（止■める、留■める）→とどめる　幼い頃の面影をとどめる、現職にとどめる

となえる
＝唱える〔声に出す〕念仏を唱える、万歳を唱える
〔主張する〕異議を唱える
＝（称■える）→となえる〔称する〕名前を～ととなえる

となり
＝隣り〔動詞の場合〕隣り合う、隣り合わせ
＝隣〔名詞的な用法〕隣近所、隣組、隣同士、隣にいる、隣の席、隣の人、隣町、両隣

どなる（怒鳴る）→どなる

どのう（土嚢●）→土のう

とば　賭場　類ばくち場

とばく　賭博　類ばくち

とびあがる
＝飛び上がる〔飛躍〕飛行機が飛び上がる
＝跳び上がる〔跳躍〕跳び上がって喜ぶ

とびこす
＝飛び越す〔飛躍〕先輩を飛び越して課長に昇進する
＝跳び越す〔跳躍〕小川・溝・障害物を跳び越す（馬術の障害飛越も）

とびはねる（飛び跳ねる、跳び跳ねる）→跳びはねる　ウサギが跳びはねる、跳びはねて喜ぶ

とぶ
＝飛ぶ〔空中を移動する。飛行〕板飛び込み、空飛ぶ円盤、高飛び込み、飛びかかる、飛び付く、飛び乗り、飛び道具、飛びのく、飛び乗り、鳥が飛ぶ、鍋から油が飛ぶ
〔急いで移動する、速く伝わる〕家を飛び出す、一足飛びに、うわさが飛ぶ、現場に飛ぶ、

資金集めに飛び回る、飛び入り、飛び出しナイフ、容疑者が国外に高飛びする
〔順序を超えて進む。飛躍〕飛び石（連休）、飛び級・入学、飛び地、飛び火、ページが飛ぶ
〔かけ離れる〕飛び切り上等、飛び抜ける
＝跳ぶ〔地面を蹴って空中に上がる。跳躍〕うれしくて部屋の中を跳び回る、カエルが跳ぶ、三段跳び、跳び蹴り、跳び箱、縄跳び、寝床から跳び起きる、走り高跳び、走り幅跳び、棒高跳び、横（っ）跳び

どぶろく（濁■酒■）→どぶろく

とまどう（戸迷■う、途惑う）→戸惑う

とまる・とめる
＝（停■）→止まる・止める〔一般用語。動かなくなる。停止〕足止め、息を止める、射止める、受け止める、打ち・撃ち止め、口止め（料）、車止め、消し止める、けんかを止める、交通が止まる、さび止め、水道が止まる、せき止める、立ち止まる、血止め、通行止め、突き止める、止まり木、止め立て、止めどがない、鳥が木に止まる、流れを止める、歯止め、札止め、筆を止める、呼び止める、笑いが止まらない
＝留まる・留める〔そのままの状態で置く、印象に残る〕命を取り留める、駅留め、獲物を仕留める、帯留め、書き留める、気にも留めない、警察に留め置く（留置）、心に留まる、抱き留める、つなぎ留める、土留め工事、留め置き、留め金、留め袖、留め針、引き留める、歩留まり、ボタンを留める、目に留まる
＝泊まる・泊める〔宿泊、停泊〕客を家に泊める、宿直室に泊まる、泊まりがけ、泊まり込み、船が港に泊まる

とみくじ（富籤●）→富くじ（＝江戸時代に流行した宝くじ）

とむらいがっせん　弔い合戦

とも
＝共〔一緒、同じ〕妻と共に外食する、共切れ
＊「夜明けとともに出発する」など「～と同時に」の意味の「～とともに」は仮名書き

と

＝（共）↓とも〔接尾語。全部、一緒〕３人とも出席した、送料とも５００円
＝供〔従者〕先生のお供をする

ともえ（巴）•↓ともえ（＝円を描くように回る）　ともえ投げ、三つどもえの戦い

ともかせぎ　共稼ぎ
＊なるべく「共働き」に言い換える

ともしび（灯■、灯■火）↓ともしび

ともす（点■す、灯■す）↓ともす
希望の灯をともす、電気をともす、ろうそくをともす

ともだち　㊖友達

ともづな（纜）•↓ともづな　ともづなを解く（＝出帆する）

ともづり　友釣り

とら　虎・トラ　虎の子、虎の巻、虎の威を借りる（＝権勢や威光をかさに着る）、虎の尾を踏む（＝非常に危険なことをする）

とらえる
＝捕らえる〔取り押さえる〕獲物・容疑者を捕らえる
＝捉える〔つかむ、把握、うまく当てる〕意味・本質・要点を捉える、機会を捉える、心を捉える、捉えどころがない人、バットの芯でボールを捉える、レーダーが機影を捉える

とらわれる（囚■われる）↓捕らわれる（「捕らえられる」のやや古風な言い方。「先入観にとらわれる」などは仮名書き）

とり
＝鳥〔鳥類の総称〕鳥籠、鳥刺し、鳥肌、焼き鳥
＝（鶏□）↓鶏〔ニワトリ〕風見鶏、地鶏、鶏ガラ、鶏肉（「けいにく」とも）
＊「鳥」は「鶏」も含む。「風見鶏」以外は「鳥」を使ってもよい

とり（酉）•↓酉《とり》　お酉《とり》さま、酉《とり》の市（11月の酉《とり》の日に鷲《おおとり》神社で行われる）

とり…　取り合わせ、取り入れ口、取り入れる、取り押さえる、取り落とす、取り換え、取り返す、取り掛かる、取り囲む、取り片付ける、取り決め、取り口、取り消し、取り越し苦労、取りこぼし、取り込み詐欺、取り壊し、取り沙汰、取り繕う、取り付け工事、取り

留める、取り直し、取り残し、取り除く、取り計らう、取り分、取り巻き、取り乱す、取り持ち、取り戻す

とりあげる

＝取り上げる〔手に取る、没収する、話題にする〕環境問題を取り上げる、財産を取り上げる、受話器を取り上げる

＝採り上げる〔採用、採択〕提案を採り上げる、部員の意見を採り上げる

とりあつかい　取り扱い　取り扱い拒否、取り扱い実績、取り扱い状況、取り扱い中止、取り扱いに注意する、取り扱い方法

送取扱説明書、取扱注意

取扱機関、取扱期間、取扱高、取扱店、取扱品目など

⇩経済関係複合語（36ページ）

とりあつかう　取り扱う

とりいれ（穫■り入れ）↓取り入れ（収穫）

とりえ（取り得、取り柄）↓取りえ　類長所、利点

とりかえ（取り替え）↓取り換え　取り換えが利く

とりきめ（取り極■め）↓取り決め

とりくみ　取り組み　仕事への取り組み、取り組み方法

送取組（相撲用語）

とりしまり　取り締まり　取り締まり当局、取り締まりの強化

送取締官、取締船、取締班、取締法、取締法令、取締本部、取締役

とりしらべ　取り調べ

送取調官、取調室

とりつぎ　取り次ぎ　取り次ぎ方法、取り次ぎを依頼する

送（出版）取次、取次業者、取次店、取次品目など

⇩経済関係複合語（36ページ）

とりつく　取り付く　取り付く島もない　✕取り付く暇もない

とりつぐ（取り継ぐ）↓取り次ぐ　電話を取り次ぐ、上司に取り次ぐ

とりで（砦●）↓とりで

とりひき　取引　裏取引、先物取引、取引勘定、取引銀行、取引先、取引高、取引所、与野党間で取引する

とりもの　捕物

とりやめ（取り止■め）↓取りやめ

とる

＝取る〔自分のものにする、引

き受ける〕イニシアチブを取る、貝を取る、魚を取る（一般用語、漁獲）、資格を取る、責任を取る、手に取って見る、点取り虫、年を取る、取るに足りない、取る物も取りあえず、満点を取る、メガホンを取る、メダルを取る
〔引き離す〕摘み取る、服に付いた虫を取る、汚れを取る
〔処理する、扱う〕位取り、措置を取る、手続きを取る、バランスを取る、拍子を取る、見取り図、連絡を取る
＝■（摂る）↓取る〔摂取する〕栄養を取る、食事を取る
＝■（盗る）↓取る〔奪う〕命取り、金を取る、物取り
＝■（録る）↓取る〔記録する〕記録を取る、メモを取る
＝■（獲る）↓捕る〔とらえる〕生け捕る、鯨を捕る（捕鯨）、魚を捕る（つかまえる）、捕り手、ネズミを捕る、飛球を捕る、分捕る、虫を捕る（捕獲）、召し捕る
＝採る〔必要なものを集める〕意見を採り上げる（採択）、キノコ採り、血液を採る（採血）、決を採る（採決）、指紋・標本を採る（採取）、卒業生を採る（採用）
＝執る〔扱う、行う〕式を執り行う、指揮を執る、事務を執る、筆を執る
＝撮る〔撮影〕映画を撮る、隠し撮り、写真を撮る、ビデオを撮る

＊「取・捕・採」の使い分けに迷う場合は仮名書きにする

とれだか　取れ高

どろじあい（泥試合）↓泥仕合
泥仕合を演じる

どろどろ（泥々）↓どろどろ（粘液状）

どろぼう（泥坊）↓泥棒

どわすれ　度忘れ

…どん　うな丼、親子丼、カツ丼、牛丼、天丼

とんざ　頓挫　類行き詰まり、行き悩み、つまずき

とんし　頓死　類急死

とんそう（遁走）●↓逃走（「遁」＝逃れる）

とんち（頓智）●↓頓知　類機転、機知

とんちゃく　頓着（＝こだわる、

気にかける。「とんじゃく」とも。主に否定の語とともに使う）一向に頓着しない

どんちょう（緞帳）↓幕、どんちょう

とんちんかん（頓珍漢）↓とんちんかん

とんぷく　頓服

どんぶり　丼　丼勘定、丼飯、丼物

とんぼがえり（とんぼ帰り）↓とんぼ返り　とんぼ返りの出張、舞台でとんぼ返りをする

とんや　問屋（「といや」とも）

どんよく　貪欲　類強欲、欲張り、満足を知らない

【な】

ない
＝亡い〈人が死んでこの世にいない〉亡きがら、亡き人をしのぶ
＝（無い）↓ない〈形容詞。「ある」の対語〉意気地がない、金がない、電話はなかった、面識がない
〈助動詞、補助形容詞〉知らない、恐れることはない、寒くない、ベテランらしくない、私ではない
＊「在る・有る」と対比して強調する慣用表現は漢字でもよい。有ること無いこと、神は在るか無いか、無い袖は振れぬ、無い物ねだり、無くて七癖

ないこう
＝内向〈自分の世界に閉じこもろうとする〉内向的性格
＝内攻〈病気や不満が内部にたまる。主に医学用語〉内攻的症状、不平不満が内攻する

ないしょ（内所、内証）↓内緒
＊仏教用語の「内証〈ないしょう〉」（＝内心の悟り）は別

ないじょう（内状）↓内情　内情を明らかにする、内情を探る

ないぞう
＝内蔵〈内部に持つ〉危険を内蔵する、ストロボ内蔵カメラ
＝内臓〈体内の臓器〉内臓疾患

なえる　萎える　気力が萎える、草花が萎える

なおざり（等閑）↓なおざり（＝すべきことをしない）⬅386ページ　家業をなおざりにする

なおす・なおる
＝直す・直る〈一般用語。正しい状態に戻る、変換、変更〉

悪癖を直す、居直る、英語を日本語に直す、書き直す、機嫌が直る、給金直し、故障を直す、言葉遣いを直す、仕立て直す、立ち直る、出直す、取り直し、仲直り、服装を直す、焼き直し、ゆがみが直る、世直し

＝治す・治る〔病気など〕風邪・けがを治す、傷の治りが早い、頭痛が治る

なか

＝中〔外の対語。中間〕家の中、中から腐る、中だるみ、中継ぎ、中値、中休み

＝仲〔主に対人関係〕犬猿の仲、仲が良い、仲立ち（媒介）、仲直り、仲間、仲を取り持つ、夫婦の仲

ながい

＝長い〔隔たりの程度が大きい。短の対語。形・距離・時間に関して〕秋の夜長、気が長い、長雨、長い間、長い髪、長生き、長い経験、長い道中、長い年月、長い目で見る、長たらしい、長談義、長丁場、長続き、長々と、長話、長引く、長め、長病み、長患い、細く長く

＝永い〔いつまでも続く。時間に限って〕末永く契る、永い眠り、永の別れ、春の日永

＊時間を表す場合、「永い」には主観的な感慨が伴う。一般的には「長い」を使う

ながうた　長唄

なかおろし　仲卸　仲卸業者

なかがい　仲買　仲買業者、仲買店、仲買人

なかす（中洲）→◎中州

＊福岡の繁華街など固有名詞では「中洲」とも

なかたがい（仲違い）→仲たがい

ながつき　長月（＝陰暦9月）

なかなか（中々、仲々）→なかなか　なかなかの腕前

ながねん（永年）→長年

なかば（中ば）→半ば　志半ば、人生の半ば、道の半ば、思い半ばに過ぎる（＝思い当たることが多い）

なかみ（中味）→中身　中身のない議論、箱の中身

なかみせ　仲店（＝寺社の境内にある商店街）浅草の仲店（固有名詞では「仲見世」とも。

浅草仲見世商店街）
ながもち　長持ち（＝長く持つ、衣類・調度品を入れる箱）　丈夫で長持ち、長持ちにしまう
ながや（長家）→長屋　棟割り長屋、長屋門
なかよし（仲好■し）→仲良し
ながらえる（長らえる）→永らえる　生き永らえる
ながらく（永らく）→長らく　長らく顔を見ない
なかんずく（就■中■）→なかんずく（漢文訓読による語）類とりわけ、特に
なぎ（凪●）→なぎ　朝なぎ、夕なぎ
なきがら（亡骸■）→亡きがら　類遺体
なぎさ（汀●、渚●）→なぎさ、波打ち際

なぎなた（薙●刀■、長■刀■）→なぎなた
なく
＝泣く〔人〕泣き明かす、泣き落とし、泣き顔、泣き声、泣き言、泣き上戸、泣き寝入り、泣き虫、泣き別れ、泣き笑い、今泣いたカラスがもう笑った、泣いてもらう（＝諦めさせる）、泣きっ面に蜂（＝悪いことが重なる）、泣きの涙（＝非常に悲しむ）
＝鳴く〔動物〕鳴き交わす、鳴き声、鳴かず飛ばず（＝何の活躍もしない）
なくす・なくなる
＝亡くす・亡くなる〔人が死ぬ〕惜しい人を亡くす、恩師が亡くなる
＝（無くす・無くなる）→なくす・なくなる〔失う、消える〕財布をなくす、時間がなくなる

なげうつ（擲●つ、抛●つ）→なげうつ　身命をなげうつ
なげく（歎■●く）→嘆く
なげし（長■押■）→なげし
なこうど　慣仲人　類媒酌人
なごやか　和やか　和やかな表情、和やかに語り合う
なごり　慣名残　名残惜しい、夏の名残
なさけ　情け　情け知らず、情け深い、情け容赦もない、情けは人のためならず（＝人に親切にすると、よい報いとなって戻ってくる）⬅387ページ
なざし（名差し）→名指し　名指しで非難される
なさぬなか（生■さぬ仲）→なさぬ

な

●表外字　■表外音訓　▲不使用漢字　◉難読音訓　○追加漢字　□追加音訓

仲（＝義理の親子関係）⬅387ページ

なし　梨・ナシ

なじみ（馴●染み）↓なじみ　顔なじみ、なじみの店

なす

＝成す〔仕上げる、作る〕形を成さない、財を成す、群れを成す、門前市を成す

〔成立する、構成する〕意味を成さない、重きを成す、中核を成す、名を成す、災い転じて福と成す

＝（成す）↓なす〔ある感情が生じる〕あやをなす、色をなす、恐れをなす

＝（為■す）↓なす〔行う〕悪事をなす、大事をなす、なすがまま、なすすべもない、なすところもなく、なせば成る

＝（生■す）↓なす〔産む〕子をなす、なさぬ仲

なぜ（何■故■）↓なぜ

なぞ　謎　謎をかける、謎を解く

なぞなぞ（謎々）↓なぞなぞ

なだい

＝名代〔有名な、広く知られた〕名代の桜餅、名代の老舗

＝名題〔歌舞伎・浄瑠璃の題名〕名題看板、名題の役者（＝名題看板に載る資格を持つ役者。幹部級の役者）

なだれ　(慣)雪崩　雪崩を打つ

なだれる（雪■崩■る）↓なだれる　なだれ落ちる、なだれ込む

なついん（捺●印）↓押印〔「捺」＝押す〕

なつく　懐く　人に懐く

なづけおや　名付け親

なっせん（捺●染）↓押し染め、型染め、プリント

なでる（撫●でる）↓なでる　なで肩、猫なで声、胸をなで下ろす

など（等■）↓など　英米などが参加、勲章などいらない、自分などは無理

なとり　名取　日本舞踊の名取

なにわぶし　(慣)浪花節

なのり　名乗り　名乗りを上げる

なべ　鍋　手鍋提げても、鍋底景気、鍋にする、寄せ鍋

なまえまけ　名前負け⬅387ページ

なまける（懶●ける）↓怠ける　仕事を怠ける、怠け癖、怠け心

なまづめ　生爪

なまはんか　生半可　生半可な理解　[類]中途半端

なまびょうほう　生兵法　生兵法は大けがのもと（＝中途半端な知識では失敗する）

なみ

＝並み〔並んだもの、同類、同程度〕足並み、家並み、毛並み、十人並み、世間並み、月並み、手並み、軒並み、人並み、平年並み、町・街並み、山並み

＝並〔程度が普通、中くらい〕並足、並製、並大抵、並々ならぬ、並肉、並の人、並外れ、並幅

なみいる　並み居る　並み居る強豪、並み居る人々

なみき　並木　並木道、松並木

なめしがわ（●鞣し皮）↓なめし革

なめる（●舐める、●嘗める）↓なめる　辛酸をなめる、なめるようにかわいがる、炎が天井をなめる

なや（納家）↓納屋　[類]物置小屋、倉庫

ならう

＝習う〔反復して身につける。習得〕言い習わす、習い覚えた技術、習い性となる、習うより慣れよ、習わぬ経を読む、ピアノを習う、見習う、世の習い、先輩に習う（＝指導を受ける）

＝倣う〔手本として従う。模倣〕前例に倣う、ひそみに倣う⇦388ページ、右・前へ倣え、先輩に倣う（＝まねをする）

ならく　奈落（地獄の意味のサンスクリットの音訳。舞台の床下の意も）　奈落の底に突き落とされる

ならす

＝慣らす〔なじませる、適応させる〕足を慣らす、肩慣らし、気候に慣らす、寒さに慣らす、使い慣らす

＝（●馴らす）↓ならす〔動物を手なずける〕馬をならす、猛獣を飼いならす

＝（■均す）↓ならす〔平らにする、平均する〕グラウンドをならす、地面をならす、月にならすと80円の利息だ、土をならす

ならづけ　奈良漬

ならわす　習わす　言い習わす、習わし

なり　鳴り　鳴りを潜める、鳴り

物入り、名声が鳴り響く

なりわい（生■業■）→なりわい、仕事

なる　鳴る　腕が鳴る、鈴が鳴る、名声が天下に鳴る

なる

＝成る〔仕上がる、できる〕相成る（「成る」の改まった言い方）、工事が成る、新装成る、なせば成る、成り上がり者、成り代わる、成り金、成り立ち、成り行き、優勝成る、ローマは一日にして成らず

＝（為■る）→なる〔別の状態に変わる〕雨が雪になる、一緒になる、大きくなる、公になる、大人になる、気になる、社会人になる、正午になる、夏になる、灰になる

＝（生■る）→なる〔実を結ぶ〕うらなり、金のなる木、鈴なり、実がなる

なるこ　鳴子（＝鳥獣おどし）

なれなれしい（馴•々しい、狎•々しい、慣れ慣れしい）→なれなれしい

なれる

＝慣れる〔なじむ、習熟する〕聞き慣れない、仕事に慣れる、住み慣れた家、使い慣れたペン、習うより慣れよ、慣れ親しむ、慣れっこ、パソコンに慣れる、見慣れる、世慣れる

＝（馴•れる）→なれる〔なつく、親しみを持つ〕新しい先生になれる、なれ合い、なれ初め、人になれた猫

＝（狎•れる）→なれる〔なれなれしい、親しみのあまり礼を欠■く〕なれていい気になる

＝（熟れる）→なれる〔熟成する〕なれずし、ぬかみそがなれる

なんぎ　難儀　悪路に難儀する、難儀な仕事　類苦労、困難

なんぎょう

＝難行〔極めてつらい修行〕難行苦行

＝難業〔難しい事業〕連覇の難業に挑む

なんくせ　難癖　難癖を付ける

なんこう（難行）→難航　交渉が難航する

なんこうふらく　難攻不落

なんしょく　難色（＝不賛成の顔つき）　難色を示す

なんど　納戸

なんぴょうよう（南氷洋）→南極海

＊「南氷洋」は旧称

【に】

に　荷　荷揚げ（一般）、荷上げ（登山）、荷扱い、荷扱い所、荷受け、荷降ろし、荷造り

に…　煮炊き、煮付け、煮干し

にいさん　[慣]兄さん

にうけ　荷受け　荷受け業務
[送]荷受業者、荷受代金など
⇩経済関係複合語（36ページ）

にえる　煮える　煮えたぎる、煮え立つ、煮え湯を飲まされる
⬅387ページ

におい・におう
＝匂い・匂う（主によいにおい）梅の花の匂い、香水がほのかに匂う
＝臭い・臭う（主に不快なにおい）魚の腐った臭い、生ごみが臭う
＊①「辞任・出馬の意向をにおわす」など「ほのめかす」意味で用いる②「強い香水・たばこのにおい」などよい香りか不快なにおいかが判別できない③「臭〈くさ〉いにおい」など漢字書きでは紛らわしい――場合は仮名書きにする

におろし（荷卸し）↓荷降ろし

にかいだて　2階建て

にかいや　二階屋

にがみ（苦味）↓苦み（味覚を表すときは「苦味」でもよい）
苦み走った顔

にぎやか（賑●やか）↓にぎやか

にぎる　握る　権力を握る、握りずし、握りつぶす、握り飯

にくしゅ　肉腫

にくはく（肉迫）↓[統]肉薄（「薄」＝迫る）　核心に肉薄する、首位に肉薄する

にくばなれ（肉放れ）↓肉離れ

にじ　虹

にしき　錦　故郷に錦を飾る、錦絵、佐賀錦

にしきのみはた　[慣]錦の御旗　[類]大義名分

にしじん■おり　西陣織

にじむ（泌む、滲●む）↓にじむ
苦悩の色をにじませる、血のにじむような努力

にせもの
＝（贋●物）↓偽物（偽造品）真っ赤な偽物
＝（贋●者）↓偽者（偽称者）本人そっくりの偽者

にそくさんもん（二足三文）↓二束三文　二束三文で売り払う
にたりよったり　似たり寄ったり
にちじょうさはん　日常茶飯（事）
にっしょく（日蝕●）↓◎日食（月が太陽と地球の間に入ったときに起こる）
にっしんげっぽ　日進月歩
につまる　煮詰まる（＝解決・結論に近づく）⬅387ページ
にとうだて（2頭建て）↓2頭立て
にないて　担い手　文化の担い手
になう（荷なう）↓担う　期待を担う、衆望を担う、双肩に担う
にのあし　二の足　二の足を踏む（＝ためらう）
にのつぎ　二の次　二の次にする（＝後回し）
にのまい
＝二の舞（舞楽で、案摩《あま》の舞をまねて舞う滑稽な舞）
＝二の舞い（他人と同じ失敗を犯す。舞楽の「二の舞」に由来）
前任者の二の舞いを演じる、二の舞いになる⬅387ページ
にやす　煮やす　業を煮やす（＝いらいらする）
にらむ（睨●む）↓にらむ　情勢をにらむ、にらみを利かせる、にらんだ通りの結果になる、部長ににらまれる
にわか（俄●）↓にわか　にわか雨、にわか仕込み、にわかに変化する
にわづくり　庭造り
にんじょう（刃■傷■）↓刃傷《にんじょう》　刃《にん》傷《じょう》沙汰、刃傷《にんじょう》に及ぶ

【ぬ】

ぬう　縫う　傷口を縫う、雑踏を縫って進む、縫い代（しろ）、縫い針、縫い目
ぬか（糠●）↓ぬか　ぬか漬け、ぬかみそ、ぬかにくぎ（＝手応えがない）、ぬか喜びに終わる（＝当て外れ）
ぬかずく（額■ずく）↓ぬかずく　神前にぬかずく
ぬき…　抜き足差し足、抜き差しならない、抜き手を切る、抜き取り調査
ぬきうち　抜き打ち　抜き打ち検査、抜き打ちテスト
＊射撃の「抜き撃ち」は別
ぬきんでる（抽■んでる、擢●んでる）↓抜きんでる（「ぬきんじる」

は誤用）　才能が抜きんでる

ぬくぬく（温■々）↓ぬくぬく　ぬくぬくと居座る

ぬくもり（温■もり）↓ぬくもり　ぬくもりが伝わる記事

ぬけ…　抜け穴、抜け駆けの功名、抜け替わる、抜け目がない

ぬけだす（脱■け出す）↓抜け出す　教室を抜け出す、不況から抜け出す

ぬけみち（抜け路■）↓抜け道

ぬすっと　(慣)盗っ人　盗っ人たけだけしい（＝ずうずうしい）

ぬり…　塗り絵、塗り替え、塗り薬、塗りたて、塗り直し、塗り盆、塗り物

…ぬり

＝塗り〔一般用法〕上塗り、黒塗りの車

＝塗〔地名等を冠した工芸品〕春慶塗、輪島塗

ぬれぎぬ（濡●れ衣■）↓ぬれぎぬ　ぬれぎぬを着せる（＝無実の罪に落とす）

【ね】

ね…　値上がり、値上げ幅、値打ち、値下がり、値下げ、値引き、値踏み

ね…　寝返り、寝込み、寝覚め、寝泊まり、寝冷え、寝ぼけ眼

ね…　根下ろし、根切り、根差す、根締め、根絶やし、根無し草、根掘り葉掘り、根回し

ねいりばな（寝入り端■）↓寝入りばな　寝入りばなを起こされる

ねえさん　(慣)姉さん

ねがい　願い　願いがかなう、願い事、平和の願い

＊書類を指す場合は送り仮名を付けない　休職願、退職願、入学願

ねがわくは　願わくは（＝願うことなら、できることならどうか。江戸期頃から「願わくば」とも）　願わくは無事でいてほしい、願わくは許したまえ

ねぎ（禰●宜）↓神主、神職

＊神職の階級を表すときは禰宜《ねぎ》

ねぐら（塒●、寝ぐら）↓ねぐら

ねざす　根差す　地域に根差した活動、伝統に根差した生き方

ねざめ　寝覚め　寝覚めが悪い（＝「後で思い出して気分が悪い」の意味にも）

ねじ（螺●子、捻■子）↓ねじ　ねじが緩む、ねじを巻く

ねたむ（嫉■む）→妬む　妬ましい
ねだやし　根絶やし　悪を根絶やしにする
ねつぞう（捏●造）→作りごと、でっち上げ、捏造《ねつぞう》（本来の読みは「でつぞう」だが、慣用読み「ねつぞう」が定着。「捏」＝こね合わせる）
ねはん（涅●槃●）→涅槃《ねはん》（＝悟りの境地。仏の死）
ねぼける（寝惚●る）→寝ぼける
ねまき（寝巻き）→(統)寝間着
ねむけ　眠気　眠気覚まし、眠気を催す
ねむる　眠る　才能が眠っている（＝活用されない）、眠れる獅子（＝実力が発揮されていない状態）
ねもと（根許■、根本）→根元　柱が根元から折れる
ねらいうち
＝狙い打ち〔野球など球技に〕カーブを狙い打ち
＝狙い撃ち〔主に射撃。比喩表現も〕銃で狙い撃ち、生活弱者を狙い撃ちにする
ねらう　狙う　空き巣狙い、狙い澄ます、狙い目
ねる　練る　作戦を練る、練り歩く、練り固める、練り絹、練り歯磨き、文章を練り上げる
ねわざ
＝寝技〔柔道・レスリング〕
(対)立ち技
＝寝業〔裏工作〕政界の寝業師
ねんき
＝年季〔雇い人を使う約束の年限〕年季明け、年季奉公、年季の入った腕前（＝熟練した腕前）、年季を入れる（＝長年その仕事に打ち込む）
＝年期〔1年を単位とする期間。年限〕年期小作
ねんごろ　懇ろ　懇ろに弔う、懇ろにもてなす、懇ろになる
ねんざ　捻挫　(類)くじく
ねんしゅつ　捻出　(類)工面、算段、ひねり出す
ねんぱい（年輩）→(統)年配　同年配、年配の人
ねんれい（年令）→年齢

【の】

のういっけつ（脳溢●血）→脳出血
のうがき　能書き　能書きばかり並べ立てる　(類)効能書き
のうこうそく（脳梗◉塞）→脳梗塞《こうそく》

のうせきずい　脳脊髄

のうてんき（脳天気、能転気）↓能天気（＝のんきで考えが浅いこと、人）

のうり（脳裡●）↓脳裏　脳裏に浮かぶ・ひらめく

のがれる　逃れる　責任を逃れる、難を逃れる（「逃げる」より文語的。抽象的な事柄について使う場合が多い）

のきなみ　軒並み　軒並み（に）電車が遅れる

のけぞる（仰■け反る）↓のけぞる　のけぞってよける

のけもの（除■け者）↓のけ者　類 仲間外れ

のせる　乗せる・載せる　⇩「のる・のせる」

のぞく（覗●く）↓のぞく　雲間から太陽がのぞく、他人の秘密をのぞく

のぞむ

＝望む〔遠くを見る。望見〕対岸を望む、天を望む、遠く富士を望む、はるかに海を望む〔そうありたいと願う。希望〕多くを望まない、成功を望む、高望み、望むべくもない

＊他動詞「～を望む」の形で使う

＝臨む〔面する〕海に臨む部屋〔対する〕厳罰をもって臨む〔参加する、直面する。臨場〕試合に臨む、式典に臨む、その場に臨んで、難局に臨む、別れに臨む

＊自動詞「～に臨む」の形で使う

のだて（野点■）↓野だて（茶の湯）

のだて　野立て　野立て広告・看板

のっとる（則■る）↓のっとる　古式・作法にのっとる

のど（咽■、咽■喉■）↓喉　喉元、喉が鳴る（＝食欲が起こる）、喉から手が出る（＝欲望が抑えられない）

＊「のど自慢」などは仮名書き

ののしる（罵◉る）↓ののしる

のばす・のびる

＝伸ばす・伸びる〔縮んでいるものがまっすぐになる、短いものが長くなる〕暑さで線路が伸びる、うどん・そばが伸びる、髪が伸びる、ぐったりと伸びる、ゴムひもが伸びる、写真を引き伸ばす、しわが伸びる、身長が伸びる、背伸び、捜査の手が伸びる、手足・腰

を伸ばす〔屈伸〕、伸び上がる、伸び縮み、伸びをする、羽を伸ばす、日脚が伸びる〔発展する、成長する〕売り上げが伸びる、学力・才能を伸ばす、記録を伸ばす、草木が伸びる、経済の伸び率、勢力を伸ばす、伸び盛り、伸び悩み、販路を伸ばす、飛距離を伸ばす、票を伸ばす
＝延ばす・延びる〔つなげて長くする、大きく広げる〕うどん・そばの生地を延ばす、絵の具・のりを薄く延ばす、行列が延びる、航空路が延びる、地下鉄が郊外に延びる、鉄板を延ばす〔圧延〕、道路・滑走路を延ばす、遠くまで足を延ばす、梅雨前線が延びる、南へ延びる道
〔時期・期日が遅れる、時間・期間が長くなる〕生き延びる、開会・出発・決定が延びる〔延期〕、寿命が延びる、逃げ延びる、日程・会期を延ばす〔延長〕、間延びする

のばなし　野放し　非行を野放しにする

のびのび
＝延び延び〔時期・期日が遅れる〕開催が延び延びになる、返事が延び延びになる
＝伸び伸び〔押さえつけられない〕気分が伸び伸びする、伸び伸びと育つ

のべ　野辺　野辺の送り〔＝遺体を火葬場・墓地まで見送ること〕

のべる
＝伸べる〔差し出す〕救いの手を差し伸べる
＝延べる〔広げる、遅らせる〕床を延べる、延べ板、延べ金、延べ人員、延べ日数、延べ払い、日延べ

のほうず〔野放途■〕→野放図　野放図な生活、野放図に広がる汚染

のぼせる　上せる〔＝上らせる、上す。文語的表現〕食卓に上せる、話題に上せる

のぼせる〔逆■上■せる〕→のぼせる　アイドルにのぼせ上がる、長湯でのぼせる

のぼり〔幟●〕→のぼり　こいのぼり

のぼりぐち
＝上り口〔階段〕

＝登り口〔山〕

のぼる

＝上る〔「下る」の対語。次第に上方へ向かう〕階段・坂・川を上る、煙が立ち上る、出世コースを上る、水銀柱が上る、頂点に上り詰める、上りアユ、上り坂、上り調子、屋根・展望台に上る

〔達する〕頭に血が上る〔逆上〕、攻め上る、損害が1億円に上る、利用者は数万人に上る

〔その場に出る〕食卓に上る、日程に上る、話題・うわさに上る

＝昇る〔「降りる」「沈む」の対語。空中を上昇する〕エレベーターで昇る〔昇降〕、位が昇る〔昇進〕、神殿に昇る〔昇殿〕、天にも昇る気持ち〔昇天〕、日が昇る

＝登る〔高い所にあがる、よじのぼる〕演壇・木・マウンド・山に登る、うなぎ登り、コイの滝登り、沢登り、登り窯、よじ登る

のむ

＝飲む〔主に液体を〕お茶を飲む、苦汁・煮え湯を飲まされる、薬を飲む、酒を飲む、飲み薬、飲み代、飲み手、飲み干す、飲み水、飲み物、飲み屋

＝（呑●む）↓のむ〔丸のみにする、受け入れる、こらえる〕息をのむ、うのみにする、固《かた》唾《ず》をのむ、声をのむ、条件をのむ、清濁併せのむ、敵をのむ、涙をのむ、波にのまれる、のみ込みが早い、蛇がカエルをのむ、要求をのむ

＝（喫■む）↓のむ〔吸う〕たばこをのむ

のら　(慣)野良　野良仕事

のり（海■苔●）↓ノリ・のり　アオノリ、のり巻き、焼きのり

のり（糊●）↓のり　口をのりする（＝かろうじて生計を立てる）、のりしろ、のり付け

のりあい　乗り合い　乗り合いバス・タクシー

［送］乗合自動車、乗合船

のりかえ　乗り換え　乗り換え時間、次で乗り換え

［送］乗換駅、乗換券

のりくむ　乗り組む（＝船舶などに業務で乗る）　客船・宇宙船に乗り組む

●表外字　■表外音訓　▲不使用漢字　◉難読音訓　○追加漢字　□追加音訓

送乗組員

のりこむ　乗り込む（＝進み入る）　自動車に乗り込む、敵地に乗り込む

のりと　慣祝詞　祝詞を上げる

のりめん（法面）↓のり面　堤防ののり面

のる・のせる

＝乗る・乗せる〔乗り物に乗る〕自動車・飛行機・船に乗る、乗り入れる、乗り移る、乗り換える、乗り越す、乗り出す、ペットを車に乗せる

〔達する、応じる、持ちかける〕大台に乗せる、肩に手を乗せる、口車に乗る、計画に乗る、計略に乗せる、採算ラインに乗せる、誘いに乗る、相談に乗る、一口乗る

〔運ぶ、伝える、進む〕風に乗って飛ぶ、軌道に乗る、興に乗る、時流に乗る、図に乗る、電波に乗せる、波に乗る、メロディーに乗せる

＝載る・載せる〔積載、物を置く〕網棚に荷物を載せる、牛をトラックに載せる、10トンまで載るトラック、机の上に載っている本、まな板に載せる

〔掲載する〕新聞に載った事件、投書が雑誌に載る、名簿に名前を載せる

＊「うどんに天ぷらをのせる」など使い分けに迷う場合は仮名書きにする

のるかそるか（伸るか反るか）↓のるかそるか　類一か八か

のれん（暖簾）↓のれん　のれんに傷が付く、のれんを守る、のれんに腕押し（＝手応えがない）、のれんに関わる（＝信用に影響する）

のろう（詛う）↓呪う　人を呪わば穴二つ（＝人を害しようとすれば自分も報いを受ける）

のろし（狼火、狼煙、烽火）↓のろし　改革ののろしを上げる

のんき（呑気、暢気、暖気）↓のんき　のんきな暮らし、のんきに構える

【は】

は

＝歯　歯が浮く、歯が立たない、歯切れ、歯止め、歯並び、歯の根が合わない、歯磨き、歯に衣《きぬ》を着せない、歯の抜けた

よう（＝あるべきものが欠けて寂しい様子）
＝端　年端、端切れ、端数

はい（胚◦）↓胚　クローン胚、胚性幹細胞

ばいえん（煤●煙）↓すす、ばい煙

はいか（輩◦下）↓配下

はいが（胚芽）↓胚芽（米）

はいかい　俳諧　俳諧師

はいかい（徘●徊●）↓うろつく、ぶらつく、徘徊《はいかい》

はいき　廃棄　産業廃棄物

はいきガス（排気ガス）↓排ガス、排出ガス（「気」は「ガス」の意なので重複表現）

はいきょ（廃墟●）↓廃虚　廃虚と化す

ばいきん（黴●菌）↓病原菌、細菌、ばい菌（「黴」＝かび）

はいこう
＝廃坑〔廃止された坑道〕
＝廃鉱〔閉鎖された鉱山〕
＊全山の廃止は「閉山」「閉鎖」などとする

ばいしゃく（媒妁●）↓媒酌　媒酌人、媒酌の労を取る

はいしゅつ
＝排出〔外へ出す〕汚水を排出する
＝輩出〔優れた人材が次々と世に出る〕人材が輩出する、有名選手を輩出した学校
＊1人には使わない

はいじょ
＝排除〔取り除く〕障害物を排除する
＝廃除〔相続権を失わせること。民法用語〕推定相続人の廃除

はいすい
＝排水〔排出された水、水を排出すること〕温排水、工場排水、雑排水、産業排水、生活排水、排水管、排水基準、排水溝・口・坑、排水する、排水トン、排水ポンプ、排水量
＝廃水〔使用後の汚れた水・薬液〕廃水処理装置
＊一般的には「排水」を使うが、工場関係などでは内容によって「排水・廃水」を使い分ける
＝配水〔水を配給する〕配水管、配水設備

はいすい　背水（＝海や川を背にする。何としてもやりとげる覚悟）背水の構え、背水の陣

はいする
＝排する〔退ける〕万難を排し

て出席する
＝廃する〔やめる、退かせる〕王位を廃する、虚礼を廃する
＝配する〔適当な位置に置く〕背景に木を配する

はいせつ（排泄•）→排出、用便、排せつ（「泄」＝押し出す）

はいぜん 配膳

はいたい（胚胎）→胚胎 類はらむ、兆す、原因となる

はいねつ
＝排熱〔熱を外に出す〕エアコンの排熱
＝廃熱〔副次的に発生した熱、余熱〕廃熱利用

はいふ（配付）→統配布 チラシを配布する

はいれつ（排列）→配列 50音順に配列する、配列を間違える

はうた 端唄

はえぎわ ■生え際 髪の生え際

はえなわ（延縄）→はえ縄

はえぬき 生え抜き 生え抜きの社員

はえる
＝映える〔光に照らされて輝く、色などが美しく調和する〕朝日に映えて、代わり映えがしない、映え渡る空、紅葉の色が映える、夕映え、和服が映える
＝栄える〔立派に見える。栄光〕栄えある勝利、見事な出来栄え、見栄えがする、優勝に栄える

はおり 羽織 羽織はかまで正装する

はおる 羽織る はんてん・上着・コートを羽織る

ばか（莫•迦•、馬鹿）→ばか ばか当たりする、ばかに暑い、ばかにならない、ばかを見る

はがいじめ 羽交い締め（「後ろから羽交い締め」は重複表現）

はがき（端書、葉書）→はがき

はかせ 慣博士 物知り博士（学位は「はくし」。博士号）

はがた
＝歯形〔歯でかんだあとに残る形〕歯形がつく、歯形が残る
＝歯型〔歯科医が治療のために取る歯の型〕歯型を照合して身元を確認する、歯型を取る

はかどる（捗■る）→はかどる 作業がはかどる、執筆がはかどる

はかない（儚•い、果■敢■ない）→はかない はかない運命・夢

はかなむ（儚●む）↓はかなむ　前途・世をはかなむ
はかぶ　端株　端株を整理する
はかま（袴●）↓はかま　はかまを着ける・はく
はかまいり（墓詣■り）↓墓参り
はからい　計らい　特別な計らい、取り計らい
はかり（秤●）↓はかり　はかりに掛ける
はかる
＝計る〔時間を調べる、計算する〕タイムを計る、計り知れない恩恵
〔計画・推定する〕国の将来を計る、タイミングを計る
＝測る〔長さ・高さ・広さ・深さ・度合いを調べる〕距離を測る、身長・標高を測る、面積を測る、水深を測る、角度・温度・血圧を測る、才能を測る
〔推測する〕真意を測る、心底を測りかねる、政治的動向を測る
＝量る〔重さ・大きさを調べる〕体重・目方を量る、体積・容積を量る、量り売り
〔推量する〕真意を推し量る
＊「身長と体重を～」は「測る」を使う
はかる
＝図る〔意図・企図する〕解決を図る、局面打開を図る、合理化を図る、再起を図る、詐欺を図る、自殺を図る、図らずも昇進した、便宜を図る、身の安全を図る
＝諮る〔相談して意見を聞く。諮問〕会員に諮って決定する、議案を委員会に諮る、審議会に諮る、皆さんにお諮りいたします（本来は、上の者が下の者に聞くこと）
＝謀る〔謀議、謀略〕暗殺を謀る、政敵の失脚を謀る、謀ったな
はき（破毀◉）↓破棄　契約を破棄する、原判決を破棄する
はきけ　吐き気　吐き気を催す
はきちがえる　履き違える　意味を履き違える、靴を履き違える、自由を履き違える
はきもの　履物
ばきゃく　馬脚　馬脚を現す（＝正体・悪事があらわになる）
はく
＝履く〔履物を足につける〕靴

・げた・サンダル・スキーを履く、上履き、下履き
＝（穿●く）→はく〔足・もも・腰にまとう〕靴下をはく、ズボン・スカートをはく

はく（箔●）→箔《はく》　アルミ箔《はく》、金箔《きんぱく》、箔《はく》を付ける

はぐ
＝剝ぐ〔むきとる、奪い取る〕追い剝ぎ、化けの皮を剝ぐ、身ぐるみ剝がれる
＝（接■ぐ、綴●ぐ）→はぐ〔つぎ合わせる〕継ぎはぎ、はぎ合わせる

はくあ（白堊●）→白亜（＝白い壁）白亜の殿堂

はぐくむ　育む　夢を育む

ばくしゅう　麦秋（＝陰暦4月の異称。麦を取り入れる初夏の頃）

はくじょう（白杖●）→白杖《はくじょう》（＝目の不自由な人が使う白いつえ）

ばくしん（驀●進）→突進、猛進〔「驀」＝まっしぐら〕

はくせい（剝◉製）→剝製《はくせい》

ばくだい（莫●大）→多大、膨大（な金額）、甚大（な被害）、莫大《ばくだい》

はくだつ
＝（剝◉奪）→剝奪《はくだつ》〔力ずくで取り上げる〕公民権を剝奪《はくだつ》する
＝（剝◉脱）→剝脱《はくだつ》〔剝ぎ落とす、剝げ落ちる〕壁のタイルを剝《はく》脱《だつ》する、金箔《きんぱく》が剝脱《はくだつ》する

ばくち（博打■）→ばくち

はくないしょう（白内症×）→白内障

はくび　白眉　類出色、最高、随一、傑出した

ばくふ（瀑●布）→滝、大きな滝

はくらく　伯楽（＝馬の良否を見分けた人の名から、人材を発掘し、育てることのうまい人）名伯楽

はくらく（剝◉落）→剝げ落ちる、剝げる、剝落《はくらく》

はくり（剝◉離）→剝がれる、剝がれ落ちる、剝離《はくり》

ばくろ（曝●露）→◎暴露　秘密・不正を暴露する
＊アスベストなどの有害物質や放射線に身体がさらされることをいうときは「曝露《ばくろ》」

はけ（刷■毛）→はけ、ブラシ

はげしい（劇■しい、烈■しい）→激しい　気性が激しい、激しい痛み、激しい戦い

はげる

=剝げる〔取れて離れる〕塗りが剝げる
=（禿●げる）→はげる〔抜け落ちる〕はげ山
ばける 化ける 化け猫、化けの皮、化け物
はこう（跛●行）→ちぐはぐ、不均衡（状態）
はざかいき 端■境期
はざま（狭間、迫■間）→はざま、隙間、間
はさみ（鋏●）→はさみ
はさみうち 挟み撃ち 挟み撃ちに遭う
はし 箸 箸遣い、箸にも棒にも掛からない、塗り箸、割り箸
はじいる 恥じ入る
はしご（梯●子、梯●）→はしご
はじめ
=初め〔最初の段階、1番目。「初めて〜する」などの副詞的用法〕秋の初め、月初め、年の初め、初めからやり直す、初めての経験、初めに思ったこと、初めのうちは、初めの日、初めまして（あいさつ）、物事の初め
=始め〔物事の起こり。開始するという動作。「〜を始めとして」と代表的なものを示す用法〕Aを始めB・C、国・人類の始め、稽古始め、仕事始め、手始め、年始めの行事、始めと終わり
はじめね 始値
送歌会始、講書始
はしゅ（播●種）→種まき
はじらう 恥じらう 恥じらう様子もない、花も恥じらう
ばせい 罵声 罵声を浴びせる
はた
=端〔物のへり〕川端、道の端
=（傍■）→はた〔かたわら〕はたで見るほど楽でない、はたの迷惑を考えろ
はだ（膚■）→肌 肌が合わない、肌寒い、一肌脱ぐ
はたあげ（旗上げ、旗挙げ）→㊕統 旗揚げ 旗揚げ公演
はだし（裸■足■）→はだし
はたち 慣二十（歳）
はたん 破綻 類行き詰まる、つまずき、失敗、破局、崩壊
はち 鉢 鉢合わせ、鉢植え、鉢巻き
はち 蜂・ハチ スズメバチ、女王蜂、蜂の巣をつついたよう、

蜂蜜、蜜蜂

はちめんろっぴ（八面六臂）→縦横無尽

はちゅうるい（爬虫類）→爬虫《はちゅう》類

はつえんとう
=発炎筒〔煙と火を出す。自動車、鉄道などで使う〕
=発煙筒〔煙だけを出す。消防訓練などで使う〕

はつか 慣二十日

はつかねずみ（二十日鼠）→ハツカネズミ

はづき 葉月（=陰暦8月）

ばっこ（跋扈）→横行、はびこる、のさばる

はっこう（薄倖）→◎薄幸

はっこう（醱酵）→◎発酵

はっしん（発疹）→発疹（「ほっしん」とも）

ばっすい（抜萃）→◎抜粋（「萃」=集める）

ばってき（抜擢）→（特に）登用、（特に）起用、抜てき

はっと 法度（=武家社会の法律。禁じられていることを指し、「ご法度」の形で使う）

はっとうしん（八等身）→八頭身

はっぴ（半被）→法被　そろいの法被

はっぷ
=発布〔法令などを世間に広く知らせる〕憲法の発布
=発付〔刑事訴訟法〕逮捕状の発付

はっぷん（発憤）→発奮

はつもうで 初詣

＊「熊野詣で」など他の「〜詣で」には送り仮名を付ける

はつらつ（潑剌）→活発、元気、生き生き、はつらつ

はで 派手　派手好き、派手な衣装、派手に殴り合う、派手やか

ばていけい（馬蹄形）→U字形、馬てい形

はてんこう 破天荒 ⬅388ページ

はとう（波濤）→大波、荒波

ばとう 罵倒

はとば 慣波止場

はな
=花〔植物、特に桜の花。盛んな様子・人目を引くものの例え〕傘の花が開く、花形、花が散る、花曇り、花盛り、花の5人衆、花の都、花吹雪、花祭り、花道、花も実もある、花を持たせる、花を添える、一花咲かせる、若いう

ちが花
＝華〔華やかな様子、精髄・神髄の例え〕火事とけんかは江戸の華、華々しい、華やか、華やぐ、武士道の華、文化の華

はな
＝鼻〔器官〕
＝（洟●）→はな〔鼻汁〕はなをかむ、はなをすする

はなお（花緒）→鼻緒　げたの鼻緒

はなし
＝話〔名詞。話された中身〕打ち明け話、おとぎ話、立ち話、茶飲み話、作り話、話がはずむ、話がまとまる、話半分、話を伺いたい、昔話
＝話し〔動作性のある用法。話す行為〕話し合い、話し相手、話しかける、話し方、話し言葉、話し込む、話し上手、話し好き、話し手
⇩「おはなし」の項参照

はなす・はなれる
＝放す・放れる〔自由にする。解放、放棄〕言いっ放し、家を手放す、犬が鎖から放れる、親の束縛を放れる、自転車を手放しで乗る、突き放す、手放しで喜ぶ、鳥を放す、野放し、放し飼い、放れ駒（＝放れ馬）、見放す、矢は弦を放れた
＝離す・離れる〔距離・間隔を置く。分離、離脱〕駅から離れた町、競争相手を引き離す、切り離す、職を離れる、乳離れ、手離れ、床離れ、握った手を離す、肉離れを起こす、日本人離れ、肌身離さず持つ、離れ座敷、離れ島、離れ離れ、離れ業（体操の「離れ技」は別）、ハンドルから手を離す、人里離れた場所、目を離せない
＊「手ばなす」は「放任・放棄」の意味から「手放す」。「手をはなす・手がはなれる」は「分離・離脱」の意味から「手を離す・手が離れる」とする

はなはだしい　甚だしい

はなばなしい　華々しい

はなむけ（餞●、贐●、鼻向け）→はなむけ⬅388ページ

はなわ（花環■）→花輪

はにわ（埴●輪）→埴輪《はにわ》

はね
＝羽〔鳥・飛行機の翼、昆虫のはね（翅）。比喩表現も〕尾羽、

風切り羽、トンボの羽、羽が生えたよう、羽を伸ばす、羽を広げる
=羽根〔バラバラになった鳥のはね、羽根を模した器具・部品〕赤い羽根（共同募金）、追い羽根、タービンの羽根車、羽根突き、羽根布団、風車・扇風機・竹とんぼ・プロペラ・スクリューの羽根、ヘリコプターの羽根(回転翼)、矢羽根

ばね（発条）→ばね　足のばねを利かせる、屈辱をばねにする

はねる
=跳ねる〔とびあがる、とびちる、はじける。主に自動詞〕油・水が跳ねる、馬が跳ねる、芝居・店が跳ねる(終える)、跳ね上がる、跳ね起きる、跳ね(っ)返り、跳ね腰、跳ね橋
＊「跳びはねる」は仮名書き
=（撥ねる）→はねる〔はじきとばす、かすめとる、拒絶する。主に他動詞〕上前をはねる、車が人をはねる、検査ではねる、泥水をはね上げる、はね返す、はねのける、文字の終わりをはねる、要求をはねつける

はば（巾）→幅　幅を利かせる

はふ　破風（=屋根の装飾板）

はぶり　羽振り　羽振りがよい・いい、羽振りを利かせる

はまき　葉巻

はみがき　歯磨き

はむかう　歯向かう・刃向かう

はめ（破目、端目）→(統)羽目　苦しい羽目に陥る、羽目を外す

はもの　端物　(類)半端物

はやい
=早い〔時刻・時期が手前である。「晩」の対語。わずかな時間で済ませる〕足早に立ち去る、いち早く、遅かれ早かれ、変わり身が早い、気が早い、時期が早過ぎる、素早い、手っ取り早い、手早い、投票の出足が早い、早い話が、早い者勝ち、早起き、早帰り、早変わり(一般用語)、早替わり(歌舞伎など)、早食い、早口、早咲き、早指し将棋、早死に、早手回し、早場米、早々と、早引け、早回り競争、早めに行く、早業、火の回りが早い、耳が早い、矢継ぎ早、理解が

早い、録画を早送りする
＝速い〔スピードがある、「遅」の対語〕頭の回転が速い、車の速さ、決断が速い、呼吸が速い、球が速い、出足が速い車、テンポが速い、流れが速くなる、速足、速い動作、病気の進行が速い、ペースが速い

はやし（囃●子、囃●）↓はやし　はやし方、祭りばやし

はやす（囃●す）↓はやす　言いはやす、もてはやす

はやす　生やす　ひげを生やす

はやまる・はやめる
＝早まる・早める〔主に時間〕終了時刻を早める、日時が早まる、予定が早まる
＝速まる・速める〔主に速度〕回転を速める、流れが速まる、歩度を速める

はやる（流■行■る）↓はやる　風邪がはやる

はやわざ（早技）↓早業　目にも留まらぬ早業

はら（肚●）↓腹　腹合わせ、腹切り、腹下し、腹立ち、腹積もり、腹巻き、腹が据わる（＝動揺しない）、腹を据える・腹をくくる（＝覚悟を決める）、腹に収める（＝ほかに漏らさない）、腹に据えかねる（＝我慢できなくなる）

はらいこみ　払い込み、払い込み受付期間、払い込み開始、払い込み方法
送払込額、払込期日、払込金、払込先、払込手形など
⇩経済関係複合語（36ページ）

はらいさげ　払い下げ　払い下げ品

はらいだし　払い出し　払い出し人

はらいもどし　払い戻し　払い戻し請求、払い戻し中止、払い戻し方法
送払戻額、払戻期日、払戻金、払戻件数、払戻証書など
⇩経済関係複合語（36ページ）

はらう
＝払う〔取り除く、支払う、心を向ける〕悪魔払い、辺りを払う、一時払い、枝を払う、お払い箱、敬意を払う、払い物、払い渡し、厄払い、厄介払い
＝（祓●う）↓はらう〔神に祈って災いを除く〕おはらい、は

らい清める
＊「悪魔払い」「厄払い」は慣用で「払」を使う

はらす　腫らす　足を腫らす、まぶたを腫らす
＊「泣きはらす」は仮名書き

はらわた（腸■）↓はらわた　はらわたが煮え返る・煮えくり返る（＝我慢できないほど憤る）、はらわたがちぎれる（＝悲しみなどに耐えられない）、はらわたの腐った（＝精神的に堕落している）

はらん（波瀾●）↓波乱　波乱の人生、波乱万丈、波乱含み、波乱を呼ぶ

はり
＝（鉤●、鈎●）↓針〔一般用語〕釣り針、縫い針、針のむしろ
＝（鍼●）↓はり〔医療用語〕はり師、はり麻酔
⇩「しんきゅう」の項参照

ばり（罵詈●）↓悪口、雑言、ののしり（「罵」「詈」＝ののしる）
罵詈《ばり》雑言

はりこむ
＝張り込む〔見張る、奮発する〕捜査員が駅で張り込む、祝儀を張り込む
＝貼り込む〔台紙などにはりつける〕アルバムに貼り込む

はりだす
＝張り出す〔外に出っ張る〕高気圧・軒が張り出す
＝貼り出す〔掲示する〕お知らせを貼り出す

はりつけ（磔●）↓はりつけ

はりつける
＝張り付ける〔人をとどめておく〕記者を現場に張り付ける
＝貼り付ける〔のりなどで他のものにつける、データ類をペーストする〕ポスターを貼り付ける、画像を貼り付ける

はる
＝張る〔広がる・広げる、のびる・のばす〕煙幕を張る、関連サイトにリンクを張る、虚勢を張る、氷が張る、策略を張り巡らす、全面タイル張りの家、テントを張る、根が張る、張り合う（＝対抗する）、張りのある声、壁紙・障子・ふすまを張り替える、向こうを張る、目張り
＝貼る〔のりやピンなどで付ける〕切手・シール・付箋を貼

る、切り貼り、1枚ずつタイルを貼る、貼り紙、貼り薬、レッテルを貼る
はるか（遥●か）→はるか　思いはるか、はるかに予想を上回る
はるさめ　春雨
はれ…　晴れ着、晴れ姿、晴れ間
ばれいしょ（馬鈴薯●）→ジャガイモ
はれる　腫れる　足が腫れる、腫れ物
はわたり　刃渡り
はん
＝判〔用紙・書籍・写真などの規格、判定、印鑑〕35ミリ判、三文判、四六判、新書判、太鼓判を押す、タブロイド判、判で押したように、A5判
＝版〔印刷関係〕オフセット版、海賊版（CD・ゲームも）、決定版、豪華版、縮刷版、出版、製版、絶版、第3版、凸版、版画、版権、版元
はんえい（反影）→反映　世相を反映したドラマ
はんが（板画）→版画
＊棟方志功は「板画」を使う
ばんか（挽●歌）→哀悼歌、挽歌《ばんか》
ばんかい（挽●回）→㊕挽回　名誉挽回
はんがんびいき　判官びいき（「ほうがんびいき」とも）
はんき（叛●旗）→◎反旗　反旗を翻す
はんぎ（板木）→版木
はんぎゃく（叛●逆）→◎反逆　主君に反逆する、反逆児
ばんきん（鈑●金）→板金
ばんぐみ　番組　番組編成、ニュース番組
はんさ（煩瑣●）→煩雑（「瑣」＝煩わしい）
ばんざい（万才）→万歳　万歳三唱（伝統芸能の「万歳」は「まんざい」）
はんざつ（繁雑）→(統)煩雑　煩雑な手続き
ばんさん（晩餐●）→夕食、晩さん
ばんじきゅうす　万事休す　(類)お手上げ、万策尽きる
ばんじゃく（磐●石）→盤石　盤石の構え
はんじょう（繁昌●）→繁盛　商売繁盛、店が繁盛する
はんしょく（蕃●殖）→◎繁殖　繁殖期、異常繁殖
はんしんふずい　半身不随
はんすう（反芻●）→反すう（牛な

どの生態)、繰り返し～する、繰り返し考える・思う・味わう(比喩的用法)
はんせつ(半截●)↓半切 類半裁
はんそく(犯則)↓反則
＊国税通則法、関税法、地方税法などでは「犯則」
はんだ(半田、盤■陀●)↓はんだ・ハンダ はんだ付け、はんだごて
はんちゅう(範疇●)↓範囲、部類、部門
ばんづけ 番付 番付表
はんてん(半天、半纏●)↓はんてん 印ばんてん
はんてん 斑点 青と白の斑点、斑点模様
はんにゃ 慣般若 般若面
ばんねん 晩年 晩年の作品⬅3 98ジペー

はんばく(反駁●)↓反論(「駁」＝責めただす)
はんぱつ(反撥●)↓◎反発 調停案に反発する、反発を覚える
はんぷく(反覆)↓反復 反復する旋律、反復横跳び、反復練習
はんめん
＝半面〔表面の半分、物事のもう一方の面〕隠れた半面、盾の半面、半面の真理、半面しか知らない
＝反面〔反対側の面、意外な別の一面〕反面教師、反面調査
＊「便利な『はんめん』危険もある」など、副詞的に「もう一方では」の意味で使う場合は、どちらでも間違いではないが、「反面」の方が両者の対立がより際立つ
はんもん(煩悶●)↓もだえ、悩み、苦悩、もだえ苦しむ
はんもん 斑紋
はんよう(汎用◉)↓汎用《はんよう》 汎用《はんよう》鋼材、汎用《はんよう》コンピューター、汎《はん》用《よう》性
はんらん 氾濫 類あふれる、あふれ返る、あふれ出る、横行(好ましくない状態についていう)
はんらん(叛●乱)↓◎反乱 反乱軍
はんりょ 伴侶(＝道連れ。多く、配偶者の意で) 人生の伴侶
はんれい
＝凡例〔書物の巻頭で編集方針や使い方を示したもの〕
＝判例〔判決の先例〕
＝範例〔模範となる例〕

はんろん（汎◉論）↓総論、通論、汎論《はんろん》

【ひ】

ひ

＝火（燃えている状態、情熱・激しさの例え）火入れ（式）、火打ち石、火付け役、火と燃える、火に油を注ぐ、火の消えたような、火の気、火の粉、火鉢、火膨れ、火をおこす、火を吐く勢い、火を見るよりも明らか

＝灯（明かりとして使うための火などの光、しるしとなるものの例え）伝統の灯を絶やさない、ネオンの灯、灯の光を慕って、街の灯

＊火を付ける（点火、放火）、灯をつける（点灯）。火を消す（消火）、灯を消す（消灯）

ひ　日　日当たり、日帰り、日盛り、日差し、日照り、日取り、日延べ、日干し、日増しに、日焼け、日雇い労働者、日割り

送日付

ひあし（陽■足）↓日脚　日脚が伸びる、日脚が速い

ひいき（贔●屓●）↓ひいき　えこひいき、判官びいき、ひいきの引き倒し（＝ひいきしすぎて、かえって迷惑になること）

ひいては（延■いては、引いては）↓ひいては　類さらには、その結果

ひうん

＝（否運）↓非運（運が開けない、つきがない。不運）非運の敗戦投手

＝悲運（悲しい運命、不幸な巡り合わせ）悲運の名将

ひえしょう

＝冷え性（体質）

＝冷え症（病気）

びおんてき（微穏×的）↓微温的

類手ぬるい、不徹底

ひかえ　控え　書類の控え、控えめにする、控えをとる

送控室

ひかげ

＝（日蔭●）↓日陰（日が当たらない場所。「日なた」の対語）涼しい日陰、日陰になる、日陰の身

＝日影（日の光。文語的表現）明るい日影、日影が差す、日影を浴びて

＊「日影＝にちえい」は、建築

基準法などで、日照権などに関し、日の当たらない部分のことをいう。『日影基準』『日影制限・規制』『日影時間』など

ひかり　光　稲光、希望の光、月の光、光を放つ、光を失う

＊動作性のある用法は「り」を送る。親の光は七光り、黒光り、底光り、光り輝く、光り物

ひき…　引き合い、引き上げ、引き揚げ、引き合わせ、引き起こす、引き落とし、引き金、引き込み（線）、引き下げ、引き算、引き潮、引き締め、引き出し、引き立てる、引き継ぎ、引き続き、引き綱、引き連れる、引き手、引き出物、引き戸、引き時、引き留める、引き取り、引き抜き、引き伸ばし（写真）、引き延ばし（期限など）、引き離す、引き払う、引き船、引き分け、引き渡し（期日）、引っ越し、引っ込み思案、引っ立てる、引っ張る

ひきあげる

＝引き上げる〔引っ張り上げる、程度を上げる〕川・線路に落ちた人を引き上げる、関税引き上げ、水準を引き上げる、定価を引き上げる、課長を部長に引き上げる

＝引き揚げる〔元のところに戻す・戻る、回収〕遺体を海から引き揚げる、海外から引き揚げる、沈んだ船を引き揚げる、出資金を引き揚げる、花道を引き揚げる、引き揚げ船

ひきあて　引き当て　引き当て不足、追加引き当て

送引当金、引当物件など

⇩経済関係複合語（36ページ）

ひきうけ　引き受け　引き受け拒否、引き受け契約、引き受け限度、身元引き受け

送身元引受人

引受額、引受銀行、引受件数、引受団、引受手形など

⇩経済関係複合語（36ページ）

ひきかえ　引き換え

送代金引換（郵便）、引換券

ひきぎわ■（退き際）→引き際（人の進退など）引き際が悪い、引き際を誤る

ひきこもる　引き籠もる・引きこもる

ひきずりおろす

＝引きずり下ろす〔上から下へ

移す〕猿を屋根から引きずり下ろす
＝引きずり降ろす〔地位・役割から退ける〕代表から引きずり降ろす、投手をマウンドから引きずり降ろす

ひきだし（抽■き出し、抽■斗■）→引き出し

ひきとめる（引き止める）→引き留める

ひきにげ（轢●き逃げ）→ひき逃げ

ひきのばす
＝引き伸ばす〔大きくする〕ゴムひも・写真を引き伸ばす
＝引き延ばす〔長引かす〕会議・期限を引き延ばす

ひきょう（卑怯●）→卑劣、ずるい、ひきょう

ひく
＝（曳●く、牽●く、惹●く、退■く、抽■く）→引く　後を引く、油を引く、網を引く、風邪を引く、気を引く、くじを引く、車を引く、辞書を引く、線を引く、注意を引く、綱を引く、手ぐすねを引く、同情を引く、引き起こす、引きも切らず、引く手あまた、人柄に引かれる、人目を引く、幕を引く、身を引く、例を引く
＝弾く〔弾奏〕三味線の弾き手、爪弾き、ピアノ・バイオリンを弾く、弾き語り
＝（挽●く、碾●く）→ひく〔切る、削る、砕く〕臼で豆をひく、臼・ミルをひく、のこぎりでひく、ひきたてのコーヒー、ひき肉
＝（轢●く）→ひく〔車輪でひく〕車にひかれる、ひき逃げ

びこう・びくう（鼻腔●）→鼻腔《びこう》・鼻腔《びくう》
⇩「こうこう・こうくう」の項参照

ひげ（髭●、鬚●、髯●）→ひげ　ひげ面
＊口ひげ＝髭、顎ひげ＝鬚、頰ひげ＝髯

ひけぎわ（退■け際）→引け際〔終了間際など〕引け際に呼び止められる

ひけつ（秘訣●）→奥の手、こつ、要領、秘密、秘策、とっておきの方法、秘訣《ひけつ》（「訣」＝奥義）

ひけどき（退■け時）→引け時　会社の引け時

ひけね　引値（＝終値）

ひけめ　引け目　引け目を感じる

ひ

ひご（庇護）→保護、かばう、守る、擁護（「庇」＝かばう）

ひご（蜚語）→◎飛語　流言飛語　類うわさ、デマ

ひごろ　日頃

ひざ　膝　はたと膝を打つ、話に引き込まれて膝を進める、膝を崩す、膝を屈する（＝屈服）、膝を突き合わせて協議する、膝を交えて話す

ひさい（菲才）→非才（「菲」＝薄い。へりくだって使う）浅学非才、非才を顧みず

ひさし（庇）→ひさし　ひさしを貸して母屋を取られる（＝一部を貸したために全部取られる、恩をあだで返される）、帽子のひさし（額のうえに突き出た部分）

ひざし（陽射し）→日差し

ひざまずく（跪く）→ひざまずく　墓前にひざまずく

ひさめ　氷雨　類ひょう、あられ、みぞれ、冷たい雨

ひざもと（膝下）→統膝元　お膝元（＝権力者のそば）、親の膝元を離れる

ひじ（肱、臂）→肘　肩肘張る、肘掛け、肘鉄砲

ひしがた（菱形）→ひし形

ひしもち（菱餅）→ひし餅

ひじゅん（批準）→批准　条約を批准する、批准書

ひしょう（飛翔）→飛行、飛ぶ、飛翔《ひしょう》

びしょう

＝微小〔大きさが極めて小さい〕微小動物、微小な粒子

＝微少〔分量が極めて少ない〕微少の薬物が検出される、微少量

ひずみ（歪み）→ひずみ　近代化による社会のひずみ　⇩「ゆがみ」の項参照

ひそ（砒素）→ヒ素

ひそう（皮想×）→皮相　皮相的な意見、皮相な見方

ひそう

＝悲壮〔悲しくも勇ましい〕悲壮な覚悟

＝（悲愴）→悲痛、悲傷、悲愴《ひそう》〔悲しく痛ましい〕

ひそか（密か、秘か、窃か、私か）→ひそか

ひそみ（顰み）→ひそみ　ひそみに倣う⬅388ページ

びたい（媚態）→なまめかしい振

る舞い、こびた態度
ひだち（日立ち）→肥立ち　産後の肥立ち
ひだまり（陽■溜●まり）→日だまり
ひだりきき　左利き
ひたる（漬■る）→浸る　悲しみに浸る、酒に浸る、湯に浸る
ひつぎ（柩●、棺■）→ひつぎ、棺（読みは「かん」）
ひづけ　日付　日付が変わる、日付変更線
ひっす　必須（「必要」より強いニュアンスで使われる）類 不可欠
ひっせき（筆蹟●）→◎筆跡
ひってき　匹敵　プロに匹敵する
ひっぱく（逼●迫）→窮迫、切迫、行き詰まり、追い詰められる、逼迫《ひっぱく》（「逼」＝迫る）

ひづめ（蹄●）→ひづめ
ひどい（酷■い）→ひどい
ひとえ
＝一重（重なっていない）紙一重、一重咲き、一重まぶた
＝（単■、単■衣■）→ひとえ（裏をつけない着物）十二ひとえ、ひとえ物
ひとがた
＝人形（人の姿、かたち）紙を人形に切る
＝人型（人のタイプ）人型ウイルス、人型ロボット（「ヒト型」とも）
ひときわ（一際）→ひときわ
ひとけ（人気）→人け
ひとごこち（一×心地）→人心地　人心地がつく
ひとごと（人事、他■人■事）→人ごと、ひとごと
＊「他人事」を「たにんごと」と読めば表内音訓だが、本来そうした語はない。「人事」を「じんじ」と区別するため「他人事」の表記が広まり、「たにんごと」と読まれるようになったもの
ひとごみ（人込み）→人混み　人混みに紛れる、人混みをかき分ける
ひとさしゆび（人差し指、人指し指）→人さし指
ひとしお（一入■）→ひとしお　寒さがひとしお身にしみる　類 ひときわ、一層
ひとづかい　人使い　人使いが荒い、人使いが激しい
ひとづきあい　人付き合い　人付

き合いが下手

ひとづて（人伝て■）↓人づて　人づてに聞く

ひとみ（眸●）↓瞳　つぶらな瞳、瞳を凝らす

ひとみごくう（人身御供■）↓人身御供《ごくう》

ひとり

＝1人〔人数を示す。他の数字と置き換えが可能なもの〕1人当たり、1人ずつ、4人のうち1人

＝(慣)一人〔ほかに相手・仲間がいない状態。他の数字と置き換えられない場合〕一人芝居（を演じる）、一人旅、一人っ子、一人天下、一人息子、一人娘、人っ子一人いない

＝独り〔孤独・単独・独立などの意味合いに重点を置く場合〕独り占い、独り合点、独り決め（独断）、独り言、独り占め（独占）、独り相撲、独り立ち、独り寝、独り舞台、独りぼっち、独り身をかこつ（独身）、独り者、独り善がり（独善）

〔単なる、単に〕独りこの町だけの問題ではない（仮名書きも）

ひどり　日取り　日取りを決める

ひとりあるき

＝一人歩き〔人数〕夜道の一人歩きは危険

＝独り歩き〔独立〕言葉の独り歩き、独り歩きのできる子供

ひとりがち（一人勝ち）↓独り勝ち　米国の独り勝ち

ひとりぐらし

＝一人暮らし〔人数に重点〕一人暮らしの気安さ

＝独り暮らし〔孤独の意〕独り暮らしの老人の問題

（「ひとり住まい」も同じ）

＊「親子3人暮らし」など2人以上は洋数字。文中で混在する場合は「1人暮らし」も

ひなが（日長）↓日永　春の日永

(対)秋の夜長

ひながた（雛●型）↓ひな型　(類)見本、模型、手本、書式

ひなた（日向■）↓日なた　日なたに干す、日なたぼっこ

ひなだん（雛●壇）↓ひな壇　ひな壇に並ぶ

ひなまつり（雛●祭り）↓ひな祭り

ひなん（批難）↓非難　非難ごうごう、非難の的

ひにち（日日）→日にち　日にちがたつ、日にちがもうない

ひにん（非認×）→否認　対是認

ひねる（捻■る、撚●る）→ひねる　頭・首をひねる、手をひねる、ひねった問題

ひばく
＝（被曝●）→被曝《ひばく》〔放射線などに〕原発事故・原水爆実験の被曝《ひばく》者、被曝《ひばく》線量、被曝《ひばく》した第五福竜丸　類さらされる、浴びる
＝被爆〔原爆を含む爆弾に〕広島・長崎の被爆者

ひぶ　日歩（＝100円に対する1日の利息）

ひぶた　火蓋・火ぶた　火蓋を切る ←389ページ

ひぼう（誹●謗●）→中傷、悪口、そしる、悪く言う　誹謗《ひぼう》中傷

びほう（弥■縫）→繕う、取り繕う、間に合わせ、一時しのぎ　弥縫《びほう》策（＝一時しのぎの方策）

びぼう（美貌◉）→美人、美形、美貌《びぼう》

ひぼし
＝（日乾■し）→日干し〔日光に干す〕魚の日干し
＝（干乾■し）→干ぼし〔食べるものがなく痩せる〕一家が干ぼしになる

ひまく
＝皮膜〔皮膚と粘膜、皮のような膜〕
＝被膜〔物を覆っている膜〕

ひまご（曽■孫）→ひ孫

ひまつ（飛沫●）→しぶき、飛沫《ひまつ》

ひめん（罷◉免）→罷免《ひめん》

ひも（紐●）→ひも　財布のひもが緩む、超ひも理論

びもく　眉目（眉と目。転じて顔かたち）　眉目秀麗

ひもの（乾■物）→干物

ひや…　冷や汗、冷や酒、冷や水、冷や麦、冷や飯

ひゃっか
＝百花　百花斉放（＝文学・芸術などが盛んになる）、百花繚乱《りょうらん》
＝百科　百科事典、百科全書
＝百家　百家争鳴（＝いろいろな意見を活発に述べ合う）

ひゆ（譬●喩）→比喩　類例え

ひょう
＝表〔事柄を分類・整理して並べたもの〕一覧表、成績表、（学校の）通知表、年表
＝票〔紙片〕源泉徴収票、住民票

ひょう〔雹•〕→ひょう

ひょうき
＝表記〔文字づかい、表書き〕国語の表記法、表記辞典、表記の異同、表記の住所
＝標記〔表題〕標記の件につき

ひょうきん〔剽•軽■〕→ひょうきん

ひょうけつ
＝〔票決〕→表決〔議案に対する賛否の意思表示〕議案を表決に付す、起立による表決、表決権
＊「票決」は投票による採決の意だが、「表決」に統一
＝評決〔裁判所で評議して採決すること〕裁判官・裁判員の評決

びょうげん〔病源〕→病原　病原菌、病原体

ひょうさつ〔標札〕→表札
＊公職選挙法の「標札」は別

ひょうじ〔標示〕→表示
＊道路交通法の「道路標示」は別

ひょうせつ〔剽•窃〕→盗作、盗用
〔「剽」＝かすめ取る、「窃」＝こっそり盗む〕

ひょうだい〔標題〕→表題〔書物の題名、講演・公演の題目〕表題作ほか4編を掲載、本日の表題
＊「標題音楽」〔＝主題を表す題名が付いた音楽。ベートーベン「田園交響曲」、スメタナ「連作交響詩　わが祖国」など〕は別　対絶対音楽

ひょうのう〔氷嚢•〕→氷袋、氷のう

ひょうはく
＝漂白〔さらして白くする〕さらし粉で漂白する、漂白剤
＝漂泊〔ただよいさすらう〕他国を漂泊、漂泊の詩人、街から街へ漂泊する　類流浪、放浪
＝表白〔考え・思いを言葉で表す〕胸中を表白する
＊仏教用語の「表白（ひょうびゃく）」〔＝法事などで、僧がその趣旨を読み上げること〕は別語

びょうぶ〔屏•風〕→びょうぶ

ひょうへん〔豹•変〕→一変、急変、変節（本来は「はっきり誤りを正す」意）

びょうほ〔苗圃•〕→苗床、苗畑

ひょうぼう〔標榜•〕→掲げる、旗印とする、公然と示す

びょうぼつ〔病歿•〕→◎病没、病死

ひょうろう〔兵粮•〕→兵糧　兵糧

攻め

ひよく（肥沃）◉→肥沃《ひよく》 類肥えた、豊かな

ひより 慣日和 行楽日和、日和見（＝主体性のない態度）、待てば海路の日和あり

ひらく（拓■く、展■く）→開く 荒野を開く、悟りを開く

ひらたい 平たい 平たい鍋、平たく言えば

ひらや（平家）→統平屋

びらん（糜●爛●）→ただれ、腐乱

ひるがえす（飜●す、飄●す）→翻す 身を翻す、前言を翻す

ひれき（披瀝●）→明かす、打ち明ける、吐露、披瀝《ひれき》

ひろげる（拡■げる）→広げる 大風呂敷を広げる（＝大言壮語する）

びわ（琵●琶●）→特琵琶 琵琶法師

ひわい（卑猥●）→淫ら、下品、いやらしい

ひわり 日割り 日割り計算

びん（壜●）→瓶 花瓶、ビール瓶

ひんし（瀕●死）→死にそう（な）、致命的、瀕死《ひんし》（「瀕」＝差し迫る）

ひんしゅく（顰●蹙●）→顔をしかめる、苦々しく思う、ひんしゅく（を買う）

びんしょう（敏捷●）→機敏、素早い、敏しょう（「捷」＝素早い）

ひんする（瀕●する）→ひんする、迫る、差し迫る、近づく、直面する

びんせん 便箋

びんづめ
＝瓶詰〔一般用法〕瓶詰のジャム
＝瓶詰め〔動作〕瓶詰め作業

びんらん（紊●乱）→乱す、乱れる、混乱、壊乱、乱脈（「紊乱」の本来の読みは「ぶんらん」。「紊」＝乱す）

【ふ】

ふ（斑■）→ふ〔まだら〕 ふ入りの花

ぶ…
＝不 不格好、不気味、不器用、不器量、不細工、不作法、不祝儀、不調法、不用心
＝無 無愛想、無遠慮、無事、無精、無粋、無難、無風流、無礼

ぶ
＝分〔優勢さ・利益の度合い〕形勢はこちらに分がある、こ

の仕事は分が悪い
＝歩〔利益の割合、金利、利息〕日歩、歩留まり、歩を払う、歩に合わない（＝割に合わない）
ぶあい　歩合　公定歩合、歩合制
ぶあつい（部厚い）↓分厚い
ふいうち（不意討ち）↓不意打ち　不意打ちを食らう
ふいちょう　㊜吹聴　あることないこと吹聴する
…ふう　今風、上方風、サラリーマン風、山小屋風、洋風、和風
＊「こんなふうに」「知らないふうを装う」などは仮名書き
ふうかん（封緘●）↓封（「緘」＝とじる）
ふうき（風規×）↓風紀　風紀の乱れ
ふうきり　封切り　今夏封切りの話題作、封切り日

ふうこうめいび（風光明媚●）↓風光明媚《めいび》　風光明媚《めいび》の地
ふうさい　風采　風采が上がらない　㊮外見、風体
ふうし（諷●刺）↓◎風刺
ふうじ…　封じ込め、封じ手、封じ目
ふうしん（風疹◦）↓風疹
ふうてい（風態■）↓風体　怪しげな風体、勤め人らしい風体
ふうび（風靡●）↓支配、流行、なびかせる（「靡」＝なびく）　一世を風靡《ふうび》する
ふうぶつし　風物詩　夏の風物詩
ふうぼう（風貌◉）↓容姿、見かけ、風貌《ふうぼう》
ふえる・ふやす
＝増える・増やす〔数や量が多くなる。減の対語〕会員が増える、子供が増える、庭木を増やす、人数を増やす、ペットが増える、予算が増える
＝殖える・殖やす〔特殊用語。家畜や財産が多くなる。繁殖、利殖〕家畜を殖やす、財産が殖える、利子が殖える
＊「殖」の代わりに「増」を使ってもよい
ふえん（敷衍●）↓敷衍《ふえん》
＊「意味を押し広げる」「趣旨が徹底するよう分かりやすく説明する」「例えなどを使ってやさしく述べる」など、文脈に応じた表現を工夫する
ふか（孵●化）↓卵をかえす、卵がかえる、孵《ふ》●化《か》
ふがいない（腑■甲斐●ない、不甲■斐●ない）↓ふがいない

ふかけつ 不可欠 不可欠な材料、不可欠の条件
ぶかっこう 不格好 不格好な服
ふかで（深傷■）↓深手 深手を負う 類重傷 対浅手、軽傷
ふかん（俯●瞰●）↓見下ろす、高いところから眺める・望む
ふかんず（俯●瞰●図）↓鳥瞰《ちょうかん》図
ふきかえ 吹き替え 外国映画の吹き替え
ぶきみ（無気味）↓不気味 不気味な声、不気味に響く
ぶきよう（無器用）↓不器用 不器用な手つき、不器用さ、世渡りが不器用な男
ぶぎょう 奉行 勘定奉行、寺社奉行、鍋奉行
ふきん 布巾
ふく
＝吹く〔勢いよく空気を動かす。表面に現れる〕息を吹き掛ける、エンジンを吹かす、風が吹き上げる、鯨が潮を吹く（潮吹き）、粉を吹いた干し柿、火吹き竹、火を吹いておこす、笛を吹く、吹きさらし、吹きすさぶ、（漫画の）吹き出し、吹きだまり、吹き付ける、吹き出物、吹っ飛ぶ、ほらを吹く、芽吹く
＝噴く〔勢いよく外に出る。噴出〕汗が噴き出る、エンジンが火を噴く、おかしくて噴き出す、火山弾を噴き上げる、汁が噴きこぼれる、パイプから水が噴き出す、火を噴く山、不平・不満が噴き出る、炎を噴き上げる

ふく 拭く 汗を拭く、拭き掃除
ふく（葺●く）↓ふく 屋根をふく
ふくこう・ふくくう（腹腔●）↓腹《ふく》腔《こう》・腹腔《ふくくう》
⇩「こうこう・こうくう」の項参照
ふくげん（復原）↓統復元 古代の舟を復元する
ふくげんりょく（復原力）↓復元力 心の復元力、ゴム・ばねの復元力
＊「復元力」は物理学、建築学、土木工学、地震学の学術用語。航空工学、船舶工学の学術用語は「復原力」で、これらの分野では「飛行機・船舶の復原力」などとする
ふくしゃ（復●写×）↓複写 複写機
ふくしゃ（輻●射）↓放射 放射状

に延びる道、放射熱

ふくしゅう（復讐）→報復、仕返し、敵討ち、復讐《ふくしゅう》

ふくしん　腹心

ふくじんづけ　福神漬

ふくする

＝伏する〔かがむ、隠れる、屈服する〕神前に伏する、草むらに伏する、強大な武力に伏する

＝服する〔従う、受け入れる、飲む〕薬・毒を服する、命令に服する、喪に服する

＝復する〔元に戻る〕本務に復する

ふくせい　複製　複製画、複製品

ふくせん　伏線　伏線を張る・敷く（＝それとなく提示・用意しておく。原因、引き金の意味では使わない）

ふくそう（輻輳、輻湊）→集中、混雑、混乱、混み合う（車の「輻〈や＝細い棒〉」が四方八方から集まる意）

ふくぞう　腹蔵　腹蔵のない意見

ふくびき　福引　福引券

ふくほん

＝副本〔正本通りに写し取った文書、控え、予備〕契約書の副本、戸籍の副本

＝複本〔同一内容の複数の手形〕為替手形の複本

ふくまでん　伏魔殿（＝悪の根拠地・殿堂）

ふくれっつら　膨れっ面

ふける

＝老ける〔年を取る〕老け込む、老けて見える、老け役

＝更ける〔深くなる〕秋が更ける、夜が更ける

＝（耽る）→ふける〔夢中になる〕思いにふける、読みふける

＝（蒸ける）→ふける〔蒸される〕ご飯がふける、芋がふける

ふこう

＝不幸〔幸福の対語〕不幸中の幸い

＝不孝〔孝行の対語〕親不孝、先立つ不孝

ふごう

＝符号〔しるし、記号〕電信符号、符号をつける、プラスの符号

＝符合〔一致する〕偶然の符合、供述と犯行状況が符合する

ぶこくざい（誣告罪）→虚偽告訴罪

ぶこつ（無骨）→㊔武骨　武骨な動作、武骨者

ふさ（総■）→房　房飾り、ブドウの房
ぶさいく（無細工）→不細工
ふさぐ　塞ぐ　気が塞ぐ、目・口・耳を塞ぐ、割れ目を塞ぐ
＊「ふさぎ込む」などは仮名書きも
ぶさた　無沙汰　ご無沙汰、手持ち無沙汰
ぶさほう（無作法）→不作法
ぶざま（不様、無様）→ぶざま
ふさわしい（相■応■しい）→ふさわしい　年齢にふさわしい言動
ふじ　藤・フジ　藤色、藤棚
ふしまつ（不仕末）→不始末　不始末をしでかす
ふしめ　伏し目　伏し目がちに応対する
ふしゅ　浮腫　類むくみ
ぶしゅうぎ　不祝儀（特に葬儀を指す）
ふじゅん
＝不純〔純粋でない〕不純異性交遊、不純な動機
＝不順〔順調でない〕生理不順、不順な天候
ぶしょ（部所、部処）→部署
ふしょう
＝不祥〔不吉、好ましくない〕不祥事、不祥事件
＝不詳〔はっきりしない〕作者不詳、氏名・年齢不詳、身元不詳
＝不肖〔親・師匠に似ずに愚か〕不肖の息子・弟子
＊「不肖ながら～」など、へりくだってあいさつをする場合にも使う
ぶしょう（不精）→無精　出無精、無精ひげ、無精をしてどこにも行かない、筆無精
ふしょうぶしょう（不請■不請■）→不承不承　類しぶしぶ、嫌々ながら、気が進まないままに
ふしょく
＝（腐蝕●）→◎腐食〔腐って物の形が崩れる〕金属が腐食する、腐食が進む
＝腐植〔土の中で動植物が腐ってできた黒褐色の有機物〕腐植質、腐植土
ふしん
＝不信〔信用しない、信義を守らない〕政治不信、人間不信、不信が募る、不信感、不信行為、不信を招く、不信の念を抱く（＝信用できないと思う）
＝不審〔合点がいかない、疑わ

しい〕挙動不審、不審人物、不審尋問、不審火、不審の念を抱く（＝いぶかしく思う）
＝不振〔ふるわない〕営業不振、経営不振、食欲不振、打撃不振
ふぜい　風情　寂しげな風情、風情を添える、私風情（自らを謙遜して言う）類趣、情緒
ふせいしゅつ　不世出（＝めったに現れない。優れた人物の出現について使う）類空前絶後、未曽有
ふせじ　伏せ字（＝文字で明記することを避けるため、○、×などで表すこと）
ふせつ
＝〔布設〕↓敷設〔設備・装置などを広範囲にわたって設ける〕海底ケーブルの敷設、水道管の敷設、鉄道を敷設する
＝〔附▲設〕↓付設〔付属して設ける〕校舎に体育館を付設する、大学付設の研究所
ふせん　付箋　付箋を貼る
ぶぜん〔憮●然〕↓がっかり、失望・落胆して、驚きあきれて、ぶぜん
＊「腹を立てている様子」の意味で使う場合が多いが、本来は「失望や不満でむなしくやりきれない思いでいる様子」。文意が伝わらない恐れがあるので、できるだけ言い換える
ふぞく〔附▲属〕↓付属
＊「○○大学附属病院・高校」なども「付属」を使う
ふそくふり　不即不離　不即不離の関係
ふそん　不遜　類尊大、生意気、横柄、高慢、高飛車、思い上がっている
ふた…
＝二〔一般用語〕二重まぶた、二心を抱く、二言三言、二つ折り、二つながら、二つ返事、二つ目、二ツ目（落語家の格。真打ちの下）、二手に分かれる、二目と見られない
＝双〔限定用語。一対〕双子、双子座、双葉
ふた　蓋　蓋を開ける（＝開始する、結果を確認する）
ふだい〔譜第〕↓㊕譜代　対外様
ふたく
＝付託〔審議会などに案件を任せる。議会用語〕議案を委員会に付託する

＝負託〔信頼して責任や任務を任せる〕国民の負託に応える

ふたり

＝2人〔一般用語〕5人のうち2人、夫婦2人

＝㊎二人〔限定用語〕お二人、二人静

ふだん

＝普段〔日常、平素〕普段着、普段は火の気のない場所

＝不断〔絶え間ない、決断が鈍い〕不断の努力、優柔不断

ふち

＝縁〔へり、物の周り〕池の縁、崖っ縁、縁取り、帽子の縁

＝（○淵）→淵〔深くよどんでいる場所。「瀬」の対語。抜け出すのが困難な境遇の例え〕悲しみ・絶望の淵に沈む、死の淵、淵にはまる

ふちょう（符●牒）→◎符丁、符号

ぶちょうほう（無調法）→不調法

ふつか

＝2日〔他の数字と置き換えが可能なもの〕5日のうち2日、1月2日

＝㊎二日〔他の数字と置き換えられない場合〕正月二日、二日酔い

ふっこく（覆刻、複刻）→㊔復刻 復刻版、復刻本

ふっしょく（払◉拭）→一掃、拭い去る、拭いきる、取り除く、払拭《ふっしょく》

ふっそ（弗●素）→フッ素

ふつつか（不束■）→ふつつか ふつつか者（＝自分・身内に関しへりくだって使う）

ふで 筆 筆入れ、筆立て、筆遣い、筆が立つ（＝文章が上手なこと。字がうまいことの意味で使うのは誤り）、筆を断つ（＝断筆）

ふどう

＝不動〔動かない〕不動の信念、不動の地位

＝不同〔そろっていない〕順不同

＝浮動〔揺れ動く〕浮動株、浮動小数点演算、浮動票

ふとう（不●撓）→不屈、ひるまない（「撓」＝たわむ） 不撓《ふとう》不屈

ふとう（埠●頭）→岸壁、波止場、突堤

＊「晴海ふ頭」など固有名詞に注意

ふところ 懐 懐が温かい（＝金がある）、懐刀（＝内密の相談にあずかる腹心の部下）、

懐手（＝何もしない様子）
ぶどまり（分止まり）↓歩留まり
ふとる（肥る）↓太る
ふとん（蒲団）↓布団　掛け布団、敷布団
＊田山花袋の小説は「蒲団」
ふな…　船着き場、船積み、船泊まり、船乗り、船酔い
ふなあし（船足）↓(統)船脚
ふなうた（船唄）↓舟歌
ふね
＝船〔一般的なものに〕大船に乗った気持ち、親船、船脚、船会社、船路、船大工、船旅、船着き場、船積み、船出、船荷、船乗り、船酔い、渡りに船
＝舟〔主に小型のものに〕小舟、ささ舟、刺し身を入れた舟（容器）、助け舟、舟歌、舟をこぐ、丸木舟
＊「貸船・舟」「釣り船・舟」「船・舟遊び」「船・舟板塀」「船・舟底」「渡し船・舟」などは実情に応じて使い分ける
＝（槽）↓船　湯船
ふびん（不愍、不憫）↓ふびん、かわいそうに、哀れに
ぶふうりゅう（不風流）↓無風流
ふぶき　(慣)吹雪　紙吹雪、花吹雪
＊動詞「ふぶく」は仮名書き
ぶべつ（侮蔑）↓侮辱、侮り、見下す、ばかにする、侮蔑《ぶべつ》
ふへん
＝不変〔変わらない〕永久不変、不変の真理・法則　(対)可変
＝不偏〔一方に偏らない〕不偏不党
＝普遍〔どこでも見られる〕普遍性、普遍的現象　(対)特殊
ふほう（訃報）↓悲報、訃報《ふほう》
ふまじめ　(慣)不真面目
ふみきり
＝踏み切り〔一般用法〕踏み切り板
＝踏切〔鉄道〕踏切での事故
ふみづき　文月（＝陰暦7月。「ふづき」とも）
ふもと　麓　麓の村
ふやす　増やす・殖やす
⇩「ふえる・ふやす」
ふゆう（富有）↓富裕
＊柿の品種名は「富有柿」
ふゆきとどき　不行き届き　監督不行き届き
ふゆこだち　冬木立
ふよう
＝不用〔使わない〕不用の衣類

を処分する、不用品、予算の不用額
＝不要〔必要でない〕会費は不要、説明不要、不要な会議は時間の無駄、不要不急の仕事

ぶようじん（無用心）→不用心

ふらち（不埒●）→不都合、不届き、ふらち

ふらん（腐爛●）→◎腐乱　腐乱死体

ふり
＝振り〔振り動かすこと、踊り、刀剣の数え方〕バットの振り、振りを付ける、一振りの剣
＝（振り、風■）→ふり〔様子、態度〕知らぬふり（知らんぷり）、なりふり構わず、人のふり見てわがふり直せ、見て見ぬふり

…ぶり（振り）→ぶり（接尾語。様子、時間の経過など）歌いぶり、枝ぶり、大ぶりの魚、お国ぶり、男ぶり・男っぷり、思わせぶり、口ぶり、3年ぶり、しばらくぶり、そぶり、熱狂ぶり、飲みっぷり、久しぶり、身ぶり手ぶり

ふりかえ　振り替え　振り替え休日、振り替え輸送
送口座振替、郵便振替
振替口座、振替貯金、振替用紙など
⇩経済関係複合語（36ページ）

ふりこみ　振り込み　給与振り込み、銀行振り込み
送振込口座、振込先など
⇩経済関係複合語（36ページ）

ふりそで　振り袖

ふりだし　振り出し　振り出しに戻る
送振出人、振出日など
⇩経済関係複合語（36ページ）

ふりつけ　振り付け　ダンスの振り付け
送振付家、振付師

ふりょ（俘●虜）→捕虜

ぶりょう（無聊●）→退屈（「聊」＝楽しむ）

ふる　振る　木刀の素振り、身の振り方、割り振る

…ぶる（振る）→ぶる（＝気取る、てらう、それらしく振る舞う。名詞・形容詞の語幹につく接尾語）いい子ぶる、偉ぶる、学者ぶる、聖人ぶった態度

ふるい（篩●）→ふるい　ふるいにかける

ふるう

＝振るう〔手などに持って振り回す、振り動かす、勢いが盛んになる〕権力を振るう、士気が振るう、事業が振るわない、士を振るい落とす、熱弁を振るう、蛮勇を振るう、筆を振るう
＝震う〔小刻みに揺れる。自然現象・生理現象に〕声を震わせる、大地が震い動く、武者震い、身震い
＝奮う〔気力をかきたてる〕気を奮い立たせる、精神を奮い起こす、奮って参加、勇気を奮って立ち向かう
＝（篩う）↓ふるう〔選別する〕粉をふるう、士をふるって分ける、面接でふるい落とす

ふるえる 震える 寒さに震える、震え上がる、震え声

ふるさと（故里、故郷）↓古里

ふるまう 振る舞う 振る舞い酒
＊無料提供が原則

ぶれいこう 無礼講 無礼講でいく

ふれこみ 触れ込み（＝前宣伝）天才という触れ込みの人物

ふろ 風呂
＊茶道で使うのは「風炉」

ふろく（附録）↓付録

ふろしき 風呂敷

ふわたり 不渡り 不渡り手形、不渡りを出す

ふわらいどう（附和雷同）↓付和雷同

ぶんか
＝分化〔単一のものから多様化する〕専門領域が分化する、二極分化、分化現象
＝分科〔専門ごとに分かれる〕分科会
＝分課〔仕事を振り分ける〕各部の分課、分課規定

ふんがい 憤慨 憤慨に堪えない

ぶんかつ 分割 分割払い、領土の分割

ふんき（憤起）↓奮起 奮起を促す

ふんこつさいしん 粉骨砕身 粉骨砕身の努力

ふんしょく（扮飾）↓粉飾 粉飾決算、粉飾を施す

ふんじん（粉塵）↓（細かい）ちり、粉じん

ぶんすいれい（分水嶺）↓分岐点、分かれ目、境界線、分水嶺《れい》

ふんする（扮する）↓～の役をする・になる、扮《ふん》する

ふんぜん
＝（忿●然）→憤然〔激しく怒る〕
憤然たる表情、憤然として席を立つ・蹴る
＝奮然〔気力を奮い起こす〕奮然として戦う、奮然として立つ
ふんそう（扮●装）→よそおい、扮装《ふんそう》
ぶんどる（分取る）→分捕る　類奪い取る、獲得する
ふんにょう（糞●尿）→汚物、大小便、排せつ物
ふんぬ（忿●怒■）→慣憤怒（「ふんど」とも）　類怒り、憤り
ふんばる　踏ん張る　土俵際で踏ん張る（「踏み張る」の変化）
ふんぱん　噴飯（＝ばかげていておかしいこと）　噴飯もの
ふんべつ　分別　分別くさい、分別を失う、分別盛り（＝道理の分かる年頃）
ぶんべん（分娩●）→出産、お産、分娩《ぶんべん》
ふんまん（忿●懣●、憤懣●）→憤慨、不平、積もった怒り、憤まん
ぶんめい　文明　文明開化、文明の利器

【へ】

へいき（並記）→併記　両論併記
へいこう
＝平行〔どこまで行っても交わらず、同じ間隔を保つ〕議論が平行線をたどる、平行移動、平行滑走路、平行四辺形、平行棒
＝並行〔並んで進んでいく、同時に進行する〕線路に（と）並行する道路、電車と並行して走るバス、並行審議、並行輸入
＝平衡〔つりあい〕体の平衡を保つ、平衡感覚、平衡を失う
へいそう（併走）→並走
＊競馬の調教の「併走」は別
へいそく（閉◉塞）→閉塞《へいそく》
へいそん（並存）→併存（「へいぞん」とも）　新旧の思想が併存する
へいたん（平坦●）→平ら、起伏がない（「坦」＝平ら）
へいどん（併呑●）→併合
へいよう（並用）→併用　複数の薬物を併用する
へいりつ（併立）→並立　小選挙区比例代表並立制、複数誌が並立する
ページ（頁●）→ページ　青春・歴史の一ページ、本の10㌻目

へ

へきえき（辟易）→尻込み、閉口、たじろぐ、うんざり
へきくう（碧空）→青空
へきち（僻地）→辺地、片田舎、都会から離れた地、へき地
へきとう（劈頭）→初め、最初、冒頭、真っ先（「劈」＝開く）
へさき（舳先）→へさき、船首
へそ（臍）→へそ　へそで茶を沸かす、へそを曲げる
へた　(慣)下手　話し下手、下手の考え休むに似たり⬅389ページ、下手の長談義、下手の横好き
べっこう（鼈甲）→べっ甲　べっ甲色、べっ甲細工
べっし（蔑視）→さげすむ、軽視、見下す、ばかにする、蔑視《べっし》
べつじょう（別状）→(統)別条　命に別条はない、別条なく過ごす
べつだて（別立て）→別建て　短期・長期入院の保障を別建てにしている保険
べつどうたい（別働隊）→別動隊　派閥の別動隊
へど（反吐）→へど
へや　(慣)部屋
へり（縁）→へり、端
へんい
＝変位〔物理学用語。位置が変わる〕物体の変位
＝変異〔変わった出来事、異種のものに変わる〕突然変異、変異が生じる
＝変移〔移り変わる。変遷〕世相の変移
へんきょう（辺疆）→◎辺境（「疆」＝果て）
へんくつ（偏窟）→偏屈　(類)頑固、素直でない、つむじ曲がり
へんけい
＝変形〔形が変わる〕熱すると変形する、変形性関節症
＝変型〔書籍の型〕A5判変型
へんざい
＝偏在〔かたよっている〕一地方に偏在する
＝遍在〔どこにでも広くある〕天地の間に遍在
へんさん（編纂）→編集（「纂」＝集める）
へんしゅう（編輯）→◎編集（「輯」＝集める）
へんずつう（偏頭痛）→片頭痛
へんせい
＝編成〔まとめ上げる〕10両編成の電車、戦時編成、番組編成

成、部隊編成、予算編成
＝編製〔書式にまとめる。役所の用語〕戸籍の編製、選挙人名簿の編製
＊法律用語、軍隊用語の「編制」は一般記事では「編成」にする

べんぜつ　弁舌　弁舌爽やか

へんたい
＝変体〔形・体裁などが変わっている〕変体仮名、変体詩
＝変態〔形態を変える、異常な性状〕昆虫の変態、変態性欲

へんとう（扁桃）→へんとう（炎）
＊「へんとう腺」は旧称

へんぴ（辺鄙）→片田舎、辺地、辺ぴ

へんぺい（扁平）→平ら、平たい、扁平《へんぺい》（足）

へんぼう（変貌）→変容、様変わり、変貌《へんぼう》

へんりん（片鱗）→一端、一部分、片りん

へんろ（辺路）→遍路　お遍路さん

【ほ】

ほいく
＝保育〔乳幼児を保護し育てる〕保育（所・園）、保育器、保育士
＝哺育〔動物が乳や餌を与えて子を育てる〕人工哺育

ぼいん（拇印）→指印、母印、爪印

ほうが（萌芽）→芽生え、兆し、始まり、萌芽《ほうが》

ほうかい（崩潰）→崩壊　学級・家庭崩壊、ビルが崩壊する

ぼうがい（妨碍）→◎妨害（「碍」＝妨げる）

ほうがちょう　奉加帳

ほうかつ　包括　意見を包括する、包括的

ほうき（抛棄）→◎放棄　権利を放棄する、職場放棄

ほうき　蜂起　類決起

ほうきてんれい（法規典令、法規典礼）→法規典例

ぼうぎょ（防禦）→◎防御

ぼうくうごう（防空壕）→防空壕《ごう》

ぼうげん　暴言　暴言を吐く

ほうこ（豊庫）→宝庫　天然資源の宝庫

ほうこう（彷徨）→さまよう、うろつく、（あてもなく）歩き回る

ほうこう（咆哮）→ほえる、叫び声

ぼうこう（膀胱）→ぼうこう

ほうしゃ（報捨）→報謝

ぼうじゃくぶじん　傍若無人

ほ

ほうじゅう　放縦（「ほうしょう」とも）　放縦な生活　類わがまま、勝手、気まま

ほうじゅん
＝（芳醇●）→芳醇《ほうじゅん》〔香りが高く味がよい〕芳醇《ほうじゅん》なワイン
＝豊潤〔豊かでみずみずしい〕豊潤な土地、豊潤な音色

ほうじょ（幇●助）→補助、手助け、ほう助

ほうしょう
＝褒章〔栄典の記章〕紅綬・緑綬・黄綬・紫綬・藍綬・紺綬褒章
＝褒賞〔褒めたたえる、ほうび〕功労者を褒賞する、人命救助に対する褒賞

ほうじょう
＝（豊穣●）〔豊かな実り〕→豊かな、豊作　五穀豊穣《ほうじょう》
＝（豊饒●）〔地味が肥えている〕→豊かな、豊饒《ほうじょう》　豊饒《ほうじょう》な土地

ほうしょうきん
＝報奨金〔奨励の意味で出る金〕競技団体・JOCの報奨金、地方税の報奨金
＝報償金〔弁償の意味で出る金〕会社更生法・文化財保護法の報償金
＝褒賞金〔ほめたたえて贈る金〕大相撲の褒賞金

ほうしん（疱●疹°）→疱疹《ほうしん》（＝ヘルペス）　帯状疱疹《ほうしん》

ぼうぜん（茫●然、呆●然）→ぼうぜん、ぼんやり

ほうそ（硼●素）→ホウ素

ほうそう　法曹（界）

ほうそう（疱●瘡●）→天然痘

ほうたい（繃●帯）→◎包帯

…**ほうだい**　荒れ放題、言いたい放題、したい放題、食べ放題、飲み放題

ぼうだい（厖●大）→◎膨大

ほうちゃく（逢●着）→出会う・出合う、出くわす、ぶつかる、直面する

ほうちょう（庖●丁）→◎包丁

ぼうちょう（防諜●）→スパイ防止、防諜《ぼうちょう》

ぼうちょう（膨脹●）→膨張

ほうてい（捧●呈）→奉呈、献上、差し上げる

ほうてき（抛●擲●）→放棄

ほうとう（放蕩●）→道楽、不身持ち、品行が修まらない

ぼうとく（冒瀆●）→侵害、〔名誉・尊厳を〕汚す・冒す、侮辱

ほうねん　豊年　豊年満作　対凶年

ほうばい（朋●輩）↓同僚、同輩、仲間（「朋輩」は当て字、本来の表記は「傍輩」）

ぼうばく（茫●漠）↓漠然、広漠、漠として、とりとめがない、つかみどころがない

ほうふくぜっとう（捧●腹絶倒）↓抱腹絶倒

ほうふつ（彷●彿●、髣●髴●）↓ほうふつ、まざまざ・ありあり（と思い出す・心に浮かぶ）、よく似ている

ほうぶつせん（抛●物線）↓◎放物線　放物線を描く

ほうまつ（泡沫●）↓あぶく、泡、はかない、問題にならない、泡沫《ほうまつ》

ほうまん（放慢）↓放漫　放漫経営

ほうよう
＝包容〔包み入れる、受け入れる〕包容力のある人
＝抱擁〔抱きかかえる〕抱擁して喜び合う、抱擁を交わす

ほうらつ（放埒●）↓放縦、放逸、気ままにふるまう、しまりがない、品行が修まらない

ほうる（抛●る）↓放る　仕事を途中で放る、変化球を放る、放っておく、放り込む、放り出す、放りっぱなし、放り投げる

ほうるい（堡●塁）↓防塁、とりで

ほうれい
＝法令〔法律・命令の総称〕
＝法例〔法律の適用に関する通則の旧称〕

ほうれつをしく（砲列を敷く）↓（カメラの）放列を敷く

ほうろう（琺●瑯●）↓ほうろう　ほうろう引き
＊「ホーロー」とも

ほえる（吠●える）↓ほえる

ほお　頬　頬骨　✕ほう、ほほ

ほお（朴■）↓ホオ（の木）

ほおかぶり（頬被■り）↓頬かぶり　頬かぶりをする・決め込む（＝知らないふりをする。「ほおかむり」「ほっかぶり」とも）

ほおずき（酸■漿●、鬼■灯■）↓ホオズキ・ほおずき　ホオズキの実

ほおづえ（頬杖●）↓頬づえ

ほか
＝外〔範囲の外〕思いの外に到着が早かった、恋は思案の外、もっての外
＝他〔それ以外〕この他に用意

　●表外字　■表外音訓　▲不使用漢字　◉難読音訓　○追加漢字　□追加音訓

するものは、他に方法がない、他の人にも尋ねる
＊一般的には仮名書きも使われている。使い分けで迷うときなど、仮名書きも活用する

ほかげ（灯■影）→火影

ほかけぶね　帆掛け船

ぼきん　募金　募金に応じる、募金（＝募った金）を被災地に送る⬅389ページ

ぼくたく（木鐸●）→先達、指導者、世論を導く者

ぼくとつ（朴訥●）→実直、素朴、質朴、飾り気がない、口数が少ない（「訥■」＝口べた）

ほくろ（黒■子■）→ほくろ

ほけん
＝保健〔健康を守る〕保健衛生、保健師、保健所、保健体育
＝保険〔掛け金を積み立て、事故・災害などの際、一定の給付を受ける制度。損害を償う意の比喩にも〕介護保険、火災保険、健康保険（証）、生命保険、保険医、保険金を受け取る、保険代理店、保険調剤薬局、保険適用薬、保険に入る、保険料（支払い）、保険を掛ける

ほこ（戈●、鉾●）→矛　矛を収める（＝戦いをやめる）

ほご（反■故、反■古）→ほご　ほご紙、約束をほごにする（＝一方的に破る）

ほごかんさつ　保護観察

ほこさき（鉾●先）→矛先　矛先が鋭い、矛先が鈍る、矛先をかわす

ほこら（祠●）→ほこら

ほこり（埃●）→ほこり　砂ぼこり

ほころびる　綻びる　袖口の綻びる
＊「梅・顔・口元がほころびる」などは表記習慣により仮名書きも

ほさ（輔●佐）→◎補佐　課長を補佐する、首相補佐官

ほさつ
＝捕殺〔とらえて殺す〕熊を捕殺する
＝補殺〔野手が塁に送球することによって走者をアウトにする。野球用語〕右翼手に補殺が記録される

ほさにん
＝保佐人〔成年後見制度〕
＝（輔●佐人）→補佐人〔当事者を助けて訴訟行為ができる者〕

ぼし（拇●指、拇●趾●）→親指、母指
＊「外反母《ぼ》趾《し》」は別

ほしい
＝欲しい〔得たい、必要性がある〕金が欲しい、水を欲しがる、もう一工夫欲しい、冷静さが欲しい
＝ほしい〔補助形容詞。「～て（で）ほしい」の形で〕貸した物は返してほしい、静かにしてほしい、そんなに焦らないでほしい

ほしいまま（擅●、恣■、縦■、欲しいまま）→ほしいまま　権勢をほしいままにする、ほしいままに乱暴を働く　類勝手気まま

ほしがき（乾■し柿）→干し柿

ほしとりひょう　星取表

ほしゅう
＝補修〔補い繕う〕壁を補修する、補修工事
＝補習〔正規の学習の不足を補う〕夏休みに補習する、補習授業

ほしょう
＝保証〔確かだと請け合う、万一のときは損害の責任を負う〕命の保証はない、債務保証、商品の保証期間、信用保証、品質の保証、保釈保証金、保証書、保証責任、保証人、保証の限りではない、身の安全を保証する、身元・人物・人柄を保証する、連帯保証
＝保障〔危険がないように守る、地位や権利などを保護する〕安全保障、言論の自由を保障する、社会保障、身分保障（法律用語）、老後の生活を保障する
＝補償〔損害を補い償う〕遺族補償、刑事補償、損害（損失・赤字）を補償する、被害の補償金、労災補償
＊自動車損害賠償保障法など固有名詞に注意

ほしょう（歩哨○）→歩哨　歩哨に立つ

ほじょう（圃●場）→畑、農園

ほす（乾■す）→干す　仕事を干される、杯を飲み干す、布団を干す

ほせい
＝補正〔補いただす〕画質補正、誤差を補正する、補正予算
＝補整〔補いととのえる〕体形を補整する、補整下着（固有

●表外字　■表外音訓　▲不使用漢字　◉難読音訓　○追加漢字　□追加音訓

名詞には「補正」を用いるものもある）

ほそう（鋪装）→◎舗装

ほそく
＝補足〔不足を補う〕補足して説明する、補足事項
＝捕捉〔とらえる〕所得を捕捉する、敵機をレーダーで捕捉する

ぼたい
＝母体〔妊娠中・出産後の母の体、分かれ出た元〕母体の安全を図る、母体保護法（旧優生保護法）、推進母体、選挙母体
＝母胎〔母親の胎内〕母胎遺伝、母胎に宿る

ぼだい（菩提）→菩提《ぼだい》　菩提《ぼだい》を弔う（＝冥福《めいふく》を祈る）

ほっき（発企）→発起　一念発起、発起人

ぼつご（歿後）→◎没後、死後

ぼっこう　勃興　類興隆、（にわかに）興る、台頭、盛んになる、勢いを得る

ぼっこん　墨痕

ほっしん（発疹）→発疹（「はっしん」とも）

ほっす　法主（「ほうしゅ」「ほっしゅ」とも）

ぼつぜん　勃然　類突然、急に

ほったてごや　掘っ立て小屋

ぼっちゃん　坊ちゃん
＊漱石の小説名は「坊っちゃん」

ぼっぱつ　勃発　類突発、発生、急に起こる

ほっぴょうよう（北氷洋）→北極海
＊「北氷洋」は旧称

ほてん（補塡）→補塡《ほてん》　類補充、穴埋め、補う、補って埋める、埋め合わせ

ほどう
＝歩道〔歩行者用道路〕横断歩道、歩道橋　対車道
＝（鋪道）→舗道〔舗装した道路〕

ほどう（輔導）→◎補導

ほとんど（殆ど）→ほとんど

ほなみ
＝穂波〔穂が風に吹かれ波のように見える様子〕穂波が立つ、穂波が揺れる
＝穂並み〔穂が出そろった様子〕穂並みがそろう

ほにゅう　哺乳（動物・瓶・類）
（「哺」＝育む）
＊人の場合は「授乳」が一般的

ほね　骨　骨惜しみ、骨折り損、骨組み、骨っぽい、骨抜きに

する、骨身、骨休め

ほねぐみ　骨組み

ほねつぎ（骨継ぎ）→骨接ぎ

ほねやすめ　骨休め　骨休めに旅行する

ほのお（焰●）→炎　炎に包まれる、恋・恨みの炎

ほひつ（輔●弼●）→補佐、助ける

ほふく（匍●匐●）→はう、ほふく　ほふく前進

ほぼ（保姆●）→◎保母（「保育士」の旧資格名）

ほほえむ（微笑む、頰■笑む■）→ほほ笑む

ほめる（賞■める、誉■める）→褒める

ぼや（小■火■）→ぼや　ぼやを出す

ほり　彫り　木彫り、手彫り、彫り上げる、彫り師、彫りの深い顔、彫り物、彫りを施す

＊地名等を冠した工芸品は送り仮名を付けない　鎌倉彫、一刀彫

ほり（壕●、濠●）→堀　外堀、釣り堀、堀を巡らす

＊皇居は「お濠《ほり》」を使う

ほり…　掘り起こす、掘りごたつ、掘り下げる、掘り出し物

ほりわり（堀割）→掘割

ほる

＝彫る〔刻んで形を作る〕版画を彫る、仏像を彫る

＝掘る〔穴を開ける、その穴から取り出す〕井戸を掘る、石炭を掘る、側溝を掘る

ほれる（惚●れる）→ほれる　聞きほれる、ほれ込む、ほれぼれ

ほろびる・ほろぼす（亡■）→滅びる・滅ぼす　国が滅びる、酒で身を滅ぼす

ぼんしょう（梵●鐘）→釣り鐘

ほんせん

＝本戦〔試合、競技。囲碁・将棋・スポーツなど〕本戦に勝ち残る

＝本選〔選考、選挙〕コンクールの本選に進む

ぼんぢょうちん（盆提■灯■）→盆ぢょうちん

ぼんのう　煩悩　子煩悩、煩悩を捨てる

ほんまつてんとう（本末顚●倒）→本末転倒

ほんろう（翻弄◉）→もてあそぶ、手玉に取る、踊らされる、翻弄《ほんろう》

【ま】

=摩〔こする、接近する〕摩擦、摩天楼、摩滅、摩耗
=磨〔みがく〕研磨、錬磨

ま 間 間合い、間が抜ける、間が悪い、間に合う、間に合わせ、間抜け、間延び

マージャン（麻■雀●）→マージャン

まい
=舞い〔動作性のある用法、比喩的用法〕大盤振る舞い、きりきり舞い、てんてこ舞い、二の舞い（繰り返し）、振る舞い（酒）、舞い上がる、舞い込む、舞い戻る
=舞〔舞踊〕幸若舞、獅子舞、仕舞、剣の舞、二の舞（舞楽）、舞扇、舞姫、優雅な舞

まいきょ 枚挙 枚挙にいとまがない（=数え切れない、言い尽くせない）

まいこ（舞■妓●）→舞子、舞妓《まいこ》

まいご ㊇迷子

まいしん（邁■進●）→突き進む、まっしぐらに進む、まい進

まいる
=（詣■る）→参る〔参拝する〕お礼参り、墓参り
=参る〔行く・来るの丁重語、降参・閉口する〕すぐに参ります、猛暑で体が参る
＊「〜てまいります」などの補助動詞は仮名書き

まえ 前 前祝い、前受け金、前売り（券）、前置き、前書き、前掛け、前貸し、前借り、前払い、前触れ、前向き、前渡し（金）

まえあし（前足）→㊓前脚

まがう（紛■う）→まがう まがう（まごう）かたない（=紛れようがない）

まかせる（委■せる）→任せる 想像に任せる、判断を任せる、ひまに任せてうろつく（「〜に飽かして〜する」と同じ）

まがたま（勾■玉、曲■玉）→勾玉《まがたま》
⇩皇室用語（520ページ）

まかない 賄い 賄い付き

まがり 間借り（人）

まき（薪■）→まき（「たきぎ」と読めば表内訓） まき割り

まき 巻き 巻きが甘い
＊書物の1冊または1章を指す場合は送り仮名を付けない 下の巻、虎の巻、巻の一

まき… 巻き上げ（機）、巻き貝、巻き返し、巻き網（漁）、巻

き髪、巻き舌、巻き尺、巻きずし、巻き添え、巻き取り（紙）
送巻紙、巻物

…まき　新巻き（サケ）、糸巻き、渦巻き、襟巻き、腰巻き、鉄火巻き、手巻き、のり巻き、鉢巻き、腹巻き、春巻き
送竜巻、葉巻

まきえ（蒔●絵）→蒔絵《まきえ》

まきえ（撒●き餌）→まき餌

まぎらわす　紛らわす（「紛らす」とも）

まぎれこむ　紛れ込む　人混みに紛れ込んで逃げる、不審人物が紛れ込む

まぎわ（真際）→間際　閉店間際

まく
＝（捲●く）→巻く　旋風を巻き起こす、とぐろを巻く、長い物には巻かれろ、人をけむに巻く、巻き添えになる、酔ってくだを巻く
＝（蒔●く、播●く）→まく　自分でまいた種、紛争の種をまく、まかぬ種は生えぬ
＝（撒●く）→まく　えさをまく、チラシをまく、尾行をまく

まくあい（幕間■、幕合い）→幕あい

まくあき（幕明き）→幕開き（主に演劇用語）

まくあけ（幕明け）→幕開け（物事の始まり。「幕開き」の転）

まくら　枕　枕カバー、枕木、夢枕、枕を高くして寝る（＝安心する）、枕を並べる（＝そろって倒れる）

まくらことば（枕詞■）→枕ことば
＊和歌などでは「枕詞《まくらことば》」としてもよい

まくらもと（枕許■）→枕元

まける（敗■ける）→負ける

まご　馬子　馬子にも衣装（＝外見を飾ればどんな人でも立派に見える）

まごうた　馬子唄

まごつく（間誤つく）→まごつく　突然の指名にまごつく　類あわてる、面食らう、当惑する

まことしやか（実■しやか、真■しやか）→まことしやか　まことしやかなうそ

まさご（真砂■）→まさご　浜のまさご

まさゆめ　正夢（＝事実と一致する夢。あとで現実となる夢）
対逆夢

まさる（優■る）→勝る　聞きしに

勝る、勝るとも劣らない

まざる・まじる・まぜる
＝交ざる・交じる・交ぜる〔元の素材が判別できる〕アジに交ざってサバが釣れる、カードをよく交ぜる、片言交じり、髪に白いものが交じる、漢字仮名交じり文、期待と不安が入り交じる、小雨交じり、米に麦が交ざる、冗談交じり、ため息交じり、鼻歌交じり、一人だけ日本人が交じっている、交ぜ織り、交ぜ書き、若手が交じる
＝混ざる・混じる・混ぜる〔元の素材が判別できない〕異臭が混じり合う、絵の具を混ぜる、牛乳と卵を混ぜ合わせる、酒に水が混ざる、雑音が混ざる、セメントに砂を混ぜる、混ざり物、混じり気がない酒、見分けがつかぬほど混ざり合う
＊「かき混ぜる、ごちゃ混ぜ、混ぜ返す、混ぜご飯」などは慣用で「混」を使う

まじえる・まじわる（混■）↓交える・交わる　私情を交える、朱に交われば赤くなる、水魚の交わり、線路が交わる、膝を交える、身ぶり手ぶりを交えながら話す

まじない（呪■い）↓まじない

まじめ　㊖真面目　生真面目、不真面目、真面目くさった顔
＊「ありのままの姿」の意の読みは「しんめんもく・しんめんぼく」

ましゃく　間尺　間尺に合わない（＝損になる）

ましん（麻疹◦）↓麻疹（病名。一般的には「はしか」）

ます（枡■、桝■）↓升　升席、升目

ますい（麻睡■）↓麻酔

まずい（下手■い、不味■い、拙■い）↓まずい　まずい文章、まずいやり方、まずくて食べられない、人に聞かれてはまずい

ますます（増々、益■々）↓ますます　老いてますます盛ん

まぜる　交ぜる・混ぜる
⇩「まざる・まじる・まぜる」

また
＝（叉■、胯■）↓股〔二つに分かれる所。主に名詞〕内股、大股、世界を股に掛ける、二股ソケット・二股道〔「三つま

た・四つまた」などは仮名書き)、股上、股裂き、股下、股擦れ、股旅
＝(又▲、亦●、復■)→また〔主に副詞・接続詞・接頭語〕一難去ってまた一難、また聞き、また来ます、またとない機会、またの日、または、またもや
まだ(未■だ)→まだ
まだら(斑■)→まだら　まだら模様
まち
＝町〔地域、行政区画、人家が多く集まっているところ〕裏町、下町、城下町、町ぐるみの運動、町と村、町外れ、門前町
＝街〔街路、商店などが並んでにぎやかなところ〕学生の街、街角、街筋、街の声、街の灯、街行く人々、街を吹き抜ける風
＊「町・街づくり」「町・街並み」などは内容によって使い分ける
まち…　待ち合わせ、待ち遠しい、待ち人、待ち伏せ
選待合、待合室、待合所、待合政治
まぢか(真近、目近)→間近　危険が間近に迫る、退職間近
まつ
＝待つ〔人・物・時機が来るまで時を過ごす〕機会を待つ、出方を待って対処する、春を待つ、待ち人、待てど暮らせど
＝(俟●つ)→まつ〔期待する、頼る、よる〕相まって、言をまたない(＝言うまでもない)、今後の研究にまつ、指摘をまつまでもない、本人の自覚にまつ
まっ…　慣真っ赤、慣真っ青、真っ向、真っ最中、真っ盛り、真っ先、真っ白
まつえい(末裔●)→子孫、末孫、末裔《まつえい》
まつご　末期　末期の水
まっしょう(末梢●)→末節、末端、末梢《まっしょう》(神経)
まっすぐ(真っ直■ぐ)→真っすぐ
まっちゃ　抹茶
まっとう(真っ当)→まっとう(「まったく」の転。「真っ当」は当て字)　まっとうなやり方、まっとうに暮らす　類まとも、真面目
まっとうする(完■うする)→全う

ま

する（＝成し遂げる） 責任を全うする、天寿を全うする

まつり 祭り 夏祭り

＊「祇園祭」など慣用のあるものはそれに従う

まつりあげる 祭り上げる 会長に祭り上げる（原義は「尊いものとして敬う」だが、「おだてて高い地位につける」意味で多く用いる）

まつる（祀●る）↓祭る 祖先の霊を祭る、水を祭る神社（仮名書きも）

まで（迄●）↓まで

まてんろう 摩天楼

まと 的 的を射る⬅390ページ

まな…（愛■）↓まな（＝特にかわいがっている） まな弟子、まな娘

まないた（俎●）↓まな板 まな板に載せる（＝話題・批判の対象にする）、まな板のコイ（＝逃げ場がない状態）

まなこ 眼 どんぐり眼、寝ぼけ眼

まなざし（眼差■し）↓まなざし

まなじり（眦●）↓まなじり まなじりを決する（＝怒りや決意を表す） ☒まなじりをつり上げる

まにまに（間に間に、随■に）↓まにまに（＝成り行きに任せる） 波のまにまに漂う

まね（真似■）↓まね ウのまねをするカラス（＝自分の能力を顧みず他人のまねをする）

まのあたり（眼■の辺り）↓目の当たり 惨状を目の当たりにする

まのび 間延び 間延びした声

まばら（疎■ら）↓まばら 人影もまばら、まばらに樹木が残る

まひ（麻痺●）↓まひ、しびれ、機能停止

まぶか（眼深■）↓目深 帽子を目深にかぶる

まぶた（目蓋、眼瞼■●、瞼●）↓まぶた まぶたに浮かぶ、まぶたの母

ままはは（継母■）↓継母（読みは「けいぼ」。「まま母」は使用しない）

まみえる（見■える、目見える）↓まみえる 両雄相まみえる

まめ（忠■実■）↓まめ 足まめに通う、まめに働く

まめ（肉■刺■）↓まめ 手足のまめ

まめ 豆 豆絞り、豆炭、豆鉄砲、

豆電球、豆まき

まめつ（磨滅）→◎摩滅

まもう（磨耗）→摩耗

まもなく　間もなく

まもり…　守り刀、守り袋、守り札

まもる（護■る）→守る　沈黙を守る、身を守る、約束を守る

まゆ　眉　眉毛、眉唾、眉をひそめる　☒目をひそめる

まりも（毬●藻）→マリモ

まる・まるい　丸・丸い　頭を丸める、背中を丸くする、人間・人柄が丸くなる、二重丸、丸い玉、丸い輪、丸写し、丸顔、丸木舟、丸く収まる、丸腰、丸ごと、丸3年、丸染め、丸太、丸出し、丸投げ、丸裸、丸干し、丸々手に入れる、丸もうけ、真ん丸

＊「丸い」は立体的、「円い」は平面的の意味があるが、一般的にはどちらも「丸い」を使う。次の慣用が固定したものは「円い」。円いテーブル、円がんな、円盆、円窓

まるで（丸で）→まるで　まるで夢のよう、予想とまるで違う

まれ（稀●、希■）→まれ　まれに起こる、まれに見る秀才

まろやか（丸■やか、円■やか）→まろやか　まろやかな舌触り

まわす（廻●す）→回す　気を回す、連れ回す、手を回す、目を回す

まわり

＝回り〔巡回、回転〕一回りする、年が一回り違う（＝12年）、回り舞台、回り道

〔太さ、身辺〕首回り、外回り、胴回り、幹回り、水回り、身の回り

〔広がり〕火の回りが早い

＝周り〔周囲、周辺〕家の周り、池の周りを回る、地球の周り、周りがうるさい、周りの人

まわる（廻●る、周■る）→回る　急がば回れ、舌がよく回る、回り合わせ（＝巡り合わせ）、回りくどい、回り込む、回り持ち

まん…　真ん中、真ん前、真ん丸

まんえん（蔓●延）→はびこる、広がる、流行、横行、蔓延《まんえん》

まんざい

＝漫才〔寄席演芸〕上方漫才

＝万歳〔民俗芸能〕三河万歳

まんざら（満更）→まんざら（打ち消しの語を伴って使う）ま

んざら捨てたものではない、まんざらでもない

まんじょういっち　満場一致

まんしんそうい（満身創痍●）→（全身）傷だらけ、満身創痍《そうい》

まんぜん（×慢然）→漫然　漫然と日を送る

まんてん　満天（＝空一面）　満天の星

まんびき　万引き

まんべんなく（万遍なく）→満遍なく　類すべて、ことごとく、残らず、もれなく、軒並み

まんまん

＝満々〔満ちあふれる様子〕杯に満々と注ぐ、自信満々、満々と水をたたえる

＝漫々〔広々としている様子〕漫々たる大海、漫々たる湖

み

【み】

＝（味）→み〔形容詞語幹など訓読みの語に接続して、状態、程度、場所などを示す〕赤み、明るみ（に出る）、厚み、甘み、ありがたみ、嫌み、うまみ、面白み、重み、勝ちみ（＝勝ち目）、辛み、臭み、茂み、渋み（のある芸）、高み（の見物）、苦み（走る）、深み、丸み、弱み（を握る）

＊官能分類上の味覚を示すときは「味」を使ってもよい　甘味、うま味、辛味、渋味、苦味

＝味〔音読みの語などと結合して名詞などをつくる〕円熟味、甘味（料）、けれん味、酸味、正味、真剣味、真実味、新鮮味、新味、醍醐《だいご》味、珍味、人間味、人情味、風味

み

身　身支度、身代金、身の回り品、身寄り、身が入る（＝真剣になる）、身から出たさび（＝自分のやったことの報いで苦しむ）、身も蓋もない（＝露骨すぎて情味もない）、身を焦がす（＝恋で苦しむ）、身を粉にする（＝懸命に働く）

みあい　見合い　見合い結婚、見合い写真、収支の見合い

みいだす（見出■す、見い出×す）→見いだす　活路・解決策・方策・目標を見いだす、才能・意義・生きがいを見いだす

みいり（身入り）→実入り　稲の

実入りがよい、実入りのよい商売
＊魚介類の肉付きの具合は「身入り」とも

みいる
＝見入る〔注視する〕テレビ画面に見入る
＝魅入る〔とりつく、魂を奪う。主に受け身の形で使う〕悪魔に魅入られる

みえ（見■栄、見得）→見え　見え坊、見えを切る、見えを張る

みおさめ（見収め）→見納め

みおろす（見降ろす）→見下ろす

みかけ（見掛け）→見かけ　人は見かけによらない

みかげいし　(慣)御影石（花こう岩、花こう岩状岩石の総称）

みかづき　三日月

みがって　身勝手

みがわり（身替わり）→身代わり

みぎ　右　右から左（＝すぐ他人に渡す）、右と言えば左（＝何にでも反対する）、右に出る者がいない（＝最も優れている）

みきり　見切り　会社に見切りをつける、見切り発車、見切り品

みきわめる（見窮める）→見極める　実体を見極める

みくだりはん（三■行半）→三下り半

みけん　●眉■間

みこ（●巫■女）→巫女《みこ》

みこし（■御●輿、■神●輿）→みこし

みごたえ　見応え

みごと（■美事）→見事　見事な手並み、ものの見事にだまされる

みこみ　見込み　成功の見込みがない、見込みが立たない、見込み違い

みじん（■微●塵）→みじん　木っ端みじん、粉みじん、みじん切り、みじんも感じない、みじんも見せない

みず　水　水揚げ（量）、水掛け論、水枯れ、水攻め（攻撃）、水責め（拷問）、水炊き、水浸し、水増し、水割り、水入らず（＝内輪の親しい者だけ）、水が合わない（＝新しい土地になじめない）、水際立つ（＝鮮やかに目立つ）、水も漏らさぬ（＝厳重な警戒）

みずかさ（水●嵩）→水量、水かさ

みずさし（水指し）→水差し

みずさし　水指（茶道具）

みずひき　水引

みずみずしい（瑞々●しい）↓みずみずしい　みずみずしい感性、みずみずしい肌

みせいねん　未成年（＝民法上は満18歳に達しない者）

みせじまい（店仕舞い、店終■い）↓店じまい

みせもの（見世物）↓見せ物

みせられる　魅せられる

＊能動形は「魅する」で、「魅せる」ではない。「華麗なプレーで魅せる」などの使い方は文法的に間違い。「魅了する」「魅惑する」などとするのが望ましい

みそ（味噌●）↓みそ　手前みそ、みそ汁、みそっかす、みそ漬け、みそを付ける

みぞう　未曽有　未曽有の大事件　類空前、かつてない

みそか（晦●日）↓みそか　大みそか

みそぎ（禊●ぎ）↓みそぎ

みそめる（見染める）↓見初める（＝恋心を抱く）

みぞれ（霙●）↓みぞれ（＝雪と雨が交じって降る）⬅393㌻

みたす（充■たす）↓満たす　空腹を満たす、需要を満たす、満たされない思い

みだら　淫ら

みだりに（濫■りに）↓みだりに　類むやみに、わけもなく、勝手に

みち（路■、途■、径■）↓道　その道の権威、道草、道連れ、道端、道行き、道を探る

みぢか　身近

みちしるべ（道標■）↓道しるべ

みちのり（道程■）↓道のり

みつ　蜜　蜜月、蜜蜂、蜜豆

みつ…　三つ折り、三つ重ね、三つどもえ、三つ葉、三つ指

みづくろい　身繕い

みつげつ　蜜月（「ハネムーン」＝結婚して間もない頃＝の訳語だが、近年では主に親密な関係にあることを表す）　両大国の蜜月時代

みつもり　見積もり　送見積価格、見積書など　⇩経済関係複合語（36㌻）

みとう
＝未到〔まだ誰も到達していなかった業績・記録〕前人未到の偉業、前人未到の記録
＝未踏〔まだ誰も足を踏み入れていない土地〕人跡未踏の地

・山、未踏峰
みとおし（見透■し）↓見通し　見通しが甘い・立たない・つかない
みとめいん　認め印
みとりず　見取り図
みとる
＝見取る〔はっきりと見る〕状況を即座に見取る
＝（看■取る）↓みとる〔看病する〕最期をみとる、病人をみとる
みとれる（見惚●れる）↓見とれる　美しさに見とれる
みなす（看■做●す）↓見なす
＊「みなし公務員」「みなし仕入れ率」「みなし法人」などは仮名書き
みなづき（水■無月）↓水無月《みなづき》（＝陰暦6月）
みなも（水■面■）↓水面《みなも》（「みのも」とも）
みならい　見習い　行儀見習い、見習いとして住み込む
＊慣用の固定した職分を指す語には送り仮名はつけない　見習工、見習社員、社員見習
みならう（見倣う）↓見習う
みのしろきん　(慣)身代金
みのる（稔●る）↓実る　稲が実る、愛・苦労・努力が実る
みばえ（見映え）↓(統)見栄え　見栄えのする服装
みはからう　見計らう　在宅時を見計らって訪問する
みはなす（見離す）↓見放す
みはらい…　未払い金
[送]未払込資本
みはらし　見晴らし　見晴らしが利く、見晴らし台
みぶり（身振り）↓身ぶり　身ぶりで知らせる、身ぶり手ぶり
みぶるい　身震い　身震いするほど気味が悪い
みまい　見舞い　暑中見舞い、見舞いに行く、見舞いの手紙
[送]見舞客、見舞金、見舞状、見舞品
みみ　耳　耳打ち、耳鳴り、耳寄り、耳が痛い、耳に逆らう、耳をそばだてる、耳をそろえる（＝金額を過不足なくまとめる、用意する）
みみざわり　耳障り⬅390ページ
みもと（身許■）↓身元　身元引受人、身元不明、身元を調べる
みもの（見物）↓見もの

●表外字　■表外音訓　▲不使用漢字　◉難読音訓　○追加漢字　□追加音訓

みゃくはく〔脈搏●〕↓脈拍、脈〔「搏」＝打つ〕

みやげ ㊝土産　手土産、土産物

みやづかえ 宮仕え

みやまいり〔宮詣■り〕↓宮参り

みょうが〔冥◎加〕↓冥加《みょうが》（＝神仏の加護）冥加《みょうが》に余る（＝非常にありがたく思う）

みょうじ〔苗■字〕↓名字

みょうり

＝名利〔名誉と利益〕名利を求めない（「めいり」とも）

＝〔冥◎利〕↓冥利《みょうり》〔神仏の御利益、ある立場・境遇にいることにより受ける恩恵〕役者冥利《みょうり》

みりん〔味醂●〕↓みりん

みる

＝〔看■る、観■る、視■る〕↓見る〔認識、判断〕足元を見る、着物の柄を見立てる、経過を見る、調子を見る、手相を見る、日の目を見る、見立て違い、見る影もない、見るに忍びない、面倒を見る、物の見方、老後を見る

＝診る〔診察〕医者に診てもらう、患者を診る、脈を診る

＝みる〔補助動詞。動詞の連用形に「て（で）」のついた形を受ける場合に〕考えてみる、聞いてみる、食べてみる、とにかくやってみよう

＝みる〔推測、実現〕時期尚早とみられる、難事件が解決をみる

みんぞく

＝民俗〔民間に伝わる風俗・伝承〕民俗学（フォークロア）、民俗信仰、民俗文化財（文化財保護法）、国立歴史民俗博物館（歴博・千葉県佐倉市）

＝民族〔人種・地域などを同じくする集団〕多民族国家、民族衣装、民族解放、民族学（エスノロジー）、民族芸術、民族自決、民族宗教、民族性、民族服、国立民族学博物館（みんぱく・大阪府吹田市）

＊民俗舞踊（盆踊りなど）・民族舞踊（コサックダンスなど）のほか、衣装、音楽、楽器、芸能、料理などは、内容によって使い分ける

【む】

むえん

＝無縁〔縁（者）がない〕自分とは無縁の世界、無縁仏

むかえうつ　迎え撃つ

＝無援〔助けがない〕孤立無援

むかっぱら　向かっ腹　向かっ腹を立てる

むがむちゅう　無我夢中

むく（無垢●）↓清浄、汚れない、純粋、無垢《むく》　金無垢《むく》

むく（剝■く）↓むく　感情をむき出しにする、牙をむく、目をむく

むくいる（酬■いる）↓報いる　一矢報いる、恩に報いる

むげに（無下に）↓むげに　むげに断れない

むこ（無辜●）↓罪のない、善良な（「辜」＝罪）

むこう　向こう　向こう意気が強い、向こう傷（＝体の前面に受けた傷）、向こう正面、向こうに回す、向こう見ず、向こうを張る

むさぼる（貪◉る）↓むさぼる　巨利をむさぼる、惰眠をむさぼる

むざん（無惨）↓(統)無残　見るも無残、無残にも踏みにじられる

むし…　蒸し返す、蒸し菓子、蒸し器、蒸し風呂、蒸し焼き

むし　虫　虫食い、虫下し、虫の居所が悪い、虫の知らせ（＝悪いことの予感）、虫干し

むしず（虫酸■）↓むしず　むしずが走る（＝不快でたまらない）

むしば（齲●歯）↓虫歯

むしばむ（蝕●む）↓むしばむ　健康をむしばむ

むしゃ　武者　武者修行、武者震い

むじょう

＝無常〔すべてが変化してとどまらない。人の世のはかなさを言う〕諸行無常、日本的な無常観、無常感漂う秋の景色、世の無常を悟る

＝無情〔思いやりの心や感情がない。人の心の冷たさを言う〕無情な仕打ち、無情にも雨が降ってきた

＝無上〔この上ない〕無上の栄誉、無上の安らぎ、無上の喜び

むしょうに　無性に　無性に腹が立つ

むしろ（莚●、蓆●）↓むしろ　針のむしろ

むじんぞう　無尽蔵（＝蓄えが無限にある）⬅390ページ

むすこ　(慣)息子

　●表外字　■表外音訓　▲不使用漢字　◉難読音訓　○追加漢字　□追加音訓

むすめむこ（女婿■）↓娘婿（「じょせい」と読むときは「女婿」）

むそう
＝無想〔何も考えない、無心〕無想の境地、無念無想
＝夢想〔とりとめなく考える、空想〕夢想家、夢想だにしない、夢想にふける

むぞうさ（無雑作）↓無造作　無造作な髪形、無造作に運ぶ

むだ　無駄　無駄足を踏む、無駄口をたたく、無駄遣い

むち（笞●、鞭●）↓むち　愛のむち

むち（無智●）↓◎無知

むちゃ（無茶）↓むちゃ　むちゃくちゃ、むちゃを言う

むつき（睦■月）↓睦月《むつき》（＝陰暦1月）

むつまじい（睦■まじい）↓むつまじい　仲むつまじい

むとんちゃく　無頓着（「むとんじゃく」とも）類無神経

むなしい（空■しい、虚■しい）↓むなしい

むね　棟　棟上げ（式＝建前、上棟式）、棟続き、棟割り

むね　胸　胸が騒ぐ、胸三寸に納める⬅390ページ、胸に迫る、胸を弾ませる

むぼう（無暴×）↓無謀　無謀な企て

むほん（謀叛●）↓謀反　類反逆、反乱

むやみ（無暗■、無闇）↓むやみ　むやみに飲む、むやみやたら

むよう　無用　無用の長物

むり　無理　無理押し、無理算段、無理強い、無理難題、無理やり

【め】

め
＝（目）↓め〔主に形容詞語幹の接尾語として、度合い・加減・性質・傾向の意を示す〕厚め、薄め、大きめ、抑えめ、辛め、濃いめ、少なめ、高め、近め、遠め、長め、早め、控えめ、低め、広め、太め、細め、短め、安め
＝目〔数詞について順序を表す。また生物の「目」に関連あるものや、状況、境遇、体験、区別、境目などの表現に〕編み目、合わせ目、1番目、憂き目、薄目を開く、運命の分かれ目、落ち目、折り目、織り目、折れ目、勝ち目、効

◎同音書き換え　×誤表記　㊞慣用表記　㊞統一表記　㊕使用可

き目、逆転の目（＝可能性）がなくなる、切れ目、焦げ目、境目、裂け目、時候の変わり目、死に目、付け目、天下分け目、遠目が利く、とんだ目に遭う、長い目で見る、2代目、引け目、ひどい目、細目（目、編み物、織物）、弱り目にたたり目、割れ目

＝（眼■）→目　温かい目で見る、目明かし、目当て、目移り、目隠し、目利き、目配り、目先、目刺し、目指す、目覚ましい、目印、目立つ、目付き、目付け役、目抜き（通り）、目減り、目盛り、目を丸くする

送大目付、目付（歴史用語）

めい（姪●）→めい

めいおうせい（冥王星◉）→冥王《めいおう》星

めいかい　明快（＝筋道がはっきりして、分かりやすい）　単純明快、明快な解説・判断、明快な答弁、明快な理論

＊「はっきり解釈する、よく分かる解釈」の意味で、特に「明解」と書くこともあるが、「明快」と意味が重なるので、実際の用例は辞書の書名などに限られる

めいき

＝明記〔はっきり書く〕　憲法に明記された権利、住所・氏名を明記する

＝銘記〔心に刻みつけて忘れない〕　銘記して忘れない、歴史に銘記された9月11日

めいぎ　名義　個人名義の株式、名義変更

めいげつ

＝明月〔澄んだ美しい月〕　明月の夜、明月院（＝鎌倉の寺）、明月記（＝藤原定家の日記）

＝名月〔特定の夜の月〕　陰暦8月15日の月（＝中秋の名月・芋名月）、陰暦9月13日の月（＝後の月・十三夜・栗名月・豆名月）

めいげん

＝名言〔すぐれた言葉〕名言集、名言を吐く

＝明言〔はっきり言う〕　明言を避ける　類断言

めいさつ（名刹◉）→名刹《めいさつ》（「刹」＝寺）

類名高い寺、由緒ある寺

めいしゅ　銘酒（「名酒」とも）

めいじる・めいずる

＝命じる・命ずる〔命令、任命〕

異動を命じられる、係長を命じる、心の命ずるままに行く、退去を命じる
＝銘じる・銘ずる〔心にきざむ〕肝に銘じる、心に銘じて忘れない

めいせき（明晰●）↓はっきり、明敏、筋道が通っている、明晰《めいせき》（「晰」＝明らか）

めいそう（瞑●想）↓沈思、黙想、瞑想《めいそう》

めいてい（酩●酊●）↓深酔い、ひどく酔う、酔っ払う

めいど（冥◉土、冥◉途）↓冥土《めいど》

めいとう
＝名刀〔すぐれた刀、有名な刀〕
＝銘刀〔銘の入った刀〕

めいとう
＝名答〔ずばりと言い当てる〕ご名答
＝明答〔はっきり答える〕明答を促す

めいふく（冥◉福）↓冥福《めいふく》

めいぶん
＝名文〔すぐれた文章〕天下の名文、名文家　㊒悪文
＝明文〔はっきりと文章に示す〕法・規則の明文化
＝銘文〔金石などに刻まれた文章〕仏像の銘文、銘文を刻む
＝名分〔守るべき本分〕大義名分、名分が立たない
＝名聞〔世間の評判〕名聞にこだわる

めいぼく
＝名木〔由緒ある名高い木、すぐれた木〕
＝銘木〔床柱などに使う趣のある材木〕

めいもう（迷盲）↓迷妄　俗説の迷妄を暴く

めいもく（瞑●目）↓目をつぶる、目を閉じる、安らかに死ぬ

めいよきそん（名誉毀◉損、名誉棄損）↓名誉毀損《きそん》

めいりょう　明瞭　㊫明白、明らか、明確

めいる（滅■入る）↓めいる　気がめいる

めがね　㊕眼鏡

めきき　目利き（＝美術品などを見分ける能力、能力を持つ人）㊫鑑識、鑑識眼

めくばせ　目配せ（＝目つきで合図する）そっと目配せする

めくばり　目配り（＝注意を行き届かせる）目配りが利く

めぐりあう（巡り会う）→巡り合う

めざす（目差す）→目指す

めざましい　目覚ましい　目覚ましい活躍、目覚ましく進歩する

めしあがる　召し上がる（「食べる」「飲む」の尊敬語）

めしゅうど　慣召人（宮内庁では「めしうど」と読む）

めじり（眦●）→目尻

めす（牝●）→雌

めちゃ（滅■茶、目茶）→めちゃ　めちゃくちゃ、めちゃめちゃ

めつき　目付き　うっとりとした目付き、目付きがよくない

めっき（鍍●金■）→めっき・メッキ　金メッキ、メッキが剝げる（＝うわべのごまかしが利かなくなる）

めっきり（滅切り）→めっきり　めっきり涼しくなる、めっきり老け込む

めつけ　目付け　財界のお目付け役

めっそうもない（滅相もない）→めっそうもない（やや古風な表現）類とんでもない、途方もない

めった（滅多）→めった　めった切り、めったなことを言うな、めったに手に入らない、めったやたら

めっぽう（滅法）→めっぽう　機械にめっぽう強い

めでたい（芽出度い、目出度■い）→めでたい

めでる（愛■でる）→めでる

めど（目処■、目途）→めど　解決のめどが立たない、来月をめどとする

めぬき

＝目抜き〔繁華な場所〕　目抜き通り

＝（目貫■き）→目ぬき〔刀身をつかに留めるくぎ、それを覆う金具〕黄金の目ぬき

めばえる　芽生える　木々が芽生える、恋が芽生える、失望感が芽生える

めぼし　目星　目星を付ける

めぼしい（目星い）→めぼしい　めぼしい実績はない

めん　麺　カップ麺、つけ麺、麺つゆ、麺棒、麺類、冷麺

＊「そうめん＝素■麺」「ラーメン＝拉●麺■」は仮名書き

めんか（棉●花）→◎綿花

めんくらう（面喰らう）↓面食らう
めんたいこ（明太子）↓(慣)明太子
メンツ（面子）↓メンツ、面目
めんば　面罵　(類)（面と向かって）ののしる
めんよう（緬羊）↓綿羊
めんよう　面妖　(類)奇怪、不思議

【も】

もうける（儲ける）↓もうける　株でもうける、子をもうける
もうきん（猛禽）↓猛禽《もうきん》　猛禽《もうきん》類
もうげん　妄言（＝でたらめな言葉。「ぼうげん」とも）　妄言多謝、妄言で惑わす
もうしあげる　申し上げる（「言う」の謙譲語。「申す」より高い敬意を表す）　お願い申し上げる、お礼を申し上げる
もうしあわせ　申し合わせ　申し合わせ事項
もうしいで（申し出で）↓申しいで、申し出
もうしご　申し子　神の申し子、バブル時代の申し子
もうしこみ　申し込み　申し込み受け付け、申し込み受付期間、申し込み受付銀行、申し込み受付日、申し込み締め切り、申し込み増
(送)申込期日、申込金、申込件数、申込先、申込書など
⇩経済関係複合語（36ページ）
もうしたて　申し立て　異議の申し立て、申し立て方法
(送)申立期間、申立人など
⇩経済関係複合語（36ページ）
もうしで　申し出
もうしひらき　申し開き
もうしぶん　申し分　申し分のない実績
もうしわけ　申し訳　申し訳程度、申し訳が立たない
もうす　申す（「言う」の謙譲語）　先ほど申しましたが、母が申すには、申すまでもなく
＊尊敬を表す場合は「おっしゃる」「言われる」。「申し出」「申し込み」などの複合語には謙譲の意味合いはない
もうでる　詣でる　神社・寺・墓に詣でる、熊野詣で、墓詣で
(送)初詣
もうとう　毛頭　そんなつもりは毛頭ない
もうどう（盲動）↓妄動　軽挙妄動
もうまい（蒙昧）↓無知、暗愚、

道理に暗い　無知蒙昧《もうまい》
もうろう（朦●朧●）→もうろう、ぼんやり、はっきりしない
もえぎ（萌●黄、萌●葱●）→もえぎ（＝やや黄色がかった緑色）
もえる（萌●える）→もえる、芽ぐむ、芽吹く、芽が出る
もくし
＝黙視〔無言で見る〕黙視するに忍びない惨状
＝目視〔目で見る〕目視検査
もくず（藻屑●）→藻くず　海の藻くずとなる
もくと　目途（「めあて」の文語的表現）類目的、めど
もくとう（黙禱●）→祈念、祈り、黙とう
もくひ（黙否×）→黙秘　完全黙秘する、黙秘権

もくれい
＝目礼〔目で会釈する〕目礼を交わす
＝黙礼〔無言でお辞儀する〕一同黙礼する
もくろみしょ　慣目論見書
もくろむ（目論■む）→もくろむ　類企てる、（悪事を）たくらむ
もけい（模形）→模型
もこ（模糊●）→ぼんやり、曖昧、はっきりしない、もこ
もさ　慣猛者　政界の猛者、歴戦の猛者
もさく（摸●索）→◎模索　暗中模索
もしくは（若しくは）→もしくは　類または、あるいは
もぞう（摸●造）→◎模造　模造したステッカー、模造品
もち　餅　絵に描いた餅、鏡餅、草餅、餅は餅屋、焼き餅
＊嫉妬の意の「焼きもち」や「もち肌」など漢字表記に違和感があるものは仮名書きも
もち…　持ち合わせ、持ち家、持ち株、持ち越す、持ち込み、持ち出し、持ち直す、持ち逃げ、持ち主、持ち分、持ち前、持ち回り（閣議）、持ち寄り
もちあい
＝持ち合い〔両方で持つ、力を合わせて維持する〕株式持ち合い
＝（保ち■合い）→もちあい〔市場用語。大きな動きがない〕高値でもちあう、もちあい相場
もちごま　持ち駒
もちごめ（糯●米）→もち米
もちつき（餅搗●き）→餅つき

●表外字　■表外音訓　▲不使用漢字　◉難読音訓　○追加漢字　□追加音訓

もちろん（勿論）→もちろん、無論異論はある

もつ（保つ）→持つ　天気が持つ、日持ちする菓子、身が持たない

もって

＝持って〔持つ〕持って生まれた性格、持って回った言い方

＝（以て）→もって〔〜で、〜によって、〜の理由で〕これをもって終了、誠意をもって交渉する、毒をもって毒を制す、身をもって知る、もっての外

もっとも

＝最も〔程度が一番（副詞）〕最も大事、最も安い

＝（尤も）→もっとも〔当然である〕もっともな話、もっともらしい顔つき

〔ただし（接続詞）〕もっとも異論はある

もてあそぶ（弄ぶ、玩ぶ、翫ぶ）→もてあそぶ　核をもてあそぶテロ国家

もと

＝元〔一般用語。物事の始まり、以前の状態、元金〕家元、出版元、発売元、火の元、本家本元、身元、元からやり直す、元首相（「前首相＝直近の前任者」のさらに以前）、元手、元通り、元値、元のさやに収まる、元のもくあみ、元も子もない、元を取る

＝（因）→元〔原因〕過労が元で病気になる、口は災いの元、混乱の元

＝（許）→元〔近くの場所〕足元を見る、親元で暮らす、彼の元に行く、口元、国元、手元、根元、喉元過ぎれば、膝元、枕元、目元

＝下〔影響・支配の及ぶ範囲〕一定の条件の下で成立する、彼の下で働く、幸運の星の下に生まれる、白日の下にさらす、法の下の平等

〔〜という状況・状態で〜する＝「〜の下に〜」〕一撃の下に倒す、一言の下に拒否する

＝本〔物事を成り立たせているおおもと。末の対語。本来〕国政を本から正す、本をただせば

＝基〔よりどころ、土台、基礎〕データを基に証明する、基になる資料

＝（素）→もと〔素材、原料〕

元気のもと、スープのもと、だしのもと
もとい 基　国の基となる
もとごえ 元肥　対追い肥
もとじめ 元締　大元締、支持団体の元締、総元締
もとづく 基づく
もなか（最■中）→もなか
もぬけのから（蛻●の殻、藻抜けの殻）→もぬけの殻
もの
＝物〔物質・物品・物事など実質的な意味。接頭語（仮名書きでも）〕物言い、物忌み、物入り、物売り、物惜しみ、物覚え、物思い、物堅い、物語る、物差し、物知り、物取り、物干し、物持ち、物柔らか、物別れ、物忘れ、物笑い、物置（小屋）、物語
＝もの〔形式名詞〕比べものにならない、正しいものと認める、ノーベル賞ものの発見、人の言うことは聞くものだ
ものかは ものかは（＝問題ともせず。文語的表現）　雨ものかは出発する
ものする（物する）→ものする（＝詩文などを作る）　著作をものする⬅390ページ
ものにする（物にする）→ものにする（＝手に入れる、習得する）　英語をものにする
もはや（最■早）→もはや
もほう（摸●倣）→◎模倣　類まねる、似せる
もみじ 慣紅葉　紅葉のような手（＝幼児のかわいい手）、紅葉を散らす（＝顔を赤らめる）
もむ（揉●む）→もむ　気をもむ、手をもむ、満員電車にもまれる
もめん 慣木綿　木綿糸、木綿豆腐
ももわれ 桃割れ（＝少女の髪の結い方）
もようがえ（模様変え）→模様替え
もよおし 催し　催し物
もより 慣最寄り　最寄りの駅
もらう（貰●う）→もらう　風邪をもらう、賞をもらう、暇をもらう
もらす（洩●らす）→漏らす　情報を漏らす、本音を漏らす
もり
＝守り　お守り、守りをする
＊役割、職分は送り仮名を付けない　子守、関守、灯台守

●表外字　■表外音訓　▲不使用漢字　◉難読音訓　○追加漢字　□追加音訓

＝盛り…　盛り上がり、盛り上げる、盛り合わせ、盛り返す、盛り菓子、盛り切り、盛り込み、盛り塩、盛り砂、盛り付け、盛り土、盛り花

もりたてる（■守り立てる）↓もり立てる（＝励まし助ける、再興する）　野手が投手をもり立てる、地域経済をもり立てる

もる（●洩る）↓漏る　雨が漏る

＊「空気・光が漏る」などは「漏れる」の方が一般的

もれる（●洩れる）↓漏れる　笑みが漏れる、ご多分に漏れず

もろい（●脆い）↓もろい　地震にもろい家屋、情にもろい、もろくも■敗れる

もろざし（■双差し）↓もろ差し（相撲）

もろは（■双刃、■諸刃、■両刃）↓両刃（読みは「りょうば」）、もろ刃　両刃・もろ刃の剣

もんきりがた　紋切り型　紋切り型の批判

もんし（●悶死）↓もだえ死に、もだえ苦しんで死ぬ

もんじゅ（文珠）↓文殊（菩薩）　三人寄れば文殊の知恵

もんぜつ（●悶絶）↓気絶、気を失う

もんちゃく（●悶着）↓騒動、ごたごた、もめごと、もつれる

もんつき　紋付き　紋付きはかま

もんよう（紋様）↓文様（「チョウの羽の紋様」「小紋の紋様」など表記に慣用のある分野では「紋様」を使う）

【や】

や

＝屋〔建物、職業、性質〕　母屋、数寄屋、総会屋、建屋、長屋、二階屋、平屋、屋形船、やかまし屋、屋号、屋敷

＝家〔主に住居関係〕　空き家、あばら家、一軒家、売り家、大家、貸家、借家、離れ家、家賃、家並み、家鳴り、家主

や　野（＝民間）　野にある、野に下る

や　矢　矢でも鉄砲でも持ってこい、矢の催促（＝せきたてる）、矢も盾もたまらない（＝じっとしていられない）

やいば（■刃）↓やいば、刀、刃物、刀剣

やおちょう 慣八百長 八百長試合、八百長をする
やおもて（矢表）↓矢面 矢面に立つ（＝非難をまともに受ける）
やおや 慣八百屋
やかた ＝館〔邸宅〕恐怖の館、白亜の館、領主の館
＝屋形〔屋根の形の覆い〕屋形車、屋形船
＊邸宅の主の敬称は「お館様・お屋形様」の両様がある
やから（輩■）↓やから（見下した言い方）
やかん（薬■缶）↓やかん
やき 焼き 素焼き、野焼き、焼き芋、焼き印、焼き打ち、焼き魚、焼き塩、焼きそば、焼き付け、焼き豆腐、焼き鳥、焼き肉、焼き刃、焼き畑、焼き物
＊地名等を冠した工芸品は送り仮名を付けない 有田焼、九谷焼、七宝焼、常滑焼、備前焼、楽焼

やきん（冶◉金）↓冶金《やきん》
やきん（野禽●）↓野鳥
やく（嫉■く、妬■く）↓やく、妬む、羨む
やく 厄 厄落とし、厄年、厄払い、厄日、厄よけ
やく 役 役替え、役付き、役回り、役割
やくさつ（扼●殺）↓絞殺（「扼」＝手で押さえる）
やくさつ 薬殺
やくじりょうほう（薬事×療法）↓薬餌療法

やくぜん 薬膳（料理）
やくびょうがみ（厄病神）↓疫病神
やくぶそく 役不足（＝力量に比べて役割が軽すぎること）⇐391ページ
やけ（自■棄■）↓やけ やけを起こす
やけ… 焼け跡、焼け石、焼け焦げ、焼け野原、焼け太り
やけど（火■傷■）↓やけど
やごう（家号）↓屋号
やさがし 家捜し（＝家の中を調べる。住む家を求めるのは「家〈いえ〉探し」）
やさき 矢先⇐391ページ
やさしい ＝易しい〔分かりやすい〕易しい説明、易しく書き直す、生易しくはない事態 対難しい

＝優しい〔思いやりがある、穏やか〕気立てが優しい、心優しい、優しい言葉をかける
やし（香具■師■）→やし、露天商
やじ（野次、弥次）→やじ　やじ馬、やじを飛ばす
やしき（家敷、邸■）→屋敷
やじり（鏃●）→矢尻
やすい
＝（廉■い）→安い〔値段が低い、気軽、おだやか〕お安いご用、気安い、心安い、物価が安い、安上がり、安請け合い、安売り、安っぽい、安物買い
＝（易■い）→やすい〔容易〕扱いやすい、言うはやすく行うは難し、くみしやすい、しやすい、読みやすい
やすまる（安まる）→休まる　体が休まる暇もない
やすめる　休める　心を休める、箸を休める
やせい
＝野生〔動植物が自然の中で生まれ育つ〕日本に野生する植物、保護した野鳥を野生に返す、野生化する、野生動物、野生の猿、野生のバラ
＝野性〔自然のままの荒々しい性質〕野性児、野性的、野性に返る、野性に目覚める、野性味がある
やせる　痩せる　げっそりと痩せる、痩せても枯れても
やつ（奴■）→やつ
やつ…　八つ当たり、八つ切り、八つ裂き
やつぎばや　矢継ぎ早　矢継ぎ早に質問を浴びせる
やっきょう（薬莢●）→薬きょう
やっこ（奴■）→やっこ　冷ややっこ
やとい…　雇い入れ、雇い人、雇い主
…やとい　臨時雇い
やどりぎ　宿り木
やなぎばぼうちょう（柳葉包丁）→柳刃包丁
やなみ（屋並み）→家並み　白壁の家並み、家並みが続く
やにわに（矢庭に）→やにわに　類急に、いきなり、即座に
やはり（矢張り）→やはり
やひ（野鄙●）→◎野卑　類下品、卑しい
やぶ（藪●）→やぶ　やぶから棒（＝だしぬけ、突然）、やぶ蛇（＝余計なことをして災いを招

く)

やぶさか(吝●か)→やぶさか　やぶさかでない(=努力を惜しまない)

やぶれる

=破れる〔破壊、破損、だめになる、失敗する〕均衡・秩序・平和が破れる、国破れて山河あり、計画・事・夢が破れる、障子が破れる、破れかぶれ、破れ紙、破れ目

=敗れる〔敗戦、敗北〕試合・選挙・戦いに敗れる、人生に敗れる、敗れ去る、敗れて悔いなし

＊相手に負ける=敵に敗れる、相手を負かす=敵を破る(他動詞「やぶる」は「破る」だけ)

やぼ(野暮)→やぼ　聞くだけやぼ

やまあい(山間■)→山あい

やましい(疚●しい)→やましい　類良心に恥じる、後ろめたい

やますそ　山裾　類山麓

やまと　慣大和　大和絵、大和言葉、大和魂

やまなみ(山脈■、山波)→山並み

やまびこ(山彦●)→山びこ

やまぶき　山吹　山吹色(=黄金色、黄色)

やまぶし　山伏

やみ　闇　一寸先は闇、闇市、闇討ち、闇から闇へ葬る、闇取引、闇値、闇夜

＊「ヤミ金融」「ヤミ専従」「ヤミ手当」など仮名書きも

やみくも(闇雲)→やみくも　類むやみ、やたら

やむをえない　やむを得ない

やめる

=(罷■める)→辞める〔職・地位などを退く〕会社・学校を辞める、病院を辞める(辞職)、首相・委員長を辞める

=(止■める、廃■める)→やめる〔ストップする〕会社・学校の経営をやめる、医者をやめる(廃業)、たばこをやめる

やゆ(揶●揄●)→からかう、冷やかす

やよい　慣弥生　弥生時代・土器

やよい　慣弥生(=陰暦3月)

やり(槍●)→やり　やり投げ　やり玉に挙げる・挙がる(=糾弾、指弾する・される)

やるせない(遣■る瀬無い)→やるせない　やるせない思い

やわらかい

=柔らかい〔剛の対語。しなや

や

か、穏やか〕お手柔らかに、身のこなしが柔らかい、物柔らかな態度、柔らかい布地、柔らかく焼き上がったパン、柔らかな心・考え・表情、柔らかな手触り
＝軟らかい〔硬の対語。手応え・歯応えがない、堅苦しくない〕土質が軟らかい、文章・表現が軟らかい、軟らかい炭、軟らかい話、軟らかい木材、軟らかく煮た大根

やわらぐ（柔■らぐ）→和らぐ　気持ち・寒さが和らぐ

やわらげる（柔■らげる）→和らげる　語気・表現を和らげる

【ゆ】

ゆあみ（湯浴■み）→湯あみ（＝「入浴」の古い言い方）

ゆいごん　遺言（法律用語では「いごん」）

ゆいのう　結納

ゆういん
＝誘引〔誘い入れる〕観光客を誘引する、誘引剤
＝誘因〔引き起こす原因〕過労が病気の誘因となる

ゆううつ（憂鬱◉）→憂鬱《ゆううつ》　類気が重い

ゆうえん
＝悠遠〔はるかに遠い〕悠遠のかなた、悠遠の昔
＝幽遠〔奥深い〕幽遠な真理

ゆうかく（遊廓●）→◎遊郭

ゆうぎ
＝遊戯〔一般の遊びごと〕園児の遊戯、（遊園地の）遊戯機械
＝遊技〔許可営業の娯楽。パチンコ、マージャンなど〕遊技機器、遊技場

ゆうぎ（友誼●）→友好、友情

ゆうきゅう　悠久　悠久の大地、悠久の時が流れる

ゆうげん（幽幻×）→幽玄（日本・中世の美的理念を表す言葉）

ゆうこう（友交）→友好　日米友好、友好関係、友好を深める

ゆうこん（雄渾●）→力強い、雄大、勇壮（「渾」＝盛ん）

ゆうし（勇姿）→統雄姿　雄姿を現す

ゆうしゅつ　湧出　湧出量

ゆうすい　湧水

ゆうずい（雄蕊●）→雄しべ

ゆうせい
＝優性〔劣性の対語。遺伝する

形質のうち次代に現れるもの〕優性遺伝
✻優劣があるかのように誤解されるのを避けるため、教科書などでは「顕性」が使われる
＝優生〔優良な遺伝形質の保存などを目的に提唱された思想〕優生学、優生保護法（「母体保護法」の旧称）
＝優勢〔劣勢の対語〕試合を優勢に進める

ゆうぜん　友禅　友禅染

ゆうぜん　悠然　悠然たる態度、悠然と構える（＝動じない）

ゆうそう（雄壮）→勇壮　勇壮活発

ゆうだち　夕立　夕立は馬の背を分ける（＝夕立が局地的に降る例え）

ゆうちょう　悠長　悠長に構える（＝多く、のんびりしているのを批判的に言う）

ゆうと
＝（勇途）→雄途〔雄々しい門出〕ヒマラヤ征服の雄途に就く　類壮途
＝雄図〔雄大な計画〕南極探検の雄図を抱く、雄図むなしく帰る　類壮図

ゆうとう（遊蕩●）→道楽、ふしだら、品行が修まらない

ゆうに　優に　優に1億円を超す

ゆうばえ　夕映え

ゆうひ（勇飛）→雄飛　対雌伏

ゆうべ
＝夕べ〔日暮れ時、夕方〕秋の夕べ、夕べの集い
＝（昨■夜■）→ゆうべ〔きのうの夜〕ゆうべは眠れなかった

ゆうめいをはせる（有×名をはせる）→勇名をはせる

ゆうもう（雄猛）→勇猛　勇猛果敢

ゆうゆう　悠々

ゆうよ　猶予　執行猶予、支払いを猶予する

ゆうわ（宥●和）→融和　民族の融和を図る、融和を保つ
✻第2次大戦前の宥和《ゆうわ》政策など歴史用語は別

ゆえ　故　それ故、何故・なにゆえ、故あって、故なく、故に

ゆえん
＝（所■以■）→ゆえん〔いわれ、訳、理由〕天才と呼ばれるゆえん
＝由縁〔由来、ゆかり〕地名・命名の由縁を尋ねる

ゆかしい（床しい）→ゆかしい　奥ゆかしい、古式ゆかしく

ゆかた　（慣）浴衣　浴衣がけ
ゆがみ（歪●み）↓ゆがみ　障子にゆがみが生じる、性格のゆがみ
＊社会現象は多く「ひずみ」。年金制度のひずみが露呈する
ゆがむ（歪●む）↓ゆがむ　痛みで顔がゆがむ、ゆがんだ見方
ゆき…　行き交う、行き掛かり、行き過ぎ、行き違い、行き詰まり、行き届く、行き悩む、行き渡る
…ゆき　「東京行き」など
ゆく（往■く）↓行く　行く末、行く手、行く年来る年
ゆく　逝く
ゆくえ　（慣）行方　行方不明、行方をくらます
ゆさぶる　揺さぶる　政局を揺さぶる、大木を揺さぶる
＊「揺する」が弱く小刻みな動きを表すのに対し、「揺さぶる」は強く激しい動き、および比喩的に使われる
ゆさん　遊山　物見遊山
ゆすり（強■請■）↓ゆすり　ゆすりを働く
ゆだねる　委ねる　身を委ねる
ゆでる（茹●でる）↓ゆでる
ゆのみ（湯呑●み）↓湯飲み
ゆびおり　指折り（優れているものについて使う）日本でも指折りの名選手、世界でも指折りの優良企業
ゆびさす（指指す、指差す）↓指さす
ゆびわ（指環■）↓指輪
ゆぶね（湯舟）↓湯船
ゆみとりしき　弓取り式
ゆめゆめ（努■々）↓ゆめゆめ（＝決して）　ゆめゆめ忘れるな
ゆゆしい（由々しい）↓ゆゆしい　ゆゆしい（ゆゆしき）事態（古語では「不吉だ」の意、現代語としては「容易ならない」「見過ごせない」の意でも）
ゆるがす　揺るがす　世界を揺るがした一大事件、大地を揺るがす震動
ゆるがせ（忽●せ）↓ゆるがせ　ゆるがせにできない
ゆわかし　湯沸かし（器）

【よ】

よい
＝良い（一般用語）感じが良い、気分が良い、経過が良い、成績が良い、都合が良い、手際

が良い、仲が良い、人が良い（「お人よし」は仮名書き）、人柄が良い、品質が良い、良い機会、良い子、良い作品、良い習慣、良い友達、良い本

＝善い〔道徳的に好ましい〕善い行い、善かれあしかれ

＝（宜■い、可■い）↓よい〔許可、適当などの意味で補助的に使う〕行ってもよい、それでよい、ちょうどよい、どうでもよい、もうよい

＝（宜■い）↓よい〔接尾語〕住みよい国、履きよい靴

＝（佳■い）↓よい〔めでたい〕よい年を迎える、よい日を選んで式を挙げる

＊話し言葉的な表現では、終止形、連体形で「いい」も使う。「気分がいい」「いい気分」など。特に、「いい感じ」「いい仲」「いい気味」など、俗語風な言い方の場合、「いい」が適当。「良い」「善い」の使い分けが紛らわしいときは「よい」「いい」など仮名書きにする

よい　宵　宵越し、宵っ張り、宵の口、宵の明星

よう　要　要は、要を得る

ようえん（妖艶◉）↓なまめかしい、妖しくあでやかな、妖艶《ようえん》

ようかい　妖怪　妖怪変化

ようかい（熔●解、鎔●解）↓◎溶解

ようかん（羊羹●）↓ようかん

ようがん（熔●岩）↓◎溶岩

ようき　妖気

ようげき（邀●撃、要撃）↓迎撃

＊防衛省で使う「要撃」も「迎撃」に改める

ようけん

＝用件〔用向きの事柄〕用件を切り出す、用件を済ます

＝要件〔必要な事柄〕資格要件、要件を備える、要件を満たす

ようご

＝養護〔特別な保護の下に世話をする〕特別養護老人ホーム、養護教諭

＝擁護〔かばい守る〕人権擁護、被害者の権利を擁護する

ようこう

＝要項〔大切な事柄〕入試要項、募集要項

＝要綱〔要約した大綱〕法案の要綱を説明

ようころ（熔●鉱炉）↓◎溶鉱炉

ようさい（要塞◉）→とりで、要塞《ようさい》
ようしゃ（用捨）→容赦　容赦なく批判する
ようじゅつ　妖術
ようせい　妖精
ようせつ（夭•折）→早世、早死に、若死に
ようせつ（熔•接•）→◎溶接
ようせん（傭•船）→用船、チャーター船
ようそ（沃■素）→ヨウ素
ようだい（容態）→容体　容体急変
ようだん
＝用談〔用向きの話〕
＝要談〔大切な話〕
ようち　夜討ち　夜討ち朝駆け
ようてい　要諦（「ようたい」とも）類眼目、要点、要
ようへい
＝（傭•兵）→雇い兵
＝用兵〔兵力の使い方〕用兵を誤る
ようほう　養蜂（業）
ようぼう（容貌◉）→顔立ち、顔かたち、容姿、容貌《ようぼう》
ようやく（漸■く）→ようやく
ようらんじだい（揺籃•時代）→幼年時代、初期、揺籃《ようらん》時代
ようりょう
＝用量〔使用する分量〕低用量ピル、服薬の用量、用量を確保
＝容量〔中に入る分量〕記憶容量、1箱の容量、容量が小さい
ヨード（沃■度）→ヨード
よぎない　余儀ない　類仕方ない、やむを得ない
よくうつ（抑鬱◉）→抑うつ
よくど（沃◉土）→沃土《よくど》　類肥えた土地
よくや（沃◉野）→沃野《よくや》　類豊かな平野
よけい　余計　余計なお世話、余計に悩む
よげん
＝予言〔未来を予測して言う〕予言が外れる
＝預言〔神の言葉を預かって言う。ユダヤ教、キリスト教、イスラム教などで〕預言者
よこ…　横合い、横書き、横好き
よご　予後（＝治療後の病状の経過）予後不良
よこちょう（横丁）→横町
＊「恋文横丁」など固有名詞は別
よしあし
＝（善し悪■し）→善しあし〔性格、行為など。一長一短の意

にも」行いの善しあし、真面目なのも善しあしだ
＝（良し悪■し）→良しあし〔品質など〕鮮度の良しあし
よじん（余燼●）→くすぶり、余じん
よす（止■す）→よす（「やめる」より話し言葉的で古めかしい表現）
よせ　㊝寄席
よせ…　寄せ集め、寄せ書き、寄せ木細工、寄せ鍋
よせい（余世）→余生　静かに余生を送る
よそ（余所■、他所■）→よそ
よだん　予断　予断を許さない
よつ…　四つ身、四つんばい
よどむ（淀●む、澱●む）→よどむ　言いよどむ、よどみなく答える、よどんだ水・空気

よなが（夜永）→夜長　秋の夜長
よなべ（夜鍋、夜業■）→夜なべ
よねつ
＝余熱〔冷めずに残っている熱〕感動・興奮の余熱、余熱利用
＝予熱〔事前に加熱する〕エンジンを予熱する、予熱機
よび…　呼び集める、呼び起こす、呼び返す、呼び掛け、呼び子（呼ぶ子）、呼び声、呼び捨て、呼び出し（状）、呼び付ける、呼び名、呼び値、呼び寄せる、呼び鈴
よびぐん（予備群）→予備軍　生活習慣病の予備軍⬅395ページ
よびだし　呼び出し（相撲も）
よふかし　夜更かし
よほど（余程）→よほど
よまいごと（世迷■い言）→世まい言　世まい言を並べる
よみがえる（蘇●る、甦●る）→よみがえる　感動がよみがえる
よむ
＝（訓■む）→読む〔一般用語〕経を読む、訓読み、先を読む、さばを読む、秒読み、読みが浅い、読み人知らず
＝詠む〔詩歌を作る〕歌に詠まれた名所、和歌・俳句を詠む
よもやま（四方■山）→よもやま　よもやま話（＝世間話）
よゆう（余猶）→余裕
より…　寄り合い（所帯）、寄り掛かる、寄り切り、寄り付き（値）、寄り身、寄り道
より…（選■り）→より　より好み（えり好み）、よりすぐり（えりすぐり）、より抜き（えり

抜き〕、より分ける〔えり分
ける〕
より〔縒•り〕↓より　腕によりを
かける、よりを戻す
よりいと〔撚•り糸〕↓より糸
よりどころ〔拠■、寄り所〕↓より
どころ
よる
＝〔凭•る、頼■る〕↓寄る〔接近、
もたれかかる〕思いも寄らな
い、柱に寄り掛かる、店に寄
る、寄らば大樹の陰、寄ると
触ると、寄る年波、寄る辺
＝〔選■る〕↓よる〔選別〕いい
物だけよる、粒より、より好
み、よりによって、より分ける
＝〔因る、由■る、依■る、拠■る、
縁■る〕↓よる〔原因、手段、
根拠、関係する、頼る〕過労
による病、コンピューターに
よる制御、前例によると、時
と場合による、年金による生
活、よって立つ基盤
＊「因る」は表内訓だが、読み
にくいので仮名書きにする
よる〔縒•る、撚•る〕↓よる
よろい〔鎧•〕↓よろい　よろい戸
よろく〔余禄•〕↓余得
よろこぶ〔歓■ぶ、慶■ぶ、欣•ぶ〕↓
喜ぶ
よろしい〔宜■しい〕↓よろしい
よろん〔輿•論〕↓世論〔本来の読
みは「せろん」〕
よわい〔齢■〕↓よわい　よわいを
重ねる
よわみ〔弱味〕↓弱み
よわりめ　弱り目　弱り目にたた
り目

【ら】

ら〔等■〕↓ら　これら、それら、
彼ら、私ら〔人に付く場合、
謙譲や軽侮の意味合いが含ま
れることも〕
ラーメン〔拉■麺〕↓ラーメン
らいさん〔礼讃•〕↓◎礼賛
らいはい　礼拝〔仏教では「らい
はい」、キリスト教などでは
「れいはい」〕
らいびょう〔癩•病〕↓ハンセン病
らいらく〔磊•落〕↓豪放、太っ腹
〔「磊」＝小さなことにこだ
わらない〕豪放磊落《らいらく》
らくいん〔烙•印〕↓レッテル、烙印《らくいん》
らくがき〔楽書き〕↓落書き
らくご〔落伍•〕↓落後、脱落〔「伍」
＝隊列〕

らくばん（落磐●）→◎落盤

らくやき 楽焼

らせん（螺●旋）→らせん らせん階段

らち 拉致 類（強制）連行、誘拐

らち（埒●）→らち らちが明かない

らちがい（埒●外）→範囲外、枠外、圏外

らつわん（辣◉腕）→辣腕《らつわん》 類すご腕、腕利き、怪腕、敏腕

らん（濫）→乱 乱獲、乱造、乱伐、乱発、乱費、乱用、乱立

＊「濫」は「氾濫」のみに使う

らんじゅく（爛●熟）→成熟、らん熟

らんちきさわぎ（乱痴気騒ぎ）→らんちき騒ぎ

らんまん（爛●漫）→らんまん、咲き乱れる、（真っ）盛り 天真らんまん、春らんまん

【り】

りえん（梨■園）→歌舞伎界、演劇界、梨園《りえん》

りか（李●下）→李下《りか》 李下《りか》に冠を正さず ⬅391ページ

りかん（罹●患）→罹患《りかん》 罹患《りかん》率

りくあげ 陸揚げ

りくつ（理窟）→理屈 理屈をこねる、理屈をつける

りこう（悧●巧、利巧）→◎利口

りさい（罹●災）→被災 罹災《りさい》証明（書）

りざや（利鞘●）→利ざや 利ざやを稼ぐ

りしゅう（履習×）→履修

りち（理智●）→◎理知 理知的

りちぎ（律儀）→㊔律義 律義者

りつき 利付き 送利付金融債、利付国債、利付債券

りっすい（立錐●）→立すい 立すいの余地もない（＝超満員）

りつぜん（慄◉然）→ぞっとする、恐れおののく、血の気が引く、慄然《りつぜん》

りづめ 理詰め 理詰めで考える

りはつ（悧●発）→利発（主に子ども・若者について使う）

りはん（離叛●）→◎離反 人心が離反する

りゃくだつ（掠●奪）→◎略奪

りゅういん（溜●飲）→留飲、つかえ 留飲が下がる・留飲を下げる ⬅391ページ

りゅうげんひご（流言蜚●語）→流言飛語、デマ

りゅうしつ・りゅうしゅつ

 ●表外字 ■表外音訓 ▲不使用漢字 ◉難読音訓 ○追加漢字 □追加音訓

＝流失〔流されてなくなる〕家屋・船・線路の道床・橋が流失する
＝流出〔流れ出る〕石油・汚水・ガス・土砂・文化財・頭脳が流出する
りゅうちょう（流暢•）↓すらすら、よどみなく、滑らか
りゅうりゅう
＝粒々〔ひと粒ずつ〕粒々辛苦
＝隆々〔たくましい〕筋骨隆々
＝流々〔種々の方法〕細工は流々
りよう（俚•謡）↓◎里謡
りょう　両　両替、両替所、両切り、両建て、両刀遣い、両隣
りょうえん（遼•遠）↓程遠い、はるかに遠い　前途遼遠《りょうえん》
りょうが（凌•駕）↓しのぐ、追い越す、上回る、勝る

りょうかい（諒•解）↓◎了解
りょうき（猟季）↓猟期
りょうぎゃく（凌•虐）↓陵虐　特別公務員暴行陵虐罪
りょうけい（菱•形）↓ひし形
りょうけん（了簡■、料簡■、量見）↓了見　了見が狭い、了見違い　類考え、考え方、分別
りょうしゅう（領袖•）↓幹部、実力者、領袖《りょうしゅう》
りょうしょう（諒•承）↓◎了承
りょうじょく（凌辱）↓陵辱、乱暴、暴行、辱め
りょうせいるい（両棲•類）↓両生類
りょうせん（稜•線）↓尾根（筋）、稜線《りょうせん》
りょうだて　両建て　貯蓄と保険の両建て、両建て預金

りょうとうづかい　両刀遣い
りょうとする（諒•とする）↓◎了とする（＝了承する）
りょうば　両刃　両刃の剣
りょうよう
＝両用〔両方に使う〕遠近両用眼鏡、水陸両用
＝両様〔二通り〕両様の解釈、和戦両様の構え
りょうらん（繚•乱、撩•乱）↓咲き乱れる　百花繚乱《りょうらん》
りょくないしょう（緑内症×）↓緑内障
りんかい
＝臨海〔海に面する〕臨海学校、臨海工業地帯、臨海副都心
＝臨界〔境界〕原子炉が臨界に達する（＝核分裂連鎖反応が継続する状態になる）、未臨

界実験、臨界温度、臨界状態

りんかく（輪•廓•）→◎輪郭

りんぎ（稟•議）→稟議《りんぎ》　稟議《りんぎ》書

りんさん（燐•酸）→リン酸

りんしょく（吝•嗇•）→けち、物惜しみ

りんね（輪•廻•）→輪廻《りんね》

リンパせん（淋•巴•腺）→リンパ節

＊「リンパ腺」は旧称

【る】

るい　類　類・類例がない、類は友を呼ぶ

るい　累（＝巻き添え）　累が及ぶ、累を及ぼす（＝巻き添えにする）

るいけい（類形）→類型

るいせん　涙腺　涙腺神経

るつぼ（坩•堝•）→るつぼ　興奮のるつぼ

るり　瑠璃（色）

るる（縷•々）→こまごま、くどくど、綿々

【れ】

れいぎ（礼義）→礼儀　礼儀正しい

れいきゅうしゃ（霊柩•車）→霊きゅう車

れいげん　霊験（「れいけん」とも）　霊験あらたか

れいはい　礼拝（キリスト教などでは「れいはい」、仏教では「らいはい」）

れいめい（黎•明）→夜明け、あけぼの、黎明《れいめい》（期）

れいれいしい　麗々しい

れきし（轢•死）→れき死（体）

れきねん

＝暦年〔暦に定めた1月1日からの1年〕暦年ごとの統計

＝歴年〔年々、年月を経る〕歴年の労苦が実を結ぶ

れっせい

＝劣性〔優性の対語。遺伝する形質のうち次代には現れにくいもの〕劣性遺伝

＊優劣があるかのように誤解されるのを避けるため、教科書などでは「潜性」が使われる

＝劣勢〔勢力が劣る〕劣勢がはっきりする、劣勢を盛り返す

れんが（煉•瓦）→れんが

れんきんじゅつ（練金術）→錬金術

れんげ（蓮•華）→レンゲ（＝ハスの花）、れんげ（「散りれんげ＝陶製のさじ」の略）

れんけい

＝連携〔手をつなぐ〕官民の連携プレー、連携関係、両者連携して推進
＝（連繋）→◎連係〔切れ目なく続く〕連係動作、連係プレー（運動用語）
れんごう（聯合）→◎連合
れんざ（連坐）→◎連座　汚職事件に連座する、連座制を適用
れんじゅ（聯珠）→◎連珠（＝五目並べ）
れんせい（練成）→(統)錬成　若手の錬成
れんそう（聯想）→◎連想
れんたん（煉炭）→◎練炭
れんにゅう（煉乳）→◎練乳
れんぱ
＝連破〔連続勝利、続けて勝つ〕強豪を連破して決勝へ、連戦連破
＝連覇〔連続制覇、続けて優勝する〕大会3連覇を成し遂げる、リーグ連覇を狙う
れんびん（憐憫、憐愍）→同情、哀れみ
れんぽう（聯邦）→◎連邦
れんま（練磨）→(統)錬磨　百戦錬磨
れんめい（聯盟）→◎連盟
れんめん　連綿　連綿と続く

【ろ】

ろうあ（聾啞）→ろうあ
＊「ろうあ者」は「ろう者」とする
ろうえい（漏洩）→漏らす、漏れる、漏出、漏えい
ろうかい（老獪）→悪賢い、ずるい、老練
ろうけつぞめ（﨟纈染め、蠟纈染め）→ろうけつ染め
ろうこ（牢固）→確固、頑として、しっかり
ろうこう（老功）→老巧　対稚拙
ろうごく（牢獄）→獄舎、刑務所、監獄
ろうし（牢死）→獄死
ろうしゅう（陋習）→悪習、因習、悪弊
ろうじょう　籠城　類立て籠もり
ろうする（弄する）→弄《ろう》する　策を弄《ろう》する
ろうぜき（狼藉）→乱暴、乱雑、乱行
ろうそく（蠟燭）→ろうそく
ろうとう（郎等）→郎党（「ろうどう」とも）一族郎党
ろうばい（狼狽）→慌てる、慌てふためく、うろたえる、取り

乱す、動揺

ろうらく 籠絡 類丸め込む、言いくるめる、口説き落とす

ろか（濾●過）→こす、浄化、濾過《ろか》

ろくしょう 緑青

ろくだか（禄●高）→禄高《ろくだか》

ろくまく（肋●膜）→胸膜 胸膜炎

ろけん（露顕）→露見 悪事が露見する

ろし（濾●紙）→濾紙《ろし》

ろじ

＝路地〔建物の間の狭い通り。門内・庭内にある通路〕路地裏、路地で遊ぶ、路地を抜ける

＝露地〔屋根のない地面、茶室の庭〕露地栽培、露地物

ろっこつ（肋●骨）→あばら骨、肋骨《ろっこつ》

ろてん

＝露天〔屋根のないこと、屋外〕露天演説会、露天市場、露天商、露天風呂、露天掘り

＝露店〔屋外に設けた店〕朝市に露店が並ぶ、境内の露店

ろばた 炉端

ろれつ（呂律■）→ろれつ ろれつが回らない

ろんばく（論駁●）→反論、抗論

ろんぽう 論法 三段論法

ろんぽう（論鋒●）→論調、（議論の）矛先

【わ】

わ（環■）→輪 腕輪、土星の輪、指輪、輪飾り、輪切り、輪を掛ける（＝一層甚だしく）

わ（終助詞。活用語の終止形に付く） 雨も降るわ風も吹くわ、来るわ来るわ、きれいだわ

わいきょく（歪●曲）→ゆがめる、ねじ曲げる、歪曲《わいきょく》

わいしょう（矮●小）→小柄、矮《わい》小《しょう》（化）（「矮」＝低い）

わいせつ（猥●褻●）→わいせつ（「猥」＝淫ら、「褻」＝汚らわしい）

わいろ 賄賂

わかげ 若気 若気の過ち、若気の至り

わかぞう（若僧、若蔵）→若造（見下した言い方）

わかちがき 分かち書き

わかつ（別つ）→分かつ 黒白を分かつ（＝判断する）、たもとを分かつ（＝縁を切る）

わかる（解■る、判■る）→分かる

わかれみち（別れ道）→分かれ道 生死の分かれ道

わかれる
✻雅語「別れ路＝わかれじ」は別
＝分かれる〔分岐、分離〕意見が分かれる、紅白に分かれる、勝負の分かれ目、本流から分かれる、道が分かれる
＝別れる〔別離〕生き別れ、改札口で恋人と別れる、家族と別れて住む、けんか別れ、子別れ、永の別れ、仲間と別れ別れになる、夫婦別れ、物別れに終わる、別れ際、別れ話

わき
＝脇　話が脇にそれる、脇が甘い、脇差し、脇腹、脇見、脇道、脇目、脇役、脇を固める、脇を締める
＝（腋●）↓わき　わき毛、わきの下

わきあいあい（和気藹●々）↓和気あいあい、和やか（「藹々」＝おだやかな様子）

わきまえる（弁■える）↓わきまえる　公私の別をわきまえる

わく
＝沸く〔沸騰、興奮・熱狂する〕お湯が沸く、歓声で沸く、議論が沸く、市場が沸き立つ、場内が沸く、大記録に沸き返る、人気が沸く、風呂が沸く、湯沸かし器
＝湧く〔湧出、感情や考えなどが生じる、次々と起こる〕温泉が湧く、歓声・拍手が湧く、希望が湧く、雲が湧き立つ、実感が湧く、石油が湧く、血湧き肉躍る、降って湧いた災難、勇気が湧く、湧き出る涙、湧き水

わくぐみ　枠組み

わけ
＝訳〔事情、理由、道理など実質的な意味〕言い訳、深い訳がある、訳が分からない
＝（訳）↓わけ〔形式名詞〕けんかしているわけではない、そんなわけにはいかない、～というわけだ

わける　分ける　利益を分ける、分け隔て、分け前、分け目

わこうど　(慣)若人　(類)若者、青年

わざ
＝技〔一定の型に従ったやり方。技術〕荒技（相撲・柔道など）、大技小技、寝技（柔道）、離れ技（体操）、技あり
＝業〔一定の目的を持った行

い、動き〕荒業（一般用語）、神業、軽業、至難の業、人間業とは思えない、寝業師、離れ業（一般用語）、早業、業師、業物

わざわい（禍■）↓災い　口は災いの元、災いを転じて福となす

わしづかみ（鷲●摑●み）↓わしづかみ　札束をわしづかみにする

わずか（僅か）↓わずか
＊表内訓だが、従来の表記習慣に従い、仮名書き

わずらう
＝患う〔病気にかかる〕恋患い、大病を患う、長患い
＝煩う〔思い悩む、込み入る〕思い煩う、人手を煩わす

わずらわしい　煩わしい　煩わしい手続き

わすれる　忘れる　寝食を忘れる、忘れ形見、忘れ物

わせ（早■生■、早■稲■）↓わせ（植物で成長が早い品種）　対おくて（晩■稲■、晩■生■、晩■熟■）

わた　綿　綿入れ、綿打ち、綿のように疲れる（＝ひどく疲れる）

わたくし・わたし　私

わたし…　渡し込み、渡し場、渡し舟・渡し船

わだち（轍●）↓わだち

わたる
＝渡る〔移動する〕アメリカに渡る、川を渡る、橋を渡る、人手に渡る、不渡り手形、渡り合う、渡り歩く、渡り初め、渡り鳥、渡りに船、渡り廊下〔暮らしていく〕世渡り、渡る世間〔広がっていく（動詞連用形に続けて）〕さえ渡る、知れ渡る、鳴り渡る、晴れ渡る
＝（亘●る、亙●る）↓わたる〔ある範囲・期間に及ぶ〕公私にわたり、数日にわたる、全てにわたる

わび（侘●び）↓わび　わび住まい、わびとさび（寂）

わびる
＝（詫●びる）↓わびる〔謝る〕無礼をわびる
＝（侘●びる）↓わびる〔～しかねて困惑する、～する気力を失う（動詞連用形に続けて）〕思いわびる、待ちわびる

わぼく　和睦　類和解、和平

わら（藁●）↓わら　稲わら、麦わら（帽子）、わらくず、わら

人形、わら半紙、わらぶき屋根

わらい　笑い　お笑いぐさ、苦笑い、物笑い、笑い話、笑いもの

わり

＝割り〔一般用法。動詞の意味が残っている場合〕頭割り、紙面割り、部屋割り、水割り

[送]均等割・所得割（法律用語）、時間割、本割（相撲）

＝割〔比率、比較〕1割引き、3割5分、3割台、有名な割に、割が悪い、割に合わない

＝割り…　割り当て、割り当て作付け、割り当て作付面積、割り当て返上、割り当て申し込み、割り当て申込数量、割り印、割り返し、割り勘、割り切る、割り込み、割り算、割り下、割り出し、割り注、割り付け、割り判、割り引く、割り符、割り振り、割り前、割り増し、割り増し償却、割り麦、割り戻し、割り戻し開始、割り戻し請求、割り戻し方法

[送]割合、割高、割安

割引、割引券、割引債券、割引率など

割当株、割当金、割当数量、割当増資、割当比率など

割増金、割増制度、割増賃金、割増率、割増料金など

割戻額、割戻金、割戻高、割戻率、割戻料金など

⇩経済関係複合語（36ペ）

わる　悪　悪あがき、悪知恵、悪乗り、悪びれる、悪酔い

われ（吾•）↓我　我先に、我知らず、我関せず

われなべにとじぶた（破■れ鍋に綴•じ蓋、割れ鍋に閉×じ蓋）↓われ鍋にとじ蓋（＝誰にでも似合いの配偶者があるもの。褒め言葉ではない）

われる　割れる　割れ竹、割れ目、割れ物、割れるような（割れんばかりの）拍手

わんきょく（彎•曲）↓◎湾曲

わんにゅう（彎•入）↓◎湾入　湾入した入り江

わんぱく（腕白）↓わんぱく

誤りやすい慣用語句、表現

誤って使われることのある慣用語句や表現をまとめた。矢印のあるものは下が正しい使い方。誤りの中には辞書により許容されている例や広く使われている例もあるが、伝統的に正しいとされる表現を掲げた。重複表現は後ろ(392ページ)にまとめて掲げた。

【あ】

×愛想をふりまく → 愛嬌《あいきょう》をふりまく、愛想がいい

×合いの手を打つ → 合いの手を入れる

＊青田買いと青田刈り　企業が学生に早々と採用の約束をすることの比喩には「青田買い」を使う。「青田買い」は稲の実りを見越して買い上げを予約すること。「青田刈り（青刈り）」は稲が熟さないうちに刈り取ってしまうこと。

×明るみになる → 明るみに出る、明らかになる

×悪評さくさく → 悪評高い、非難ごうごう　さくさく（嘖々）は「好評・名声さくさく」などほめそやす表現なので「悪評」のときは使わない。

×足蹴りにする → 足蹴にする　「足で蹴る」意から転じて、ひどい仕打ちをすること。

×足元をすくう → 足をすくう

×頭ごなしの交渉（外交）→ 頭越しの交渉（外交）　当事者の立場を無視して働きかけること。「頭ごなし」は、初めから一方的に押さえつけるような態度。「頭ごなしに叱りつける」などと使う。

×頭をかしげる → 首をかしげる

＊当たり年　本来、収穫の多い年のことなので、「事故の当たり年」「地震の当たり年」などと使うのは不適切。「〜の多い年」などとする。

×あっけにとらせる → あきれさせる　事の意外さに驚きあきれる様子は「あっけにとられる」。「あっけにとる」という言い方はなく、その使役形も成り立たない。

＊圧倒的　「圧倒的に有利」「圧倒的多数」など他より非常に勝っていることに用いる。「圧倒」自体が打ち負かすことなので、「圧倒的に不利」「圧倒的少数」など立場の弱い方の形容には使わない。

「極めて」「極端に」などとする。

＊アドバルーンを揚げる　アドバルーンは「広告気球」。「世間の反響を見る」意味の比喩には「観測気球」を使う。

×雨脚が途絶える　↓　雨がやむ　「雨脚」は雨が通り過ぎていくさまや、降り注ぐ雨が筋のように見えること。「雨脚が速い」『激しい雨脚」などと使う。

＊あわや　「危うく」の意で、「あわや大事故になるところだった」などと使う。「もう一息で」の意味で「あわや満塁ホームラン」などとは使わない。

【い】

×怒り心頭に達する　↓　怒り心頭に発する

＊潔しとする　自分の良心が許さないという意味の「潔しとしない」から出た誤用。「潔しとする」という言い方はない。

＊いさめる　本来は、目下から目上に意見をすること。「上司をいさめた」などと使う。同僚や部下に対しては、「忠告する」「注意する」などとする。

×異存が出ない　↓　異議が出ない、異存がない

×痛い腹を探られる　↓　痛くもない腹を探られる、痛いところを突かれる

＊一姫二太郎　「初めに女の子、次に男の子が生まれるのが理想的だ」の意で、「娘1人、息子2人」のことではない。

×一抹の望み　↓　いちるの望み　（「一抹の不安」との混同）

＊居並ぶ　席を連ねて座ること、並んで座ることなので、多くの人が立ち並ぶ様子には使わない。

×いやが応にも　↓　いやが上にも(ますますの意)、いやが応でも、いや応なく(是非を言わせずの意)

×嫌気がする　↓　嫌気が差す、嫌気を起こす

＊意を強くする　支持・賛成してくれる人がいるのを知って心強く思うこと。単に「強く思う」という意味ではない。

【う】

×上にも置かぬもてなし　↓　下にも置かぬもてなし

×上や下への大騒ぎ　↓　上を下への大騒ぎ

×受けに入る　↓　うけに入る　漢字で書けば「有

卦」。幸運が7年続く年回りのこと。

＊後ろ髪を引かれる　出発に際し、後に心が残って去りにくい状態。残る人の心境には使わない。

×薄皮を剝ぐようによくなる → 薄紙を剝ぐようによくなる　病気が日々回復するさま。

×裏舞台での交渉 → 舞台裏での交渉

×恨み骨髄に達す → 恨み骨髄に徹す

×（〜を）憂い →（〜を）憂え　終止形は「憂える」で、「耐える」「超える」などと同じ下一段活用。連用形（中止形）は、「耐え」「超え」「憂え」となる。同様に、連体形は「憂える人」「憂えるのは」となるので「憂う人」「憂うのは」は誤り。なお、文語「べし（べき）」が続くときは、文語の終止形「憂う」でそろえて「憂うべき（事態・状況）」も可。

×上前をかすめる → 上前をはねる

【え】

×笑顔がこぼれる → 笑みがこぼれる

【お】

×屋上屋を重ねる → 屋上屋を架す

＊おざなり　「なおざり」を参照

×押しも押されぬ → 押しも押されもせぬ（「押すに押されぬ」との混同）

＊おっとり刀・押っ取り刀　大急ぎで駆けつける形容に用いる。「おっとりしている」意ではない。

×おぼつかぬ・おぼつかず → おぼつかない・おぼつかなく　「おぼつかない」は「少ない」「きたない」などと同様、一語の形容詞なので、「ない」だけ切り離して「ぬ」「ず」に置き換えることはできない。

×汚名挽回、汚名回復 → 汚名返上、汚名をそそぐ・すすぐ（「名誉挽回」「名誉回復」との混同）

×汚名を晴らす → 汚名をそそぐ・すすぐ（「恨みを晴らす」との混同）

＊思うつぼ　予期した通りに事が運ぶこと。「つぼ」は、さいころ賭博で、さいころを入れて振るつぼ皿。「思うつぼにはまる」の形で使う。「思うつぼにはめられる」とは言わない。

×重しをつけて沈める → 重りをつけて沈める　重

しは漬物の上に載せる石など、上から押さえつけるために置くもの。沈めるためにブロックを付けるような場合は「重り」。

×（時流に）おもねて↓おもねって　「おもねる」は「つねる」「ひねる」などと同じラ行五段活用動詞。「て」に続く連用形は、「つねって」「ひねって」「おもねって」となる。

×女手一人で（育てる）↓女手一つで　「男手」も同様。

【か】

×垣間見せる↓うかがわせる、のぞかせる　「垣間見る（ものの隙間からちらっと見る）」の誤用。

×かかりつけの美容院↓行きつけの美容院　「かかりつけ」は医者・病院について使う。

×（好奇心が研究へと）かき立てる↓駆り立てる　「好奇心をかき立てる」などとはいえるが、目標・目的に向かわせる意では「駆り立てる」。

✻佳境　「佳境を迎える」「佳境に入る」は、最も興味深い（面白い）場面になること。「企業の決算の発表が佳境を迎えている」など、単なるヤマ場、ピークの意味では使わない。

✻課金　本来の意味は、業者が利用者に料金を課すこと。近年、有料コンテンツを利用するためにお金を使うことに用いられることもあるが、立場が逆になり誤解を招きかねないので、「料金を支払う」「金をつぎ込む」など言い換えを工夫するか、説明をつけて限定的に用いる。

×風下にも置けぬ↓風上にも置けぬ

×喝采を叫ぶ↓快哉《かいさい》を叫ぶ、喝采を送る

×喝を入れる↓活を入れる　「気絶した人をよみがえらせる」「刺激を与えて元気づける」の意。

×髪を丸める↓頭を丸める、髪を下ろす

✻辛党　「左党」と同じで、酒の好きな人のこと。辛い物が好きな人のことではない。

×間髪を移さず↓間髪を入れず、時を移さず

✻閑話休題　「無駄話はこれくらいにして」「それはさておき」の意。本題に戻るときの言葉。余談に入るときには使わない。

【き】

✻気が置けない　「遠慮がいらない」の意。「気が置けない友と酒を楽しむ」などと用いる。「油断できない」「気詰まりな」の意味に使うのは誤り。

✻奇遇　思いがけず出会うこと。「奇」が珍しい意を、「遇」が出会う意を表す。趣味や好みがたまたま相手と合致したときなどに用いるのは正しくない。

×旗色鮮明 ↓ 旗幟《きし》鮮明　四字熟語でない「旗色を鮮明にする」は使ってもよい。

×疑心暗鬼を抱く ↓ 疑心暗鬼を生じる、疑心暗鬼に陥る、疑心暗鬼になる

×期待倒れ ↓ 期待外れ

✻着の身着のまま　「着ているもの以外無一物」の意。「着衣のままで」の意で使うのは誤り。

✻キモ（肝）「話のキモ」「この点がキモだ」など、肝心なこと、要点、狙いなどの意味では使わない。

×肝に据えかねる ↓ 腹に据えかねる　「我慢できない」の意。

×肝に命ずる（命じる）↓ 肝に銘ずる（銘じる）

×脚光を集める ↓ 脚光を浴びる　「脚光」は舞台前面の床から俳優を照らす照明。「浴びる」で受け、世間の注目の的となる意を表す。

✻嬌声《きょうせい》　女性のなまめかしい声のこと。わめき声や歓声のことではない。

×（預金・蓄えを）切り崩す ↓ 取り崩す　「切り崩す」は「山を切り崩す」「敵の一角を切り崩す」などと使う。ためたお金から少しずつ使うのは「取り崩す」。

【く】

✻空前絶後　「空前」は前例がないこと、「絶後」は今後も起こりそうにないこと。大げさな表現なので、前例がないだけなら、「前代未聞」「未曽有」にする。

×くしの歯が抜けるよう ↓ くしの歯が欠ける（欠けた）よう

×口車を合わせる ↓ 口裏を合わせる（「口車に乗せる」との混同）

×口先三寸 → 舌先三寸

×口をつむる → 口をつぐむ

×苦杯にまみれる → 苦杯をなめる、苦杯を喫する（「一敗地にまみれる」「恥辱（屈辱）にまみれる」との混同）

×首をもたげる → 頭をもたげる

×クモを散らすように → クモの子を散らすように

×（姿・行方を）くらませた → くらました　終止形は「くらます」（五段動詞）で、「くらまさない・くらました・くらませば…」と活用する。「くらませる」（下一段動詞）ではない。

＊暮れなずむ　「なず（泥）む」は、はかどらない・すすまないこと。「ようやく暮れなずんできた空」などは誤用。

【け】

＊警句　「批判を避ける方法は一つしかない。何もせず、何も言わず、何者にもならないことだ」（アリストテレス）のように、短く巧みな表現で真理を鋭くついた言葉のこと。警告の内容の警句もあるが、「住民の意向を聞かずに計画を押しつけるような復興はやめるべきだ」などの普通の表現を警句と呼ぶのは誤り。また、警告を出したような場面で「警句を発した」などとはしない。

×激を飛ばす → げき（檄）を飛ばす　「檄」は「人を呼び集める趣旨の文言を書いた木札」で、「決起を求める文書」のこと。「檄を飛ばす」は、「文書で自分の考えなどを強く訴え、同意を求める」のが本来の意味。

×煙に巻く → けむに巻く　気炎を上げて戸惑わせるのが「けむに巻く」。火災などの場合は、「煙（けむり）に巻かれる」。

＊けんけんがくがく（喧々諤々）「喧々囂々《けんけんごうごう》＝多くの人がやかましく騒ぎたてるさま」と「侃々諤々《かんかんがくがく》＝堂々と論議すること」が混同された言葉。

＊けんもほろろ　「けん」も「ほろろ」もキジの鳴き声が語源なので「剣もほろろ」などの漢字書きはない。「けんもほろろ」は誤用。

【こ】

＊号泣　大声を上げて泣くこと。単に大量の涙を流して泣いている場合に使うのは不適切。

×公算が強い（高い、濃い）↓公算が大きい、公算大（「公算が弱い」↓「公算が小さい」）　大きい・小さいを付けず、「…の公算」「…する公算」で止めるのは見出しに限定。

×交通止め↓通行止め

×功成り名を上げる↓功成り名を遂げる

＊呉越同舟　敵同士が同席することで、単に異質のものが一緒になる場合に使うのは不適当。

＊こけら落とし　「こけら」は材木の削りくず。建物が完成したとき、それを払い落とすことから、新改築劇場などの初興行について使う。プールや役所などの完成の際に使うのは不適当。

＊古式豊かに　「古式ゆかしく」が一般的な表現。古来のやり方がゆかしく感じられるという意。

×後手を踏む↓後手に回る

＊小春　旧暦10月の異称。「小春日和」は、晩秋から初冬の頃の暖かい日和。春先に使うのは誤り。

＊御用始め・御用納め　官庁の場合に限って使う。民間を含むときは「仕事始め」「仕事納め」とする。

＊ご来光　高い山の上から見る荘厳な日の出のことなので、海岸などから見る日の出には使わない。

×碁を指す↓碁を打つ

【さ】

＊…さ（「円熟さ」「積極さ」など）　接尾語「さ」は形容詞、形容動詞の語幹などに付いて名詞を作る。「円熟」や「積極」には付かない。「円熟味」「積極性」などとする。

＊最高学府　「学府」は学問をする人が集まる場所、学校のこと。その中で最高度の教育を行うところが「最高学府」で、一般には「大学」のことをいう。一番レベルの高い大学という意味ではない。

＊さおさす　「舟を進める」「乗り出す」などの意。「流れにさおさす」は「流れに乗って進む」こと。「逆らう」の意味で使うのは誤用。

＊逆恨み　「人の好意を悪くとって逆に恨むこと」

「恨みに思う相手から逆に恨まれること」というのが本来の意味。「自分の不遇・不幸な状況に不満を抱き、勝手に他人のせいにして恨む」意で使うのは近年の俗用。

×策士策に敗れる → 策士策に溺れる　才能を過信して失敗する意。

×酒を飲み交わす → 酒を酌み交わす、杯を交わす

✻里帰り　元は新婚の妻が実家に初めて帰ること。今は家族で一時的に帰省することなどもいう。比喩表現では、「ボストン美術館所蔵の浮世絵が日本での記念展に里帰り」など一時的に戻るときに使う。日本に返還されるような場合は不適当。

✻さわり　義太夫節の「触り」に由来する。音楽の聞かせどころ、劇や小説の見せ場、最も興味を引く部分。「出だし、最初の部分」を指して使うのは誤り。

✻ざんきに堪えない　「ざんき」を漢字で書けば「慚愧」。「慚」も「愧」も「恥ずかしく思う」の意なので、「残念」の意味で使うのは誤り。

×散を乱す → 算を乱す　「算」は算木のこと。

【し】

✻敷居が高い　本来は、不義理などをして、その人の家に行きにくいこと。俗用として「手を出しにくい」「難度が高い」意味で使われることもあるが、可能なものは「ハードルが高い」などと言い換える。

×時機を得る → 時宜を得る

✻私淑　面識のない人を著作などを通じて師と仰ぐこと。直接、指導を受けた場合には使わない。実際に指導を仰ぐのは「師事」。

✻至上命題　絶対に従わなければならない命令、任務は「至上命令」「重大使命」。どうしても達成しなければならない課題は「最重要課題」「最大課題」。「命題」は本来、論理学用語で、判断を言葉で表したもの。「課題」の意味は含んでいない。

✻次第　サ変動詞（漢語＋する）に付くときは、「到着し次第」「終了し次第」など、「〜し次第」の形になる。「し」が煩わしく感じる場合は、「着き次

第」「終了後、すぐ」などの表現を工夫する。

×舌の先の乾かぬうち → 舌の根の乾かぬうち

✻したり顔　得意そうな顔つき、うまくやったというような表情を指す。「訳知り顔」「知ったかぶり」の意で使うのは誤り。

✻失笑　（笑ってはならないような場面で）おかしさのあまり噴き出して笑うこと。「冷笑」「嘲笑」などと混同して、冷ややかにせせら笑う、あざけり笑う意味で使うのは誤り。

×失点を許す → 失点する、得点を許す　「失点」は、競技や勝負などで自分や自チームが点数を失うこと、また失った点数。「許す」は相手の行為に対してなので、「得点を許す」。

✻順延　今日が中止なら明日、明日も中止ならあさってというように、順繰りに日を延ばすこと。「雨のため試合はあさってに順延」などとはせず、「あさってに延期」とする。

✻準備万端　「万端」は「すべての事柄」。それ自体に「整う」という意味はないため、「準備万端」だけでは「準備がすべて整った」意にはならない。「準備は万端だ」も同じ。「準備万端整う」「準備は万全だ」などとするのが望ましい。

×将棋を打つ → 将棋を指す

×照準を当てる → 照準を合わせる・定める

×上手の腕から水が漏（れ）る → 上手の手から水が漏（れ）る

×食指をそそる → 食欲をそそる、食指を動かす

×白羽の矢が当たる → 白羽の矢が立つ

×白羽の矢を射止める → 金的を射止める

×素人はだし → 玄人はだし、素人離れ

✻白黒を決める　「白黒」は是非、善悪の意。文語的な慣用表現では「黒白を争う」「黒白を弁ぜず」など「黒白」を使う。読みは「こくびゃく」。

✻ジンクス　本来は、「縁起の悪いもの」「不吉なもの」の意。「ジンクスを破る」などと使い、「ジンクスをかついで○○する」などは避ける。

×心血を傾ける → 心血を注ぐ、心魂を傾ける

【す】

×酸いも辛いもかみ分ける ↓ 酸いも甘いもかみ分ける

＊すべからく 「ぜひとも」「当然」という意味で、「すべて」の改まった言い方ではない。

＊住めば都 「どんな所でも慣れれば住みよくなる」の意。「住むなら都がいい」という意味ではない。

×寸暇を惜しまず働く ↓ 寸暇を惜しんで働く（「骨身を惜しまず働く」との混同）

＊寸断 ずたずたに切り刻むこと。土砂崩れなどで道路が1か所だけ塞がれたケースなどにはふさわしくない。

【せ】

×正鵠《せいこく》を突く ↓ 正鵠《せいこく》を射る（得る）、核心を突く 「正鵠」は弓の的の中央。

＊斉唱 複数の人が同じ旋律を一斉に歌うこと。「歌手の○○さんが国歌を斉唱した」など、1人で歌う様子には使わない。1人で歌うのは「独唱」。

×清貧洗うがごとし ↓ 赤貧洗うがごとし

×昔日の感 ↓ 今昔の感（「昔日の面影・思い」との混同）

＊世間ずれ 実社会で苦労して悪賢くなっていること。世間とずれている意味で使うのは誤り。

×雪辱を晴らす ↓ 雪辱を果たす、屈辱を晴らす

×背中が寒くなる ↓ 背筋が寒くなる

×（選挙を）前日に控える ↓ 翌日に控える 「控える」は近い将来のことに使う。

【そ】

＊奏功 功（成し遂げたこと）を君主に奏上する意。「効果」に注目して「奏効」の表記も生まれたが、新聞では本来の「奏功」に統一している。「功を奏する」も同じ。

×そうは問屋が許さない ↓ そうは問屋が卸さない

＊ぞっとしない 「特に感心したり面白いと思ったりするほどでもない」の意。「恐怖を感じない」という意味ではない。

【た】

*帯同　一緒に連れていくこと。ついていくことには「同行」を使う。

*他山の石　「他人のつまらない言行でも自分を磨く参考になる」の意。「他人の立派な言行をよい手本にする」といった意味で使うのは誤り。

*たなびく　雲・かすみ・煙などが横に長く漂うこと。旗などは「(風に)なびく」「はためく」「翻る」とする。

*ダブル　「二重」の意味を表すダブル（ｄｏｕｂｌｅ）を「Ｗ」で表すのは俗用。「Ｗ受賞」「Ｗタイトル戦」などとはしない。

*…たり…たり　「飲んだり食べたりして楽しむ」など、動作や状態を列挙する場合に使う。2度目以降の「たり」を省略して「飲んだり食べて楽しむ」などとしない。ただし、「飲んだりして、大いに楽しむ」のように、動作をひとつだけ挙げて例示する用法の場合は別。

*たわわ　木の枝に多くの実がなって、その重みで枝がたわんだり、しなったりする様子をいう言葉。単に「たくさん」の意味に解し、地面の上で大きくなるスイカなどに使うのは不適切。

*断トツ　断然トップの略なので「断トツのトップ」は重言、「断トツの最下位」は意味が矛盾する誤用。ともに使用しない。

【ち】

×血と涙の結晶 ↓ 血と汗の結晶

【つ】

*つとに　「以前から」「早くから」の意。「最近つとに知られている」など「特に」「非常に」の意味では使わない。

*…づらい　「食べづらい」「歩きづらい」など動作をすることに困難（つらさ）を感じる意なので、自然現象、物に関する特性、非意図的な行為には使わない。「雨の降りづらい砂漠地帯」「燃えづらい材質」「気付きづらい病気」は、「降りにくい」「燃えにくい」「気付きにくい」とする。

*つらつら　念を入れて思案するさま。ぼんやり考

えるさまに使うのは誤り。

【て】

＊敵ではない　「AはBの敵ではない」は、Bが強すぎ、Aが弱すぎる意。逆の意味で使うのは誤り。

×デッドロックに乗り上げる→暗礁に乗り上げる
　deadlockは「行き詰まり」で、ロックは岩（rock）ではなく「錠」。

＊手間暇を惜しまず→手間を惜しまず、手間暇をかけて　労力と時間を使って物事に打ち込む姿をいう場合、手間は「惜しまず（＝いとわず）」だが、暇（寸暇）は「惜しんで（＝大事にして）」。

＊てらい　ひけらかすこと。自分の才能や博識ぶりを誇るそぶりを見せない様子が「てらいがない」。「照れ」「恥ずかしげ」の意味ではない。

＊出るくぎは打たれる　「出るくいは打たれる」が一般的な言い方。

＊転売　買い取ったものを、さらに他人に売ること。盗んだものの場合には、「売却」「売る」などとする。

【と】

×取り付く暇もない→取り付く島もない

【な】

＊内観　「外観」の対義語ではなく、仏教用語で己の本性を観察すること、心理学用語で内省のこと。建築業界では外観に対して内部などを指すが、記事では「内装」などとしたい。

＊なおざり　物事を軽く見て、すべきことをしないこと。「おざなり」は、その場しのぎにやることで、次のように使い分ける。
○伝統をなおざりにする
×伝統をおざなりにする
×なおざりなあいさつをする
○おざなりなあいさつをする
○勉強をなおざりにする（全くやらない）
○勉強をおざなりにする（いいかげんにやる）

×…なさげ→…なげ　「自信なさげ」「関心なさげ」「こともなさげ」などの言い方は俗語なので

避ける。「自信なげ」「関心なげ」「こともなげ」にするか、「自信なさそう」などにする。

✻情けは人のためならず　「人のためにならない」ではなく、「巡り巡って自分のためになる」の意。

×（打て・知ら）なさすぎる　↓　（打て・知ら）なすぎる　助動詞「ない」の語幹に「〜すぎる」が付くときは、「〜なさすぎる」でなく「〜なすぎる」となる。形容詞の「ない」の場合は、「理解がなさすぎる」と「さ」が入る。助動詞、形容詞の見分け方は、「ない」が同意語の「ぬ」に置き換えられれば助動詞（打てない↓打てぬ）、反対語の「ある」に置き換えられれば形容詞（理解がない↓理解がある）。

✻なさぬ仲　「なす」は「生む」の意で、「なさぬ仲」は義理の親子関係。「成就しない仲」ではない。

×何げに　↓　何げなく

✻名前負け　名前が立派すぎて実物が見劣りすること。相手の名前に圧倒される意で使うのは誤り。

【に】

✻煮え湯を飲まされる　信頼していた人に裏切られてひどい目に遭うこと。スポーツなどでライバルに惨敗するさまに使うのは誤り。

×苦虫をかんだ顔　↓　苦虫をかみつぶしたような顔

×憎しみ合う　↓　憎み合う

✻煮詰まる　「議論が煮詰まる」といえば、検討が十分になされて結論の出る段階になる意。「行き詰まる」という意味を認める辞書もあるが、解釈が正反対になってしまうので、本来の意味でのみ使うか、言い換えるなどしたい。

×二の句が出ない　↓　二の句が継げない

×二の舞いを繰り返す　↓　二の舞いを演じる、二の舞いになる　「二の舞いを踏む」は「二の足を踏む」との混同ともされるが、「踏む」には「舞う」の意味もある。ただし、一般的には「二の舞いを演じる」「二の舞いになる」を使う。

【ぬ】

×ぬれ手で泡、ぬれ手にあわ　↓　ぬれ手であわ（粟）

【ね】

×熱にうなされる ↓ 熱に浮かされる（高熱で意識が不確かになること。「夢にうなされる」との混同か）

×眠気眼 ↓ 寝ぼけ眼

×念頭に入れる（にする）↓ 念頭に置く

【の】

＊上り詰める　頂点までのぼりきる意。「世界第2位に上り詰めた」「日本代表候補にまで上り詰めた」などとはしない。

【は】

×敗戦の将、兵を語らず ↓ 敗軍の将、兵を語らず

＊麦秋　陰暦4月の異称。麦を取り入れる初夏の頃。秋の表現に用いるのは誤り。

×働きずくめ ↓ 働きづめ

×（病気が）発覚する ↓（病気が）判明する

＊破天荒　誰にもできなかったことを成し遂げる意。「前代未聞」「未曽有」と同意。「荒っぽい」「無鉄砲」「型破り」の意味ではない。

×鼻にもかけない ↓ 歯牙にもかけない、はな（洟）もひっかけない

＊はなむけ　旅立ちの際、馬の鼻を進む方に向け見送る習わしから出た言葉で、送別の時にしか使わない。「新入社員にはなむけのあいさつ」「亡き父へのはなむけのホームラン」などは誤り。

×腹が煮えくり返る ↓ はらわたが煮えくり返る（はらわた＝腸）

【ひ】

＊ひそみに倣う　よしあしの区別なく人まねをすること。あざけりの意味合いを含むので、単に人と同じことをする意味で使うのは誤り。「先輩のひそみに倣いたい」など、他人に見習ってすることを本人が謙遜していう言葉としても用いる。

×一つ返事 ↓ 二つ返事「はいはい」と快く承知すること。

×ひと段落 ↓ 一段落（読みは「いちだんらく」）

×微に入り細にわたる ↓ 微に入り細をうがつ

×火蓋が切って落とされる → 火蓋が切られる（「幕を切って落とす」との混同）

＊ひもとく　「書物を開く」「本を読む」意なので、「太陽系の成り立ちをひもとく」など「解明する」の意味では使わない。比喩的用法「歴史をひもとく（概観する、振り返るの意）」は可。

×日を夜に継ぐ → 日に夜を継ぐ、夜を日に継ぐ（「昼夜兼行」の意）

×貧すれば通ず → 窮すれば通ず、貧すれば鈍する

【ふ】

×不測の事態を予想して → 万一の事態に備えて、非常事態に備えて　「不測」は「思いがけない事態」の意なので、「予想する」「予測する」など、前もって想定する文脈では使わない。

×符丁を合わせる → 符節を合わせる

×物議を呼ぶ → 物議を醸す

×フリーの客 → ふりの客　「一見（いちげん）の客」の意。「ふり」は日本語。

【へ】

＊…べき　「べき」は「べし」の連体形。終止形ではないので、文をこの形で止めるのは避ける。終止形は「べし」だが文語なので、口語文では「…べきだ」「…べきである」とする。

×へそを抱えて笑う → 腹を抱えて笑う

×下手な考え休むに似たり → 下手の考え休むに似たり　「下手」は「下手な者（知恵のない者）」のこと。

【ほ】

＊募金　お金を募ること。「募金を募る・集める」は「寄付（金）を募る・集める」「募金活動をする」などとし、お金を出す側の行為は「募金に応じる」「寄付する」などとするのが望ましい。「募ったお金」の意味として「募金を被災地に送る」などは使ってもよい。

×骨身をやつす → 骨身を削る、憂き身をやつす

×本家がえり → 本卦《ほんけ》がえり（帰り）「本卦がえり」は還暦のこと。「先祖返り」の意味で使うの

は誤り。

【ま】

＊真逆　俗語なので、「全く逆」「正反対」などとする。

×的を得た ↓ 的を射た、当を得た

×眉をしかめる ↓ 眉をひそめる、顔をしかめる

＊まんじりともせず　一睡もしないこと。「じっと動かず」の意味で使うのは誤り。

【み】

×見かけ倒れ ↓ 見かけ倒し

×水かさが高くなる ↓ 水かさが増す、水位が高くなる

×三日とあけず（やってくる） ↓ 三日に上げず

「上げず」は「間をおかないで」の意味。

×耳障りのよい ↓ 聞き心地のよい、耳に心地よい

「耳障り」は、「耳に障る」＝「聞いて嫌な感じがする」の意で、それが「よい」というのは不自然。

【む】

×無実を晴らす ↓ 無実の罪を晴らす、無実を証す

×無尽蔵に使う ↓ 際限なく使う「無尽蔵」は「尽きることのない蔵」が原義で、いくら使ってもなくならないこと、無限にあることを表す際に用いる。

×胸先三寸に納める ↓ 胸三寸に納める（「舌先三寸」との混同。「胸先」は「みぞおち」の意）

【め】

＊目配せ　目つきで合図をすること。「そっと目配せして知らせる」などと使う。あちこちに注意を行き届かせる場合は「目配り」。

×目をしばたく ↓ 目をしばたたく

【も】

×（著作を）ものにする ↓ ものする「ものする」は詩や文章を作ること。

×もろともせず ↓ ものともせず

【や】

＊やおら「おもむろに」「静かに」の意味。「急に」の意味で「怒りを満面に、やおら席を蹴って部屋を出ていった」などとするのは誤り。

×矢折れ刀尽きる ↓ 矢尽き刀折れる、刀折れ矢尽

きる
＊役不足　力量に比べて役割が軽すぎること。役者が自分の役を不足として不満を言う意。「荷が重い」「大役すぎる」「力不足」の意味に使うのは誤り。
×焼けぼっくりに火が付く ↓ 焼けぼっくいに火が付く
＊矢先　なにかが始まろうとする「直前」の意。「外出しようとする（した）矢先に客が来た」のように、「ちょうどその時」までを表す。「通達を出した矢先の出来事」のように「直後」の意味に使うのは不適当。「～した直後」「～したばかり」とする。

【ゆ】

×弓矢を引く ↓ 弓を引く、矢を放つ

【よ】

×寄る年には勝てぬ ↓ 寄る年波には勝てぬ　「年波」は年齢が重なるのを波にたとえていう語。

【り】

×李下《りか》に冠を正す ↓ 李下《りか》に冠を正さず
×留飲を晴らす ↓ 留飲を下げる（「うっぷんを晴らす」との混同）

【れ】

×例外に漏れず ↓ 例に漏れず、例外ではなく
＊歴任　同じ人がいくつかの役職を次々に務めること。役職を一つだけ挙げて「外相を歴任」などとはしない。また、「社長はA氏、B氏、C氏が歴任」のように、一つのポストを複数の人が次々と務める様子に使うのも誤り。

【ろ】

×老体にむち打つ ↓ 老骨にむち打つ
×論戦を張る ↓ 論陣を張る、論戦を挑む、論戦を展開する

【わ】

×わらをもすがる ↓ わらにもすがる、わらをもつかむ

★重複表現集

×あとで後悔する→あとで悔やむ、後悔する

×あらかじめ予告する→予告する、あらかじめ告げる

×石つぶて→つぶて　投げ付けるための小石が「つぶて」。

×1時半過ぎ頃→1時半頃、1時半過ぎ

×いまだに未完成→未完成、まだ完成していない

×今の現状→現状、今の状況（状態）

×後ろから羽交い締めにする→羽交い締めにする

×炎天下のもと→炎天下、炎天のもと

×思いがけないハプニング→ハプニング、思いがけない出来事

×およそ1時間ほど→およそ1時間、1時間ほど

×各世帯ごとに→世帯ごとに、各世帯で

×加工を加える→（一部）加工する

×過信しすぎる→過信する

×かねてから→かねて、以前から　「かねて」は「以前から」の意。

×元旦の朝→元旦、元日の朝　「旦」は「夜明け」「早朝」の意。「元旦の昼」「元旦の夜」も誤り。

×ぐっすりと熟睡する→ぐっすりと眠る、熟睡する

×古来から、古来より→古来、古くから　「古来」は「古くから」の意。

×ざっと数万人→数万人　「ざっと」を生かすなら何万人ぐらいなのか示すことが必要。

×寺社仏閣→神社仏閣、寺社　「仏閣」は「寺の建物」「寺院」の意。

×射程距離に入る→射程（内・圏内）に入る　「程」は距離の意。

×従来から→従来、以前から、これまで

×製造メーカー→メーカー、製造会社　「メーカー」＝「製造会社」。

×前夜来・昨夜来の雨→夜来の雨、昨夜からの雨

×壮観なながめ→壮観

×第1日目、第1回目→第1日（1日目）、第1

回（1回目）「第」も「目」も数字が順に続くことを表す語。
×伝言を伝える → 伝言する、言葉を伝える
×排気ガス → 排ガス、排出ガス
×白亜の壁 → 白い壁、白塗りの壁、白亜 「白亜」は「しらかべ」の意。
×被害を被る → 被害に遭う
×平均アベレージ → 平均、アベレージ
×毎月ごと → 毎月、月ごと
×まだ時期尚早 → 時期尚早 「尚」に「まだ」の意がある。
×満天の星空 → 満天の星
×満面に笑顔を浮かべる → 満面に笑みを浮かべる 「面」と「顔」は同じ。
×みぞれ交じりの雨(雪)が降る → みぞれが降る 「みぞれ」は空中で解けかけた雪が雨と交じって降るもの。
×約1年ほど → 約1年、1年ほど
×余分なぜい肉 → ぜい肉 余分な肉が「ぜい肉」。

×よりベター → ベター
×離発着 → 離着陸、発着 「離」と「発」は同じ意味。
×わきで傍観する → 傍観する
×わだち（轍）の跡 → 車輪の跡、わだち（轍は車輪の通り過ぎた跡）

※重複表現でも慣用的に定着しているもの、強調の意味合いを持たせるもの、分かりやすさの点から説明的な言葉を補うものなどがあり、重複表現として避けるべきか否かは、文脈や表現により個別に判断する。
※「アンケート調査」「リゾート地」「IT技術」などは、カタカナ語やアルファベット部分に漢字の意味が含まれているが、より分かりやすい表現として使ってもよい。

注意したい用語

【社　会】

祭　日　本来は、皇室の祭典を行う日のこと。「国民の祝日」の俗称として使われているが、「祝日」が適切な言い方。「祝祭日」も「祝日」でよい。

旧盆・お盆　現在、一般的に8月15日前後に行われる先祖供養の期間を「旧盆」とするのは正確ではない。「旧盆」は旧暦のお盆のことで、これを新暦（太陽暦）に置き換えると毎年、日にちがずれて9月に当たることもある。記事では「お盆」「盆」とする。

え　と　本来、時刻や方角を表すもので、動物そのものを示すわけではない。「えと『子《ね》』をかたどったネズミの置物」などとはせず、「えと『子《ね》』にちなみ、ネズミをかたどった置物」などとする。

お内裏さま・おひなさま　「お内裏さま（内裏びな）」はひな人形の男女一対のもの。「おひなさま」はひな人形全体を指す語で、「お内裏さまとおひなさま」のように、男性のひなを「お内裏さま」、女性のひなを「おひなさま」とするのは正しくない。内裏びなの男性は「男びな」、女性は「女びな」という。

ポリ袋・ビニール袋　レジ袋やゴミ袋などはポリエチレンやポリプロピレンで作られており、略称はポリ袋。「ビニール袋」とはしない。建築・事件現場などの青いシートもビニール製ではないため「シート」「ブルーシート」とする。ビニールハウスは可。

ガムテープ　本来は、切手のように水をつけて貼り付けるものをいう。紙や布に粘着剤が塗られていて、荷造りなどに使用するテープは「粘着テープ」とする。

国道×号　「国道×号」と表記し、「国道×号線」のように「線」を入れない。

JRの××線　「線」と「本線」を区別せず、「線」に統一する。東海道本線→東海道線。

報酬・給与・俸給・歳費　法律などに規定された区

別。報酬は地方議員、監査委員、審議会の委員など。給与（給料＋諸手当）は地方自治体一般職員、知事・副知事・出納長などの特別職。一般職の国家公務員は俸給。国会議員は歳費。

国家公務員の処分　国家公務員法に基づく懲戒処分は重いものから順に「免職」「停職」「減給」「戒告」となる。免職は退職金が支給されない。停職、減給、戒告は給与やボーナスが減額される。内規による内部処分は「訓告」「厳重注意」「口頭注意」など。減給はないが、ほとんどでボーナスが減額になる。

韓国・朝鮮籍　在日の朝鮮民族のうち、外国人登録証の国籍が「韓国」となっている人は、日韓国交回復後に韓国籍を選択した人とその子孫。それ以外の人は「朝鮮籍」。「北朝鮮」という籍は外国人登録証にはない。

神父・牧師　神父はカトリック教会、東方正教会の司祭を指す。日本キリスト教団、英国国教会など一般にプロテスタントは「牧師」と言う。

…氏病　バセドウ氏病、ハンセン氏病、メニエール氏病などは「氏」をつけず、バセドウ病、ハンセン病、メニエール病とする。

介護士　介護福祉士の国家資格を持つ人は「介護福祉士」と表記し、資格がない場合や有無を確認できない場合は「介護職員」「介護スタッフ」などとする。「介護士」は用いない。

予備軍・予備群　生活習慣病などをめぐり厚生労働省では「予備群」の表記を使っているが、記事での表記は「予備軍」に統一する。

酸素ボンベ・空気ボンベ　空気ボンベは空気を圧縮して充塡《じゅうてん》したもの。スキューバ、地下鉄・トンネル火災などで使われる。酸素ボンベは高所登山などで使われる。病院では酸素ボンベが中心。

猛烈低気圧・爆弾低気圧　中心気圧が24時間で約20ヘクト・パスカル以上低下する低気圧は猛烈低気圧と表記する。兵器を連想させる爆弾低気圧は使用しない。また、ゲリラ豪雨も局地豪雨と言い換える。

家宅捜索　捜査機関等が裁判所の令状に基づき、容疑者や参考人の自宅、会社・事務所などを捜索した場合は「捜索」とする。「家宅捜索」という言い方は、会社・事務所が対象の場合には実態に合わないうえ、裁判所の令状の名称も「捜索許可状」「捜索差押許可状」であるため。

漢方（薬）　中国から日本に伝来して、日本独自の進化を遂げたのが漢方医学。漢方医学で使う薬が漢方薬。「中国の漢方薬」とするのは誤り。中国の伝統医学である「中医学」で用いるものは「中薬」「中成薬」などとする。

在○○大使館・駐××大使　建物は「在」、人には「駐」を使う。

【教　育】

学長・総長　東大、京大などの旧帝大は、内部で旧来の「総長」が使われているが、学校教育法の通り、他の国立大学法人と同様に「学長」とする。私大については各大学で決められた名称を使う。

園児・児童・生徒・学生　幼稚園・保育所（保育園）＝園児、小学校＝児童、中学校・高校＝生徒、大学・高専・各種学校（専門学校を含む）＝学生（学校教育法などによる区分）。

先生の名称　保育所（保育園）＝保育士、幼稚園・小学校・中学校・高校＝教諭・助教諭、大学・高専＝教授・准教授・講師・助教・助手、各種学校（専門学校を含む）＝教員（学校教育法などによる区分）。

養護教諭　保健室にいる先生のこと。学校教育法で小中学校などに置くことが義務付けられている。

【科　学】

氷点下・零下　気象関係では「零下×度」とせず、「氷点下×度」に統一する。物理・化学では零下が使われることが多い。

放射線・放射能・放射性物質　放射線は原子核から放出される粒子や電磁波で、アルファ線、ベータ線、ガンマ線、中性子線、X線など。放射能は放射性元素の原子核が自然に崩壊して放射線を発する能力・性質や現象。ウラン、ラジウムなど放射能を持つ元素を含む物質が放射性物質。原発事故などでの「放射能漏れ」は、正確には「放射性物質漏れ」だが、慣用として使用してよい。

ベクレルとシーベルト　ベクレルは放射能の単位。1秒間に原子核1個が壊れて放射線を出す放射能の強さが1ベクレル。食品に含まれる放射性物質の量を示すときなどに用いる。シーベルトは放射線の人体への影響度合いを表す単位。種類の違う放射線でも共通の尺度で測れるように値を補正している。放射線の被曝《ひばく》限度などを示すときに使う。

キロ・ワットとキロ・ワット時　水道に例えると、ｋＷは蛇口の太さで、電気が仕事をする力（電力）を表す単位。発電能力を示すのに使われることが多い。ｋＷｈは水道管を流れる水量にあたり、電力が一定時間仕事をした量（電力量）を表す単位。電力使用量などに使われる。

未臨界実験・未臨界核実験　核爆発を伴わない「核実験」は未臨界実験とする。英語表記に「ｎｕｃｌｅａｒ」がなく、核爆発を伴う「核実験」との混同を避けるため。ただし、初出には「核爆発を伴わない、～に至らない」などの説明を付ける。

【国　際】

軍事境界線　南北朝鮮の境界を「国境」とするのは誤りで、「軍事境界線」もしくは「休戦ライン」とする。なお、この境界線は38度線ともいうが、地図上の北緯38度とは異なる。

満州、京城　「満州」は中国東北部または旧満州とする。歴史的な記述などでは使ってもよい。「満州族」「満州語」などは使える。また、ソウルを「京城」としない。植民地時代に日本側が呼んでいた名称であるため。当時の学校名など、歴史的記述では背景に触れる。

台　湾　台湾の呼称として「中華民国」「国府」は使わない。台湾政府も台湾当局に。複数の国名の中に台湾が入る場合は、「×か国」のあとに「・地域」を加える。同様に台湾の個人を指すときは「台湾国民」とせず、「台湾の住民」「台湾人」などとする。

メッカ　イスラムの聖地。「交通事故のメッカ」など悪い意味や単なる名所の意味には使わない。

【用語一般】

右岸・左岸　川の下流に向かって右側が右岸、左側が左岸。船が川の上流に向かっているときには左側が右岸、右側が左岸ということになるが、紛らわしいので別の表現を工夫する。

…おき　「1週おきに荷物が届く」といった場合、1週に1度なのか、2週に1度なのか解釈が分かれるので、「1週ごと」「1週に1度」などと表す。

…周年　「創立×周年」など慶事に使われるのが普通。「同時テロ×周年」などとはしない。

立ち上げる　コンピューターを起動させる意味で使われるようになった。組織をつくる場合は、「設立」「発足」など従来の言葉を使いたい。

他力本願　阿弥陀仏の本願（すべての人を救済するために立てた誓願）に頼って成仏を願うこと。「アメリカ頼みの他力本願ではだめだ」などと「人頼み」の意味には使わない。

積み残し客　人間を荷物扱いする感じがあるので、「乗り切れない客」などとする。

同級生　クラスメートをいう言葉なので、同じ学級（同級）でない児童・生徒・学生同士には使わない。

晩　年　一生の終わりの時期。生きている人には使わない。スポーツ選手の現役時代の終盤などを指すのは避ける。

死　亡　「亡」は「なくなる」ことで、人にだけ使う。動物には使わない。

○○法が成立　国会で法案が可決、成立した際は「案」を付けず、「○○法が成立した」とする。「○○法改正案」の場合は「改正○○法が成立した」とする。

任　期　職務に就いている期間をいう。任期が終了する意味では「任期を迎える」とせず、「任期満了を迎える」「任期を終える」などとする。「任期を迎える」では、これから任期が始まる意にとられる恐れもある。

常用漢字表

〔新聞協会新聞用語懇談会および本社が使用を決めた字種、音訓を含む〕

・常用漢字表の使い方
・付　表
・人名用漢字

常用漢字表の使い方

1 この表は、2010年11月に内閣告示された改定常用漢字2136字に、新聞協会新聞用語懇談会および本社が使用を認めた漢字を加え、音訓別50音順に配列してある。

2 字音をカタカナ、字訓を平仮名で示した。

3 字訓の送り仮名は太字で示した。

4 漢字の上の見出し語は、自動詞（上がる）―他動詞（上げる）など派生関係にある語、7に挙げた特殊な音訓などを適宜省いた。漢字に続けてその漢字の持つ別の音訓をすべて示した。

5 教育漢字（小学校学年別配当表に掲げられた1026字）には、＊印を付けた。音訓には小学校で学ばないものも含まれている。

6 カッコ内の漢字は参考として掲げた旧字体である。固有名詞でも原則として旧字体は使わない。

7 傍線の音訓は、特別なものか、または用法の狭いものである。

〔例〕チ　質→言質（ゲンチ）
とん　問→問屋（とんや）

8 語根を同じくし、何らかの派生・対応の関係のあるものは、同じ漢字を使用する習慣のあるものに限り、適宜、使ってよい。

〔例〕うとむ　疎む→疎ましい
ゆるぐ　揺るぐ→揺るがす

ただし、名詞形だけで掲げた字訓は、動詞には使わない。

〔例〕氷　こおり　　周　まわり

9 他の字または語と結びつく場合に音韻上の変化を起こす次のような語は、使ってよい。

イ　位→三位一体（サンミイッタイ）
　　従三位（ジュサンミ）
エン　縁→因縁（インネン）
オウ　王→勤王（キンノウ）
オウ　応→反応（ハンノウ）
オウ　皇→天皇（テンノウ）
オン　音→観音（カンノン）

オン　穏→安穏（アンノン）
シ　詩→詩歌（シイカ）
モン　文→文字（モジ）
は　羽→1羽（わ）、3羽（ば）、6羽（ぱ）
あめ　雨→春雨（はるさめ）

10　新聞協会用語懇談会および本社が常用漢字として扱うことを決めた漢字（表では○を付した）、常用漢字に追加した音訓（表では傍点○を付した）などは次の通り。

▽追加漢字　卿（キョウ・ケイ）、哨（ショウ）、疹（シン）、胚（ハイ）、磯（いそ）、炒（いためる）、絆（きずな）、栗（くり）、淵（ふち）

▽追加音訓　虹（コウ）、証（あかす）、鶏（とり）

▽「来たる」は「た」から送る⇩154ページ

11　同懇談会の取り決めに従い、次の7字は表外字として扱う（表では▲を付した）。

眞、且、遵、但、朕、附、又

12　常用漢字表にある漢字のうち、各種調査（＊）などから読みが難しく意味が捉えにくいと判断したもの（表では音訓に傍点▲を付した）については、用字用語集を参考に、当面、①読み仮名を振る②言い換える③字訓は仮名書きにする——といった配慮を加えることで対応する。

＊新聞協会用語懇談会「大学生など1600人調査」、NHK「全国高校3年生・漢字認識度調査」（回答者1万1000人）、文化庁「常用漢字表に関する意識調査」（同4108人）

13　改定常用漢字表で追加された次の4字は県名など固有名詞に限定して用いる（表では㊀を付した）。

茨、埼、栃、阜

14　いわゆる当て字や熟字訓など、主として1字1字の音訓として挙げにくいもののうち、常用漢字表の「付表」（473ページ）に示された語（新聞独自に認めたものを含む）は使ってよい。

【ア】

ア 亜（亞）
アイ 哀 あわれ・あわれむ
アイ 挨
アイ ＊愛
アイ 曖
あい ＊相 ソウ・ショウ
あい 藍 ラ▲ン▲
あいだ ＊間 ま・カン・ケン
あう ＊合 あわせる・あわす・ゴウ・ガッ・カッ
あう ＊会（會） カイ・エ
あう 遭 ソウ
あお ＊青 あおい・セイ・ショウ
あおぐ 仰 おおせ・ギョウ・コウ
あか ＊赤 あかい・あからむ・あからめる・セキ・シャク
あかす ＊証（證） ショウ
あかつき 暁（曉） ギョウ
あかり ＊明 あかるい・あかるむ・あからむ・あきらか・あける・あく・あくる・あかす・メイ・ミョウ
あがる ＊上 あげる・のぼる・のぼせる・のぼす・うえ・うわ・かみ・ジョウ・ショウ
あがる ＊挙（擧） あげる・キョ
あがる 揚 あげる・ヨウ
あき ＊秋 シュウ
あきなう ＊商 ショウ
あきらめる 諦 テイ
あきる 飽 あかす・ホウ
アク ＊悪（惡） オ・わるい
アク 握 にぎる
あく ＊空 あける・そら・から・クウ
あく ＊開 あける・ひらく・ひらける・カイ
あご 顎 ガ▲ク▲
あこがれる 憧 シ▲ョ▲ウ▲
あさ 麻 マ
あさ ＊朝 チョウ
あざ ＊字 ジ
あさい ＊浅（淺） セン
あ▲ざ▲け▲る▲ 嘲 チョウ
あざむく 欺 ギ
あざやか 鮮 セン
あし ＊足 たす・たりる・たる・ソク
あし 脚 キャク・キャ
あじ ＊味 あじわう・ミ
あずける ＊預 あずかる・ヨ
あせ 汗 カン
あせる 焦 こげる・こがす・こがれる・ショウ
あそぶ ＊遊 ユウ・ユ
あたい ＊価（價） カ

傍点▲=難読音訓　傍線=特殊音訓　固=固有名詞限定　＊=教育漢字

あたい＊値　ね・チ
あたえる　与（與）ヨ
あたたか＊温（溫）あたたかい・あたたまる・あたためる・オン
あたたか＊暖　あたたかい・あたたまる・あたためる・ダン
あたま＊頭　かしら・トウ・ズ・ト
あたらしい＊新　あらた・にい・シン
あたり＊辺（邊）べ・ヘン
アツ　＊圧（壓）
あつい＊厚　コウ
あつい＊暑（暑）ショ
あつい＊熱　ネツ
あつかう　扱
あつまる＊集　あつめる・つどう・シュウ
あてる　充　ジュウ

あてる＊当（當）あたる・トウ
あてる　宛
あと　＊後　のち・うしろ・おくれる・ゴ・コウ
あと　痕　コン
あと　跡　セキ
あな　＊穴　ケツ
あなどる　侮（侮）ブ
あに　＊兄　ケイ・キョウ
あね　＊姉　シ
あばく＊暴　あばれる・ボウ・バク
あびる＊浴　あびせる・ヨク
あぶない＊危　あやうい・あやぶむ・キ
あぶら＊油　ユ
あぶら　脂　シ
あま　尼　ニ
あまい　甘　あまえる・あまやかす・カン
あまる＊余（餘）あます・ヨ

あみ　網　モウ
あむ　＊編　ヘン
あめ　＊天　あま・テン
あめ　＊雨　あま・ウ
あやうい＊危　あやぶむ・あぶない・キ
あやしい　妖　ヨウ
あやしい　怪　あやしむ・カイ
あやつる＊操　みさお・ソウ
あやまつ＊過　あやまち・すぎる・すごす・カ
あやまる＊誤　ゴ
あやまる＊謝　シャ
あゆむ＊歩（步）あるく・ホ・ブ・フ
あらい　荒　あれる・あらす・コウ
あらい　粗　ソ
あらう＊洗　セン
あらし　嵐
あらそう＊争（爭）ソウ

あらた ＊新 あたらしい・にい・シン
あらためる ＊改 あらたまる・カイ
あらわす ＊表 あらわれる・おもて・ヒョウ
あらわす ＊現 あらわれる・ゲン
あらわす ＊著 （著） いちじるしい・チョ
ある ＊在 ザイ
ある ＊有 ユウ・ウ
あるく ＊歩 （步） あゆむ・ホ・ブ・フ
あわ 泡 ホウ
あわい 淡 タン
あわせる ＊合 あわす・あう・ゴウ・ガッ・カッ
あわせる 併 （倂） ヘイ
あわてる 慌 あわただしい・コウ
あわれ 哀 あわれむ・アイ

アン ＊安 やすい
アン ＊案
アン ＊暗 くらい

【イ】

イ ＊以
イ ＊衣 ころも
イ ＊位 くらい
イ ＊囲 （圍） かこむ・かこう
イ ＊医 （醫）
イ 依 エ
イ ＊易 エキ・やさしい
イ ＊委 ゆだねる
イ 威
イ 為 （爲）
イ 畏 おそれる
イ ＊胃
イ 尉
イ ＊異 こと・ことなる
イ ＊移 うつす・うつる
▲イ 萎 なえる

イ 偉 えらい
イ 椅
▲イ 彙
イ ＊意
イ 違 ちがう・ちがえる
イ 維
イ 慰 なぐさめる・なぐさむ
イ ＊遺 ユイ
イ 緯
い ＊井 セイ・ショウ
いう ＊言 こと・ゲン・ゴン
いえ ＊家 や・カ・ケ
いえる 癒 いやす・ユ
いかる 怒 おこる・ド
イキ ＊域
いき ＊息 ソク
いき 粋 （粹） スイ
いきおい ＊勢 セイ
いきどおる 憤 フン
いきる ＊生 いかす・いける・う

傍点▲＝難読音訓　傍線＝特殊音訓　固＝固有名詞限定　＊＝教育漢字

む・うまれる・おう・
はえる・はやす・き・
なま・セイ・ショウ
イク　＊育　そだつ・そだてる・
はぐくむ
いく　＊行　ゆく・おこなう・コ
ウ・ギョウ・アン
いく　逝　ゆく・セイ
いく　幾　キ
いくさ＊戦（戰）たたかう・セン
いけ　＊池　チ
いこう　憩　いこい・ケイ
いさぎよい＊潔　ケツ
いさむ＊勇　ユウ
いし　＊石　セキ・シャク・コク
いしずえ　礎　ソ
いずみ＊泉　セン
いそ　○磯
いそがしい　忙　ボウ
いそぐ＊急　キュウ
いた　＊板　ハン・バン

いたい＊痛　いたむ・いためる・
ツウ
いたす　致　チ
いだく　抱　だく・かかえる・ホ
ウ
いただく＊頂　いただき・チョウ
いたむ　悼　トウ
いたむ＊痛　いためる・いたい・
ツウ
いたむ＊傷　いためる・きず・シ
ョウ
いためる○炒
いたる＊至　シ
イチ　＊一　イツ・ひと・ひとつ
イチ　壱（壹）
いち　＊市　シ
いちじるしい＊著（著）あらわす
・チョ
イツ　逸（逸）
いつ　＊五　いつつ・ゴ
いつくしむ　慈　ジ

いつわる　偽（僞）にせ・ギ
いと　＊糸（絲）シ
いとなむ＊営（營）エイ
いどむ　挑　チョウ
いな　＊否　ヒ
いぬ　＊犬　ケン
いね　稲（稻）いな・トウ
いのち＊命　メイ・ミョウ
いのる　祈（祈）キ
いばら＊〔固〕茨
いま　＊今　コン・キン
いましめる　戒　カイ
いまわしい　忌　いむ・キ
いも　芋
いもうと＊妹　マイ
いや　嫌　きらう・ケン・ゲン
いやしい　卑（卑）いやしむ・い
やしめる・ヒ
いる　＊要　かなめ・ヨウ
いる　＊居　キョ
いる　＊射　シャ

いる　煎　セン
いる　鋳（鑄）チュウ
いれる＊入　いる・はいる・ニュウ
いろ　＊色　ショク・シキ
いろどる　彩　サイ
いわ　＊岩　ガン
いわう＊祝（祝）シュク・シュウ
イン　＊引　ひく・ひける
イン　＊印　しるし
イン　＊因　よる
イン　咽
イン　姻
イン　＊員
イン　＊院
イン　淫　みだら
イン　陰　かげ・かげる
イン　＊飲　のむ
イン　隠（隱）かくす・かくれる
イン　韻

【ウ】

ウ　＊右　ユウ・みぎ
ウ　＊宇
ウ　＊羽　は・はね
ウ　＊雨　あめ・あま
うい　＊初　はじめ・はじめて・はつ・そめる・ショ
うえ　＊上　うわ・かみ・あげる・あがる・のぼる・のぼせる・のぼす・ジョウ・ショウ
うえる＊植　うわる・ショク
うえる　飢　キ
うお　＊魚　さかな・ギョ
うかがう　伺　シ
うく　浮　うかれる・うかぶ・うかべる・フ
うけたまわる＊承　ショウ
うける＊受　うかる・ジュ
うける　請　こう・セイ・シン

うごく＊動　うごかす・ドウ
うし　＊牛　ギュウ
うじ　＊氏　シ
うしなう＊失　シツ
うしろ＊後　のち・あと・おくれる・ゴ・コウ
うす　臼　キュウ
うず　渦　カ
うすい　薄　うすめる・うすまる・うすらぐ・うすれる・ハク
うた　唄
うた　＊歌　うたう・カ
うたい　謡（謠）うたう・ヨウ
うたがう＊疑　ギ
うち　＊内　ナイ・ダイ
うつ　＊打　ダ
うつ　＊討　トウ
うつ　撃（擊）ゲキ
ウ▲ツ▲　鬱
うつくしい＊美　ビ

うつす＊写（寫）うつる・シャ
うつす＊映　うつる・はえる・エイ
うつす＊移　うつる・イ
うったえる　訴　ソ
うつわ＊器（器）キ
うで　腕　ワン
うとい　疎　うとむ・ソ
うながす　促　ソク
うね　畝
うばう　奪　ダツ
うぶ　＊産　うむ・うまれる・サン
うま　＊馬　ま・バ
うみ　＊海（海）カイ
うむ　＊生　うまれる・いきる・いかす・いける・おう・はえる・はやす・き・なま・セイ・ショウ
うむ　＊産　うまれる・うぶ・サン

うめ　＊梅（梅）バイ
うめる　埋　うまる・うもれる・マイ
うやうやしい　恭　キョウ
うやまう＊敬　ケイ
うら　浦
うら　＊裏　リ
うらなう　占　しめる・セン
うらむ　恨　うらめしい・コン
うらやむ　羨　うらやましい・セン
うる　＊売（賣）うれる・バイ
うる　＊得　える・トク
うるおう　潤　うるおす・うるむ・ジュン
うるし　漆　シツ
うるわしい　麗　レイ
うれえる　愁　うれい・シュウ
うれえる　憂　うれい・うい・ユウ
うれる＊熟　ジュク

ウン　＊運　はこぶ
ウン　＊雲　くも

【エ】

エ　＊会（會）カイ・あう
エ　恵（惠）ケイ・めぐむ
エ　＊絵（繪）カイ
え　江　コウ
え　柄　がら・ヘイ
え　＊重　おもい・かさねる・かさなる・ジュウ・チョウ
え　餌　えさ・ジ
エイ　＊永　ながい
エイ　＊泳　およぐ
エイ　＊英
エイ　＊映　うつす・うつる・はえる
エイ　＊栄（榮）さかえる・はえる・はえ
エイ　＊営（營）いとなむ

エイ 詠 よむ
エイ 影 かげ
エイ 鋭 するどい
エイ ＊衛（衞）
えがく 描 かく・ビョウ
エキ ＊役 ヤク
エキ ＊易 イ・やさしい
エキ 疫 ヤク
エキ ＊益 ヤク
エキ ＊液
エキ ＊駅（驛）
えさ 餌 え・ジ
えだ ＊枝 シ
エツ 悦
エツ 越 こえる・こす
エツ 謁（謁）
エツ 閲
えむ ＊笑 わらう・ショウ
えらい 偉 イ
えらぶ ＊選 セン
えり 襟 キン

える ＊得 うる・トク
える 獲 カク
エン ＊円（圓） まるい
エン ＊延 のびる・のばす・のべる
エン ＊沿 そう
エン 炎 ほのお
エン 宴
エ▲ン▲ 怨 オン
エン ＊媛
エン 援
エン ＊園 その
エン 煙 けむり・けむる・けむい
エン 猿 さる
エン ＊遠 オン・とおい
エン 鉛 なまり
エン ＊塩（鹽） しお
エン ＊演
エン 縁（緣） ふち
エ▲ン▲ 艶（艷） つ▲や▲

【オ】

オ 汚 けがす・けがれる・けがらわしい・よごす・よごれる・きたない
オ ＊悪（惡） アク・わるい
お ＊小 ちいさい・こ・ショウ
お 尾 ビ
お 緒（緖） ショ・チョ
お 雄 おす・ユウ
おいる ＊老 ふける・ロウ
オウ ＊王
オウ 凹
オウ ＊央
オウ ＊応（應） こたえる
オウ ＊往
オウ 押 おす・おさえる
オウ 旺
オウ 欧（歐）
オウ 殴（毆） なぐる

オウ　*皇　コウ
オウ　*桜（櫻）さくら
オウ　翁
オウ　*黄（黃）コウ・き・こ
オウ　奥（奧）おく
オウ　*横（橫）よこ
おう　*生　いきる・いかす・いける・うむ・うまれる・はえる・はやす・き・なま・セイ・ショウ
おう　*負　まける・まかす・フ
おう　*追　ツイ
おうぎ　扇　セン
おおい*多　タ
おおう　覆　くつがえす・くつがえる・フク
おおきい*大　おお・おおいに・ダイ・タイ
おおせ　仰　あおぐ・ギョウ・コウ
おおやけ*公　コウ

おか　丘　キュウ
おか　*岡
おかす*犯　ハン
おかす　冒　ボウ
おかす　侵　シン
おがむ*拝（拜）ハイ
おき　*沖　チュウ
おぎなう*補　ホ
おきる*起　おこる・おこす・キ
オク　*屋　や
オク　*億
オク　憶
オク　臆
おく　奥（奧）オウ
おく　*置　チ
おくる*送　ソウ
おくる　贈（贈）ゾウ・ソウ
おくれる*後　のち・うしろ・あと・ゴ・コウ
おくれる　遅（遲）おくらす・おそい・チ

おごそか*厳（嚴）きびしい・ゲン・ゴン
おこたる　怠　なまける・タイ
おこなう*行　いく・ゆく・コウ・ギョウ・アン
おこる　怒　いかる・ド
おこる*興　おこす・コウ・キョウ
おさえる　押　おす・オウ
おさえる　抑　ヨク
おさない*幼　ヨウ
おさめる*収（收）おさまる・シュウ
おさめる*治　おさまる・なおす・なおる・ジ・チ
おさめる*修　おさまる・シュウ・シュ
おさめる*納　おさまる・ノウ・ナッ・ナ・ナン・トウ
おしい　惜　おしむ・セキ

おしえる＊教　おそわる・キョウ
おす　雄　お・ユウ
おす　押　おさえる・オウ
おす　＊推　スイ
おそい　遅（遲）おくれる・おくらす・チ
おそう　襲　シュウ
おそれ▲虞
おそれる　畏　イ
おそれる　恐　おそろしい・キョウ
おだやか　穏（穩）オン
おちいる　陥（陷）おとしいれる・カン
おちる＊落　おとす・ラク
オツ　乙
おっと＊夫　フ・フウ
おと　＊音　ね・オン・イン
おとうと＊弟　テイ・ダイ・デ
おとこ＊男　ダン・ナン
おとしいれる　陥（陷）おちいる・カン
おどす　脅　おどかす・おびやかす・キョウ
おとずれる＊訪　たずねる・ホウ
おとる　劣　レツ
おどる　踊　おどり・ヨウ
おどる　躍　ヤク
おとろえる　衰　スイ
おどろく　驚　おどろかす・キョウ
おなじ＊同　ドウ
おに　鬼　キ
おのおの＊各　カク
おのれ＊己　コ・キ
おびやかす　脅　おどす・おどかす・キョウ
おびる＊帯（帶）おび・タイ
おぼえる＊覚（覺）さめる・さます・カク
おぼれる　溺　デキ
おも　＊主　ぬし・シュ・ス
おもい＊重　え・かさねる・かさなる・ジュウ・チョウ
おもう＊思　シ
おもて＊表　あらわす・あらわれる・ヒョウ
おもて＊面　おも・つら・メン
おもむき　趣　シュ
おもむく　赴　フ
おや　＊親　したしい・したしむ・シン
およぐ＊泳　エイ
およぶ　及　および・およぼす・キュウ
おる　＊折　おれる・おり・セツ
おる　＊織　ショク・シキ
おれ　俺
おろか　愚　グ
おろす　卸　おろし
おろす＊下　おりる・した・しも・もと・さげる・さがる・くだる・くだす・

くださる・カ・ゲ
おろす ＊降 おりる・ふる・コウ
おわる ＊終 おえる・シュウ
オン ＊音 イン・おと・ね
オン ＊恩
オン ＊温（溫） あたたか・あたたかい・あたたまる・あたためる
オン 穏（穩） おだやか
オン 怨 エン▲
おん 御 ギョ・ゴ
おんな ＊女 め・ジョ・ニョ・ニョウ

【カ】

カ ＊下 ゲ・した・しも・もと・さげる・さがる・くだる・くだす・くださる・おろす・おりる
カ ＊化 ケ・ばける・ばかす
カ ＊火 ひ・ほ

カ ＊加 くわえる・くわわる
カ ＊可
カ ＊仮（假） ケ・かり
カ ＊何 なに・なん
カ ＊花 はな
カ 佳
カ ＊価（價） あたい
カ ＊果 はたす・はてる・はて
カ ＊河 かわ
カ 苛
カ ＊科
カ 架 かける・かかる
カ ＊夏 ゲ・なつ
カ ＊家 ケ・いえ・や
カ ＊荷 に
カ 華 ケ・はな
カ 菓
カ ＊貨
カ 渦 うず
カ ＊過 すぎる・すごす・あやまつ・あやまち

カ 嫁 とつぐ・よめ
カ 暇 ひま
カ 禍（禍）
カ 靴 くつ
カ 寡
カ ＊歌 うた・うたう
カ 箇
カ 稼 かせぐ
カ ＊課
か ＊香 かおり・かおる・コウ・キョウ
か 蚊
ガ 牙 ゲ・きば
ガ 瓦 かわら
ガ ＊我 われ・わ
ガ ＊画（畫） カク
ガ ＊芽 め
ガ ＊賀
ガ 雅
ガ 餓

○＝新聞協会等追加漢字　傍点○＝同追加音訓　▲＝同不使用漢字

カイ　介
カイ　*回　エ・まわる・まわす
カイ　*灰　はい
カイ　*会　(會)　エ・あう
カイ　*快　こころよい
カイ　戒　いましめる
カイ　*改　あらためる・あらたまる
カイ　怪　あやしい・あやしむ
カイ　拐
カイ　悔　(悔)　くいる・くやむ・くやしい
カイ　*海　(海)　うみ
カイ　*界
カイ　皆　みな
カイ　*械
カイ　*絵　(繪)　エ
カイ　*開　ひらく・ひらける・あく・あける
カイ　*階
カイ　塊　かたまり

カイ　楷
カイ　*解　ゲ・とく・とかす・とける
カイ　潰　つぶす・つぶれる
カイ　壊　(壞)　こわす・こわれる
カイ　懐　(懷)　ふところ・なつかしい・なつかしむ・なつく・なつける
カイ　諧
かい　*貝
ガイ　*外　ゲ・そと・ほか・はずす・はずれる
ガイ▲　劾
ガイ　*害
ガイ　崖　がけ
ガイ　涯
ガイ　*街　カイ・まち
ガイ　慨　(慨)
ガイ　蓋　ふた
ガイ　該

ガイ　概　(概)
ガイ　骸
かいこ　*蚕　(蠶)　サン
かう　*買　バイ
かう　*飼　シ
かえりみる　*省　はぶく・セイ・ショウ
かえりみる　顧　コ
かえる　*代　かわる・よ・しろ・ダイ・タイ
かえる　*変　(變)　かわる・ヘン
かえる　換　かわる・カン
かえる　替　かわる・タイ
かえる　*返　かえす・ヘン
かえる　*帰　(歸)　かえす・キ
かお　*顔　ガン
かおり　*香　かおる・か・コウ・キョウ
かおり　薫　(薰)　かおる・クン
かかえる　抱　だく・いだく・ホ・ウ

かかげる　掲（揭）ケイ
かがみ＊鏡　キョウ
かがやく　輝　キ
かかる＊係　かかり・ケイ
かかわる＊関（關）せき・カン
かき　垣
かき　柿
かぎ　鍵　▲ケ▲ン
かぎる＊限　ゲン
カク　＊各　おのおの
カク　＊角　かど・つの
カク　＊拡（擴）
カク　＊客　キャク
カク　＊革　かわ
カク　＊格　コウ
カク　核
カク　殻（殼）から
カク　郭
カク　＊画（畫）ガ
カク　＊覚（覺）おぼえる・さめる・さます

カク　較
カク　隔　へだてる・へだたる
カク　＊閣
カク　＊確　たしか・たしかめる
カク　獲　える
カク　嚇
カク　穫
かく　＊書　ショ
かく　描　えがく・ビョウ
かぐ　嗅　キュウ
ガク　＊学（學）まなぶ
ガク　岳（嶽）たけ
ガク　＊楽（樂）ラク・たのしい・たのしむ
ガク　＊額　ひたい
▲ガ▲ク　顎　あご
かくす　隠（隱）かくれる・イン
かげ　陰　かげる・イン
かげ　影　エイ
がけ　崖　ガイ
かける＊欠（缺）かく・ケツ

かける　架　かかる・カ
かける　掛　かかる・かかり
かける　駆（驅）かる・ク
かける　懸　かかる・ケン・ケ
かける　賭　ト
かご　籠　こもる・ロウ
かこむ＊囲（圍）かこう・イ
かさ　傘　サン
かさねる＊重　かさなる・え・おもい・ジュウ・チョウ
かざる　飾　ショク
かしこい　賢　ケン
かしら＊頭　あたま・トウ・ズ・ト
かす　＊貸　タイ
かず　＊数（數）かぞえる・スウ・ス
かぜ　＊風　かざ・フウ・フ
かせぐ　稼　カ
かぞえる＊数（數）かず・スウ・

○＝新聞協会等追加漢字　傍点○＝同追加音訓　▲＝同不使用漢字

ス
かた ＊方 ホウ
かた ＊片 ヘン
かた ＊形 かたち・ケイ・ギョ
ウ
かた ＊型 ケイ
かた 肩 ケン
かた ＊潟
かたい＊固 かためる・かたまる
・コ
かたい 堅 ケン
かたい 硬 コウ
かたい＊難（難）むずかしい・ナ
ン
かたき＊敵 テキ
かたな＊刀 トウ
かたまり 塊 カイ
かたむく 傾 かたむける・ケイ
かたよる 偏 ヘン
かたる＊語 かたらう・ゴ
かたわら 傍 ボウ

カツ 括
カツ ＊活
カツ 喝（喝）
カツ 渇（渇）かわく
カツ ＊割 わる・わり・われる
・さく
カツ 葛 くず
カツ 滑 コツ・すべる・なめ
らか
カツ 褐（褐）
カツ 轄
かつ ▲且
かつ ＊勝 まさる・ショウ
ガツ ＊月 ゲツ・つき
ガッ ＊合 カッ・ゴウ・あう・
あわせる・あわす
かつぐ＊担（擔）になう・タン
かて 糧 リョウ・ロウ
かど ＊角 つの・カク
かど ＊門 モン
かなしい＊悲 かなしむ・ヒ

かなでる＊奏 ソウ
かなめ＊要 いる・ヨウ
かならず＊必 ヒツ
かね ＊金 かな・キン・コン
かね 鐘 ショウ
かねる 兼 ケン
かぶ ＊株
かべ 壁 ヘキ
かま 釜
かま 窯 ヨウ
かま 鎌
かまえる＊構 かまう・コウ
かみ ＊上 うえ・うわ・あがる
・あげる・のぼる・の
ぼせる・のぼす・ジョ
ウ・ショウ
かみ ＊神（神）かん・こう・シ
ン・ジン
かみ ＊紙 シ
かみ 髪（髪）ハツ
かみなり 雷 ライ

かめ　亀（龜）キ
かもす　醸（釀）ジョウ
かよう＊通　とおる・とおす・ツウ・ツ
から　＊空　そら・あく・あける・クウ
から　唐　トウ
から　殻（殼）カク
がら　柄　え・ヘイ
からい　辛　シン
からだ＊体（體）タイ・テイ
からむ　絡　からまる・からめる・ラク
かり　＊仮（假）カ・ケ
かりる＊借　シャク
かる　刈
かる　狩　かり・シュ
かる　駆（驅）かける・ク
かるい＊軽（輕）かろやか・ケイ
かれ　彼　かの・ヒ
かれる　枯　からす・コ

かわ　＊川　セン
かわ　＊河　カ
かわ　＊皮　ヒ
かわ　＊革　カク
がわ　＊側　ソク
かわく　乾　かわかす・カン
かわく　渇（渴）カツ
かわす＊交　かう・まじる・まざる・まぜる・まじわる・まじえる・コウ
かわら　瓦　ガ
カン　＊干　ほす・ひる
カン　＊刊
カン　甘　あまい・あまえる・あまやかす
カン　甲　コウ
カン　汗　あせ
カン　缶（罐）
カン　＊完
カン　肝　きも
カン　＊官

カン　冠　かんむり
カン　＊巻（卷）まく・まき
カン　＊看
カン　陥（陷）おちいる・おとしいれる
カン　乾　かわく・かわかす
カン　勘
カン　患　わずらう
カン　貫　つらぬく
カン　＊寒　さむい
カン　喚
カン　堪　たえる
カン　換　かえる・かわる
カン　敢
カン　棺
カン　款
カン　＊間　ケン・あいだ・ま
カン　閑
カン　勧（勸）すすめる
カン　寛（寬）
カン　＊幹　みき

カン　＊感
カン　＊漢（漢）
カン　＊慣　なれる・ならす
カン　＊管　くだ
カン　＊関（關）せき・かかわる
カン　歓（歡）
カン　監
カン　緩　ゆるい・ゆるやか・ゆるむ・ゆるめる
カン　憾
カン　還
カン　＊館　やかた
カン　環
カン　＊簡
カン　＊観（觀）
カン　韓
カン　艦
カン　鑑　かんがみる
ガン　＊丸　まるい・まる・まるめる
ガン　＊元　ゲン・もと

ガン　含　ふくむ・ふくめる
ガン　＊岸　きし
ガン　＊岩　いわ
ガン　玩
ガン　＊眼　ゲン・まなこ
ガン　頑
ガン　＊顔　かお
ガン　＊願　ねがう
かんがえる＊考　コウ
かんがみる　鑑　カン
かんばしい　芳　ホウ
かんむり　冠　カン

【キ】

キ　＊己　コ・おのれ
キ　企　くわだてる
キ　伎
キ　＊危　あぶない・あやうい・あやぶむ
キ　＊机　つくえ
キ　＊気（氣）ケ

キ　＊岐
キ　＊希
キ　忌　いまわしい・いむ
キ　＊汽
キ　奇
キ　祈（祈）いのる
キ　＊季
キ　＊紀
キ　軌
キ　既（既）すでに
キ　＊記　しるす
キ　＊起　おきる・おこる・おこす
キ　飢　うえる
キ　鬼　おに
キ　＊帰（歸）かえる・かえす
キ　＊基　もと・もとい
キ　＊寄　よる・よせる
キ　＊規
キ　亀（龜）かめ
キ　＊喜　よろこぶ

キ　幾　いく
キ　＊揮
キ　＊期　ゴ
キ　棋
キ　＊貴　たっとい・とうとい・たっとぶ・とうとぶ
キ　棄
▲キ　毀
キ　＊旗　はた
キ　＊器（器）うつわ
キ　畿
キ　輝　かがやく
キ　＊機　はた
キ　騎
き　＊木　こ・ボク・モク
き　＊生　いきる・いかす・いける・うむ・うまれる・おう・はえる・はやす・なま・セイ・ショウ
き　＊黄（黄）こ・コウ・オウ

ギ　＊技　わざ
ギ　宜
ギ　偽（僞）いつわる・にせ
ギ　欺　あざむく
ギ　＊義
ギ　＊疑　うたがう
ギ　儀
ギ　戯（戲）たわむれる
ギ　擬
ギ　犠（犧）
ギ　＊議
きえる　＊消　けす・ショウ
キク　菊
きく　＊利　リ
きく　＊効（效）コウ
きく　＊聞　きこえる・ブン・モン
きく　聴（聽）チョウ
きざす　＊兆　きざし・チョウ
きざむ　＊刻　コク
きし　＊岸　ガン

きず　＊傷　いたむ・いためる・ショウ
きずく　＊築　チク
きずな　○絆
きそう　＊競　せる・キョウ・ケイ
きた　＊北　ホク
きたえる　鍛　タン
きたない　汚　けがす・けがれる・けがらわしい・よごす・よごれる・オ
きたる　＊来（來）きたす・くる・ライ
キチ　吉　キツ
キツ　喫
キツ　詰　つめる・つまる・つむ
きぬ　＊絹　ケン
きば　牙　ガ・ゲ
きびしい　＊厳（嚴）おごそか・ゲン・ゴン
きみ　＊君　クン

○＝新聞協会等追加漢字　傍点○＝同追加音訓　▲＝同不使用漢字

きめる＊決　きまる・ケツ
きも　肝　カン
キャク　却
キャク＊客　カク
キャク　脚　キャ・あし
ギャク＊逆　さからう・さか
ギャク　虐　しいたげる
キュウ＊九　ク・ここの・ここのつ
キュウ＊久　ク・ひさしい
キュウ　及　およぶ・および・およぼす
キュウ＊弓　ゆみ
キュウ　丘　おか
キュウ＊旧（舊）
キュウ＊休　やすむ・やすまる・やすめる
キュウ＊吸　すう
キュウ　朽　くちる
キュウ　臼　うす
キュウ＊求　もとめる

キュウ＊究　きわめる
キュウ＊泣　なく
キュウ＊急　いそぐ
キュウ＊級
キュウ　糾
キュウ＊宮　グウ・ク・みや
キュウ＊救　すくう
キュウ＊球　たま
キュウ＊給
キュウ　嗅　かぐ
キュウ　窮　きわめる・きわまる
ギュウ＊牛　うし
キョ＊去　コ・さる
キョ　巨
キョ＊居　いる
キョ　拒　こばむ
キョ　拠（據）コ
キョ＊挙（擧）あがる・あげる
キョ　虚（虛）コ
キョ＊許　ゆるす
キョ　距

ギョ＊魚　うお・さかな
ギョ　御　ゴ・おん
ギョ＊漁　リョウ
きよい＊清　きよまる・きよめる・セイ・ショウ
キョウ　凶
キョウ＊共　とも
キョウ　叫　さけぶ
キョウ　狂　くるう・くるおしい
キョウ＊京　ケイ
キョウ　享
キョウ＊供　ク・そなえる・とも
キョウ＊協
キョウ　況
キョウ　峡（峽）
キョウ　挟（挾）はさむ・はさまる
キョウ　狭（狹）せまい・せばめる・せばまる
キョウ　恐　おそれる・おそろしい

キョウ　恭　うやうやしい
キョウ＊胸　むね・むな
キョウ　脅　おびやかす・おどす・おどかす
キョウ＊強　ゴウ・つよい・つよまる・つよめる・しいる
キョウ＊教　おしえる・おそわる
キョウ＊郷　（鄕）ゴウ
キョウ○卿　キョウ・ケイ
キョウ＊境　ケイ・さかい
キョウ＊橋　はし
キョウ＊興　コウ・おこる・おこす
キョウ　矯　ためる
キョウ＊鏡　かがみ
キョウ＊競　ケイ・きそう・せる
キョウ　響　（響）ひびく
キョウ　驚　おどろく・おどろかす
ギョウ　仰　コウ・あおぐ・おおせ

ギョウ＊行　コウ・アン・いく・ゆく・おこなう
ギョウ＊形　ケイ・かた・かたち
ギョウ　暁　（曉）あかつき
ギョウ＊業　ゴウ・わざ
ギョウ　凝　こる・こらす
キョク＊曲　まがる・まげる
キョク＊局
キョク＊極　ゴク・きわめる・きわまる・きわみ
ギョク＊玉　たま
きらう　嫌　いや・ケン・ゲン
きり　霧　ム
きる　＊切　きれる・セツ・サイ
きる　斬　ザン
きる　＊着　きせる・つく・つける・チャク・ジャク
きわ　＊際　サイ
きわめる＊極　きわまる・きわみ・キョク・ゴク

きわめる　窮　きわまる・キュウ
きわめる＊究　キュウ
キン　巾
キン＊今　コン・いま
キン　斤
キン＊均
キン＊近　ちかい
キン＊金　コン・かね・かな
キン　菌
キン＊勤　（勤）ゴン・つとめる・つとまる
キン　琴　こと
キン＊筋　すじ
キン　僅　わずか
キン＊禁
キン　緊
キン　錦　にしき
キン　謹　（謹）つつしむ
キン　襟　えり
ギン　吟
ギン＊銀

○＝新聞協会等追加漢字　傍点○＝同追加音訓　▲＝同不使用漢字

【ク】

ク　*口　コウ・くち
ク　*工　コウ
ク　*区（區）
ク　*句
ク　*苦　くるしい・くるしむ・くるしめる・にがい・にがる
ク　駆（驅）かける・かる
グ　*具
グ　惧
グ　愚　おろか
くいる　悔（悔）くやむ・くやしい・カイ
クウ　*空　そら・あく・あける・から
くう　*食　くらう・たべる・ショク・ジキ
グウ　*宮　キュウ・ク・みや
グウ　偶
グウ　遇
グウ　隅　すみ
くき　茎（莖）ケイ
くさ　*草　ソウ
くさい　臭（臭）におう・シュウ
くさり　鎖　サ
くさる　腐　くされる・くさらす・フ
くし　串
くじら　鯨　ゲイ
くず　葛　カツ
くずす　崩　くずれる・ホウ
くすり　*薬（藥）ヤク
くせ　癖　ヘキ
くだ　*管　カン
くだく　砕（碎）くだける・サイ
くだる　*下　くだす・くださる・した・しも・もと・さげる・さがる・おろす・おりる・カ・ゲ
くち　*口　コウ・ク
くちびる　唇　シン
くちる　朽　キュウ
クツ　屈
クツ　掘　ほる
クツ　窟
くつ　靴　カ
くつがえす　覆　くつがえる・おおう・フク
くに　*国（國）コク
くばる　*配　ハイ
くび　*首　シュ
くま　*熊
くむ　酌　シャク
くむ　*組　くみ・ソ
くも　*雲　ウン
くもる　曇　ドン
くやしい　悔（悔）くやむ・くいる・カイ
くら　*倉　ソウ
くら　*蔵（藏）ゾウ
くらい　*位　イ

くらい＊暗　アン
くらす＊暮　くれる・ボ
くらべる＊比　ヒ
くり　○栗
くる　＊来（來）きたる・きたす・ライ
くる　繰
くるう　狂　くるおしい・キョウ
くるしい＊苦　くるしむ・くるしめる・にがい・にがる・ク
くるま＊車　シャ
くれない＊紅　べに・コウ・ク
くろ　＊黒（黑）くろい・コク
くわ　桑　ソウ
くわえる＊加　くわわる・カ
くわしい　詳　ショウ
くわだてる　企　キ
クン　＊君　きみ
クン　＊訓
クン　勲（勳）
クン　薫（薰）かおり・かおる
グン　＊軍
グン　＊郡
グン　＊群　むれる・むれ・むら

【ケ】

ケ　＊化　カ・ばける・ばかす
ケ　＊気（氣）キ
ケ　＊家　カ・いえ・や
け　＊毛　モウ
ゲ　＊下　カ・した・しも・もと・さげる・さがる・くだる・くだす・くださる・おろす・おりる
ゲ　＊外　ガイ・そと・ほか・はずす・はずれる
ケイ　＊兄　キョウ・あに
ケイ　刑
ケイ　＊形　ギョウ・かた・かたち
ケイ　＊系
ケイ　＊京　キョウ
ケイ　＊径（徑）
ケイ　茎（莖）くき
ケイ　＊係　かかる・かかり
ケイ　＊型　かた
ケイ　契　ちぎる
ケイ　＊計　はかる・はからう
ケイ　恵（惠）エ・めぐむ
ケイ　啓
ケイ　掲（揭）かかげる
ケイ　渓（溪）
ケイ　＊経（經）キョウ・へる
ケイ　蛍（螢）ほたる
ケイ　＊敬　うやまう
ケイ　＊景
ケイ　＊軽（輕）かるい・かろやか
ケイ　傾　かたむく・かたむける
ケイ　携　たずさえる・たずさわる

ケイ 継（繼）つぐ
ケイ 詣 もうでる
ケイ 慶
ケ▲イ▲ 憬
ケイ 稽
ケイ 憩 いこう・いこい
ケイ ＊警
ケイ 鶏（鷄）にわとり・とり
ケイ ＊競 キョウ・きそう・せ
る
ゲイ ＊芸（藝）
ゲイ 迎 むかえる
ゲイ 鯨 くじら
けがす 汚 けがれる・けがらわ
しい・よごす・よごれ
る・きたない・オ
ゲ▲キ▲ 隙 すき
ゲキ ＊劇
ゲキ 撃（擊）うつ
ゲキ ＊激 はげしい
けす ＊消 きえる・ショウ

けずる 削 サク
けた 桁
ケツ ＊欠（缺）かける・かく
ケツ ＊穴 あな
ケツ ＊血 ち
ケツ ＊決 きめる・きまる
ケツ ＊結 むすぶ・ゆう・ゆわ
える
ケツ 傑
ケツ ＊潔 いさぎよい
ゲツ ＊月 ガツ・つき
けむり 煙 けむる・けむい・エ
ン
けもの 獣（獸）ジュウ
ける 蹴 シ▲ュ▲ウ▲
けわしい ＊険（險）ケン
ケン ＊犬 いぬ
ケン ＊件
ケン ＊見 みる・みえる・みせ
る
ケン ＊券

ケン 肩 かた
ケン ＊建 コン・たつ・たてる
ケン ＊研（硏）とぐ
ケン ＊県（縣）
ケン 倹（儉）
ケン 兼 かねる
ケン 剣（劍）つるぎ
ケン 拳 こぶし
ケン 軒 のき
ケン ＊健 すこやか
ケン ＊険（險）けわしい
ケン 圏（圈）
ケン 堅 かたい
ケン ＊検（檢）
ケン ＊間 カン・あいだ・ま
ケン 嫌 ゲン・きらう・いや
ケン 献（獻）コン
ケン ＊絹 きぬ
ケン 遣 つかう・つかわす
ケン ＊権（權）ゴン
ケン ＊憲

ケン　賢　かしこい
ケン　謙
▲ケ▲ン　鍵　かぎ
ケン　繭　まゆ
ケン　顕（顯）
ケン　＊験（驗）ゲン
ケン　懸　ケ・かける・かかる
ゲン　＊元　ガン・もと
ゲン　幻　まぼろし
ゲン　玄
ゲン　＊言　ゴン・いう・こと
ゲン　弦　つる
ゲン　＊限　かぎる
ゲン　＊原　はら
ゲン　＊現　あらわす・あらわれる
ゲン　舷
ゲン　＊減　へる・へらす
ゲン　＊源　みなもと
ゲン　＊厳（嚴）ゴン・おごそか・きびしい

【コ】

コ　＊己　キ・おのれ
コ　＊戸　と
コ　＊去　キョ・さる
コ　＊古　ふるい・ふるす
コ　＊呼　よぶ
コ　＊固　かたい・かためる・かたまる
コ　孤
コ　弧
コ　拠（據）キョ
コ　股　また
コ　虎　とら
コ　＊故　ゆえ
コ　枯　かれる・からす
コ　＊個
コ　＊庫　ク
コ　＊湖　みずうみ
コ　雇　やとう
コ　誇　ほこる
コ　鼓　つづみ
コ　錮
コ　顧　かえりみる
こ　＊子　シ・ス
こ　＊小　ちいさい・お・ショウ
こ　＊粉　こな・フン
ゴ　＊五　いつ・いつつ
ゴ　互　たがい
ゴ　＊午
ゴ　呉
ゴ　＊後　コウ・のち・うしろ・あと・おくれる
ゴ　娯
ゴ　悟　さとる
ゴ　碁
ゴ　＊語　かたる・かたらう
ゴ　＊誤　あやまる
ゴ　御　ギョ・おん
ゴ　＊護
こい　恋（戀）こう・こいしい

○=新聞協会等追加漢字　傍点○=同追加音訓　▲=同不使用漢字

・レン
こい 濃 ノウ
コウ ＊口 ク・くち
コウ ＊工 ク
コウ ＊公 おおやけ
コウ 勾
コウ 孔
コウ ＊功 ク|
コウ 巧 たくみ
コウ ＊広（廣） ひろい・ひろまる・ひろめる・ひろがる・ひろげる
コウ 甲 カン
コウ ＊交 まじる・まざる・まぜる・まじわる・まじえる・かわす・かう
コウ ＊光 ひかる・ひかり
コウ ＊向 むく・むける・むかう・むこう
コウ ＊后
コウ ＊好 このむ・すく

コウ 江 え
コウ ＊考 かんがえる
コウ ＊行 ギョウ・アン|・いく・ゆく・おこなう
コウ 坑
コウ ＊孝
コウ 抗
コウ 攻 せめる
コウ 更 さら・ふける・ふかす
コウ ＊効（效） きく
コウ ＊幸 さいわい・さち・しあわせ
コウ 拘
コウ 肯
コウ 侯
コウ ＊厚 あつい
コウ 恒（恆）
コウ 洪
コウ ＊皇 オウ
コウ ＊紅 ク|・べに・くれない

コウ 荒 あらい・あれる・あらす
コ°ウ° 虹 にじ
コウ 郊
コウ ＊香 キョウ|・か・かおり・かおる
コウ ＊候 そうろう
コウ ＊校
コウ ＊耕 たがやす
コウ ＊航
コウ 貢 ク|・みつぐ
コウ ＊降 おりる・おろす・ふる
コウ ＊高 たかい・たか・たかまる・たかめる
コウ ＊康
コウ 控 ひかえる
コウ 梗
コウ ＊黄（黃） オウ・き・こ|
コウ 喉 のど
コウ 慌 あわてる・あわただ

しい
コウ　＊港　みなと
コウ　硬　かたい
コウ　絞　しぼる・しめる・し
まる
コウ　項
コウ　溝　みぞ
コウ　＊鉱（鑛）
コウ　＊構　かまえる・かまう
コウ　綱　つな
コウ　酵
コウ　稿
コウ　＊興　キョウ・おこる・お
こす
コウ　衡
コウ　＊鋼　はがね
コウ　＊講
コウ　購
こう　乞
こう　請　うける・セイ・シン
ゴウ　＊号（號）

ゴウ　＊合　ガッ・カッ・あう・
あわせる・あわす
ゴウ　拷
ゴウ　剛
ゴウ　＊強　キョウ・つよい・つ
よまる・つよめる・し
いる
▲ゴウ　＊郷（鄕）キョウ
▲ゴウ　傲
ゴウ　＊業　ギョウ・わざ
ゴウ　豪
こうむる　被　ヒ
こえ　＊声（聲）こわ・セイ・シ
ョウ
こえる＊肥　こえ・こやす・こや
し・ヒ
こえる　越　こす・エツ
こえる　超　こす・チョウ
こおり＊氷　ひ・ヒョウ
こおる　凍　こごえる・トウ
コク　克

コク　＊告　つげる
コク　＊谷　たに
コク　＊刻　きざむ
コク　＊国（國）くに
コク　＊黒（黑）くろ・くろい
コク　＊穀（穀）
コク　酷
ゴク　＊極　キョク・きわめる・
きわまる・きわみ
ゴク　獄
こげる　焦　こがす・こがれる・
あせる・ショウ
こごえる　凍　こおる・トウ
ここの＊九　ここのつ・キュウ・
ク
こころ＊心　シン
こころざす＊志　こころざし・シ
こころみる＊試　ためす・シ
こころよい＊快　カイ
こし　腰　ヨウ
こたえる＊答　こたえ・トウ

こたえる＊応（應）オウ
コツ　＊骨　ほね
こと　＊言　いう・ゲン・ゴン
こと　＊事　ジ・ズ
こと　琴　キン
こと　＊異　ことなる・イ
こと　殊　シュ
ことぶき　寿（壽）ジュ
ことわる＊断（斷）たつ・ダン
こな　＊粉　こ・フン
このむ＊好　すく・コウ
こばむ　拒　キョ
こぶし　拳　ケン
こま　駒
こまか＊細　こまかい・ほそい・ほそる・サイ
こまる＊困　コン
こむ　込　こめる
こむ　＊混　まじる・まざる・まぜる・コン
こめ　＊米　ベイ・マイ

こもる　籠　かご・ロウ
こよみ　暦（曆）レキ
こりる　懲（懲）こらす・こらしめる・チョウ
こる　凝　こらす・ギョウ
ころ　頃
ころがる＊転（轉）ころげる・ころがす・ころぶ・テン
ころす＊殺（殺）サツ・サイ・セツ
ころも＊衣　イ
こわい　怖　フ
こわす　壊（壞）こわれる・カイ
コン　＊今　キン・いま
コン　＊困　こまる
コン　昆
コン　＊金　キン・かね・かな
コン　恨　うらむ・うらめしい
コン　＊根　ね
コン　婚

コン　＊混　まじる・まざる・まぜる・こむ
コン　痕　あと
コン　紺
コン　魂　たましい
コン　墾
コン　懇　ねんごろ
ゴン　＊言　ゲン・いう・こと

【サ】

サ　＊左　ひだり
サ　＊佐
サ　＊作　サク・つくる
サ　沙
サ　＊査
サ　＊砂　シャ・すな
サ　＊茶　チャ
サ　唆　そそのかす
サ　＊差　さす
サ　詐
サ　鎖　くさり

ザ　＊座　すわる
ザ　挫
サイ　＊才
サイ　＊再　サ・ふたたび
サイ　＊西　セイ・にし
サイ　＊災　わざわい
サイ　＊妻　つま
サイ　采
サイ　砕（碎）くだく・くだける
サイ　宰
サイ　栽
サイ　彩　いろどる
サイ　＊採　とる
サイ　＊済（濟）すむ・すます
サイ　＊祭　まつる・まつり
サイ　斎（齋）
サイ　＊細　ほそい・ほそる・こまか・こまかい
サイ　＊菜　な
サイ　＊最　もっとも

サイ　＊裁　たつ・さばく
サイ　債
サイ　催　もよおす
サ▲イ▲　塞　ソ▲ク▲・ふさぐ・ふさがる
サイ　歳　セイ
サイ　載　のる・のせる
サイ　＊際　きわ
さい　＊(固)埼
ザイ　＊在　ある
ザイ　＊材
ザイ　剤（劑）
ザイ　＊財　サイ
ザイ　＊罪　つみ
さいわい＊幸　コウ　さち・しあわせ・
さえぎる　遮　シャ
さか　＊坂　ハン
さかい＊境　キョウ・ケイ
さかえる＊栄（榮）はえる・はえ・エイ

さがす　捜（搜）ソウ
さがす＊探　さぐる・タン
さかずき　杯　ハイ
さかな＊魚　うお・ギョ
さかのぼる　遡　ソ▲
さからう＊逆　さか・ギャク
さかる＊盛　さかん・もる・セイ・ジョウ
さき　＊先　セン
さき　＊崎
サク　＊冊　サツ
サク　＊作　サ・つくる
サク　削　けずる
サク　＊昨
サク　柵
サク　索
サク　＊策
サク　酢　す
サク　搾　しぼる
サク　錯
さく　咲

○＝新聞協会等追加漢字　傍点○＝同追加音訓　▲＝同不使用漢字

さく ＊割 わる・わり・われる・カツ
さく 裂 さける・レツ
さくら＊桜（櫻）オウ
さけ ＊酒 さか・シュ
▲さげすむ 蔑 ▲ベツ
さけぶ 叫 キョウ
さける 避 ヒ
さげる＊下 さがる・した・しも・もと・くだる・くだす・くださる・おろす・おりる・カ・ゲ
さげる＊提 テイ
ささえる＊支 シ
さす 刺 ささる・シ
さす ＊指 ゆび・シ
さす ＊差 サ
さす 挿（插）ソウ
さそう 誘 ユウ
さずける＊授 さずかる・ジュ
さだまる＊定 さだめる・さだか・テイ・ジョウ

さち ＊幸 さいわい・しあわせ・コウ
サツ ＊冊 サク
サツ ＊札 ふだ
サツ ＊刷 する
▲サツ 刹 セツ
サツ 拶
サツ ＊殺（殺）サイ・セツ・ころす
サツ ＊察
サツ 撮 とる
サツ 擦 する・すれる
ザツ ＊雑（雜）ゾウ
さと ＊里 リ
さとす 諭 ユ
さとる 悟 ゴ
さばく＊裁 たつ・サイ
さび 寂 さびしい・さびれる・ジャク・セキ
さま ＊様（樣）ヨウ

さまたげる 妨 ボウ
さむい＊寒 カン
さむらい 侍 ジ
さめる＊冷 さます・つめたい・ひえる・ひや・ひやす・ひやかす・レイ
さめる＊覚（覺）さます・おぼえる・カク
さら ＊皿
さら 更 ふける・ふかす・コウ
さる 猿 エン
さる ＊去 キョ・コ
さわ 沢（澤）タク
さわぐ 騒（騷）ソウ
さわやか 爽 ソウ
さわる＊障 ショウ
さわる 触（觸）ふれる・ショク
サン ＊三 み・みつ・みっつ
サン ＊山 やま
サン ＊参（參）まいる

傍点▲＝難読音訓　傍線＝特殊音訓　固＝固有名詞限定　＊＝教育漢字

サン　桟（棧）
サン　*蚕（蠶）　かいこ
サン　惨（慘）　ザン・みじめ
サン　*産　うむ・うまれる・うぶ
サン　傘　かさ
サン　*散　ちる・ちらす・ちらかす・ちらかる
サン　*算
サン　*酸　すい
サン　*賛（贊）
ザン　*残（殘）　のこる・のこす
ザン　惨（慘）　サン・みじめ
ザン　斬　きる
ザン　暫

【シ】

シ　*士
シ　*子　ス・こ
シ　*支　ささえる
シ　*止　とまる・とめる
シ　*氏　うじ
シ　*仕　ジ・つかえる
シ　*史
シ　*司
シ　*四　よ・よつ・よっつ・よん
シ　*市　いち
シ　*矢　や
シ　*示　ジ・しめす
シ　旨　むね
シ　*死　しぬ
シ　*糸（絲）　いと
シ　*自　ジ・みずから
シ　*至　いたる
シ　伺　うかがう
シ　*志　こころざす・こころざし
シ　*私　わたくし・わたし
シ　*使　つかう
シ　刺　さす・ささる
シ　*始　はじめる・はじまる
シ　*姉　あね
シ　*枝　えだ
シ　祉（祉）
シ　肢
シ　*姿　すがた
シ　*思　おもう
シ　*指　ゆび・さす
シ　施　セ・ほどこす
シ　*師
▲シ　恣
シ　*紙　かみ
シ　脂　あぶら
シ　*視（視）
シ　紫　むらさき
シ　*詞
シ　*歯（齒）　は
シ　嗣
シ　*試　こころみる・ためす
シ　*詩
シ　*資
シ　*飼　かう

○＝新聞協会等追加漢字　傍点○＝同追加音訓　▲＝同不使用漢字

シ ＊誌
シ 雌 め・めす
シ▲ 摯
シ 賜 たまわる
シ 諮 はかる
ジ ＊示 シ・しめす
ジ ＊字 あざ
ジ ＊地 チ
ジ ＊寺 てら
ジ ＊次 シ・つぐ・つぎ
ジ ＊耳 みみ
ジ ＊自 シ・みずから
ジ ＊似 にる
ジ ＊児（兒） ニ
ジ ＊事 ズ・こと
ジ 侍 さむらい
ジ ＊治 チ・おさめる・おさまる・なおす・なおる
ジ ＊持 もつ
ジ ＊時 とき
ジ ＊滋

ジ 慈 いつくしむ
ジ ＊辞（辭） やめる
ジ ＊磁
ジ 餌 え・えさ
ジ 璽
じ ＊路 ロ
しあわせ ＊幸 さいわい・さち・コウ
しいたげる 虐 ギャク
しいる ＊強 つよい・つよまる・つよめる・キョウ・ゴウ
しお ＊塩（鹽） エン
しお ＊潮 チョウ
しか ＊鹿 か▲
しかる 叱 シツ▲
シキ ＊式
シキ ＊色 ショク・いろ
シキ ＊織 ショク・おる
シキ ＊識
ジキ ＊直 チョク・なおす・なおる・ただちに

しく 敷 フ
ジク 軸
しげる 茂 モ
しずく 滴 したたる・テキ
しずまる ＊静（靜） しずめる・しず・しずか・セイ・ジョウ
しずまる 鎮（鎭） しずめる・チン
しずむ 沈 しずめる・チン
した ＊下 しも・もと・さげる・さがる・くだる・くだす・くださる・おろす・おりる・カ・ゲ
した ＊舌 ゼツ
したう 慕 ボ
したがう ＊従（從） したがえる・ジュウ・ショウ・ジュ
したしい ＊親 したしむ・おや・

シン
したたる　滴　しずく・テキ
▲シチ　＊七　なな・ななつ・なの
▲シツ　＊質　シツ・チ
シツ　叱　しかる
シツ　＊失　うしなう
シツ　＊室　むろ
シツ　疾
シツ　執　シュウ・とる
シツ　湿（濕）しめる・しめす
シツ　嫉
シツ　漆　うるし
シツ　＊質　シチ・チ
ジツ　＊日　ニチ・ひ・か
ジツ　＊実（實）み・みのる
ジッ　＊十　ジュウ・とお・と
しな　＊品　ヒン
しぬ　＊死　シ
しのぶ　忍　しのばせる・ニン
しば　芝
しばる　縛　バク

しぶ　渋（澁）しぶい・しぶる・ジュウ
しぼる　絞　しめる・しまる・コウ
しぼる　搾　サク
しま　＊島　トウ
しみる　＊染　しみ・そめる・そまる・セン
しめす　＊示　ジ・シ
しめる　湿（濕）しめす・シツ
しめる　占　うらなう・セン
しめる　＊閉　しまる・とじる・とざす・ヘイ
しめる　絞　しまる・しぼる・コウ
しめる　締　しまる・テイ
しも　＊下　した・もと・さげる・さがる・くだる・くだす・くださる・おろす・おりる・カ・ゲ
しも　霜　ソウ

シャ　＊写（寫）うつす・うつる
シャ　＊社（社）やしろ
シャ　＊車　くるま
シャ　＊舎
シャ　＊者（者）もの
シャ　＊砂　サ・すな
シャ　＊射　いる
シャ　＊捨　すてる
シャ　赦
シャ　斜　ななめ
シャ　煮（煮）にる・にえる・にやす
シャ　遮　さえぎる
シャ　＊謝　あやまる
ジャ　邪
ジャ　蛇　ダ・へび
シャク　＊尺
シャク　＊借　かりる
シャク　酌　くむ
シャク　釈（釋）
シャク　爵

ジャク　*若　ニャク・わかい・もしくは
ジャク　*弱　よわい・よわる・よわまる・よわめる
ジャク　寂　セキ・さび・さびしい・さびれる
シュ　*手　て・た
シュ　*主　ス・ぬし・おも
シュ　*守　ス・まもる・もり
シュ　朱
シュ　*取　とる
シュ　狩　かる・かり
シュ　*首　くび
シュ　殊　こと
シュ　珠
シュ　*酒　さけ・さか
シュ　腫　はれる・はらす
シュ　*種　たね
シュ　趣　おもむき
ジュ　寿　(壽)　ことぶき
ジュ　*受　うける・うかる

ジュ　呪　のろう
ジュ　*授　さずける・さずかる
ジュ　需
ジュ　儒
ジュ　*樹
シュウ　*収　(收)　おさめる・おさまる
シュウ　囚
シュウ　*州　す
シュウ　舟　ふね・ふな
シュウ　秀　ひいでる
シュウ　*周　まわり
シュウ　*宗　ソウ
シュウ　*拾　ジュウ・ひろう
シュウ　*秋　あき
シュウ　臭　(臭)　くさい・におう
シュウ　*修　シュ・おさめる・おさまる
シュウ▲　袖　そで
シュウ　執　シツ・とる
シュウ　*終　おわる・おえる

シュウ　羞
シュウ　*習　ならう
シュウ　*週
シュウ　*就　ジュ・つく・つける
シュウ　*衆　シュ
シュウ　*集　あつまる・あつめる・つどう
シュウ　愁　うれえる・うれい
シュウ　酬
シュウ　醜　みにくい
シュウ▲　蹴　ける
シュウ　襲　おそう
ジュウ　*十　ジッ・とお・と
ジュウ　汁　しる
ジュウ　充　あてる
ジュウ　*住　すむ・すまう
ジュウ　*拾　シュウ・ひろう
ジュウ　柔　ニュウ・やわらか・やわらかい
ジュウ　*重　チョウ・え・おもい・かさねる・かさなる

ジュウ＊従（從）　ショウ・ジュ・したがう・したがえる
ジュウ　渋（澁）　しぶ・しぶい・しぶる
ジュウ　銃
ジュウ　獣（獸）　けもの
ジュウ＊縦（縱）　たて
シュク　叔
シュク＊祝（祝）　シュウ・いわう
シュク＊宿　やど・やどる・やどす
シュク　淑
シュク　粛（肅）
シュク＊縮　ちぢむ・ちぢまる・ちぢめる・ちぢれる・ちぢらす
ジュク　塾
ジュク＊熟　うれる
シュツ＊出　スイ・でる・だす
ジュツ＊述　のべる
ジュツ＊術

シュン　俊
シュン＊春　はる
シュン　瞬　またたく
ジュン　旬　シュン
ジュン　巡　めぐる
ジュン　盾　たて
ジュン　准
ジュン　殉
ジュン＊純
ジュン　循
ジュン＊順
ジュン＊準
ジュン　潤　うるおう・うるおす・うるむ
ジュン▲遵
ショ＊処（處）
ショ＊初　はじめ・はじめて・はつ・うい・そめる
ショ＊所　ところ
ショ＊書　かく
ショ　庶

ショ＊暑（暑）　あつい
ショ＊署（署）
ショ　緒（緒）　チョ・お
ショ＊諸（諸）
ジョ＊女　ニョ・ニョウ・おんな・め
ジョ　如　ニョ
ジョ＊助　たすける・たすかる・すけ
ジョ＊序
ジョ　叙（敍）
ジョ　徐
ジョ＊除　ジ・のぞく
ショウ＊小　ちいさい・こ・お
ショウ　升　ます
ショウ＊少　すくない・すこし
ショウ　召　めす
ショウ＊正　セイ・ただしい・ただす・まさ
ショウ＊生　セイ・いきる・いかす・いける・うむ・う

まれる・おう・はえる・はやす・き・なま
ショウ　匠
ショウ　床　とこ・ゆか
ショウ　抄
ショウ　肖
ショウ　姓　セイ
ショウ　尚
ショウ＊性　セイ
ショウ＊招　まねく
ショウ＊承　うけたまわる
ショウ　昇　のぼる
ショウ＊松　まつ
ショウ　沼　ぬま
ショウ＊昭
ショウ＊省　セイ・かえりみる・はぶく
ショウ＊相　ソウ・あい
ショウ○哨
ショウ　宵　よい
ショウ＊将（將）

ショウ＊消　きえる・けす
ショウ　症
ショウ　祥（祥）
ショウ　称（稱）
ショウ＊笑　わらう・えむ
ショウ＊唱　となえる
ショウ＊商　あきなう
ショウ　渉（涉）
ショウ＊章
ショウ　紹
ショウ　訟
ショウ＊勝　かつ・まさる
ショウ　掌
ショウ　晶
ショウ＊焼（燒）やく・やける
ショウ　焦　こげる・こがす・こがれる・あせる
ショウ　硝
ショウ　粧
ショウ＊装（裝）ソウ・よそおう
ショウ　詔　みことのり

ショウ＊証（證）あかす
ショウ＊象　ゾウ
ショウ＊傷　きず・いたむ・いためる
ショウ　奨（奬）
ショウ＊照　てる・てらす・てれる
ショウ　詳　くわしい
ショウ　彰
ショウ＊障　さわる
シ▲ョ▲ウ▲　憧　あこがれる
ショウ　衝
ショウ＊賞
ショウ　償　つぐなう
ショウ　礁
ショウ　鐘　かね
ジョウ＊上　ショウ・あがる・あげる・のぼる・のぼせる・のぼす・うえ・うわ・かみ
ジョウ　丈　たけ

ジョウ 冗
ジョウ＊条（條）
ジョウ＊状（狀）
ジョウ＊定 テイ・さだまる・さだめる・さだか
ジョウ＊乗（乘）のる・のせる
ジョウ＊城 しろ
ジョウ 浄（淨）
ジョウ 剰（剩）
ジョウ＊常 つね・とこ
ジョウ＊情 セイ・なさけ
ジョウ＊場 ば
ジョウ 畳（疊）たたむ・たたみ
ジョウ＊蒸 むす・むれる・むらす
ジョウ＊縄（繩）なわ
ジョウ 壌（壤）
ジョウ 嬢（孃）
ジョウ 錠
ジョウ 譲（讓）ゆずる
ジョウ 醸（釀）かもす

ショク＊色 シキ・いろ
▲ショク 拭 ふく・ぬぐう
ショク＊食 ジキ・くう・くらう・たべる
ショク＊植 うえる・うわる
ショク 殖 ふえる・ふやす
ショク 飾 かざる
ショク 触（觸）さわる・ふれる
ショク 嘱（囑）
ショク＊織 シキ・おる
ショク＊職
ジョク 辱 はずかしめる
しらべる＊調 ととのう・ととのえる・チョウ
しり 尻
しりぞく＊退 しりぞける・タイ
しる 汁 ジュウ
しる ＊知 チ
しるし＊印 イン
しるす＊記 キ
しろ ＊代 よ・かえる・かわる・ダイ・タイ

しろ ＊白 しろい・しら・ハク・ビャク
しろ ＊城 ジョウ
シン ＊心 こころ
シン ＊申 もうす
シン 伸 のびる・のばす・のべる
シン ＊臣 ジン
シン 芯
シン ＊身 み
シン 辛 からい
シン 侵 おかす
シン ＊信
シン 津 つ
シン ＊神（神）ジン・かみ・かん・こう
シン 唇 くちびる
シン 娠
シン 振 ふる・ふるう・ふれる

○＝新聞協会等追加漢字　傍点○＝同追加音訓　▲＝同不使用漢字

シン　浸　ひたす・ひたる
シン　○疹
シン　*真　(眞)　ま
シン　*針　はり
シン　*深　ふかい・ふかまる・ふかめる
シン　紳
シン　*進　すすむ・すすめる
シン　*森　もり
シン　診　みる
シン　寝　(寢)　ねる・ねかす
シン　慎　(愼)　つつしむ
シン　*新　あたらしい・あらた・にい
シン　審
シン　震　ふるう・ふるえる
シン　薪　たきぎ
シン　*親　おや・したしい・したしむ
ジン　*人　ニン・ひと
ジン　刃　は

ジン　*仁　ニ
ジン　尽　(盡)　つくす・つきる・つかす
ジン　迅
ジン　*臣　シン
ジン　甚　はなはだ・はなはだしい
ジン　*神　(神)　シン・かみ・かん・こう
ジン　陣
ジン　尋　たずねる
ジン　腎

【ス】

ス　*子　シ・こ
ス　*素　ソ
ス　須
す　*州　シュウ
す　*巣　(巢)　ソウ
す　酢　サク
ズ　*図　(圖)　ト・はかる

ズ　*頭　トウ・ト・あたま・かしら
スイ　*水　みず
スイ　吹　ふく
スイ　*垂　たれる・たらす
スイ　炊　たく
スイ　帥
スイ　粋　(粹)　いき
スイ　衰　おとろえる
スイ　*推　おす
スイ　酔　(醉)　よう
スイ　遂　とげる
スイ　睡
スイ　穂　(穗)　ほ
すい　*酸　サン
ズイ　随　(隨)
ズイ　髄　(髓)
スウ　枢　(樞)
スウ　崇
スウ　*数　(數)　ス・かず・かぞえる

すう　＊吸　キュウ
すえ　＊末　マツ・バツ
すえる　据　すわる
すがた＊姿　シ
すき　隙　ゲ▲キ▲
すぎ　杉
すぎる＊過　すごす・あやまつ・あやまち・カ
すく　＊好　このむ・コウ
すく　透　すかす・すける・トウ
すくう＊救　キュウ
すくない＊少　すこし・ショウ
すぐれる＊優　やさしい・ユウ
すけ　＊助　たすける・たすかる・ジョ
すこやか＊健　ケン
すじ　＊筋　キン
すず　鈴　レイ・リン
すずしい　涼　すずむ・リョウ
すすむ＊進　すすめる・シン

すすめる　勧（勸）カン
すすめる　薦　セン
すそ　裾
すたれる　廃（廢）すたる・ハイ
すでに　既（旣）キ
すてる＊捨　シャ
すな　＊砂　サ・シャ
すべて＊全　まったく・ゼン
すべる　滑　なめらか・カツ・コツ
すべる＊統　トウ
すみ　隅　グウ
すみ　＊炭　タン
すみ　墨（墨）ボク
すみやか＊速　はやい・はやめる・はやまる・ソク
すむ　＊住　すまう・ジュウ
すむ　＊済（濟）すます・サイ
すむ　澄　すます・チョウ
する　＊刷　サツ
する　擦　すれる・サツ

するどい　鋭　エイ
すわる＊座　ザ
すわる　据　すえる
スン　＊寸

【セ】

セ　＊世　セイ・よ
セ　施　シ・ほどこす
せ　＊背　せい・そむく・そむける・ハイ
せ　瀬（瀨）
ぜ　是
セイ　＊井　ショウ・い
セイ　＊世　セ・よ
セイ　＊正　ショウ・ただしい・ただす・まさ
セイ　＊生　ショウ・いきる・いかす・いける・うまれる・うむ・おう・はえる・はやす・き・なま
セイ　＊成　ジョウ・なる・なす

○＝新聞協会等追加漢字　傍点○＝同追加音訓　▲＝同不使用漢字

セイ　＊西　サイ・にし
セイ　＊声（聲）ショウ・こえ・こわ
セイ　＊制
セイ　姓　ショウ
セイ　征
セイ　＊性　ショウ
セイ　＊青　ショウ・あお・あおい
セイ　斉（齊）
セイ　＊政　ショウ・まつりごと
セイ　＊星　ショウ・ほし
セイ　牲
セイ　＊省　ショウ・かえりみる・はぶく
セ▲イ▲　凄
セイ　逝　ゆく・いく
セイ　＊清　ショウ・きよい・きよまる・きよめる
セイ　＊盛　ジョウ・もる・さかる・さかん

セイ　婿　むこ
セイ　＊晴　はれる・はらす
セイ　＊勢　いきおい
セイ　＊聖
セイ　＊誠　まこと
セイ　＊精　ショウ
セイ　＊製
セイ　誓　ちかう
セイ　＊静（靜）ジョウ・しずまる・しずめる・しず・しずか
セイ　請　シン・こう・うける
セイ　＊整　ととのう・ととのえる
セイ　醒
ゼイ　＊税
セキ　＊夕　ゆう
セキ　斥
セキ　＊石　シャク・コク・いし
セキ　＊赤　シャク・あか・あかい・あからむ・あからめる

セキ　＊昔　シャク・むかし
セキ　析
セキ　＊席
セキ　脊
セキ　隻
セキ　惜　おしい・おしむ
セキ　戚
セキ　＊責　せめる
セキ　跡　あと
セキ　＊積　つむ・つもる
セキ　＊績
セキ　籍
せき　＊関（關）かかわる・カン
セツ　＊切　サイ・きる・きれる
セツ　＊折　おる・おれる・おり
セツ　刹　サ▲ツ▲
セツ　拙　つたない
セツ　窃（竊）
セツ　＊接　つぐ
セツ　＊設　もうける

セツ　＊雪　ゆき
セツ　摂（攝）
セツ　＊節（節）　セチ・ふし
セツ　＊説　ゼイ・とく
ゼツ　＊舌　した
ゼツ　＊絶　たつ・たえる・たやす
ぜに　＊銭（錢）　セン
せまい　狭（狹）　せばめる・せばまる・キョウ
せまる　迫　ハク
せめる　攻　コウ
せめる　＊責　セキ
せる　＊競　きそう・キョウ・ケイ
セン　＊千　ち
セン　＊川　かわ
セン　仙
セン　占　しめる・うらなう
セン　＊先　さき
セン　＊宣

セン　＊専（專）　もっぱら
セン　＊泉　いずみ
セン　＊浅（淺）　あさい
セン　＊洗　あらう
セン　＊染　そめる・そまる・しみる・しみ
セン　扇　おうぎ
セン　栓
セン　旋
セン　＊船　ふね・ふな
セン　＊戦（戰）　いくさ・たたかう
セン　煎　いる
セン　羨　うらやむ・うらやましい
セン　腺
セン　詮
セン　践（踐）
セン　箋
セン　＊銭（錢）　ぜに
セン　潜（潛）　ひそむ・もぐる

セン　＊線
セン　遷
セン　＊選　えらぶ
セン　薦　すすめる
セン　繊（纖）
セン　鮮　あざやか
ゼン　＊全　まったく・すべて
ゼン　＊前　まえ
ゼン　＊善　よい
ゼン　＊然　ネン
ゼン　禅（禪）
ゼン　漸
ゼン　膳
ゼン　繕　つくろう

【ソ】

ソ　狙　ねらう
ソ　阻　はばむ
ソ　＊祖（祖）
ソ　租
ソ　＊素　ス

ソ　措
ソ　粗　あらい
ソ　*組　くむ・くみ
ソ　疎　うとい・うとむ
ソ　訴　うったえる
ソ　塑
ソ▲　遡　さかのぼる
ソ　礎　いしずえ
ソウ　双　(雙)　ふた
ソウ　壮　(壯)
ソウ　*早　サッ・はやい・はやめる・はやまる
ソウ　*争　(爭)　あらそう
ソウ　*走　はしる
ソウ　*宗　シュウ
ソウ　*奏　かなでる
ソウ　*相　ショウ・あい
ソウ　荘　(莊)
ソウ　*草　くさ
ソウ　*送　おくる
ソウ　*倉　くら

ソウ　捜　(搜)　さがす
ソウ　挿　(插)　さす
ソウ　桑　くわ
ソウ　*巣　(巢)　す
ソウ　掃　はく
ソウ　曹
ソウ　曽　(曾)　ゾ
ソウ　爽　さわやか
ソウ　*窓　まど
ソウ　*創　つくる
ソウ　喪　も
ソ▲ウ▲　痩　(瘦)　やせる
ソウ　葬　ほうむる
ソウ　*装　(裝)　ショウ・よそおう
ソウ　僧　(僧)
ソウ　*想　ソ
ソウ　*層　(層)
ソウ　*総　(總)
ソウ　遭　あう
ソウ　槽

ソウ　踪
ソウ　*操　あやつる・みさお
ソウ　燥
ソウ　霜　しも
ソウ　騒　(騷)　さわぐ
ソウ　藻　も
そう　*沿　エン
そう　添　そえる・テン
ゾウ　*造　つくる
ゾウ　*象　ショウ
ゾウ　*像
ゾウ　*増　(增)　ます・ふえる・ふやす
ゾウ　憎　(憎)　にくむ・にくい・にくらしい・にくしみ
ゾウ　*雑　(雜)　ザツ
ゾウ　*蔵　(藏)　くら
ゾウ　贈　(贈)　ソウ・おくる
ゾウ　*臓　(臟)
そうろう　*候　コウ

ソク　即（卽）
ソク　＊束　たば
ソク　＊足　あし・たす・たりる・たる
ソク　促　うながす
ソク　＊則
ソク　＊息　いき
ソク　捉　とらえる
ソク　＊速　はやい・はやめる・はやまる・すみやか
ソク　＊側　がわ
ソク　＊測　はかる
ソ▲ク▲　塞　サ▲イ▲・ふさぐ・ふさがる
ゾク　俗
ゾク　＊族
ゾク　＊属（屬）
ゾク　賊
ゾク　＊続（續）つづく・つづける
そこ　＊底　テイ

そこなう＊損　そこねる・ソン
そそぐ＊注　チュウ
そそのかす　唆　サ
そだつ＊育　そだてる・はぐくむ・イク
ソツ　＊卒
ソツ　＊率　リ▲ツ▲・ひきいる
そで　袖　シ▲ュ▲ウ▲
そと　＊外　ほか・はずす・はずれる・ガイ・ゲ
そなえる＊供　とも・キョウ・ク
そなえる＊備　そなわる・ビ
その　＊園　エン
そむく＊背　そむける・せ・せい・ハイ
そめる＊初　はじめ・はじめて・はつ・うい・ショ
そめる＊染　そまる・しみる・しみ・セン
そら　＊空　あく・あける・から・クウ

そる　＊反　そらす・ハン・ホン・タン
ソン　＊存　ゾン
ソン　＊村　むら
ソン　＊孫　まご
ソン　＊尊　たっとい・とうとい・たっとぶ・とうとぶ
ソン　＊損　そこなう・そこねる
ソン　遜
ゾン　＊存　ソン

【タ】

タ　＊太　タイ・ふとい・ふとる
タ　＊他　ほか
タ　＊多　おおい
タ　汰
た　＊田　デン
ダ　＊打　うつ
ダ　妥
ダ　唾　つば

ダ　蛇　ジャ・へび
ダ　堕（墮）
ダ　惰
ダ　駄
タイ　＊大　ダイ・おおきい・おお・おおいに
タイ　＊太　タ・ふとい・ふとる
タイ　＊代　ダイ・かえる・かわる・よ・しろ
タイ　＊対（對）ツイ
タイ　＊体（體）テイ・からだ
タイ　耐　たえる
タイ　＊待　まつ
タイ　怠　おこたる・なまける
タイ　胎
タイ　＊退　しりぞく・しりぞける
タイ　＊帯（帶）おびる・おび
▲タ▲イ　泰
タイ　堆
タイ　袋　ふくろ

タイ　逮
タイ　替　かえる・かわる
タイ　＊貸　かす
タイ　＊隊
タイ　滞（滯）とどこおる
タイ　＊態
タイ　戴
ダイ　＊大　タイ・おおきい・おお・おおいに
ダイ　＊代　タイ・かえる・かわる・よ・しろ
ダイ　＊台（臺）タイ
ダイ　＊第
ダイ　＊題
たいら　＊平　ひら・ヘイ・ビョウ
たえる　耐　タイ
たえる　堪　カン
たおす　倒　たおれる・トウ
たかい　＊高　たか・たかまる・たかめる・コウ
たがい　互　ゴ

たがやす　＊耕　コウ
たから　＊宝（寶）ホウ
たき　滝（瀧）
たきぎ　薪　シン
タク　＊宅
タク　択（擇）
タク　沢（澤）さわ
タク　卓
タク　拓
タク　託
タク　濯
たく　炊　スイ
ダク　諾
ダク　濁　にごる・にごす
だく　抱　いだく・かかえる・ホウ
たぐい　＊類（類）ルイ
たくみ　巧　コウ
たくわえる　蓄　チク
たけ　丈　ジョウ
たけ　＊竹　チク

たけ 岳（嶽）ガク
たしか＊確 たしかめる・カク
たす ＊足 たりる・たる・あし・ソク
たすける＊助 たすかる・すけ・ジョ
たずさえる 携 たずさわる・ケイ
たずねる＊訪 おとずれる・ホウ
たずねる 尋 ジン
たたかう＊戦（戰）いくさ・セン
たたかう 闘（鬭）トウ
ただし▲但
ただしい＊正 ただす・まさ・セイ・ショウ
ただちに＊直 なおす・なおる・チョク・ジキ
たたむ 畳（疊）たたみ・ジョウ
ただよう 漂 ヒョウ
タツ ＊達
たつ 竜（龍）リュウ

たつ ＊立 たてる・リツ・リュウ
たつ ＊建 たてる・ケン・コン
たつ ＊断（斷）ことわる・ダン
たつ ＊絶 たえる・たやす・ゼツ
たつ ＊裁 さばく・サイ
ダツ 脱 ぬぐ・ぬげる
ダツ 奪 うばう
たっとい＊尊 たっとぶ・とうとい・とうとぶ・ソン
たっとい＊貴 たっとぶ・とうとい・とうとぶ・キ
たて 盾 ジュン
たて ＊縦（縱）ジュウ
たてまつる 奉 ホウ・ブ
たとえる＊例 レイ
たな 棚
たに ＊谷 コク
たね ＊種 シュ
たのしい＊楽（樂）たのしむ・ガク・ラク

たのむ 頼（賴）たのもしい・たよる・ライ
たば ＊束 ソク
たび ＊度 ド・ト・タク
たび ＊旅 リョ
たべる＊食 くう・くらう・ショク・ジキ
たま ＊玉 ギョク
たま ＊球 キュウ
たま 弾（彈）ひく・はずむ・ダン
たま 霊（靈）レイ・リョウ
たまご＊卵 ラン
たましい 魂 コン
だまる 黙（默）モク
たまわる 賜 シ
たみ ＊民 ミン
ためす＊試 こころみる・シ
ためる 矯 キョウ
たもつ＊保 ホ

○＝新聞協会等追加漢字　傍点○＝同追加音訓　▲＝同不使用漢字

たより＊便　ベン・ビン
たよる　頼（賴）たのむ・たのもしい・ライ
だれ　誰
たれる＊垂　たらす・スイ
たわむれる　戯（戲）ギ
たわら＊俵　ヒョウ
タン　丹
タン　旦　ダン
タン＊担（擔）かつぐ・になう
タン＊単（單）
タン＊炭　すみ
タン　胆（膽）
タン＊探　さがす・さぐる
タン　淡　あわい
タン＊短　みじかい
タン　嘆（嘆）なげく・なげかわしい
タン　端　はし・は・はた
タン　綻　ほころびる
タン＊誕

タン　鍛　きたえる
ダン　旦　タン
ダン＊団（團）トン
ダン＊男　ナン・おとこ
ダン＊段
ダン＊断（斷）たつ・ことわる
ダン　弾（彈）ひく・はずむ・たま
ダン＊暖　あたたか・あたたかい・あたたまる・あたためる
ダン＊談
ダン　壇　タン

【チ】

チ＊地　ジ
チ＊池　いけ
チ＊知　しる
チ＊値　ね・あたい
チ　恥　はじる・はじ・はじらう・はずかしい

チ　致　いたす
チ　遅（遲）おくれる・おくらす・おそい
チ　痴（癡）
チ　稚
チ＊置　おく
チ▲　緻
ち＊千　セン
ち＊血　ケツ
ち＊乳　ちち・ニュウ
ちいさい＊小　こ・お・ショウ
ちかい＊近　キン
ちかう　誓　セイ
ちがう　違　ちがえる・イ
ちから＊力　リョク・リキ
ちぎる　契　ケイ
チク＊竹　たけ
チク　畜
チク　逐
チク　蓄　たくわえる
チク＊築　きずく

ちち　＊父　フ
ちち　＊乳　ち・ニュウ
ちぢむ＊縮　ちぢまる・ちぢめる・ちぢれる・ちぢらす・シュク
チツ　秩
チツ　窒
チャ　＊茶　サ
チャク＊着　ジャク・きる・きせる・つく・つける
チャク　嫡
チュウ＊中　ジュウ・なか
チュウ＊仲　なか
チュウ＊虫（蟲）むし
チュウ＊沖　おき
チュウ＊宙
チュウ＊忠
チュウ　抽
チュウ＊注　そそぐ
チュウ＊昼（晝）ひる
チュウ＊柱　はしら
チュウ　衷
チュウ　酎
チュウ　鋳（鑄）いる
チュウ　駐
チョ　＊著（著）あらわす・いちじるしい
チョ　＊貯
チョウ＊丁　テイ
チョウ　弔　とむらう
チョウ＊庁（廳）
チョウ＊兆　きざす・きざし
チョウ＊町　まち
チョウ＊長　ながい
チョウ　挑　いどむ
チョウ＊重　ジュウ・え・おもい・かさねる・かさなる
チョウ＊帳
チョウ＊張　はる
チョウ　彫　ほる
チョウ　眺　ながめる
チョウ　釣　つる
チョウ＊頂　いただく・いただき
チョウ＊鳥　とり
チョウ＊朝　あさ
チョウ　貼　はる
チョウ　超　こえる・こす
チョウ＊腸
チョウ　跳　とぶ・はねる
チョウ　徴（徵）
チョウ　嘲　▲あ▲ざ▲け▲る
チョウ＊潮　しお
チョウ　澄　すむ・すます
チョウ＊調　しらべる・ととのう・ととのえる
チョウ　聴（聽）きく
チョウ　懲（懲）こりる・こらす・こらしめる
チョク＊直　ジキ・なおす・なおる・ただちに
チョク　勅（敕）
▲チ▲ョ▲ク　捗
ちる　＊散　ちらす・ちらかす・

ちらかる・サン
チン　沈　しずむ・しずめる
チン　珍　めずらしい
チン　▲朕
チン　陳
チン　*賃
チン　鎮（鎭）しずまる・しずめる

【ツ】

ツ　*都（都）ト・みやこ
つ　津　シン
ツイ　*対（對）タイ
ツイ　*追　おう
ツイ　椎
ツイ　墜
ついやす*費　ついえる・ヒ
ツウ　*通　ツ・とおる・とおす・かよう
ツウ　*痛　いたい・いたむ・いためる

つか　塚（塚）
つかう*使　シ
つかう　遣　つかわす・ケン
つかえる*仕　シ・ジ
つかまえる　捕　つかまる・とらえる・とらわれる・とる・ホ
つかれる　疲　ヒ
つき　*月　ゲツ・ガツ
つく　*付　つける・フ
つく　突（突）トツ
つく　*就　つける・シュウ・ジュ
つく　*着　つける・きる・きせる・チャク・ジャク
つぐ　*次　つぎ・ジ・シ
つぐ　*接　セツ
つぐ　継（繼）ケイ
つくえ*机　キ
つくす　尽（盡）つきる・つかす・ジン

つぐなう　償　ショウ
つくる*作　サク・サ
つくる*造　ゾウ
つくる*創　ソウ
つくろう　繕　ゼン
つける　漬　つかる
つげる*告　コク
つたない　拙　セツ
つたわる*伝（傳）つたえる・つたう・デン
つち　*土　ド・ト
つちかう　培　バイ
つつ　筒　トウ
つづく*続（續）つづける・ゾク
つつしむ　慎（愼）シン
つつしむ　謹（謹）キン
つつみ　堤　テイ
つづみ　鼓　コ
つつむ*包　ホウ
つどう*集　あつまる・あつめる・シュウ

つとめる＊努　ド
つとめる＊務　つとまる・ム
つとめる＊勤（勤）つとまる・キン・ゴン
つな　綱　コウ
つね　＊常　とこ・ジョウ
つの　＊角　かど・カク
つのる　募　ボ
つば　唾　ダ
つばさ　翼　ヨク
つぶ　粒　リュウ
つぶす　潰　つぶれる・カイ
つぼ　坪
つま　＊妻　サイ
つみ　＊罪　ザイ
つむ　摘　テキ
つむ　＊積　つもる・セキ
つむぐ　紡　ボウ
つめ　爪　つま
つめたい＊冷　ひえる・ひや・ひやす・ひやかす・さめる・さます・レイ
つめる　詰　つまる・つむ・キツ
つ▲や▲　艶（艷）エ▲ン▲
つゆ　露　ロ・ロウ
つよい＊強　つよまる・つよめる・しいる・キョウ・ゴウ
つら　＊面　おもて・おも・メン
つらなる＊連　つらねる・つれる・レン
つらぬく　貫　カン
つる　弦　ゲン
つる　釣　チョウ
つる　鶴
つるぎ　剣（劍）ケン

【テ】

て　＊手　た・シュ
テイ　＊丁　チョウ
テイ　＊体（體）タイ・からだ
テイ　＊低　ひくい・ひくまる・ひくめる
テイ　呈
テイ　廷
テイ　＊弟　ダイ・デ・おとうと
テイ　＊定　ジョウ・さだまる・さだめる・さだか
テイ　＊底　そこ
テイ　抵
テイ　邸
テイ　亭
テイ　貞
テイ　帝
テイ　訂
テイ　＊庭　にわ
テイ　逓（遞）
テイ　＊停
テイ　偵
テイ　堤　つつみ
テイ　＊提　さげる
テイ　＊程　ほど
テイ　艇

○＝新聞協会等追加漢字　傍点○＝同追加音訓　▲＝同不使用漢字

テイ　締　しめる・しまる
テイ　諦　あきらめる
デイ　泥　どろ
テキ　＊的　まと
テキ　＊笛　ふえ
テキ　摘　つむ
テキ　滴　したたる・しずく
テキ　＊適
テキ　＊敵　かたき
デキ　溺　おぼれる
テツ　迭
テツ　哲
テツ　＊鉄　（鐵）
テツ　徹
テツ　撤
てら　＊寺　ジ
てる　＊照　てらす・てれる・ショウ
でる　＊出　だす・シュツ・スイ
テン　＊天　あめ・あま
テン　＊典

テン　＊店　みせ
テン　＊点　（點）
テン　＊展
テン　添　そう・そえる
テン　＊転　（轉）ころがる・ころげる・ころがす・ころぶ
テ▲ン▲　殿　デン・との・どの
テン　塡
デン　＊田　た
デン　＊伝　（傳）つたわる・つたえる・つたう
デン　殿　テン・との・どの
デン　＊電

【ト】

ト　＊土　ド・つち
ト　斗
ト　吐　はく
ト　＊図　（圖）ズ・はかる
ト　妬　ねたむ

ト　＊徒
ト　途
ト　＊都　（都）ツ・みやこ
ト　渡　わたる・わたす
ト　＊登　トウ・のぼる
ト　塗　ぬる
ト　賭　かける
と　＊十　とお・ジュウ・ジッ
と　＊戸　コ
ド　＊土　ト・つち
ド　奴
ド　＊努　つとめる
ド　＊度　ト・タク・たび
ド　怒　いかる・おこる
トウ　＊刀　かたな
トウ　＊冬　ふゆ
トウ　＊灯　（燈）ひ
トウ　＊当　（當）あてる・あたる
トウ　＊投　なげる
トウ　＊豆　ズ・まめ
トウ　＊東　ひがし

トウ　到
トウ　逃　にげる・にがす・のがす・のがれる
トウ　倒　たおす・たおれる
トウ　凍　こおる・こごえる
トウ　唐　から
トウ　*島　しま
トウ　桃　もも
トウ　*討　うつ
トウ　透　すく・すかす・すける
トウ　*党　（黨）
トウ　悼　いたむ
トウ　盗　（盜）ぬすむ
トウ　陶
トウ　塔
トウ　搭
トウ　棟　むね・むな
トウ　*湯　ゆ
トウ　痘
トウ　*登　ト・のぼる

トウ　*答　こたえる・こたえ
トウ　*等　ひとしい
トウ　筒　つつ
トウ　*統　すべる
トウ　稲　（稻）いね・いな
トウ　踏　ふむ・ふまえる
トウ　*糖
トウ　*頭　ズ・ト・あたま・かしら
トウ　謄
トウ　藤　ふじ
トウ　闘　（鬪）たたかう
トウ　騰
とう　*問　とい・とん・モン
ドウ　*同　おなじ
ドウ　洞　ほら
ドウ　胴
ドウ　*動　うごく・うごかす
ドウ　*堂
ドウ　*童　わらべ
ドウ　*道　トウ・みち

ドウ　*働　はたらく
ドウ　*銅
ドウ　*導　みちびく
ドウ　瞳　ひとみ
とうげ　峠
とうとい　*尊　とうとぶ・たっとい・たっとぶ・ソン
とうとい　*貴　とうとぶ・たっとい・たっとぶ・キ
とお　*十　と・ジュウ・ジッ
とおい　*遠　エン・オン
とおる　*通　とおす・かよう・ツウ・ツ
とき　*時　ジ
トク　匿
トク　*特
トク　*得　える・うる
トク　督
トク　*徳　（德）
トク　*読　（讀）ドク・トウ・よむ

トク　篤
とく　溶　とかす・とける・ヨウ
とく　＊解　とかす・とける・カイ・ゲ
とく　＊説　セツ・ゼイ
とぐ　＊研（硏）ケン
ドク　＊毒
ドク　＊独（獨）ひとり
ドク　＊読（讀）トク・トウ・よむ
とげる　遂　スイ
とこ　床　ゆか・ショウ
とこ　＊常　つね・ジョウ
ところ＊所　ショ
とし　＊年　ネン
とじる＊閉　とざす・しめる・しまる・ヘイ
とち　＊㊂栃
トツ　凸
トツ　突（突）つく

とつぐ　嫁　よめ・カ
とどく＊届（屆）とどける
とどこおる　滞（滯）タイ
ととのう＊調　ととのえる・しらべる・チョウ
ととのう＊整　ととのえる・セイ
となえる＊唱　ショウ
となり　隣　となる・リン
との　殿　どの・デン・テン
とびら　扉　ヒ
とぶ　＊飛　とばす・ヒ
とぶ　跳　はねる・チョウ
とぼしい　乏　ボウ
とまる＊止　とめる・シ
とまる　泊　とめる・ハク
とまる＊留　とめる・リュウ・ル
とむ　＊富　とみ・フ・フウ
とむらう　弔　チョウ
とも　＊友　ユウ
とも　＊共　キョウ
とも　＊供　そなえる・キョウ・ク

ともなう　伴　ハン・バン
とら　虎　コ
とらえる　捉　ソク
とらえる　捕　とらわれる・とる・つかまえる・つかまる・ホ
とり　＊鳥　チョウ
とり　鶏（鷄）にわとり・ケイ
とる　＊取　シュ
とる　捕　とらえる・とらわれる・つかまえる・つかまる・ホ
とる　執　シツ・シュウ
とる　＊採　サイ
とる　撮　サツ
どろ　泥　デイ
トン　屯
トン　豚　ぶた
トン　頓
ドン　貪　むさぼる

ドン　鈍　にぶい・にぶる
ドン　曇　くもる
どんぶり　丼　どん

【ナ】

ナ　那
ナ　＊奈
な　＊名　メイ・ミョウ
な　＊菜　サイ
ナイ　＊内　ダイ・うち
ない　＊亡　ボウ・モウ
ない　＊無　ム・ブ
なえ　苗　▲なわ・ビョウ
なえる　萎　イ
なおす　＊治　なおる・おさめる・おさまる・ジ・チ
なおす　＊直　なおる・ただちに・チョク・ジキ
なか　＊中　チュウ・ジュウ
なか　＊仲　チュウ
ながい　＊永　エイ
ながい　＊長　チョウ
なかば　＊半　ハン
ながめる　眺　チョウ
ながれる　＊流　ながす・リュウ・ル
なく　＊泣　キュウ
なく　＊鳴　なる・ならす・メイ
なぐさめる　慰　なぐさむ・イ
なぐる　殴（毆）　オウ
なげく　嘆（嘆）　なげかわしい・タン
なげる　＊投　トウ
なごむ　＊和　なごやか・やわらぐ・やわらげる・ワ・オ
なさけ　＊情　ジョウ・セイ
なし　＊梨
なぞ　謎
なつ　＊夏　カ・ゲ
なつかしい　懐（懷）　なつかしむ・なつく・なつける・ふところ・カイ
なな　＊七　ななつ・なの・シチ
ななめ　斜　シャ
なに　＊何　なん・カ
なべ　鍋
なま　＊生　き・いきる・いかす・いける・うむ・うまれる・おう・はえる・はやす・セイ・ショウ
なまける　怠　おこたる・タイ
なまり　鉛　エン
なみ　＊波　ハ
なみ　＊並（竝）　ならぶ・ならべる・ならびに・ヘイ
なみだ　涙（淚）　ルイ
なめらか　滑　すべる・カツ・コツ
なやむ　悩（惱）　なやます・ノウ
ならう　＊習　シュウ
ならう　倣　ホウ
ならぶ　＊並（竝）　ならべる・なら

○＝新聞協会等追加漢字　傍点○＝同追加音訓　▲＝同不使用漢字

びに・なみ・ヘイ
なる ＊成 なす・セイ・ジョウ
なる ＊鳴 ならす・なく・メイ
なれる ＊慣 ならす・カン
なわ ＊縄（繩）ジョウ
ナン ＊男 ダン・おとこ
ナン ＊南 ナ・みなみ
ナン 軟 やわらか・やわらかい
ナン ＊難（難）かたい・むずかしい

【ニ】

ニ ＊二 ふた・ふたつ
ニ 尼 あま
ニ 弐（貳）
に ＊荷 カ
にい ＊新 あたらしい・あらた・シン
におう 匂
におう 臭（臭）くさい・シュウ
にがい ＊苦 にがる・くるしい・くるしむ・くるしめる・ク
にぎる 握 アク
ニク ＊肉
にくむ 憎（憎）にくい・にくらしい・にくしみ・ゾウ
にげる 逃 にがす・のがす・のがれる・トウ
にごる 濁 にごす・ダク
にし ＊西 セイ・サイ
にじ 虹 コウ
にしき 錦 キン
にせ 偽（僞）いつわる・ギ
ニチ ＊日 ジツ・ひ・か
になう ＊担（擔）かつぐ・タン
にぶい 鈍 にぶる・ドン
ニュウ ＊入 いる・いれる・はいる
ニュウ ＊乳 ちち・ち
ニュウ 柔 ジュウ・やわらか・やわらかい
ニョ ＊女 ジョ・ニョウ・おんな・め
ニョ 如 ジョ
ニョウ 尿
にる ＊似 ジ
にる 煮（煮）にえる・にやす・シャ
にわ ＊庭 テイ
にわとり 鶏（鷄）とり・ケイ
ニン ＊人 ジン・ひと
ニン ＊任 まかす・まかせる
ニン 妊
ニン 忍 しのぶ・しのばせる
ニン ＊認 みとめる

【ヌ】

ぬう 縫 ホウ
ぬく 抜（拔）ぬける・ぬかす・ぬかる・バツ
ぬぐ 脱 ぬげる・ダツ

ぬぐう　拭　ふく・シ▲ョ▲ク▲
ぬし　＊主　おも・シュ・ス
ぬすむ　盗（盜）トウ
ぬの　＊布　フ
ぬま　沼　ショウ
ぬる　塗　ト

【ネ】

ね　＊音　おと・オン・イン
ね　＊根　コン
ね　＊値　あたい・チ
ネイ　寧
ねがう＊願　ガン
ねこ　猫　ビョウ
ねたむ　妬　ト
ネツ　＊熱　あつい
ねばる　粘　ネン
ねむる　眠　ねむい・ミン
ねらう　狙　ソ
ねる　寝（寢）ねかす・シン
ねる　＊練（練）レン

ネン　＊年　とし
ネン　＊念
ネン　捻
ネン　粘　ねばる
ネン　＊然　ゼン
ネン　＊燃　もえる・もやす・もす
ねんごろ　懇　コン

【ノ】

の　＊野　ヤ
ノウ　悩（惱）なやむ・なやます
ノウ　＊納　ナッ・ナ・ナン・トウ・おさめる・おさまる
ノウ　＊能
ノウ　＊脳（腦）
ノウ　＊農
ノウ　濃　こい
のがす　逃　のがれる・にげる・にがす・トウ
のき　軒　ケン
のこる＊残（殘）のこす・ザン
のぞく＊除　ジョ・ジ
のぞむ＊望　ボウ・モウ
のぞむ＊臨　リン
のち　＊後　うしろ・あと・おくれる・ゴ・コウ
のど　喉　コウ
の▲の▲し▲る▲　罵　バ
のびる　伸　のばす・のべる・シン
のびる＊延　のばす・のべる・エン
のべる＊述　ジュツ
のぼる＊上　のぼせる・のぼす・あがる・あげる・うえ・うわ・かみ・ジョウ・ショウ
のぼる　昇　ショウ
のぼる＊登　トウ・ト

○=新聞協会等追加漢字　傍点○=同追加音訓　▲=同不使用漢字

のむ　＊飲　イン
のる　＊乗（乘）のせる・ジョウ
のる　＊載　のせる・サイ
のろう　呪　ジュ

【ハ】

ハ　把
ハ　＊波　なみ
ハ　＊派
ハ　＊破　やぶれる・やぶる
ハ　覇（霸）
は　刃　ジン
は　＊羽　はね・ウ
は　＊葉　ヨウ
は　＊歯（齒）シ
は　端　はし・はた・タン
バ　＊馬　うま・ま|
バ　婆
バ　罵　の▲の▲し▲る▲
ば　＊場　ジョウ
ハイ　＊拝（拜）おがむ

ハイ　杯　さかずき
ハイ　＊背　せ・せい・そむく・そむける
ハイ　＊肺
ハイ　○胚
ハイ　＊俳
ハイ　＊配　くばる
ハイ　排
ハイ　＊敗　やぶれる
ハイ　廃（廢）すたれる・すたる
ハイ　輩
はい　＊灰　カイ
バイ　＊売（賣）うる・うれる
バイ　＊倍
バイ　＊梅（梅）うめ
バイ　培　つちかう
バイ　陪
バイ　媒
バイ　＊買　かう
バイ　賠

はいる　＊入　いる・いれる・ニュウ
はえる　＊生　はやす・いきる・いかす・いける・うまれる・うむ・おう・き・なま・セイ・ショウ
はえる　＊映　うつす・うつる・エイ
はえる　＊栄（榮）はえ・さかえる・エイ
はか　＊墓　ボ
はがす　剝　はぐ・はがれる・はげる・ハ▲ク▲
はがね　＊鋼　コウ
はかる　＊図（圖）ズ・ト
はかる　＊計　はからう・ケイ
はかる　＊測　ソク
はかる　＊量　リョウ
はかる　諮　シ
はかる　謀　ボウ・ム|
ハク　＊白　ビャク・しろ・しら|

・しろい
ハク 伯
ハク 拍 ヒョウ
ハク 泊 とまる・とめる
ハク 迫 せまる
▲ハク 剝 はがす・はぐ・はがれる・はげる
ハク 舶
ハク *博 バク
ハク 薄 うすい・うすめる・うすまる・うすらぐ・うすれる
はく 吐 ト
はく 掃 ソウ
はく 履 リ
バク *麦（麥）むぎ
バク *幕 マク
バク 漠
バク 縛 しばる
バク 爆
はぐくむ*育 そだつ・そだてる・イク

はげしい*激 ゲキ
はげむ 励（勵）はげます・レイ
ばける*化 ばかす・カ・ケ
はこ *箱
はこぶ*運 ウン
はさむ 挟（挾）はさまる・キョウ
はし 端 は・はた・タン
はし 箸
はし *橋 キョウ
はじめ*初 はじめて・はつ・うい・そめる・ショ
はじめる*始 はじまる・シ
はしら*柱 チュウ
はしる*走 ソウ
はじる 恥 はじ・はじらう・はずかしい・チ
はずかしめる 辱 ジョク
はずす*外 はずれる・そと・ほか・ガイ・ゲ

はずむ 弾（彈）ひく・たま・ダン
はた *旗 キ
はた 端 はし・は・タン
はた *機 キ
はだ 肌
はだか 裸 ラ
はたけ*畑 はた
はたす*果 はてる・はて・カ
はたらく*働 ドウ
ハチ *八 や・やつ・やっつ・よう
ハチ 鉢 ハツ
はち 蜂 ホウ
バチ 罰 バツ
ハツ *発（發）ホツ
ハツ 髪（髮）かみ
はつ *初 はじめ・はじめて・うい・そめる・ショ
バツ *末 マツ・すえ
バツ 伐

○=新聞協会等追加漢字　傍点○=同追加音訓　▲=同不使用漢字

バツ　抜（拔）　ぬく・ぬける・ぬかす・ぬかる
バツ　罰　バチ
バツ　閥
はな　*花　カ
はな　華　カ・ケ
はな　*鼻　ビ
はなす　*放　はなつ・はなれる・ほうる・ホウ
はなす　*話　はなし・ワ
はなす　離　はなれる・リ
はなはだ　甚　はなはだしい・ジン
はね　*羽　は・ウ
はねる　跳　とぶ・チョウ
はは　*母　ボ
はば　幅　フク
はばむ　阻　ソ
はぶく　*省　かえりみる・セイ・ショウ
はま　浜（濱）　ヒン

はやい　*早　はやめる・はやまる・ソウ・サッ
はやい　*速　はやめる・はやまる・すみやか・ソク
はやし　*林　リン
はら　*原　ゲン
はら　*腹　フク
はらう　払（拂）　フツ
はり　*針　シン
はる　*春　シュン
はる　*張　チョウ
はる　貼　チョウ
はれる　*晴　はらす・セイ
はれる　腫　はらす・シュ
ハン　*反　ホン・タン・そる・そらす
ハン　*半　なかば
ハン　氾
ハン　*犯　おかす
ハン　帆　ほ
ハン　汎

ハン　伴　バン・ともなう
ハン　*判　バン
ハン　*坂　さか
ハン　*阪
ハン　*板　バン・いた
ハン　*版
ハン　*班
ハン　畔
ハン　般
ハン　販
ハン　斑
ハン　*飯　めし
ハン　搬
ハン　煩　ボン・わずらう・わずらわす
ハン　頒
ハン　範
ハン　繁（繁）
ハン　藩
バン　*万（萬）　マン
バン　伴　ハン・ともなう

バン　*判　ハン
バン　*板　ハン・いた
バン　*晩　（晩）
バン　*番
バン　蛮　（蠻）
バン　盤

【ヒ】

ヒ　*比　くらべる
ヒ　*皮　かわ
ヒ　妃
ヒ　*否　いな
ヒ　*批
ヒ　彼　かれ・かの
ヒ　披
ヒ　*肥　こえる・こえ・こやす・こやし
ヒ　泌　ヒツ
ヒ　*非
ヒ　卑　（卑）いやしい・いやしむ・いやしめる

ヒ　*飛　とぶ・とばす
ヒ　疲　つかれる
ヒ　*秘　（祕）ひめる
ヒ　被　こうむる
ヒ　*悲　かなしい・かなしむ
ヒ　扉　とびら
ヒ　*費　ついやす・ついえる
ヒ　碑　（碑）
▲ヒ　罷
ヒ　避　さける
ひ　*日　か・ニチ・ジツ
ひ　*火　ほ・カ
ひ　*氷　こおり・ヒョウ
ひ　*灯　（燈）トウ
ビ　尾　お
ビ　眉　ミ・まゆ
ビ　*美　うつくしい
ビ　*備　そなえる・そなわる
ビ　微
ビ　*鼻　はな
ひいでる　秀　シュウ

ひえる　*冷　ひや・ひやす・ひやかす・さめる・さます・つめたい・レイ
ひかえる　控　コウ
ひがし　*東　トウ
ひかる　*光　ひかり・コウ
ひき　匹　ヒツ
ひきいる　*率　ソツ・リツ
ひく　*引　ひける・イン
ひく　弾　（彈）はずむ・たま・ダン
ひくい　*低　ひくまる・ひくめる・テイ
ひざ　膝
ひさしい　*久　キュウ・ク
ひじ　肘
ひそむ　潜　（潛）もぐる・セン
ひたい　*額　ガク
ひたす　浸　ひたる・シン
ひだり　*左　サ
ヒツ　匹　ひき

○＝新聞協会等追加漢字　傍点○＝同追加音訓　▲＝同不使用漢字

ヒツ　＊必　かならず
ヒツ　泌　ヒ
ヒツ　＊筆　ふで
ひつじ＊羊　ヨウ
ひと　＊一　ひとつ・イチ・イツ
ひと　＊人　ジン・ニン
ひとしい＊等　トウ
ひとみ　瞳　ドウ
ひとり＊独（獨）ドク
ひびく　響（響）キョウ
ひま　暇　カ
ひめ　姫
ひめる＊秘（祕）ヒ
ヒャク＊百
ビャク＊白　ハク・しろ・しら・しろい
ヒョウ＊氷　こおり・ひ
ヒョウ＊兵　ヘイ
ヒョウ＊表　おもて・あらわす・あらわれる
ヒョウ＊俵　たわら

ヒョウ＊票
ヒョウ＊評
ヒョウ　漂　ただよう
ヒョウ＊標
ビョウ＊平　ヘイ・たいら・ひら
ビョウ　苗　なえ・なわ
ビョウ＊秒
ビョウ＊病　ヘイ・やむ・やまい
ビョウ　描　えがく・かく
ビョウ　猫　ねこ
ひら　＊平　たいら・ヘイ・ビョウ
ひらく＊開　ひらける・あく・あける・カイ
ひる　＊昼（晝）チュウ
ひる　＊干　ほす・カン
ひるがえる　翻（飜）ひるがえす・ホン
ひろい＊広（廣）ひろまる・ひろめる・ひろがる・ひろげる・コウ

ひろう＊拾　シュウ・ジュウ
ヒン　＊品　しな
ヒン　浜（濱）はま
ヒン　＊貧　ビン・まずしい
ヒン　賓（賓）
ヒン　頻（頻）
ビン　＊便　ベン・たより
ビン　敏（敏）
ビン　瓶（瓶）
ビン　＊貧　ヒン・まずしい

【フ】

フ　＊不　ブ
フ　＊夫　フウ・おっと
フ　＊父　ちち
フ　＊付　つく・つける
フ　＊布　ぬの
フ　扶
フ　＊府
フ　怖　こわい
フ　＊(固)阜

フ　▲附
フ▲　訃
フ　*負　まける・まかす・おう
フ　赴　おもむく
フ　浮　うく・うかれる・うかぶ・うかべる
フ　*婦
フ　符
フ　*富　フウ・とむ・とみ
フ　普
フ　腐　くさる・くされる・くさらす
フ　敷　しく
フ　膚
フ　賦
フ　譜
ブ　*不　フ
ブ　*分　ブン・フン・わける・わかれる・わかる・わかつ

ブ　侮（侮）あなどる
ブ　*武　ム
ブ　*歩（歩）ホ・フ・あるく・あゆむ
ブ　*部
ブ　*無　ム・ない
ブ　舞　まう・まい
フウ　封　ホウ
フウ　*風　フ・かぜ・かざ
ふえ　*笛　テキ
ふえる　殖　ふやす・ショク
ふえる　*増（増）ふやす・ます・ゾウ
ふかい　*深　ふかまる・ふかめる・シン
フク　伏　ふせる・ふす
フク　*服
フク　*副
フク　幅　はば
フク　*復
フク　*福（福）

フク　*腹　はら
フク　*複
フク　覆　おおう・くつがえす・くつがえる
ふく　吹　スイ
ふく　拭　ぬぐう・シ▲ョ▲ク▲
ふく　噴　フン
ふくむ　含　ふくめる・ガン
ふくらむ　膨　ふくれる・ボウ
ふくろ　袋　タイ
ふける　*老　おいる・ロウ
ふける　更　ふかす・さら・コウ
ふさ　房　ボウ
ふさぐ　塞　ふさがる・サ▲イ▲・ソ▲ク▲
ふし　*節（節）セツ・セチ
ふじ　藤　トウ
ふせぐ　*防　ボウ
ふせる　伏　ふす・フク
ふた　*二　ふたつ・ニ
ふた　双（雙）ソウ

○=新聞協会等追加漢字　傍点○=同追加音訓　▲=同不使用漢字

ふた　蓋　ガイ
ふだ　＊札　サツ
ぶた　豚　トン
ふたたび＊再　サイ・サ
ふち　縁（緣）エン
ふち　○淵
フツ　払（拂）はらう
フツ　沸　わく・わかす
ブツ　＊仏（佛）ほとけ
ブツ　＊物　モツ・もの
ふで　＊筆　ヒツ
ふとい＊太　ふとる・タイ・タ
ふところ　懐（懷）なつかしい・なつかしむ・なつく・なつける・カイ
ふね　舟　ふな・シュウ
ふね　＊船　ふな・セン
ふみ　＊文　ブン・モン
ふむ　踏　ふまえる・トウ
ふもと　麓　ロク
ふゆ　＊冬　トウ

ふる　＊降　おろす・おりる・コウ
ふる　振　ふるう・ふれる・シン
ふるい＊古　ふるす・コ
ふるう　震　ふるえる・シン
ふるう＊奮　フン
ふれる　触（觸）さわる・ショク
フン　＊分　ブン・ブ・わける・わかれる・わかる・わかつ
フン　＊粉　こ・こな
フン　紛　まぎらす・まぎらわす・まぎらわしい・まぎれる
フン　雰
フン　噴　ふく
フン　墳
フン　憤　いきどおる
フン　＊奮　ふるう
ブン　＊分　フン・ブ・わける・わかれる・わかる・わかつ
ブン　＊文　モン・ふみ
ブン　＊聞　モン・きく・きこえる

【へ】

べ　＊辺（邊）あたり・ヘン
ヘイ　丙
ヘイ　＊平　ビョウ・たいら・ひら
ヘイ　＊兵　ヒョウ
ヘイ　併（倂）あわせる
ヘイ　＊並（竝）なみ・ならぶ・ならべる・ならびに
ヘイ　柄　がら・え
ヘイ　＊陛
ヘイ　＊閉　とじる・とざす・しめる・しまる
ヘイ　塀（塀）
ヘイ　幣

ヘイ　▲弊
ヘイ　▲蔽
ヘイ　餅　もち
ベイ　＊米　マイ・こめ
ヘキ　壁　かべ
ヘキ　璧
ヘキ　癖　くせ
へだてる　隔　へだたる・カク
ベツ　＊別　わかれる
ベツ　▲蔑　▲さげすむ
べに　＊紅　くれない・コウ・ク
へび　蛇　ジャ・ダ
へる　＊経（經）　ケイ・キョウ
へる　＊減　へらす・ゲン
ヘン　＊片　かた
ヘン　＊辺（邊）　あたり・べ
ヘン　＊返　かえる・かえす
ヘン　＊変（變）　かえる・かわる
ヘン　偏　かたよる
ヘン　遍
ヘン　＊編　あむ
ベン　＊弁（辨）（瓣）（辯）
ベン　＊便　ビン・たより
ベン　＊勉（勉）

【ホ】

ホ　＊歩（步）　ブ・フ・あるく・あゆむ
ホ　＊保　たもつ
ホ　哺
ホ　捕　とらえる・とらわれる・とる・つかまえる・つかまる
ホ　＊補　おぎなう
ホ　舗
ほ　帆　ハン
ほ　穂（穗）　スイ
ボ　＊母　はは
ボ　募　つのる
ボ　＊墓　はか
ボ　慕　したう
ボ　＊暮　くらす・くれる
ボ　＊模　モ
ボ　簿
ホウ　＊方　かた
ホウ　＊包　つつむ
ホウ　芳　かんばしい
ホウ　邦
ホウ　奉　ブ・たてまつる
ホウ　＊宝（寶）　たから
ホウ　抱　だく・いだく・かかえる
ホウ　＊放　はなす・はなつ・はなれる・ほうる
ホウ　＊法　ハッ・ホッ
ホウ　泡　あわ
ホウ　封　フウ
ホウ　胞
ホウ　俸
ホウ　倣　ならう
ホウ　峰　みね
ホウ　砲
ホウ　崩　くずす・くずれる

○＝新聞協会等追加漢字　傍点○＝同追加音訓　▲＝同不使用漢字

ホウ　＊訪　おとずれる・たずねる
ホウ　＊報　むくいる
ホウ　蜂　はち
ホウ　＊豊（豐）　ゆたか
ホウ　飽　あきる・あかす
ホウ　褒（襃）　ほめる
ホウ　縫　ぬう
ボウ　＊亡　モウ・ない
ボウ　乏　とぼしい
ボウ　妄　モウ
ボウ　忙　いそがしい
ボウ　坊　ボッ
ボウ　妨　さまたげる
ボウ　＊忘　わすれる
ボウ　＊防　ふせぐ
ボウ　房　ふさ
ボウ　肪
ボウ　某
ボウ　冒　おかす
ボウ　剖

ボウ　紡　つむぐ
ボウ　＊望　モウ・のぞむ
ボウ　傍　かたわら
ボウ　帽
ボウ　＊棒
ボウ　＊貿
ボ▲ウ▲　貌
ボウ　＊暴　バク・あばく・あばれる
ボウ　膨　ふくらむ・ふくれる
ボウ　謀　ム・はかる
ほうむる　葬　ソウ
ほうる　＊放　はなす・はなつ・はなれる・ホウ
ほお　頬
ほか　＊他　タ
ほか　＊外　そと・はずす・はずれる・ガイ・ゲ
ほがらか　＊朗（朗）　ロウ
ホク　＊北　きた
ボク　＊木　モク・き・こ

ボク　朴
ボク　＊牧　まき
ボク　睦
ボク　僕
ボク　墨（墨）　すみ
ボク　撲
ほこ　矛　ム
ほこる　誇　コ
ほころびる　綻　タン
ほし　＊星　セイ・ショウ
ほしい　＊欲　ほっする・ヨク
ほす　＊干　ひる・カン
ほそい　＊細　ほそる・こまか・こまかい・サイ
ほたる　蛍（螢）　ケイ
ホツ　＊発（發）　ハツ
ボツ　没
ボツ　勃
ほっする　＊欲　ほしい・ヨク
ほど　＊程　テイ
ほとけ　＊仏（佛）　ブツ

傍点▲＝難読音訓　傍線＝特殊音訓　固＝固有名詞限定　＊＝教育漢字

ほどこす 施 シ・セ
ほね ＊骨 コツ
ほのお 炎 エン
ほまれ 誉（譽）ヨ
ほめる 褒（褎）ホウ
ほら 洞 ドウ
ほり 堀
ほる 彫 チョウ
ほる 掘 クツ
ほろびる 滅 ほろぼす・メツ
ホン ＊本 もと
ホン 奔
ホン 翻（飜）ひるがえる・ひるがえす
ボン 凡 ハン
ボン 盆

【マ】

マ 麻 あさ
マ 摩
マ 磨 みがく
マ 魔
ま ＊真（眞）シン
ま ＊間 あいだ・カン・ケン
マイ ＊毎（每）
マイ ＊米 ベイ・こめ
マイ ＊妹 いもうと
マイ ＊枚
マイ 昧
マイ 埋 うめる・うまる・うもれる
まいる＊参（參）サン
まう 舞 まい・ブ
まえ ＊前 ゼン
まかす＊任 まかせる・ニン
まかなう 賄 ワイ
まがる＊曲 まげる・キョク
まき ＊牧 ボク
まぎらす 紛 まぎらわす・まぎらわしい・まぎれる・フン
マク ＊幕 バク
マク 膜
まく ＊巻（卷）まき・カン
まくら 枕
まける＊負 まかす・おう・フ
まご ＊孫 ソン
まこと＊誠 セイ
まさ ＊正 ただしい・ただす・セイ・ショウ
まさる＊勝 かつ・ショウ
まじる＊交 まざる・まぜる・まじわる・まじえる・かわす・かう・コウ
まじる＊混 まざる・まぜる・こむ・コン
ます 升 ショウ
ます ＊増（增）ふえる・ふやす・ゾウ
まずしい＊貧 ヒン・ビン
また ▲又
また 股 コ
またたく 瞬 シュン

○=新聞協会等追加漢字　傍点○=同追加音訓　▲=同不使用漢字

まち　＊町　チョウ
まち　＊街　ガイ・カイ
マツ　＊末　バツ・すえ
マツ　抹
まつ　＊松　ショウ
まつ　＊待　タイ
まったく＊全　すべて・ゼン
まつりごと＊政　セイ・ショウ
まつる＊祭　まつり・サイ
まと　＊的　テキ
まど　＊窓　ソウ
まどう　惑　ワク
まなこ＊眼　ガン・ゲン
まなぶ＊学（學）ガク
まぬかれる　免（免）メン
まねく＊招　ショウ
まぼろし　幻　ゲン
まめ　＊豆　トウ・ズ
まもる＊守　もり・シュ・ス
まゆ　眉　ビ・ミ
まゆ　繭　ケン

まよう＊迷　メイ
まるい＊丸　まる・まるめる・ガン
まるい＊円（圓）エン
まわり＊周　シュウ
まわる＊回　まわす・カイ・エ
マン　＊万（萬）バン
マン　＊満（滿）みちる・みたす
マン　慢
マン　漫

【ミ】

ミ　＊未
ミ　＊味　あじ・あじわう
ミ　魅
み　＊三　みつ・みっつ・サン
み　＊身　シン
み　＊実（實）みのる・ジツ
みがく　磨　マ
みき　＊幹　カン
みぎ　＊右　ウ・ユウ

みことのり　詔　ショウ
みさお＊操　あやつる・ソウ
みさき　岬
みささぎ　陵　リョウ
みじかい＊短　タン
みじめ　惨（慘）サン・ザン
みず　＊水　スイ
みずうみ＊湖　コ
みずから＊自　ジ・シ
みせ　＊店　テン
みぞ　溝　コウ
みだす＊乱（亂）みだれる・ラン
みだら　淫　イン
みち　＊道　ドウ・トウ
みちびく＊導　ドウ
みちる＊満（滿）みたす・マン
ミツ　＊密
ミツ　蜜
みつぐ　貢　コウ・ク
みとめる＊認　ニン
みどり＊緑（綠）リョク・ロク

みな　皆　カイ
みなと＊港　コウ
みなみ＊南　ナン・ナ
みなもと＊源　ゲン
みにくい　醜　シュウ
みね　峰　ホウ
みのる＊実（實）み・ジツ
みみ　＊耳　ジ
みや　＊宮　キュウ・グウ・ク
ミャク＊脈
みやこ＊都（都）ト・ツ
ミョウ＊名　メイ・な
ミョウ　妙
ミョウ＊命　メイ・いのち
ミョウ＊明　メイ・あかり・あかるい・あかるむ・あからむ・あきらか・あける・あく・あくる・あかす
ミョウ▲　冥　メイ▲
みる　＊見　みえる・みせる・ケン
みる　診　シン
ミン　＊民　たみ
ミン　眠　ねむる・ねむい

【ム】

ム　矛　ほこ
ム　＊武　ブ
ム　＊務　つとめる・つとまる
ム　＊無　ブ・ない
ム　＊夢　ゆめ
ム　霧　きり
む　＊六　むつ・むっつ・むい・ロク
むかえる　迎　ゲイ
むかし＊昔　セキ・シャク
むぎ　＊麦（麥）バク
むく　＊向　むける・むかう・むこう・コウ
むくいる＊報　ホウ
むこ　婿　セイ
むさぼる▲　貪　ドン
むし　＊虫（蟲）チュウ
むす　＊蒸　むれる・むらす・ジョウ
むずかしい＊難（難）かたい・ナン
むすぶ＊結　ゆう・ゆわえる・ケツ
むすめ　娘
むね　旨　シ
むね　＊胸　むな・キョウ
むね　棟　むな・トウ
むら　＊村　ソン
むらさき　紫　シ
むれる＊群　むれ・むら・グン
むろ　＊室　シツ

【メ】

め　＊女　おんな・ジョ・ニョ・ニョウ
め　＊目　ま・モク・ボク

○＝新聞協会等追加漢字　傍点○＝同追加音訓　▲＝同不使用漢字

め ＊芽 ガ
め 雌 めす・シ
メイ ＊名 ミョウ・な
メイ ＊命 ミョウ・いのち
メイ ＊明 ミョウ・あかり・あかるい・あかるむ・あからむ・あきらか・あける・あく・あくる・あかす
メイ ＊迷 まよう
メイ 冥 ミョウ
メイ ＊盟
メイ 銘
メイ ＊鳴 なく・なる・ならす
めぐむ 恵（惠）ケイ・エ
めぐる 巡 ジュン
めし ＊飯 ハン
めす 召 ショウ
めす 雌 め・シ
めずらしい 珍 チン
メツ 滅 ほろびる・ほろぼす

メン 免（免）まぬかれる
メン ＊面 おもて・おも・つら
メン ＊綿 わた
メン 麺（麵）

【モ】

モ 茂 しげる
モ ＊模 ボ
も 喪 ソウ
も 藻 ソウ
モウ ＊毛 け
モウ 妄 ボウ
モウ 盲
モウ 耗 コウ
モウ ＊望 ボウ・のぞむ
モウ 猛
モウ 網 あみ
もうける ＊設 セツ
もうす ＊申 シン
もうでる 詣 ケイ
もえる ＊燃 もやす・もす・ネン

モク ＊木 ボク・き・こ
モク ＊目 ボク・め・ま
モク 黙（默）だまる
もぐる 潜（潛）ひそむ・セン
もしくは ＊若 わかい・ジャク・ニャク
もち 餅 ヘイ
もちいる ＊用 ヨウ
モツ ＊物 ブツ・もの
もつ ＊持 ジ
もっとも ＊最 サイ
もっぱら ＊専（專）セン
もてあそぶ 弄 ロウ
もと ＊下 した・しも・さげる・さがる・くだる・くだす・くださる・おろす・おりる・カ・ゲ
もと ＊元 ゲン・ガン
もと ＊本 ホン
もと ＊基 もとい・キ
もどす 戻（戾）もどる・レイ

もとめる＊求　キュウ
もの　＊者（者）シャ
もの　＊物　ブツ・モツ
もも　桃　トウ
もよおす　催　サイ
もり　＊森　シン
もり　＊守　まもる・シュ・ス
もる　＊盛　さかる・さかん・セイ・ジョウ
もる　漏　もれる・もらす・ロウ
モン　＊文　ブン・ふみ
モン　＊門　かど
モン　紋
モン　＊問　とう・とい・とん
モン　＊聞　ブン・きく・きこえる

【ヤ】

ヤ▲　冶
ヤ　＊夜　よ・よる
ヤ　＊野　の
や　＊八　やつ・やっつ・よう・ハチ
や　＊矢　シ
や　弥（彌）
や　＊屋　オク
や　家　いえ・カ・ケ
やかた＊館　カン
ヤク　厄
ヤク　＊役　エキ
ヤク　＊約
ヤク　＊訳（譯）わけ
ヤク　＊薬（藥）くすり
ヤク　躍　おどる
やく　＊焼（燒）やける・ショウ
やさしい＊易　エキ・イ
やさしい＊優　すぐれる・ユウ
やしなう＊養　ヨウ
やしろ＊社（社）シャ
やすい＊安　アン
やすむ＊休　やすまる・やすめる
やせる　痩（瘦）ソウ▲・キュウ▲
やど　＊宿　やどる・やどす・シュク
やとう　雇　コ
やなぎ　柳　リュウ
やぶれる＊破　やぶる・ハ
やぶれる＊敗　ハイ
やま　＊山　サン
やまい＊病　やむ・ビョウ・ヘイ
やみ　闇
やむ　＊病　やまい・ビョウ・ヘイ
やめる＊辞（辭）ジ
やわらか　柔　やわらかい・ジュウ・ニュウ
やわらか　軟　やわらかい・ナン
やわらぐ＊和　やわらげる・なごむ・なごやか・ワ・オ

【ユ】

ユ　*由　ユウ・ユイ・よし
ユ　*油　あぶら
ユ　喩
ユ　愉
ユ　諭　さとす
ユ　*輸
ユ　癒　いえる・いやす
ゆ　*湯　トウ
ユイ　唯　イ
ユウ　*友　とも
ユウ　*右　ウ・みぎ
ユウ　*由　ユ・ユイ・よし
ユウ　*有　ウ・ある
ユウ　*勇　いさむ
ユウ　幽
ユウ　悠
ユウ　*郵
ユウ　湧　わく
ユウ　猶
ユウ　裕
ユウ　*遊　ユ・あそぶ
ユウ　雄　お・おす
ユウ　誘　さそう
ユウ　憂　うれえる・うれい・うい
ユウ　融
ユウ　*優　やさしい・すぐれる
ゆう　*夕　セキ
ゆう　*結　ゆわえる・むすぶ・ケツ
ゆえ　*故　コ
ゆか　床　とこ・ショウ
ゆき　*雪　セツ
ゆく　*行　いく・おこなう・コウ・ギョウ・アン
ゆく　逝　いく・セイ
ゆずる　譲（讓）　ジョウ
ゆたか　*豊（豐）　ホウ
ゆだねる　*委　イ
ゆび　*指　さす・シ
ゆみ　*弓　キュウ
ゆめ　*夢　ム
ゆるい　緩　ゆるやか・ゆるむ・ゆるめる・カン
ゆるす　*許　キョ
ゆれる　揺（搖）　ゆる・ゆらぐ・ゆるぐ・ゆする・ゆさぶる・ゆすぶる・ヨウ

【ヨ】

ヨ　与（與）　あたえる
ヨ　*予（豫）
ヨ　*余（餘）　あまる・あます
ヨ　誉（譽）　ほまれ
ヨ　*預　あずける・あずかる
よ　*世　セイ・セ
よ　*代　しろ・かえる・かわる・ダイ・タイ
よ　*四　よつ・よっつ・よん・シ
よ　*夜　よる・ヤ

よい　宵　ショウ
よい　＊良　リョウ
よい　＊善　ゼン
ヨウ　＊幼　おさない
ヨウ　＊用　もちいる
ヨウ　＊羊　ひつじ
ヨウ　妖　あやしい
ヨウ　＊洋
ヨウ　＊要　かなめ・いる
ヨウ　＊容
ヨウ　庸
ヨウ　揚　あがる・あげる
ヨウ　揺（搖）ゆれる・ゆる・ゆらぐ・ゆるぐ・ゆする・ゆさぶる・ゆすぶる
ヨウ　＊葉　は
ヨウ　＊陽
ヨウ　溶　とく・とかす・とける
ヨウ　腰　こし

ヨウ　＊様（樣）さま
ヨウ　瘍
ヨウ　踊　おどる・おどり
ヨウ　窯　かま
ヨウ　＊養　やしなう
ヨウ　擁
ヨウ　謡（謠）うたい・うたう
ヨウ　＊曜
よう　酔（醉）スイ
ヨク　抑　おさえる
▲ヨ▲ク　沃
ヨク　＊浴　あびる・あびせる
ヨク　＊欲　ほしい・ほっする
ヨク　＊翌
ヨク　翼　つばさ
よこ　＊横（橫）オウ
よごす　汚　よごれる・きたない・けがす・けがれる・けがらわしい・オ
よし　＊由　ユ・ユウ・ユイ
よそおう　＊装（裝）ソウ・ショウ

よぶ　＊呼　コ
よむ　詠　エイ
よむ　＊読（讀）ドク・トク・トウ
よめ　嫁　とつぐ・カ
よる　＊夜　よ・ヤ
よる　＊因　イン
よる　＊寄　よせる・キ
よろこぶ　＊喜　キ
よわい　＊弱　よわる・よわまる・よわめる・ジャク
よん　＊四　よ・よつ・よっつ・シ

【ラ】

ラ　拉
ラ　裸　はだか
ラ　羅
ライ　＊来（來）くる・きたる・きたす
ライ　雷　かみなり

ライ 頼（賴） たのむ・たのもしい・たよる
ラク 絡 からむ・からまる・からめる
ラク ＊落 おちる・おとす
ラク 酪
ラク ＊楽（樂） ガク・たのしい・たのしむ
ラツ▲ 辣
ラン ＊乱（亂） みだす・みだれる
ラン ＊卵 たまご
ラン ＊覧（覽）
ラン 濫
ラン▲ 藍 あい
ラン 欄（欄）

【リ】

リ 吏
リ ＊利 きく
リ ＊里 さと

リ ＊理
リ 痢
リ ＊裏 うら
リ 履 はく
リ 璃
リ 離 はなす・はなれる
リキ ＊力 リョク・ちから
リク ＊陸
リツ ＊立 リュウ・たつ・たてる
リツ ＊律 リチ
リツ ＊率 ソツ・ひきいる
リツ▲ 慄
リャク ＊略
リュウ 柳 やなぎ
リュウ ＊流 ル・ながれる・ながす
リュウ ＊留 ル・とまる・とめる
リュウ 竜（龍） たつ
リュウ 粒 つぶ
リュウ 隆（隆）

リュウ 硫
リョ 侶
リョ ＊旅 たび
リョ 虜（虜）
リョ 慮
リョウ 了
リョウ ＊両（兩）
リョウ ＊良 よい
リョウ ＊料
リョウ 涼 すずしい・すずむ
リョウ 猟（獵）
リョウ 陵 みささぎ
リョウ ＊量 はかる
リョウ 僚
リョウ ＊漁 ギョ
リョウ ＊領
リョウ 寮
リョウ 霊（靈） レイ・たま
リョウ 療
リョウ 瞭
リョウ 糧 ロウ・かて

傍点▲＝難読音訓　傍線＝特殊音訓　㊎＝固有名詞限定　＊＝教育漢字

リョク　＊力　リキ・ちから
リョク　＊緑（綠）ロク・みどり
リン　＊林　はやし
リン　厘
リン　倫
リン　鈴　レイ・すず
リン　＊輪　わ
リン　隣　となり・となる
リン　＊臨　のぞむ

【ル】

ル　瑠
ルイ　涙（淚）なみだ
ルイ　累
ルイ　塁（壘）
ルイ　＊類（類）たぐい

【レ】

レイ　＊令
レイ　＊礼（禮）ライ
レイ　＊冷　つめたい・ひえる・ひや・ひやす・ひやかす・さめる・さます
レイ　励（勵）はげむ・はげます
レイ　戻（戾）もどす・もどる
レイ　＊例　たとえる
レイ　鈴　リン・すず
レイ　零
レイ　霊（靈）リョウ・たま
レイ　隷
レイ　齢（齡）
レイ　麗　うるわしい
レキ　暦（曆）こよみ
レキ　＊歴（歷）
レツ　＊列
レツ　劣　おとる
レツ　烈
レツ　裂　さく・さける
レン　恋（戀）こい・こう・こいしい
レン　＊連　つらなる・つらねる・つれる
レン　廉
レン　＊練（練）ねる
レン　錬（鍊）

【ロ】

ロ　呂
ロ　炉（爐）
ロ　賂
ロ　＊路　じ
ロ　露　ロウ・つゆ
ロウ　＊老　おいる・ふける
ロウ　＊労（勞）
ロウ▲　弄　もてあそぶ▲
ロウ　郎（郞）
ロウ　＊朗（朗）ほがらか
ロウ　浪
ロウ　廊（廊）
ロウ　楼（樓）
ロウ　漏　もる・もれる・もらす

ロウ　籠　かご・こもる
ロク　＊六　む・むつ・むっつ・むい
ロク　＊録（錄）
ロク　麓　ふもと
ロン　＊論

【ワ】

ワ　＊和　オ・やわらぐ・やわらげる・なごむ・なごやか
ワ　＊話　はなす・はなし
わ　＊我　われ・ガ
わ　＊輪　リン
ワイ　賄　まかなう
わかい＊若　もしくは・ジャク・ニャク
わかれる＊別　ベツ
わき　脇
ワク　惑　まどう
わく　枠

わく　沸　わかす・フツ
わく　湧　ユウ
わけ　＊訳（譯）ヤク
わける＊分　わかれる・わかる・わかつ・ブン・フン・ブ
わざ　＊技　ギ
わざ　＊業　ギョウ・ゴウ
わざわい＊災　サイ
わずか　僅　キン
わずらう　患　カン
わずらう　煩　わずらわす・ハン・ボン
わすれる＊忘　ボウ
わた　＊綿　メン
わたくし＊私　わたし・シ
わたる　渡　わたす・ト
わらう＊笑　えむ・ショウ
わらべ＊童　ドウ
わる　＊割　わり・われる・さく・カツ

わるい＊悪（惡）アク・オ
われ　＊我　わ・ガ
ワン　湾（灣）
ワン　腕　うで

付表

（☆印は新聞協会新聞用語懇談会、読売新聞社が使用を認めた語）

あす　明日
あずき　小豆
あま　海女、海士《あま》
いおう　硫黄
いくじ　意気地
いなか　田舎
いぶき　息吹
☆いなり　稲荷
☆いりもや　入り母屋
うなばら　海原
うば　乳母
うわき　浮気
うわつく　浮つく
☆うんも　雲母
えがお　笑顔
おじ　伯父、叔父
☆おちゅうど、おちうど　落人
☆おてまえ　お点前（茶の湯）
おとな　大人
☆おとひめ　乙姫
おとめ　乙女
おば　伯母、叔母
☆おびな　男びな
おまわりさん　お巡りさん
おみき　お神酒
おもや　(統)母屋、母家
☆おやま　女形
☆おんみつ　隠密
かあさん　母さん
☆がいため　外為
かぐら　神楽
かし　河岸
かじ　鍛冶
かぜ　風邪
かたず　固唾《かたず》
☆かたりべ　語り部
かな　仮名
かや　蚊帳
☆かりゅうど、かりうど　狩人
かわせ　為替
☆かわも　川面
かわら　(統)河原、川原
☆ぎだゆう　義太夫
きのう　昨日
きょう　今日
☆くげ　公家
くだもの　果物
くろうと　玄人
けさ　今朝
けしき　景色
☆けんうん　巻雲
☆けんせきうん　巻積雲
☆けんそううん　巻層雲
ここち　心地
こじ　居士
ことし　今年
☆ごようたし　御用達
☆さいさき　幸先
さおとめ　早乙女

ざこ　雑魚
さじき　桟敷
さしつかえる　差し支える
さつき　五月
さなえ　早苗
さみだれ　五月雨
☆さんく　産駒
☆しおさい　潮騒
☆じかだんぱん　直談判
☆じかとりひき　直取引
しぐれ　時雨
しっぽ　尻尾
しない　竹刀
しにせ　老舗
しばふ　芝生
しみず　清水
しゃみせん　三味線
じゃり　砂利
じゅず　数珠
☆しょうえん　荘園
じょうず　上手

しらが　白髪
しろうと　素人
しわす　師走
すきや　㊐数奇屋、数奇屋
☆すけっと　助っ人
すもう　相撲
☆せきわけ　関脇
☆せっけん　席巻
ぞうり　草履
☆そとうば、そとば　卒塔婆
☆だいかぐら　太神楽
だし　山車
☆たしせいせい　多士済々
たち　太刀
たちのく　立ち退く
☆たて　殺陣
☆たておやま　立女形
たなばた　七夕
たび　足袋
☆たゆう　太夫、大夫
☆たんのう　堪能

ちご　稚児
ついたち　一日
つきやま　築山
つゆ　梅雨
でこぼこ　凸凹
☆でずいり　手数入り
てつだう　手伝う
てんません　伝馬船
とあみ　投網
とうさん　父さん
とえはたえ　十重二十重
どきょう　読経
とけい　時計
☆とざま　外様
☆としま　年増
☆どどいつ　都々逸
ともだち　友達
なこうど　仲人
なごり　名残
なだれ　雪崩
☆なにわぶし　浪花節

にいさん　兄さん
☆にしきのみはた　錦の御旗
☆ぬすっと　盗っ人
ねえさん　姉さん
のら　野良
のりと　祝詞
はかせ　博士
はたち　二十（歳）
はつか　二十日
はとば　波止場
☆はんにゃ　般若
ひとり　一人
ひより　日和
☆ふいちょう　吹聴
ふたり　二人
ふつか　二日
ふぶき　吹雪
☆ふんぬ　憤怒
へた　下手
へや　部屋
まいご　迷子

まじめ　真面目
まっか　真っ赤
まっさお　真っ青
☆みかげいし　御影石
☆みのしろきん　身代金
みやげ　土産
むすこ　息子
めがね　眼鏡
☆めしゅうど、めしうど　召人
☆めんたいこ　明太子
☆もくろみしょ　目論見書
もさ　猛者
もみじ　紅葉
もめん　木綿
もより　最寄り
やおちょう　八百長
やおや　八百屋
やまと　大和
やよい　弥生
ゆかた　浴衣
ゆくえ　行方

よせ　寄席
わこうど　若人

＊改定常用漢字表で付表に追加されたのは次の7語。このうち「海士」「固唾」には読み仮名をつける。
海士　鍛冶　固唾　尻尾　老舗　真面目　弥生

＊表外字を含むが、新聞用語懇談会および本社が特に読み仮名なしでの使用を認めた語
一揆　華僑　貫禄　桂馬　肛門　獅子　鍾乳洞　庄屋　銑鉄　箏　曲　蘇生　竪穴　常磐津　挽回　琵琶

人名用漢字

（2017年9月改正）

戸籍法施行規則により常用漢字以外で子供の名前に用いることが認められている人名用漢字は次の通り。表1に「＝」で示したのは1字種2字体の文字で、「＝」の下が旧字体または異体字。表2は常用漢字の旧字体または異体字で、カッコ内に常用漢字を示した。これらの旧字体・異体字は新聞協会新聞用語懇談会の申し合わせにより原則として使用しない。ただし、表1の「凜」、表2の「薗、條、嶋、冨、峯、埜、龍」については例外として使用を認める。なお、本社使用の読売文字で掲出しており、人名用漢字表とは一部字体が異なっている。

表1　651字（配列は部首順。【　】内は部首）

【一】丑　丞【丶】之【丿】乃　乎【乚】也
【二】云　亘＝亙　些【亠】亦　亥　亨　亮
【亻】仔　伊　伍　伽　佃　佑　伶　侃　侑　俄　俠　俣　俐
倭　倶　倦　倖　偲　傭　儲
【儿】允　兎　兜【八】其【冫】冴　凌　凜＝凛
【几】凧　凪　凰　凱【凵】函【刂】劉【力】劫　勁
【勹】勺　勿　匁【匚】匡【十】廿【卜】卜
【卩】卯　卿【厂】厨　厩【又】叉　叡　叢
【口】叶　只　吾　呑　吻　哉　哨　啄　哩　喬　喧　喰　喋
嘩　嘉　嘗　噌　噂
【囗】圃【土】圭　坐　尭＝堯　坦　埴　堰　堺　堵　塙　壕
【士】壬【大】夷　奄　奎　套【女】娃　姪　姥　娩　嬉
【子】孟【宀】宏　宋　宕　宥　寅　寓　寵
【小】尖【尢】尤【尸】屑
【山】峨　峻　崚　嵯　嵩　嶺　巌＝巖【工】巫
【己】已　巳　巴　巷　巽【巾】帖　幌　幡
【广】庄　庇　庚　庵　廟【廴】廻【弓】弘　弛
【彐】彗【彡】彦　彪　彬【彳】徠
【心　忄】忽　怜　恢　恰　恕　悌　惟　惚　悉　惇　惹　惺
惣　慧　憐
【戈】戊　或　戟

【扌】托按挺挽掬捲捷捺捧掠揃摑摺
撒撰撞播撫擢
【攵】孜敦【文】斐【斗】斡【斤】斧斯【方】於
【日】旭昂昊昏昌昴晏晃＝晄晒晋晟晦
晨智暉暢曙曝
【曰】曳【月】肋肴朋胤胡朔脩腔脹膏
【木】杏杖杜李杭杵杷枇柑柴柘柊柏
柾柚檜＝桧栞桔桂栖桐栗梧梓梢梛
梯桶梶椛梁棲椋椀楯楚楕椿楠楓
椰楢楊榎樺榊榛槙＝槇槍槌樫槻樟
樋橘樽橙檎檀櫂櫛櫓
【欠】欣欽歎【止】此【歹】殆【殳】毅【比】毘【毛】毬
【水氵】汀汝汐汲沌沓沫洸洲洵洛浩
浬淵淳渚＝渚淀淋渥渾湘湊湛溢滉
溜漱漕漣澪濡瀕灘
【火灬】灸灼烏焰焚煌煤煉熙燕燎燦
燭燿
【爻】爾【片】牒【牛】牟牡牽犀【犭】狼猪＝猪獅

【王】玖珂珈珊珀玲琢＝琢琉瑛琥琶琵
琳瑚瑞瑶瑳
【瓜】瓜瓢【生】甥【用】甫【田】畠畢【疋】疋疏
【白】皐皓【目】眸瞥【矢】矩
【石】砦砥砧硯碓碗碩碧磐磯
【示ネ】祁祇禰＝祢祐＝祐禱＝祷禄＝祿禎＝禎
【内】禽【禾】禾秦秤稀稔稟稜穣＝穰
【穴】穹穿窄窪窺【立】竣竪
【竹】竺竿笈笹笙笠筈筑箕箔篇篠簞
簾
【米】籾粥粟糊
【糸】紘紗紐絃紬絆絢綺綜綴緋綾綸
縞徽繫繡纂纏
【羊】羚【羽】翔翠耀【而】而【耳】耶耽聡【聿】肇
【臣】臥【舛】舜【舟】舵
【艹】芥芹芭芙芦苑茄苔苺茅茉茸茜
莞荻莫莉菅菫菖萄菩萌＝萠萊菱葦
葵萱葺萩董葡蓑蒔蒐蒼蒲蒙蓉蓮

蔭 蔣 蔦 蓬 蔓 蕎 蕨 蕉 蕃 蕪 薙 蕾 蕗 藁
薩 蘇 蘭
【虫】蝦 蝶 螺 蟬 蟹 蠟
【衣 衤】衿 袈 袴 裡 裟 裳 襖
【言】訊 訣 註 詢 詫 誼 諏 諄 諒 謂 諺 讃
【豸】豹【貝】貰 賑【走】赳【足】跨 蹄 蹟
【車】輔 輯 輿 轟【辰】辰
【辶】辻 迂 迄 辿 迪 迦 這 逞 逗 逢 遥＝遙 遁
遼
【邑 阝】邑 郁 鄭【酉】酉 醇 醐 醍 醬【釆】釉
【金】釘 釧 銑 鋒 鋸 錘 錐 錆 錫 鍬 鎧
【門】閃 閏 閤【阝】阿 陀 隈【隹】隼 雀 雁 雛
【雨】雫 霞【青】靖【革】鞄 鞍 鞘 鞠 鞭
【頁】頁 頌 頗 顚【風】颯【食】饗【香】馨
【馬】馴 馳 駕 駿 驍
【鬼】魁【魚】魯 鮎 鯉 鯛 鰯 鱒 鱗
【鳥】鳩 鳶 鳳 鴨 鴻 鵜 鵬 鷗 鷲 鷺 鷹
【鹿】麒 麟【麻】麿【黍】黎【黒】黛【鼎】鼎

表2　212字（配列は代表的な音訓順）

亞(亜) 惡(悪) 爲(為) 逸(逸) 榮(栄) 衞(衛)
謁(謁) 圓(円) 緣(縁) 薗(園) 應(応) 櫻(桜)
奧(奥) 橫(横) 溫(温) 價(価) 禍(禍) 悔(悔)
海(海) 壞(壊) 懷(懐) 樂(楽) 渴(渇) 卷(巻)
陷(陥) 寬(寛) 漢(漢) 氣(気) 祈(祈) 器(器)
僞(偽) 戲(戯) 虛(虚) 峽(峡) 狹(狭) 響(響)
曉(暁) 勤(勤) 謹(謹) 驅(駆) 勳(勲) 薰(薫)
惠(恵) 揭(掲) 鷄(鶏) 藝(芸) 擊(撃) 縣(県)
儉(倹) 劍(剣) 險(険) 圈(圏) 檢(検) 顯(顕)
驗(験) 嚴(厳) 廣(広) 恆(恒) 黃(黄) 國(国)
黑(黒) 穀(穀) 碎(砕) 雜(雑) 祉(祉) 視(視)
兒(児) 濕(湿) 實(実) 社(社) 者(者) 煮(煮)
壽(寿) 收(収) 臭(臭) 從(従) 澁(渋) 獸(獣)
縱(縦) 祝(祝) 暑(暑) 署(署) 緖(緒) 諸(諸)
敍(叙) 將(将) 祥(祥) 涉(渉) 燒(焼) 奬(奨)
條(条) 狀(状) 乘(乗) 淨(浄) 剩(剰) 疊(畳)
孃(嬢) 讓(譲) 釀(醸) 神(神) 眞(真) 寢(寝)

愼（慎） 盡（尽） 粹（粋） 醉（酔） 穗（穂） 瀨（瀬）
齊（斉） 靜（静） 攝（摂） 節（節） 專（専） 戰（戦）
纖（繊） 禪（禅） 祖（祖） 壯（壮） 爭（争） 莊（荘）
搜（捜） 巢（巣） 曾（曽） 裝（装） 僧（僧） 層（層）
瘦（痩） 騷（騒） 增（増） 憎（憎） 藏（蔵） 贈（贈）
臟（臓） 卽（即） 帶（帯） 滯（滞） 瀧（滝） 單（単）
嘆（嘆） 團（団） 彈（弾） 晝（昼） 鑄（鋳） 著（著）
廳（庁） 徵（徴） 聽（聴） 懲（懲） 鎭（鎮） 轉（転）
傳（伝） 都（都） 嶋（島） 燈（灯） 盜（盗） 稻（稲）
德（徳） 突（突） 難（難） 拜（拝） 盃（杯） 賣（売）
梅（梅） 髮（髪） 拔（抜） 繁（繁） 晚（晩） 卑（卑）
祕（秘） 碑（碑） 賓（賓） 敏（敏） 冨（富） 侮（侮）
福（福） 拂（払） 佛（仏） 勉（勉） 步（歩） 峯（峰）
墨（墨） 飜（翻） 每（毎） 萬（万） 默（黙） 埜（野）
彌（弥） 藥（薬） 與（与） 搖（揺） 樣（様） 謠（謡）
來（来） 賴（頼） 覽（覧） 欄（欄） 龍（竜） 虜（虜）
凉（涼） 綠（緑） 淚（涙） 壘（塁） 類（類） 禮（礼）
曆（暦） 歷（歴） 練（練） 鍊（錬） 郞（郎） 朗（朗）
廊（廊） 錄（録）

人名用漢字の変遷

1946.11.16 「当用漢字表」内閣告示
51. 5.25 「人名用漢字別表」（92字）内閣告示
76. 7.30 「人名用漢字追加表」（28字）内閣告示
81.10. 1 常用漢字表内閣告示。54字追加、8字削除（166字）
90. 4. 1 「昴」「澪」など118字追加
97.12. 3 「琉」を追加
2004. 2.23 「曽」を追加
6. 7 「獅」を追加
7.12 「毘」など3字を追加
9.27 「苺」「檎」など488字と人名用漢字許容字体205字追加
09. 4.30 「穹」など2字を追加
10.11.30 改定常用漢字表内閣告示。5字追加、129字削除（861字）
15. 1. 7 「巫」を追加
17. 9.25 「渾」を追加（863字）

戦後の国語政策に関する年表

1946.11.16	「当用漢字表」(1850字)、「現代かなづかい」内閣告示
48. 2.16	「当用漢字音訓表」「当用漢字別表(注=教育漢字表・881字)」内閣告示
49. 4.28	「当用漢字字体表」内閣告示
51. 5.25	「人名用漢字別表」(92字)内閣告示
52. 4. 4	「公用文改善の趣旨徹底について」(公用文作成の要領)内閣通知
54. 3.15	「当用漢字補正案」「外来語の表記」国語審議会報告
12. 9	「ローマ字のつづり方」内閣告示
56. 7. 5	「正書法について」「同音の漢字による書きかえ」国語審議会報告
58.10. 1	「学年別漢字配当表」発表(「小学校学習指導要領」改定・文部省)
59. 7.11	「送りがなのつけ方」内閣告示
68. 7.11	「学年別漢字配当表」の備考に当用漢字から115字追加(「小学校学習指導要領」改定・文部省、71.4.1実施)
73. 6.18	「当用漢字改定音訓表」「改定送り仮名の付け方」内閣告示
77. 7.23	「学年別漢字配当表」変更996字(「小学校学習指導要領」改定・文部省、80.4.1実施)
81.10. 1	「常用漢字表」(1945字)内閣告示
86. 7. 1	「改定現代仮名遣い」内閣告示
89. 3.15	「学年別漢字配当表」改定1006字(「小学校学習指導要領」改定・文部省、92.4.1実施)
91. 6.28	「外来語の表記」内閣告示
2000.12. 8	国語審議会「表外漢字字体表」(1022字)答申
01. 1. 6	文化審議会国語分科会設置
07. 2. 2	「敬語の指針」文化審議会答申
10.11.30	「改定常用漢字表」(2136字)内閣告示

資料集Ⅰ

・紛らわしい地名
・法令関連用語
・皇室用語
・勲章・褒章の種類
・二十四節気　国民の祝日　長寿の祝い
・主な航空会社
・主要通信社・新聞・雑誌
・登録商標と言い換え例

紛らわしい地名

【北海道】

▽内浦湾＝正式名称／噴火湾＝通称

▽江差町＝檜山郡の町名／枝幸町＝枝幸郡の町名

▽えりも＝町名／襟裳＝岬名

▽クッチャロ湖＝浜頓別町の湖／屈斜路湖＝弟子屈町の湖、阿寒国立公園の一部／倶多楽湖（くったらこ）＝白老町の湖

▽佐呂間＝町名／サロマ＝湖名

▽士別＝市名／標津＝郡・町名

▽ススキノ＝歓楽街／薄野＝地域の総称／すすきの＝地下鉄・市電駅名

▽納沙布（のさっぷ）＝根室半島の突端の岬名／野寒布（のしゃっぷ）＝稚内市の岬名

▽風連＝名寄市の地名（風連町○○など）／風蓮＝根室振興局管内の川・湖名

▽留辺蘂（るべしべ）＝北見市の地名（留辺蘂町○○など）／瑠辺蘂山（るべしべやま）＝美瑛町・芦別市・旭川市境の山

【青森県】

▽奥入瀬川＝十和田湖から奥入瀬渓流を経て太平洋に注ぐ川／追良瀬川＝西津軽地方を流れる川、JR五能線駅名「追良瀬」

▽竜飛崎＝正式名称／龍飛埼＝灯台名／竜飛岬＝俗称

▽陸奥＝旧国名、湾名／むつ＝市名

【岩手県】

▽一関＝市名／一ノ関＝JR東北線駅名

▽江刺＝奥州市の地名／江差＝北海道檜山郡の町名

▽烏帽子岳（えぼしだけ）＝岩手・秋田県境の山、岩手県側の名称／乳頭山（にゅうとうざん）＝秋田県側の名称

▽栗駒山（くりこまやま）＝岩手・秋田・宮城県境付近の山、正式名称／須川岳(すかわだけ)＝栗駒山の岩手県側の俗称／大日岳（だいにちだけ）＝秋田県側の俗称

▽矢巾＝町名、中学校名／矢幅＝JR東北線駅名、矢巾町の地名

【宮城県】

▽雄勝(おがつ)＝石巻市の地名〈雄勝町○○など〉、半島・湾名／おがち＝秋田県の郡、峠名）

▽船形山（ふながたやま）＝宮城・山形県境の山、宮城県側の呼称／御所山（ごしょざん）＝山形県側の呼称

【秋田県】

▽鷹巣＝秋田内陸縦貫鉄道駅名／鷹ノ巣＝ＪＲ奥羽線駅名

【山形県】

▽置賜（おきたま）＝郡名〈東・西〉／おいたま＝ＪＲ奥羽線駅名）

▽上山＝市名／かみのやま＝ＪＲ奥羽線駅名「かみのやま温泉」

【福島県】

▽阿賀川＝猪苗代湖から新潟に流れる川、福島県での名称／阿賀野川＝新潟県での名称、全水系名

▽西白河＝白河市に隣接する郡／東白川＝西白河郡南東側の郡

▽原町＝南相馬市の区名／原ノ町＝ＪＲ常磐線駅名

▽四倉＝いわき市の地名／四ツ倉＝ＪＲ常磐線駅名

【茨城県】

▽大甕（おおみか）＝ＪＲ常磐線駅名／大みか＝日立市の地名、小学校名

▽鹿嶋＝市名／鹿島＝神宮名、港名、鉄道名、石川県の郡名、佐賀県の市名

▽北相馬＝県南部の郡名／相馬＝福島県の市・郡名／南相馬＝福島県の市名

▽つくば＝市名／筑波＝大学名

【栃木県】

▽大平（おおひら）＝栃木市の町名／太平山（おおひらさん）＝栃木市の山

▽華厳滝＝標準的な名称／華厳ノ滝＝観光パンフレットなど／華厳の滝＝一般的に使用

▽古峰ヶ原（こぶがはら）＝鹿沼市の地名、高原名／古峯（ふるみね）＝同地にある神社名

▽渡良瀬遊水池＝元来の名称、地図も多くはこの表記を使用／渡良瀬遊水地＝国土交通省など役所関係で使用（一帯を表すときは「…地」を標準表記とする）

【群馬県】

▽相生＝桐生市の地名／相老＝東武・わたらせ渓谷鉄道駅名

▽伊勢崎（いせさき）＝市名／伊勢佐木（いせざき）＝横浜市中区の地名、歌で有名

▽上信電鉄＝高崎と下仁田を結ぶ私鉄／上毛電鉄＝中央前橋と西

桐生を結ぶ私鉄
▽園原＝沼田市の地名（利根町園原）／薗原＝古地名、ダム・湖名
▽南牧（なんもく）＝甘楽郡の村名／みなみまき＝長野県南佐久郡の村名）

【埼玉県】
▽春日部＝市名、東武鉄道駅名／粕壁＝春日部市の地名
▽越谷＝市名、東武鉄道駅名、高校名（県立越谷北・南・東・西高）／越ヶ谷＝越谷市の地名、高校名（県立越ヶ谷高）
▽埼玉（さいたま）＝県名／さきたま＝行田市の地名）

【千葉県】
▽姉ヶ崎＝ＪＲ内房線駅名／姉崎＝市原市の地名、小・中学校名など
▽一宮＝町名／上総一ノ宮＝ＪＲ外房線駅名
▽犬吠埼＝岬・灯台名、銚子市の地名／犬吠岬＝古称
▽鴨川＝市名／加茂川＝鴨川市内の川
▽習志野＝船橋市に習志野、習志野台、陸自習志野駐屯地など。習志野市には東習志野のみ。陸自習志野演習場＝船橋・八千代市
▽薬円台＝船橋市の地名、小学校名／薬園台＝新京成電鉄駅名、船橋市の地名（薬園台町）、県立高校名

【東京都】
▽青戸＝葛飾区の地名／青砥＝京成電鉄駅名
▽阿佐谷＝杉並区の地名（阿佐谷北・南）／阿佐ヶ谷＝ＪＲ中央線、地下鉄駅名「南阿佐ヶ谷」、中学校名
▽市谷＝新宿区の地名（市谷○○町など）／市ヶ谷＝ＪＲ中央線・地下鉄駅名
▽梅丘＝世田谷区の地名／梅ヶ丘＝小田急電鉄駅名
▽お茶の水＝女子大学名、橋名など／御茶ノ水＝ＪＲ・地下鉄駅名など
▽霞が関＝千代田区の地名、36階のビル名／霞ヶ関＝地下鉄駅名
▽勝鬨（かちどき）＝橋名／勝どき＝中央区の地名、地下鉄駅名
▽北千住駅（ＪＲ・地下鉄・東武・つくばエクスプレス）＝足立区千住旭町など／南千住駅（ＪＲ・地下鉄・つくばエクスプレス）＝荒川区南千住／千寿＝足

立区立小学校名
▽小岩（ＪＲ総武線駅名）、京成小岩（京成電鉄駅名）＝江戸川区／新小岩（ＪＲ総武線駅名）＝葛飾区
▽小菅駅（東武鉄道）＝足立区足立／東京拘置所＝葛飾区小菅
▽鷺宮＝中野区の地名、都立高校名／鷺ノ宮＝西武鉄道駅名
▽雑司が谷＝豊島区の地名、地下鉄駅名／雑司ヶ谷＝霊園名、都電停留場名
▽多摩川＝河川名、大田区・調布市の地名、西武鉄道路線名／玉川＝世田谷区の地名、玉川上水、玉川大学など／多磨＝府中市の地名、霊園名、西武鉄道駅名など
▽堀ノ内＝杉並区の地名、斎場名（同区梅里）／堀之内＝小学校名
▽丸の内＝千代田区の地名、警察署名／丸ノ内＝地下鉄の線名
▽よみうりランド＝遊園地名（稲城市・川崎市多摩区）、京王よみうりランド駅（稲城市）／読売ランド前＝小田急電鉄駅名（川崎市多摩区）

【神奈川県】
▽厚木駅（ＪＲ相模線・小田急）＝海老名市／本厚木駅（小田急）＝厚木市／米軍厚木基地＝綾瀬・大和市
▽市が尾＝東急電鉄駅名／市ヶ尾＝横浜市青葉区の地名、県立高校名
▽稲村ガ崎＝鎌倉市の地名／稲村ヶ崎＝江ノ島電鉄駅名、地域名
▽江の島＝標準地名、藤沢市の地名、湘南モノレール湘南江の島駅／江ノ島＝江ノ島電鉄、小田急江ノ島線片瀬江ノ島駅
▽七里ガ浜＝鎌倉市の地名、県立高校名／七里ヶ浜＝江ノ島電鉄駅名
▽溝口＝川崎市高津区の地名／溝の口＝東急電鉄駅名／武蔵溝ノ口＝ＪＲ南武線駅名
▽由比ガ浜＝鎌倉市の地名／由比ヶ浜＝江ノ島電鉄駅名、海岸名
▽百合丘＝川崎市麻生区の地名／百合ヶ丘＝小田急電鉄駅名

【新潟県】
▽信濃川＝新潟県内の呼称、全水系名／千曲川＝長野県内の呼称

【富山県】
▽神通川＝富山県での呼称／宮川＝岐阜県での呼称、高原川と合

流し神通川となる
▽入善＝町名、あいの風とやま鉄道駅名など／入膳＝入善町中心部の地名

【石川県】
▽兼六園＝正式名称／兼六公園＝俗称

【福井県】
▽三方＝郡名、若狭町の地名、三方五湖／美方＝県立高校名、兵庫県の郡名

【山梨県】
▽鶏冠山（けいかんざん）＝甲州市大菩薩嶺北方の山／とさかやま＝山梨市甲武信ヶ岳南方の山）
▽小淵沢（こぶちざわ＝JR中央線駅名／こぶちさわ＝北杜市の地名〈小淵沢町○○など〉
▽南アルプス＝一般的名称、市名／赤石山脈＝標準地名

【長野県】
▽冠着山（かむりきやま）＝千曲市の山、標準地名／姨捨山（おばすてやま）＝冠着山の通称、JR篠ノ井線には冠着・姨捨駅ともにある／姥捨山（うばすてやま）＝姨捨山の伝説により、疎外されて老後を送る場所の例え
▽木曽＝郡名、町名、川・街道名／木祖＝木曽郡の村名
▽北アルプス＝一般的名称／飛騨山脈＝標準地名
▽蓼科＝湖・山・高原名／立科＝町名
▽槍ヶ岳＝北アルプスの主峰、略称・槍／鹿島槍ヶ岳＝槍ヶ岳北方、後立山連峰の一峰、略称・鹿島槍／鑓ヶ岳＝後立山連峰の一峰、白馬三山の一つ、白馬鑓ヶ岳とも、略称・白馬鑓

【岐阜県】
▽明智＝恵那市の地名（旧明智町）、明知鉄道駅名、可児市の名鉄駅名／明知＝鉄道名
▽苧ヶ瀬＝名鉄駅名／おがせ＝各務原市の地名（各務おがせ町）
▽各務原＝市名、名鉄の路線名、県立高校名／各務ヶ原＝JR高山線駅名
▽河渡（ごうど）＝岐阜市の地名、橋名／合渡＝小学校名

【静岡県】
▽石廊崎＝伊豆半島最南端の岬、古くは「石室崎」とも／石廊埼＝灯台名
▽修善寺＝伊豆市の地名、温泉名、伊豆箱根鉄道駅名／修禅寺＝修

善寺にある寺の名
▽田子の浦＝富士市の港の標準地名、JR東海道線駅名「東田子の浦」／田子ノ浦＝海岸地域の一般的名称

【愛知県】

▽海部（あま＝愛知県の郡名／かいふ＝徳島県の郡名／あまべ＝大分県の旧郡名〈北海部・南海部〉）
▽中京競馬場＝豊明市／中京競馬場前駅（名鉄）＝名古屋市緑区
▽三河湾＝渥美半島と知多半島に囲まれた湾の総称／渥美湾＝三河湾東部、渥美半島側での名称／知多湾＝三河湾西部、知多半島側での名称

【三重県】

▽阿児＝志摩市の地名／英虞湾（あごわん）＝志摩半島南端の湾
▽朝熊ヶ岳（あさまがたけ）＝正式名称／朝熊山（あさまやま）＝通称
▽富州原（とみすはら）＝四日市市の地名／富洲原＝小・中学校名、近鉄駅名「川越富洲原」（川越町）など
▽長島＝JR関西線駅名／紀伊長島＝JR紀勢線駅名
▽二見浦（ふたみがうら＝伊勢市二見町の景勝海岸、ふたみのうら＝JR参宮線駅名）／二見ヶ浦、二見が浦＝通称

【滋賀県】

▽木之本＝長浜市の地名／木ノ本＝JR北陸線駅名
▽五個荘（ごかしょう）＝東近江市の地名（五個荘○○など）、小・中学校名／五箇荘＝近江鉄道駅名
▽滋賀＝県名／志賀＝JR湖西線駅名
▽信楽（しがらき）＝甲賀市の地名、焼き物の名称／紫香楽（しがらき）＝聖武天皇の宮跡
▽賤ヶ岳（しずがたけ）＝古戦場として知られる山の一般的表記／賤が岳＝別表記

【京都府】

▽天橋立＝標準地名、京都丹後鉄道駅名／天の橋立、天ノ橋立＝地図や観光パンフレットなどに見られる表記
▽賀茂＝京都市北区上賀茂、賀茂川（賀茂大橋から上流）、神社名の総称（賀茂神社）、俗称（上賀茂神社＝北区）、葵祭の正式

名称（賀茂祭）／加茂＝加茂街道／鴨＝警察署名（下鴨）、鴨川（賀茂大橋から下流、全体の統一表記）、神社名の俗称（下鴨神社＝左京区）、鴨川をどり

▽宝ヶ池＝池の名、叡山電鉄駅名／宝池＝トンネル名／宝が池＝公園名

【大阪府】

▽阿倍野＝大阪市の区名、同区の地名（阿倍野筋、阿倍野元町）、阪堺電軌・地下鉄駅名、府立高校名／阿部野＝神社名、近鉄駅名「大阪阿部野橋」

▽岸部＝吹田市の町名（岸部○○など）／岸辺＝ＪＲ東海道線駅名

▽楠葉（くずは）＝枚方市の地名（楠葉○○など）、中学校名／樟葉（くずは）＝京阪電鉄駅名、小学校名

▽難波（なにわ）＝大阪の古称（難波高津宮、難波宮など）／難波（なんば）＝ＪＲ・近鉄・南海・地下鉄駅名（近鉄は「大阪難波」）／浪速（なにわ）＝大阪の総称、大阪市の区名、私立浪速中・高校（文芸作品などでは浪花、浪華の表記も）

▽藤井寺＝市名／葛井寺（ふじいでら）＝藤井寺市にある西国三十三所の寺名

▽三国ヶ丘＝堺市堺区の地名（三国ヶ丘御幸通、北・中・南・東三国ヶ丘町）、ＪＲ阪和線・南海電鉄駅名／三国丘＝府立高校名

▽森之宮＝大阪市城東区の地名／森ノ宮＝ＪＲ大阪環状線・地下鉄駅名、大阪市中央区の地名（森ノ宮中央）

▽四つ橋＝地下鉄の線名／四ツ橋＝四つ橋線駅名

【兵庫県】

▽餘部（あまるべ）＝ＪＲ山陰線駅名／余部＝橋梁《きょうりょう》名／余部（よべ）＝ＪＲ姫新線駅名

▽三宮＝神戸市中央区の地名の統一表記、ＪＲ以外の駅名（阪急、阪神は神戸三宮）／三ノ宮＝ＪＲ東海道線駅名

【奈良県】

▽飛鳥＝古文化地域名／明日香＝村名

▽香久山＝統一表記／香具山＝歴史的表記

▽初瀬（はせ）＝桜井市の地名、

長谷寺の門前町／長谷(はせ)＝桜井市にある寺の名称

▽巻向（まきむく）＝ＪＲ桜井線駅名／纒向＝遺跡名、川名、小学校名など

【和歌山県】

▽紀の川＝市名、行政上の河川名、県立高校名／紀ノ川＝国土地理院の表記、南海電鉄駅名

▽潮岬＝統一表記、標準地名／潮の岬、潮ノ岬＝別称

▽日ノ御埼＝紀伊半島西端の岬、灯台名／日の岬＝キャンプ場の名前など／日御碕＝島根県島根半島西端の岬名

【鳥取県】

▽鳥取砂丘＝総称／浜坂砂丘＝一部の呼称。一般に鳥取砂丘といえばこの浜坂砂丘を指す

▽弓ヶ浜＝県西部にある砂州、ＪＲ境線駅名（米子市夜見町）／夜見ヶ浜（よみがはま）、弓浜半島（きゅうひんはんとう）＝別称

【島根県】

▽多伎（たき）＝出雲市の地名（多伎町○○など）／田儀（たぎ）＝ＪＲ山陰線駅名

▽邇摩（にま）＝県立高校名／仁摩＝大田市の地名（仁摩町○○など）／仁万＝ＪＲ山陰線駅名

▽簸川（ひかわ）＝旧郡名／斐川＝出雲市の地名（斐川町○○など）／斐伊川（ひいかわ）＝出雲平野から宍道湖に注ぐ川の名

【岡山県】

▽笹ヶ瀬＝川の名、標準地名／笹が瀬＝岡山市北区津島笹が瀬

【広島県】

▽海田＝町名／海田市（かいたいち）＝ＪＲ山陽線駅名

【山口県】

▽秋芳洞（あきよしどう、しゅうほうどう）＝鍾乳洞の名称／秋芳（しゅうほう）町＝美祢市の地名／秋吉台＝台地名、国定公園名

【徳島県】

▽海部（かいふ）＝徳島県の郡名、あま＝愛知県の郡名、あまべ＝大分県の旧郡名〈北海部、南海部〉

▽讃岐山脈＝正式名称／阿讃山脈＝徳島県側の呼称

【香川県】

▽琴平＝町名、ＪＲ土讃線駅名、琴平山（象頭山の別名。琴平町

・三豊市境の山）／金刀比羅宮（ことひらぐう）＝琴平山にある神社
▽小豆（しょうず）＝郡名／小豆島（しょうどしま）＝町名、島名
▽女木島（めぎしま）＝正式名称／鬼ヶ島＝俗称

【愛媛県】
▽佐田（さだ）岬＝県西端の半島名／三崎半島＝地元の呼称／佐多（さた）岬＝鹿児島県大隅半島の先端

【高知県】
▽足摺（あしずり）＝半島、岬、港などの一般的名称／蹉跎（さだ、あしずり）＝古称、四国霊場八十八札所の蹉跎山（さだざん）金剛福寺

【福岡県】
▽海ノ中道＝JR香椎線駅名／海の中道＝香椎線の愛称、海浜公園名
▽玄界＝海域名（玄界灘＝「げんかいの荒波」など「灘」を省略して言うときは玄海）、福岡市西区の島名、県立高校名／玄海＝佐賀県の町名、国定公園名、原子力発電所名
▽太宰府＝市名、天満宮名／大宰府＝史跡名
▽大刀洗＝町名／太刀洗＝甘木鉄道駅名
▽筥崎（はこざき）＝八幡宮名／箱崎＝福岡市東区の地名、筥崎宮の所在地、JR鹿児島線駅名
▽彦山（ひこさん）＝JR日田彦山線BRT駅名／英彦山（ひこさん）＝福岡・大分県境の山、国定公園名
▽柳川＝市名、西鉄駅名「西鉄柳川」、私立高校名／柳河＝市立小学校・県立特別支援学校名

【佐賀県】
▽鹿島＝市名／鹿嶋＝茨城県の市名
▽太良＝町名、県立高校名／多良＝JR長崎線駅名。太良町にある
▽筑紫平野＝福岡、佐賀両県にまたがる平野の総称／佐賀平野＝佐賀県側の名称。福岡県側は筑後平野
▽虹の松原＝唐津市の名勝／虹ノ松原＝JR筑肥線駅名

【長崎県】
▽浅茅湾（あそうわん）＝標準地

名／浅海湾（あそうわん）＝旧称

▽大浦天主堂＝長崎市南山手町。国宝／浦上天主堂＝長崎市本尾町。原爆の日にミサが行われる

▽端島（はしま）＝長崎市西方沖の島／軍艦島＝端島の通称

【熊本県】

▽五家荘（ごかのしょう）＝八代市泉町にある地区。平家落人伝説などで知られる／五箇荘＝古称

▽八代海＝標準地名／不知火海（しらぬいかい）＝別称

【大分県】

▽九重（くじゅう）＝山系の総称。ここのえ＝町名）／久住（くじゅう）＝九重山系の一峰）／阿蘇くじゅう国立公園

▽湯布院＝由布市の地名（湯布院町○○など）、中学校名／由布院＝JR久大線駅名、盆地名、温泉名、小学校名

【宮崎県】

▽天岩戸＝神社名、温泉名／天の岩戸＝神話などでの一般的な言い方

▽島浦＝延岡市の地名、島名／島野浦＝地名の俗称、小・中学校名、港名

▽高千穂峡＝高千穂町／高千穂峰＝高原町（宮崎・鹿児島県境）

【鹿児島県】

▽鹿児島湾＝標準地名／錦江湾＝観光名称

▽笠野原＝鹿屋市、肝付町のシラス台地、鹿屋市の小学校名／笠之原＝鹿屋市の地名

▽喜界島（きかいじま）＝喜界町／鬼界ヶ島（きかいがしま）＝硫黄島の別名。三島村

▽肝属（きもつき）＝郡名／肝付＝町名

▽佐多（さた）岬＝大隅半島の先端／佐田（さだ）岬＝愛媛県西端の半島名

【沖縄県】

▽西表島（いりおもてじま）＝竹富町にある島名、西表石垣国立公園／西之表（にしのおもて）＝鹿児島県種子島にある市名

▽万座毛（まんざもう）＝恩納村の景勝地／万座ビーチ＝海水浴場名

▽八重岳＝名護市・本部町境の山／八重山諸島＝石垣市、竹富、与那国町の島。石垣島、西表島、与那国島など

法令関連用語

一般用語

裁判員制度関連用語

誤記しやすい法律用語

【一般用語】

拘禁刑　刑務作業を一律に義務づけている懲役と、義務化していない禁錮を一元化して創設する刑。受刑者の年齢や特性に合わせ、作業と指導を柔軟に組み合わせた処遇を行えるようになる。2025年6月1日に施行され、施行後の犯罪に適用される。懲役と禁錮は廃止されるが、施行前に懲役や禁錮の判決が確定した受刑者などには、施行後も懲役や禁錮が執行される。

◇

遺　棄　刑法上は、老人、幼児、身体障害者、病人など保護を必要とするものを捨て去ること。民法上は、配偶者などの扶養義務を履行しないことで、離婚原因ともなる。

◇

恩　赦　大赦、特赦、減刑、刑の執行の免除、および復権の総称。

大　赦　政令で罪の種類を定め、その罪について有罪の判決を受けた者には判決の効力を失わせ、まだ有罪の判決を受けない者については公訴権を消滅させること。戦後では、政治犯釈放（1945年）、新憲法施行（47年）、講和条約発効（52年）、国連加盟（56年）、昭和天皇大喪（89年）のときに行われた。

特　赦　有罪判決を受けた特定の者について、判決の効力を失わせること。中央更生保護審査会の申し立てがあった者に対して内閣が行う。

減　刑　確定判決による刑または刑の執行を軽減すること。政令で罪または刑の種類を定めて該当する者に一律に行う「政令減刑」と、特定の者に対して行う「特別減刑」がある。

減刑と減軽　法律用語では、確定している刑や刑の執行を軽減する恩赦を「減刑」とし、犯情によって刑罰を軽くすることは「減軽」という。しかし、新聞用語としては上級審が前の判決より刑を軽くした場合、本文中では「刑を軽減」とし、見出しでは「減刑」とすることもできる。1審で弁護側が求刑より軽い刑を求めるときは「減刑を求める」とは言わない。

併合罪　確定裁判を経ていないいくつかの罪を併合して刑を科すること。このうち有期懲役刑にあたる罪が二つ以上あるときは、最も重い刑の上限を最大1・5倍まで重くして科することができる。

◇

各自・各・各々・連帯して（民事判決の主文）「各自」は紛らわしい専門用語。「合同して」程度の意味。特に損害賠償請求訴訟の判決主文で「各自」と「各」「各々」を取り違えると認容総額の解釈で大失敗することがあるので注意が必要。読者を誤らせる恐れもあるから、記事中では極力使わないようにする。

「各」「各々」は「それぞれ」の意味、「連帯して」は文字通り連帯責任を問うもので、一般社会の言葉と同じ。

各　自　複数の被告が認容総額を合同して払えばよいという意味。原告は1人の被告に全額を請求してもよいし、ある被告にはいくら、他の被告にはいくら、というように分けて請求してもよい。原告は被告らが話し合って決めた分担に関係なく、どの被告に対しても強制執行できる。

各・各々　複数の被告の支払額、複数の原告の受取額がそれぞれ同額の場合に「それぞれ」という意味で使われる。額が異なるときは「被告Aは50万円、被告Bは60万円…」と個々に示される。

連帯して　「各自」とほぼ同じだが、法律上、連帯責任を明示する場合に使われる。

◇

仮処分　将来、請求をするうえで障害が起きるのを防ぐ目的から、現在の状態の保全を図る手続き。例えば「解雇は無効」と会社を相手に、解雇処分取り消しを求めて訴訟を起こす場合、決定または判決が出るまで時間がかかる。その間、給料もなくなるので、とりあえず社員である地位を裁判所に認めてもらうため、地位保全の仮処分を同時に申し立てる。別に「仮の処分」という用語があるので注意

する。◇

科料と罰金　「科料」は軽微な刑事事件で言い渡される財産刑。「罰金」も刑事罰としての財産刑だが、科料より重い。

過　料　金銭罰の一種ではあるが、刑事罰の一種である罰金や科料とは違い、行政罰。私法、公法のほか、地方公共団体の条例や規則にも規定を設けることができる。「科料」と「過料」を区別するため「とがりょう」「あやまちりょう」と読むこともある。

追徴金　厳密には刑法でいう刑に含まれないが、判決、求刑の際に刑と一体のものとして扱う。犯罪に関連した金品について、徴収できれば「没収刑」が科されるが、徴収できない場合は追徴金になる。また収賄金と覚醒剤に限っては、手元に残っていれば必ず没収刑になる。ただし収賄の場合は他の金との区別がつきにくいので追徴金になることが多い。

損害賠償の査定　会社更生法や民事再生法などにある取締役、監査役の責任追及の手続き。役員らの放漫経営や背任・横領行為が原因で会社が破綻するケースも多いため、役員に対して損害賠償を求める簡易・迅速な手続きが定められている。通常は管財人が申し立て、地裁が賠償を命じる決定（査定決定）をする。この手続きは訴訟ではないため、記事では「損害賠償の査定を申し立てた裁判」などと表記する。賠償を命じる決定に対し、役員、管財人ともに地裁に異議の訴えを起こすことができる。査定決定の送達から1か月以内に異議の訴えを起こさなければ、賠償命令が確定する。◇

監　護　親権者等が未成年者を監督し、守ること。

看　護　民法上は、被後見人（以前の禁治産者）が自己、他人に危害を加えないよう後見人が監督すること。

観　護　少年審判、少年事件の捜査のために少年の身柄を保全する手段。家庭裁判所調査官の観護に付することと、少年鑑別所送致（成人の「勾留」に当たる）の2形式がある。

◇

監獄・代用監獄　「監獄」は自由を奪う刑（自由刑）の受刑者、死刑囚、勾留された容疑者・被告を拘禁する施設。刑務所、少年刑務所、拘置所に分かれる。警察の留置場を監獄に代用することができるとされており、通常はこれを「代用監獄」と呼ぶ。ただし、監獄法は廃止され、刑事収容施設法が施行されており、「監獄」は紙面上、原則として使わない。

刑務所　自由刑に処せられた者を拘禁する刑事収容施設。医療刑務所、少年刑務所などもある。

拘置所　勾留を主として取り扱う刑事収容施設。死刑囚も収容する。

留置場・拘留場・監置場　「留置場」は警察に設置される留置施設。容疑者を留置するほか、「代用監獄」としても使われる。「拘留場」は拘留に処せられた者を、「監置場」は法廷の秩序を乱した者を拘束する施設だが、ともに代用監獄としての警察留置場を充てることができる。

◇

棄　却　民事訴訟、行政訴訟では、訴えの内容を調べた結果、理由なしとして退けること（「請求を棄却」）。刑事訴訟では、「却下」と厳密には区別せず、公訴、控訴、上告、抗告を排斥するすべての場合に用いられる。

却　下　民事訴訟、行政訴訟では、訴えの要件を欠くため内容の当否に立ち入るまでもなく申し立てを退けるもので、いわゆる門前払い（「訴えを却下」）。刑事訴訟では、手続き上の申し立てを排斥する場合に「却下」が用いられることがある。裁判官忌避、証拠・証人申請を退けるときなどに多い。

◇

破　棄　刑事裁判で2審判決が1審判決を否定することを「破棄」という。

取り消し・変更　民事裁判で2審判決が1審判決を否定する場合は、「取り消し」または「変更」という。上告審判決が下級審判決を否定することはすべて「破棄」という。

◇

起　訴　検察官が特定の刑事事件について裁判所の審判を求める行為をいう。「公判請求」「公訴提起」ともいう。「○○罪で起訴」と書く。「○○容疑で起訴」は間違い。同一被告が別の罪で新たに起訴されたときは「追起訴」。容疑者を逮捕せずに起訴した場合は「在宅起訴」で、「在宅」を省かない。

不起訴　嫌疑なし、嫌疑不十分、責任能力なし、訴訟条件が欠ける（例えば親告罪で告訴がない）などで刑事責任を問えず、検察官が起訴しないこと。不起訴は確定力を持たず、後日起訴することもできる。

起訴猶予　犯罪の容疑はあるが、容疑者の年齢や境遇、犯罪の軽重、情状などを考慮して、検察官が起訴をやめる処分。法律上は起訴猶予も不起訴に含まれるが、紙面上は両者を極力区分けする。

微罪処分　犯罪事実が極めて軽微であるため警察段階で処理し、検察官に送致しない処分。送致の必要がない犯罪は検察官によってあらかじめ指定されている。起訴猶予の一形態と考えてよい。

略式起訴　「略式命令の請求」の通称。少額の罰金、科料を定めた罪について容疑者に異議がないとき検察官が簡裁に行う手続き。略式起訴するのは地検ではなく区検。通常、その日に「略式命令」（罰金または科料）が出される。「略式起訴」と「略式命令」を併せたものを「略式手続き」という。

◇

損害賠償命令　故意の犯罪行為で人を死傷させた事件を含む一定の重大事件で、刑事裁判の判決の後に、刑事裁判官が被害者への賠償を被告に命じる制度。被害者の申し立てで、刑事裁判の認定した事実を基に賠償額を決めるが、命令に対して当事者に不服があれば民事訴訟に移行する。

◇

脅　迫　刑法上、人に危害を加えるようなことを言ったり、態度で示したりして脅すこと。

強　迫　民法上、他人に危害を加えるような言動を示して恐怖心を生じさせ、無理に意思決定させること。強迫されて意思表示した者はそれを取り消すことができる。

◇

許　可　ある行為が法令で一般的に禁止されている場合、特定人に対し、また特定の事案に関してその禁止を解き、適法にこれを行うことを可能にする行政措置。

〔例〕営業許可、起債の許可

認　可　法律行為が公の機関の同意を得なければ有効に成立することができない場合に、これに同意を与え、有効に成立させる行政措置。

〔例〕学校法人の認可

◇

虚偽文書　公務員など正当な作成権限を持つ者が作成した文書で、内容が真実に反するもの。

偽造文書　作成権限のない者が名義を偽って作成した文書。内容が真実に合致するか否かは問わない。

◇

検　挙　法律用語ではないが、警察内部で使われる逮捕と任意取り調べ（その後の書類送検も含む）を引っくるめた総称。記事では「5人を逮捕、3人を任意で調べた」と書き、「8人を検挙」とはしない。ただ、デモなどの際、警察署ですぐ釈放する者も含めて連行した場合、「検挙○○人」と発表することがあり、逮捕者数がすぐには分からないときは使用もやむを得ない。

確　保　逮捕を前提に身柄を押さえること。逮捕に切り替えたらできるだけ早く逮捕に手直しする。

逮　捕　捜査機関などが容疑者の身体の自由を拘束する行為。「通常逮捕」（裁判官の出す逮捕状に基づく）、「緊急逮捕」（後から逮捕状を請求する）、「現行犯逮捕」（民間人でもできる）の3種がある。緊急逮捕は、死刑、または無期か3年以上の懲役・禁錮に当たる罪を犯したと疑うに足る理由があり、急速を要するときに、その理由を容疑者に告げて逮捕すること。なお、民間人が現行犯で逮捕した場合、「銀行員が○○容疑者を強盗容疑で現行犯逮捕した」とはせず「銀行員が男を取り押さえ△△署に引き渡した。同署は強盗容疑で現行犯逮捕した。調べによると男は○○容疑者で…」などとする。

逮捕歴　容疑者名の前後に「逮捕歴5回」などの記述は原則として書かない。どうしても必要な場合は文中で「○○などの疑いで5回警察に捕まったことがあり…」「○○などの疑いで5回逮捕されたことがあり…」などと書く。

再逮捕　法律に明記されている用語ではないが、同一人物が連続して逮捕された場合、2回目以降の逮捕を「再逮捕」とする。

◇

検察官・検事　裁判官に対して検察官という。検察官には、検事総長、次長検事、検事長、検事、副検事の五つの官名がある。したがって検察官すべてを検事と呼ぶことはできない（検事正は職名で、1級検事が充てられる）。簡裁では通常は副検事が対応しており、これは検事ではない。

◇

実況見分と検証　実況見分は、捜査機関が犯罪現場などの状況を確認すること。現場検証と似ているが、検証が強制処分で令状を必要とするのに対し、実況見分は所有者等の承諾を得て任意に行われる。「実況見分」を指す場合や「実況見分調書」には「検分」ではなく「見分」を使う。検証は、民事事件、刑事事件で、裁判官が現場や人、物の状況などを実際に見て、心証を取る証拠調べ。刑事訴訟法上、捜査機関が強制処分として行う検証もある。

◇

公　示　一般には公機関の行う公表で、告示と同義。公選法では、衆議院議員の総選挙、参議院議員の通常選挙の施行の通知を公示という。

告　示　衆議院議員、参議院議員の再選挙または補欠選挙、都道府県議会の議員と知事、市区町村議会の議員と市区町村長の選挙、最高裁判所裁判官国民審査の場合は告示という。外国の選挙にはすべて告示を使う。

◇

連座制　選挙の当選人と一定の関係にある者が、公職選挙法で定めた買収などの罪を犯したとき、当選人の当選を無効とし、当該選挙区からの立候補を5年間禁止する制度。刑事裁判で有罪が確定しても直ちに適用されるわけではなく、二つのパターンがある。罪を犯したのが選挙運動の主宰者や出納責任者の場合には、有罪確定の通知を受けて30日以内に、当選人が高裁に連座制の適用を不服とする行政訴訟を起こして勝訴しなければ、自動的に適用される。もう一つは、秘書や配偶者など一定の親族、組織的選挙運動管理者などが罪を犯した場合で、禁錮以上の刑が確定すると、高検が高裁に連座制適用を求める行政訴訟を起こし、その勝訴が確定して初めて適用される。

公　訴　検察官が裁判所に対し、容疑者への有罪判決を求める訴え。この公訴提起のことを一般に起訴という。

控　訴　第1審の判決に不服のある者が、その取り消しや変更を上級裁判所に求める訴訟手続き。民事訴訟法上は、簡裁の判決に対する控訴は地裁に、地裁・家裁がした第1審判決に対する控訴は高裁に提起する。刑事訴訟法上の控訴はすべて高裁に対して行われる。

控訴棄却と公訴棄却　控訴棄却は民事も刑事も2審で上訴（控訴）を棄却する場合。公訴棄却は刑事事件の起訴そのものを無効とする場合で、起訴後、被告が死亡した場合などは、裁判所が公訴棄却を決定する。このほか、裁判所が検察官の起訴を違法もしくは不当として、起訴そのものを取り消すことがある。公訴棄却は、口頭弁論を開いて判決を言い渡す場合と、弁論を開かずに決定でなされるケースがある。

◇

勾　留　逮捕後、判決が確定するまでの間に、容疑者や被告の身柄を拘禁すること。

拘　留　最も軽い自由刑で、主として軽犯罪に科せられる。1日以上30日未満の期間、拘留場（通常は代用監獄としての警察留置場）に拘束すること。

監　置　法廷などの秩序を乱した者に対して、裁判所が科することのできる特殊な秩序罰。監置場に20日以内留置する。

留　置　刑法および刑事訴訟法では、人を一定の場所に拘禁すること。罰金または科料の換刑処分（罰金などが払えなかった場合のいわゆる「労役場留置」）と「鑑定留置」（容疑者の精神状態を調べるため病院などに収容）や護送中の「仮留置」などがある（形態は勾留に類似）。

勾留理由開示　逮捕された容疑者、被告らは、勾留されている理由を示すよう求めることができる。刑事訴訟法に定められた手続きの一つで、公開の法廷で行われ、開示公判と通称されているとはいえ、まだ起訴されていない容疑者が開示を求めるケースが多いことから「公判」と書くのは誤り。「勾留理由開示（の手続き）が行われた」「勾留理由開示の法廷が開かれた」とする。

◇

公　判　公訴の提起後に、公開の法廷で行われる訴訟の手続き。勾留理由開示は含まれない。刑事訴訟法上の概念なので、民事訴訟、行政訴訟では「公判」は使わない。

口頭弁論　民事訴訟、行政訴訟で、裁判所および当事者が期日に行う訴訟行為のすべてで、刑事訴訟の「公判」に当たる。刑事、民事を問わず、特に当事者の弁論を指すこともある。

◇

告　訴　犯罪の被害者、一定の親族、法定代理人ら「告訴権者」が捜査機関に対し犯罪事実を申告し、処罰を求めること。

告　発　犯罪に直接関係のない第三者が、捜査機関に犯罪事実を申告し、処罰を求めること。公務員は職務遂行上、犯罪事実があると知った場合は、告発しなければならない。なお、匿名の「密告」は法律上の告発に当たらない。

親告罪　犯罪は原則として告訴がなくても起訴できるが、名誉毀《き》損《そん》など一定の罪については被害者の保護などの観点から告訴があってはじめて起訴することができることになっている。このような罪を親告罪という。告訴を有効にすることのできる告訴期間は、犯人を知ってから6か月以内。

◇

裁判官・判事　裁判官には、最高裁判所長官、最高裁判所判事、高等裁判所長官、判事、判事補、簡易裁判所判事の6種の官名がある。「判事」は高等裁判所、地方裁判所、家庭裁判所に置かれる。

裁判長・裁判官　民事裁判、刑事裁判とも審理は合議（通常は裁判官3人）で行われるケースと、単独（裁判官1人）で行われるケースがある。合議の場合、通常は部総括判事が裁判長を務める。単独の場合は、裁判長はいない。「○○地裁の○○○○裁判長は、請求を認めた」「○○地裁の○○○○裁判官は、懲役3年を言い渡した」のように使う。

最高裁長官・最高裁裁判官・最高裁判事　最高裁の裁判官は15人。最高裁長官と最高裁判事14人がいる。全員で構成する大法廷は最高裁長官が裁判長を務める。三つの小法廷では、通常、最高裁判事が交代で裁判長を務める。

◇

時　効　ある一定の事実状態が長期間継続した場合に、権利の取得、喪失という法律効果を認める制度。刑事法上では「公訴の時効」と「刑の時効」、民法上では「取得時効」と「消滅時効」がある。また、類似の効果を持つものに「除斥」がある。

公訴の時効　犯罪について一定期間経過したときは公訴提起（起訴）できないことをいう。期間は次の通り。

公訴時効なし　人を死亡させた罪で死刑に当たる罪＝強盗殺人、殺人など

30年　人を死亡させた罪で無期の懲役または禁錮＝不同意性

交致死など
20年　人を死亡させた罪で20年の懲役または禁錮＝傷害致死、危険運転致死など
10年　人を死亡させた罪で禁錮以上＝自動車運転過失致死、業務上過失致死など
人を死亡させていない罪については次の通り。
25年　死刑に当たる罪＝現住建造物等放火など
15年　無期の懲役または禁錮＝身代金目的誘拐など
10年　懲役または禁錮15年以上＝強盗など
7年　同15年未満＝営利誘拐、詐欺、恐喝、窃盗、業務上横領など
5年　同10年未満＝未成年者誘拐、収賄、背任、横領など
3年　同5年未満、罰金＝贈賄、名誉毀損《きそん》、脅迫、住居侵入など
1年　拘留または科料＝軽犯罪法違反など

刑の時効　刑の言い渡しを受け、それが確定した後、逃亡などでその執行を受けず一定の期間が経過した場合、刑の執行を免除する。期間は次の通り。
刑の時効なし　死刑
30年　無期の懲役または禁錮
20年　懲役または禁錮10年以上
10年　同3年以上10年未満
5年　同3年未満
3年　罰金
1年　拘留、科料、没収

民事の時効　民事では「取得時効」と「消滅時効」の2種がある。前者は長期間にわたって他人の物を占有する者に権利（例えば所有権）を与える制度。後者は一定期間行使されない権利（例えば債権）を消滅させる制度。

除　斥　財団等の清算手続きで、期間内に届け出または申し出のない債権を弁済または配当から除外すること。「権利の除斥」という。また、一定の権利について法律が定めた存続期間が「除斥期間」。中断がなく、当事者が援用しなくても当然に権利消滅の効力を生ずるなどの点で、消滅時効と異なる。

◇

自首と出頭　「自首」は刑事事件

の発生がまだ捜査機関に知られていないか、知られた後でも容疑者が特定されていない段階で、検察官、警察官に犯罪事実を自ら申告し、訴追を求めること。刑法上、刑の減軽事由となり、内乱予備陰謀など特別の場合には刑の免除事由となる。容疑者が特定された後で名乗り出た場合は「自首」ではなく「出頭」とする。「出頭」は裁判で情状の対象となることがある。ただ、自首の成立が裁判の争点になることも多いため、公判で争いがないことが確認されるまでは原則的に「出頭」を使用することが望ましい。

◇

犯人蔵匿（隠匿）と犯人隠避　罰金刑以上の罪を犯した者や、逮捕など拘禁中に逃走した者をかくまったり、逃亡を手助けしたりした者を処罰する刑法の罪。蔵匿は隠れる場所を提供してかくまうこと、隠避はそれ以外の方法で犯人の発見を妨げることをいう。変装用の衣服や逃走資金の提供、身代わり出頭などは犯人隠避にあたる。なお、蔵匿は難語のため、紙面では原則として「犯人隠匿」と言い換える。

◇

示　談　民事上の紛争を当事者同士の話し合いによって解決すること。

和　解　当事者が互いに譲歩して、争いをやめることを約束する契約。裁判所の面前でなされるものは「裁判上の和解」といい、和解調書は確定判決と同一の効力を持つ。

◇

質問と尋問　被告に対しては「人定質問」「被告人質問」と使う。証人に対しては「人定尋問」「証人尋問」とする。

主尋問　民事、刑事裁判を問わず、その証人を申請した側がする尋問。刑事裁判で弁護側がすることもある。

反対尋問　申請しない側が主尋問の後でする尋問。

審　尋　民事訴訟の仮処分手続きなどで行われる。裁判所が当事者に対し、書面の提出や口頭の陳述により双方の主張を聞くことを指す。

◇

釈　放　容疑者らが拘束を解かれること。容疑者の段階では、処分保留、不起訴などの理由で身柄拘束を解かれること。

保　釈　起訴された後、拘束を解かれること。裁判所が決定する。保釈保証金を納めなければならない。

仮釈放・仮出所　服役途中の受刑者が拘束を解かれる場合は仮釈放または仮出所と書く。拘留刑、労役場留置の場合も刑法では「仮出場」とされるが、これも仮釈放または仮出所でよい。少年院などの場合は、仮退院とする。

◇

（法廷での）証言と供述　証人調べで証人が尋問に答える場合は「証言」、被告が被告人質問に答える場合は「供述」とする。被告であっても、他の被告の裁判に証人として出廷し尋問を受けた場合は「…と証言した」とする。

自白の任意性・信用性　取調官の暴行や脅迫、利益誘導によって得られた自白は、任意性がないため証拠にすることができない。証拠となった場合でも、自白の内容に信用性がなければ有罪の根拠とできない。

◇

証拠能力　法廷で取り調べの対象とすることができる、証拠としての適格性。刑事裁判では、自白や伝聞証拠に対する証拠能力の制限をめぐり、証拠能力の「有無」が問題とされる場合が多い。

証明力　証拠が裁判官の心証をどの程度動かせるかという、証拠としての価値。「高低」「大小」が問題とされる。

証明と疎明　「証明」は、心証が確信の程度に達するもの。「疎明」は、確信の程度に達しないが、一応の心証に関するものを指す。証明は「厳密さ」が要求されるが、疎明は「やや緩やか」と理解する。

◇

召　集　国会議員に対し、一定の期日に各議院に集まることを命ずる行為。天皇が内閣の助言と承認により行う。

招　集　合議体を成立させるた

め、構成員に集合を求める手続き。皇室会議、地方自治体の議会、株主総会、債権者集会などは招集。

◇

上申書　事件関係者が捜査機関に提出する「手記」の通称で、事件の経緯や背景、本人の関わり、現在の心境などを書いた書面。法律上は、刑事訴訟法で定められた「供述書」に当たる。容疑者、被告が作成したものは、自分に不利益な事実を認める内容や、信用できる状況で供述した場合に限って証拠にできる。

◇

上　訴　未確定の裁判に対して上級裁判所に再審査を求める訴え。上訴には「控訴」「上告」「抗告」がある。

控　訴　501ページ参照

上　告　刑事訴訟法上は高裁の1、2審判決に対する上訴で、裁判所は常に最高裁。なお、地裁、家裁、簡裁の判決に対しても違憲判断等を不服として最高裁に上告する「跳躍上告」が認められている。民事訴訟法上は控訴審判決に対する上訴で、裁判所は第1審が簡裁のときは高裁に、地裁のときは最高裁となる。なお、第1審の判決言い渡し後、当事者が合意して控訴審を飛び越し上告する「飛越上告」もある。

高裁が1審となる例　刑法の内乱罪、公選法の選挙の効力や当選の効力に関する訴訟、同法の選挙犯罪に絡む当選無効訴訟（総括主宰者、出納責任者らの有罪確定による連座制）、地方自治法のリコール関係の訴訟など。ほかに東京高裁だけが1審となる事件として、海難審判法（海難審判所の裁決に対する訴え）、弁護士法（懲戒処分取り消し請求）の訴訟などがある。

抗　告　判決以外の裁判（決定、命令など）に対して上級裁判所に不服を申し立てること。通常の抗告のほかに、特別の規定がある場合に許される「即時抗告」、憲法違反を理由に（刑事裁判では判例違反も理由になる）最高裁に申し立てる「特別抗告」などがある。高裁の決定に対しては通常の抗告は許されないが、刑事裁判ではそれに代わり、同じ高裁に「異議の申し立て」ができる。起訴前や、第1回公判までに裁判官がする勾留、保釈などの決定、検察官や司法警察職員がする処分に対しては、地・家裁に「準抗告」をすることができる。また民事裁判では、決定、命令に対し、高裁が許可した場合に限り「許可抗告」をすることができる。

異議の申し立て　抗告（準抗告は別）が上級裁判所に対する不服申し立てであるのに対し、異議の申し立ては、対象となる決定や処分を行った裁判所に対して行う不服申し立てをいう。抗告が許されない最高裁や高裁の決定などに対して行われる。

再　審　刑事、民事において、判決が確定した後でも、判決のもとになった証拠が偽造されたものだったなど一定の重大な事由があるときは当事者の申し立てや請求などにより、再び審理することができる。

判決の確定　最高裁で刑事裁判の判決が言い渡された場合には、「訂正」の申し立てが可能で、正式な確定は、10日の期限内に申し立てがされないか、申し立てが棄却されたときになる。最高裁では刑事裁判の多くは判決ではなく決定で上告が棄却され、確定するが、これも同様に「異議」の申し立てができる（期限は3日）。ただ、いずれも結論が変わることは事実上あり得ない。民事裁判では、判決は言い渡された時点、決定は最高裁から当事者に伝えられた時点で確定する。1、2審の判決に対し、14日の期限内に控訴・上告がなかったり、当事者全員の控訴・上告が取り下げられたりした場合は、刑事、民事を問わず、直ちに確定する。

◇

証　人　裁判所から強制的に出頭を命じられ、宣誓の上で過去に経験した事実の証言を命じられた第三者。正当な理由がなく出頭を拒否した場合は科料や刑罰を科せられ、虚偽の証言をすると「偽証罪」が適用される。衆参両院および地方議会でも、証人の出頭、証言を求めることがある。

参考人　犯罪捜査のため容疑者以外で事情聴取を受ける者。出頭、供述を強制されることはない。新聞では、重大事件で、容疑者として特定される以前の容疑濃厚な者を「重要参考人」という。国会では委員会の求めに応じて出頭し、意見を述べる者を参考人という。証人と異なり、陳述を拒むことができる。

◇

心神耗弱　精神機能の障害で、是非善悪を判断すること、または判断に従って行動することが著しく困難な状態。一時的なもの（神経衰弱、酩酊《めいてい》など）と継続的なもの（アルコール依存症、老衰など）がある。刑法では限定責任能力として刑を減軽する。民法では保佐（以前の準禁治産）開始の審判の原因の一つとなる。

心神喪失　精神機能の障害で、是非善悪を判断できず、または判断できてもそれに従って行動できない状態。一時的なもの（泥酔など）と継続的なもの（重度の知的障害など）がある。刑法では責任無能力として罰しない。民法では恒常的な心神喪失は後見（以前の禁治産）開始の審判の原因となる。

◇

政　令　国会で制定する法律に対し、内閣が制定する命令。

省令・府令　各省庁の大臣がその主任の事務について法律もしくは政令を施行するため、または法律、政令の委任に基づいて発する行政上の命令。

◇

前　科　刑罰の言い渡しを受け、その裁判が確定したこと。当該記事（事件）と関係のない過去の経歴を暴くことは人権上好ましくないので、警察で発表しても通常は人名の上に「前科○犯」を入れることはしない。

◇

前　歴　警察では検挙歴のことを前歴ということがあるが、これも通常は記事に入れない。

◇

送　検　警察が逮捕者や任意取り調べの相手を検察官へ送致し、

刑事処分（起訴か不起訴か）を委ねる手続きの通称。逮捕して身柄を証拠物、捜査書類とともに送致するのが「身柄送検」、身柄を拘束せずに書類だけ送るのが「書類送検」。身柄送検は一般に「送検」としてよいが、書類送検は「書類」を省かない。

◇

捜　査　検察官や司法警察職員が行う容疑者の発見、証拠の収集などの活動。「強制捜査」（捜索、逮捕など裁判官の令状を要するもの）と「任意捜査」がある。

捜　索　捜査の一手段。身体、物、建物などについて行われる強制処分のこと。

◇

訴訟代理人　民事裁判で、訴訟を行うため当事者から委任された代理人。委任される代理人は、地裁以上の手続きに関しては必ず弁護士でなければならない。簡裁の手続きにおいては、裁判所の許可があれば弁護士でなくてもよい。また認定試験に合格した司法書士は、簡裁の民事裁判に限って訴訟代理人となれる。

弁護人　刑事事件の容疑者や被告を補助する者。刑事裁判では、複数の弁護士が弁護人についている場合は「主任弁護人」を定めなければならない。高裁以外の第1審に限り、一定の場合、弁護士でない弁護人すなわち「特別弁護人」が認められる。特定の分野に特別の知識や経験を持つ評論家や学者らが選任される。

◇

調　停　裁判所など第三者の仲介により、当事者が譲り合って紛争を解決させること。解決案は紛争当事者が承諾しなければ効力を生じない。

仲　裁　調停とほぼ同じだが、仲裁機関の判断が当事者を直ちに拘束する点で調停と異なる。

◇

提訴と申し立て　裁判所に民事訴訟、行政訴訟を起こすことを提訴という。仮処分など訴訟以外の裁判手続きについては「申し立て」を使う。

◇

取り調べ　捜査当局が、容疑者、

被告訴・被告発人、参考人などから、犯罪事実について供述を求める手続きをいうが、新聞では容疑者の場合のみに使う。容疑者以外の場合については「事情聴取」とする。

事情聴取　参考人、告訴・告発人に対する捜査当局の調べ。

◇

判決・決定・命令　「判決」は、必ず法廷で、宣告によって言い渡される。「決定」は手続き的な問題に対する結論で、裁判官忌避申し立て、保釈に関することなど。最高裁が刑事事件で上告を棄却する「決定」もある。決定は郵送されるケースが大半で、本人、訴訟関係者らに送達された時点で決定の効力が発生する（送達主義）。「命令」は、裁判長や裁判官が強制的に行う指示で、例えば退廷命令や弁論の制限など、訴訟指揮に関するものが多い。民事、刑事ともにあるが、決定よりも手続きが簡素化されている。簡裁の「略式命令」は判決の一種で、ここでいう命令とは異なる。

◇

被疑者・容疑者　犯罪の容疑があるとして捜査対象になっている人。紙面では原則として起訴されるまでの被疑者を「容疑者」とし、任意調べの段階では「被疑者」も「容疑者」も使わない。紙面での「被疑者」の使用は「被疑者死亡で書類送検」などやむを得ない場合に限る。

被告・被告人　刑事裁判で罪を犯したとして起訴された者を「被告人」という。記事では普通「被告」と略す。民事裁判では訴えられた側の当事者を「被告」と呼ぶ。

元被告　マスコミの便宜的用語。主に再審請求の際に使われているが、再審請求関連記事では呼称を原則として次のように使う。再審請求をした服役中の者は「○○受刑者」、死刑囚は「○○死刑囚」とし、出所・仮出所している場合は「○○さん」あるいは肩書を用いる。再審決定が出たときも同様。

被害者参加人　故意の犯罪行為で人を死傷させた事件を含む一定の重大事件で、被告の刑事裁判手続きに参加する被害者のこと。被告に対する質問、証人に対する情状面での尋問が認められるほか、検察官の論告・求刑の後に量刑などに関する意見を述べることができる。

◇

付審判請求 刑法の公務員職権乱用、特別公務員暴行陵虐罪などについて告訴・告発した人が、起訴しないという検察官の処分を不服とし裁判所の審判に付する（公判を開始する）よう請求する手続き。「準起訴手続き」とも呼ばれる。これにより裁判所は付審判を開始するかどうか決定をする。開始決定が確定した場合は公訴提起（起訴）と同じ効果が生じる。裁判所が指定した弁護士が「検事役」を務めて付審判の「公判」が開かれ、裁判所が判決を言い渡す。

◇

保佐人 被保佐人（以前の準禁治産者）の保護者。

補佐人 当事者を助けて訴訟行為を行うことのできる者。なお「輔佐人」と法律にある場合は「補佐人」と書き換える。

後見人 未成年者、成年被後見人（以前の禁治産者）の保護者。

◇

合併と営業譲渡 会社法における企業統合には、①吸収合併②新設合併③営業譲渡④吸収分割――などがあるが、「合併」と呼べるのは①と②だけ。「新設合併」は、既存の2社が権利義務をすべて継承して新会社に入る形態。「営業譲渡」による新会社の設立は、既存の2社の営業が新設会社に譲渡される形で、権利義務の譲渡は一部だけとなる。

【裁判員制度関連用語】

威迫罪 裁判員（補充裁判員を含む）やその経験者、裁判員候補者、またはそれらの親族に対し、面会や文書、電話で脅す行為をした場合、2年以下の懲役か20万円以下の罰金。

虚偽記載罪 裁判員候補者が呼出状の質問票に虚偽の記載をして裁判所に提出したり、選任手続きでの質問に虚偽の答えをしたりした場合、50万円以下の罰金。

欠格事由・就職禁止事由・不適格事由　裁判員法は裁判員を務めることができない者を「欠格事由」として挙げている。①成年被後見人②懲戒免職処分を受けて2年を経過していない公務員③義務教育を終了していない者④禁錮以上の刑に処せられた者⑤心身の故障のため裁判員の職務の遂行に著しい支障がある者――が対象。また、特定の職業に就いていることを理由に裁判員となれないとした「就職禁止事由」も規定しており、①国会議員、国務大臣、国の行政機関の幹部職員、都道府県知事、市町村長②裁判官・検察官・弁護士（OBを含む）、弁理士、司法書士、公証人、裁判所・法務省・警察の職員（非常勤は除く）、大学などの法律学の教授・准教授、司法修習生などの司法関係者③自衛官④労働基準監督官、海上保安官、麻薬取締官などの司法警察職員――などが対象となる。これに対し、裁判の公正を害するおそれのある場合を「不適格事由」として挙げ、当該事件に関連する被告・被害者やその親族、法定代理人、同居人のほか、事件の告発者、証人、鑑定人などは裁判員になれないとしている。また、裁判所が不公平な裁判をするおそれがあると認めた者も除外される。

原則的合議体と例外的合議体　裁判員制度の対象事件は原則として裁判官3人と裁判員6人の合議体（原則的合議体）で審理される。ただし起訴事実に争いがなく、裁判所が適当と認める例外的な場合は、裁判官1人と裁判員4人の合議体（例外的合議体）で審理できる。

公判前整理手続き　迅速な審理を図るため、2005年11月に導入された手続き。初公判前に検察、弁護側双方が主張と立証方法を明らかにして争点を絞り込み、裁判所が審理計画を立てる。裁判員制度では、必ずこの手続きを行うことが義務づけられている。

裁判員　有権者の中からくじで選ばれ、裁判員裁判の審理に参加する。毎年、選挙人名簿の中から翌年の候補者が無作為に選ばれ、裁判員候補者名簿が作成される。そのうえで事件ごとに、名簿の中からくじで選ばれた候補者が呼び出され、選任手続きが行われる。

辞退事由　裁判員法は、①70歳以上の者②会期中の地方公共団体の議会議員③学生や生徒④5年以内に裁判員や検察審査員などを務めた者⑤1年以内に裁判員の選任手続きに参加したことのある者⑥やむを得ない事由がある者――は辞退ができると定めている。「やむを得ない事由」について、同法は①重い病気や傷害がある②同居の親族に介護や保育が必要な人がいる③重要な仕事で自分がいなければ著しい損害が生じるおそれがある④父母の葬式への出席など社会生活上の重要な用務がある――場合を例示している。このほか、「裁判員の辞退事由に関する政令」で、①妊娠中や出産から8週間を経過していない女性②介護や保育の必要な別居中の親族がいる③重い病気の配偶者や親族がいて通院などに付き添う必要がある④妻や子の出産に立ち会う必要がある⑤裁判所の管轄外の遠隔地に住んでいる⑥身体上、精神上、経済上の重大な不利益が生じる――という6項目が辞退事由に追加された。

氏名等漏示罪　検察官や弁護人、被告、またはそれらの経験者が、正当な理由なく裁判員候補者の氏名や、候補者の述べた内容を漏らした場合、1年以下の懲役か50万円以下の罰金。

証明予定事実　公判前整理手続きで、検察側が明らかにする検察側主張。

請託罪　裁判員(補充裁判員を含む)に対し、特定の意見を述べるよう依頼したり、裁判に影響を与える目的で事実認定や量刑に関する見解を聞かせたりした場合、2年以下の懲役か20万円以下の罰金。

選任手続き　裁判所に呼び出した裁判員候補者の中から、裁判員や補充裁判員を選ぶ手続き。候補者の呼び出しは「呼出状」により行われる。裁判長は、辞退希望に理由があるかなどを判断するため裁判員候補者に質問を行う。検察官や弁護人も裁判長を通じて質問できるほか、不選任請求も認められている。これらの手続きで除外されなかった候補者の中から、最後はくじで選任する。

対象事件　「裁判員が参加する刑事裁判」（裁判員裁判）は、死刑、無期の懲役もしくは禁錮に当たる事件（殺人、強盗致傷、現住建造物等放火など）と、法定合議事件で故意の犯罪行為で被害者を死亡させた事件（傷害致死、危険運転致死、逮捕監禁致死など）が対象となる。ただし、組織犯罪やテロ事件など裁判員に危害が及ぶおそれがある事件は除外される。

秘密漏示罪　裁判員（補充裁判員を含む）が、①評議の秘密②職務上知り得た秘密③認定事実や量刑についての意見――を漏らしたら6月以下の懲役か50万円以下の罰金。裁判員経験者も、②③を漏らせば同様に処罰される。ただし、①については、裁判官や裁判員の意見や多数決の内訳を漏らした場合は裁判員同様に処罰されるが、それ以外の評議の内容については罰金のみとなる（金銭目的で漏らした場合を除く）。

評議・評決　裁判官と裁判員が有罪・無罪や量刑を決めるための議論を「評議」、評議の結果、最終的な判断を下すことを「評決」という。評決は多数決により行われるが、裁判員だけの多数では被告を有罪にはできない。量刑について意見が分かれた場合は、最も重い意見の人数を次に重い意見の人数に加え、過半数を超えない場合はさらに下の量刑意見の人数に加えていき、過半数を超えた時点の量刑意見が最終的な結論となる。

不選任請求　裁判員の選任手続きで、検察官と被告（弁護人）には、それぞれ理由を示さずに裁判員候補者を選任しないことを求めることができる。裁判員6人の原則的合議体では各4人まで、裁判員4人の例外的合議体では各3人までの不選任請求ができる。

部分判決　1人の被告が複数の事

件で起訴されたケースにおいて、裁判員の負担を減らすために事件ごとに裁判を分離し、それぞれの有罪・無罪を決める判決のこと。複数の部分判決を基に量刑を判断し、最終的な判決を出す。事件ごとに分離された裁判を「区分事件審判」と呼ぶ。また、部分判決が出そろった時点で、それらの判決を基に量刑だけを審理する裁判を「併合事件審判」と呼ぶ。

補充裁判員　審理が長期化する場合など、公判途中で審理に参加できなくなる裁判員が出る可能性があると裁判所が判断した場合、交代要員として置くことができる裁判員。最大6人まで。審理に立ち会い、評議も傍聴できる。

誤記しやすい法律用語

（下段が正しい）

過重収賄罪 ↓ 加重収賄罪
加罰、科罰的違法性 ↓ 可罰的違法性
偽造通貨拾得罪 ↓ 偽造通貨収得罪
共同共謀正犯 ↓ 共謀共同正犯
個別訪問 ↓ 戸別訪問（公選法）
詐偽 ↓ 詐欺（刑法など）
詐欺投票 ↓ 詐偽投票（公選法）
参議院全国区 ↓ 参議院比例代表選（制）
参議院地方区 ↓ 参議院選挙区
選挙広報 ↓ 選挙公報
選挙人名簿の調整 ↓ 選挙人名簿の調製
相続人の排除 ↓ 相続人の廃除
投（開）票場 ↓ 投（開）票所
不在投票 ↓ 不在者投票
保護監察 ↓ 保護観察
保護更生施設 ↓ 更生保護施設
無競争当選 ↓ 無投票当選
黙否権 ↓ 黙秘権

皇室用語

1　この用語集では、皇室関係の記事で使われる可能性のある言葉を「敬称」「一般用語」「特別用語」の三つに分類してある。「一般用語」は皇室担当でない記者の参考になるようにとの視点で、発表文によく出てくるものを中心に収録した。

2　「敬称」「一般用語」で、○印は使ってよいもの、×印は使わないものを意味する。×印については言い換えを示した。○印についても使用に当たっては説明文の用法を参照すること。

3　「特別用語」は、皇室の儀式など、そのまま使わざるを得ないようなもので、記事に登場する頻度が多いものを中心に取り上げた。読みと意味を示してあるので、使用に当たってはこれを参考に、必要に応じ読みや説明を付けるのが望ましい。

4　「敬語の使い方」については74ページを参照のこと。

■敬称

◇天皇、皇后を、死後の贈り名で呼ぶ場合は、敬称をつけない。

例「昭和天皇」「香淳皇后」

◇法制上の身分を表す場合は、敬称をつけない。

例「天皇は国の象徴である」

◇見出しなど簡潔を要する場合は、敬称を省略してもよい。

例「天皇お言葉」

◇多数の皇族を列記する場合は、一人一人に敬称はつけず、「……の各皇族方」と書くのが望ましい。

例「常陸宮、秋篠宮の各皇族方」

○天皇陛下、○皇后陛下　敬称は「陛下」が正式。ただし、皇后はあらたまった場合以外は「さま」とする。

○天皇、皇后両陛下　繰り返し出てくる場合は「両陛下」だけでもよい。

×天皇ご夫妻　「ご夫妻で」という表現は使える。

○天皇ご一家　皇室全体を指す「皇室ご一家」も使える。

○上皇陛下　あらたまった場合以外は「上皇さま」とする。

○上皇后陛下　あらたまった場合以外は「上皇后さま」または「上皇后美智子さま」とする。

○上皇、上皇后両陛下　あらたまった場合以外は「上皇ご夫妻」または「上皇さま、上皇后美智子さま」とする。

○秋篠宮さま、○秋篠宮妃紀子さま、○秋篠宮ご夫妻　正式には「秋篠宮皇嗣殿下」「秋篠宮皇嗣妃殿下」「秋篠宮、同妃両殿下」だが、あらたまった場合以外は見出し語のように表記する。他の皇族の場合も同様。ただし三笠宮家の長男の寛仁親王（故人）については、父の三笠宮さま（故人）と区別するため「三笠宮家の寛仁さま」などとする。

■一般用語

○親王、内親王、王、女王　天皇の孫までを親王（男）、内親王（女）、ひ孫以下を王（男）、女王（女）と呼ぶ。位を表す時はこの表現を使って差し支えないが、名前の場合は原則として「さま」とする。

×御名　「お名前」と言い換える。

×皇孫　「天皇陛下の孫」などと言い換える。「陛下の初孫」などの表現も可。（宮内庁発表文は発表通り）

×お三方、三方　「三人」と言い換える。

×思し召し　「意向」「気持ち」と言い換える。

×行幸、行啓、行幸啓、お成り　「旅行」「訪問」などと言い換える。

×還幸、還啓、還幸啓　なるべく「帰られる」に。

×ご臨席　「出席」と言い換える。

×ご臨席を仰ぐ　「お迎えする」と言い換える。

○宿舎　「お宿」は「宿舎」などと言い換える。

×玉座　「陛下の席」などと言い換える。

○行列、車列、パレード

×お召し列車　「特別列車」と言い換える。

×お召し機　「特別機」と言い換える。

×御料車　「車」と言い換える。

×供奉（ぐぶ）「供として」「仕えて」などと言い換える。

×参内する　「皇居を訪れる」「皇居に入る」などと言い換える。

×拝謁、謁見　「お目にかかる」「お会いする」などと言い換える。

×内奏、上奏　「説明」「報告」などと言い換える。

○認証式　認証官（その任免を天皇が認証する官）任命式のこと。

○親任式　首相、最高裁長官の任命式のこと。「任命式」と言い換えてもよい。

○お言葉　「励ましの言葉をかけられた」など一般的な意味で使われた場合は、「お」を省略する。海外でのお言葉は「スピーチ」などと言い換えてもよい。

×引見、接見　「会見」と言い換える。動詞の場合は「会見される」「お会いになる」「会われる」など。

×勅使　「天皇陛下の代理」と言い換える。

×御製（ぎょせい）　「天皇陛下のお歌」と言い換える。

○進講

○晩さん会　国賓を迎えて皇居で行う夕食会の場合は「晩さん会」を使う（一般的には「夕食会」と言い換える）。

×午さん会　「昼食会」と言い換える。

×祭粢料（さいしりょう）　「供物料」と言い換える。

×臣籍降下　「皇籍離脱」「皇族の身分を離れる」などと言い換える。

○崩御、×ご崩御　天皇、皇后、上皇、上皇后、皇太后、太皇太后（たいこうたいごう＝先々代の天皇の皇后）が亡くなった時の敬語は正式には「崩御」だが、新聞では天皇、上皇の場合のみ使う。ただし最小限度にとどめ、動詞の場合は「お亡くなりになった」「亡くなられた」などとする。

○ご逝去　天皇、上皇以外の皇族が亡くなった場合に使う。動詞の場合は「逝去された」「亡くなられた」などとする。

○御陵、陵　天皇、皇后、上皇、上皇后、皇太后、太皇太后の墓を言う。その他の皇族の場合は「お墓」。

○追号　天皇、皇后、上皇、上皇后、皇太后、太皇太后に死後贈られる称号のこと。「昭和天皇」など。「贈り名」と言い換えてもよい。

×令和天皇、平成天皇　現天皇については、「令和天皇」の表記は絶対にしてはならない。歴代天皇との混同を避けたい場合は、「今の陛下」「現在の陛下」などと表記する。また、「平成天皇」も贈り名であり、使わない。

×践祚（せんそ）「即位」と言い換える。

■特別用語

◇即位や葬儀の諸儀式は現憲法の下で、先例と異なる名称や内容になったものが少なくない。

◇この用語集では、現天皇の即位の諸儀式と昭和天皇の葬儀の諸儀式によった。

▼即位関係

剣璽等承継の儀（けんじとうしょうけいのぎ）　皇位とともに伝わる剣、曲玉（まがたま）などを新天皇が受け継ぐ儀式。

即位後朝見の儀（そくいごちょうけんのぎ）　即位したばかりの新天皇に、首相以下、国民の代表が初めて対面する儀式。

即位の礼（そくいのれい）　皇位継承時に国が行う新天皇の即位儀式。

即位礼正殿の儀（そくいれいせいでんのぎ）　即位の礼の中心となる儀式。天皇が宮殿の正殿に置かれた高御座に昇り、内外からの参列者に対し即位のお言葉を述べる。

高御座（たかみくら）　正殿の儀で天皇が昇る台。

御帳台（みちょうだい）　正殿の儀で皇后が昇る台。

祝賀御列の儀（しゅくがおんれつのぎ）　即位の礼の儀式の一つで、即位礼正殿の儀のあと、天皇、皇后が行うお披露目のパレード。

饗宴の儀（きょうえんのぎ）　即位の礼の儀式の一つで、天皇が内外の代表を招いて催す祝賀の宴会。

大嘗祭（だいじょうさい）　新天皇が即位後初めて、その年にとれた新穀を神々に供えるとともに、自らも食べ五穀豊穣（ほうじょう）と国の安寧を祈る「大嘗宮の儀」を中心とした一連の皇室儀式。即位の礼のあと行われる。

斎田（さいでん） 大嘗祭で使う新穀を作る水田。斎田は2か所で、東のものを悠紀田（ゆきでん）、西のものを主基田（すきでん）と言う。

斎田点定の儀（さいでんてんていのぎ） 亀の甲羅を焼く占いで、斎田の場所（地方）を決める儀式。

大嘗宮（だいじょうきゅう） 大嘗宮の儀を行う場所。大嘗祭のために作り、終わると取り壊す。

大饗の儀（だいきょうのぎ） 大嘗宮の儀のあと天皇が参列者を招いて催す宴会。

即位礼及び大嘗祭後神宮に親謁の儀（そくいれいおよびだいじょうさいごじんぐうにしんえつのぎ） 即位の礼と大嘗宮の儀などを終えた天皇、皇后が伊勢神宮に参拝する儀式。

▼葬儀関係

大喪の礼（たいそうのれい） 天皇の本葬は国の儀式と皇室の儀式に分かれる。そのうち国の儀式。

斂葬の儀（れんそうのぎ） 皇室の儀式として行われる本葬。葬儀式と埋葬式からなる。斂葬は遺体をおさめて葬る意味。

葬場殿の儀（そうじょうでんのぎ） 天皇、皇后、上皇、上皇后、皇太后、太皇太后の本葬の葬儀式。一般の告別式にあたる。

陵所の儀（りょうしょのぎ） 天皇、皇后、上皇、上皇后、皇太后、太皇太后の埋葬式。

お舟入（ふないり） 納棺の儀式。

殯宮（ひんきゅう） 本葬まで遺体を安置しておく場所。

殯宮移御の儀（ひんきゅういぎょのぎ） 棺を斂葬までの間に安置する殯宮に移す儀式。

殯宮祗候（ひんきゅうしこう） 殯宮で行う通夜。

追号奉告の儀（ついごうほうこくのぎ） 天皇、皇后、上皇、上皇后、皇太后、太皇太后に追号を贈る儀式。

▼結婚などの慶事

納采の儀（のうさいのぎ） 一般の結納に当たる。皇族の婚約は、この儀式を経て正式に調う。

告期の儀（こっきのぎ） 結婚の

日取りを相手方に伝える儀式。

結婚の儀（けっこんのぎ）　賢所で行われる皇族の結婚式。

朝見の儀（ちょうけんのぎ）　天皇に対面する儀式。結婚の儀のあと、結婚した皇族が夫妻で天皇・皇后と対面する儀式や、成年式を挙げた男子皇族が天皇・皇后と対面する儀式が、これに当たる。

賜剣（しけん）　誕生当日または翌日に天皇が守り刀を贈る儀式。女児の場合は、はかまも添えられる。

浴湯の儀（よくとうのぎ）　誕生から7日目、文運と健康を祈願して行われる儀式。読書（とくしょ）役が史書の一節を読み、鳴弦（めいげん）役がかけ声をかけながら弓の弦を引く。男児はこの動作を3回、女児は2回繰り返す。

命名の儀（めいめいのぎ）　誕生から7日目、浴湯の儀に引き続き行われる。天皇が皇太子に名前と称号を伝える。

成年式（せいねんしき）　一般の成人式に当たり、天皇と男子皇族についてのみ行われる。中心になるのは、天皇から賜った冠をかぶる「加冠（かかん）の儀」。ちなみに成年式を挙げる年齢は、天皇、皇太子、皇太孫（こうたいそん＝皇太子がいない場合の皇位継承順位第1位の天皇の孫）は18歳、その他は20歳。

立太子の礼（りったいしのれい）　皇太子の地位を広く内外に告げる儀式。

▼恒例儀式

新年祝賀の儀　元日に天皇・皇后が宮殿で、皇族や三権の代表者、各国駐日大使などから祝賀を受ける儀式。

講書始の儀（こうしょはじめのぎ）　毎年1月、天皇、皇后が各分野の専門家の説明を聞く儀式。

歌会始の儀（うたかいはじめのぎ）　毎年1月、あらかじめ決められた題で、天皇、皇后、皇族、召人、選者の和歌、一般から選ばれた歌を披露する儀式。

園遊会（えんゆうかい）　毎年春秋の2回、天皇、皇后が、国の要人、都道府県知事、各界功労者を招いて赤坂御苑で催す供応の行事。

勲章親授式　大綬章以上の勲章と文化勲章の受章者に、天皇が宮殿で勲章を直接授与する儀式。

信任状奉呈式　新任の外国大使が、本国の元首からの信任状を天皇に提出する儀式。

▼施設

正殿（せいでん）　宮殿の中で、天皇の国事行為や主要儀式が行われる中心的な建物。

豊明殿（ほうめいでん）　宮殿の中で、晩さん会などを行う建物。

長和殿（ちょうわでん）　宮殿の中で最大の建物。一般参賀の際、天皇ご一家は長和殿のベランダに出て、東庭（とうてい）の参賀の人たちに応える。

御所（ごしょ）　皇居内の天皇・皇后の住まい。

赤坂御用地（あかさかごようち）　秋篠宮邸、園遊会を行う赤坂御苑などがある皇室用地。

武蔵陵墓地（むさしりょうぼち）　昭和天皇陵や大正天皇陵などがある東京・八王子市内の皇室用地。昭和天皇陵の正式名称である「武蔵野陵」と混同しやすいので、注意が必要。

宮中三殿（きゅうちゅうさんでん）　皇居内にある賢所（かしこどころ）、皇霊殿（こうれいでん）、神殿（しんでん）の総称。賢所には天照大神、皇霊殿には歴代天皇と皇族の霊、神殿には国中の神々がまつられている。

▼その他

皇統譜　天皇、皇族の戸籍簿に当たるもの。このうち天皇、皇后に関するものを大統譜（だいとうふ）、その他を皇族譜（こうぞくふ）と言う。

皇室費・宮内庁費　宮内庁関係の費用は、皇室費と宮内庁費に大別される。皇室費は皇室経済法により、内廷費、宮廷費、皇族費の三つに分かれる。

内廷費　天皇ご一家の私的生活費。この場合のご一家は、天皇、皇后両陛下と愛子さま、上皇ご夫妻。お手元金とも呼ばれ、宮内庁の公金ではない。

宮廷費　儀式、国賓・公賓等の接待、地方訪問、外国訪問など皇室の公的活動に必要な経費、皇室用財産の管理に必要な経費、皇居などの施設の整備に必要な経費など。宮内庁の経理する公金。

皇族費　皇族としての品位を保つための費用。各宮家の皇族に年額で支給される。各皇族のお手元金で、宮内庁の公金ではない。初めて独立生計を営む時、皇族の身分を離れる時に支出される一時金もある。

宮号（みやごう）　皇族が独立して宮家を創立する時、天皇から贈られる宮家の称号。「秋篠宮」「常陸宮」など。「浩宮」「礼宮」などは、天皇の直系皇族の幼時の称号で、宮号ではない。

大勲位菊花章頸飾（だいくんいきっかしょうけいしょく）　日本の最高位の勲章。これに次ぐ勲章は大勲位菊花大綬章（だいくんいきっかだいじゅしょう）。

■天皇陛下と上皇陛下、皇族方の生年月日

（お名前）		（生年月日）
天　皇	徳　仁	1960年2月23日
皇　后	雅　子	1963年12月9日
敬　宮	愛　子	2001年12月1日
上　皇	明　仁	1933年12月23日
上皇后	美智子	1934年10月20日
秋篠宮	文　仁	1965年11月30日
妃	紀　子	1966年9月11日
	佳　子	1994年12月29日
	悠　仁	2006年9月6日
常陸宮	正　仁	1935年11月28日
妃	華　子	1940年7月19日
三笠宮妃	百合子	1923年6月4日
寛仁妃	信　子	1955年4月9日
	彬　子	1981年12月20日
	瑶　子	1983年10月25日
高円宮妃	久　子	1953年7月10日
	承　子	1986年3月8日

■崩御、逝去の年月日

昭和天皇	1989年1月7日
香淳《こうじゅん》皇后	2000年6月16日
秩父宮雍仁《ちちぶのみややすひと》親王	1953年1月4日
秩父宮妃勢津子《せつこ》	1995年8月25日
高松宮宣仁《たかまつのみやのぶひと》親王	1987年2月3日
高松宮妃喜久子《きくこ》	2004年12月18日
高円宮憲仁《たかまどのみやのりひと》親王	2002年11月21日
三笠宮崇仁《みかさのみやたかひと》親王	2016年10月27日
三笠宮家の寛仁《ともひと》親王	2012年6月6日
桂宮宜仁《かつらのみやよしひと》親王	2014年6月8日

（注）秩父宮家、高松宮家、桂宮家は一代で絶えた。

皇室一覧

（■は故人）

上皇陛下（明仁＝あきひと）
＝上皇后陛下（美智子＝みちこ）

- 天皇陛下（徳仁＝なるひと）
＝皇后陛下（雅子＝まさこ）
  - 敬宮《としのみや》　愛子（あいこ）内親王殿下
- 秋篠宮《あきしののみや》皇嗣殿下（文仁＝ふみひと）
＝妃殿下（紀子＝きこ）
  - 佳子（かこ）内親王殿下
  - 悠仁（ひさひと）親王殿下

常陸宮《ひたちのみや》　正仁（まさひと）親王殿下
＝妃　華子（はなこ）殿下

■三笠宮《みかさのみや》　崇仁（たかひと）親王
＝妃　百合子（ゆりこ）殿下
（三笠宮さまは昭和天皇の弟）

- （三笠宮家）■寬仁（ともひと）親王
＝妃　信子（のぶこ）殿下
  - 彬子（あきこ）女王殿下
  - 瑶子（ようこ）女王殿下
- ■高円宮《たかまどのみや》　憲仁（のりひと）親王
＝妃　久子（ひさこ）殿下
  - 承子（つぐこ）女王殿下

勲章・褒章の種類

文化勲章

文化の発達に顕著な功績があった人に贈る。文化功労者の中から選ばれる

勲　　章

大勲位菊花章頸飾
大勲位菊花大綬章
桐花大綬章
旭日大綬章　瑞宝大綬章
旭日重光章　瑞宝重光章
旭日中綬章　瑞宝中綬章
旭日小綬章　瑞宝小綬章
旭日双光章　瑞宝双光章
旭日単光章　瑞宝単光章
旭日章　顕著な功績のあった人に贈られる
瑞宝章　公共的な業務に長年従事し成績を上げた人に贈られる

褒　　章

紅綬褒章　自己の危難を顧みず人命救助に尽力した人に贈られる
緑綬褒章　ボランティア活動などに功績のあった人に贈られる
黄綬褒章　業務に精励し国民の模範になる人に贈られる
紫綬褒章　学術、芸術、スポーツなどで功績のあった人に贈られる
藍綬褒章　民生、社会福祉に功績のあった人に贈られる
紺綬褒章　公益のために高額の私財を寄付した人に贈られる

※栄典制度は2003年秋の叙勲・褒章から現行制度に移行し、勲一等、勲六等など数字による勲章の等級表記を廃止した。

二十四節気

1月6日頃　小寒（しょうかん）
20日頃　大寒（だいかん）
2月4日頃　立春（りっしゅん）
19日頃　雨水（うすい）
3月6日頃　啓蟄（けいちつ）
21日頃　春分（しゅんぶん）
4月5日頃　清明（せいめい）
20日頃　穀雨（こくう）
5月6日頃　立夏（りっか）
21日頃　小満（しょうまん）
6月6日頃　芒種（ぼうしゅ）
22日頃　夏至（げし）
7月8日頃　小暑（しょうしょ）
23日頃　大暑（たいしょ）
8月8日頃　立秋（りっしゅう）
24日頃　処暑（しょしょ）
9月8日頃　白露（はくろ）
23日頃　秋分（しゅうぶん）
10月9日頃　寒露（かんろ）
24日頃　霜降（そうこう）
11月8日頃　立冬（りっとう）
23日頃　小雪（しょうせつ）
12月8日頃　大雪（たいせつ）
22日頃　冬至（とうじ）

国民の祝日

1月1日　元日
第2月曜　成人の日
2月11日　建国記念の日
23日　天皇誕生日
3月21日頃　春分の日
4月29日　昭和の日
5月3日　憲法記念日
4日　みどりの日
5日　こどもの日
7月第3月曜　海の日
8月11日　山の日
9月第3月曜　敬老の日
23日頃　秋分の日
10月第2月曜　スポーツの日
11月3日　文化の日
23日　勤労感謝の日

長寿の祝い

還暦　60歳〔満年齢。数え年では61歳〕
古希　70歳〔杜甫の詩「人生七十古来稀」による〕
喜寿　77歳〔草書体「㐂」による〕
傘寿　80歳〔略字「仐」による〕
米寿　88歳〔「米」の字を「八十八」と読んだもの〕
卒寿　90歳〔俗字「卆」による〕
白寿　99歳〔「百」から「一」を引いて「白」〕

主な航空会社

ローマ字は国際略称。会社名の〔 〕内は省いてもよい。

日本航空（日航）	JAL
全日本空輸（全日空）	ANA
日本トランスオーシャン航空	JTA
スカイマーク	SKY
エア・ドゥ	ADO
ソラシドエア	SNJ
スターフライヤー	SFJ
ピーチ・アビエーション	APJ

◇

アエロフロート〔・ロシア〕航空	AFL
アエロメヒコ航空（メキシコ）	AMX
アシアナ航空（韓国）	AAR
アメリカン航空	AAL
ITAエアウェイズ	ITY
イベリア航空（スペイン）	IBE
イラク航空	IAW
イラン航空	IRA
ヴァージン・アトランティック航空（英）	VIR
エア・インディア	AIC
エア・カナダ	ACA
エールフランス	AFR
エジプト航空	MSR
エバー航空（台湾）	EVA
エミレーツ航空（アラブ首長国連邦）	UAE
エルアル・イスラエル航空	ELY
オーストリア航空	AUA
オリンピック航空（ギリシャ）	OAL
カタール航空	QTR
ガルーダ〔・インドネシア〕航空	GIA
カンタス航空（豪）	QFA
キャセイパシフィック航空（香港）	CPA
〔KLM〕オランダ航空	KLM
サウディア	SVA
シンガポール航空	SIA
スイス・インターナショナル・エアラインズ	SWR
スカンジナビア航空（スウェーデン、ノルウェー、デンマーク）	SAS
スリランカ航空	ALK
ターキッシュ・エアラインズ（トルコ）	THY
タイ国際航空	THA

大韓航空	KAL
チャイナエアライン（台湾）	CAL
中国国際航空（中国）	CCA
中国東方航空（中国）	CES
中国南方航空（中国）	CSN
デルタ航空（米）	DAL
ニュージーランド航空	ANZ
パキスタン〔国際〕航空	PIA
フィリピン航空	PAL
フィンランド航空	FIN
ブリティッシュ・エアウェイズ（英）	BAW
ベトナム航空	HVN
マレーシア航空	MAS
ユナイテッド航空（米）	UAL
ルフトハンザ〔・ドイツ〕航空	DLH

主要通信社・新聞・雑誌

（太字は本紙提携・特約社）

〔通信社〕

AP（米）
ブルームバーグ（米）
ダウ・ジョーンズ（米）
ロイター（英）
AFP（仏）
DPA（独）
ANSA（伊）
インターファクス通信（ロシア）
タス（ロシア）
ロシア通信（ロシア）
新華社（中国）
中央通信（台湾）
聯合ニュース（韓国）
PTI（インド）
アンタラ（インドネシア）
VNA（ベトナム）
RP（ラヂオプレス通信社＝在京。世界のラジオニュースを配信）
中国通信（在京。主に新華社のニュースを日本語に翻訳し、配信）
朝鮮通信（在京。北朝鮮国営の朝鮮中央通信のニュースを配信）

〔新　聞〕

ワシントン・ポスト（米）
ロサンゼルス・タイムズ（米）
ウォール・ストリート・ジャーナル（米）
ニューヨーク・タイムズ（米）
シカゴ・トリビューン（米）
ボストン・グローブ（米）
ニューヨーク・ポスト（米）
USAトゥデー（米）

ニューズデー（米）
ガーディアン（英）
インデペンデント（英）
ザ・タイムズ（英）
デイリー・テレグラフ（英）
フィナンシャル・タイムズ（英）
オブザーバー（英）（日曜紙）
ザ・サン（英）
デイリー・メール（英）
デイリー・ミラー（英）
フィガロ（仏）
ル・モンド（仏）
リベラシオン（仏）
ユマニテ（仏）
レキップ（仏）
ウェルト（独）
フランクフルター・アルゲマイネ（独）
南ドイツ新聞（独）

ツァイト（独＝週刊）
コリエーレ・デラ・セラ（伊）
ジョルナレ（伊）
スタンパ（伊）
レプブリカ（伊）
ソレ24オレ（伊）
ガゼッタ・デロ・スポルト（伊）
プラウダ（ロシア）
イズベスチヤ（ロシア）
コムソモリスカヤ・プラウダ（ロシア）
コメルサント（ロシア）
ベドモスチ（ロシア）
赤い星（ロシア＝国防省発行）
人民日報（中国＝共産党機関紙）
光明日報（中国＝共産党主管の知識人向け全国紙）
解放軍報（中国＝人民解放軍機関紙）

文匯報（発行地・上海）
チャイナ・デイリー（中国）
中国時報（台湾）
聯合報（台湾）
韓国日報（韓国）
朝鮮日報（韓国）
東亜日報（韓国）
中央日報（韓国）
労働新聞（北朝鮮＝労働党機関紙）
民主朝鮮（北朝鮮＝政府機関紙）
ニャンザン（ベトナム＝共産党機関紙）
サウスチャイナ・モーニングポスト（香港＝英字）
大公報（香港＝華字）
文匯報（香港＝華字）
聯合早報（シンガポール＝華字）
ストレーツ・タイムズ（シンガポール＝英字）

ネーション（タイ）
ジャカルタ・ポスト（インドネシア）
ヒンズー（インド）
ドーン（パキスタン）
イディオト・アハロノト（イスラエル）
ハアレツ（イスラエル）
マアリブ（イスラエル）
アル・アハラム（エジプト）
シドニー・モーニング・ヘラルド（豪）
オーストラリアン（豪）
グロボ（ブラジル）

〔雑　誌〕

タイム（米）
ニューズウィーク（米）
ビジネスウィーク（米）
フォーチュン（米）
スポーツ・イラストレイテッド（米）
エコノミスト（英）
レクスプレス（仏）
ル・ポワン（仏）
シュピーゲル（独）
シュテルン（独）

登録商標と言い換え例

1 登録商標とは特許庁に登録されている名称で、商標権を持つ者のみが独占的に使うことができる。

2 登録商標は商標法によって保護されており、新聞等でも無制限に使えるわけではない。紙面での使用については次のような事例に気をつける。

・一般的名称のように使って、その商品の声価を害すると名誉毀損《きそん》で損害賠償を請求されることがある。

・たびたび一般的名称のように使うことで登録商標の価値が失われることがある。

・他社の類似商品がある場合、一般的名称として使うことで、一方に有利になるおそれがある。

3 登録商標は原則として使用せず、矢印（↓）の下の一般的名称に言い換える。一般的名称は参考例であり、ほかに適当な言い換え語があれば使ってもよい。また、登録商標ではなくても、表記を統一するために言い換え例を挙げたものもある。

4 登録商標であっても、①その商品を紹介する場合②その商品そのものが問題となっている場合——は使うことができる。

5 「使用可」には、商標権者が一般的名称としての使用を認めたもの（報道に限定したものを含む）以外に、商標権が失効したものや登録商標と紛らわしい一般的名称も含めた。

【ア行】

アース ↓ 殺虫剤
アートネイチャー ↓ かつら
アートフラワー ＝ 使用可
アイスノン ↓ 冷却枕、保冷剤
アクアラング ↓（簡易）潜水具、スキューバ
アクロマイシン ↓ 抗生物質（製剤）、テトラサイクリン
アコーディオンカーテン ＝ 使用可
味の素 ↓ うま味調味料
味ぽん（あじぽん、アジポン）↓ ポン酢（しょうゆ）
アデランス ↓ かつら
アリナミン ↓ ビタミン剤
アロンアルファ ↓ 瞬間接着剤

EPホルモン↓女性ホルモン剤
いかめし＝使用可
イソジン↓うがい薬
イソライト↓耐熱れんが
糸ようじ↓糸式ようじ
ウィークリーマンション↓短期賃貸マンション
ういろう＝使用可
ウィンドサーフィン＝使用可
ウォークマン↓ヘッドホンステレオ、携帯オーディオ
ウォシュレット↓温水洗浄便座
写ルンです↓使い切りカメラ、レンズ付きフィルム
うどんすき＝使用可
うなぎパイ↓ウナギを加味したパイ菓子
エアロバイク↓自転車型運動器具、自転車型トレーニングマシン
エクセーヌ↓人工皮革
エビオス(錠)↓胃腸薬、整腸薬
えびせん＝使用可
エレクトーン↓電子オルガン
追分だんご↓だんご
オーレオマイシン↓抗生物質(製剤)
オーロラビジョン↓大型スクリーン、大型ビジョン
オキシフル↓(局方)オキシドール、過酸化水素水
オセロ(ゲーム)↓オセロ風ゲーム、リバーシ　＊比喩表現には使用できる
オバホルモン↓女性ホルモン剤

【カ行】

ガシャポン↓カプセル入り玩具(自動)販売機
カッター↓カッターシャツ
カッティングシート↓カラーシール、マーキングフィルム
カップヌードル↓カップ麺
カビキラー↓カビ取り剤
カブ、スーパーカブ↓原付きバイク、ミニバイク、バイク
亀の子たわし↓たわし
カラーコーン↓(赤い)コーン(標識)
カルカン↓ペット用缶詰
感圧紙↓ノーカーボン紙
がん研＝「がん研究会」の登録商標。国立がん研究センターを「がん研」としない
カンパリ↓リキュール
キックボード↓キックスケーター

キャタピラー↓走行用ベルト、無限軌道（車）、履帯
キャッチホン↓割り込み電話
キャラバンシューズ＝使用可
クッキングホイル↓アルミホイル、アルミ箔《はく》
クラビノーバ↓電子ピアノ
クラリーノ↓人工皮革
クリーンヒーター↓温風式暖房機、温風ヒーター
クリネックス↓ティッシュペーパー
クレパス↓オイルパステル
クレラップ↓ラップ
クロロマイセチン↓抗生物質（製剤）、（局方）クロラムフェニコール
形状記憶（シャツ）↓形態安定（シャツ）、ノーアイロン（シャツ）
コカ・コーラ、コーク↓コーラ（飲料）
コンシール（ファスナー）↓（金具の見えない）ファスナー
今治水、コンジスイ↓歯の鎮痛剤

【サ行】

西京白みそ、西京みそ＝使用可
サランラップ↓ラップ
サリドン↓解熱鎮痛剤
サロメチール↓外用鎮痛消炎剤
サロンパス↓貼り薬、筋肉消炎剤
サンキスト↓カリフォルニア産かんきつ類
サンプラチナ、サンプラ↓（歯科用）ニッケル・クロム合金
シーチキン↓ツナ缶、マグロ（カツオ）の（油漬け）缶詰
ジープ↓（小型）四輪駆動車、ジープ型の車
ジェットスキー↓水上バイク
資格予備校↓資格試験予備校、資格取得学校
シッカロール↓ベビーパウダー、汗止めパウダー、天花粉
ジッパー＝使用可
ジップロック↓ジッパー付きの（冷凍）保存袋
ジャグジー↓ジェットバス、気泡風呂
シャチハタ↓スタンプ型印鑑
写メ、写メール↓写真付き（携帯）メール
シャワートイレ↓温水洗浄便座
シャンプードレッサー↓洗髪洗

面化粧台
シュガーカット → 低カロリー甘味料
少林寺拳法 → 中国武術、少林武術（商標権者のグループ以外の場合は言い換える）
ショッピング・プロテクション → クレジットカード補償サービス
仁丹 → 清涼剤
スコッチテープ → 接着テープ、録音テープ
スノーモビル → スノーモービル、小型雪上車
スパム → 肉の缶詰
スミチオン →（有機リン系）殺虫剤、（植物用）殺虫剤
正露丸 → 整腸剤
セールスドライバー → 営業活動を行うドライバー（配達員）
セスナ → 軽飛行機、小型飛行機
セニアカー → 福祉用電動車、電動車いす、シニアカー
セメダイン → 接着剤
ゼロックス → コピー機、複写機
セロテープ → セロハンテープ
ソックタッチ → ソックス止め（のり）

【タ行】

宅急便 → 宅配便
タッパー、タッパーウェア → 食品保存容器、密閉容器
タバスコ → ペッパーソース
弾丸ツアー → 強行（日程）ツアー
断捨離 → 整理整頓、片付け
チキンラーメン → インスタントラーメン、即席ラーメン
着うた、着うたフル →（歌の）着信メロディー
着キャラ → 着信画像
着メロ → 着信メロディー
チャック ＝ 使用可
チンザノ → ベルモット
デコメール、デコメ → デコレーションメール、装飾メール
デコラ → メラミン化粧板
デジカメ ＝ 使用可
テトラパック →（牛乳用、飲料用）紙容器・紙パック
テトラポッド → 消波ブロック
テトロン → ポリエステル繊維
テプラ → テープライター、ラベルプリンター
テフロン（加工）→ フッ素樹脂（加工）
テラマイシン → 抗生物質（製剤）
テレカ → テレホンカード、電話

カード
テンセル → セルロース繊維
ドクターフィッシュ → フィッシュセラピー（淡水魚「ガラ・ルファ」の俗称。魚名としての使用は可。美容に関する使用は不可）
トクホン → 貼り薬、筋肉消炎剤
ドライミルク ＝ 使用可
ドラフター → 設計製図機械、設計製図台
トラベルミン → 乗り物酔い防止剤
トランポリン ＝ 競技・運動を示す場合は使用可。類似の器具を示す場合には跳躍器具、跳躍練習台などとする

【ナ行】

ナップザック ＝ 使用可
ぬれせん → ぬれせんべい
猫イラズ → 殺そ剤

【ハ行】

バーバリー → レインコート、スーツなど（生地も）
ハイター → 漂白剤
ハイポネックス → 化学肥料
パイレックス → 耐熱ガラス
バスクリン → 入浴剤、浴用剤
ハモンドオルガン → 電子オルガン
パラゾール → 防虫剤
パラマイシン → 皮膚薬
バリラックス → 遠近両用レンズ
ハルシオン → 医療用睡眠薬、睡眠導入剤
パワーポイント → 発表用（説明用）資料作成ソフト
ハンググライダー → ハンググライダー
パンタロン ＝ 使用可
バンドエイド → ガーゼ付きばんそうこう、救急ばんそうこう
ピアニカ → 鍵盤《けんばん》ハーモニカ
ビオフェルミン → 整腸剤、乳酸菌製剤
美術鑑定士、美術品鑑定士 → 美術鑑定人、美術鑑定家
ヒトカラ → 1人カラオケ
ヒロポン → 覚醒剤
ファミコン → テレビゲーム（機）
ファンヒーター ＝ 使用可
ブイシネマ、Vシネマ → ビデオ専用映画
プチプチ → 気泡シート、（気泡）緩衝シート
フマキラー → 殺虫剤

プラズマビジョン→プラズマテレビ、プラズマディスプレー、プラズマモニター
プラモデル＝使用可
フラワーデザイナー＝使用可
プリクラ、プリント倶楽部→プリントシール（機）、写真シール作製機
フリスビー→フライングディスク
フレオン→フロンガス、フッ素ガス（冷却用）
ブレスケア→口臭防止剤
ヘチマコロン→化粧水
ペットシュガー→分包シュガー
ベビーパウダー＝使用可
ベンベルグ→キュプラ、人絹糸
ホーバークラフト＝使用可
ホームシアター＝使用可
ホカロン→使い切りカイロ
ボクササイズ→ボクシングエクササイズ、ボクシング体操
ポケベル＝使用可
ポスト・イット→粘着メモ
ホッチキス→ホチキス
ポラロイド（カメラ）→インスタントカメラ
ポリタライ→プラスチック製たらい、プラスチック容器
ポリタンク＝使用可
ホリドール→（リン系）農薬
ポリバケツ→プラスチック製バケツ、ポリエチレン製バケツ
ポリライス→栄養強化米
ポリラップ→ラップ
ボンゴ→ワゴン車（トラックにも同名あり）
ほんだし→複合調味料、風味調味料、だしのもと
ボンド→接着剤

【マ行】

マイペット→住宅用洗剤
マキロン→外傷救急薬、消毒薬
マジック、マジックインキ、マジックペン→（油性）フェルトペン、油性サインペン
マジックテープ→面ファスナー、（布製）接着テープ
マステ→マスキングテープ
マリンジェット→水上バイク
マロニー→はるさめ
マンスリーマンション→月決め賃貸マンション、短期賃貸マンション
万歩計、万歩メーター→歩数計、歩数メーター

民間医局 → 医師紹介業者、医師紹介会社
ムース → 泡状整髪料
無水鍋 → 水が不要の鍋
メロディオン → 鍵盤《けんばん》ハーモニカ
メロディカ → 鍵盤《けんばん》ハーモニカ
メンソレータム → 皮膚薬

【ヤ行】

八木アンテナ → 八木式アンテナ
UFOキャッチャー → クレーンゲーム（機）
ゆかり → 赤シソふりかけ、シソのふりかけ
ユンボ → パワーショベル、油圧ショベル

【ラ行】

ラジコン → 無線操縦（装置、玩具）
ランドクルーザー → （オフロード）四輪駆動車
ランドローバー → （オフロード）四輪駆動車
リステリン → 洗口液
リズムボックス → 電子リズム楽器
リバノール ＝ 使用可
ルービックキューブ → 六面立体パズル、六面体の色合わせパズル
ループタイ → つけネクタイ
ルームランナー → ルームウォーカー、室内ランニング器
レゴ → （プラスチック製）ブロック玩具
ローラーブレード → インラインスケート
ロボットスーツ → パワーアシストスーツ、（装着型）パワーアシスト機器
ロックアイス → （かち割り）氷

【ワ行】

ワンカップ → カップ酒

若狭湾（福井県、京都府）
八ヶ岳中信高原（長野、山梨県）
中央アルプス（長野県）
天竜奥三河（長野、静岡、愛知県）
揖斐《いび》関ヶ原養老（岐阜県）
飛騨木曽川（岐阜、愛知県）
愛知高原（愛知県）
三河湾（愛知県）
鈴鹿（三重、滋賀県）
室生赤目青山（三重、奈良県）
琵琶湖（滋賀県、京都府）
丹後天橋立大江山（京都府）
京都丹波高原（京都府）
明治の森箕面（大阪府）
金剛生駒紀泉（大阪府、奈良、和歌山県）
氷ノ山《ひょうのせん》後山《うしろやま》那岐山《なぎさん》（兵庫、鳥取、岡山県）
大和青垣（奈良県）
高野龍神（奈良、和歌山県）
比婆道後帝釈（鳥取、島根、広島県）
西中国山地（島根、広島、山口県）
北長門海岸（山口県）
秋吉台（山口県）
剣山（徳島、高知県）
室戸阿南海岸（徳島、高知県）
石鎚（愛媛、高知県）
北九州（福岡県）
玄海（福岡、佐賀、長崎県）
耶馬《やば》日田《ひた》英彦山《ひこさん》（福岡、熊本、大分県）
壱岐対馬（長崎県）
九州中央山地（熊本、宮崎県）
日豊海岸（大分、宮崎県）
祖母《そぼ》傾《かたむき》（大分、宮崎県）
日南海岸（宮崎、鹿児島県）
甑島《こしきしま》（鹿児島県）
沖縄海岸（沖縄県）
沖縄戦跡（沖縄県）

国立・国定公園　自然公園法（1957年）に基づき、優れた自然の風景地を保護することなどを目的に環境相が指定する。環境省所管の「我が国の景観を代表するとともに、世界的にも誇りうる傑出した自然の風景」である国立公園は34か所。2017年３月７日に誕生した奄美群島国立公園（鹿児島県）が一番新しい。また、2015年３月31日に三陸復興国立公園に南三陸金華山国定公園が編入された。都道府県が管理する国定公園は「国立公園の景観に準ずる」もので58か所。2021年３月30日に指定された厚岸霧多布昆布森国定公園（北海道）が一番新しい。国立・国定合わせて、国土の約9.8％（約370万㌶）を占める。動植物の捕獲を禁じたり、マイカー規制を行ったりすることにより生態系の多様性確保にもつながっている。世界初の国立公園はアメリカのイエローストン（1872年）。

日本の国立・国定公園

【国立公園】
利尻礼文サロベツ（北海道）
知床（北海道）
阿寒摩周（北海道）
釧路湿原（北海道）
大雪山（北海道）
支笏洞爺（北海道）
十和田八幡平（青森、岩手、秋田県）
三陸復興（青森、岩手、宮城県）
磐梯朝日（山形、福島、新潟県）
日光（福島、栃木、群馬県）
尾瀬（福島、栃木、群馬、新潟県）
上信越高原（群馬、新潟、長野県）
秩父多摩甲斐（埼玉県、東京都、山梨、長野県）
小笠原（東京都）
富士箱根伊豆（東京都、神奈川、山梨、静岡県）
中部山岳（新潟、富山、長野、岐阜県）
妙高戸隠連山（新潟、長野県）
白山（富山、石川、福井、岐阜県）
南アルプス（山梨、長野、静岡県）
伊勢志摩（三重県）
吉野熊野（三重、奈良、和歌山県）
山陰海岸（京都府、兵庫、鳥取県）
瀬戸内海（兵庫、和歌山、岡山、広島、山口、徳島、香川、愛媛、福岡、大分県）
大山隠岐（岡山、鳥取、島根県）
足摺宇和海（愛媛、高知県）
西海（長崎県）
雲仙天草（長崎、熊本、鹿児島県）
阿蘇くじゅう（熊本、大分県）
霧島錦江湾（宮崎、鹿児島県）
屋久島（鹿児島県）
奄美群島（鹿児島県）
やんばる（沖縄県）
慶良間諸島（沖縄県）
西表石垣（沖縄県）

【国定公園】
暑寒別《しょかんべつ》天売《てうり》焼尻《やぎしり》（北海道）
網走（北海道）
ニセコ積丹小樽海岸（北海道）
日高山脈襟裳（北海道）
大沼（北海道）
厚岸《あっけし》霧多布《きりたっぷ》昆布森《こんぶもり》（北海道）
下北半島（青森県）
津軽（青森県）
早池峰《はやちね》（岩手県）
栗駒（岩手、宮城、秋田、山形県）
蔵王（宮城、山形県）
男鹿（秋田県）
鳥海（秋田、山形県）
越後三山只見（福島、新潟県）
水郷筑波（茨城、千葉県）
妙義荒船佐久高原（群馬、長野県）
南房総（千葉県）
明治の森高尾（東京都）
丹沢大山（神奈川県）
佐渡弥彦米山（新潟県）
能登半島（富山、石川県）
越前加賀海岸（石川、福井県）

界最大級のブナの原生林が広がり、特別天然記念物のカモシカや天然記念物のクマゲラ、イヌワシなど希少動物が生息している

知床〈2005年７月、北海道斜里町・羅臼町〉流氷が接岸する南限で、原生的な半島の生態系が豊かな自然を織りなす。ヒグマが高密度で生息し、シマフクロウなど希少種の繁殖地や越冬地となっている

小笠原諸島〈11年６月、東京都小笠原村〉約30の島々が点在。カタツムリなどの陸産貝類は生息している106種のうち100種が固有種とされ、「東洋のガラパゴス」とも呼ばれる

奄美大島、徳之島、沖縄島北部及び西表《いりおもて》島〈21年７月、鹿児島・沖縄県〉温暖・多湿な亜熱帯性気候の下、多様な動植物が分布。アマミノクロウサギ、ヤンバルクイナ、イリオモテヤマネコなど固有種が多い

世界遺産　地球の生成と人類の歴史によって生み出されたかけがえのない遺産。これらを国際的な協力によって保護しようと1972年11月の国連教育・科学・文化機関（ユネスコ）総会で「世界の文化遺産及び自然遺産の保護に関する条約」（世界遺産条約）が採択され、日本では92年９月に発効した。登録審査では、世界的な視点から「顕著な普遍的価値」を持つことや、もともとの状態を維持していることなどが求められる。2023年９月末時点の登録件数は1199件（文化遺産933、自然遺産227、複合遺産39）。

紀に銀の採掘・精錬が行われた「銀鉱山跡と鉱山町」、銀を積み出した「港と港町」、それらを結ぶ「街道」からなる

平泉―仏国土（浄土）を表す建築・庭園及び考古学的遺跡群〈11年6月、岩手県平泉町〉浄土思想に基づき、現世に仏国土を空間的に表現したものとされる、中尊寺や毛越寺《もうつうじ》など5か所の寺院など

富士山―信仰の対象と芸術の源泉〈13年6月、山梨・静岡県〉信仰の聖域とされる標高1500㍍以上の山域を中心に、浅間神社、白糸ノ滝、忍野八海《おしのはっかい》など計25の資産で構成。駿河湾に臨む三保松原《みほのまつばら》も含まれる

富岡製糸場と絹産業遺産群〈14年6月、群馬県〉絹産業における世界的な技術革新の舞台で、和洋折衷の日本特有の産業遺産群。「富岡製糸場」「田島弥平旧宅」「高山社跡」「荒船風穴」からなる

明治日本の産業革命遺産〈15年7月、福岡など8県〉幕末から明治後期にかけての、西洋の技術を日本の伝統と融合させた日本の重工業発展の歴史を伝える。「端島炭坑(軍艦島)」「韮山反射炉」など23資産

国立西洋美術館（「ル・コルビュジエの建築作品」構成資産）〈16年7月、東京都〉近代建築運動の発展に世界的影響を与えた建築家の思想を体現。全体は7か国17件で、大陸をまたぐ作品群の登録は初

「神宿る島」宗像《むなかた》・沖ノ島と関連遺産群〈17年7月、福岡県〉4～9世紀の国家的祭祀《さいし》の痕跡が残り、沖ノ島を中心とした信仰は現在まで継続。「中津宮《なかつみや》」「辺津宮《へつみや》」「新原《しんばる》・奴山《ぬやま》古墳群」など8資産

長崎と天草地方の潜伏キリシタン関連遺産〈18年6月、長崎・熊本県〉17～19世紀のキリスト教禁教期における信仰の形態や歴史を今に伝える集落や「原城跡」「大浦天主堂」など12資産

百舌鳥《もず》・古市古墳群〈19年7月、大阪府〉4世紀後半～5世紀後半、大阪平野南部に築かれた多様な規模、形状の古墳群。仁徳天皇陵古墳など百舌鳥エリア23基、応神天皇陵古墳など古市エリア26基

北海道・北東北の縄文遺跡群〈21年7月、北海道・青森・岩手・秋田県〉採集・漁労・狩猟を基盤とした、農耕を伴わない定住社会と、複雑な精神文化を示す。「三内丸山遺跡」「大湯環状列石」など17遺跡

【自然遺産】〈　〉内は登録年月、所在地

屋久島〈1993年12月、鹿児島県屋久島町〉島の約2割にあたる110平方㌔が対象。樹齢7200年ともされる特別天然記念物の縄文杉など天然杉の原始林のほか、亜熱帯から亜寒帯までの植生分布がみられる

白神山地〈93年12月、青森県南西部・秋田県北西部〉170平方㌔と世

日本の世界遺産

【文化遺産】〈　〉内は登録年月、所在地

法隆寺地域の仏教建造物〈1993年12月、奈良県斑鳩町〉７世紀以降に建立された世界最古の木造建造物群で、国宝の法隆寺金堂、五重塔などからなる

姫路城〈93年12月、兵庫県姫路市〉1609年に池田輝政が完成させた平山城で日本の城郭を代表する。白壁が美しく優美な姿から羽を広げて舞う白鷺《しらさぎ》にたとえられ、白鷺城とも呼ばれる

古都京都の文化財〈94年12月、京都市・京都府宇治市・滋賀県大津市〉京都とその周辺に点在する上賀茂神社、下鴨神社、東寺、清水寺、金閣寺、二条城、平等院、延暦寺など17の社寺・城

白川郷・五箇山の合掌造り集落〈95年12月、岐阜県白川村・富山県南砺市（旧・平村、上平村）〉山あいの豪雪地帯の三つの集落に、急傾斜のかやぶきの切り妻屋根を持つ独特の合掌造りの民家が立ち並ぶ

原爆ドーム〈96年12月、広島市〉45年８月６日に投下された原爆によって破壊された広島県産業奨励館跡。史上初めて使用された核兵器の惨禍を伝える戦争遺跡

厳島神社〈96年12月、広島県廿日市市（旧・宮島町）〉神社社殿、大鳥居、五重塔など建造物群と、これと一体となった前面の海、背後の弥山《みせん》原始林を含む森林地域

古都奈良の文化財〈98年12月、奈良市〉東大寺、興福寺、春日大社、元興寺、薬師寺、唐招提寺の６社寺と春日山原始林、平城宮跡。保護のための緩衝地帯などを含めた総面積は3118ヘクタール

日光の社寺〈99年12月、栃木県日光市〉山岳信仰の二荒山《ふたらさん》神社、徳川家康を祭る東照宮、日光山の中心寺院の輪王寺の２社１寺。江戸時代の特徴を伝える建造物が多く含まれている

琉球王国のグスク及び関連遺産群〈2000年12月、那覇市など〉琉球国王の居城だった首里城跡などグスクと呼ばれる城跡５か所と、別邸庭園の「識名園」、聖地だった「斎場御嶽」など計９件の遺跡群

紀伊山地の霊場と参詣道〈04年７月、和歌山・奈良・三重県〉修験道の本山「吉野・大峯《おおみね》」、真言密教の根本道場「高野山」、神仏混交の「熊野三山」の山岳３霊場と、それらに至る参詣道

石見銀山遺跡とその文化的景観〈07年７月、島根県大田市〉16〜20世

（2018年7月23日・熊谷、
2020年8月17日・浜松）
最低気温 −41.0度
（1902年1月25日・旭川）
最多降水量（1日） 922.5ミリ
（2019年10月12日・箱根＜神奈川県箱根町＞＝アメダス）
最多降水量（1時間） 153.0ミリ
（1999年10月27日・香取＜千葉県香取市＞＝アメダス）
最大瞬間風速（平地）秒速85.3メートル
（1966年9月5日・宮古島）

教 育（2022年5月）

小学校・学校数		1万9161校
	教員数	47万4525人
	児童数	615万1305人
中学校・学校数		1万 12校
	教員数	29万3832人
	生徒数	320万5220人
高 校・学校数		4824校
	教員数	29万7281人
	生徒数	295万6900人
大 学・学校数		807校
	教員数	39万 898人
	学生数	293万 780人

社 会

交通事故死者（2022年） 2610人
交通事故件数（同） 30万 839件
弁護士
・日本(2022年5月) 4万4101人
・米国(2022年) 132万7010人

速 度（秒速・時速）

津波 （水深10m)10m・約36km
（水深4000m)200m・約720km
ボーイング787 250m・約910km
音速（空気中、15℃、1気圧）
340m・約1224km
地球周回衛星打ち上げロケットの初速 8km・約2万8800km
月ロケット 11km・約3万9800km
光速 約30万km・ ——

アラカルト

東京−大阪間 約400km
東京−ロンドン間 約9600km
青函トンネルの総延長 53.85km
箱根駅伝の往路 107.5km
同復路 109.6km
ブルジュ・ハリファ（ドバイ）の高さ 828m
東京スカイツリーの高さ 634m
東京タワーの高さ 333m
東大寺・大仏の高さ 14.98m
東京ドーム
グラウンドからの高さ 61.69m
容積 124万m³
総面積 4万6755m²
グラウンドの面積 1万3000m²
山手線1周 34.5km
内側の面積 約63km²
皇居の総面積 115万437m²
東京ディズニーランド（パークの面積） 約51万m²
東京ディズニーシー（パークの面積） 約49万m²
仁徳天皇陵の総面積 47万8572m²

ヨーロッパ	7億4356万人
北米	3億7687万人
中南米	6億6027万人
オセアニア	4504万人
中国	14億2589万人
インド	14億1717万人
米国	3億3829万人
日本	1億2614万6099人

（2020年国勢調査確定値）

国内総生産（GDP）

（2022年・世界銀行、名目）

米国	25兆4627億ドル（1位）
中国	17兆9632億ドル（2位）
日本	4兆2311億ドル（3位）
ドイツ	4兆 722億ドル（4位）
インド	3兆3851億ドル（5位）
英国	3兆 707億ドル（6位）
ロシア	2兆2404億ドル（8位）
ブラジル	1兆9201億ドル（11位）

歳出・国（2023年度当初予算）

一般会計	114兆3812億円
社会保障費	36兆8889億円
防衛費	6兆8219億円

歳出・都道府県（2021年度決算）

東京都	9兆5895億円（全国1位）
鳥取県	3909億円（全国47位）

歳出・市町村（人口が最多・最少の市町村、2021年度決算・人口＝23年1月1日）

横浜市	2兆2026億円・375万3645人
歌志内市（北海道）	44億円・2790人
府中町（広島）	212億円・5万2891人
早川町（山梨）	34億円・929人
読谷村（沖縄）	196億円・4万2041人
青ヶ島村（東京）	10億円・168人

経済・産業

国債残高（2022年度末）	1136兆3830億円
国の債務残高（同）	1270兆4990億円
東証株価最高値（1989年12月29日）	3万8915.87円
東京円（対ドル）最高値（2011年10月28日）	75.83円
労働力人口（2022年平均）	6902万人
就業者数（同）	6723万人
14歳以下人口（2023年4月）	1434万人
粗鋼生産高（2022年）	8923万トン
乗用車生産台数（同）	656万6318台
原油輸入量（同）	1億5864万キロ・リットル
輸出（2022年度）	99兆6750億円
輸入（同）	117兆7026億円
経常黒字（同）	9兆4294億円
企業倒産（2022年）	6376件
企業倒産負債総額（同）	2兆3724億円
日銀券発行残高（2022年末）	125兆 683億円
外貨準備高（同）	1兆2275億ドル
国民医療費（2021年度）	45兆 359億円
水稲収穫量（2022年産）	727万トン
作付面積（2022年）	136万ha

気象

最高気温	41.1度

石　川	4186㎢	113万2526人
福　井	4191㎢	76万6863人
山　梨	4465㎢	80万9974人
長　野	1万3562㎢	204万8011人
岐　阜	1万 621㎢	197万8742人
静　岡	7777㎢	363万3202人
愛　知	5173㎢	754万2415人
三　重	5774㎢	177万 254人
滋　賀	4017㎢	141万3610人
京　都	4612㎢	257万8087人
大　阪	1905㎢	883万7685人
兵　庫	8401㎢	546万5002人
奈　良	3691㎢	132万4473人
和歌山	4725㎢	92万2584人
鳥　取	3507㎢	55万3407人
島　根	6708㎢	67万1126人
岡　山	7115㎢	188万8432人
広　島	8479㎢	279万9702人
山　口	6113㎢	134万2059人
徳　島	4147㎢	71万9559人
香　川	1877㎢	95万 244人
愛　媛	5676㎢	133万4841人
高　知	7102㎢	69万1527人
福　岡	4988㎢	513万5214人
佐　賀	2441㎢	81万1442人
長　崎	4131㎢	131万2317人
熊　本	7409㎢	173万8301人
大　分	6341㎢	112万3852人
宮　崎	7734㎢	106万9576人
鹿児島	9186㎢	158万8256人
沖　縄	2282㎢	146万7480人

山・世界（理科年表2024年版）

エベレスト（チョモランマ＝ネパール・中国）　8848m
アコンカグア（アルゼンチン）　6961m
デナリ（マッキンリー＝米アラスカ州）　6190m
キリマンジャロ（タンザニア）　5895m
モンブラン（フランス・イタリア）　4810m

山・日本

富士山（静岡・山梨）　3776m
北岳（山梨）　3193m
奥穂高岳（長野・岐阜）　3190m

川・世界

ナイル川（アフリカ）　6695km
アマゾン川（南米）　6516km
長江（中国）　6380km

川・日本

信濃川（新潟・長野・群馬）　367km
利根川（関東地方）　322km
石狩川（北海道）　268km

湖沼・世界

カスピ海（アジア・ヨーロッパ）　37万4000㎢
スペリオル湖（北米）　8万2367㎢
ビクトリア湖（アフリカ）　6万8800㎢

湖沼・日本

琵琶湖（滋賀）　669㎢
霞ヶ浦（茨城）　168㎢
サロマ湖（北海道）　152㎢

人口（国連・2022年推計）

世界　79億7511万人
アジア　47億2263万人
アフリカ　14億2674万人

参考になる数字

宇宙

地球―太陽（半径69万6000km＝地球の109倍） 1億4959万8000km

地球―月（半径1738km＝地球の4分の1） 38万4400km

静止衛星・速度 秒速3.07km

・高度 地上から約3万5786km

地球

表面積	約5.1億km^2
半径	約6378km
赤道全周	約4万km
体積	約1兆km^3
陸：海	1対2.46
最高点（エベレスト）	8848m
最深点（チャレンジャー海淵《かいえん》）	1万920m

海の面積（理科年表2024年版）

全海洋	3億6203万km^2
太平洋	1億6624万km^2
大西洋	8656万km^2
インド洋	7343万km^2
オホーツク海	139万km^2
黄海・東シナ海	120万km^2
日本海	101万km^2

陸の面積（国連・2020年）

全陸地	1億3009万km^2
アジア	3103万km^2
アフリカ	2965万km^2
ヨーロッパ	2214万km^2
北中米	2133万km^2
南米	1746万km^2
オセアニア	849万km^2
ロシア	1710万km^2
中国	960万km^2
米国	983万km^2
日本	38万km^2

日本の島（理科年表2024年版）

本州	22万7939km^2
北海道	7万7984km^2
九州	3万6783km^2
四国	1万8297km^2
択捉	3167km^2
沖縄	1208km^2
佐渡	855km^2
淡路	592km^2

都道府県

（面積＝2023年国土地理院調査、人口＝2020年国勢調査確定値）

北海道	8万3421km^2	522万4614人
青　森	9645km^2	123万7984人
岩　手	1万5275km^2	121万 534人
宮　城	7282km^2	230万1996人
秋　田	1万1638km^2	95万9502人
山　形	9323km^2	106万8027人
福　島	1万3784km^2	183万3152人
茨　城	6098km^2	286万7009人
栃　木	6408km^2	193万3146人
群　馬	6362km^2	193万9110人
埼　玉	3798km^2	734万4765人
千　葉	5157km^2	628万4480人
東　京	2200km^2	1404万7594人
神奈川	2416km^2	923万7337人
新　潟	1万2584km^2	220万1272人
富　山	4248km^2	103万4814人

モンゴル	トゥグリク	0.05円
アフガニスタン	アフガニ	2.0円
バングラデシュ	タカ	1.3円
ブルネイ	ドル	108円
東ティモール	ドル	144円
ラオス	キップ	0.006円

【中　東】

アラブ首長国連邦	ディルハム	39円
イスラエル	シェケル	39円
イラク	ディナール	0.1円
イラン	リアル	0.003円
クウェート	ディナール	469円
サウジアラビア	リヤル	38円
トルコ	リラ	4.8円
カタール	リヤル	39円
バーレーン	ディナール	382円
ヨルダン	ディナール	203円
オマーン	リアル	375円
レバノン	ポンド	0.009円
シリア	ポンド	0.01円
イエメン	リアル	0.5円

【オセアニア】

オーストラリア	ドル	97円
ニュージーランド	ドル	90円

【南北アメリカ】

アメリカ	ドル	144円
カナダ	ドル	108円
エルサルバドル	コロン	16円
パナマ	バルボア	144円
メキシコ	ペソ	8.5円
コスタリカ	コロン	0.2円
ジャマイカ	ドル	0.9円
バハマ	ドル	144円
ドミニカ共和国	ペソ	2.4円
ハイチ	グールド	1.0円
ホンジュラス	レンピラ	5.8円
ニカラグア	コルドバ	3.9円
ウルグアイ	ペソ	3.6円
アルゼンチン	ペソ	0.1円
コロンビア	ペソ	0.03円
ブラジル	レアル	29円
チリ	ペソ	0.1円
パラグアイ	グアラニ	0.01円
ペルー	ソル	38円
ボリビア	ボリビアノ	20円

【アフリカ】

アルジェリア	ディナール	1.0円
エジプト	ポンド	4.6円
エチオピア	ブル	2.5円
ケニア	シリング	0.9円
南アフリカ	ランド	7.7円
モロッコ	ディルハム	14円
カメルーン	フラン	0.2円
ガーナ	セディ	12円
リビア	ディナール	30円
ナイジェリア	ナイラ	0.1円
ソマリア	シリング	0.2円

世界の通貨

左から国・地域名、基準通貨、円換算の順。円換算は2024年1月時点の概数。為替レートは変動するため、参考程度にとどめること

【欧　州】

☆欧州連合　ユーロ　158円

採用20か国、カッコ内は旧通貨

2002年～　アイルランド（ポンド）、イタリア（リラ）、オーストリア（シリング）、オランダ（ギルダー）、ギリシャ（ドラクマ）、スペイン（ペセタ）、ドイツ（マルク）、フィンランド（マルカ）、フランス（フラン）、ベルギー（フラン）、ポルトガル（エスクード）、ルクセンブルク（フラン）

07年～　スロベニア（トラー）

08年～　キプロス（ポンド）、マルタ（リラ）

09年～　スロバキア（コルナ）

11年～　エストニア（クローン）

14年～　ラトビア（ラト）

15年～　リトアニア（リタス）

23年～　クロアチア（クーナ）

☆欧州連合　ユーロ不採用7か国

スウェーデン	クローナ	14円
チェコ	コルナ	6.4円
デンマーク	クローネ	21円
ハンガリー	フォリント	0.4円
ブルガリア	レフ(複数レバ)	80円
ポーランド	ズロチ	36円
ルーマニア	レウ(複数レイ)	31円

☆欧州連合非加盟国

イギリス	ポンド	183円
スイス	フラン	169円
ノルウェー	クローネ	14円
ロシア	ルーブル	1.5円
アルバニア	レク	1.5円
アゼルバイジャン	マナト	85円
カザフスタン	テンゲ	0.3円
キルギス	ソム	1.6円
タジキスタン	ソモニ	13円
ウクライナ	フリブニャ	3.7円
ウズベキスタン	スム	0.01円

【アジア】

韓国	ウォン	0.1円
中国	元	20円
台湾	ドル（元）	4.6円
香港	ドル	18円
インド	ルピー	1.7円
インドネシア	ルピア	0.009円
カンボジア	リエル	0.03円
シンガポール	ドル	108円
スリランカ	ルピー	0.4円
タイ	バーツ	4.1円
ネパール	ルピー	1.0円
パキスタン	ルピー	0.5円
ミャンマー	チャット	0.06円
フィリピン	ペソ	2.6円
ベトナム	ドン	0.005円
マレーシア	リンギット(ドル)	31円

1石（10斗）≒ 0.18039㎥
1石（木材）≒ 0.2783㎥
1立方尺 ≒ 0.02783㎥
1立方メートル
≒ 1.308立方ヤード
1立方メートル ≒ 554.353升
1立方メートル ＝1kl
◇**重さ**
1オンス ≒ 28.3495g
1ポンド(16オンス）≒ 453.592g
1グレーン（7000分の1ポンド）
≒ 64.7989㎎
1トロイ・オンス（貴金属）
≒ 31.1035g
1トロイ・ポンド（貴金属）
≒ 373.24g
1カラット（宝石）＝ 200㎎
1米トン（ショートトン）
≒ 0.9072トン
1英トン（ロングトン）
≒ 1.016トン
1メガトン ＝ 100万トン
1毛 ＝ 0.00375g
1厘（10毛）＝ 0.0375g
1分（10厘）＝ 0.375g
1匁（10分）＝ 3.75g
1貫（1000匁）＝ 3.75kg
1斤（160匁）＝ 600g
1斤（食パン）＝ 340g以上
1キログラム ≒ 2.205ポンド
1キログラム ≒ 0.267貫
◇**容積→重さ**
1石（玄米）≒ 150kg
1石（小麦）≒ 136.88kg
1俵（玄米4斗）≒ 60kg
1立方メートル（水）≒1トン
◇**速さ**
1ノット ＝ 時速1.852km
音速（t℃の大気中）
≒ 秒速（331.5＋0.6t）m
光速（真空中）
≒ 秒速29.9792458万km
◇**温度**
カ氏（F）→ セ氏（C）
（F－32）÷1.8＝C
セ氏（C）→ カ氏（F）
C×1.8＋32＝F
セ氏（C）→ 絶対温度（K）
C＋273.15＝K
◇**単位の接頭語**（61㌻にも）
ギガ ＝ 10億倍
メガ ＝ 100万倍
マイクロ ＝ 100万分の1
ナノ ＝ 10億分の1
ピコ ＝ 1兆分の1

※この表では、換算値をより正確に算出できるようケタを多くしているが、記事中では「1㌦は約159㍑」のように適宜ケタを省略してよい。
※尺貫法の数値は明治期以降の諸規定に基づく。近代以前は時代による差異があり、この換算表をそのまま適用できない場合もある。
※中国では、日本の尺貫法と同一語であっても数値が異なる。

計量単位換算表

◇長さ

1インチ ＝ 2.54㎝

1フィート（12インチ）
＝ 0.3048ｍ

1ヤード（3フィート）
＝ 0.9144ｍ

1チェーン（22ヤード）
＝ 20.1168ｍ

1マイル（1760ヤード）
＝ 1.609344㎞

1カイリ ＝ 1.852㎞

※海上と航空関係では1マイル＝1.852㎞で1カイリと同じ

1光年 ≒ 9兆4600億㎞

1分 ≒ 3.0303㎜

1寸（10分）≒ 3.0303㎝

1尺（10寸）≒ 30.303㎝

1丈（10尺）≒ 3.0303ｍ

1間（6尺）≒ 1.8182ｍ

1町（60間）≒ 109.09ｍ

1里（36町）≒ 3.9273㎞

1鯨尺 ≒ 37.88㎝

1呉服尺 ≒ 36.36㎝

1メートル ≒ 1.09361ヤード

1メートル ≒ 3.3尺

◇広さ

1アール ＝ 100㎡

1ヘクタール（100アール）
＝ 10000㎡（0.01㎢）

1エーカー（4840平方ヤード）
≒ 4046.9㎡

1平方インチ ＝ 6.4516㎠

1平方フィート ≒ 0.0929㎡

1平方ヤード ≒ 0.8361㎡

1平方マイル ≒ 2.59㎢

1坪（1歩とも）≒ 3.3058㎡

1畝（30坪）≒ 0.99174アール

1反（10畝・300坪）
≒ 9.9174アール

1町(10反)≒ 0.99174ヘクタール

1平方尺 ≒ 0.0918㎡

1平方メートル
≒ 1.19599平方ヤード

1平方メートル ≒ 0.3025坪

1平方キロ ＝ 100ヘクタール

◇容積

1ガロン ＝ 3.785412 ℓ

1バレル（石油・42ガロン）
≒ 158.987 ℓ

1英ガロン ≒ 4.546 ℓ

1米ブッシェル ≒ 35.239 ℓ

1英ブッシェル ≒ 36.368 ℓ

1立方インチ ≒ 16.387㎤

1立方フィート ≒ 0.0283㎥

1立方ヤード ≒ 0.7646㎥

1ミリリットル（1cc）＝1㎤

1デシリットル ＝ 100㎤

1リットル ＝ 1000㎤

1米液用オンス ≒ 29.5735mℓ

1英液用オンス ≒ 28.4131mℓ

1勺 ≒ 0.018039 ℓ

1合（10勺）≒ 0.18039 ℓ

1升（10合）≒ 1.8039 ℓ

1斗（10升）≒ 18.039 ℓ

ユン　尹、允、潤
ヨ　余、汝、要
ヨプ　燁
ヨン　永、泳、英、延、栄、勇、娟、燕、用、鏞、妍、容、淵、然
ラ（ナ）　羅
ラク（ナク）　洛
ラク（アク、ナク）　楽
ラン（ナン）　浪
リ（イ）　李
リム（イム）　林
リャン（ヤン）　両、梁、良
リュ（ユ）　柳、劉
リュク（ユク）　陸、六
リョ（ヨ）　呂
リョク（ヨク）　力
リョム（ヨム）　廉
リョル（ヨル）　烈
リョン（ヨン）　竜、連、恋
レ（ネ）　来
ロ（ノ）　魯、盧
ロク　禄
ワン　王、婉、完

＜韓国歴代大統領＞

代		在任期間
1～3	李承晩（イ・スンマン）	1948. 8～1960. 4
4	尹潽善（ユン・ボソン）	1960. 8～1962. 3
5～9	朴正熙（パク・チョンヒ）	1963.12～1979.10
10	崔圭夏（チェ・ギュハ）	1979.12～1980. 8
11～12	全斗煥（チョン・ドゥファン）	1980. 9～1988. 2
13	盧泰愚（ノ・テウ）	1988. 2～1993. 2
14	金泳三（キム・ヨンサム）	1993. 2～1998. 2
15	金大中（キム・デジュン）	1998. 2～2003. 2
16	盧武鉉（ノ・ムヒョン）	2003. 2～2008. 2
17	李明博（イ・ミョンバク）	2008. 2～2013. 2
18	朴槿恵（パク・クネ）	2013. 2～2017. 3
19	文在寅（ムン・ジェイン）	2017. 5～2022. 5
20	尹錫悦（ユン・ソンニョル）	2022. 5～

ナ　奈
ナム　男、南
ニョ（ヨ）　女
ニョン（ヨン）　寧、年
ヌン　能
ネ　乃
ノン　農
ハ　賀、河、下、夏、何
パ　波
ハク　学、鶴
パク　迫、博、朴
ハプ　合
ハム　咸
パル　八
ハン　韓、漢、港
パン　板、方、芳、判、班、般、邦、房、潘
ヒ　姫、禧、熙、喜
ピ　皮、妃
ヒャン　享
ヒョ　孝
ピョ　表、票、杓
ヒョク　赫
ピョル　別
ヒョン　兄、現、炫、瀅、鉉、炯、賢、亨、邢、玄、馨、珩、県
ピョン　平、丙、変、辺、卞、炳、秉、片
ピル　弼、泌
ピン　彬、賓
フ　侯
プ　夫、富、部
プ（プル）　不
ファ　化、花、華、和、禾
ファン　桓、黄、皇、煥、滉
フェ　回
フン　勲、薫、興、訓
ヘ　海、解、恵
ペ　輩、培、裵
ペ（プク）　北
ペク　白、百
ヘン　行、幸
ホ　鮑、湖、虎、浩、護、胡、許、鎬、昊、許、豪
ポ　包、浦
ポク　福、卜、馥
ポム　汎、範
ホン　憲、洪、鴻、弘
ポン　奉、本、鳳、潘
マ　麻、馬
マル　末
マン　万
ミ　美、米
ミョ　苗
ミョン　名、明
ミン　民、閔、敏、旻
ム　茂、武、務
ムク　黙
ムン　門、文、汶、聞
メ　梅、売、買
メク　麦
メン　孟
モ　毛、牟、母
モク　木、牧、睦
モン　夢
ヤ　也、夜
ヤン　養、楊、陽
ユ　有、儒、維、兪、庾

ケ　介、係、桂、季
コ　顧、固、居、巨、高
コク　谷、曲
コル　骨
コン　孔、公、健、建、貢、坤、昆
サ　思、沙、史、四、舎、謝、司、事
サク　削
サム　三、森
サン　商、桑、相、象、尚、山、上、祥、霜
シ　柴、時、施、市
シク　植
シプ　十
シム　心、沈、尋
シル　実
シン　新、辛、信、慎、申
ス　樹、寿、随、秀、守、水、洙
スル　術
スク　叔、淑
スン　承、勝、舜、旬、淳、純、順、崇、洵、乗、昇
セ　世
セン　生
ソ　昭、書、徐、蘇、西、素、小、少
ソク　石、錫、昔、晳、奭、碩
ソプ　燮
ソル　薛、雪
ソン　盛、先、城、善、宋、成、鮮、聖、星、孫、晟、松、宣
タ　多
タク　卓、濯
タル　達
タン　単、段、唐、端、弾、湯
チ　池、芝、地、志、智、知
チェ　采、菜、崔、再、才、在、済、斉、諸、蔡、宰、載
チェク　冊
チク　直
チプ　執
チャ　慈、車、子、資、茲、左
チャン　倉、昶、賛、章、荘、奨、長、張、蔣、燦、昌
チュ　秋、朱、周、奏、珠、推、州、洲、柱
チュク　丑
チュン　重、俊、準、衝、曽、椿、中、春、濬、充、増
チョ　礎、肖、祚、焦、祖、曹、趙、書、朝
チョク　燭、拓
チョル　哲、喆、鉄、徹
チョン　鐘、青、泉、川、鼎、鍾、清、宗、総、井、銭、千、全、田、正、尊、種、丁、鄭、天、典、伝、程、前、晸、政、村、貞
チル　七
チン　鎮、陣、辰、陳、秦、真、進
テ　対、台、大、泰、太
テク　沢
ト　島、陶、道、都
トゥ　豆、斗、頭
トゥク　特
トゥン　屯、登
トク　独、読、徳
トン　敦、東、洞、童、通

韓国・朝鮮人名　音・漢字対照表

原則として語の冒頭は濁音にならないが、続けて発音すると濁ることがある。例えば金大中は、漢字ひとつずつではキム・テ・チュンだが、連続して発音するとキム・デジュンとなる。「チ」の濁音は「ジ」、「チェ」の濁音は「ジェ」と表記する。濁る音を持つ漢字は太字で示した。

原則として1語1音節である。「イエ」は「イェ」と発音すべきだが、日本語にない発音なので、新聞では2文字とも大きく表記する。

また、俗離山はソク・リ・サンだが、続けて発音するとソンニサンとなるなど、連続することで音が変化することがある。

ア　阿、牙
アン　安、仰、央、顔、雁
イ　二
イエ　芸、芮、予
イク　益、翊、翼
イム　任
イル　一、日、逸
イン　印、仁、寅、人
ウ　雨、牛、愚、宇、右、于、禹
ウィ　衛、義、議、魏、宜
ウォル　月
ウォン　員、園、原、元、媛、円、遠
ウク　旭、昱、郁
ウル　乙
ウン　殷、応、雄、恩、銀、雲、隠
エ　哀、愛
オ　烏、五、伍、呉、魚、吾、午
オク　玉、鈺
オム　厳
オン　翁、温
カ　**価、街**
カク　**脚**
カプ　**甲**
カム　**甘**
カル　**葛**
カン　**間、江、簡、剛、強、干、康、姜**
キ　**紀、機、気、奇、基、己**
キム（クム）　**金**
キュ　**圭、奎、珪**
キョク　**格**
キョン　**敬、景、堅、京、卿、経、慶、庚、炅、炯**
キル　**吉**
ク　**欧、丘、九、俱、具、球、求、区、邱**
クァ　**瓜、科**
クァク　**郭**
クァン　**官、関、光、広、冠、寛**
クィ　**貴**
クェン　**宏**
クォン　**権**
クク　**克、鞠、国**
クム　**今、琴、錦**
クン　**君、根、宮、弓**

茧＝繭
药＝藥
荣＝栄
标＝標
栏＝欄
树＝樹
栉＝櫛
咸＝鹹
面＝麵
牵＝牽
战＝戦
临＝臨
＊尝＝嘗
显＝顕
虾＝蝦
虽＝雖
响＝響
钟＝鐘
＝鍾
毡＝氈
选＝選
适＝適
种＝種
复＝復
＝複
须＝須
＝鬚
胜＝勝
脉＝脈
＊将＝将
奖＝奨
迹＝跡
＝蹟
＊亲＝親
养＝養
类＝類
＊娄＝婁
总＝総
炼＝煉
烂＝爛
洼＝窪
洁＝潔
洒＝灑
浊＝濁
恼＝悩
＊举＝挙
宪＝憲
袄＝襖
垦＝墾
垒＝塁

10画

赶＝趕
盐＝塩
热＝熱
壶＝壺
＊聂＝聶
获＝獲
＝穫
恶＝悪
＝噁
样＝様
础＝礎
顾＝顧
毙＝斃
致＝緻
＊虑＝慮
＊监＝監
晒＝曬
＊罢＝罷
钻＝鑽
牺＝犠
敌＝敵
积＝積
＊笔＝筆
笋＝筍
借＝藉
舰＝艦
＊爱＝愛
脏＝臓
胶＝膠
脑＝脳
桨＝槳
准＝準
斋＝斎
＊离＝離
竞＝競
烛＝燭
递＝逓
涂＝塗
涩＝渋
＊宾＝賓
恳＝懇
剧＝劇
＊难＝難
绣＝繡
艳＝艶

11画

据＝拠
梦＝夢
＊啬＝嗇
酝＝醞
悬＝懸
跃＝躍
偿＝償
盘＝盤
猎＝猟
盖＝蓋
兽＝獣
渊＝淵
淀＝澱
惧＝懼
惊＝驚
＊隐＝隠

12画

琼＝瓊
联＝聯
椭＝楕
硷＝鹸
确＝確
凿＝鑿
锈＝鏽
筑＝築
惩＝懲
御＝禦
腊＝臘
馋＝饞
亵＝褻
痫＝癇
粪＝糞
＊窜＝竄

13画

触＝触
摄＝摂
雏＝雛
碍＝礙
蒙＝矇
雾＝霧
签＝簽
＝籤
酱＝醤
韵＝韻
滨＝浜
誊＝謄
粮＝糧
辟＝闢
缠＝纏

14画

酿＝醸
愿＝願
蜡＝蝋
稳＝穏

15画

聪＝聡
霉＝黴

兴＝興
讲＝講
＊农＝農
＊寻＝尋
导＝導
异＝異
＊孙＝孫
阳＝陽
阶＝階
＊阴＝陰
妇＝婦
戏＝戯
观＝観
欢＝歓
＊买＝買
纤＝縴
　＝繊
并＝並
　＝併
朵＝朶

7画

＊进＝進
远＝遠
运＝運
坛＝壇
　＝罎
抚＝撫
坏＝壊
扰＝擾
坝＝壩
折＝摺
坟＝墳
护＝護
＊壳＝殻
块＝塊
报＝報
拟＝擬
＊严＝厳
芦＝蘆
劳＝労
克＝剋
苏＝蘇
极＝極
＊两＝両
＊丽＝麗
还＝還
歼＝殲
＊卤＝鹵
　＝滷
＊时＝時
县＝県
里＝裏
园＝園
吨＝噸
邮＝郵
听＝聴
佣＝傭
彻＝徹
＊佥＝僉
谷＝穀
邻＝隣
＊龟＝亀
＊犹＝猶
岛＝島
系＝係
　＝繋
亩＝畝
疗＝療
应＝応
这＝這
庐＝廬
弃＝棄
灶＝竈
灿＝燦
沟＝溝
沪＝滬
沈＝瀋
沉＝沈
怀＝懐
忧＝憂
＊穷＝窮
灾＝災
启＝啓
补＝補
＊灵＝霊
层＝層
迟＝遅
际＝際
陆＝陸
鸡＝鶏
驴＝驢
纵＝縦

8画

炉＝炉
环＝環
拣＝揀
拥＝擁
择＝択
势＝勢
苹＝蘋
范＝範
柜＝櫃
构＝構
杰＝傑
丧＝喪
＊画＝画
枣＝棗
＊卖＝売
郁＝鬱
矾＝礬
奋＝奮
态＝態
轰＝轟
＊齿＝歯
＊虏＝虜
＊黾＝黽
＊罗＝羅
岭＝嶺
购＝購
图＝図
制＝製
凭＝憑
＊质＝質
征＝徴
舍＝捨
肤＝膚
肿＝腫
肮＝骯
胁＝脅
　＝脇
周＝週
＊鱼＝魚
＊备＝備
变＝変
庙＝廟
疟＝瘧
＊郑＝鄭
卷＝捲
＊单＝単
泷＝滝
泪＝涙
泽＝沢
侨＝僑
怜＝憐
＊审＝審
帘＝簾
实＝実
＊肃＝粛
＊录＝録
隶＝隷
陕＝陝
艰＝艱
练＝練
贮＝貯

9画

帮＝幇
挂＝掛
赵＝趙
＊荐＝薦
＊带＝帯

2画
厂＝廠
儿＝児
＊几＝幾
了＝瞭
3画
＊与＝与
干＝乾
＝幹
亏＝虧
才＝纔
亿＝億
个＝個
么＝麼
＊广＝広
＊门＝門
＊义＝義
卫＝衛
飞＝飛
习＝習
＊马＝馬
＊乡＝郷
4画
＊丰＝豊
开＝開
＊无＝無
升＝昇
＝陞
＊韦＝韋
＊云＝雲
＊专＝専
＊艺＝芸
厅＝庁
＊历＝歴
＝暦
＊车＝車
＊冈＝岡
＊贝＝貝
＊见＝見
＊气＝気
＊长＝長
仆＝僕
币＝幣
仅＝僅
＊从＝従
＊仑＝侖
＊仓＝倉
＊风＝風
＊乌＝烏
凤＝鳳
＊为＝為
斗＝鬪
忆＝憶
认＝認
丑＝醜
＊队＝隊
办＝弁
邓＝鄧
劝＝勧
书＝書
5画
＊写＝写
台＝颱
击＝撃
＊戋＝戔
扑＝撲
＊节＝節
术＝術
＊龙＝竜
灭＝滅
＊东＝東
＊卢＝盧
＊业＝業
帅＝帥
＊归＝帰
叶＝葉
电＝電
只＝祇
＝隻
叹＝嘆
丛＝叢
＊尔＝爾
＊乐＝楽
处＝処
＊鸟＝鳥
务＝務
＊刍＝芻
兰＝蘭
＊汇＝匯
＝彙
头＝頭
汉＝漢
＊宁＝寧
让＝譲
议＝議
出＝齣
辽＝遼
＊边＝辺
＊发＝発
＝髪
＊圣＝聖
＊对＝対
丝＝糸
6画
＊当＝噹
＊尽＝儘
＊动＝動
巩＝鞏
＊执＝執
扫＝掃
扩＝拡
＊亚＝亜
朴＝樸
机＝機
权＝権
＊过＝過
协＝協
压＝圧
＊厌＝厭
＊页＝頁
夸＝誇
夺＝奪
＊达＝達
＊夹＝夾
＊尧＝尭
划＝劃
＊毕＝畢
＊师＝師
尘＝塵
吓＝嚇
曲＝麯
团＝団
＊岁＝歳
回＝迴
＊岂＝豈
网＝網
＊迁＝遷
＊乔＝喬
优＝優
伪＝偽
伤＝傷
价＝価
＊华＝華
伙＝夥
向＝嚮
后＝後
＊杀＝殺
众＝衆
爷＝爺
伞＝傘
杂＝雑
冲＝衝
妆＝粧
庄＝荘
庆＝慶
＊刘＝劉
＊齐＝斉
＊产＝産
关＝関
忏＝懺

中国簡体字表

この一覧表は、中国の主な簡体字（左）とそれに対応する日本の文字(右＝常用・人名用漢字は新字体)とを並べたものである。日本の新字体と同形のものや使用頻度が少ないと思われるもの、以下の場合は省略した。

・ごんべん（讠＝言)、しょくへん（饣＝食)、いとへん（纟＝糸)、かねへん（钅＝金）部分のみ日本の字体と違うもの。

【例】计＝計　饮＝飲　红＝紅　钓＝釣

・「つくり」「かんむり」などの部品として使われ略体になるもの。

昜＝易、収＝臤、苎＝𦥯、𠂉＝臨、只＝戠、𫝀＝舆、𠬤＝睪、𢀖＝巠、亦＝䜌、呙＝咼

【例】场＝場　肠＝腸　坚＝堅　肾＝腎

表中の＊のついた字は、部品としても単独の文字としても、ともに略体が使われるものである。

なお、左側の字が本来ある漢字の場合には、機械的に右側の日本字体に置き換えられないことがある。たとえば「了」は「瞭」の、「斗」は「闘」の簡体字であるとともに、本来の「了」「斗」としても使われる。したがって、「明了」「斗争」は日本では「明瞭」「闘争」とすべきだが、「完了」「北斗七星」などはそのままでよい。

主な一字姓の簡体字（50音順）

韦（韋）	云（雲）	荣（栄）	卫（衛）	华（華）
关（関）	韩（韓）	许（許）	乔（喬）	龚（龔）
严（厳）	顾（顧）	吴（呉）	习（習）	萧（蕭）
钟（鍾）	邹（鄒）	齐（斉）	苏（蘇）	庄（荘）
孙（孫）	谭（譚）	迟（遅）	张（張）	赵（趙）
陈（陳）	郑（鄭）	邓（鄧）	毕（畢）	冯（馮）
庞（龐）	马（馬）	叶（葉）	杨（楊）	罗（羅）
陆（陸）	刘（劉）	卢（盧）		

＊現代中国人名辞典（外交時報社）などを参照した

〔注〕国家民族事務委員会、国家衛生・計画生育（出産）委員会など
国務院の他の委員会もこれに準ずる。

審計署 → 会計検査院

審計署審計長 → 会計検査院長

国務院辦公庁 →（参）国務院弁公室

〔注〕わが国の内閣官房に相当するものと思われる。

国家測絵地理信息局（局長）→ 測量地図地理情報局（長）

中国人民銀行（行長）→ 中国人民銀行（総裁）

中国銀行（行長）

中国民用航空局（局長）→ 中国民間航空局（長）

文化和旅游部 → 文化・観光省

新華通訊社 → 新華通信社、（略）新華社

新華通訊社社長 → 新華（通信）社社長

〔注〕報道のソースを明らかにする場合には「新華社通信」とする。

国家広電総局 → 国家ラジオテレビ総局

〔注〕中央放送局とは別。

国家外国専家局 → 国家外国人専門家局

〔司法関係〕

最高人民法院 → 最高人民法院（最高裁）

最高人民検察院 → 最高人民検察院（最高検）

　　検察長 → 検事総長

　　副検察長 → 最高検次長検事

〔その他〕

中国紅十字会 → 中国赤十字会

中日友好協会（秘書長）

中国石油天然気集団公司 → 中国石油天然ガス集団公司

中国海洋石油総公司

中国石油化工集団公司

中国棒球協会（主席）→ 中国野球協会（会長）

中国足球協会（主席）→ 中国サッカー協会（会長）

全国人民代表大会常務委員会秘書長
　→ 全国人民代表大会常務委秘書長
主席団 →（全人代）議長団
〔注〕党大会の場合は「党大会議長団」
主席台 → 議長団席
主席団秘書長 → 議長団秘書長
第14届全国人民代表大会第１次会議
→ 第14期全国人民代表大会第１回会議

〔**国務院関係**〕

国務院
〔注〕「政府」を使ってもよい。また、場合によっては「国務院（中央政府）」のように注記を入れてもよい。
総理 → 首相
副総理 → 副首相
〔注〕「国務院秘書長」はわが国の「内閣官房長官」に当たるとみられるが、あまり紙面に現れることもないので訳語は設けない。
外交部 → 外務省
外交部部長 → 外相
外交部副部長 → 外務次官
外交部部長助理 → 外務次官補
外交部司長・副司長 → 外務省局長・副局長
外交部亜洲司 → 外務省アジア局
外交部西亜北非司 → 外務省西アジア・北アフリカ局
礼賓司 → 儀典局
新聞司 → 報道局
亜洲司処長・副処長 → アジア局課長・副課長
〔注〕各部に「弁公庁」があり、わが国の「大臣官房」に当たるもののようである。→（参）（各省）総務局
国防部 → 国防省
公安部 → 公安省
工業和信息化部 → 工業・情報化省
〔注〕その他、教育部、農業部、衛生部などの「部」はすべて「省」とし、各部部長は「相」とする。この注は韓国、北朝鮮にも準用する。
国家発展和改革委員会主任 →（略）国家発展改革委主任

中国の公的機関と役職名の表記

原表記 → 訳語。原則として訳語を使う。矢印がないものは原表記をそのまま使う。（略）は略語、（参）は参考例。略語だけ載せたもののフルネームは原表記を使う。

〔党関係〕

中国共産党第20次全国代表大会
　→ 中国共産党第20回全国代表大会、（略）第20回党大会
第20届中央委員会第１次全体会議
　→ 第20期中央委員会第１回総会、（略）中央委総会、１中総会
中央委員会総書記 →（略）党総書記
中央政治局常務委員会委員 → 政治局常務委員
中央政治局委員 → 政治局員
〔注〕訳語に「中央」を省略したのは、地方には政治局がなく紛れるおそれがないため。
中央書記処書記 → 中央書記局書記
中央軍事委員会主席・副主席 →（略）中央軍事委主席・副主席
〔注〕「中央」を省略しないのは、軍事委は、中央委員会の下部機構ではないと認められるため。
中国共産党中央委員会 →（略）党中央委
中央紀律検査委員会 → 中央規律検査委員会
中央対外連絡部 → 対外連絡部
中央組織部
中央統一戦線工作部
（中央各部）部長・副部長 →（各）部長・副部長
中央辦公庁主任 → 中央弁公庁主任

〔人民大会関係〕

全国人民代表大会 →（略）全人代
全国人民代表大会代表 →（略）全人代代表
全国人民代表大会常務委員会委員長
　→ 全国人民代表大会常務委員長、（略）全人代常務委員長
全国人民代表大会常務委員会副委員長
　→ 全国人民代表大会常務委副委員長

知っておきたい「名数」

日本三景＝松島（宮城）、天橋立《あまのはしだて》（京都）、厳島《いつくしま》（広島）

日本三急流＝最上川、富士川、球《く》磨《ま》川

出羽三山＝月山、湯殿山、羽黒山

大和三山＝畝傍《うねび》山、耳成《みみなし》山、天《あまの》香具《かぐ》山

日本三名園＝偕楽園（水戸）、兼六園（金沢）、後楽園（岡山）

御三家（徳川）＝尾張、紀伊、水戸家

維新の三傑＝西郷隆盛、大久保利通、木戸孝允

労働三権＝団結権、団体交渉権、争議権

世界三大珍味＝キャビア、フォアグラ、トリュフ

四書＝大学、中庸、論語、孟子

五経＝易経、書経、詩経、礼記《らいき》、春秋

五街道＝東海道、中山道、甲州街道、日光街道、奥州街道

五感＝視覚、聴覚、嗅覚、味覚、触覚

鎌倉五山＝建長寺、円覚寺、寿福寺、浄智寺、浄妙寺

京都五山＝天竜寺、相国寺、建仁寺、東福寺、万寿寺

富士五湖＝山中湖、河口湖、西《さい》湖、精進《しょうじ》湖、本栖《もとす》湖

五大湖＝（西から）スペリオル湖、ミシガン湖、ヒューロン湖、エリー湖、オンタリオ湖

五大州・五大陸＝アジア、ヨーロッパ、アフリカ、アメリカ、オーストラリア

五臓＝心臓、肝臓、肺臓、腎臓、脾臓《ひぞう》

六腑＝大腸、小腸、胃、胆、膀胱《ぼうこう》、三焦《さんしょう》

六歌仙＝在原業平、僧正遍昭《そうじょうへんじょう》、喜撰《きせん》法師、大友黒主《くろぬし》、文屋康《ふんやのやす》秀《ひで》、小野小町

六法＝憲法、民法、商法、民事訴訟法、刑法、刑事訴訟法

六曜＝先勝《せんしょう》、友引、先負《せんぶ》、仏滅、大安、赤口《しゃっく》

七色＝赤、橙《だいだい》、黄、緑、青、藍、菫《すみれ》

七草＝〈春〉セリ、ナズナ、ゴギョウ、ハコベ、ホトケノザ、スズナ、スズシロ〈秋〉ハギ、オバナ（＝ススキ）、クズ、ナデシコ、オミナエシ、フジバカマ、キキョウ

七つの海＝南太平洋、北太平洋、南大西洋、北大西洋、南極海、北極海、インド洋

十干＝甲（こう・きのえ）、乙（おつ・きのと）、丙（へい・ひのえ）、丁（てい・ひのと）、戊（ぼ・つちのえ）、己（き・つちのと）、庚（こう・かのえ）、辛（しん・かのと）、壬（じん・みずのえ）、癸（き・みずのと）

十二支＝子《ね》、丑《うし》、寅《とら》、卯《う》、辰《たつ》、巳《み》、午《うま》、未《ひつじ》、申《さる》、酉《とり》、戌《いぬ》、亥《い》

ロシア大統領

1991. 7.10　ボリス・エリツィン
2000. 5. 7　ウラジーミル・プーチン
2008. 5. 7　ドミトリー・メドベージェフ
2012. 5. 7　ウラジーミル・プーチン

中国共産党総書記　＝〔　〕は国家主席に選出された日

1982. 9.12　胡耀邦
1987. 1.16　趙紫陽（代行）
1987.11. 2　趙紫陽
1989. 6.24　江沢民〔93. 3.27〕
2002.11.15　胡錦濤〔03. 3.15〕
2012.11.15　習近平〔13. 3.14〕

主要国歴代首脳

「就任年月日－名前－政党」の順。韓国大統領は554ﾍﾟｰｼﾞ

イギリス首相

1976. 4. 5　ジェームズ・キャラハン（労働党）
1979. 5. 4　マーガレット・サッチャー（保守党）
1990.11.28　ジョン・メージャー（保守党）
1997. 5. 2　トニー・ブレア（労働党）
2007. 6.27　ゴードン・ブラウン（労働党）
2010. 5.11　デビッド・キャメロン（保守党）
2016. 7.13　テリーザ・メイ（保守党）
2019. 7 24　ボリス・ジョンソン（保守党）
2022. 9. 6　リズ・トラス（保守党）
2022.10.25　リシ・スナク（保守党）

フランス大統領（政党は就任時）

1974. 5.27　バレリー・ジスカールデスタン（独立共和派）
1981. 5.21　フランソワ・ミッテラン（社会党）
1995. 5.17　ジャック・シラク（ＲＰＲ）
2007. 5.16　ニコラ・サルコジ（ＵＭＰ）
2012. 5.15　フランソワ・オランド（社会党）
2017. 5.14　エマニュエル・マクロン（共和国前進）

ドイツ首相（1990.10.2までは西ドイツ）

1974. 5.16　ヘルムート・シュミット（ＳＰＤ）
1982.10. 1　ヘルムート・コール（ＣＤＵ）
1998.10.27　ゲアハルト・シュレーダー（ＳＰＤ）
2005.11.22　アンゲラ・メルケル（ＣＤＵ）
2021.12. 8　オラフ・ショルツ（ＳＰＤ）

29 ハーディング（ウォーレン・―＝1865～1923）共和党 1921
30 クーリッジ（カルビン・―＝1872～1933）共和党 1923
31 フーバー（ハーバート・―＝1874～1964）共和党 1929
32 ルーズベルト（フランクリン・―＝1882～1945）民主党 1933
＝ニューディール政策
33 トルーマン（ハリー・―＝1884～1972）民主党 1945
34 アイゼンハワー（ドワイト・―＝1890～1969）共和党 1953
35 ケネディ（ジョン・F・―＝1917～63暗殺）民主党 1961
36 ジョンソン（リンドン・―＝1908～73）民主党 1963
37 ニクソン（リチャード・―＝1913～94）共和党 1969
＝ウォーターゲート事件で辞任
38 フォード（ジェラルド・―＝1913～2006）共和党 1974
39 カーター（ジミー・―＝1924～ ）民主党 1977
40 レーガン（ロナルド・―＝1911～2004）共和党 1981
41 ブッシュ〈父〉（ジョージ・H・W・―＝1924～2018）共和党 1989
42 クリントン（ウィリアム〈ビル〉・―＝1946～ ）民主党 1993
43 ブッシュ〈子〉（ジョージ・W・―＝1946～ ）共和党 2001
44 オバマ（バラク・―＝1961～ ）民主党 2009
45 トランプ（ドナルド・―＝1946～ ）共和党 2017
46 バイデン（ジョー・―＝1942～ ）民主党 2021

歴代アメリカ大統領

「代－名前－生没年－政党－就任年」の順

政党名：F＝フェデラリスト党、R＝リパブリカン党

1 ワシントン（ジョージ・－＝1732～99）1789
2 アダムズ〈父〉（ジョン・－＝1735～1826）F 1797
3 ジェファーソン（トマス・－＝1743～1826）R 1801
＝独立宣言起草者
4 マディソン（ジェームズ・－＝1751～1836）R 1809
5 モンロー（ジェームズ・－＝1758～1831）R 1817
6 アダムズ〈子〉（ジョン・クインシー・－＝1767～1848）R 1825
7 ジャクソン（アンドルー・－＝1767～1845）民主党 1829
8 バンビューレン（マーティン・－＝1782～1862）民主党 1837
9 ハリソン（ウィリアム・－＝1773～1841）ホイッグ党 1841
10 タイラー（ジョン・－＝1790～1862）ホイッグ党 1841
11 ポーク（ジェームズ・－＝1795～1849）民主党 1845
12 テーラー（ザカリー・－＝1784～1850）ホイッグ党 1849
13 フィルモア（ミラード・－＝1800～74）ホイッグ党 1850
14 ピアース（フランクリン・－＝1804～69）民主党 1853
15 ブキャナン（ジェームズ・－＝1791～1868）民主党 1857
16 リンカーン（エイブラハム・－＝1809～65暗殺）共和党 1861
17 ジョンソン（アンドルー・－＝1808～75）民主党 1865
18 グラント（ユリシーズ・－＝1822～85）共和党 1869
19 ヘイズ（ラザフォード・－＝1822～93）共和党 1877
20 ガーフィールド（ジェームズ・－＝1831～81暗殺）共和党 1881
21 アーサー（チェスター・－＝1830～86）共和党 1881
22 クリーブランド（グローバー・－＝1837～1908）民主党 1885
23 ハリソン（ベンジャミン・－＝1833～1901）共和党 1889
24 クリーブランド（グローバー・－＝1837～1908）民主党 1893
＝2度目の就任
25 マッキンリー（ウィリアム・－＝1843～1901暗殺）共和党 1897
26 ルーズベルト（セオドア・－＝1858～1919）共和党 1901
27 タフト（ウィリアム・－＝1857～1930）共和党 1909
28 ウィルソン（ウッドロー・－＝1856～1924）民主党 1913

ムハンマド（マホメット）（570頃～632）イスラム教創始者
メッテルニヒ（クレメンス・―＝1773～1859）オーストリア首相
モース（エドワード・シルベスター・―＝1838～1925）米動物学者＝大森貝塚
モーツァルト（ウォルフガング・アマデウス・―＝1756～91）オーストリア作曲家
モーパッサン（ギー・ド・―＝1850～93）仏作家
モーム（サマセット・―＝1874～1965）英作家
モディリアーニ（アメデオ・―＝1884～1920）イタリア画家
モネ（クロード・―＝1840～1926）仏画家
モンロー（マリリン・―＝1926～62）米女優
ヤスパース（カール・―＝1883～1969）独哲学者
ヤナーチェク（レオシュ・―＝1854～1928）チェコ作曲家
ユゴー（ビクトル・―＝1802～85）仏作家
ヨハネ・パウロ２世（1920～2005）264代ローマ教皇
ラファエロ（1483～1520）イタリア画家
ラベル（モーリス・―＝1875～1937）仏作曲家
ルース（ジョージ・ハーマン・―、通称ベーブ・―＝1895～1948）米プロ野球選手
ルソー（ジャンジャック・―＝1712～78）仏思想家・作家
ルター（マルチン・―＝1483～1546）独宗教改革者
ルノワール（オーギュスト・―＝1841～1919）仏画家
ルビンシュタイン（アルトゥール・―＝1887～1982）ポーランド出身の米ピアニスト
レーニン（ウラジーミル・―＝1870～1924）ロシア革命家
レビストロース（クロード・―＝1908～2009）仏文化人類学者
レンブラント（―・ファン・レイン＝1606～69）オランダ画家
ロイドジョージ（デービッド・―＝1863～1945）英首相
ローランサン（マリー・―＝1883～1956）仏画家
ロストロポービッチ（ムスチスラフ・―＝1927～2007）ソ連出身のチェロ奏者・指揮者
ロラン（ロマン・―＝1866～1944）仏作家
ワーグナー（リヒャルト・―＝1813～83）独作曲家
ワルター（ブルーノ・―＝1876～1962）独出身の米指揮者

ベリーニ（ビンチェンツォ・―＝1801～35）イタリア作曲家
ヘルダーリン（フリードリヒ・―＝1770～1843）独詩人
ベルディ（ジュゼッペ・―＝1813～1901）イタリア作曲家
ベルリオーズ（エクトル・―＝1803～69）仏作曲家
ホイットマン（ウォルト・―＝1819～92）米詩人
ボーボワール（シモーヌ・ド・―＝1908～86）仏作家
ボッティチェリ（サンドロ・―＝1445～1510）イタリア画家
ホメイニ（ルホラ・ムサビ・―＝1900～89）イランのイスラム教シーア派指導者＝イラン・イスラム革命
ボロディン（アレクサンドル・―＝1833～87）ロシア作曲家
ホロビッツ（ウラジーミル・―＝1904～89）ロシア出身の米ピアニスト
マーク・トウェーン（本名＝サミュエル・ラングホーン・クレメンス＝1835～1910）米作家
マキャベリ（ニコロ・―＝1469～1527）イタリア政治学者・思想家
マザー・テレサ（本名＝アグネス・ゴンジャ・ボワジュ＝1910～97）現北マケドニア出身のカトリック修道女＝インドなどで奉仕
マゼラン（フェルディナンド・―＝1480頃～1521）ポルトガル出身の航海家
マッカーサー（ダグラス・―＝1880～1964）米軍人＝連合国軍最高司令官
マティス（アンリ・―＝1869～1954）仏画家
マネ（エドアール・―＝1832～83）仏画家
マホメット → ムハンマド
マルコ・ポーロ（1254～1324）イタリア旅行家
マルコーニ（グリエルモ・―＝1874～1937）イタリア電気技術者＝無線電信発明
マルロー（アンドレ・―＝1901～76）仏作家
マンデラ（ネルソン・―＝1918～2013）南アフリカ大統領
ミケランジェロ（1475～1564）イタリア彫刻家・画家
ミッテラン（フランソワ・―＝1916～96）仏大統領
ミレー（ジャン・―＝1814～75）仏画家
ミロ（ジョアン・―＝1893～1983）スペイン画家
ムソリーニ（ベニト・―＝1883～1945）イタリア首相
ムソルグスキー（モデスト・―＝1839～81）ロシア作曲家

バッハ（ヨハン・セバスチャン・―〈大バッハ〉＝1685～1750）独作曲家
ハッブル（エドウィン・P・―＝1889～1953）米天文学者
パブロフ（イワン・―＝1849～1936）ロシア生理学者
ハベル（バツラフ・―＝1936～2011）チェコ初代大統領
ピカソ（パブロ・―＝1881～1973）スペイン画家
ヒチコック（アルフレッド・―＝1899～1980）英出身の米映画監督
ヒトラー（アドルフ・―＝1889～1945）独総統
ビバルディ（アントニオ・―＝1678～1741）イタリア作曲家
ピュリツァー（ジョゼフ・―＝1847～1911）ハンガリー出身の米新聞人
フェノロサ（アーネスト・フランシスコ・―＝1853～1908）米哲学者・美術研究家
フォークナー（ウィリアム・―＝1897～1962）米作家
プチャーチン（エフィミー・―＝1803～83）ロシア海軍軍人・提督・外交官
プッチーニ（ジャコモ・―＝1858～1924）イタリア作曲家
ブラーエ（ティコ・―＝1546～1601）デンマーク天文学者
ブラームス（ヨハネス・―＝1833～97）独作曲家
ブラッドベリ（レイ・―＝1920～2012）米作家
フランコ（フランシスコ・―＝1892～1975）スペイン軍人・政治家
フリードマン（ミルトン・―＝1912～2006）米経済学者
フルシチョフ（ニキタ・―＝1894～1971）ソ連首相
フルトベングラー（ウィルヘルム・―＝1886～1954）独指揮者
ブレジネフ（レオニード・―＝1906～82）ソ連政治家
フロイト（ジークムント・―＝1856～1939）オーストリア精神医学者
プロコフィエフ（セルゲイ・S・―＝1891～1953）ソ連作曲家
フロベール（ギュスターブ・―＝1821～80）仏作家
ベートーベン（ルートウィヒ・バン・―＝1770～1827）独作曲家
ペスタロッチ（ヨハン・アンリック・―＝1746～1827）スイス教育家
ヘプバーン（オードリー・―＝1929～93）ベルギー出身の米女優
ヘボン（ジェームズ・カーチス・―＝1815～1911）米宣教師・医師＝ローマ字
ヘミングウェー（アーネスト・ミラー・―＝1899～1961）米作家
ペリー（マシュー・カルブレイス・―＝1794～1858）米軍人＝黒船

ディーン（ジェームズ・―＝1931～55）米映画俳優
ディオール（クリスチャン・―＝1905～57）仏デザイナー
ディケンズ（チャールズ・―＝1812～70）英作家
ディズニー（ウォルト・―＝1901～66）米映画製作者
ティツィアーノ（―・ベチェリオ＝1490頃～1576）イタリア画家
テイラー（エリザベス・―＝1932～2011）米女優
デューイ（ジョン・―＝1859～1952）米哲学・教育学者
デューラー（アルブレヒト・―＝1471～1528）独画家
デュナン（アンリ・―＝1828～1910）スイス国際赤十字創設者
デュマ（アレクサンドル・―・フィス〈小デュマ〉＝1824～95）仏作家
デュマ（アレクサンドル・―・ペール〈大デュマ〉＝1802～70）仏作家
トインビー（アーノルド・ジョゼフ・―＝1889～1975）英歴史学者
ドゴール（シャルル・―＝1890～1970）仏大統領
トスカニーニ（アルトゥーロ・―＝1867～1957）イタリア指揮者
ドストエフスキー（フョードル・M・―＝1821～81）ロシア作家
ドビュッシー（クロード・―＝1862～1918）仏作曲家
ドボルザーク（アントニン・―＝1841～1904）チェコ作曲家
トマス・アクイナス（1225頃～74）イタリア神学者
ドラクロワ（ウジェーヌ・―＝1798～1863）仏画家
トルストイ（レフ・―＝1828～1910）ロシア小説家
トロツキー（レフ〈レオン〉・―＝1879～1940）ロシア革命家
ナイチンゲール（フローレンス・―＝1820～1910）英看護師＝クリミア戦争で傷病兵を看護
ナセル（ガマル・アブデル・―＝1918～70）エジプト大統領
ナポレオン（―・ボナパルト＝1769～1821）仏皇帝
ニュートン（アイザック・―＝1642～1727）英物理・天文・数学者
ネール（ジャワハルラル・―＝1889～1964）インド初代首相
ノーベル（アルフレッド・B・―＝1833～96）スウェーデン化学者＝ダイナマイト発明
ハーン（ラフカディオ・―＝1850～1904）英文学者＝小泉八雲
ハイデッガー（マルチン・―＝1889～1976）独哲学者
パガニーニ（ニッコロ・―＝1782～1840）イタリア作曲家・バイオリン奏者
ハチャトゥリアン（アラム・―＝1903～78）ソ連作曲家

シャネル（ガブリエル・―、通称ココ・―＝1883～1971）仏デザイナー
シャンポリオン（ジャンフランソワ・―＝1790～1832）仏エジプト学者＝ヒエログリフ解読
シュトラウス（ヨハン・―＝1804～49）オーストリア作曲家＝ワルツの父
シュトラウス（ヨハン・―＝1825～99）オーストリア作曲家＝ワルツ王
シュバイツァー（アルベルト・―＝1875～1965）仏神学者・音楽家・医師
シュンペーター（ヨゼフ・―＝1883～1950）オーストリア出身の米経済学者
ショーペンハウアー（アルトゥール・―＝1788～1860）独哲学者
ショスタコービッチ（ドミトリー・D・―＝1906～75）ロシア作曲家
ジョブズ（スティーブ・―＝1955～2011）米アップル創業者
シラー（フリードリヒ・フォン・―＝1759～1805）独劇作家・詩人
スウィフト（ジョナサン・―＝1667～1745）アイルランド出身の英作家
スカルノ（1901～70）インドネシア初代大統領
スターリン（ヨシフ・―＝1879～1953）ソ連首相
ストラディバリ（アントニオ・―＝1644頃～1737）イタリアのバイオリン製作者
ストラビンスキー（イーゴリ・―＝1882～1971）ロシア出身の米作曲家
ソルジェニーツィン（アレクサンドル・―＝1918～2008）ロシア作家
ダ・ビンチ（レオナルド・―＝1452～1519）イタリア画家・彫刻家
ダーウィン（チャールズ・ロバート・―＝1809～82）英生物学者
ダイムラー（ゴットリープ・―＝1834～1900）独技術者＝ガソリン機関発明
チェーホフ（アントン・P・―＝1860～1904）ロシア作家
チトー（ヨシプ・―＝1892～1980）ユーゴスラビア初代首相・大統領
チャーチル（ウィンストン・―＝1874～1965）英首相
チャイコフスキー（ピョートル・―＝1840～93）ロシア作曲家
チャスラフスカ（ベラ・―＝1942～2016）チェコ体操選手
チャップリン（チャールズ〈チャーリー〉・―＝1889～1977）英喜劇俳優
チンギス・ハーン（1162～1227）モンゴル帝国創設者
ツルゲーネフ（イワン・S・―＝1818～83）ロシア作家
ディーゼル（ルドルフ・―＝1858～1913）独機械技術者
ディートリヒ（マレーネ・―＝1901～92）独出身の米女優

クロムウェル（オリバー・―＝1599～1658）英軍人・政治家
ケインズ（ジョン・メイナード・―＝1883～1946）英経済学者
ゲーテ（ヨハン・ウォルフガング・フォン・―＝1749～1832）独詩人・作家
ゲーリッグ（ヘンリー・ルイス・―、通称ルー・―＝1903～41）米プロ野球選手
ゲバラ（エルネスト・チェ・―＝1928～67）中南米革命家
ケマル・パシャ（アタチュルク）（1880頃～1938）トルコ共和国建設者
ゴーギャン（ポール・―＝1848～1903）仏画家
ゴーゴリ（ニコライ・V・―＝1809～52）ウクライナ出身のロシア作家
ゴーチエ（テオフィル・―＝1811～72）仏詩人・作家
ゴーリキー（マクシム・―＝1868～1936）ロシア作家
コダーイ（―・ゾルタン＝1882～1967）ハンガリー作曲家・教育家
ゴッホ（ビンセント・ファン・―＝1853～90）オランダ画家
コペルニクス（ニコラウス・―＝1473～1543）ポーランド天文学者
ゴヤ（フランシスコ・―＝1746～1828）スペイン画家
ゴルバチョフ（ミハイル・―＝1931～2022）ソ連大統領
コロンブス（クリストファー・―＝1446頃～1506）イタリア航海家・探検家
サダト（ムハンマド・―＝1918～81）エジプト大統領
サッチャー（マーガレット・―＝1925～2013）英首相
サハロフ（アンドレイ・―＝1921～89）ソ連物理学者
ザビエル（フランシスコ・―＝1506～52）スペイン出身のイエズス会宣教師
サリンジャー（ジェローム・デービッド・―＝1919～2010）米小説家
サルトル（ジャンポール・―＝1905～80）仏哲学者・作家
サンサーンス（カミーユ・―＝1835～1921）仏作曲家
サンテグジュペリ（アントワーヌ・ド・―＝1900～44）仏作家
サンローラン（イブ・―＝1936～2008）仏デザイナー
シアヌーク（ノロドム・―＝1922～2012）カンボジア国王
シーボルト（フィリップ・フランツ・フォン・―＝1796～1866）独医学者＝鳴滝塾、幕府外事顧問
シーレ（エゴン・―＝1890～1918）オーストリア画家
シェークスピア（ウィリアム・―＝1564～1616）英劇作家
ジェンナー（エドワード・―＝1749～1823）英医師＝種痘開発

ガーシュウィン（ジョージ・―＝1898〜1937）米作曲家
ガウス（カール・フリードリヒ・―＝1777〜1855）独数学者＝電磁単位
ガウディ（アントニオ・―＝1852〜1926）スペイン建築家
カエサル（ガイウス・ユリウス・―＝前100頃〜前44）古代ローマ将軍・政治家＝英語名ジュリアス・シーザー
ガガーリン（ユーリー・―＝1934〜68）ソ連の世界初宇宙飛行士
カッブ（タイラス・レイモンド・―、通称タイ・―＝1886〜1961）米プロ野球選手
カフカ（フランツ・―＝1883〜1924）チェコのドイツ語作家
カミュ（アルベール・―＝1913〜60）仏作家
ガリレイ（ガリレオ・―＝1564〜1642）イタリア天文・物理学者
カルバン（ジャン・―＝1509〜64）仏出身のスイス宗教改革者
ガンジー（インディラ・―＝1917〜84）インド首相
ガンジー（マハトマ《尊称》・―＝1869〜1948）インド政治家
キプリング（ジョゼフ・ラドヤード・―＝1865〜1936）英詩人・小説家
キャパ（ロバート・―＝1913〜54）ハンガリー報道写真家
キュリー（ピエール・―＝1859〜1906）仏物理・化学者
キュリー（マリー・―＝1867〜1934）ポーランド出身の仏物理・化学者
キルケゴール（ゼーレン・A・―＝1813〜55）デンマーク哲学者
キング（マーチン・ルーサー・―＝1929〜68）米牧師＝黒人解放運動
グーテンベルク（ヨハネス・―＝1394頃〜1468）独の活版印刷創始者
クーベルタン（ピエール・ド・―＝1863〜1937）仏教育家＝近代オリンピック提唱
クストー（ジャック・イブ・―＝1910〜97）仏海洋学者・探検家
クラーク（ウィリアム・スミス・―＝1826〜86）米化学者＝札幌農学校
クラーク（アーサー・C・―＝1917〜2008）英ＳＦ作家
クラウゼウィッツ（カール・フォン・―＝1780〜1831）独将軍・軍事理論家
グラッドストン（ウィリアム・―＝1809〜98）英首相
グリーグ（エドバルド・ハーゲループ・―＝1843〜1907）ノルウェー作曲家
クリスティ（アガサ・―＝1890〜1976）英推理作家
クリムト（グスタフ・―＝1862〜1918）オーストリア画家
グレシャム（トーマス・―＝1519頃〜79）英財政家＝グレシャムの法則

外国歴史人名

アームストロング（ニール・—＝1930～2012）人類で初めて月面に降り立った米宇宙飛行士
アインシュタイン（アルバート・—＝1879～1955）独出身の米理論物理学者
アウグスティヌス（アウレリウス・—＝354～430）北アフリカ出身のキリスト教教父
アラファト（ヤセル・—＝1929～2004）ＰＬＯ議長・パレスチナ自治政府議長
アリストテレス（前384～前322）古代ギリシャ哲学者
アレクサンドロス３世（前356～前323）古代マケドニア王＝通称アレキサンダー大王
アンデルセン（ハンス・—＝1805～75）デンマーク作家
イエーツ（ウィリアム・バトラー・—＝1865～1939）アイルランド詩人
イプセン（ヘンリック・—＝1828～1906）ノルウェー劇作家
ウ・タント（1909～74）ビルマ（現ミャンマー）政治家＝第３代国連事務総長
ウェーバー（カール・マリア・フォン・—＝1786～1826）独作曲家
ウェーバー（マックス・—＝1864～1920）独社会・経済学者
ウェストン（ウォルター・—＝1861～1940）英宣教師＝日本アルプスを世界に紹介
ウェブスター（ノア・—＝1758～1843）米辞典編集者
ウェルズ（ハーバート・ジョージ・—＝1866～1946）英作家
ウォーホル（アンディ・—＝1928～87）米画家・映画製作者
エカテリーナ２世（1729～96）ロシア女帝
エジソン（トーマス・—＝1847～1931）米発明家
エマソン（ラルフ・ワルドー・—＝1803～82）米詩人・思想家
エリザベス１世（1533～1603）英女王
エリザベス２世（1926～2022）英女王
エリツィン（ボリス・—＝1931～2007）ロシア初代大統領
オーウェル（ジョージ・—＝1903～50）英作家・評論家
オッフェンバック（ジャック・—＝1819～80）独出身の仏作曲家
オッペンハイマー（ジョン・ロバート・—＝1904～67）米理論物理学者

ＷＴＯ（ＵＮＷＴＯ） 世界観光機関（国連）
World Tourism Organization
ＷＴＯ　世界貿易機関　World Trade Organization
ＷＷＦ　世界自然保護基金　World Wide Fund for Nature

【Ｙ】

ＹＩＥＳ　読売国際経済懇話会　Yomiuri International Economic Society
ＹＭＣＡ　キリスト教青年会　Young Men's Christian Association
ＹＷＣＡ　キリスト教女子青年会 Young Women's Christian Association

ＶＩＰ　最重要人物　very important person
ＶＯＡ　ボイス・オブ・アメリカ、米政府海外向け放送
Voice of America
ＶＯＤ　ビデオ・オン・デマンド　video on demand
ＶＲ　バーチャルリアリティー、仮想現実　virtual reality
ＶＲＥ　バンコマイシン耐性腸球菌　vancomycin resistant enterococci

【Ｗ】

ＷＡ　世界陸連　World Athletics
ＷＡＤＡ　世界反ドーピング機関　World Anti-Doping Agency
ＷＡＭ　福祉医療機構　Welfare And Medical Service Agency
ＷＢＡ　世界ボクシング協会　World Boxing Association
ＷＢＣ　ワールド・ベースボール・クラシック〔野球の国・地域別対抗戦〕　World Baseball Classic
ＷＢＣ　世界ボクシング評議会　World Boxing Council
ＷＢＯ　世界ボクシング機構　World Boxing Organization
ＷＢＳＣ　世界野球ソフトボール連盟
World Baseball Softball Confederation
ＷＣＰＦＣ　中西部太平洋まぐろ類委員会
Western and Central Pacific Fisheries Commission
ＷＣＲＰ　世界宗教者平和会議
World Conference of Religions for Peace
ＷＥＣＰＮＬ　加重等価平均騒音レベル、うるささ指数
weighted equivalent continuous perceived noise level
ＷＦＰ　世界食糧計画（国連）　World Food Programme
ＷＨＯ　世界保健機関（国連）　World Health Organization
ＷＩＰＯ　世界知的所有権機関（国連）
World Intellectual Property Organization
ＷＭＯ　世界気象機関（国連）　World Meteorological Organization
ＷＰＩ　卸売物価指数　wholesale price index
ＷＲ　ワールドラグビー　World Rugby
ＷＲＣ　世界ラリー選手権〔自動車〕　World Rally Championship
ＷＴＡ　女子テニス協会　Women’s Tennis Association
ＷＴＩ　テキサス産軽質油　West Texas Intermediate

United Nations Industrial Development Organization

ＵＮＩＦＩＬ　国連レバノン暫定軍

United Nations Interim Force in Lebanon

ＵＮＭＩＳＳ　国連南スーダン派遣団

United Nations Mission in the Republic of South Sudan

ＵＮＲＷＡ　国連パレスチナ難民救済事業機関

United Nations Relief and Works Agency for Palestine Refugees in the Near East

ＵＮＴＡＣ　国連カンボジア暫定統治機構〔解散〕

United Nations Transitional Authority in Cambodia

ＵＮＵ　国連大学　United Nations University

ＵＮＶ　国連ボランティア（計画）　United Nations Volunteers

ＵＰＵ　万国郵便連合（国連）　Universal Postal Union

ＵＰＺ　緊急時防護措置準備区域　urgent protective action planning zone

ＵＲＬ　〔インターネット・ホームページのある場所（アドレス）〕

uniform resource locator

ＵＳＡＩＤ　米国際開発庁

United States Agency for International Development

ＵＳＧＡ　米国ゴルフ協会　United States Golf Association

ＵＳＧＳ　米地質調査所　United States Geological Survey

ＵＳＭＣＡ　米国・メキシコ・カナダ協定

United States-Mexico-Canada Agreement

ＵＳＴＲ　米通商代表部　United States Trade Representative

ＵＶ　紫外線　ultraviolet rays

【Ｖ】

ＶＡＴ　付加価値税　value-added tax

ＶＣ　ベンチャーキャピタル　venture capital

ＶＤＴ　〔コンピューターなどの画像表示装置〕

visual（video） display terminal

ＶＦＸ　視覚効果　visual effects

ＶＨＦ　超短波　very high frequency

ＶＩＣＳ　道路交通情報通信システム

vehicle information and communication system

ＴＯＰＩＸ　東証株価指数　Tokyo Stock Price Index

ＴＰＰ　環太平洋経済連携協定
Trans-Pacific Partnership、Trans-Pacific Strategic Economic Partnership Agreement

ＴＱＣ　総合的品質管理　total quality control

ＴＴＰ　＜ウルドゥー語＞パキスタン・タリバン運動
Tehrik-e-Taliban Pakistan

ＴＵＣ　労働組合会議（英）　Trades Union Congress

【Ｕ】

ＵＡＥ　アラブ首長国連邦　United Arab Emirates

ＵＡＷ　全米自動車労働組合　United Auto Workers

ＵＣＩ　＜フランス語＞国際自転車競技連合
Union Cycliste Internationale

ＵＤＤ　反独裁民主戦線（タイ）
United Front for Democracy Against Dictatorship

ＵＥＦＡ　欧州サッカー連盟　Union of European Football Associations

ＵＦＯ　未確認飛行物体　unidentified flying object

ＵＨＦ　極超短波　ultrahigh frequency

ＵＮＡＩＤＳ　国連合同エイズ計画
Joint United Nations Programme on HIV/AIDS

ＵＮＣＴＡＤ　国連貿易開発会議
United Nations Conference on Trade and Development

ＵＮＤＯＦ　国連兵力引き離し監視軍
United Nations Disengagement Observer Force

ＵＮＤＰ　国連開発計画　United Nations Development Programme

ＵＮＥＰ　国連環境計画　United Nations Environment Programme

ＵＮＥＳＣＯ（ユネスコ）　国連教育・科学・文化機関
United Nations Educational, Scientific and Cultural Organization

ＵＮＦＰＡ　国連人口基金　United Nations Population Fund

ＵＮＨＣＲ　国連難民高等弁務官事務所
Office of the United Nations High Commissioner for Refugees

ＵＮＩＣＥＦ（ユニセフ）国連児童基金　United Nations Children's Fund

ＵＮＩＤＯ　国連工業開発機関

ＳＯＨＯ　スモールオフィス・ホームオフィス〔自宅や小規模事務所をコンピューター・ネットワークで会社と結ぶ業務形態〕
small office home office

ＳＯＮＡＲ（ソナー）　水中音波探知機　sound navigation and ranging

ＳＯｘ　硫黄酸化物　sulfur oxides

ＳＰＣ　特定（特別）目的会社　special purpose company

ＳＰＤ　＜ドイツ語＞社会民主党（独）
Sozialdemokratische Partei Deutschlands

ＳＰＤＣ　国家平和発展評議会（ミャンマー、旧軍政の最高機関）
State Peace and Development Council

ＳＰＥＥＤＩ（スピーディ）　放射性物質拡散予測システム
system for prediction of environmental emergency dose information

ＳＰＦ値　〔日焼け防止用化粧品の効果指数〕　sun protection factor

ＳＰＭ　浮遊粒子状物質　suspended particulate matter

ＳＱ　特別清算指数　special quotation

ＳＲＩ　社会的責任投資　socially responsible investment

ＳＳＣ　日米安全保障高級事務レベル協議　Security Subcommittee

ＳＴマーク　玩具安全マーク　safety toy mark

ＳＴＡＲＴ　戦略兵器削減条約　Strategic Arms Reduction Treaty

ＳＵＶ　スポーツ用多目的車　sport utility vehicle

【Ｔ】

ＴＣＡＳ　（航空機搭載の）衝突防止装置
traffic alert and collision avoidance system

ＴＧＶ　＜フランス語＞超高速新幹線（仏）　Train à Grande Vitesse

ＴＨＡＡＤ　最終段階高高度地域防衛
terminal high altitude area defense

ＴＩＢＯＲ　東京銀行間取引金利　Tokyo Interbank Offered Rate

ＴＩＣＡＤ　アフリカ開発会議
Tokyo International Conference on African Development

ＴＬＯ　技術移転機関　Technology Licensing Organization

ＴＭＤ　戦域ミサイル防衛　theater missile defense

ＴＮＦ　腫瘍壊死（えし）因子　tumor necrosis factor

ＴＯＢ　株式公開買い付け　take-over bid

ＳＡＡＲＣ　南アジア地域協力連合
South Asian Association for Regional Cooperation
ＳＡＣＯ　沖縄施設・区域特別行動委員会
Special Action Committee on facilities and areas in Okinawa
ＳＡＩＳ　ジョンズ・ホプキンス大高等国際問題研究所（米）
Paul H. Nitze School of Advanced International Studies
ＳＡＪ　全日本スキー連盟　Ski Association of Japan
ＳＡＬＴ　戦略兵器制限交渉（条約）
Strategic Arms Limitation Talks/Treaty
ＳＡＭ　地対空ミサイル　surface-to-air missile
ＳＡＲＳ　重症急性呼吸器症候群、新型肺炎
severe acute respiratory syndrome
ＳＡＳ　睡眠時無呼吸症候群　sleep apnea syndrome
ＳＡＴ　特殊急襲部隊（警察庁）　Special Assault Team
ＳＣＯ　上海協力機構　Shanghai Cooperation Organization
ＳＤＧｓ　持続可能な開発目標（国連）
Sustainable Development Goals
ＳＤＩ　戦略防衛構想　Strategic Defense Initiative
ＳＤＲ　（ＩＭＦの）特別引き出し権　special drawing rights
ＳＥ　システムエンジニア　systems engineer
ＳＥＣ　証券取引委員会（米）　Securities and Exchange Commission
ＳＦＴＳ　重症熱性血小板減少症候群
severe fever with thrombocytopenia syndrome
ＳＦＸ　特撮技術、特殊視覚効果技術　special effects
ＳＧマーク　安全商品マーク　safe goods mark
ＳＧＸ　シンガポール取引所　Singapore Exchange
ＳＩＤＳ　乳幼児突然死症候群　sudden infant death syndrome
ＳＩＰＲＩ　ストックホルム国際平和研究所
Stockholm International Peace Research Institute
Ｓ＆Ｌ　貯蓄貸付組合（米）　Savings and Loan Association
ＳＬＢＭ　潜水艦発射弾道ミサイル　submarine-launched ballistic missile
ＳＭ３　スタンダード・ミサイル３　standard missile 3
ＳＮＳ　ソーシャル・ネットワーキング・サービス
social networking service

ｐｐｂ　十億分率　parts per billion
ｐｐｍ　百万分率　parts per million
ＰＰＰ　購買力平価（説）　purchasing power parity
ＰＰＳ　特定規模電気事業者（＝新電力）　power producer and supplier
ＰＲＩ　<スペイン語>制度的革命党（メキシコ）
Partido Revolucionario Institucional
ＰＳＩ　大量破壊兵器拡散阻止構想　Proliferation Security Initiative
ＰＴＳＤ　心的外傷後ストレス障害　post-traumatic stress disorder
ＰＷＲ　加圧水型軽水炉　pressurized water reactor

【Ｑ】

ＱＣ　品質管理　quality control
ＱＤＲ　４年ごとの国防計画見直し（米）　Quadrennial Defense Review
ＱＥ　量的緩和（策）　quantitative easing
ＱＯＬ　生活の質、人生の質、生命の質　quality of life

【Ｒ】

ＲＡＭ　随時書き込み読み出しメモリー　random access memory
ＲＣＥＰ　地域包括的経済連携
Regional Comprehensive Economic Partnership
ＲＤＦ　ごみ固形（化）燃料　refuse derived fuel
ＲＥＩＴ（リート）　不動産投資信託　real estate investment trust
ＲＩ　放射性同位元素　radioisotope
ＲＩＭＰＡＣ（リムパック）　環太平洋合同演習
Rim of the Pacific Exercise
ＲＮＡ　リボ核酸　ribonucleic acid
ＲＯＥ　株主資本利益率、自己資本利益率　return on equity
ＲＯＭ　読み出し専用メモリー　read only memory
ＲＰＧ　ロールプレイング・ゲーム　role-playing game
ＲＶ　レジャー用多目的車　recreational vehicle

【Ｓ】

Ｓ波　（地震の）横波　secondary wave
ＳＡ　サービスエリア　service area

ＰＡＮ　<スペイン語>国民行動党（メキシコ）
Partido Acción Nacional

ＰＡＺ　予防的防護措置準備区域　precautionary action zone

ＰＢ　プライベートブランド、自主企画商品　private brand

ＰＢＲ　株価純資産倍率　price book-value ratio

ＰＣＢ　ポリ塩化ビフェニール　polychlorinated biphenyl

ＰＣＲ　ポリメラーゼ連鎖反応、合成酵素連鎖反応、遺伝子増幅技術
polymerase chain reaction

ＰＥＲ　株価収益率　price earnings ratio

ＰＥＴ（ペット）　ポリエチレンテレフタレート（樹脂）〔ペットボトルの材料〕　polyethylene terephthalate

ＰＥＴ　陽電子放射断層撮影　positron emission tomography

ＰＦＩ　民間資金を活用した社会資本（基盤）整備、プライベート・ファイナンス・イニシアチブ　private finance initiative

ＰＦＬＰ　パレスチナ解放人民戦線
Popular Front for the Liberation of Palestine

ＰＦＰ　平和のためのパートナーシップ　Partnership for Peace

ＰＧＡ　（米、日本）プロゴルフ協会　Professional Golfers' Association

ＰＨＳ　簡易型携帯電話　personal handyphone system

ＰＨＶ　プラグインハイブリッド車　plug-in hybrid vehicle

ＰＩＳＡ　（ＯＥＣＤの）国際学習到達度調査
Programme for International Student Assessment

ＰＫＦ　国連平和維持軍〔日本が参加する場合の政府呼称は「平和維持隊」〕　peacekeeping forces

ＰＫＫ　<クルド語>クルド労働者党　Partiya Karkerên Kurdistan

ＰＫＯ　国連平和維持活動　peacekeeping operations

ＰＬ法　製造物責任法　product liability

ＰＬＯ　パレスチナ解放機構　Palestine Liberation Organization

ＰＭ　粒子状物質　particulate matter

ＰＭＤＡ　医薬品医療機器総合機構
Pharmaceuticals and Medical Devices Agency

ＰＮＣ　パレスチナ民族評議会　Palestine National Council

ＰＯＰ（ポップ）広告　店頭広告　point of purchase advertising

ＰＯＳ　販売時点情報管理（システム）　point of sales

NYSE　ニューヨーク証券取引所　New York Stock Exchange

【O】

OAPEC　アラブ石油輸出国機構
Organization of Arab Petroleum Exporting Countries
OAS　米州機構　Organization of American States
OCA　アジア・オリンピック評議会　Olympic Council of Asia
OCHA　国連人道問題調整事務所
Office for the Coordination of Humanitarian Affairs
OCR　光学式文字読み取り装置　optical character reader
ODA　政府開発援助　official development assistance
OECD　経済協力開発機構
Organization for Economic Cooperation and Development
OEM　相手先ブランドによる生産　original equipment manufacturing
OIC　イスラム協力機構　Organization of Islamic Cooperation
OIE　<フランス語>国際獣疫事務局
Office International des Épizooties
OMB　行政管理予算局（米）　Office of Management and Budget
OPCW　化学兵器禁止機関
Organization for the Prohibition of Chemical Weapons
OPEC　石油輸出国機構
Organization of the Petroleum Exporting Countries
OS　基本ソフト（ウェア）　operating system
OSA　政府安全保障能力強化支援　official security assistance
OSCE　全欧安保協力機構
Organization for Security and Cooperation in Europe

【P】

P波　（地震の）縦波　primary wave
PA　パーキングエリア　parking area
PAC　政治活動委員会〔米の企業・個人献金窓口機関〕
political action committee
PAC3　地対空誘導弾、地上配備型誘導弾（パトリオット・ミサイル3）　PATRIOT Advanced Capability-3

ＮＩＨ　米国立衛生研究所　National Institutes of Health
ＮＩＳＡ　少額投資非課税制度　Nippon Individual Savings Account
ＮＩＳＣ　内閣サイバーセキュリティセンター
National center of Incident readiness and Strategy for Cybersecurity
ＮＩＴＥ　製品評価技術基盤機構
National Institute of Technology and Evaluation
ＮＬＤ　国民民主連盟（ミャンマー）　National League for Democracy
ＮＬＬ　北方限界線〔海上の南北朝鮮境界線〕
Northern Limit Line
ＮＬＰ　夜間離着陸訓練　night landing practice
ＮＯＡＡ　米海洋大気局
National Oceanic and Atmospheric Administration
ＮＯＣ　国内オリンピック委員会　National Olympic Committee
ＮＯＲＡＤ　北米航空宇宙防衛司令部
North American Aerospace Defense Command
ＮＯＷ　全米女性機構　National Organization for Women
ＮＯｘ　窒素酸化物　nitrogen oxides
ＮＰＡ　新人民軍（フィリピン）　New People's Army
ＮＰＢ　日本プロフェッショナル野球組織〔社団法人名は日本野球機構〕　Nippon Professional Baseball
ＮＰＯ　非営利組織〔商業的利益を目的とせず、公益活動に取り組むボランティア団体の総称〕、特定非営利活動（ＮＰＯ）法人
nonprofit organization
ＮＰＲ　核戦力体制見直し（米）　nuclear posture review
ＮＰＴ　核拡散防止条約　Nuclear Non-Proliferation Treaty
ＮＲＡ　全米ライフル協会　National Rifle Association
ＮＲＣ　原子力規制委員会（米）　Nuclear Regulatory Commission
ＮＳＡ　国家安全保障局（米）　National Security Agency
ＮＳＣ　国家安全保障会議（日、米など）　National Security Council
ＮＳＦ　全米科学財団　National Science Foundation
ＮＳＧ　原子力供給国グループ　Nuclear Suppliers Group
ＮＴＳＢ　国家運輸安全委員会（米）
National Transportation Safety Board
ＮＹＭＥＸ　ニューヨーク商業取引所　New York Mercantile Exchange

methicillin resistant Staphylococcus aureus

ＭＲＴＡ　＜スペイン語＞トゥパク・アマル革命運動（ペルー）
Movimiento Revolucionario Túpac Amaru

ＭＳ　搭乗運用技術者、ミッションスペシャリスト　mission specialist

ＭＳＦ　＜フランス語＞国境なき医師団　Médecins Sans Frontières

ＭＴＣＲ　ミサイル関連技術輸出規制
missile technology control regime

ＭＶＮＯ　仮想移動体通信事業者　Mobile virtual network operator

ＭＶＰ　最優秀選手、最高殊勲選手　most valuable player

【Ｎ】

ＮＡＡＣＰ　全米黒人地位向上協会
National Association for the Advancement of Colored People

ＮＡＳＡ　米航空宇宙局　National Aeronautics and Space Administration

ＮＡＴＯ　北大西洋条約機構　North Atlantic Treaty Organization

ＮＢＡ　米プロバスケットボール協会　National Basketball Association

ＮＢＣ兵器　核・生物・化学兵器
nuclear, biological and chemical weapons

ＮＣＡＡ　全米大学体育協会　National Collegiate Athletic Association

ＮＣＩ　米国立がん研究所　National Cancer Institute

ＮＥＡ　（ＯＥＣＤの）原子力機関　Nuclear Energy Agency

ＮＥＣ　国家経済会議（米）　National Economic Council

ＮＥＤＯ　新エネルギー・産業技術総合開発機構
New Energy and Industrial Technology Development Organization

ＮＥＥＴ（ニート）　若年無業者
not in education, employment or training

ＮＦＬ　米ナショナル・フットボールリーグ　National Football League

ＮＧＯ　非政府組織、民間活動団体　nongovernmental organization

ＮＨＬ　北米アイスホッケーリーグ　National Hockey League

ＮＨＴＳＡ　高速道路交通安全局（米）
National Highway Traffic Safety Administration

ＮＩＣＵ　新生児集中治療室　neonatal intensive care unit

ＮＩＥ　新聞活用学習、新聞を教材にして授業を展開する運動、教育に新聞を　newspaper in education

MD　ミサイル防衛　missile defense
MDMA　〔合成麻薬の一種〕　methylene-dioxy-methamphetamine
MERCOSUR（メルコスル）　<スペイン語>南米南部共同市場
Mercado Común del Sur
MERS　中東呼吸器症候群　middle east respiratory syndrome
MFN　最恵国待遇　most-favored-nation treatment
MIA　戦闘中の行方不明兵、行方不明米兵　missing in action
MIDI　〔コンピューターで扱う音楽のための国際規格〕
musical instrument digital interface
MIGA　多数国間投資保証機関（国連）
Multilateral Investment Guarantee Agency
MILF　モロ・イスラム解放戦線（フィリピン）
Moro Islamic Liberation Front
MINUSTAH　国連ハイチ安定化派遣団
United Nations Stabilization Mission in Haiti
MIRV　各個誘導多核弾頭
multiple independently targetable reentry vehicle
MIT　マサチューセッツ工科大学（米）
Massachusetts Institute of Technology
MLB　メジャーリーグ・ベースボール、米大リーグ（機構）
Major League Baseball
MMF　短期公社債投資信託、マネー・マネジメント・ファンド（日本）　money management fund
MMF　短期金融資産投資信託、マネー・マーケット・ファンド（外貨建て）　money market fund
MNLF　モロ民族解放戦線（フィリピン）
Moro National Liberation Front
MNP　（携帯電話の）番号持ち運び制度　mobile number portability
MOX燃料　（ウラン・プルトニウム）混合酸化物燃料
mixed oxide fuel
MPU　超小型演算処理装置　microprocessor unit
MRI　磁気共鳴画像、磁気共鳴画像装置
magnetic resonance imaging
MRSA　メチシリン耐性黄色ブドウ球菌

Ku Klux Klan
ＫＮＵ　カレン民族同盟（ミャンマー） Karen National Union

【Ｌ】

ＬＡＮ　構内情報通信網　local area network
ＬＡＮＤＳＡＴ（ランドサット） 地球資源調査衛星（米）
land satellite
ＬＢＯ　相手先企業の資産を担保にした借金による買収、レバレッジド・バイアウト　leveraged buyout
ＬＣＣ　格安航空会社　low-cost carrier
ＬＤ　学習障害　learning disability
ＬＤＣ　後発開発途上国　least developed countries
ＬＥＤ　発光ダイオード　light emitting diode
ＬＨＣ　大型ハドロン衝突型加速器、巨大粒子加速器
large hadron collider
ＬＬＰ　有限責任事業組合　limited liability partnership
ＬＭＥ　ロンドン金属取引所　London Metal Exchange
ＬＮＧ　液化天然ガス　liquefied natural gas
ＬＰＧ　液化石油ガス　liquefied petroleum gas
ＬＰＧＡ　米女子プロゴルフ協会
Ladies Professional Golf Association
ＬＲＴ　次世代型路面電車　light rail transit
ＬＳＥ　ロンドン証券取引所　London Stock Exchange
ＬＳＩ　大規模集積回路　large scale integration
ＬＴＴＥ　タミル・イーラム解放のトラ（スリランカ）
Liberation Tigers of Tamil Eelam

【Ｍ】

Ｍ＆Ａ　企業の合併・買収　merger and acquisition
ＭＢＡ　経営学修士（号） master of business administration
ＭＢＯ　マネジメント・バイアウト、経営陣による企業買収
management buyout
ＭＢＳ　住宅ローン担保証券　mortgage-backed security
ＭＣＩ　軽度認知障害　mild cognitive impairment

ＪＦＡ　日本サッカー協会　Japan Football Association
ＪＦＬ　日本フットボールリーグ　Japan Football League
ＪＧＡ　日本ゴルフ協会　Japan Golf Association
ＪＧＴＯ　日本ゴルフツアー機構　Japan Golf Tour Organization
ＪＩ　ジェマア・イスラミア〔東南アジアのテロ組織〕
Jemaah Islamiyah
ＪＩＣＡ　国際協力機構　Japan International Cooperation Agency
ＪＩＳ　日本産業規格　Japanese Industrial Standards
ＪＩＳＳ　国立スポーツ科学センター
Japan Institute of Sports Sciences
ＪＬＰＧＡ　日本女子プロゴルフ協会
Japan Ladies Professional Golfers' Association
ＪＯＣ　日本オリンピック委員会　Japanese Olympic Committee
ＪＯＧＭＥＣ　エネルギー・金属鉱物資源機構
Japan Organization for Metals and Energy Security
ＪＰＣ　日本パラリンピック委員会　Japanese Paralympic Committee
ＪＲＡ　日本中央競馬会　Japan Racing Association
ＪＲＣ　日本赤十字社　Japanese Red Cross Society
ＪＳＡＡ　日本スポーツ仲裁機構　Japan Sports Arbitration Agency
ＪＳＰＯ　日本スポーツ協会　Japan Sport Association
ＪＳＴ　科学技術振興機構　Japan Science and Technology Agency
ＪＴＡ　日本テニス協会　Japan Tennis Association
ＪＶ　共同企業体　joint venture
ＪＶＡ　日本バレーボール協会　Japan Volleyball Association
ＪＶＣ　日本国際ボランティアセンター
Japan International Volunteer Center

【Ｋ】

ＫＥＤＯ　朝鮮半島エネルギー開発機構
Korean Peninsula Energy Development Organization
ＫＦＯＲ　コソボ平和維持部隊　Kosovo Force
ＫＧＢ　＜ロシア語＞国家保安委員会（旧ソ連）
Komitet Gosudarstvennoi Bezopasnosti
ＫＫＫ　クー・クラックス・クラン〔白人至上主義を掲げる米の団体〕

International Thermonuclear Experimental Reactor

ＩＴＦ　国際テニス連盟　International Tennis Federation

ＩＴＳ　高度道路交通システム　intelligent transport systems

ＩＴＴＦ　国際卓球連盟　International Table Tennis Federation

ＩＴＵ　国際電気通信連合（国連）

International Telecommunication Union

ＩＴＵＣ　国際労働組合総連合　International Trade Union Confederation

ＩＵＣＮ　国際自然保護連合

International Union for Conservation of Nature and Natural Resources

ＩＵＤ　子宮内避妊器具（リング）　intrauterine device

ＩＶＨ　中心静脈栄養法　intravenous hyperalimentation

ＩＷＣ　国際捕鯨委員会　International Whaling Commission

【Ｊ】

ＪＡＤＡ　日本アンチ・ドーピング機構　Japan Anti-Doping Agency

ＪＡＦ　日本自動車連盟　Japan Automobile Federation

ＪＡＲＯ　日本広告審査機構　Japan Advertising Review Organization

ＪＡＳ　日本農林規格　Japanese Agricultural Standards

ＪＡＳＲＡＣ　日本音楽著作権協会

Japanese Society for Rights of Authors, Composers and Publishers

ＪＡＸＡ　宇宙航空研究開発機構　Japan Aerospace Exploration Agency

ＪＡＺＡ　日本動物園水族館協会

Japanese Association of Zoos and Aquariums

ＪＢＣ　日本ボクシングコミッション　Japan Boxing Commission

ＪＢＩＣ　国際協力銀行　Japan Bank for International Cooperation

ＪＣ　（日本）青年会議所　Junior Chamber International Japan

ＪＣＩ　国際青年会議所　Junior Chamber International

ＪＣＭ　全日本金属産業労働組合協議会、金属労協

Japan Council of Metalworkers' Unions

ＪＣＴ　ジャンクション　junction

ＪＥＩＴＡ　電子情報技術産業協会

Japan Electronics and Information Technology Industries Association

ＪＥＴＲＯ（ジェトロ）　日本貿易振興機構

Japan External Trade Organization

ＩＯＭ　国際移住機関（国連）　International Organization for Migration
ＩｏＴ　あらゆるモノをインターネットにつなぐこと、モノのインターネット　Internet of Things
ＩＰ電話　インターネット・プロトコル電話　internet protocol phone
ＩＰＡ　情報処理推進機構　Information-technology Promotion Agency
ＩＰＣ　国際パラリンピック委員会　International Paralympic Committee
ＩＰＣＣ　気候変動に関する政府間パネル（国連）　Intergovernmental Panel on Climate Change
ＩＰＥＦ　インド太平洋経済枠組み　Indo-Pacific Economic Framework
ＩＰＩ　国際新聞編集者協会　International Press Institute
ＩＰＯ　企業の新規株式公開、新規公開株　initial public offering
ＩＰＰ　電力卸売事業者　independent power producer
ｉＰＳ細胞　人工多能性幹細胞　induced pluripotent stem cell
ＩＰＵ　列国議会同盟　Inter-Parliamentary Union
ＩＱ　知能指数　intelligence quotient
ＩＲ　統合型リゾート　integrated resort
ＩＲ　投資家向け広報　investor relations
ＩＲＡ　アイルランド共和軍　Irish Republican Army
ＩＲＢＭ　中距離弾道弾、中距離弾道ミサイル　intermediate-range ballistic missile
ＩＲＣ　国際赤十字　International Red Cross
ＩＳＡＦ　国際治安支援部隊（アフガニスタン）　International Security Assistance Force
ＩＳＢＮ　国際標準図書番号　International Standard Book Number
ＩＳＤＮ　総合デジタル通信網　integrated services digital network
ＩＳＤＳ条項　投資家と国家間の紛争解決条項　investor state dispute settlement
ＩＳＯ　国際標準化機構　International Organization for Standardization
ＩＳＳ　国際宇宙ステーション　International Space Station
ＩＳＵ　国際スケート連合　International Skating Union
ＩＴ　情報技術　information technology
ＩＴＣ　国際貿易委員会（米）　International Trade Commission
ＩＴＥＲ　国際熱核融合実験炉

ＩＣＲＣ　赤十字国際委員会　International Committee of the Red Cross

ＩＣＲＰ　国際放射線防護委員会
International Commission on Radiological Protection

ＩＣＴ　情報通信技術　information and communication technology

ＩＣＵ　集中治療室　intensive care unit

ＩＤカード　身分証明書　identification card

ＩＤＡ　国際開発協会、第２世銀（国連）
International Development Association

ＩＤＢ　米州開発銀行　Inter-American Development Bank

ＩＥＡ　国際エネルギー機関　International Energy Agency

ＩＦ　国際競技連盟　International（Sports）Federation

ＩＦＣ　国際金融公社（国連）　International Finance Corporation

ＩＦＪ　国際ジャーナリスト連盟　International Federation of Journalists

ＩＦＲＳ　国際会計基準　International Financial Reporting Standards

Ｉｇ　免疫グロブリン　immunoglobulin

ＩＨ　電磁誘導加熱　induction heating

ＩＩＳＳ　国際戦略研究所（英）
International Institute for Strategic Studies

ＩＪＦ　国際柔道連盟　International Judo Federation

ＩＬ　負傷者リスト（米大リーグ）　injured list

ＩＬＣ　国際リニアコライダー　International Linear Collider

ＩＬＯ　国際労働機関（国連）　International Labor Organization

ＩＬＳ　計器着陸装置　instrument landing system

ＩＭＢ　国際海事局（ＮＧＯ）　International Maritime Bureau

ＩＭＦ　国際通貨基金（国連）　International Monetary Fund

ＩＭＦＣ　国際通貨金融委員会
International Monetary and Financial Committee

ＩＭＯ　国際海事機関（国連）　International Maritime Organization

ＩＭＲＴ　強度変調放射線治療
intensity modulated radiation therapy

ＩＮＦ　中距離核戦力　intermediate-range nuclear forces

ＩＯＣ　国際オリンピック委員会　International Olympic Committee

ＩＯＤＰ　国際深海科学掘削計画
International Ocean Discovery Program

HPV　ヒトパピローマウイルス　human papilloma virus
HRT　ホルモン補充療法　hormone replacement therapy
HTLV　ヒトT細胞白血病ウイルス　human T-cell leukemia virus
HTML〔インターネット・ホームページを作成するための言語〕
hyper text markup language
HV　ハイブリッド車　hybrid vehicle

【 I 】

IAEA　国際原子力機関(国連)　International Atomic Energy Agency
IASB　国際会計基準審議会
International Accounting Standards Board
IATA　国際航空運送協会　International Air Transport Association
IAU　国際天文学連合　International Astronomical Union
IB　国際バカロレア　International Baccalaureate
IBF　国際ボクシング連盟　International Boxing Federation
IBRD　国際復興開発銀行（国連）
International Bank for Reconstruction and Development
IC　集積回路　integrated circuit
IC　インターチェンジ　interchange
ICAO　国際民間航空機関（国連）
International Civil Aviation Organization
ICBL　地雷禁止国際キャンペーン
International Campaign to Ban Landmines
ICBM　大陸間弾道弾、大陸間弾道ミサイル
intercontinental ballistic missile
ICC　国際商業会議所　International Chamber of Commerce
ICC　国際刑事裁判所　International Criminal Court
ICCAT　大西洋まぐろ類保存国際委員会
International Commission for the Conservation of Atlantic Tunas
ICJ　国際司法裁判所（国連）　International Court of Justice
ICOMOS（イコモス）　国際記念物遺跡会議
International Council on Monuments and Sites
ICPO　国際刑事警察機構、インターポール
International Criminal Police Organization（Interpol）

GDP　国内総生産　gross domestic product
GEF　地球環境基金、地球環境ファシリティー
Global Environment Facility
GHQ　連合国軍総司令部〔一般的表記〕　General Headquarters
GIS　地理情報システム　geographic information system
GM　ゼネラルマネジャー　general manager
GM　遺伝子組み換え　genetically modified
GMS　総合スーパー　general merchandise store
GMT　グリニッジ標準時　Greenwich Mean Time
GNH　国民総幸福　gross national happiness
GNI　国民総所得　gross national income
GNP　国民総生産　gross national product
GPIF　年金積立金管理運用独立行政法人
Government Pension Investment Fund
GPS　全地球測位システム　global positioning system
GRP　域内総生産　gross regional product
GSOMIA　軍事情報包括保護協定
General Security of Military Information Agreement
GVHD　移植片対宿主病　graft-versus-host disease

【H】

HABITAT（ハビタット）　国連人間居住計画
United Nations Human Settlements Programme〔habitation（居住）〕
HACCP（ハサップ）　危険度分析に基づく重点衛生管理
hazard analysis and critical control point
HBV　B型肝炎ウイルス　hepatitis B virus
HCV　C型肝炎ウイルス　hepatitis C virus
HD　ホールディングス（持ち株会社）　holdings
HDD　ハードディスクドライブ、ハードディスク駆動装置
hard disk drive
hGH　ヒト成長ホルモン　human growth hormone
HIV　エイズウイルス、ヒト免疫不全ウイルス
human immunodeficiency virus
HLA　ヒト白血球抗原（白血球の型）　human leukocyte antigen

ＦＬＮ　＜フランス語＞（アルジェリア）民族解放戦線
Front de Libération Nationale

ＦＭＬＮ　＜スペイン語＞ファラブンド・マルティ民族解放戦線（エルサルバドル）　Frente Farabundo Martí para la Liberación Nacional

ＦＯＭＣ　連邦公開市場委員会（米）　Federal Open Market Committee

４ＷＤ　四輪駆動（車）　four-wheel drive

ＦＲ車　（前部エンジン）後輪駆動車　front engine rear drive

ＦＲＢ　連邦準備制度理事会（米）　Federal Reserve Board

ＦＲＰ　繊維強化プラスチック　fiber-reinforced plastics

ＦＳＢ　＜ロシア語＞連邦保安局（露）
Federal'naya Sluzhba Bezopasnosti

ＦＳＢ　金融安定理事会　Financial Stability Board

ＦＳＬＮ　＜スペイン語＞サンディニスタ民族解放戦線(ニカラグア)
Frente Sandinista de Liberación Nacional

ＦＳＸ　次期支援戦闘機（航空自衛隊）　fighter support experimental

ＦＴＡ　自由貿易協定　free trade agreement

ＦＴＡＡＰ　アジア太平洋自由貿易圏
Free Trade Area of the Asia-Pacific

ＦＴＣ　連邦取引委員会（米）　Federal Trade Commission

ＦＸ　次期（主力）戦闘機　fighter experimental

ＦＸ取引　外国為替証拠金取引　foreign exchange

【Ｇ】

Ｇ７　先進７か国（日、米、英、仏、独、伊、カナダ）group of seven

Ｇ８　主要８か国（Ｇ７＋露）group of eight

Ｇ20　主要20か国・地域（Ｇ８＋アルゼンチン、オーストラリア、ブラジル、中国、インド、インドネシア、韓国、メキシコ、サウジアラビア、南アフリカ、トルコ、ＥＵ）　group of twenty

ＧＡＯ　（米議会の）政府監査院　Government Accountability Office

ＧＡＴＴ（ガット）　関税および貿易に関する一般協定、関税・貿易一般協定（ＷＴＯの前身）　General Agreement on Tariffs and Trade

ＧＣＣ　湾岸協力会議　Gulf Cooperation Council

ＧＣＨＱ　政府通信本部（英）
Government Communications Headquarters

ＦＡＳ　米科学者連盟　Federation of American Scientists
ＦＡＴＦ　（資金洗浄に関する）金融活動作業部会
Financial Action Task Force on Money Laundering
ＦＢ　政府短期証券　financial（financing）bill
ＦＢＩ　連邦捜査局（米）　Federal Bureau of Investigation
ＦＢＲ　高速増殖炉　fast breeder reactor
ＦＣ　フランチャイズチェーン　franchise chain
ＦＣＣ　連邦通信委員会（米）　Federal Communications Commission
ＦＣＶ　燃料電池車　fuel cell vehicle
ＦＤＡ　食品医薬品局（米）　Food and Drug Administration
ＦＤＩＣ　連邦預金保険公社（米）Federal Deposit Insurance Corporation
ＦＤＰ　<ドイツ語>自由民主党（独）　Freie Demokratische Partei
ＦＥＭＡ　連邦緊急事態管理庁（米）
Federal Emergency Management Agency
ＦＦ金利　フェデラル・ファンド金利　federal funds rate
ＦＦ車　（前部エンジン）前輪駆動車　front engine front drive
ＦＩＡ　<フランス語>国際自動車連盟
Fédération Internationale de l' Automobile
ＦＩＢＡ　<フランス語>国際バスケットボール連盟
Fédération Internationale de Basketball
ＦＩＦＡ　<フランス語>国際サッカー連盟
Fédération Internationale de Football Association
ＦＩＧ　<フランス語>国際体操連盟
Fédération Internationale de Gymnastique
ＦＩＳ　国際スキー・スノーボード連盟
International Ski and Snowboard Federation〔フランス語＝Fédération Internationale de Ski et Snowboard〕
ＦＩＳ　<フランス語>イスラム救国戦線（アルジェリア）
Front Islamique du Salut
ＦＩＳＵ　<フランス語>国際大学スポーツ連盟
Fédération Internationale du Sport Universitaire
ＦＩＴ　固定価格買い取り制度　feed-in tariff
ＦＩＶＢ　<フランス語>国際バレーボール連盟
Fédération Internationale de Volleyball

ＥＭＵ　欧州経済通貨同盟　Economic and Monetary Union
ＥＰＡ　経済連携協定　Economic Partnership Agreement
ＥＰＡ　エイコサペンタエン酸　eicosapentaenoic acid
ＥＰＡ　環境保護局（米）　Environmental Protection Agency
ＥＲ　救急治療室　emergency room
ＥＲＳＳ　緊急時対策支援システム
emergency response support system
ＥＲＴ　緊急時対応部隊（警視庁）　Emergency Response Team
ＥＳ細胞　胚性幹細胞　embryonic stem cell
ＥＳＡ　欧州宇宙機関　European Space Agency
ＥＳＣＡＰ　（国連）アジア太平洋経済社会委員会
Economic and Social Commission for Asia and the Pacific
ＥＳＭ　欧州安定メカニズム　European Stability Mechanism
ＥＳＴＡ　電子渡航認証システム
electronic system for travel authorization
ＥＴＣ　（ノンストップ）自動料金収受システム
electronic toll collection system
ＥＴＦ　上場投資信託　exchange traded fund
ＥＵ　欧州連合　European Union
ＥＵＲＡＴＯＭ（ユーラトム）　欧州原子力共同体
European Atomic Energy Community
ＥＶ　電気自動車　electric vehicle
ＥＺＬＮ　＜スペイン語＞サパティスタ民族解放軍（メキシコ）
Ejército Zapatista de Liberación Nacional

【Ｆ】

ＦＡ　フリーエージェント　free agent
ＦＡＡ　連邦航空局（米）　Federal Aviation Administration
ＦＡＩ　＜フランス語＞国際航空連盟
Fédération Aéronautique Internationale
ＦＡＯ　（国連）食糧農業機関
Food and Agriculture Organization of the United Nations
ＦＡＲＣ　＜スペイン語＞コロンビア革命軍（コロンビア）
Fuerzas Armadas Revolucionarias de Colombia

do-it-yourself
DMAT　災害医療支援チーム、災害派遣医療チーム
disaster medical assistance team
DMZ　非武装地帯　demilitarized zone
DNA　デオキシリボ核酸　deoxyribonucleic acid
DPAT　災害派遣精神医療チーム　disaster psychiatric assistance team
DPF　ディーゼル排気微粒子除去装置　diesel particulate filter
DRAM　記憶保持動作が必要な随時書き込み読み出しメモリー
dynamic random access memory
DV　配偶者や恋人からの暴力　domestic violence
DVD　デジタル多用途ディスク　digital versatile disc

【E】

EAS　東アジア首脳会議　East Asia Summit
EBRD　欧州復興開発銀行
European Bank for Reconstruction and Development
EC　電子商取引　electronic commerce
EC　欧州共同体〔EUの前身〕　European Community
ECB　欧州中央銀行　European Central Bank
ECCS　緊急炉心冷却装置　emergency core cooling system
ECE　（国連）欧州経済委員会　Economic Commission for Europe
ECFA　（中台）経済協力枠組み協定
Economic Cooperation Framework Agreement
ECOSOC　（国連）経済社会理事会　Economic and Social Council
ECOWAS　西アフリカ諸国経済共同体
Economic Community of West African States
ECSC　欧州石炭鉄鋼共同体　European Coal and Steel Community
EDR　イベント・データ・レコーダー　event data recorder
EEA　欧州経済地域　European Economic Area
EEZ　排他的経済水域　exclusive economic zone
EFTA　欧州自由貿易連合　European Free Trade Association
EIA　エネルギー情報局（米）　Energy Information Administration
EIB　欧州投資銀行　European Investment Bank
EL　エレクトロ・ルミネッセンス　electroluminescence

ＣＲＳ　先天性風疹症候群　congenital rubella syndrome
ＣＲＳ　議会調査局（米）　Congressional Research Service
ＣＳ　クライマックスシリーズ（プロ野球）　climax series
ＣＳ　通信衛星　communications satellite
ＣＳＩＳ　戦略国際問題研究所（米）
Center for Strategic and International Studies
ＣＳＲ　企業の社会的責任　corporate social responsibility
ＣＳＵ　＜ドイツ語＞キリスト教社会同盟（独）
Christlich-Soziale Union
ＣＴ　コンピューター断層撮影（法・装置）　computed tomography
ＣＴＢＴ　核実験全面禁止条約
Comprehensive Nuclear Test Ban Treaty
ＣＴＣ　列車集中制御装置　centralized traffic control
ＣＵＥＳ　海上衝突回避規範　Code for Unplanned Encounters at Sea
ＣＶＴ　無段変速機　continuously variable transmission
ＣＷＣ　化学兵器禁止条約　Chemical Weapons Convention

【Ｄ】

ＤＡＣ　開発援助委員会〔ＯＥＣＤの下部機構〕
Development Assistance Committee
ＤＣＦ方式　ディスカウント・キャッシュ・フロー方式
discounted cash flow
ＤＤＳ　ドラッグ・デリバリー・システム、薬物送達システム
drug delivery system
ＤＥＡ　麻薬取締局（米）　Drug Enforcement Administration
ＤＥＰ　ディーゼル排気微粒子　diesel exhaust particles
ＤＦＬＰ　パレスチナ解放民主戦線
Democratic Front for the Liberation of Palestine
ＤＨＡ　ドコサヘキサエン酸　docosahexaenoic acid
ＤＩ　業況判断指数　diffusion index
ＤＩＡ　国防情報局（米）　Defense Intelligence Agency
ＤＩＮＫＳ（ディンクス）　共働きで子供を持たない夫婦
double income no kids
ＤＩＹ　自分で家具づくりや修繕などをすること、日曜大工

ＣＥＡ　大統領経済諮問委員会（米）　Council of Economic Advisers
ＣＥＯ　最高経営責任者　chief executive officer
ＣＥＲＮ　<フランス語>欧州合同原子核研究機関（研究所）
Organisation Européenne pour la Recherche Nucléaire〔発足時のConseil Européen pour la Recherche Nucléaireに由来〕
ＣＦ　クラウドファンディング　crowd funding
ＣＦＥ条約　欧州通常戦力条約
Treaty on Conventional Armed Forces in Europe
ＣＦＯ　最高財務責任者　chief financial officer
ＣＦＳ　慢性疲労症候群　chronic fatigue syndrome
ＣＦＴＣ　商品先物取引委員会（米）
Commodity Futures Trading Commission
ＣＧ　コンピューターグラフィックス　computer graphics
ＣＩ　景気動向指数　composite index
ＣＩＡ　中央情報局（米）　Central Intelligence Agency
ＣＩＯ　最高情報責任者　chief information officer
ＣＩＳ　独立国家共同体　Commonwealth of Independent States
ＣＪＤ　クロイツフェルト・ヤコブ病　Creutzfeldt-Jakob disease
ＣＭＥ　シカゴ・マーカンタイル取引所　Chicago Mercantile Exchange
ＣＭＯＳ　相補型金属酸化膜半導体
complementary metal-oxide semiconductor
ＣＮＣ　コンピューター数値制御　computer numerical control
ＣＯＣＯＭ（ココム）　対共産圏輸出統制委員会
Coordinating Committee for Export Control to Communist Area
ＣＯＤ　化学的酸素要求量　chemical oxygen demand
ＣＯＯ　最高執行責任者　chief operating officer
ＣＯＰ　（国連）生物多様性条約締約国会議
Conference of the Parties to the Convention on Biological Diversity
ＣＯＰ　（国連）気候変動枠組み条約締約国会議
Conference of the Parties to the UNFCCC（United Nations Framework Convention on Climate Change）
ＣＰ　コマーシャルペーパー　commercial paper
ＣＰＩ　消費者物価指数　consumer price index
ＣＰＵ　中央演算処理装置　central processing unit

ＢＲＩＣＳ 〔Brazil（ブラジル）、Russia（ロシア）、India（インド）、China（中国）、South Africa（南アフリカ）の頭文字をとった造語〕

ＢＲＴ　バス高速輸送システム　bus rapid transit

ＢＳ　放送衛星　broadcasting satellite

ＢＳＥ　牛海綿状脳症　bovine spongiform encephalopathy

ＢＴＵ　英国式熱量単位　british thermal unit

ＢＷＲ　沸騰水型軽水炉　boiling water reactor

【Ｃ】

ＣＡＤ　コンピューター利用設計　computer-aided design

ＣＡＰ　共通農業政策（ＥＵ）　Common Agricultural Policy

ＣＡＳ　スポーツ仲裁裁判所　Court of Arbitration for Sport

ＣＡＴＶ　ケーブル（有線）テレビ
cable television＝community antenna television

ＣＢ　転換社債型新株予約権付社債　convertible bond

ＣＢＩ　英産業連盟　Confederation of British Industry

ＣＢＯ　議会予算局（米）　Congressional Budget Office

ＣＣＤ　電荷結合素子　charge-coupled device

ＣＣＷ　特定通常兵器使用禁止制限条約
Convention on Certain Conventional Weapons

ＣＤ　現金自動支払機　cash dispenser

ＣＤ　コンパクトディスク　compact disc

ＣＤ（またはＮＣＤ）　譲渡性預金　negotiable certificate of deposit

ＣＤＣ　疾病対策センター（米）
Centers for Disease Control and Prevention

ＣＤＭ　クリーン開発メカニズム（国連）
clean development mechanism

ＣＤＯ　債務担保証券　collateralized debt obligation

ＣＤ－Ｒ　書き込み可能ＣＤ　compact disc recordable

ＣＤ－ＲＯＭ　コンパクトディスクを使った読み出し専用メモリー（記憶装置）　compact disc read only memory

ＣＤＳ　クレジット・デフォルト・スワップ　credit default swap

ＣＤＵ　<ドイツ語>キリスト教民主同盟（独）
Christlich Demokratische Union

ＡＳＥＭ　アジア欧州会議　Asia-Europe Meeting
ＡＳＶ　先進安全自動車　advanced safety vehicle
ＡＴ　自動変速機　automatic transmission
ＡＴＣ　自動列車制御装置　automatic train control
ＡＴＩ　独占禁止法の適用除外　antitrust immunity
ＡＴＬ　成人Ｔ細胞白血病　adult T-cell leukemia
ＡＴＭ　現金自動預け払い機　automated teller machine
ＡＴＯ　自動列車運転装置　automatic train operation
ＡＴＰ　アデノシン三リン酸　adenosine triphosphate
ＡＴＰ　（男子）プロテニス選手協会　Association of Tennis Professionals
ＡＴＳ　自動列車停止装置　automatic train stop
ＡＵ　アフリカ連合　African Union
ＡＶ　オーディオ・ビジュアル（音響・映像）　audio-visual
ＡＷＡＣＳ　空中警戒管制機、空中警戒管制システム
airborne warning and control system
ＡＺＴ　アジドチミジン〔エイズの治療薬〕　azidothymidine

【Ｂ】

ＢＢＣ　英国放送協会　British Broadcasting Corporation
ＢＣＰ　事業継続計画、業務継続計画　business continuity plan
ＢＤ　ブルーレイディスク　Blu-ray Disc
ＢＤＦ　バイオディーゼル燃料　biodiesel fuel
ＢＥＮＥＬＵＸ（ベネルクス）　ベルギー、オランダ、ルクセンブルク
Belgium, the Netherlands, Luxembourg
ＢＩＥ　＜フランス語＞博覧会国際事務局
Bureau International des Expositions
ＢＩＳ　国際決済銀行　Bank for International Settlements
ＢＪＰ　インド人民党　Bharatiya Janata Party
ＢＭＤ　弾道ミサイル防衛　ballistic missile defense
ＢＭＩ　体格指数　body mass index
ＢＮＣＴ　ホウ素中性子捕捉療法　boron neutron capture therapy
ＢＯＤ　生物化学的酸素要求量　biochemical oxygen demand
ＢＰＯ　放送倫理・番組向上機構
Broadcasting Ethics & Program Improvement Organization

ＡＦＮ　米軍放送網　American Forces Network

ＡＦＴＡ　ＡＳＥＡＮ自由貿易地域　ASEAN Free Trade Area

ＡＩ　人工知能　artificial intelligence

ＡＩＤ　非配偶者間人工授精　artificial insemination by donor

ＡＩＤＳ（エイズ）　後天性免疫不全症候群
acquired immunodeficiency syndrome

ＡＩＩＢ　アジアインフラ投資銀行
Asian Infrastructure Investment Bank

ＡＫＰ　＜トルコ語＞公正発展党（トルコ）　Adalet ve Kalkınma Partisi

ＡＬＳ　筋萎縮（いしゅく）性側索硬化症
amyotrophic lateral sclerosis

ＡＬＴ　外国語指導助手　assistant language teacher

ＡＭＥＤ　日本医療研究開発機構
Japan Agency for Medical Research and Development

ＡＭｅＤＡＳ（アメダス）　地域気象観測システム
Automated Meteorological Data Acquisition System

ＡＮＣ　アフリカ民族会議　African National Congress

ＡＮＯＣ　各国（国内）オリンピック委員会連合
Association of National Olympic Committees

ＡＮＺＵＳ（アンザス）　オーストラリア、ニュージーランド、米〔３国の相互安全保障条約・機構の意でも使う〕
Australia, New Zealand and the United States

ＡＯＲ　大人向けのロック　adult oriented rock

ＡＰＥＣ　アジア太平洋経済協力会議
Asia-Pacific Economic Cooperation

ＡＰＯ　アジア生産性機構　Asian Productivity Organization

ＡＱＡＰ　アラビア半島のアル・カーイダ
Al-Qaida（Al-Qaeda） in the Arabian Peninsula

ＡＱＩＭ　イスラム・マグレブ諸国のアル・カーイダ組織
Al-Qaida（Al-Qaeda） in the Islamic Maghreb

ＡＲ　拡張現実　augmented reality

ＡＲＦ　ＡＳＥＡＮ地域フォーラム　ASEAN Regional Forum

ＡＳＥＡＮ　東南アジア諸国連合
Association of South-East Asian Nations

アルファベット略語

＊英国式表記「Organisation」「Labour」を用いる組織も一部あるが、米国式の「Organization」「Labor」に統一した

【Ａ】

Ａ２ＡＤ　接近阻止・領域拒否　Anti Access Area Denial

ＡＢＣ　発行部数監査機関　Audit Bureau of Circulations

ＡＢＣ兵器　核・生物・化学兵器
atomic, biological and chemical weapons

ＡＢＣＣ　原爆傷害調査委員会（米）
Atomic Bomb Casualty Commission

ＡＢＭ　弾道弾迎撃ミサイル　anti-ballistic missile

ＡＢＳ　アンチロック・ブレーキ・システム　anti-lock brake system

ＡＢＵ　アジア太平洋放送連合　Asia-Pacific Broadcasting Union

ＡＢＷＲ　改良型沸騰水型軽水炉　advanced boiling water reactor

ＡＣジャパン　〔旧公共広告機構。2009年７月、現在の名称に変更〕
Advertising Council Japan

ＡＣＤ　アジア協力対話　Asia Cooperation Dialogue

ＡＣＳＡ　物品役務相互提供協定
acquisition and cross-servicing agreement

ＡＤＢ　アジア開発銀行　Asian Development Bank

ＡＤＦ　アジア開発基金　Asian Development Fund

ＡＤＨＤ　注意欠陥・多動性障害　attention deficit hyperactivity disorder

ＡＤＩＺ　防空識別圏　air defense identification zone

ＡＤＲ　裁判外紛争解決手続き　alternative dispute resolution

ＡＤＲ　米国預託証券　American Depositary Receipt

ＡＤＳＬ　非対称デジタル加入者線　asymmetric digital subscriber line

ＡＥＣ　ＡＳＥＡＮ経済共同体　ASEAN Economic Community

ＡＥＤ　自動体外式除細動器　automated external defibrillator

ＡＦＣ　アジア・サッカー連盟　Asian Football Confederation

ＡＦＤＢ　アフリカ開発銀行　African Development Bank

ＡＦＬ―ＣＩＯ　米労働総同盟産別会議
American Federation of Labor and Congress of Industrial Organizations

（よ）

容器包装リサイクル法（容リ法）　容器包装に係る分別収集及び再商品化の促進等に関する法律

横　審　横綱審議委員会

預保機構　預金保険機構

預保法　預金保険法

読　響　読売日本交響楽団　＊「読売日響」とはしない

（ら）

拉致議連　北朝鮮に拉致された日本人を早期に救出するために行動する議員連盟

（り）

陸（海・空）幕　陸上（海上・航空）幕僚監部

陸（海・空）幕長　陸上（海上・航空）幕僚長

（日本）陸連　日本陸上競技連盟

理　研　（国）理化学研究所

リゾート法　総合保養地域整備法

量研機構　（国）量子科学技術研究開発機構（2016年４月、放射線医学総合研究所＝放医研＝に日本原子力研究開発機構の一部を移管して発足）

林野労組　全国林野関連労働組合

（れ）

令和臨調　令和国民会議

連　合　日本労働組合総連合会

（ろ）

労　音　勤労者音楽協議会

労災保険　労働者災害補償保険

労働３法　労働組合法（労組法）、労働関係調整法（労調法）、労働基準法（労基法）の基本３法

不正アクセス禁止法　不正アクセス行為の禁止等に関する法律
婦団連　日本婦人団体連合会
武力攻撃・存立危機事態法　武力攻撃事態等及び存立危機事態における我が国の平和と独立並びに国及び国民の安全の確保に関する法律
プロバイダー責任（制限）法　特定電気通信役務提供者の損害賠償責任の制限及び発信者情報の開示に関する法律

（ほ）

放影研　放射線影響研究所
防災科研　（国）防災科学技術研究所
防災研　京都大学防災研究所
法制審　法制審議会
暴対法（暴力団対策法）　暴力団員による不当な行為の防止等に関する法律
ホクレン　ホクレン農業協同組合連合会

（み）

民医連　全日本民主医療機関連合会
民　音　民主音楽協会
民　商　民主商工会
民　青　日本民主青年同盟
民鉄協　日本民営鉄道協会
民放連　日本民間放送連盟
民放労連　日本民間放送労働組合連合会

（や）

薬事審　薬事・食品衛生審議会

（ゆ）

ＵＲ都市機構　（独）都市再生機構
ＵＡゼンセン　全国繊維化学食品流通サービス一般労働組合同盟（2012年11月、ＵＩゼンセン同盟とサービス・流通連合が統合）
有害サイト規制法　青少年が安全に安心してインターネットを利用できる環境の整備等に関する法律

日政連　日本民主教育政治連盟
日　赤　日本赤十字社
日　展　日本美術展覧会
日　販　日本出版販売
日放労　日本放送労働組合
日本生協連　日本生活協同組合連合会
入管庁　出入国在留管理庁
入管（難民）法　出入国管理及び難民認定法

（の）

農研機構　（国）農業・食品産業技術総合研究機構
農　相　農林水産大臣
農林中金　農林中央金庫

（は）

廃棄物処理法　廃棄物の処理及び清掃に関する法律
ハイジャック防止法　航空機の強取等の処罰に関する法律
破防法　破壊活動防止法
バリアフリー（新）法　高齢者、障害者等の移動等の円滑化の促進に関する法律
犯罪被害者保護法　犯罪被害者等の権利利益の保護を図るための刑事手続きに付随する措置に関する法律

（ひ）

ＰＫＯ協力法　国際連合平和維持活動等に対する協力に関する法律
（日本）被団協　日本原水爆被害者団体協議会
秘密保護法　日米相互防衛援助協定等に伴う秘密保護法
百条委　地方自治法100条に基づく調査特別委員会
被用者保険　協会けんぽ、組合管掌健康保険、船員保険、各種共済組合（国家公務員共済組合、地方公務員共済組合、私立学校教職員共済組合）の６保険

（ふ）

風営法　風俗営業等の規制及び業務の適正化等に関する法律

統　幕　統合幕僚監部（2006年３月、統合幕僚会議が廃止され発足）
同友会　経済同友会
都　響　東京都交響楽団
読書バリアフリー法　視覚障害者等の読書環境の整備の推進に関する法律
特定商取引法　特定商取引に関する法律
特定秘密保護法　特定秘密の保護に関する法律
特　保（トクホ）特定保健用食品
特優賃　特定優良賃貸住宅
特養（ホーム）特別養護老人ホーム
都計審　都市計画審議会
独禁法（独占禁止法）私的独占の禁止及び公正取引の確保に関する法律
都労連　東京都労働組合連合会

（な）

内　調　内閣情報調査室
成田新法　成田国際空港の安全確保に関する緊急措置法

（に）

二科展　二科美術展覧会
21世紀臨調　新しい日本をつくる国民会議
日　医　日本医師会
日米地位協定　日本国とアメリカ合衆国との間の相互協力及び安全保障条約第６条に基づく施設及び区域並びに日本国における合衆国軍隊の地位に関する協定
日弁連　日本弁護士連合会
日教組　日本教職員組合
日建連　日本建設業連合会
日高教　日本高等学校教職員組合
日　歯　日本歯科医師会
日　商　日本商工会議所
日証協　日本証券業協会
日歯連　日本歯科医師連盟

地方６団体　全国知事会、全国都道府県議会議長会、全国市長会、全国市議会議長会、全国町村会、全国町村議会議長会
中医協　中央社会保険医療協議会
中央選管　中央選挙管理会
中環審　中央環境審議会
中期防（旧）　中期防衛力整備計画（2022年12月の改定で防衛力整備計画に改称）
中教審　中央教育審議会
（日本）中体連　日本中学校体育連盟
中労委　中央労働委員会
朝鮮総連　在日本朝鮮人総連合会

（て）

低温研　北海道大学低温科学研究所
定期借家法　良質な賃貸住宅等の供給の促進に関する特別措置法
ＤＶ防止法（配偶者暴力防止・被害者保護法）　配偶者からの暴力の防止及び被害者の保護等に関する法律
鉄道・運輸機構　（独）鉄道建設・運輸施設整備支援機構
鉄道総研　鉄道総合技術研究所
鉄　連　日本鉄鋼連盟
電機連合　全日本電機・電子・情報関連産業労働組合連合会
電事連　電気事業連合会
電中研　電力中央研究所
電力総連　全国電力関連産業労働組合総連合

（と）

統一教会（旧）　世界基督教統一神霊協会（2015年８月、世界平和統一家庭連合に改称）
東　響　東京交響楽団
東京メトロ　東京地下鉄株式会社（2004年４月、営団地下鉄＝帝都高速度交通営団＝が民営化）
道交法　道路交通法
東　商　東京商工会議所
東　証　東京証券取引所

全肉連　全国食肉事業協同組合連合会
全日教連　全日本教職員連盟
全日農　全日本農民組合連合会
全日遊連　全日本遊技事業協同組合連合会
全日通　全日通労働組合
全農林　全農林労働組合
全抑協　全国強制抑留者協会
全抑協（旧）　全国抑留者補償協議会（2011年5月、解散）
全酪連　全国酪農業協同組合連合会
全労協　全国労働組合連絡協議会
全労済　全国労働者共済生活協同組合連合会
全労連　全国労働組合総連合

（そ）

総定員法　行政機関の職員の定員に関する法律
損保協会　日本損害保険協会

（た）

大証（旧）　大阪証券取引所（2013年7月、現物株取引が東証に統合され、金融派生商品に特化。14年3月に大阪取引所となる）
大震法　大規模地震対策特別措置法
大店立地法　大規模小売店舗立地法
宅建（業）法　宅地建物取引業法
（日銀）短観　（全国）企業短期経済観測調査
男女雇用機会均等法　雇用の分野における男女の均等な機会及び待遇の確保等に関する法律

（ち）

地銀協　全国地方銀行協会
地公法　地方公務員法
地財再建法（旧）　地方財政再建促進特別措置法（2009年4月、廃止。地方自治体財政健全化法が本格施行）
地方医療協　地方社会保険医療協議会
地方自治体財政健全化法　地方公共団体の財政の健全化に関する法律

（せ）

静穏保持法　国会議事堂等周辺地域及び外国公館等周辺地域の静穏の保持に関する法律
政管健保（旧）　政府管掌健康保険（2008年10月、協会けんぽに移行）
生　協　（消費）生活協同組合
生産技研　東京大学生産技術研究所
税　調　税制調査会
政投銀　日本政策投資銀行
青法協　青年法律家協会
生保協会　生命保険協会
政倫審　政治倫理審査会
世銀（世界銀行）　国際復興開発銀行、国際開発協会（前者のみを指し、後者を第２世銀とすることも。国際金融公社、多数国間投資保証機関などと合わせた計５機関で世界銀行グループを構成）
全医労　全日本国立医療労働組合
全学連　全日本学生自治会総連合
全　教　全日本教職員組合
全漁連　全国漁業協同組合連合会
全銀協　全国銀行協会
全建総連　全国建設労働組合総連合
全港湾　全日本港湾労働組合
全国一般　全国一般評議会（2006年１月、全国一般労働組合が自治労と統合し、自治労内の職能組織に）
全国農政連　全国農業者農政運動組織連盟
全自交（労連）　全国自動車交通労働組合連合会
全柔連　全日本柔道連盟
全信協　全国信用金庫協会
全信組連　全国信用協同組合連合会
全信保連　全国信用保証協会連合会
全損保　全日本損害保険労働組合
全駐労　全駐留軍労働組合
全　特　全国郵便局長会　＊前身の全国特定郵便局長会の略称「全特」が現在も使われている

社　協　社会福祉協議会
社保審　社会保障審議会
住基ネット　住民基本台帳ネットワーク（システム）
住専（旧）　住宅金融専門会社
銃刀法　銃砲刀剣類所持等取締法
重　文　重要文化財
重要影響事態法　重要影響事態に際して我が国の平和及び安全を確保するための措置に関する法律（2015年９月、周辺事態法を改正）
主婦連　主婦連合会
消安法　消費生活用製品安全法
省エネ法　エネルギーの使用の合理化及び非化石エネルギーへの転換等に関する法律
証券監視委　証券取引等監視委員会
商工中金　商工組合中央金庫
消団連　全国消費者団体連絡会
証取法（旧）　証券取引法（2006年６月、証取法など金融商品を規制する法律が一本化され金融商品取引法が成立）
消費者事故調　消費者安全調査委員会（消費者庁）
情報労連　情報産業労働組合連合会
書　協　日本書籍出版協会
職安法　職業安定法
食品リサイクル法　食品循環資源の再生利用等の促進に関する法律
食糧法　主要食糧の需給及び価格の安定に関する法律
初中局　文部科学省初等中等教育局
信金中金　信金中央金庫
新宗連　新日本宗教団体連合会
新聞労連　日本新聞労働組合連合

（す）

（日本）水連　日本水泳連盟
救う会　北朝鮮に拉致された日本人を救出するための全国協議会
ストーカー規制法　ストーカー行為等の規制等に関する法律

（し）

ＪＲ総連　全日本鉄道労働組合総連合会（傘下に、ＪＲ北海道労組、ＪＲ東労組、ＪＲ東海労、ＪＲ西労、ＪＲ貨物労組など）
ＪＲ連合　日本鉄道労働組合連合会（傘下に、ＪＲ北労組、ＪＲＥユニオン、ＪＲ東海ユニオン、ＪＲ西労組、ＪＲ四国労組、ＪＲ九州労組、貨物鉄産労など）
ＪＡ共済（連）　全国共済農業協同組合連合会
ＪＡ経済連　経済農業協同組合連合会
ＪＡ信連　都道府県信用農業協同組合連合会
ＪＡ全中　全国農業協同組合中央会
ＪＡ全農　全国農業協同組合連合会
ＪＡ中央会　都道府県農業協同組合中央会
ＪＰ労組　日本郵政グループ労働組合
資源有効利用促進法　資源の有効な利用の促進に関する法律
自工会　日本自動車工業会
事故調（旧）　国土交通省航空・鉄道事故調査委員会（2008年10月、事故調と海難審判庁を再編、国交省の外局として運輸安全委員会が発足）
地震研　東京大学地震研究所
地震予知連（または予知連）　地震予知連絡会
私大協　日本私立大学協会
私大連　日本私立大学連盟
自治労　全日本自治団体労働組合
私鉄総連　日本私鉄労働組合総連合会
児童買春・児童ポルノ禁止法　児童買春、児童ポルノに係る行為等の規制及び処罰並びに児童の保護等に関する法律
児童虐待防止法　児童虐待の防止等に関する法律
自動車運転死傷行為処罰法　自動車の運転により人を死傷させる行為等の処罰に関する法律
自動車総連　全日本自動車産業労働組合総連合会
自動車ＮＯｘ・ＰＭ法　自動車から排出される窒素酸化物及び粒子状物質の特定地域における総量の削減等に関する特別措置法
自賠責（保険）　自動車損害賠償責任保険
自賠法　自動車損害賠償保障法

高卒認定試験　高等学校卒業程度認定試験（2005年度、大検＝大学入学資格検定＝から移行）
（全国）高体連　全国高等学校体育連盟
公調委　公害等調整委員会
公取委　公正取引委員会
公務労協　公務公共サービス労働組合協議会
（日本）高野連　日本高等学校野球連盟
国幹会議　国土開発幹線自動車道建設会議
国幹道　国土開発幹線自動車道
国公法　国家公務員法
国公連合　国公関連労働組合連合会
国公労連　日本国家公務員労働組合連合会
国スポ　国民スポーツ大会
国体（旧）　国民体育大会
国　対　国会対策委員会
国大協　国立大学協会
国土法　国土利用計画法
国　保　国民健康保険
国貿促　日本国際貿易促進協会
国民保護法　武力攻撃事態等における国民の保護のための措置に関する法律
国　労　国鉄労働組合
湖沼法　湖沼水質保全特別措置法
古都保存法　古都における歴史的風土の保存に関する特別措置法

（さ）

財革法（財政構造改革法）　財政構造改革の推進に関する特別措置法
財形制度　勤労者財産形成促進制度
財政審　財政制度等審議会
最賃法　最低賃金法
再販制度　再販売価格維持制度
産構審　産業構造審議会
産総研　（国）産業技術総合研究所

極地研　（大）国立極地研究所
金商法　金融商品取引法
金属労協（ＪＣＭ）　全日本金属産業労働組合協議会

（く）

区分所有法　建物の区分所有等に関する法律
グリーン購入法　国等による環境物品等の調達の推進等に関する法律
クローン技術規制法　ヒトに関するクローン技術等の規制に関する法律

（け）

警職法　警察官職務執行法
芸団協　日本芸能実演家団体協議会
経団連　日本経済団体連合会（2002年５月、旧経団連と日経連が統合）
景表法（景品表示法）　不当景品類及び不当表示防止法
圏央道　首都圏中央連絡自動車道
原災法　原子力災害対策特別措置法
原産（協会）　日本原子力産業協会
原子力機構　（国）日本原子力研究開発機構
原子炉等規制法　核原料物質、核燃料物質及び原子炉の規制に関する法律
原水協　原水爆禁止日本協議会
原水禁　原水爆禁止日本国民会議
検定審　教科用図書検定調査審議会
（日本）原電　日本原子力発電株式会社
原賠審　原子力損害賠償紛争審査会
健保連　健康保険組合連合会

（こ）

高エネ研　（大）高エネルギー加速器研究機構
公健法（公害健康被害補償法）　公害健康被害の補償等に関する法律
高校総体　全国高等学校総合体育大会　＊通称はインターハイ
高　専　（工業）高等専門学校
公選法　公職選挙法

（お）

大阪メトロ　大阪市高速電気軌道株式会社（2018年４月、大阪市営地下鉄が民営化）

（か）

海員組合　全日本海員組合

外為法　外国為替及び外国貿易法

外配協　外国映画輸入配給協会

解放同盟　部落解放同盟（「解同」は使わない）

海洋機構　（国）海洋研究開発機構

火炎瓶処罰法　火炎びんの使用等の処罰に関する法律

科警研　科学警察研究所（警察庁）

火山噴火予知連（または予知連）　火山噴火予知連絡会

科捜研　科学捜査研究所（警視庁など各都道府県警）

（拉致被害者）家族会　北朝鮮による拉致被害者家族連絡会

家電リサイクル法　特定家庭用機器再商品化法

紙パ連合　日本紙パルプ紙加工産業労働組合連合会

関経連　関西経済連合会

がん研　がん研究会（傘下に有明病院、がん研究所などがある）＊国立がん研究センターを「がん研」としない

韓国民団　在日本大韓民国民団

感染研　国立感染症研究所

（き）

議院証言法　議院における証人の宣誓及び証言等に関する法律

議運（委）　議院運営委員会

基幹労連　日本基幹産業労働組合連合会（2003年９月、鉄鋼労連、造船重機労連、非鉄連合が合併。14年９月、建設連合が加わる）

給与法　一般職の職員の給与に関する法律

協会けんぽ　全国健康保険協会

教研集会　教育研究全国集会

共通番号制度関連法（マイナンバー法）　行政手続きにおける特定の個人を識別するための番号の利用等に関する法律

漢字などの略語

＊（大）大学共同利用機関法人
＊（独）独立行政法人
＊（国）国立研究開発法人（独立行政法人）

（あ）

ＩＴ基本法　高度情報通信ネットワーク社会形成基本法
アイヌ文化振興法　アイヌ文化の振興並びにアイヌの伝統等に関する知識の普及及び啓発に関する法律
あっせん利得処罰法　公職にある者等のあっせん行為による利得等の処罰に関する法律
安保条約（安保、日米安全保障条約）　日本国とアメリカ合衆国との間の相互協力及び安全保障条約

（い）

医科研　東京大学医科学研究所
１　管　第１管区海上保安本部（数字は11まで）
遺伝研　（大）国立遺伝学研究所
医薬品医療機器法　医薬品、医療機器等の品質、有効性及び安全性の確保等に関する法律（2014年11月、薬事法を改正）
（日本）医労連　日本医療労働組合連合会
院　展　日本美術院展覧会

（う）

運輸労連　全日本運輸産業労働組合連合会

（え）

英　検　実用英語技能検定
映団連　映画産業団体連合会
映　倫　映画倫理機構
映　連　日本映画製作者連盟
ＮＰＯ法　特定非営利活動促進法

略　語

■ 漢字など

■ アルファベット

・アルファベット略語は書き手にとっては便利だが、読者には読みにくいうえに意味を知る手がかりがないため、使いすぎないよう配慮する。

・初出時は原則として日本語の意味を入れるが、２度目から略語で受けるかどうか判断する際は、紙面での使用状況や読者の理解度を考える。

・見出しに略語を使う際にはさらに慎重に判断する。できるだけ日本語を使うなど工夫したい。

・アルファベット略語に続くカッコ内にカタカナで読み方を示してあるものは、アルファベットの代わりにカタカナを使う。

パット
ハットトリック
ビーンボール
ビジター
ヒットアンドアウェー〔ボクシング〕
ヒットエンドラン
ヒルサイズ〔スキー・ジャンプ〕
ファイトマネー
ファインプレー
ファウル
ファンブル
フィギュア
フェアウェー
フェアプレー
フェイント
フェースオフ〔アイスホッケー〕
フェンシング
フォア（ハンド）
フォアサム〔ゴルフ〕
フォークボール
フォースアウト
フォーメーション
フォロースルー
フォワード
フライング（スタート）
フリーキック
フリースタイル
フリーバッティング
フルセット
ブルペン
プレースキック
プレス（ディフェンス）
ペースメーカー
ヘディング
ペナルティー（キック）（エリア）
ヘルドボール
ペンホルダー（グリップ）
ホームアンドアウェー
ホールインワン
ボーンヘッド
ボディー（ブロー）
ボランチ〔サッカー〕

【マ行】

マジックナンバー
マッチプレー
マッチポイント
ミッドフィールダー

【ラ行】

ラップタイム
ランニング（キャッチ）（ホーマー）
リーディングヒッター
リードオフマン
リターンマッチ
レガーズ
レガッタ
ロージンバッグ
ロードレース
ロビング、ロブ

【ワ行】

ワイルドカード
ワンサイドゲーム
ワンダーフォーゲル
ワンツーパンチ
ワンハンドショット
ワンポイントリリーフ

サルコー〔フィギュアスケート〕
サンド（ピッチング）ウェッジ
サンドバッグ
シートノック
シェークハンド（グリップ）
ジャッグル
ジュース
ショートホール
ショートリリーフ
スイーパー
スーパーボウル
スクイズ（プレー）（バント）
スクリーンプレー〔バスケットボール〕
スコアリングポジション
スターティングメンバー
スティック〔ホッケー〕
ストック〔スキー〕
ストライカー
スパーリングパートナー
スプリットタイム
スマッシュ
スリークオーター
スローイン（＝投げ入れる）
スローイング（＝投げること）
セーフティーバント
セット（スコア）（ポイント）
セットオフェンス
セットポジション
センタリング
ゾーンディフェンス

【タ行】

ターキー〔ボウリング〕
タイブレイク
タイムリーヒット
ダッグアウト
ダブルフォルト
チェンジアップ
チェンジ・オブ・ペース
ティー（ショット）
テイクバック
ディレードスチール
デーゲーム
テクニカルスペリオリティー〔レスリング〕
テクニカルファウル
デッドボール
デュアルモーグル
トウループ〔フィギュアスケート〕
ドラッグバント
トラベリング
ドロップ（キック）（ゴール）

【ナ行】

ナックルフォア〔ボート〕
ナックルボール
ノーヒットノーラン

【ハ行】

バーディー
ハーフ（ウェー）ライン
パーフェクトゲーム
バスター
パスボール
バックスイング
バックスクリーン
バックハンド
パッシングショット
（バッティング）ケージ
バッテリー

カタカナ語　運動用語

【ア行】

アーティスティックスイミング
アイシング〔アイスホッケー〕
アウト・オブ・バウンズ(＝ＯＢ)
アゲイン
アタッカー
アッパーカット
アルバトロス
アンダーパー
アンツーカー
アンパイア
イースタン・リーグ
イレギュラーバウンド
インターセプト
インターフェア
インフィールドフライ
インプレー
ウィニング（ショット）
ウィング〔サッカー、ラグビー〕
ウェートトレーニング
ウェーバー
ウエスタン・リーグ
ウエストボール〔野球〕
ウエルター（級）
ウェートリフティング
（競技名は「重量挙げ」、協会名は「ウエイトリフティング」）
エアリアル
エイト〔ボート〕
エッジボール〔卓球〕
オウンゴール
オールコートプレス〔バスケットボール〕
オナー〔ゴルフ〕
オフサイド

【カ行】

カウンター（ブロー）
ガター〔ボウリング〕
カット（ボール）（イン）
カバーリング
カバディ
キック・アンド・ラッシュ〔ラグビー〕
キックオフ
キャディー（バッグ）
クライマックスシリーズ
グラブ
クリア
クリーンアップ
クリーンヒット
クリスチャニア〔スキー〕
クロスカントリー
クロスゲーム
コーチスボックス
（一塁・三塁）コーチャー
コーナー（キック）
コーナリング
コールドゲーム

【サ行】

サーキットトレーニング
サービスエース
サーブ
サウスポー
サスペンデッドゲーム

ロードマップ road map　道路地図、行程表
ロープウェー ropeway
ローブデコルテ robe décolletée （仏）〔女性の礼服〕
ロールプレイング role-playing　役割演技
ログイン log in　接続、接続開始、利用、利用開始
ロケ（ーション）location
ロビイスト lobbyist　議会陳情者、院外仲介人
ロビイング lobbying
ロマンチシスト、ロマンチスト romanticist
ロマンチシズム romanticism　浪漫主義
ロマンチック romantic

ワ

ワーカホリック workaholic　働き過ぎ、仕事中毒
ワーキンググループ working group　作業部会
ワークシェアリング work sharing　仕事の分かち合い
ワークショップ workshop　研究集会、体験教室、研究会、実技講習、創作集会
ワーク・ライフ・バランス work-life balance　仕事と生活の調和
ワイシャツ （和）＊ white shirt から。Yシャツは当て字
ワイヤ wire　針金、電線
ワイヤレス wireless　無線
ワンストップ one-stop　1か所、1か所での、1か所集中

レイトショー late show
レインコート raincoat
レート rate　割合、率、歩合、相場
レーベル label〔貼り付けるものはラベル〕
レームダック lame duck　死に体、弱体
レーヨン rayon
レーン lane　車線、走路、床面
レクイエム requiem　鎮魂曲
レクチャー lecture　講義、講演、講話、解説、説明
レクリエーション recreation　娯楽、気晴らし、休養
レコーダー recorder　録音装置
レザー leather（皮革）、razor（かみそり）
レジオン・ドヌール Légion d'honneur〔フランスの最高勲章〕
レシピ recipe　料理の作り方
レシピエント recipient　移植患者、移植対象者、被移植者、受容者
レジュメ résumé　（仏）摘要、要約、概要
レスポンス response　反応、応答、対応
レセプション reception　歓迎会、宴会、受付
レセプト Rezept　（独）診療報酬明細書
レディーメイド ready-made　出来合い、既製品
レファレンス reference　参照、参考、資料相談
レファレンダム referendum　国民投票、住民投票
レフェリー referee　審判、主審
レプリカ replica　複製品、模造品
レンジャー ranger　自然保護員、自然保護官、森林監視員、森林警備隊

ロ

ロイヤルゼリー、ローヤルゼリー royal jelly
ロイヤルティー royalty　特許権・著作権などの使用料
ロイヤルボックス royal box　貴賓席、特別席
ロースクール law school　法科大学院
ロードショー road show
ロードプライシング road pricing　道路課金、道路課金制度

リビングウィル living will〔尊厳死を希望する旨を記した文書〕
リフォーム reform　改装、改築、仕立て直し
リフレイン refrain　繰り返し、畳句
リベート rebate　割戻金、手数料、賄賂
リベンジ revenge　雪辱、仕返し、復讐《ふくしゅう》
リポート report　報告（書）、報道
リボルビング revolving
リミット limit　限度、限界
リメイク remake　作り直す、再映画化
リヤカー rear car　（和）
リユース reuse　再利用、再使用
リラクセーション、リラクゼーション relaxation　くつろぎ、休養、息抜き、気晴らし、緩和
リラ、ライラック lilas、lilac〔植物、リラはフランス語名〕
リリース release　発表（する）、発売（する）、新発売、放出（する）、放流（する）
リング ring　輪、指輪、ボクシングなどの競技場
リンケージ linkage　連関、連鎖、結合

ル

ルーター router
ルーチン routine　決まりきった仕事、日課、所定の手順　＊アーティスティックスイミングではルーティン
ルート route　経路、道筋、道路
ルクス lux〔照度〕
ルックス looks　顔立ち、容姿、外見
ルネサンス Renaissance　（仏）
ルポ（ルタージュ）reportage　現地報告、探訪記、報道

レ

レアアース rare earth　希土類
レアメタル rare metal　希少金属
レイアウト layout　配列、配置、割り付け、構成
レイオフ layoff　一時解雇、一時帰休

ランデブー rendez-vous
ランニングコスト running cost　維持・管理費用、運転資金

リ

リアシート rear seat　後部座席
リアリズム realism　現実主義、写実主義
リアリティー reality　現実（性）、真実（性）
リアルタイム real time　即時、同時、同時進行
リーク leak〔意図的に秘密、情報を漏らすこと〕
リージョナル regional　地域の、地方の
リーズナブル reasonable　理にかなった、妥当、手ごろ
リードタイム lead time　製品の発注から納品までの期間、調達期間、手配期間
リーフレット leaflet　ちらし、パンフレット、手引、案内
リウマチ rheumatisch
リコーダー recorder〔縦笛〕
リコール recall　解職請求、回収・無償修理（交換）
リストラ（クチャリング）restructuring　事業再構築
リターナブル returnable　再生・回収可能（な）、返却可能（な）、返却できる、再利用型、回収・再利用
リタイア retire　引退、退職、棄権
リチウム lithium
リテール retail　小口取引、個人向け取引、小売り
リテラシー literacy　読み書き能力、活用能力、読み解き能力、情報活用能力
リニアモーターカー linear motor car
リニューアル renewal　刷新（する）＝商品、改装（する）＝店舗、改修（する）＝住宅
リノベーション renovation　刷新、改革、改造、修理、修復
リバーシブル（コート）reversible　表裏兼用（の）
リバイバル revival　再上映、再上演、復活、再評価、再流行
リバウンド rebound　跳ね返り、跳ね返り現象、反動、揺り戻し
リハビリ（テーション）rehabilitation
リピーター repeater　再訪者、繰り返す人

ユビキタス ubiquitous〔コンピューターの存在を意識せずに、至る所でその機能が利用できる環境〕
ヨガ yoga
ヨットパーカ yacht parka （和）

ラ

ライセンス license、licence　許可、免許
ライフサイエンス life science　生命科学
ライフサイクル life cycle　生涯過程、一生涯、人間など生き物が生まれてから死ぬまでの過程、循環過程、製品の製造から廃棄までの過程
ライフステージ life stage　成長段階、年齢段階、生涯の段階、世代
ライフライン lifeline　生活線、生命線、命綱、電気・ガス・水道などの補給線、生活物資補給路
ライブラリー library　図書館、資料館、書庫、閲覧所
ライラック、リラ lilac、lilas〔植物、リラはフランス語名〕
ラインアップ line up　顔ぶれ、陣容
ラザニア、ラザーニャ lasagna〔イタリア料理〕
ラジウム radium
ラジエーター radiator
ラジカル radical　根本的、過激、急進的
ラスパイレス指数 Laspeyres index〔国家公務員の給与水準を100としたときの地方公務員の給与水準を示す指数〕
ラニーニャ（現象）La Niña〔エルニーニョ現象の反対。スペイン語で「女の子」の意〕
ラバー rubber〔ゴム〕
ラブラドルレトリバー Labrador retriever〔犬〕
ラベル label　＊音楽業界などではレーベル
ラボ（ラトリー）laboratory　研究室、実験室
ラマダン Ramadan〔イスラム教の断食月〕
ラマルセイエーズ La Marseillaise〔フランス国歌〕
ランジェリー lingerie　下着、寝間着
ランダム random　無作為
ランタン lantern

くい言葉なので「車の普及・大衆化」などの説明をつける
モーテル motel　自動車旅行用のホテル
モービルハウス mobil house　（和）大型移動住宅
モダン modern　近代的、現代的
モチーフ motif　主題、動機
モチベーション motivation　動機付け、やる気、意欲、士気
モッツァレラ（チーズ）（伊）mozzarella
モニター monitor　監視、意見
モニタリング monitoring　継続監視、監視、観測、観察
モニュメント monument　記念碑、記念建造物、遺跡
モノローグ monologue　独白、一人芝居、一人語り
モバイル mobile　可動性の、持ち運べる
モビール mobile〔動く彫刻〕
モヘア mohair〔アンゴラヤギの毛〕
モラール morale　士気
モラトリアム moratorium　猶予、債務支払い猶予、猶予期間
モラル moral　道徳
モラルハザード moral hazard　倫理の崩壊、倫理の欠如、倫理の喪失
モロヘイヤ molokheiya〔野菜〕
モンスーン monsoon　季節風

ユ・ヨ

ユーザー user　利用者、使用者
ユーチューブ You Tube〔動画投稿サイト〕
ユーティリティー utility　役に立つ、多目的に使える
ユートピア Utopia　理想郷、理想国
ユニットケア unit care　全室個室型特養、全室個室介護
ユニバーサルサービス universal service　全国均質（均一、一律）サービス
ユニバーサルデザイン universal design　万人向け設計、誰にでも使いやすい設計
ユニホーム uniform　制服、運動着
ユニラテラリズム unilateralism　単独行動主義、一国主義、自国中心主義

ムスリム Muslim　イスラム教徒
ムック mook〔雑誌形態の単行本〕

メ

メイク make　化粧〔メーキャップは別〕
メイド maid　お手伝いさん、客室係の女性
メイド・イン・ジャパン made in Japan
メイフラワー Mayflower
メイン main　主要な、中心的な
メーカー maker
メーデー May Day
メール mail　手紙
メガホン megaphone
メセナ mécénat （仏）企業の社会貢献、文化支援
メゾネット（タイプ）maisonnette （仏）〔1戸分が2階式の中高層住宅、戸建て感覚のマンション〕
メタセコイア metasequoia〔植物〕
メタバース metaverse 〔インターネット上の仮想空間〕
メタボリックシンドローム metabolic syndrome　内臓脂肪症候群
メタンハイドレート methane hydrate〔海底に埋蔵されているシャーベット状の天然ガス〕
メディカルチェック medical check （和）健康診断、医師による検査
メモリー（カード）memory （カード式）記憶媒体
メリーゴーラウンド merry-go-round　回転木馬
メルクマール Merkmal （独）指標、目印
メルトダウン melt down　炉心溶融
メロディー melody　旋律、歌
メンタルヘルス mental health　心の健康、精神保健、精神衛生
メンテナンス maintenance　維持、保全、整備
メントール Menthol （独）

モ

モーション motion （投球）動作、意思表示
モータリゼーション motorization　車社会化、車社会　＊分かりに

マイレージ mileage　総マイル数、走行マイル数
マキシマム maximum　最大、最高、最大限、最高度
マグニチュード magnitude
マジョリティー majority　多数、多数派、過半数
マシン machine
マスタープラン master plan　基本計画
マタニティー maternity　妊婦の、妊娠期間の
マチネー matinée　（仏）昼間の興行
マッシュポテト mashed potato
マティーニ martini〔カクテル〕
マニキュア manicure　手の爪の手入れ
マニピュレーター manipulator　人工の腕、遠隔操作装置
マニフェスト manifesto　（政権）公約
マニュアル manual　手引、案内（書）、手動の
マニュファクチャー manufacture　工場制手工業
マネーサプライ money supply　通貨供給量
マネーロンダリング money laundering　資金洗浄
マネジメント management　経営管理、運営管理　アセットマネジメント＝資産運用、リスクマネジメント＝危機管理
マネジャー manager　管理者、支配人、監督、世話人
マホガニー mahogany〔植物〕
マラリア malaria〔伝染病〕
マリファナ marihuana
マリン（スポーツ）marine
マルキシスト Marxist　マルクス主義者
マルチメディア multimedia　複合媒体
マンツーマン man-to-man　1対1
マンパワー man power　人的資源

ミ・ム

ミキサー mixer〔混合機、音量調整者〕
ミスマッチ mismatch　不釣り合い、不適合、不調和
ミニマムアクセス minimum access　最低輸入義務枠
ミルフィーユ millefeuille　（仏）〔菓子〕

ボードセーリング boardsailing
ポートフォリオ portfolio　金融資産などの一覧表、資産構成
ポートレート portrait　肖像写真、肖像画
ホーバークラフト hovercraft
ホームステイ homestay　家庭に寄宿すること
ボーリング boring〔掘削〕
ボール ball　球
ホールディングス（ＨＤ）holdings　持ち株会社
ボキャブラリー vocabulary　語彙《ごい》
ポジティブ positive　積極的、前向き、肯定的
ポストハーベスト post harvest　収穫後の農薬処理
ホスピス hospice　緩和ケア病棟（施設）〔治癒目的の医療行為は行わず、痛みの緩和や生活支援などが中心〕
ボディーガード bodyguard　護衛、身辺警護
ポテンシャル potential　潜在能力、可能性、潜在力、潜在的
ボトムアップ bottom-up〔下部の意思を上層部が吸い上げ経営方針に取り入れるような経営システム〕
ボトルネック bottleneck　難関、支障
ホバリング hovering　（ヘリコプターの）空中停止
ポピュリズム populism　大衆迎合主義、人民主義
ポリシー policy　政策、方針、考え方
ボリシェビキ Bol'sheviki　（露）
ホワイトカラー・エグゼンプション　white-collar exemption　労働時間規制の適用除外

マ

マーケティング marketing　市場戦略、市場調査
マージン margin　手数料、もうけ、利ざや
マーボー（豆腐）〔料理〕
マーマレード marmalade〔ジャムの一種〕
マイクロウェーブ microwave　極超短波、マイクロ波
マイクロホン microphone
マイナーチェンジ minor change　部分的な手直し
マイノリティー minority　少数、少数派、少数民族、弱者

ヘゲモニー Hegemonie （独）主導権、指導権
ベゴニア begonia〔植物〕
ペチコート petticoat〔スカート状の女性用下着〕
ペチュニア petunia〔植物〕
ヘッジファンド hedge fund
ヘッドギア headgear〔ボクシング、アメリカンフットボール、アイスホッケーなど〕
ベッドタウン bed town （和）住宅都市
ヘッドホン headphone
ベッドメイク bed make
ペディキュア pedicure 足の爪の手入れ
ペナルティー（キック）（エリア）penalty 反則、処罰、罰則
ベニヤ（板）veneer 合板、貼り合わせ板
ペパーミント peppermint〔植物〕
ヘモグロビン hemoglobin
ヘリウム helium〔元素〕
ベルトコンベヤー belt conveyor
ベルベット velvet〔織物〕
ベンチャー venture 新興企業、起業、起業家 ベンチャーキャピタル＝起業投資(会社)、ジョイントベンチャー＝共同企業体
ベンチレーター ventilator 人工呼吸器、換気装置
ベント vent 通気（排気）孔、（煙、蒸気、液体などを）放出する

ホ

ホイールキャップ wheel cap 車輪の中心を覆うカバー
ボイスレコーダー voice recorder 音声記録装置
ホイッスル whistle 警笛、（審判の）笛
ボウリング bowling〔球技〕
ボウル bowl 深鉢〔～ボウル＝深鉢形競技場での試合〕
ポーカーフェース poker face 無表情な顔、感情を表に出さない顔
ボージョレ・ヌーボー Beaujolais nouveau （仏）
ボーダーライン border line 境界線、境目
ボーダーレス borderless 境界がない、国境がない
ポータルサイト portal site〔ポータルは入り口の意〕

フロア floor　床、売り場、階
ブロードバンド broadband　広帯域通信網、高速大容量通信
ブログ blog〔日記形式のホームページ。weblog の略〕
プログラマー programmer　プログラム作成者
プロッター plotter　作図装置
プロテイン protein　たんぱく質
プロデューサー producer　制作（製作）責任者、演出者
プロトタイプ prototype　原型、試作モデル、試作品
プロバイダー provider　インターネット接続サービス提供企業・業者
プロパガンダ propaganda　（政治）宣伝
プロフィル profile　人物紹介、横顔
プロフェッショナル professional　専門、本職、プロ
ブロマイド bromide　（肖像）写真　＊「プロマイド」は商標
プロモーター promoter　主催者、興行主、企画者
フロンティア frontier　新分野、未開拓分野、最前線、最先端
フロント front　（球団の）首脳陣、事務局、（ホテルなどの）受付、前面、正面、第一線

ヘ

ペア pair　対の、一対
ヘアスタイル hairstyle　髪形
ペイ pay　支払う、賃金、給料　ペイする→元が取れる
ペイオフ payoff〔破綻金融機関からの払い戻し保証額を元本1000万円とその利息に限る措置〕
ペイ・パー・ビュー pay-per-view〔番組ごとに視聴者が料金を支払うサービス〕
ベーカリー bakery　パン（洋菓子）の製造・販売店
ページェント pageant　野外劇、大規模な野外の催し
ベースキャンプ base camp　（前進）基地
ペースメーカー pacemaker〔医療機器、陸上競技〕
ベータ（線）beta
ペーブメント pavement　舗道、敷石
ベクレル becquerel〔放射能の単位〕＊397ページ参照

プランニング planning　立案、企画
フリーク freak　熱狂者、変人、変種
フリージア freesia〔植物〕
フリーマーケット flea market　＊のみの市、がらくた市＝ flea ＝と自由市場＝ free ＝は別語だが、混同されやすい
フリーランス free-lance　独立した、フリーの、無所属
プリペイドカード prepaid card　代金前払い式カード
プリマドンナ prima donna　主役女性歌手
プリマバレリーナ prima ballerina　主役バレリーナ
プリンター printer　印刷機
プルサーマル pluthermal（和）〔ウランと使用済み核燃料から取り出したプルトニウムを混ぜて加工し、再利用する仕組み〕
ブルジョア（ジー）bourgeois（仏）資本家
プルトニウム plutonium〔金属元素〕
フレアスカート flared skirt
プレイガイド play guide（和）前売り券販売所・事業
ブレイクスルー breakthrough　突破、飛躍的前進、突破口
プレートテクトニクス plate tectonics〔大陸移動や地震は大陸プレート（岩板）の動きによるものとする学説〕
フレーム frame　枠、骨組み、画面
フレームワーク framework　枠組み、基本的な枠組み、構成
プレーヤー player　選手、競技者、演奏者、演技者
ブレーン brain　頭脳
プレーン（オムレツ）（ヨーグルト）plain　単純、率直、淡泊、簡素、平らなこと
フレキシブル flexible　柔軟、融通の利く
プレステージ prestige　威信、名声
プレゼンス presence　存在感、存在、軍事展開
プレゼンテーション presentation　発表、説明、提示、提案　＊省略語のプレゼンは使わない
フレックスタイム flextime　自由勤務時間制、時差勤務〔出退勤時刻を自分で選べる勤務体制〕
プレミア、プレミアム premium
ブレンド blend　混合（する）

フーリガン hooligan〔サッカーの熱狂的・暴力的ファン〕
フェイク fake
フェイスブック Facebook〔ソーシャル・ネットワーキング・サービス〕
フェイルセーフ fail-safe　安全装置、多重安全構造・対策
フェース face　顔
フェスティバル festival　祭典、催し物
フェミニスト feminist
フェルト felt
フェローシップ fellowship　研究奨学金、研究奨学生資格
フェンダー（ミラー）fender mirror
フォアグラ foie gras （仏）〔料理〕
フォービスム fauvisme （仏）〔野獣派〕
フォーマット format　初期化（作業）、形式、書式、（番組）制作方式
フォーム form　形、形態、姿、姿勢
フォーラム forum　公開討論会・座談会
フォグランプ fog lamp　霧灯、霧中信号灯
フォロー follow　支援、追跡、追跡調査、事後点検
フォローアップ follow-up　追跡調査、事後点検
フォンデュ fondue （仏）〔料理〕
ブッシェル bushel〔穀物の体積の単位〕
ブティック boutique （仏）（婦人服、装飾などの）小売店、専門店
プディング、プリン pudding〔菓子〕
フュージョン fusion〔音楽のジャンル〕
フューチャー future　未来
プライオリティー priority　優先順位、優先権、真っ先にすべきこと
プライマリーケア primary care　初期診療、初期治療
プライマリーバランス primary balance　基礎的財政収支
ブラウザー browser〔コンピューター用語〕
プラスチック plastic
プラットフォーム platform 〔基盤、ＩＴなど〕 ＊駅はプラットホーム
プラネタリウム planetarium　天体投影装置
フランチャイズ franchise　興行権、独占販売権

ピロティ pilotis〔1階は柱だけで吹きさらしの建築様式〕
ヒンズー教 Hinduism
ヒンディー語 Hindi〔インドの公用語のひとつ〕
ピンポイント pinpoint （位置制御が）正確な、狭い地点

フ

ファー fur　毛皮
ファーニチャー furniture　家具
ファイアウォール fire wall　防止機能・システム、防火壁
ファイナンシャル（プランナー） financial　財政(金融)の、財政(金融) 上の
ファイナンス finance　財源、財政
ファイバー fiber　繊維、細い線状のもの
ファクシミリ facsimile
ファクス fax
ファサード facade （仏）（建物の）正面
ファジー fuzzy　あいまいな、ぼやけた
ファシズム fascism
ファストフード fastfood
ファン fan　愛好者、支援者、扇、扇風機
ファンタスティック fantastic　＊和製語のファンタジックは使用しない
ファンダメンタルズ fundamentals　経済の基礎的条件（成長率、失業率、物価上昇率など）
ファンデーション foundation
フィアンセ fiancé(e) （仏）婚約者
フィーチャー feature〔特集・特徴〕
フィッシングサイト phishing site
フィナーレ finale　終幕、大詰め、大団円、終楽章
フィフティーフィフティー fifty-fifty　五分五分、半々
フィランソロピー philanthropy　慈善活動（団体）
フィルター filter　濾過《ろか》・浄化装置
フィルタリング filtering　情報の選別、より分け
フィルム film

ハンカチ handkerchief
ハンググライダー hang glider
ハンチング hunting〔帽子〕
ハンディー handy 手で持てる、小型の、手ごろな
ハンディキャップ、ハンデ handicap 障害、不利な条件
ハンティング hunting〔狩猟〕
パンデミック pandemic 世界的大流行
ハンドメイド handmade 手作り、手製

ヒ

ビア（ガーデン）（ホール）beer
ヒアリング hearing 聞き取り、公聴会、聴聞会
ピーナツ peanuts 落花生
ヒエラルキー hierarchy （独）階層制、上下制、支配制度
ピクチャー picture 絵画、写真、映画
ピクルス pickles〔食品〕
ビザ visa 入国査証
ピザ、ピザパイ pizza
ビジュアル visual 画像、映像、視覚
ビジョン vision 展望、未来像、構想、将来展望、画面、視野
ヒスパニック Hispanic〔スペイン語を母語とする中南米系米国移住者・市民〕
ビニール vinyl
ビブラフォン vibraphone〔楽器〕
ヒヤシンス hyacinth〔植物〕
ヒューズ fuse
ビューティー beauty 美、美しさ、美人
ヒューマニティー humanity 人間性、人道、人間愛
ビュッフェ buffet （仏）立食、簡易食堂
ピュリツァー賞 Pulitzer Prize
ピラミッド pyramid
ピリオド period 終止符、期間、時期、時代
ビリヤード billiards
ヒレ（肉）filet

ババロア bavarois （仏）〔菓子〕
パビリオン pavilion
ハブ（空港）hub〔ハブは車輪の中心部の意〕
バファロー buffalo〔北米の野牛〕
パフォーマンス performance 演奏、演技、上演、性能、才能、実績、成果、行動、振る舞い
パブリシティー publicity 広報、宣伝、周知
パブリック・インボルブメント public involvement 住民参画、市民参画
パブリックコメント public comment 意見公募、市民の意見、意見提出手続き
パブリックビューイング public viewing〔競技場や広場の大型スクリーンでスポーツ中継を観戦するイベント〕
バラエティー variety 多様性、変化、芸能番組
パラジウム palladium
パラドックス paradox 逆説、背理
パラフィン紙 paraffin 防水・防湿用包装紙
パラボラ（アンテナ）parabola
パラレル parallel 平行、並行、相似
バランス・オブ・パワー balance of power （国家間の）勢力の均衡
バランスシート balance sheet 貸借対照表、損得のつり合い
バリアフリー barrier free 障壁なし、段差なし
バリウム barium〔金属元素〕
バリエーション variation 変化、多様性、変奏
パリジェンヌ parisienne パリ娘
パリジャン parisien パリっ子〔男性〕
パリティー parity 等価、平価、均衡
バレエ ballet〔舞踊〕
バレー（ボール）volleyball〔球技〕
バレンタインデー Valentine Day
ハロウィーン Halloween〔万聖節（11月1日）の前夜祭〕
パロディー parody 風刺、戯作
パワーショベル power shovel
ハンガーストライキ hunger strike 絶食による訴え・抗議活動

ハイボール highball〔英では whisky and soda〕
ハイヤー hire
バイリンガル bilingual　2か国語を話す、2か国語併用
ハウツー how-to　方法、仕方
バウムクーヘン Baumkuchen （独）
パエリア、パエリヤ paella〔スペインの米料理〕
バグ bug　プログラムの誤り
バクテリア bacteria　細菌
バグパイプ bagpipe〔楽器〕
ハザードマップ hazard map　災害予測地図、防災地図、災害危険予測地図
ハシシュ hashish〔麻薬〕
バジリコ、バジル basilico、basil （伊）〔香辛料〕
バセドウ病 Basedow-Krankheit （独）
ハッカー hacker　コンピューターのマニア、システムへの侵入者
パッキング packing　荷造り、包装
バックアップ backup　支援、援護、予備、複製
バックオフィス back office　事務管理部門
バックグラウンドミュージック background music　環境音楽、背景音楽、ＢＧＭ
バッグ bag　かばん、袋
パッケージ package　包装、荷造り、ひとまとめ（にする）
バッジ badge
パッセンジャー passenger　乗客、旅客
パッド pad　洋服の詰め物、当て物
パティシエ pâtissier （仏）菓子職人
バトンタッチ baton touch （和）引き継ぎ、交代
バトントワラー baton twirler
バナー（広告）banner〔バナーは「旗」の意〕
ハネムーン honeymoon　新婚旅行
パネリスト panelist　出席者、講師、代表発言者、問題提起者
　＊パネラーは和製語で「クイズ番組の解答者」の意
パネルディスカッション panel discussion　公開討論会、公開座談会
パパイア papaya〔果実〕

ノ

ノウハウ know-how　こつ、秘訣《ひけつ》、技術情報
ノーマライゼーション normalization　共生化、福祉の環境作り、障害があっても地域で自立して暮らす、健常者と障害者とが分け隔てなく生活できる社会
ノスタルジア、ノスタルジー nostalgia, nostalgie　郷愁、懐旧
ノンステップバス non-step bus　（和）無段差バス、低床バス

ハ

パーカ parka
バーコード bar code
バージョン（アップ）version　版
パーソナリティー personality　個性、性格、人格、司会者
バーチャル virtual　仮想、仮想世界
パーティー party　会合、集まり、仲間、党派
パーティション partition　間仕切り
バードウィーク bird week　（和）愛鳥週間
ハードウェア hardware　装置、設備、機器
バードウォッチング bird watching　野鳥観察、探鳥
バードストライク bird strike〔航空機が鳥と衝突するトラブル〕
パートナーシップ partnership　協力、協力関係、提携、共同作業
ハーモナイゼーション harmonization　協調、調整〔税率の高いものほど引き下げ率を大きくする関税引き下げ方式〕
バイアス bias　偏見、偏り
ハイウェー highway　高速道路
バイオエタノール bioethanol〔トウモロコシなどの植物を発酵させて作るアルコール。自動車燃料として利用〕
バイオテクノロジー　biotechnology　生命工学・科学、生物工学
パイオニア pioneer　先駆者、開拓者、草分け
バイオリン violin
バイタリティー vitality　活力、生命力、生活力
パイナップル pineapple〔果物〕
ハイブリッド hybrid　混合、雑種

トリュフ truffe
トルティーヤ tortilla〔スペイン、メキシコ料理〕
トレー tray　盆、整理箱
トレーサビリティー traceability　履歴管理、追跡可能性
トレードマネー trade money （和）移籍金、移籍料
トレンディー trendy　流行の、先端の
トレンド trend　流行、動向、傾向
ドンファアン Don Juan

ナ

ナツメグ nutmeg〔香辛料〕
ナトリウム Natrium （独）
ナノテクノロジー nanotechnology　超微細技術
ナビゲーター navigator　航海士、航空士、運転補助者
ナルシシスト narcissist　自己陶酔者、うぬぼれ屋
ナルシシズム narcissism　自己陶酔、うぬぼれ
ナンバリング numbering　番号付け

ニ・ヌ・ネ

ニアミス near miss　異常接近
ニーズ needs　需要、要求、必要
ニッチ niche　隙間、くぼみ、特定分野
ニュートラル neutral　中立、中性、中間位置
ニュートリノ neutrino
ニューフェース new face　新人、新顔
ヌーベルバーグ nouvelle vague〔フランスの映画運動〕
ネイチャー nature　自然、本来の、天然の
ネイティブ native　その土地・国生まれ、母語とする人
ネイル（アート、サロン）nail　爪
ネームバリュー name value （和）知名度、名前の重み、名声
ネガティブ negative　否定的、消極的
ネグレクト neglect　育児（養育）放棄、無視、否定

デフレスパイラル deflationary spiral〔物価下落と景気後退が悪循環を繰り返す状態〕
デベロッパー developer　都市（土地）開発業者
デポジット deposit　手付金、預かり金
デミグラスソース demiglace sauce
デラウェア delaware〔ブドウ〕
デリバティブ derivative　金融派生商品
デリバリー delivery　配達、宅配、配送
デレゲーション delegation　代表団、派遣団
テレホン telephone

ト

ドア door　扉、戸、出入り口
ドゥーイット・ユアセルフ do-it-yourself
トウシューズ toe shoes〔靴〕
トゥデー today
トーテムポール totem pole
ドーナツ doughnut〔菓子〕
ドーピング doping
ドッジボール dodge ball〔球技〕
ドナーカード donor card　意思表示カード
トパーズ topaz〔宝石〕
ドメイン（名）domain
ドメスティック・バイオレンス domestic violence　配偶者、恋人などからの暴力
ドライヤー dryer　乾燥機、頭髪用乾燥機、乾燥剤
トラウマ trauma　精神的外傷、精神的後遺症、ショック、心の傷
ドラッグストア drugstore　薬店、日用品店
トラベラーズチェック traveler's check　旅行用小切手
ドラマチック dramatic　劇的
トランジスター transistor
トリアージ triage （仏）選別、緊急時の治療の優先順位
トリミング trimming　写真の構図の修整、犬猫の毛を刈り込んで整える

ディーラー dealer　販売（業者）、取扱店、特約店
ティーンエージャー teenager　10代の若者
テイクアウト takeout （料理などの）持ち帰り
テイクオフ takeoff　離陸
デイケア day care　＊サービスを受ける当事者が分かりやすいように配慮
デイサービス day service （和）日帰り介護　＊サービスを受ける当事者が分かりやすいように配慮
ディスカウントセール discount sale　割引販売、安売り
ディスカッション discussion　討論、討議、論議
ディスクジョッキー disc jockey
ディスクロージャー disclosure　企業内容開示
テイスト taste　味わい、風味、趣味、趣向
ディスプレー display　展示、陳列、画面
ディスポーザー disposer　生ごみ粉砕装置
ティッシュペーパー tissue paper
ディテール detail　細部、部分、詳細
デイトレーダー day trader （売買を繰り返す）個人株式投資家
デイパック day pack　軽リュック、小型リュック
ディベート debate　討論、討議、討論会
デイリー daily　毎日の、日々の
ディレッタント dilettante （仏）好事家、学問や芸術の愛好家
デージー daisy〔植物〕
デート date
テーラードスーツ tailored suit
テキスト text　原文、教科書、テキストデータ
デコレーションケーキ decoration cake （和）装飾されたケーキ
デジタルディバイド digital divide　情報格差
デッドヒート dead heat　大接戦、激しい競り合い
デバイス device　装置、電子部品、機械部品
デバッグ debug　バグ（プログラムの誤り）の修正
デバリュエーション devaluation　平価切り下げ
デフォルト default　債務不履行、初期設定
デフォルメ déformer （仏）変形（すること）

ダンディー dandy　洗練された男性、おしゃれな男性
タンバリン、タンブリン tambourine〔楽器〕
ダンピング dumping　不当廉売、投げ売り

チ

チアホーン cheer horn　応援用のラッパ
チアリーダー cheerleader　応援団員、応援団長
チームメート teammate　チームの仲間
チェア chair　椅子
チェーンソー chain saw　動力のこぎり
チター zither〔南ドイツ、オーストリアに伝わる撥弦《はつげん》楽器〕
チヂミ 〔韓国風お好み焼き〕＊カタカナ語の書き方に従えば「チジミ」だが、表記習慣により「チヂミ」とする
チフス typhus〔伝染病〕
チャーター charter
チャット chat〔ネットワーク上で行う会話〕
チャリティー charity　慈善、慈善事業
チャンスメーカー chance maker
チューンアップ tune up　調整、高性能化

ツ

ツァー Tsar〔ロシア皇帝〕
ツアー tour　旅行、巡業
ツイード tweed〔毛織物〕
ツイスト twist
ツイッター Twitter〔簡易投稿サイトXの旧称〕
ツートンカラー two-tone color （和）２色配合、２色塗り
ツーバイフォー（工法）two-by-four　枠組み壁工法
ツーリスト tourist　旅行者、観光客
ツール tool

テ

ディーゼルエンジン diesel engine
ティーブレイク tea break

ソール sole （靴の）底革
ソサエティー society 社会、社交界、協会、団体
ソファ sofa 長椅子
ソフトウェア software
ソフトランディング soft landing 軟着陸
ソムリエ sommelier （仏）〔レストランのワイン係〕
ソリューション solution 問題解決、解決策、溶解
ソルフェージュ solfège （仏）〔音程やリズムの基礎練習〕
ソルベンシーマージン（比率）solvency margin〔生命保険会社の経営の健全性を測定する指標の一つ〕

タ

ダークホース dark horse 穴馬、本命とは違う意外な人物
ダークマター dark matter 暗黒物質
ターミナルケア terminal care 終末医療、末期医療
ダイオード diode
タイムラグ time lag 時間差、遅れ
タイヤ tire
ダイヤ（グラム）diagram 運行表、図表
ダイヤ（モンド）diamond
ダイヤル dial 文字盤
ダウンサイジング downsizing 小型化、規模を小さくすること
ダウンパーカ down parka 羽毛入り防寒着
ダウンロード download
タスク task 作業課題、課題、作業、処理
タスクフォース task force 特別作業班、専門調査班、特別専門委員会、作業部会 ＊固有名詞でもできるだけ説明をつける
ダックスフント Dachshund （独）〔犬〕
タックスヘイブン tax haven 租税回避地
タトゥー tattoo 入れ墨
タブレット tablet
タペストリー tapestry〔様々な糸で絵や模様を描いたつづれ織り〕
タラソテラピー thalassotherapie 海洋療法、海水などを使った治療法
ダリア dahlia〔植物〕

スリーブ sleeve　袖
スレート slate　石材、屋根用石材
スロープ slope　斜面、坂、傾斜

セ

セーフティー safety　安全、無事
セーフティーネット safety net　安全網、安全対策、保護措置
セーラー sailor　船乗り、水兵
セカンドオピニオン second opinion　別の医師の意見、第2診断、主治医以外の医師の意見、別の医師に意見を聞く
セキュリティー security　安全、防犯、保安
セクシュアル・ハラスメント、セクハラ sexual harassment　性的嫌がらせ
セクター sector　部門、区域
セシウム cesium〔金属元素〕
セッティング setting〔配置、準備、会合などの設定〕
ゼネラルマネジャー general manager　統括者、総支配人
セミナー、ゼミナール seminar　講座、講習会、演習
ゼラチン gelatin
ゼラニウム geranium〔植物〕
セラミック（ス）ceramics
セレナーデ、セレナード serenade　（独）夜曲、小夜曲
ゼロエミッション zero emission　排出ゼロ、廃棄物ゼロ、ごみゼロ、廃棄物の完全な再利用
セロハン cellophane　（仏）

ソ

ソウルミュージック soul music
ソーシャリズム socialism　社会主義
ソーシャル・ネットワーキング・サービス social networking service〔インターネット上のコミュニティー〕
ソーシャルワーカー social worker〔民生委員、社会福祉士などの総称〕
ソーラーハウス solar house　太陽熱利用住宅

スケール scale　規模、大きさ、物差し
スケールメリット scale merit （和）規模効果、規模拡大効果、規模を大きくすることで得られる利益
スケルツォ scherzo （伊）〔楽曲の形式の一つ〕
スタートアップ startup　起動、新興企業
スタジアム stadium　野球場、競技場
スタッドレスタイヤ studless tire〔雪道用のビョウなしタイヤ〕
スチーム steam　蒸気、湯気
スチール still（写真）、steel（鋼）、steal（盗塁）
スツール stool　腰掛け
ステークホルダー stakeholder　利害関係者
ステータス（シンボル）status　社会的地位（の象徴）
ステートメント statement　声明、共同発表
ステップ・バイ・ステップ step-by-step　着実に、一歩一歩
ステレオタイプ stereotype 型にはまった行動・思考様式、紋切り型
ストア store　店、商店、販売店
ストックヤード stockyard　一時保管所、保管所
ストラテジスト strategist　戦略家〔経済情勢などを判断して戦略を決定する人〕
ストロンチウム strontium〔金属元素〕
スノーモービル snowmobile　雪上車、雪上オートバイ
スパゲティ spaghetti
スパナ spanner〔工具の一種〕
スピーディー speedy　すばやい、きびきびとした
スフィンクス Sphinx
スプリンクラー sprinkler　散水器、散水装置
スペア spare　予備、補充
スペース space　空間、場所、余白、宇宙空間
スペクタクル spectacle　見せ物、見せ場
スマートグリッド smart grid　次世代送電網、次世代電力網
スマートフォン smartphone
スムーズ smooth　滑らかな、円滑、流ちょう
スモック smock　上っ張り、仕事着
スモッグ smog　ばい煙、煙霧

ジョイントベンチャー joint venture　共同企業体、合弁事業
ショー show　興行、展示会、舞台芸能
ショートステイ short stay　（和）短期入所介護
ショベルカー shovel car
シリアス serious　深刻、真面目、重大
シリコーン（樹脂）silicone〔有機ケイ素化合物〕
シリコン silicon〔ケイ素〕
ジレンマ dilemma　葛藤、板挟み
シンガー・ソングライター singer-songwriter
シンクタンク think tank　調査研究機関、政策研究機関
シンジケート syndicate　企業連合、犯罪組織、連合体
シンポジウム symposium　討論会

ス

スイートピー sweet pea〔植物〕
スイートポテト sweet potato
スイートルーム suite room　（和）ホテルの続き部屋
スイッチ switch　切り替え器具、切り替え装置
スイング swing
スエード suède　（仏）〔なめし革の一種〕
スエットウェア sweat wear
スカラシップ scholarship　奨学制度、奨学金
スキーム scheme　計画、枠組み
スキャナー scanner
スキューバ scuba　水中呼吸器
スクーリング schooling　（登校、面接）授業、登校してリポートの添削を受ける、大学に出向くなどして受ける面接授業
スクエア（ダンス）square　四角、正方形
スクラップ・アンド・ビルド scrap and build
スクランブル scramble　緊急発進
スクランブルエッグ scrambled eggs　いり卵
スクリーニング screening　ふるい分け（検査、審査）、選別（検査、審査）、より分け
スケープゴート scapegoat　いけにえ、犠牲

シェービングクリーム shaving cream　ひげそりクリーム
ジェスチャー gesture　身ぶり、手ぶり、そぶり
ジェネレーション generation　世代、時代
ジェノサイド genocide　（大）虐殺、集団殺害
ジェンダー gender〔文化的・社会的につくられた性差〕
ジグソーパズル jigsaw puzzle
シシカバブ shish kebab〔トルコ料理〕
（筋）ジストロフィー dystrophy
シティー city
シネマ・コンプレックス cinema complex　（一つの建物に）多くのスクリーンを備えた映画館
シビア severe　厳しい、深刻、ひどい
シビリアンコントロール civilian control　文民統制
シフト shift　移行（する）、移動（する）、切り替え（る）、転換（する）、変更（する）
シミュレーション simulation　想定実験、模擬行動、模擬訓練、模擬実験
シミュレーター simulator　模擬装置
ジャージー jersey
ジャカード jacquard〔織物〕
シャシー chassis　車台、台
シャドーキャビネット shadow cabinet　影の内閣
シャトル（外交、便）shuttle　定期往復便
シャベル shovel〔ショベルカーは別〕
シャンツェ Schanze　（独）〔ジャンプ台〕
シャンデリア chandelier　（仏）装飾用照明
ジャンパー jumper　上着、作業着、跳躍競技の選手
シャンパン champagne〔仏シャンパーニュ地方産の発泡性ワイン〕
シュア sure　確か、確実
シューマイ　〔料理〕
シュールレアリスム surréalisme　（仏）
シュノーケル Schnorchel　（独）呼吸管
ジュラルミン duralumin
ジョイスティック joy stick〔ゲーム機などの入力装置〕

サクスホルン saxhorn〔金管楽器〕
サクソフォン、サックス saxophone, sax
サゼスチョン suggestion 提案、示唆、暗示
サッシ sash
サディスティック sadistic 加虐的な、残酷好きな
サディスト sadiste （仏）
サナトリウム sanatorium （独）療養所、結核療養所
サバイバル survival 生存競争、生き残り
サファイア sapphire〔宝石〕
サブリミナル（効果、広告）subliminal〔潜在意識に働きかける〕
サプリメント supplement 栄養補助食品
サマリー summary 要約、要旨、総括、概要
サムネイル thumbnail〔親指の先のように小さいものの意〕
サラダボウル salad bowl
サラブレッド thoroughbred〔競走馬の品種〕
サリチル酸 salicylic acid〔有機酸の一種〕
サルビア salvia〔植物〕
サルベージ salvage 引き揚げ作業、海難救助
サンクチュアリ sanctuary 聖域、保護区、禁猟区
サンドイッチ sandwich
サンバイザー sun visor 日よけ、ひさしだけの帽子

シ

ジアスターゼ Diastase （独）〔酵素〕
シーズ seeds タネ、種子、新技術、企業が提供する新技術
シーベルト sievert〔放射線の被曝《ひばく》量を表す単位〕＊397㌻参照
シームレス（ストッキング）（鋼管）seamless 継ぎ目なし
シーリング ceiling〔天井の意。予算の概算要求限度枠、価格・賃金の最高限度など〕
シーレーン sea lane 海上交通路、航路帯
ジーンズ、ジーパン jeans
シェア share 占有率、市場占有率、分かち合い、分け合い、共有
シェイプアップ shape up 体形を整える
シェーカー shaker〔カクテルなどを作る金属製容器〕

コンセプト concept　基本概念、基本理念、基本発想、概念、企画の趣旨、企画の意図
コンセンサス consensus　合意、意見の一致
コンソーシアム consortium　共同事業体、共同研究体、企業連合、融資団
コンチェルト concerto　（伊）協奏曲
コンチネンタル continental　大陸の、ヨーロッパ風の
コンディション condition　状態、調子、条件
コンテナ container　（輸送用大型）容器
コンデンサー condenser
コンテンツ contents　番組、内容、情報の内容
コンドミニアム condominium　分譲マンション、区分所有ホテル
コンバーター converter
コンバーチブル convertible　取り外しできる
コンパチブル compatible　互換性のある
コンビーフ corned beef
コンビニエンスストア convenience store
コンピューター（グラフィックス）computer
コンプライアンス compliance　法令順守
コンペ（ティション）competition　競争、競技会
コンベヤー conveyor　伝送帯、搬送帯
コンポジション composition　構成、構図、作曲、作文
コンマ comma

サ

サーディン sardine　イワシ、イワシの油漬け
サーバー server
サーベイランス surveillance　監視、調査監視、監視制度
サイエンティフィック scientific　科学の、科学的、学術的
サイバー（空間、犯罪）cyber〔コンピューターやネットワークに関連することを表す。cybernetics から〕
サイバネティックス cybernetics〔通信や制御を総合的に追究する学問。人工頭脳学とも〕
サイホン siphon〔コーヒー沸かしの一種〕

ケーブルテレビ cable television　有線テレビ
ゲルマニウム Germanium （独）〔元素〕

コ

コア core　中核、核、中心、核心　＊「コアな」のような形容動詞的な使い方は避ける
コージェネレーション cogeneration　熱電併給、熱電同時供給
コーディネーター coordinator　調整役、調整者
コーティング coating
コーデュロイ corduroy〔織物の一種〕
コーポラティブハウス cooperative house　共同住宅、協同組合住宅
コーポレートガバナンス corporate governance　企業統治
コールタール coal tar
ゴールデンウィーク golden week （和）黄金週間
ゴールデンレトリバー golden retriever〔犬〕
コーンスターチ cornstarch
コーンフレーク cornflakes
コケティッシュ coquettish （仏）色っぽい、なまめかしい
ココナツ coconut
ゴシック Gothic
コックピット cockpit　操縦席、運転席、座席
コミッション commission　委員会、手数料
コミット commit　関わる、関与する、確約する
コミットメント commitment　関与、関わり、確約
コミューター commuter　地域（近距離）航空便
コミュニケ communiqué （仏）声明、共同声明、公式声明
コミュニケーション communication　意思疎通、伝達、通信
コミュニスト communist　共産主義者、共産党員
コミュニティー community　共同体、地域社会
コメディー comedy　喜劇
コメンテーター commentator　解説者、ニュース解説者
コラボレーション collaboration　協力、合作、共同、共同制作、共同事業、共同研究、連携、共作
コンシェルジュ concierge （仏）ホテルの接客係

グランドデザイン grand design　大規模計画、全体像、全体構想、基本計画
クリア clear　明らか、明晰《めいせき》、（バーなどを）越える
グリーンピース green peas〔豆〕 Greenpeace〔環境保護団体〕
クリエイティブ creative　創造的、独創的
クリスマス Christmas　＊「X'マス」と表記しない
グループホーム group home　共同生活介護（施設）
グレー gray　灰色
クレーター crater〔噴火口状のくぼんだ地形。月面など〕
クレソン cresson　（仏）〔植物〕
クレバス crevasse　雪渓・氷河の割れ目、裂け目
クローゼット closet　収納戸棚、洗面所
グローバリゼーション globalization　グローバル化、世界化、地球化〔物事が国家の枠組みを超え、地球全体に拡大し世界の一体化が進むこと〕
グローバルスタンダード global standard　国際標準、世界標準
クローン clone
クロッカス crocus〔植物〕
グロッギー groggy　ふらふら状態、へとへと状態
クロマニョン（人）Cro-Magnon　（仏）
クロロホルム chloroform〔麻酔薬・溶剤に用いる液体〕
クロワッサン croissant　（仏）〔パン〕

ケ

ケア care　手当て、介護、看護、手入れ
ケアハウス care house　（和）軽費老人ホーム
ケアマネジャー care manager　介護支援専門員
ケージ cage　籠
ゲージ gauge〔測定機器・軌道の幅・編み物の目数など〕
ケーススタディー case study　事例研究、事例分析　＊事例、具体例の意味で使うのは誤り
ケース・バイ・ケース case by case　個々に応じて、個別的に
ケータリング catering　宅配サービス、出張料理
ケービング caving　洞穴探検

キャンディー candy　あめ
キャンバス canvas　画布、麻布
キャンパス campus （大学の）構内、敷地、学園
キャンプファイア campfire
キャンペーン campaign （組織的）宣伝活動
キューピッド Cupid
キュビスム、キュービズム　cubisme （仏）
キュレーター curator （美術館、博物館などの）学芸員
ギョーザ 〔料理〕

ク

グアバ guava〔果実〕
クイーン queen　女王、王妃
クーデター coup d'État（仏）
クーリングオフ cooling-off〔一定の期間内なら無条件に契約が解除できる制度〕
クエーカー Quaker〔キリスト教の一派〕
クエスチョンマーク question mark　疑問符
クォーク quark
クオータ（制）quota　割り当て、分け前
クオーター quarter　4分の1
クオーツ quartz　水晶
クオリティーペーパー quality paper　高級紙
クライアント client　顧客、広告主、依頼人
クラウドコンピューティング cloud computing〔インターネットを通じてソフトやデータを使う仕組み。サーバー群をクラウド(雲)に見立てた〕
グラウンド（ゴルフ）ground　地面、運動場
クラシック classic
クラスター cluster　房、群れ、感染集団
クラスメート classmate　同級生、級友
グラデーション gradation　濃淡、ぼかし
グラビアページ gravure page〔雑誌などの写真ページ〕
グラフィティ graffiti　落書き

カルチャー culture　文化、教養
カルテット quartetto　（伊）四重奏、四重唱
カルテル Kartell　（独）企業連合
ガレージ garage
カレールー curry roux
カロテン carotene
カンツォーネ canzone　（伊）〔歌曲〕
ガンマ（線）gamma

キ

ギア gear　歯車、変速装置
キーパーソン、キーマン key person、keyman　重要人物、中心人物
キーポイント key point　（和）重要点、要点、主眼点
キウイ kiwi〔果実・鳥〕
キオスク kiosk　売店〔ＪＲ東日本を除くＪＲ関係はキヨスク〕
ギタリスト guitarist
キチン chitin〔角質〕
キッチン kitchen〔台所〕
ギブ・アンド・テイク give-and-take　譲り合い、持ちつ持たれつ
ギプス Gips　（独）石こう、石こうの包帯
キャスチングボート casting vote〔二つの勢力が伯仲しているときに第三の勢力が握る決定権〕
キャスティング casting〔釣り、配役〕
キャッシュディスペンサー cash dispenser　現金自動支払機
キャッチアップ catch up　追い上げ（る）、追い付くこと
キャッチフレーズ catchphrase　宣伝文句、うたい文句
ギャップ gap　隙間、差、食い違い
キャパシティー capacity　能力、収容能力（人員）
キャビア caviar　（仏）〔チョウザメの卵〕
キャピタルゲイン capital gain　資産の売却や値上がりによる収益、資産益、資産売却益、資産収益
キャブレター carburetor　気化器、揮発器
キャリア career　経歴、履歴
キャリアー carrier　保菌者、感染者、輸送・通信関係

オンエア on the air　放送中、放映中、放送されること
オンデマンド on demand　注文対応、受注対応
オンブズマン ombudsman （スウェーデン）行政監察委員（官）、記事審査員

カ

カーキ（色）khaki
カーソル cursor
カーチェイス car chase　車同士の追いかけっこ
カーディガン cardigan　毛糸編みの上着
カーナビゲーション car navigation
カーネーション carnation〔植物〕
ガイダンス guidance　案内、指導、入門説明
ガイドライン guideline （運用）指針、指標、手引
カウボーイ cowboy
カウンセラー counselor　相談員、助言者、心理学などの専門家
カシミヤ cashmere〔毛織物〕
カジュアルウェア casual wear　普段着、気楽に着られる服
カスタマイズ customize　特別の注文に応じた仕様変更
カスタム custom　特別製、特別仕様の
カドミウム cadmium〔金属元素〕
カトリック katholiek（オランダ）
カトレア cattleya〔植物〕
カナリア canaria〔鳥〕
カバディ kabaddi〔競技名〕
ガバナビリティー governability　統治能力、統率能力
ガバナンス governance　統治
カフェテリア cafeteria
カムバック comeback　復活、復帰、返り咲き
カムフラージュ camouflage （仏）擬装、みせかけ、迷彩
ガムラン gamelan〔インドネシアの器楽合奏音楽〕
カリカチュア caricature （伊）風刺（画）、戯画、漫画
カリキュラム curriculum　教育課程、学習内容、教育計画
カルシウム calcium〔元素〕

エンパワーメント empowerment　権限付与、地位向上、地位の強化、権限移譲、能力を引き出すこと
エンフォースメント enforcement　法執行、取り締まり、強制

オ

オーガニゼーション organization　組織、機構、団体、協会
オーガニック organic
オークション auction　競り売り、競売
オーソリティー authority　権威（者）、大家
オーダーメイド order made　（和）注文製作、注文服
オートクチュール haute couture　（仏）高級衣装店、高級注文服
オートマチック automatic　自動、自動的
オートメーション automation　自動制御、自動化
オーナー owner　所有者、船主、球団所有者
オーバーラップ overlap　二重写し、重なり合う
オーバーローン overloan　貸し出し超過
オールウェザーコート all-weather coat　全天候型コート
オール・オア・ナッシング all-or-nothing　全てか無か、妥協の余地なし
オールマイティー almighty　万能、全知全能
オキシダント oxidant〔大気汚染物質の一種。大気中の濃度は、光化学スモッグの指標〕
オピニオンリーダー opinion leader　世論形成者、世論主導者
オファー offer　提案、申し込み
オフィシャル official　公式の、公認の、公的の、競技役員
オフィス office　事務所、役所、会社、仕事場
オブザーバー observer　傍聴人、議決権のない参加者
オプチミスト optimist　楽天家、楽観論者
オポチュニスト opportunist　日和見主義者、ご都合主義者
オランウータン orangutan
オリエンテーション orientation　仕事・勉強・活動前の説明、進路指導
オリジナリティー originality　独創性、創意、創造力
オルタナティブ alternative　二者択一、代案、代替物

エージ　age
エージェンシー　agency　代理店、代理業
エージェント　agent　代理業者、代理人、秘密情報員
エープリルフール　April fool
エキシビション　exhibition　公開、展示、展示会、公開演技
エキスパート　expert　専門家、熟練者、大家
エキゾチシズム　exoticism　異国情緒、異国趣味
エキゾチック　exotic　異国的、異国風、外国のような趣のある
エクイティファイナンス　equity finance　新株発行を伴う資金調達
エクササイズ　exercise　課題、練習問題、運動、体操
エクスプレス　express　急行列車
エグゼクティブ　executive　上級管理職、重役、上層部
エコツアー　eco-tour　環境観光
エコロジー　ecology　生態学、人間生態学、環境保護
エスカレーター　escalator
エステティシャン　esthéticien　（仏）全身美容技術者
エステティック　esthétique　（仏）全身美容
エスニック　ethnic　民族風、異国的
エチュード　étude　（仏）習作、練習曲
X線、エックス線　X ray
エッセイスト　essayist　随筆家
エッセー　essay　随筆、小論
エッセンス　essence
エディター　editor　編集者
エルニーニョ（現象）El Niño〔ペルー沖の海水温の上昇。スペイン語で「神の子」の意〕
エロチシズム　eroticism
エロチック　erotic
エンサイクロペディア　encyclopedia　百科事典
エンジニア　engineer　技師、技術者、機関士
エンゼル　angel
エンターテイナー　entertainer　芸能人
エンターテインメント　entertainment　娯楽、演芸、音楽会、ショー
エントリー　entry　参加登録、参加申し込み

ウィンドウズ Windows〔マイクロソフト社開発のＯＳの商標〕
ウィンドー window　窓、窓口
ウィンドブレーカー windbreaker
ウィンナ（コーヒー、ワルツ）Vienna〔ウィンナーソーセージは別〕
ウィンブルドン Wimbledon〔ロンドン郊外の地名、テニス大会名〕
ウェア wear　衣類、服
ウェーター waiter
ウェート weight　重量、体重、重要度
ウェートレス waitress
ウェーブ wave
ウェスト west　西
ウエスト waist　胴回り
ウェットスーツ wet suit
ウェディングドレス wedding dress
ウェハー wafer（集積回路の）基板
ウェブ web
ウェルカム welcome
ウォーキング walking
ウォーズ wars
ウォーターフロント waterfront　臨海開発地域、水際
ウォーミングアップ warming up　準備運動
ウォームビズ warm-biz
ウォッカ vodka〔ロシア特産の蒸留酒〕
ウォッチ watch　時計
ウォッチャー watcher　観測者、観察者
ウスターソース Worcestershire sauce
ウラン、ウラニウム uranium、Uran（独）〔放射性元素〕

エ

エアバッグ air bag
エアブレーキ air brake　空気制動機
エアメール airmail　航空便、航空郵便
エアロゾル、エーロゾル aerosol〔浮遊粉じん〕
エイジングケア aging care

インセンティブ incentive　意欲刺激、誘因、動機付け、刺激、奨励金、出来高払い
インターチェンジ interchange　高速道路の出入り口
インターバル interval　間隔、間、休憩
インターフェース interface　接点、接続、媒介装置
インターホン interphone
インターンシップ internship　就業体験、就業実習、専門実習
インタラクティブ interactive　双方向性、双方向的、対話的
インテリ（ゲンチア）intelligentsia（露）知識人、教養人、知識層
インテリア interior　室内装飾、調度品
インドア（ゲーム）indoor　室内
インバーター inverter
インパクト impact　衝撃、影響
インフォームド・コンセント informed consent　説明と同意、納得診療、医者の十分な説明と患者の同意
インフォメーション information　情報、案内（所）、受付、通知、知識
インフラ（ストラクチャー）infrastructure　社会基盤、社会資本、産業基盤、経済基盤、通信基盤

ウ

ウィークデー weekday　平日、週日
ウィークポイント weak point　弱点
ウィークリー weekly　毎週の、週刊の
ウィキペディア Wikipedia〔インターネット上のフリー百科事典〕
ウィズ with
ウイスキー whisky
ウィット wit　機知、機転、才気
ウイルス Virus（独）
ウィンウィン win-win　双方が満足できる
ウィンク wink
ウィング wing
ウィンター winter
ウィンチ winch　巻き上げ機

アルミホイール aluminum wheel〔自動車部品・ホイールは車輪〕
アルミホイル aluminum foil〔台所用品〕
アロマセラピー aromatherapy　芳香療法
アンダーウェア underwear　下着、肌着
アンチエイジング anti-aging　抗加齢
アンチテーゼ Antithese　（独）（反対、敵対的、否定的）主張、命題
アンティーク antique　古美術、骨董《こっとう》
アンドロイド Android〔米グーグルの無償ＯＳ。多くのスマートフォンが採用〕
アンビバレント ambivalent　両面価値的
アンペア ampere〔電流の強さを示す単位〕

イ

イディオム idiom　慣用句、熟語、成句
イデオロギー Ideologie　（独）政治的・社会的考え方、思想傾向、観念形態
イニシアチブ initiative　主導権、指導権、発議権
イニシャル initial　頭文字
イノベーション innovation　革新、新機軸、技術革新、経営革新、事業革新、構造改革
イベント event　行事、催し、出来事
イミテーション imitation　模造品、作り物、偽物、模倣
イヤホン earphone
イヤリング earring
イラストレーター illustrator
イリジウム iridium〔元素・金属〕
インキ ink〔印刷業界〕筆記用具は「インク」
インキュベーション incubation　起業支援、新規事業支援
インサイダー insider　集団内部の事情に通じている人、内部関係者〔どういう集団であるかを具体的に示し「会社（業界）関係者」などと言い換えるのも可〕
インストール install
インストラクター instructor　指導員（者）、講師
インスリン insulin〔糖尿病の治療剤〕

アドバンテージ advantage　優位、利点
アドベンチャー adventure　冒険
アトランダム at random　任意の、無作為に、手当たり次第
アナーキー anarchy　無政府状態、無秩序
アナキスト anarchist　無政府主義者
アナクロニズム anachronism　時代錯誤
アナリスト analyst　分析家、分析専門家
アナログ analogue〔デジタルの対語〕
アバウト about　おおまか、いいかげん
アパルトヘイト apartheid〔南アフリカの人種隔離政策。1991年廃止〕
アパレル apparel　衣服、衣料品
アバンギャルド avant-garde （仏）前衛芸術、奇抜（な）
アピール appeal　呼びかけ、訴え、魅力
アフターケア aftercare　後の面倒をみる、病後保護
アフターサービス after service （和）販売後の（無料）点検・修理
アブノーマル abnormal　変質的、変態的、異常
アペリティフ apéritif （仏）食前酒
アベレージ average　平均、標準、打率（野球）
アボカド avocado〔樹木・果実〕
アポストロフィー apostrophe〔英語の符号〕
アボリジニ Aborigine　オーストラリア先住民
アミューズメント amusement　娯楽、遊技、楽しみ
アムネスティ amnesty〔恩赦、特赦の意〕アムネスティ・インターナショナル〔国際人権救援組織〕
アメーバ ameba
アメシスト amethyst　紫水晶
アメニティー amenity　快適な環境、快適さ、（客室などの）備品・小物
アモルファス amorphous　非晶質
アラカルト a la carte （仏）一品料理、お好み料理
アリア aria　独唱歌曲、詠唱
アルチザン artisan （仏）職人、工芸家、職人的芸術家
アルファ（線）（波）alpha
アルミニウム aluminum

アカウンタビリティー accountability　説明責任、説明義務
アカウント account　勘定書、口座、顧客、ネットワーク等を利用できる権利、または利用者識別のＩＤ（コンピューター用語）
アカシア acacia〔樹木〕
アカペラ a cappella （伊）無伴奏の合唱・独唱
アクションプログラム action program　実行計画、行動計画、行動要項、実行手順
アクセス access　交通手段、交通の便、到達手段、接続（コンピューター用語）
アクティブ active　積極的、活動的、行動的
アグリーメント agreement　合意、契約、協定、一致
アグレマン agrément （仏）〔外交用語〕
アゲンスト against　逆風、進行を妨げるもの
アコースティック acoustic〔エレクトリックの対語〕
アコーディオン accordion
アジェンダ agenda　議題、検討課題、行動計画（施策名の場合は注釈を付ける）
アスタリスク asterisk　＊、＊印
アスリート athlete　運動選手、競技者
アスレチック（ス）athletic　運動、陸上（競技）
アセスメント assessment　影響評価、事前評価　環境アセスメント（＝環境影響評価）
アダージョ adagio （伊）〔音楽用語〕
アタッシェケース attaché case （仏）書類カバン
アタッチメント attachment （機械・器具類の）付属物
アットホーム at home　家庭的、くつろいだ
アップグレード upgrade　等級・品質を上げる
アップトゥーデート（な）up-to-date　最新の、流行の、最新情報を取り入れた
アップデート update　更新する、最新のものにすること
アップリケ appliqué （仏）〔色布を縫い付ける手芸〕
アドバイザー adviser　助言者、顧問、忠告者
アドバルーン ad(vertising) balloon （和）広告気球　＊「世間の反響を見る」意味のときには「観測気球」を使う

カタカナ語表記・言い換え例

カタカナ語を用いる際には、原則としてここに載せた表記を使用する。ただし、乱用を避け、特に定着度の低いと思われる語は言い換えるか、注釈を付ける。英語以外の言語に由来するものは、（仏）のようにカッコ内に国名を示した。（和）は和製語とみられるもの。〔　〕内は参考情報。つづりは代表的なものを載せた。

ア

アーカイブ archive　記録、保存記録、記録保存、資料館
アーキテクチャー architecture　建築物、建築学、建築術
アーケード arcade
アーティスト artist　芸術家、美術家、演奏家、名手
アーティフィシャル artificial　人工的、人為的
アーバン urban　都会的、上品な
アイコン icon〔画面で選択する事柄を示すために用いる絵〕
アイコンタクト eye contact　視線による意思疎通・確認
アイシャドー eye shadow
アイデア idea　考え、着想、構想、見解
アイテム item　項目、事項、品目
アイデンティティー identity　自己認識、自己同一性、独自性、帰属意識　コーポレートアイデンティティー（＝企業イメージの統一）
アイドリングストップ idling stop　停車時エンジン停止
アイロニー irony　皮肉、反語、当てこすり
アウェー away　相手チームの本拠地
アウトソーシング outsourcing　外部委託、業務委託、外注、社外調達
アウトドア outdoor　野外、屋外
アウトプット output　出力、情報の取り出し
アウトライン outline　輪郭、あらまし、大要
アウトレット（モール）outlet
アウトロー outlaw　無法者、無頼漢

アカデミー　カントリー
〔**例外**〕サンクチュアリ　パセリ　ホームステイ
16　イ列、エ列の音の次の「ア」は、「ヤ」でなく「ア」を用いる。
アカシア　カナリア　スペア
〔**例外**〕カシミヤ　ダイヤル　ロイヤルティー
17　語尾の「―um」は、なるべく「ウム」と書く。特に、元素名はすべて「ウム」と書く。
アルミニウム　サナトリウム　シンポジウム
〔**例外**〕コロシアム　スタジアム　ミュージアム
18　語尾が「―ture」の語は、原則として、「チャー」と書く。
カルチャー　ジェスチャー　フィーチャー
〔**例外**〕カリカチュア　ミニチュア
19　英語のつづりXにあたるものは、以下の慣用に従って書く。
〔「クサ、クシ、クス、クソ」と書くもの〕
エクササイズ　ボクシング　ワックス　サクソフォン
〔「キサ、キシ、キス、キソ」と書くもの〕
ミキサー　タキシード　エキストラ
20　英語のつづりFにあたるものは、慣用が固定しているものを除き、「ファ、フィ、フェ、フォ、フュ」を用いる。
ファン　フィルム　フェルト　フォーム　フュージョン
〔**例外**〕ウェハー　モルヒネ　プラットホーム（駅）
21　2語から成る複合語には、長くて読みにくい場合を除き、語間に「・」を付けない。3語以上から成る複合語には、原則として語間に「・」を付ける。ただし、それぞれの語の独立性が希薄で、読みにくくない場合には「・」を省略してよい。
ウォーミングアップ　ケース・バイ・ケース
〔**例外**〕インフォームド・コンセント　ホールインワン
22　カタカナの地名、人名などの固有名詞と、一般カタカナ語とが複合する場合は、その間に「・」を付けて区別を付ける。ただし、固有名詞としての意識がすでに薄れている語は、この限りではない。
ウルグアイ・ラウンド　ノーモア・ヒロシマ
〔**例外**〕ディーゼルエンジン　デビスカップ

〔例外〕ウイスキー　ウエルター級
＊「ウ」を省く慣用のあるものはそれに従う。
サンドイッチ　スイッチ　スイング
8　原音で「ウェイ」の音は、慣用の固定しているものを除き、「ウェー」を用いる。
ウェート　ウェーブ　ハイウェー　〔例外〕ウエスト（胴回り）
9　原音で「シェ、ジェ」の音は、慣用の固定しているものを除き、「シェ、ジェ」を用いる。
シェパード　エージェント　ジェントルマン
〔例外〕ミルクセーキ　エンゼル　ゼリー
10　原音で「トゥ、ドゥ」の音は、①慣用の固定しているものを中心に「ト、ド」または「ツ、ズ」で表し、②それ以外は「トゥ、ドゥ」を用いる。
①トレーナー　ドライバー　ツーリスト　ズック
②アップトゥーデート　タトゥー　ドゥーイット
11　原語で二重母音の「エイ、オウ」は、①長音での慣用が固定しているものを中心に長音符号「ー」で表し、②それ以外は「エイ、オウ」を用いる。
①デート　ディスプレー　ウィンドー　オーナー
②メイン　ブレイク　ボウリング（球技）　ボウル（深鉢）
12　はねる音「ン」、つまる音「ッ」は、原音ではっきりしているもののほかは省略する。ただし、入れる慣用が固定しているものはそれに従う。
イニング　サマータイム　スパゲティ　ファクス
〔例外〕チャンネル　ハンマー　アットホーム　アップリケ
13　伸ばす音は長音符号「ー」で表し、母音字を重ねたり、「ウ」を用いたりしない。
ボーリング（掘削）　ボール（球）
14　原語（とくに英語）の語尾—er、—or、—arなどは、長音符号「ー」を用いるのを原則とする。
オブザーバー　ドクター　レギュラー
〔例外〕エンジニア　ギア　ジュニア
15　原語の語尾の—yは、原則として長音符号「ー」を用いる。

■カタカナ語処理の３原則

1　言い換える

日本語に置き換えて意味の伝達に支障がない場合は、カタカナ語を使わない。

2　注釈を付ける

今まで日本になかった新しい概念や制度などを表すカタカナ語で、適当な言い換えが難しいものは、カタカナ語の後にカッコを付け、注釈を入れる。記事の中心となる語は、用語解説の「クリップ」など別項を立て、詳しく説明するのもよい。

3　文章の中で説明する

カタカナ語の前に、その語の内容を説明する修飾語を付ける。

■カタカナ語表記の基準

1 「ヰ、ヱ、ヲ、ヂ、ヅ」は使わない。

2 「ヴァ、ヴィ、ヴ、ヴェ、ヴォ、ヴュ」は使わず、「バ、ビ、ブ、ベ、ボ、ビュ」を用いる。

バイオリン　アクティブ　ベール　ボーカル　レビュー

3 「クァ、クィ、クェ、クォ、グァ」は使わず、「カ、キ、ケ、コ、ガ」または「クア、クイ、クエ、クオ、グア」を用いる。

スカッシュ　キルティング　イコール　クイーン

スクエア　クオーター　グアバ　〔**例外**〕クォーク

4 「イェ」は使わず、「イエ」または「エ」を用いる。

イエロー　エール

5 「ツィ」は使わず、「ツイ」を用いる。

ツイード　ツイスト

6　原音で「ティ、ディ、テュ、デュ」の音は、慣用の固定しているものを除き、「ティ、ディ、テュ、デュ」を用いる。

パーティー　カーディガン　プロデューサー

〔**例外**〕モチーフ　スタジオ　チューブ　ジュース

7　原音で「ウィ、ウェ、ウォ」の音は、慣用の固定しているものを除き、「ウィ、ウェ、ウォ」を用いる。

ウィーク　ウェア　ウォーター　ウォッチ

カタカナ語の書き方・使い方

読みやすく、分かりやすい記事のためには、カタカナ語を乱用せず、適切に使うようにしなければならない。難しいカタカナ語は言い換え、説明付与を積極的に行う。定着したとみられるカタカナ語も、できるだけ対応する日本語を使用することとし、やむを得ず用いる際には、表記の混乱を避けるため、以下に定められた書き方に統一する。

ここでいうカタカナ語とは、古来、中国語から取り入れられた漢語を除く外来語、特に明治以降、欧米語から入って、カタカナで表記される語を指す。欧米系の外来語でも、古くから日本で使われていて、すでに外来語であるという意識が希薄になったもの（「たばこ」「きせる」「かっぱ」など）は除外し、表記も平仮名にする。

■３種類のカタカナ語と使い方

1　すでに国語として熟しているが、なお外来語という感じが残っているもの
　セーター　ラジオ
2　外国語という感じをなお多分にとどめているもの
　オーソリティー　フィアンセ　ガイドライン
3　欧米系の外来語をもとに日本で独自に作られ、使われている、一般に和製英語（和製語）と呼ばれるもの
　アルバイト　マイホーム　デイサービス

1はそのまま使用してもかまわない。注意しなければならないのは、2に分類されるカタカナ語である。特に、使われるようになってから日が浅い、一般的に認知度・理解度が低いものについては、そのままで用いることはしない。3の和製語は、日本人にはなじみがあり、理解しやすいものが多いが、実際の英語として通用しないという観点から避けるべきだとの考えもあり、慎重に取り扱う。

イリアンジャヤ州→パプア州（インドネシア）
ウジュンパンダン→マカッサル（インドネシア・スラウェシ島南端）
西サモア→サモア（国名）
サンタフェデボゴタ→ボゴタ（コロンビア首都）

言語で呼称の違う地名

エベレスト(英語)、サガルマタ(ネパール呼称)、チョモランマ（チベット呼称）
カフカス地方（ロシア語）、コーカサス地方（英語）
カリマンタン島（インドネシア語）、ボルネオ島（英語）
竹島（日本名）、独島（韓国名）
フォークランド諸島（英語）、マルビナス諸島（スペイン語）

紛らわしい地名

キプロス共和国＝キプロス島南部、ギリシャ系、2004年５月欧州連合加盟
北キプロス・トルコ共和国＝キプロス島北部、トルコ系、トルコのみが国を承認

コンゴ民主共和国＝旧ザイール、独立時はコンゴ共和国
コンゴ共和国＝旧コンゴ人民共和国、独立時はコンゴ共和国

ドミニカ共和国＝首都サントドミンゴ、西はハイチと接する中米の島国
ドミニカ＝首都ロゾー、人口７万人の中米の火山性の島国

ワシントン＝アメリカ首都
ワシントン＝アメリカ北西部の州名

広州＝中国華南地区中部・広東省の省都
高州＝中国華南地区中部・広東省南西部の都市
杭州＝中国華中地区南東部・浙江省の省都
膠州＝中国華北地区東部・山東省東部の都市

柳条湖＝1931年、満州事変のきっかけとなった線路爆破事件が起きた地名。「柳条溝」は別の場所
盧溝橋＝北京郊外の橋の名。1937年、日中戦争の発端となった軍事衝突が起きた。87年、中国が「蘆溝橋」との混在表記を統一

サウジアラビア　○リヤド
×ジッダ
×メッカ
スイス　○ベルン
×チューリヒ
×ジュネーブ
スリランカ　○スリジャヤワルデネプラ・コッテ
×コロンボ
ドイツ　○ベルリン　×ボン
トルコ　○アンカラ
×イスタンブール
ナイジェリア　○アブジャ
×ラゴス
ニュージーランド○ウェリントン
×オークランド
パキスタン　○イスラマバード
×カラチ
ブラジル　○ブラジリア
×サンパウロ
×リオデジャネイロ
ベトナム　○ハノイ
×ホーチミン
南アフリカ　○プレトリア
×ヨハネスブルク
×ケープタウン
モザンビーク　○マプト
×モザンビーク
モロッコ　○ラバト
×カサブランカ
×マラケシュ

特殊な例

ボリビア　スクレ＝憲法上の首都
ラパス＝政府所在地
マレーシア　クアラルンプール＝事実上の首都
プトラジャヤ＝行政首都
タンザニア　ダルエスサラーム＝事実上の首都
ドドマ＝法律上の首都

特殊な例（首都以外）

ジャム・カシミール州（インド）
スリナガル＝夏の州都
ジャム＝冬の州都

変更のあった地名（旧→新）

アウシュビッツ（ドイツ語名）→オシフィエンチム(ポーランド)
マケドニア→北マケドニア(国名)
キルギスタン→キルギス（国名）
グルジア→ジョージア（国名）
ヌルスルタン→アスタナ（カザフスタン）
スワジランド→エスワティニ（国名）
カルカッタ→コルカタ（インド＝ベンガル語名）
マドラス→チェンナイ（インド＝タミル語名）
ボンベイ→ムンバイ（インド＝マラーティー語名）
ビルマ→ミャンマー（国名）
ラングーン→ヤンゴン（ミャンマー）
サイゴン→ホーチミン(ベトナム)
コンポンソム→シアヌークビル（カンボジア南部港町）

テルペニア岬（北知床岬）
ユジノサハリンスク（豊原）
ノボアレクサンドロフスク（小沼）
シネゴルスク（川上）
ソコル（大谷）
ドリンスク（落合）
タタール海峡（間宮海峡）
テルペニア湾（多来加湾）

千島列島の地名

千島列島（ロシア名・クリル諸島）のうち日本が領土権を放棄していない北方4島は従来通り漢字で書き、必要に応じて読みをつける。

歯舞《はぼまい》、色丹《しこたん》、国後《くなしり》、択捉《えとろふ》

領土権を放棄したものは現地の呼び方で書き、必要に応じて旧日本名をカッコ内に示す。

シュムシュ島（占守島）
パラムシル島（幌莚島）
シャシコタン島（捨子古丹島）
ウルップ島（得撫島）
シムシル島（新知島）

南極の地名

アデリー海岸
アドミラルチー山脈
インホブデ
ウェデル海
エンダービー陸地
オングル島
クインモード
ゴンザレスビデラ
シャクルトン棚氷
トリリングオイアネ諸島
ノールブクタ入り江
ハブスボツン湾
ハムナ港
ビアドモア氷河
プリンスオラフ
プリンスハラルド
プリンセスアストリッド
プリンセスラングヒルド
ベリングスハウゼン海
ボツンヌーテン山
マクマード基地
マリーバード陸地
モーソン
リトルアメリカ
リュツォホルム湾
ロス棚氷

間違えやすい首都

アラブ首長国連邦　○アブダビ
　×ドバイ
ウズベキスタン　○タシケント
　×サマルカンド
オーストラリア　○キャンベラ
　×シドニー
　×メルボルン
カザフスタン　○アスタナ
　×ヌルスルタン
　×アルマトイ
カナダ　○オタワ
　×モントリオール
　×トロント

大同（テドン）
南浦（ナムポ）
博川（パクチョン）
板橋（パンギョ）
花台（ファデ）
豊渓里（プンゲリ）
白頭山（ペクトゥサン）
万景台（マンギョンデ）
万寿台（マンスデ）
明川（ミョンチョン）
舞水端里（ムスダンリ）
文川（ムンチョン）
寧辺（ヨンビョン）
羅津（ラジン）
羅先（ラソン）
嶺底里（リョンジョリ）

樺太の地名

現地の呼び方で書き、必要に応じて旧日本名をカッコ内に示す。ただし、「樺太」は旧名のまま使ってもよい。

サハリン（樺太）
▽アニワ湾（亜庭湾）地域
クリリオン岬（西能登呂岬）
グリニャヤ（小泊）
アトラソボ（知志谷）
フボストボ（内砂）
キリロボ（雨竜）
タラナイ（多蘭内）
アニワ（留多加）
コルサコフ（大泊）
オジョルスキー（長浜）
ノビコボ（弥満）
アニワ岬（中知床岬）
▽西海岸
モネロン島（海馬島）
シェブニノ（南名好）
ゴルノザボツク（内幌）
ネベリスク（本斗）
カリーニノ（多蘭泊）
プラウダ（広地）
ホルムスク（真岡）
ヤブロチヌイ（蘭泊）
シャフチョルスク（塔路）
チェホフ（野田）
トマリ（泊居）
イリインスキー（久春内）
クラスノゴルスク（珍内）
ラマノン岬（知来岬）
オルロボ（鵜城）
ウグレゴルスク（恵須取）
ウダルヌイ（大平）
レソゴルスク（名好）
ボシニャコボ（西柵丹）
▽東海岸
スボボドナヤ（愛郎）
オホーツコエ（富内）
レスノエ（落帆）
オストロムイソフカ（野寒）
フィルソボ（小田寒）
プガチョボ（馬群潭）
ボストチヌイ（元泊）
マカロフ（知取）
バフルシェフ（泊岸）
ガステロ（内路）
ポロナイスク（敷香）
チュレニ島（海豹島）

安東（アンドン）
慶尚南道（キョンサンナムド）
昌原（チャンウォン）
全羅北道（チョルラプクト）
全州（チョンジュ）
全羅南道（チョルラナムド）
務安郡（ムアングン）
済州道（チェジュド）
済州（チェジュ）
【主要都市・地名】
安養（アンヤン）
仁川（インチョン）
蔚山（ウルサン）
江陵（カンヌン）
江華島（カンファド）
金浦（キムポ）
慶州（キョンジュ）
光州（クァンジュ）
群山（クンサン）
西帰浦（ソギポ）
城南（ソンナム）
済州島（チェジュド）
鉄原（チョルウォン）
青瓦台（チョンワデ）
大邱（テグ）
大田（テジョン）
東海（トンヘ）
漢江（ハンガン）
板門店（パンムンジョム）
釜山（プサン）
富川（プチョン）
浦項（ポハン）
木浦（モッ〈ク〉ポ）
楊州（ヤンジュ）
汝矣島（ヨイド）

北朝鮮の地名

【道と道庁所在都市】
平安北道（ピョンアンプクト）
新義州（シンウィジュ）
平安南道（ピョンアンナムド）
平城（ピョンソン）
慈江道（チャガンド）
江界（カンゲ）
両江道（リャンガンド）
恵山（ヘサン）
咸鏡北道（ハムギョンプクト）
清津（チョンジン）
咸鏡南道（ハムギョンナムド）
咸興（ハムフン）
黄海北道（ファンヘプクト）
沙里院（サリウォン）
黄海南道（ファンヘナムド）
海州（ヘジュ）
江原道（カンウォンド）
元山（ウォンサン）
【主要都市・地名】
平壌（ピョンヤン）
金策（キムチェク）
金亨稷（キムヒョンジク）
亀城（クソン）
金剛山（クムガンサン）
金倉里（クムチャンニ）
琴湖（クムホ）
開城（ケソン）
順安（スナン）
中江（チュンガン）
泰川（テチョン）

都）
ピーア（サウスダコタ州都）
ビスマーク（ノースダコタ州都）
ピッツバーグ（ペンシルベニア州）
ヒューストン（テキサス州）
ヒューロン湖（米・カナダの国境）
ヒロ（ハワイ州ハワイ島）
ファーゴ（ノースダコタ州）
フィラデルフィア（ペンシルベニア州）
フェアバンクス（アラスカ州）
フェニックス（アリゾナ州都）
フランクフォート（ケンタッキー州都）
プリマス（マサチューセッツ州）
ブロードウェー（ニューヨーク）
プロビデンス（ロードアイランド州都）
ベスレヘム（ペンシルベニア州）
ヘレナ（モンタナ州都）
ボイジー（アイダホ州都）
ホイットニー山（カリフォルニア州）
ポーツマス（ニューハンプシャー州）
ボストン（マサチューセッツ州都）
ホノルル（ハワイ州都）
ボルダー（コロラド州）
ボルティモア（メリーランド州）
マイアミ（フロリダ州）
マウイ島（ハワイ州）
マッキンリー（デナリ）山（アラスカ州）
マディソン（ウィスコンシン州都）
マンチェスター（ニューハンプシャー州）
ミシシッピ川
ミネアポリス（ミネソタ州）
ミルウォーキー（ウィスコンシン州）
メンフィス（テネシー州）
モービル（アラバマ州）
モントゴメリー（アラバマ州都）
モントピリア（バーモント州都）
ラスベガス（ネバダ州）
ランシング（ミシガン州都）
リッチモンド（バージニア州都）
リトルロック（アーカンソー州都）
リンカーン（ネブラスカ州都）
ルイビル（ケンタッキー州）
レークプラシッド（ニューヨーク州）
ローリー（ノースカロライナ州都）
ロサンゼルス（カリフォルニア州）
ロスアラモス（ニューメキシコ州）
ワシントン（コロンビア特別区）

韓国の地名

【道と道庁所在都市】
江原道（カンウォンド）
　春川（チュンチョン）
京畿道（キョンギド）
　水原（スウォン）
忠清北道（チュンチョンプクト）
　清州（チョンジュ）
忠清南道（チュンチョンナムド）
　洪城郡（ホンソングン）
慶尚北道（キョンサンプクト）

州都）
ザイオン国立公園（ユタ州）
サクラメント（カリフォルニア州都）
サバナ（ジョージア州）
サンタフェ（ニューメキシコ州都）
サンディエゴ（カリフォルニア州）
サンノゼ（カリフォルニア州）
サンフランシスコ（カリフォルニア州）
シアトル（ワシントン州）
シーアイランド（ジョージア州）
ジェファーソンシティー（ミズーリ州都）
シエラネバダ山脈
シカゴ（イリノイ州）
ジャージーシティー（ニュージャージー州）
シャーロット（ノースカロライナ州）
シャイアン（ワイオミング州都）
ジャクソン（ミシシッピ州都）
ジャクソンビル（フロリダ州）
ジュノー（アラスカ州都）
シラキュース（ニューヨーク州）
シンシナティ（オハイオ州）
スキャグウェー（アラスカ州）
スプリングフィールド（イリノイ州都）
スプリングフィールド（マサチューセッツ州ほか）
スペリオル湖（米・カナダの国境）
セーレム（オレゴン州都）
セントポール（ミネソタ州都）
セントルイス（ミズーリ州）
ソルトレークシティー（ユタ州都）
ダラス（テキサス州）
タラハシー（フロリダ州都）
ダルース（ミネソタ州）
タンパ（フロリダ州）
チャールストン（ウェストバージニア州都）
チャタヌーガ（テネシー州）
デトロイト（ミシガン州）
デナリ（マッキンリー）山（アラスカ州）
デモイン（アイオワ州都）
デンバー（コロラド州都）
トゥーソン（アリゾナ州）
ドーバー（デラウェア州都）
トピカ（カンザス州都）
トレントン（ニュージャージー州都）
ナッシュビル（テネシー州都）
ナバホ山
ニューオーリンズ（ルイジアナ州）
ニューヘブン（コネティカット州）
ニューヨーク（ニューヨーク州）
ノーススロープ（アラスカ州）
バークレー（カリフォルニア州）
ハートフォード（コネティカット州都）
バーミングハム（アラバマ州）
ハドソン川
バトンルージュ（ルイジアナ州都）
バファロー（ニューヨーク州）
ハリウッド（ロサンゼルス）
ハリスバーグ（ペンシルベニア州

ィー）
ミネソタ州（セントポール）
メーン州（オーガスタ）
メリーランド州（アナポリス）
モンタナ州（ヘレナ）
ユタ州（ソルトレークシティー）
ルイジアナ州（バトンルージュ）
ロードアイランド州（プロビデンス）
ワイオミング州（シャイアン）
ワシントン州（オリンピア）

【主要都市・地名】

アーカンザスシティー（カンザス州）
アクロン（オハイオ州）
アトランタ（ジョージア州都）
アトランティックシティー（ニュージャージー州）
アナポリス（メリーランド州都）
アバディーン（ワシントン州、サウスダコタ州）
アパラチア山脈
アルバカーキ(ニューメキシコ州)
アンカレジ（アラスカ州）
アンドルーズ空軍基地（メリーランド州）
イエローストン国立公園（ワイオミング州など）
インディアナポリス（インディアナ州都）
ウィチタ（カンザス州）
ウィリアムズバーグ（バージニア州）
ウォール街（ニューヨーク）
エリー湖（米・カナダの国境）
エルパソ（テキサス州）
オアフ島（ハワイ州）
オーガスタ（メーン州都）
オーガスタ（ジョージア州）
オークランド(カリフォルニア州)
オークリッジ（テネシー州）
オースティン（テキサス州都）
オールバニ（ニューヨーク州都）
オクラホマシティー（オクラホマ州都）
オマハ（ネブラスカ州）
オリンピア（ワシントン州都）
カーソンシティー（ネバダ州都）
カンザスシティー（ミズーリ州）
キーウェスト（フロリダ州）
キャンプデービッド（メリーランド州）
キラウエア火山（ハワイ州ハワイ島）
クリーブランド（オハイオ州）
グリニッチビレッジ（ニューヨーク）
ケープカナベラル（フロリダ州）
ゲティスバーグ（ペンシルベニア州）
ケンブリッジ（マサチューセッツ州）
コロラドスプリングズ（コロラド州）
コロンバス（オハイオ州都）
コロンビア（サウスカロライナ州都）
コンコード（ニューハンプシャー

◎ロシア（ヨーロッパ・アジア）
ロゼッタ（エジプト）
○ロゾー（ドミニカ）
ロッテルダム（オランダ）
ロビト（アンゴラ）
ロプノル（中国北西部）
○ロメ（トーゴ）
ロレーヌ（フランス）
○ロンドン（イギリス）
ロンドンデリー（イギリス）
ロンボク海峡（インドネシア）

（ワ）

○ワガドゥグ（ブルキナファソ）
ワディハルファ（スーダン）
○ワルシャワ（ポーランド）

アメリカの地名

【 州 】（ ）内は州都
アーカンソー州（リトルロック）
アイオワ州（デモイン）
アイダホ州（ボイジー）
アラスカ州（ジュノー）
アラバマ州（モントゴメリー）
アリゾナ州（フェニックス）
イリノイ州（スプリングフィールド）
インディアナ州（インディアナポリス）
ウィスコンシン州（マディソン）
ウェストバージニア州（チャールストン）
オクラホマ州（オクラホマシティー）
オハイオ州（コロンバス）
オレゴン州（セーレム）
カリフォルニア州(サクラメント)
カンザス州（トピカ）
ケンタッキー州（フランクフォート）
コネティカット州（ハートフォード）
コロラド州（デンバー）
サウスカロライナ州(コロンビア)
サウスダコタ州（ピーア）
ジョージア州（アトランタ）
テキサス州（オースティン）
テネシー州（ナッシュビル）
デラウェア州（ドーバー）
ニュージャージー州(トレントン)
ニューハンプシャー州（コンコード）
ニューメキシコ州（サンタフェ）
ニューヨーク州（オールバニ）
ネバダ州（カーソンシティー）
ネブラスカ州（リンカーン）
ノースカロライナ州（ローリー）
ノースダコタ州（ビスマーク）
バージニア州（リッチモンド）
バーモント州（モントピリア）
ハワイ州（ホノルル）
フロリダ州（タラハシー）
ペンシルベニア州(ハリスバーグ)
マサチューセッツ州（ボストン）
ミシガン州（ランシング）
ミシシッピ州（ジャクソン）
ミズーリ州（ジェファーソンシテ

ラサ（チベット）
◎ラトビア（ヨーロッパ）
ラパス（ボリビア）〔事実上の首都。憲法上の首都はスクレ〕
○ラバト（モロッコ）
ラプラタ（アルゼンチン）
ラホール（パキスタン）
ラワルピンディ（パキスタン）
ランカシャー（イギリス）
ランソン（ベトナム）
ランブイエ（フランス）

（リ）

リーズ（イギリス）
○リーブルビル（ガボン）
リール（フランス）
リエージュ（ベルギー）
リエカ（クロアチア）
リオデジャネイロ（ブラジル）
○リガ（ラトビア）
○リスボン（ポルトガル）
◎リトアニア（ヨーロッパ）
リバプール（イギリス）
◎リビア（アフリカ）
◎リヒテンシュタイン（ヨーロッパ）
リビングストン（ザンビア）
◎リベリア（アフリカ）
リボルノ（イタリア）
○リマ（ペルー）
リモージュ（フランス）
○リヤド（サウジアラビア）
○リュブリャナ（スロベニア）
リヨン（フランス）
リレハンメル（ノルウェー）
○リロングウェ（マラウイ）
リンガエン湾（フィリピン）
リンツ（オーストリア）

（ル）

ルアーブル（フランス）
○ルアンダ（アンゴラ）
ルアンプラバン（ラオス）
ルーアン（フランス）
◎ルーマニア（ヨーロッパ）
◎○ルクセンブルク（ヨーロッパ）
ルクソール（エジプト）
○ルサカ（ザンビア）
ルソン島（フィリピン）
ルブンバシ（コンゴ民主共和国）
◎ルワンダ（アフリカ）

（レ）

○レイキャビク（アイスランド）
レイテ島（フィリピン）
レシフェ（ブラジル）
レスター（イギリス）
◎レソト（アフリカ）
レッジョエミリア（イタリア）
レッジョカラブリア（イタリア）
◎レバノン（中東）
レユニオン（マダガスカル東方＝仏海外県）

（ロ）

ローザンヌ（スイス）
○ローマ（イタリア）
ロサリオ（アルゼンチン）

ムバンダカ(コンゴ民主共和国)
ムルマンスク（ロシア）
ムルロア環礁(南太平洋＝仏領)
ムンバイ(旧ボンベイ)(インド)

（メ）

◎メキシコ（中米）
○メキシコ市（メキシコ）
メクネス（モロッコ）
メッカ（サウジアラビア）
メデジン（コロンビア）
メルボルン（オーストラリア）
メンドサ（アルゼンチン）

（モ）

◎モーリシャス（マダガスカル東方）
◎モーリタニア（アフリカ）
モカ（イエメン）
○モガディシオ（ソマリア）
◎モザンビーク（アフリカ）
モシ（タンザニア）
○モスクワ（ロシア）
モスル（イラク）
◎○モナコ（ヨーロッパ）
モルッカ海峡（インドネシア）
◎モルディブ（インド洋）
◎モルドバ（ヨーロッパ）
◎モロッコ（アフリカ）
○モロニ（コモロ）
◎モンゴル（アジア）
◎モンテネグロ（ヨーロッパ）
○モンテビデオ（ウルグアイ）
モンテレイ（メキシコ）
モンテンルパ（フィリピン）
モントリオール（カナダ）
モンバサ（ケニア）
モンペリエ（フランス）
○モンロビア（リベリア）

（ヤ）

○ヤウンデ（カメルーン）
ヤクーツク（ロシア）
○ヤムスクロ(コートジボワール)
○ヤレン（ナウル）
ヤンゴン（旧ラングーン）（ミャンマー）

（ユ）

ユーコン川(カナダ・アラスカ)
ユーフラテス川（トルコ・シリア・イラク）
ユカタン半島（メキシコ）
ユトレヒト（オランダ）
ユングフラウ山（スイス）

（ヨ）

ヨークシャー（イギリス）
ヨハネスブルク（南ア共和国）
◎ヨルダン（中東）

（ラ）

ライデン（オランダ）
ライプチヒ（ドイツ）
ラインラント・プファルツ（ドイツ）
◎ラオス（東南アジア）
ラゴス（ナイジェリア）

ホルムズ海峡（中東）
ボルンホルム島（デンマーク）
ボローニャ（イタリア）
ホロ島（フィリピン）
ボロネジ（ロシア）
ポワントノワール（コンゴ共和国）
ボン（ドイツ）
◎ホンジュラス（中米）
ポンペイ（旧ポナペ）島（ミクロネシア連邦）

（マ）

◎マーシャル諸島（太平洋）
マカオ（中国南部沿岸）
マカッサル（海峡）（インドネシア）
マシャド（イラン）
○マジュロ（マーシャル諸島）
○マスカット（オマーン）
マゼラン海峡(南米大陸の南端)
○マセル（レソト）
◎マダガスカル（アフリカ）
マッターホルン（イタリア・スイス国境の山）
○マドリード（スペイン）
○マナグア（ニカラグア）
○マナマ（バーレーン）
○マニラ（フィリピン）
○マプト（モザンビーク）
マヨルカ島（スペイン）
◎マラウイ（アフリカ）
マラカイボ（ベネズエラ）
マラケシュ（モロッコ）
マラッカ海峡（東南アジア）
○マラボ（赤道ギニア）
マランジェ（アンゴラ）
◎マリ（アフリカ）
マリアナ諸島（太平洋中西部の群島）
○マルキョク（パラオ）
マルセイユ（フランス）
◎マルタ（地中海）
マルティニク（カリブ海＝仏海外県）
○マレ（モルディブ）
◎マレーシア（東南アジア）
マレー半島(マレーシア・タイ)
マンダレー（ミャンマー）
マンチェスター（イギリス）

（ミ）

◎ミクロネシア連邦（太平洋）
ミッドウェー諸島（太平洋中部＝米領）
◎南アフリカ共和国（アフリカ）
南オセチア自治州(ジョージア)
◎南スーダン（アフリカ）
◎ミャンマー（旧ビルマ）（東南アジア）
ミュンヘン（ドイツ）
ミラノ（イタリア）
○ミンスク（ベラルーシ）
ミンダナオ島（フィリピン）
ミンドロ島（フィリピン）

（ム）

○ムババーネ（エスワティニ）

ペトロパブロフスク（カザフスタン）
ペトロパブロフスク・カムチャツキー（ロシア）
◎ベナン（アフリカ）
ペナン（マレーシア）
◎ベネズエラ（南アメリカ）
ベネチア（イタリア）
ヘラート（アフガニスタン）
ベラクルス（メキシコ）
◎ベラルーシ（ヨーロッパ）
◎ベリーズ（中米）
◎ペルー（南アメリカ）
◎ベルギー（ヨーロッパ）
ベルゲン（ノルウェー）
ベルサイユ（フランス）
ペルシャ湾（中東）
○ヘルシンキ（フィンランド）
ベルファスト（イギリス）
ベルベラ（ソマリア）
○ベルモパン（ベリーズ）
○ベルリン（ドイツ）
○ベルン（スイス）
ベレン（ブラジル）
ベロオリゾンテ（ブラジル）
ペロポネソス（ギリシャ）
ベンガジ（リビア）
ベンガル湾（アジア）
ベンゲラ（アンゴラ）
ヘント（ベルギー）

（ホ）

ホーチミン（旧サイゴン）（ベトナム）
ポーツマス（アメリカ、イギリス）
○ポートオブスペイン（トリニダード・トバゴ）
ポートサイド（エジプト）
○ポートビラ（バヌアツ）
○ポートモレスビー（パプアニューギニア）
○ポートルイス（モーリシャス）
◎ポーランド（ヨーロッパ）
○ボゴタ（コロンビア）
ポズナニ（ポーランド）
◎ボスニア・ヘルツェゴビナ（ヨーロッパ）
ボスニア湾（スウェーデンとフィンランドの間）
ポツダム（ドイツ）
◎ボツワナ（アフリカ）
ホデイダ（イエメン）
○ポドゴリツァ（旧チトーグラード）（モンテネグロ）
○ホニアラ（ソロモン諸島）
ホバート（オーストラリア）
ボヘミア（チェコ）
ホムス（シリア）
ホラムシャハル（イラン）
◎ボリビア（南アメリカ）
ボルゴグラード（旧スターリングラード）（ロシア）
ボルドー（フランス）
○ポルトープランス（ハイチ）
◎ポルトガル（ヨーロッパ）
○ポルトノボ（ベナン）
ボルネオ島（インドネシア語名カリマンタン）（東南アジア）

フエ（ベトナム）
フエゴ島(アルゼンチン・チリ)
フェズ（モロッコ）
○ブエノスアイレス（アルゼンチン）
プエルトプリンセサ(フィリピン)
◎プエルトリコ(中米＝米自治領)
フェロー諸島（北大西洋＝デンマーク領）
フォークランド諸島（大西洋南西部＝英領）
フォルタレザ（ブラジル）
フォンテンブロー（フランス）
ブカブ（コンゴ民主共和国）
○ブカレスト（ルーマニア）
ブシェール（イラン）
ブジュンブラ（ブルンジ）
フゼスタン州（イラン）
○ブダペスト（ハンガリー）
プナカ（ブータン）
○フナフティ（ツバル）
○プノンペン（カンボジア）
○プライア（カボベルデ）
○ブラザビル（コンゴ共和国）
○ブラジリア（ブラジル）
◎ブラジル（南アメリカ）
○ブラチスラバ（スロバキア）
○プラハ（チェコ）
ブラワヨ（ジンバブエ）
◎フランス（ヨーロッパ）
○フリータウン（シエラレオネ）
○プリシュティナ（コソボ）
ブリスベン（オーストラリア）
○ブリッジタウン（バルバドス）
プリマス（イギリス、アメリカ）
○ブリュッセル（ベルギー）
ブルームフォンテーン（南ア共和国）
ブルガス（ブルガリア）
◎ブルガリア（ヨーロッパ）
◎ブルキナファソ（アフリカ）
ブルタバ(モルダウ)川(チェコ)
◎ブルネイ（東南アジア）
◎ブルンジ（アフリカ）
プレーク（ベトナム）
ブレーメン（ドイツ）
ブレスト(フランス、ベラルーシ)
○プレトリア（南ア共和国）
プレベン（ブルガリア）
プロイエシュティ(ルーマニア)
プロイセン（旧王国名。ドイツ・ポーランドの北部）
プロブディフ（ブルガリア）

（へ）

ベイダ（リビア）
ベイラ（モザンビーク）
○ベイルート（レバノン）
○ベオグラード（セルビア）
ベカー（レバノン）
ペシャワル（パキスタン）
ベズビオ山（イタリア）
ベッサラビア（モルドバ一帯の旧称）
ヘッセン州（ドイツ）
ベツレヘム（ヨルダン川西岸）
◎ベトナム（東南アジア）
ペトロザボーツク（ロシア）

○パラマリボ（スリナム）
○ハラレ（ジンバブエ）
パラワン島（フィリピン）
○パリ（フランス）
○パリキール（ミクロネシア連邦）
バリ島（インドネシア）
ハリファクス（カナダ）
ハルキウ（ウクライナ）
ハルゲイサ（ソマリア）
バルセロナ（スペイン）
○ハルツーム（スーダン）
バルト海（ヨーロッパ）
◎バルバドス（中米）
バルパライソ（チリ）
ハルビン（中国東北部）
パレスチナ（中東）
○バレッタ（マルタ）
バレンシア（スペイン）
ハロン（旧ホンゲイ）（ベトナム）
パンガニ（タンザニア）
◎ハンガリー（ヨーロッパ）
○バンギ（中央アフリカ）
バンクーバー（カナダ）
◎バングラデシュ（アジア）
○バンコク（タイ）
○バンジュール（ガンビア）
バンダレアッバース（イラン）
○バンダルスリブガワン（ブルネイ）
バンダルホメイニ（イラン）
バンドン（インドネシア）
ハンブルク（ドイツ）

（ヒ）

ビーグル海峡（チリ・アルゼンチンの間）
ビール（スイス）
○ビエンチャン（ラオス）
◎東ティモール（東南アジア）
ビキニ環礁（太平洋中西部＝マーシャル諸島）
○ビクトリア（セーシェル）
○ビサウ（ギニアビサウ）
ビシー（フランス）
○ビシケク（旧フルンゼ）（キルギス）
ビスケー湾（フランス・スペイン）
ビゼルト（チュニジア）
ピトケアン島（南太平洋＝英領）
○ビリニュス（リトアニア）
ピルゼン（プルゼニ）（チェコ）
ビルバオ（スペイン）
ヒンズークシ山脈（アフガニスタン）

（フ）

○ファドゥーツ（リヒテンシュタイン）
◎フィジー（南太平洋）
◎フィリピン（東南アジア）
フィレンツェ（イタリア）
◎フィンランド（ヨーロッパ）
ブーゲンビル島（パプアニューギニア）
◎ブータン（アジア）
ブーローニュ（フランス）

○ヌクアロファ（トンガ）
○ヌジャメナ（チャド）
ヌビア砂漠（スーダン）

（ネ）

ネグロス島（フィリピン）
◎ネパール（アジア）
○ネピドー（ミャンマー）

（ノ）

ノーサンプトン（イギリス）
ノバスコシア（カナダ）
ノバヤゼムリャ（ロシア）
ノボシビルスク（ロシア）
◎ノルウェー（ヨーロッパ）
ノルマンディー（フランス）

（ハ）

ハーグ（オランダ）
パース（オーストラリア）
バーゼル（スイス）
バーミヤン（アフガニスタン）
バーミンガム（イギリス）
バール川（南ア共和国）
◎バーレーン（中東）
バイエルン（ドイツ）
バイコヌール（カザフスタン）
◎ハイチ（中米）
ハイデラバード（インド、パキスタン）
ハイデルベルク（ドイツ）
ハイファ（イスラエル）
ハイフォン（ベトナム）
バギオ（フィリピン）
◎パキスタン（アジア）
○バクー（アゼルバイジャン）
○バグダッド（イラク）
バスチーユ（パリの広場）
バステール（グアドループ）
○バセテール（セントクリストファー・ネビス）
バスラ（イラク）
バターン半島（フィリピン）
バタンバン（カンボジア）
◎バチカン（ヨーロッパ）
バトゥーミ（ジョージア）
パドバ（イタリア）
◎パナマ（中米）
○パナマ市（パナマ）
◎バヌアツ（南太平洋）
○ハノイ（ベトナム）
ハノーバー（ドイツ）
○ハバナ（キューバ）
◎バハマ（中米）
バハルルガザル（スーダン）
ハバロフスク（ロシア）
パプア州（インドネシア）
◎パプアニューギニア(南太平洋)
バフィン島（カナダ）
バブルマンデブ海峡（紅海入り口）
○ハボローネ（ボツワナ）
○バマコ（マリ）
ハマダン（イラン）
バミューダ島（大西洋北西部＝英領）
◎パラオ（太平洋）
◎パラグアイ（南アメリカ）

ドニプロ（ウクライナ）
ドニプロ川（ウクライナなど）
ドバイ（アラブ首長国連邦）
○トビリシ（ジョージア）
ドブロブニク（クロアチア）
◎ドミニカ（中米）〔ドミニカ共和国とは別〕
◎ドミニカ共和国（中米）
トラバンコール（インド）
トランシルバニア（ルーマニア）
トランスバール（南ア共和国）
トリエステ（イタリア）
◎トリニダード・トバゴ（西インド諸島）
トリノ（イタリア）
○トリポリ（リビア）
トリポリ（レバノン）
トリンコマリー（スリランカ）
◎トルクメニスタン（アジア）
◎トルコ（中東）
ドレスデン（ドイツ）
トロント（カナダ）
◎トンガ（南太平洋）
トンレサップ湖（カンボジア）

（ナ）

◎ナイジェリア（アフリカ）
○ナイロビ（ケニア）
◎ナウル（南太平洋）
ナタンツ（イラン）
○ナッソー（バハマ）
ナホトカ（ロシア）
ナポリ（イタリア）
◎ナミビア（アフリカ）
ナムディン（ベトナム）
ナルビク（ノルウェー）
ナント（フランス）
ナンプラ（モザンビーク）

（ニ）

○ニアメー（ニジェール）
ニース（フランス）
◎ニウエ（オセアニア）
◎ニカラグア（中米）
○ニコシア（キプロス）
ニコラエフスクナアムーレ（ロシア）
◎ニジェール（アフリカ）
西サハラ（アフリカ）
ニジニーノブゴロド（旧ゴーリキー）（ロシア）
西パプア州（インドネシア）
ニャチャン（ベトナム）
ニューカッスル（イギリス）
ニューカレドニア（南太平洋＝仏領）
ニューギニア島（太平洋南西部）
◎ニュージーランド（オセアニア）
○ニューデリー（インド）
ニューファンドランド島（カナダ）
ニュルンベルク（ドイツ）

（ヌ）

○ヌアクショット（モーリタニア）
ヌーク（旧ゴットホープ）（グリーンランド）
ヌーメア（ニューカレドニア）

チェンマイ（タイ）
チグリス川（トルコ・イラク）
チッタゴン（バングラデシュ）
チベット（中国南西部）
◎チャド（アフリカ）
◎中央アフリカ（アフリカ）
チューリヒ（スイス）
◎チュニジア（アフリカ）
○チュニス（チュニジア）
チョモランマ（中国名。ネパール名サガルマタ、英語名エベレスト）
◎チリ（南アメリカ）
チロル（オーストリア北西部の山岳地帯）

（ツ）

◎ツバル（南太平洋）

（テ）

ティール（レバノン）
ディエゴガルシア（インド洋＝英領）
ディエンビエンフー(ベトナム)
ティティカカ湖（ペルー・ボリビア）
ティボリ（イタリア）
ティボリ（コペンハーゲン）
ティミショアラ（ルーマニア）
ティフアナ（メキシコ）
○ティラナ（アルバニア）
ティラン（エジプト）
○ディリ（東ティモール）
ティレニア海（地中海）
○ティンプー（ブータン）
デービス海峡（グリーンランドとバフィン島の間）
○テグシガルパ（ホンジュラス）
デズフル（イラン）
テッサロニキ（ギリシャ）
テトゥアン（モロッコ）
デブレツェン（ハンガリー）
○テヘラン（イラン）
テムズ川（イギリス）
デュイスブルク（ドイツ）
デュッセルドルフ（ドイツ）
テルアビブ（イスラエル）
デンパサール（バリ島＝インドネシア）
◎デンマーク（ヨーロッパ）

（ト）

◎ドイツ（ヨーロッパ）
ドゥアラ（カメルーン）
トゥール（フランス）
トゥールーズ（フランス）
トゥーロン（フランス）
○ドゥシャンベ（タジキスタン）
トゥルク（フィンランド）
トゥルネー（ベルギー）
◎トーゴ（アフリカ）
○ドーハ（カタール）
ドーバー海峡（英南東岸と仏北岸の間）
トスカーナ（イタリア）
○ドドマ（タンザニア）
ドナウ川（ドイツ南部に発し黒海に注ぐ）

◎セネガル（アフリカ）
セバストポリ（ウクライナ）
セビリア（スペイン）
セブ（フィリピン）
◎セルビア（ヨーロッパ）
セントアンドルーズ(イギリス)
◎セントクリストファー・ネビス（中米）
○セントジョージズ（グレナダ）
○セントジョンズ（アンティグア・バーブーダ）
◎セントビンセント・グレナディーン（中米）
セントヘレナ島（大西洋南部＝英領）
◎セントルシア（中米）

（ソ）

ソウェト（南ア共和国）
○ソウル（韓国）
ゾーリンゲン（ドイツ）
ソチ（ロシア）
○ソフィア（ブルガリア）
◎ソマリア（アフリカ）
◎ソロモン諸島（南太平洋）
ソンゲア（タンザニア）

（タ）

ダーウィン（オーストラリア）
ダージリン（インド）
ダーダネルス（トルコ）
ダーバン（南ア共和国）
◎タイ（東南アジア）
タイシェト（シベリア・バム鉄道分岐点＝ロシア）
○ダカール（セネガル）
ダクラ（西サハラ）
タクロバン（フィリピン）
◎タジキスタン（アジア）
○タシケント（ウズベキスタン）
タスマニア島(オーストラリア)
○ダッカ（バングラデシュ）
ダナン（ベトナム）
ダバオ（フィリピン）
タヒチ（南太平洋＝仏領）
タブリーズ（イラン）
○ダブリン（アイルランド）
○ダマスカス（シリア）
ダラト（ベトナム）
ダラム（イギリス）
○タラワ（キリバス）
○タリン（エストニア）
ダルエスサラーム(タンザニア)
タルファヤ（モロッコ）
ダルムシュタット（ドイツ）
タンガニーカ（タンザニア）
◎タンザニア（アフリカ）
タンジール（モロッコ）
タンペレ（フィンランド）
タンルウィン（旧サルウィン）川（ミャンマー・中国）

（チ）

◎チェコ（ヨーロッパ）
チェチェン（ロシア）
チェリャビンスク（ロシア）
チェンナイ（旧マドラス）（インド）

シナイ半島（中東）
◎○ジブチ（アフリカ）
ジブラルタル（イベリア半島＝英領）
シベリア（ロシア）
○ジャカルタ（インドネシア）
シャトルアラブ川（イラク）
ジャフナ（スリランカ）
◎ジャマイカ（中米）
ジャララバード(アフガニスタン)
シャルルロワ（ベルギー）
ジャワ（インドネシア）
シャンゼリゼ（パリ）
シャンパーニュ（フランス）
シュツットガルト（ドイツ）
ジュネーブ（スイス）
○ジュバ（南スーダン）
◎ジョージア（旧グルジア）（アジア）
○ジョージタウン（ガイアナ）
ジョクジャカルタ（インドネシア）
ジョホール海峡（西マレーシア・シンガポールの間）
シラーズ（イラン）
◎シリア（中東）
◎○シンガポール（東南アジア）
◎ジンバブエ（アフリカ）

（ス）

◎スイス（ヨーロッパ）
◎スウェーデン（ヨーロッパ）
◎スーダン（アフリカ）
スービック（フィリピン）
スカンディナビア（北ヨーロッパ）
○スクレ（ボリビア）〔憲法上の首都。事実上の首都はラパス〕
○スコピエ（北マケドニア）
ステンバルク（旧タンネンベルク）（ポーランド）
○ストックホルム(スウェーデン)
ストラスブール（フランス）
○スバ（フィジー）
スバールバル諸島（北極海＝ノルウェー領）
スピッツベルゲン島（北極海＝ノルウェー領）
スプリト（クロアチア）
◎スペイン（ヨーロッパ）
スヘベニンゲン（オランダ）
スボティツァ（セルビア）
スモレンスク（ロシア）
スラウェシ島（インドネシア）
スリガオ（フィリピン）
○スリジャヤワルデネプラ・コッテ（スリランカ）
スリナガル（インド）
◎スリナム（南アメリカ）
◎スリランカ（アジア）
◎スロバキア（ヨーロッパ）
◎スロベニア（ヨーロッパ）
スワトー（中国南部沿岸）

（セ）

◎セーシェル（インド洋）
◎赤道ギニア（アフリカ）
セゲド（ハンガリー）

◎コンゴ共和国（アフリカ）
◎コンゴ民主共和国（旧ザイール）（アフリカ）
コンポントム（カンボジア）〔シアヌークビル＝旧コンポンソムとは別〕

（サ）

ザール（ドイツ）
サイダ（シドン）（レバノン）
○サイパン（北マリアナ諸島）
サウサンプトン（イギリス）
◎サウジアラビア（中東）
サガルマタ（ネパール名。中国名チョモランマ、英語名エベレスト）
ザクセン（ドイツ）
○ザグレブ（クロアチア）
サスカチワン（カナダ）
○サヌア（イエメン）
サマラ（旧クイブイシェフ）（ロシア）
サマルカンド（ウズベキスタン）
サマワ（イラク）
◎サモア（南太平洋）
○サラエボ（ボスニア・ヘルツェゴビナ）
ザルツブルク（オーストリア）
サルデーニャ島（イタリア）
サンクトペテルブルク（旧レニングラード）（ロシア）
○サンサルバドル（エルサルバドル）
ザンジバル（タンザニア）
サンタクルス（ボリビア）
サンタフェ（アルゼンチン）
サンティアゴ（スペイン）
○サンティアゴ（チリ）
サンテティエンヌ（フランス）
○サントドミンゴ（ドミニカ共和国）
サンドニ（レユニオン＝仏海外県）
○サントメ（サントメ・プリンシペ）
◎サントメ・プリンシペ（アフリカ）
サンパウロ（ブラジル）
◎ザンビア（アフリカ）
○サンファン（プエルトリコ）
サンボアンガ（フィリピン）
○サンホセ（コスタリカ）
◎○サンマリノ（ヨーロッパ）
サンルイ（セネガル）

（シ）

シアヌークビル（旧コンポンソム）（カンボジア）
ジェノバ（イタリア）
シェフィールド（イギリス）
シエムレアプ（カンボジア）
◎シエラレオネ（アフリカ）
シチェチン（ポーランド）
シチリア（イタリア）
シッキム州（インド）
ジッダ（サウジアラビア）
シティー（ロンドン）
シドニー（オーストラリア）

◎クウェート（中東）
○クウェート市（クウェート）
クスコ（ペルー）
クズネツク（ロシア）
グダニスク（旧ダンチヒ）（ポーランド）
クチン（サラワク＝マレーシア）
◎クック諸島（南太平洋）
グディニア（ポーランド）
クネイトラ（シリア）
グラーツ（オーストリア）
クライストチャーチ（ニュージーランド）
クラクフ（ポーランド）
グラスゴー（イギリス）
クラスノダール（ロシア）
グリーンランド（北極圏＝デンマーク領）
クリチバ（ブラジル）
グリニッジ（イギリス）
クルージ（ルーマニア）
グルノーブル（フランス）
◎グレナダ（中米）
グレンイーグルズ（イギリス）
◎クロアチア（ヨーロッパ）
グローズヌイ（ロシア）

（ケ）

ケイマン諸島（中米＝英領）
ケープタウン（南ア共和国）
ケソン（フィリピン）
ゲッティンゲン（ドイツ）
◎ケニア（アフリカ）
ケベック（州、市）（カナダ）
ケムニッツ（旧カールマルクスシュタット）（ドイツ）
ケルマン（イラン）
ケルマンシャー（イラン）
ケルン（ドイツ）
ケンブリッジ（イギリス、アメリカ）

（コ）

コインブラ（ポルトガル）
◎コートジボワール（アフリカ）
コーンウォール（イギリス）
◎コスタリカ（中米）
◎コソボ（ヨーロッパ）
コタキナバル（サバ＝マレーシア）
コトヌー（ベナン）
○コナクリ（ギニア）
○コペンハーゲン（デンマーク）
コム（イラン）
◎コモロ（アフリカ）
コラート高原（タイ）
コラ半島（ロシア）
ゴラン高原（中東）
コルカタ（旧カルカッタ）（インド）
コルティナダンペッツォ（イタリア）
コルドバ（アルゼンチン、スペイン）
コレヒドール島（フィリピン）
コロール（パラオ）
◎コロンビア（南アメリカ）
コロンボ（スリランカ）

カラチ（パキスタン）
カラハリ砂漠（アフリカ）
カリーニングラード（ロシア）
カリブ海（南米大陸北岸と西インド諸島間の海域）
カリマンタン（ボルネオ島＝インドネシア）
カルガリー（カナダ）
カルチェラタン（パリ）
カルパチア山脈(東ヨーロッパ)
カルバラ（イラク）
カルロビバリ（チェコ）
カレー（フランス）
カンクン（メキシコ）
カンダハル（アフガニスタン）
カンチェンジュンガ山（ヒマラヤ＝ネパール・インド国境）
ガントク（インド）
カンヌ（フランス）
○カンパラ（ウガンダ）
◎ガンビア（アフリカ）
カンペーチェ湾（メキシコ）
◎カンボジア（東南アジア）

（キ）

ギアナ高地（南米大陸北部）
○キーウ（ウクライナ）
キール（ドイツ）
○キガリ（ルワンダ）
キサンガニ(コンゴ民主共和国)
○キシナウ（モルドバ）
キジルクーム砂漠（アジア）
北オセチア共和国（ロシア）
◎北マケドニア（ヨーロッパ）
◎北マリアナ諸島（太平洋＝米自治領）
○ギテガ（ブルンジ）
○キト（エクアドル）
◎ギニア（アフリカ）
◎ギニアビサウ（アフリカ）
◎キプロス（地中海東部）
キャンディ（スリランカ）
○キャンベラ（オーストラリア）
◎キューバ（中米）
キュラソー島（西インド諸島＝オランダ領）
◎ギリシャ（ヨーロッパ）
◎キリバス（南太平洋）
◎キルギス（アジア）
キルクーク（イラク）
○キングズタウン（セントビンセント・グレナディーン）
○キングストン（ジャマイカ）
○キンシャサ(コンゴ民主共和国)
キンバリー（南ア共和国）

（ク）

◎グアテマラ（中米）
○グアテマラ市（グアテマラ）
グアドループ（西インド諸島＝仏海外県）
グアム島(マリアナ諸島＝米領)
○クアラルンプール(マレーシア)
クアンガイ（ベトナム）
グアンタナモ（キューバ）
クイーンズランド（オーストラリア）
クイニョン（ベトナム）

◎オーストラリア（オセアニア）
◎オーストリア（ヨーロッパ）
オーフス（デンマーク）
オガデン（エチオピア）
オシ（キルギス）
オシフィエンチム（旧アウシュビッツ）（ポーランド）
オストラバ（チェコ）
○オスロ（ノルウェー）
オセアニア（太平洋中南部の諸島の総称）
○オタワ（カナダ）
オックスフォード（イギリス）
オデーサ（ウクライナ）
オハ（ロシア）
オホーツク海（日本・ロシア）
◎オマーン（中東）
オムドゥルマン（スーダン）
オラン（アルジェリア）
◎オランダ（ヨーロッパ）
オリンピア（ギリシャ）
オルシティン（ポーランド）
オルセー美術館（パリ）
オルレアン（フランス）
オンタリオ（カナダ）

（カ）

カーグ島（イラン）
カーディフ（イギリス）
◎ガーナ（アフリカ）
カールスクルーナ（スウェーデン）
カールスタード(スウェーデン)
カールスルーエ（ドイツ）
◎ガイアナ（南アメリカ）
カイバル峠（アフガニスタンとパキスタンの間）
○カイロ（エジプト）
カオイダン（タイ）
ガザ地区（中東）
◎カザフスタン（アジア）
カサブランカ（モロッコ）
カザン（ロシア）
カシミール（インド・パキスタン）
○カストリーズ（セントルシア）
カスピ海（中央アジア）
カスレシリン（イラン）
◎カタール（中東）
カタルーニャ地方（スペイン）
カトウィツェ（ポーランド）
カドゥナ（ナイジェリア）
ガトゥン湖（パナマ）
○カトマンズ（ネパール）
◎カナダ（北アメリカ）
カナナスキス（カナダ）
カナリア諸島（大西洋東部＝スペイン）
○カブール（アフガニスタン）
カフカス地方（英語名コーカサス）（黒海・カスピ海の間）
◎カボベルデ（アフリカ）
◎ガボン（アフリカ）
カムチャツカ（ロシア）
カムラン湾（ベトナム）
◎カメルーン（アフリカ）
○カラカス（ベネズエラ）
カラガンダ（カザフスタン）

○ウィーン（オーストリア）
ウイグル（新疆ウイグル自治区）（中国北西部）
ウィスワ川（ポーランド）
ウィッテンベルク（ドイツ）
○ウィントフーク（ナミビア）
ウィンブルドン（ロンドン）
ウースター（イギリス）
ウースタシャー（イギリス）
ウェーク島（マーシャル諸島北方＝米領）
ウェーザー川（ドイツ）
ウェールズ（イギリス）
○ウェリントン（ニュージーランド）
ウォリック（イギリス）
◎ウガンダ（アフリカ）
◎ウクライナ（ヨーロッパ）
ウスチクート（ロシア）
◎ウズベキスタン（アジア）
ウスリー川（ロシア・中国）
ウッジ（ポーランド）
ウプサラ（スウェーデン）
ウラジオストク（ロシア）
ウラジカフカス（ロシア）
ウランウデ（ロシア）
○ウランバートル（モンゴル）
◎ウルグアイ（南アメリカ）
ウロツワフ（ポーランド）

（エ）

エア湖（オーストラリア）
エイラート（イスラエル）
エカテリンブルク（ロシア）
◎エクアドル（南アメリカ）
◎エジプト（アフリカ）
エステルスンド（スウェーデン）
◎エストニア（ヨーロッパ）
◎エスワティニ（旧スワジランド）（アフリカ）
◎エチオピア（アフリカ）
エッセン（ドイツ）
エディンバラ（イギリス）
エドモントン（カナダ）
エニウェトク環礁（マーシャル諸島）
エニセイ川（ロシア）
エビアン（フランス）
エベレスト山（中国名チョモランマ、ネパール名サガルマタ）（ネパール・中国の国境）
エヤワディ管区（ミャンマー）
エリコ（ヨルダン川西岸）
エリゼ宮（パリ）
◎エリトリア（アフリカ）
エルアイウン（西サハラ）
◎エルサルバドル（中米）
○エルサレム（イスラエル）
＊イスラエルは首都としているが、日本を含め国際社会の大多数には認められていない
エルブルズ山脈（イラン）
○エレバン（アルメニア）
エンテベ（ウガンダ）

（オ）

オークランド（アメリカ、ニュージーランド）

アユタヤ（タイ）
アラビア半島（中東）
◎アラブ首長国連邦（中東）
アランヤプラテート（タイ）
アリススプリングズ（オーストラリア）
アリューシャン列島（アラスカ）
アルザス（フランス）
○アルジェ（アルジェリア）
◎アルジェリア（アフリカ）
アルシャーブ（イエメン）
◎アルゼンチン（南アメリカ）
アルデンヌ高原（フランス・ベルギー・ルクセンブルク）
アルバータ州（カナダ）
◎アルバニア（ヨーロッパ）
アルハンゲリスク（ロシア）
アルハンブラ宮殿（スペイン）
アルプス（ヨーロッパ中南部）
アルベールビル（フランス）
アルマトイ（旧アルマアタ）（カザフスタン）
◎アルメニア（アジア）
アレクサンドリア（エジプト）
アレクサンドロフスク（ロシア）
アレッポ（シリア）
○アロフィ（ニウエ）
○アンカラ（トルコ）
アンコールワット（カンボジア）
◎アンゴラ（アフリカ）
○アンタナナリボ（マダガスカル）
アンダルシア（スペイン）
◎アンティグア・バーブーダ（中米）
アンティル諸島（西インド諸島）
◎アンドラ（ヨーロッパ南西部）
○アンドララベリャ（アンドラ）
アントワープ（ベルギー）
○アンマン（ヨルダン）

（イ）

イーストロンドン（南ア共和国）
イエーテボリ（スウェーデン）
◎イエメン（中東）
イオニア海（イタリア・ギリシャ間の地中海）
◎イギリス（ヨーロッパ）
イスタンブール（トルコ）
イスファハン（イラン）
イスマイリア（エジプト）
イズミル（トルコ）
◎イスラエル（中東）
○イスラマバード（パキスタン）
◎イタリア（ヨーロッパ）
イニャンバネ（モザンビーク）
イバダン（ナイジェリア）
◎イラク（中東）
イラワジ川（ミャンマー）
◎イラン（中東）
イルクーツク（ロシア）
インスブルック（オーストリア）
◎インド（アジア）
インドシナ半島（東南アジア）
◎インドネシア（東南アジア）
インパール（インド）

（ウ）

ウィースバーデン（ドイツ）

＊頭部の◎印は国名または特定行政区画、○印は首都名またはその地域の代表都市であることを示す。
＊カッコ内には国名、所属地域、旧称など、実用上、必要な注を付けた。
＊中国、朝鮮の地名は、特殊な数例を除き、50音順一覧には掲げていない。

（ア）

アーヘン（ドイツ）
◎アイスランド（大西洋北部）
アイゼナハ（ドイツ）
アイセル湖（オランダ）
◎アイルランド（ヨーロッパ）
アイントホーフェン（オランダ）
アウクスブルク（ドイツ）
アウシュビッツ（現オシフィエンチム）（ポーランド）
アカバ（ヨルダン）
アカプルコ（メキシコ）
○アクラ（ガーナ）
○アシガバート（トルクメニスタン）
アシャンティ（ガーナ）
○アスタナ（旧ヌルスルタン）（カザフスタン）
アストラハニ（ロシア）
○アスマラ（エリトリア）
アスワン（エジプト）
○アスンシオン（パラグアイ）
アスンシオン島（北マリアナ諸島）
◎アゼルバイジャン（アジア）
アセンション島（大西洋中部＝英領）
アゾレス諸島（北大西洋＝ポルトガル領）
アダナ（トルコ）
アチェ（インドネシア）
アッサム（インド）
アッツ島（アラスカ）
○アディスアベバ（エチオピア）
○アテネ（ギリシャ）
アデレード（オーストラリア）
アデン（イエメン）
アトバラ（スーダン）
アトラス山脈（アフリカ北部）
アナバ（アルジェリア）
アバダン（イラン）
アバディーン（イギリス）
○アバルア（クック諸島）
○アピア（サモア）
アビジャン（コートジボワール）
アビニョン（フランス）
◎アフガニスタン（アジア）
○アブジャ（ナイジェリア）
アブシンベル（エジプト）
○アブダビ（アラブ首長国連邦）
アブムサ島（イラン・アラブ首長国連邦）
アフワズ（イラン）
○アムステルダム（オランダ）
アムリツァル（インド）
◎アメリカ（北アメリカ）
アモイ（中国南部沿岸）

4　cia,ciu,cio は「チャ」「チュ」「チョ」と書き、gia,giu,gio は「ジャ」「ジュ」「ジョ」と書く。

〔例〕Ciano チャノ　Giorgio ジョルジョ

▽スペイン語

1　ll は「リャ」「リュ」「リョ」のように書く。ただし、「ジャ」「ジュ」「ジョ」（主に中南米）、「ヤ」「ユ」「ヨ」のように書くことがある。

〔例〕Castilla カスティーリャ　Rio Gallegos リオガジェゴス
Mallorca マヨルカ

〔例外〕Sevilla セビリア

2　j は「ハ」行音で書く。

〔例〕Ojos del Salado（山）オホスデルサラド

3　jua は「フア」と書く。

〔例〕San Juan サンフアン

4　h は無音として扱う。

〔例〕Anáhuac（高原）アナワク

〔例外〕Habana ハバナ　Alhambra アルハンブラ

5　qui は「キ」、que は「ケ」と書く。

〔例〕Iquitos イキトス　Iquique イキケ

6　gua は「グア」と書く。

〔例〕Uruguay ウルグアイ　Guayaquil グアヤキル

▽ロシア語

1　vsk などの v および語末の v は「フ」と書く。

〔例〕Khabarovsk ハバロフスク

2　v は原則としてバ行音で書くが、語頭の V に子音が続くときは「ウ」と書く。

〔例〕Valdai（丘陵）バルダイ　Vladimir ウラジーミル

〔例外〕Moskva モスクワ　Ivanovo イワノボ

3　軟音符号「'」は「イ」のように扱って書く。

〔例〕Arkhangel'sk アルハンゲリスク

▽その他

アフリカの地名で語頭にくるはねる音「ン」は「ヌ」と書く。

〔例〕N'Djamena ヌジャメナ

〔例〕Eisenach アイゼナハ　Sulzbach ズルツバハ
〔例外〕Bach バッハ
3　語末の berg,burg の g は「ク」、ng の g は「グ」、ig の g は「ヒ」と書く。
〔例〕Heidelberg ハイデルベルク　Hamburg ハンブルク
Schelling シェリング　Leipzig ライプチヒ
4　語末の d は「ト」と書く。
〔例〕Rheinland ラインラント
5　語頭の W は、「ワ」「ウィ」「ウ」「ウェ」「ウォ」と書く。
〔例〕Weimar ワイマール　Wien ウィーン
〔例外〕Wuppertal ブッパータール
Württemberg ビュルテンベルク
6　語末の er は「アー」と書く。
〔例〕Hannover ハノーバー　Schiller シラー
〔例外〕Oder（川）オーデル

▽フランス語

1　oi は「オワ」と書く。
〔例〕Poitiers ポワチエ　Loire（川）ロワール
2　語末の bourg は「ブール」と書く。
〔例〕Cherbourg シェルブール　Strasbourg ストラスブール
3　eille は「エイユ」、ailles は「アイユ」と書く。
〔例〕Marseille マルセイユ　Versailles ベルサイユ
4　語末の gne は「ニュ」、ne は「ヌ」、nnes は「ンヌ」と書く。
〔例〕Montaigne モンテーニュ　Seine（川）セーヌ
Cannes カンヌ

▽イタリア語

1　gna は「ニャ」と書く。
〔例〕Bologna ボローニャ
2　母音に挟まれた s の多くは濁音で書く。
〔例〕Vesuvio（山）ベズビオ　Siracusa シラクーザ
〔例外〕Pisa ピサ
3　glia は「リャ」と書く。
〔例〕Cagliari カリャリ

〔例〕Niger ニジェール　Algeria アルジェリア
〔例外〕Magellan（海峡）マゼラン　Los Angeles ロサンゼルス
6　「ティ」「ディ」の音は、原則として「ティ」「ディ」と書く。ただし、慣用の固定しているものは「チ」「ジ」と書く。
〔例〕Atlantic City アトランティックシティー
〔例外〕Argentina アルゼンチン　Edison エジソン
7　「ウィ」「ウェ」「ウォ」の音は「ウィ」「ウェ」「ウォ」と書く。
〔例〕Wisconsin ウィスコンシン　Wellington ウェリントン
Warhol ウォーホル
8　はねる音「ン」、つまる音「ッ」、のばす音「ー」は、はっきりしたもの以外はできるだけ省略する。
〔例〕Peloponnesos ペロポネソス　Philippines フィリピン
Yemen イエメン
9　長音は長音符号「ー」で示し、母音字を重ねたり、「ウ」を用いたりしない。
〔例〕Ghana ガーナ　Roma ローマ
10　二重母音「エイ」「オウ」は、原則として長音符号で表す。
〔例〕Adelaide アデレード　Baker ベーカー
〔例外〕Marseille マルセイユ
11　おもな外国語別の発音と書き方の原則は次の通り。

▽英語

1　語末の（i）a は「ア」と書く。また、語末の（y）a の、その前が子音のときは「ア」と書く。
〔例〕Australia オーストラリア　California カリフォルニア
Kenya ケニア
〔例外〕Persia ペルシャ
2　語末の ley は「リー」と書く。
〔例〕McKinley マッキンリー
〔例外〕Death Valley デスバレー

▽ドイツ語

1　語頭の St,Sp の S は「シュ」と書く。
〔例〕Steiner シュタイナー　Spandau シュパンダウ
2　語末の nach,bach は「ナハ」「バハ」と書く。

をつける。
〔例〕元駐米大使ハリファクス卿　Lord Halifax
11　ミャンマー人の名前につく「ウ」は敬称に当たるが、従来の慣習により敬称の「氏」をつける。
〔例〕ウ・ソー氏　U Saw
12　ベトナム人の姓名は通常三つの部分からなっている。上から氏族、家、個人の名とされているので、記事初出のフルネームは中点を入れて三つに切る。2度目以降、あるいは見出し等で略称を使うときは、最後の個人名を使う。
〔例〕グエン・タン・ズン首相　ズン首相

■外国地名・人名　カタカナ表記の注意点

1　「ヂ」「ヅ」「ヰ」「ヱ」「ヲ」および「ヴ」の文字は使わない。V音の表記には「ヴ」の代わりに、B音またはW音を使う。
〔例〕Moskva モスクワ　Vatican バチカン
　Zygmund ジグムント　Vivaldi ビバルディ
2　「イェ」の表記は用いない。「イェ」は「イエ」または「エ」と書く。
〔例〕Yemen イエメン　Yellowstone イエローストン
　Jerusalem エルサレム
3　t , dは「ト」「ド」と、tu , du , tou , douは「トゥ（テュ）」「ドゥ（デュ）」と書く。ただし、慣用が固定したものは「ト」「ツ」「チュ」、「ド」「ズ」「ジュ」と書く。
〔例〕Tbilisi トビリシ　Dnipro（川）ドニプロ
　Toulouse トゥールーズ　Dushanbe ドゥシャンベ
　Düsseldorf デュッセルドルフ
〔例外〕Katmandu カトマンズ　Tunis チュニス
4　「クァ」「クィ」「クェ」「クォ」は「クア」「クイ」「クエ」「クオ」と書く。また、「グァ」「グィ」「グェ」「グォ」は「グア」「グイ」「グエ」「グオ」と書く。
〔例〕Quang Ngai クアンガイ　Nicaragua ニカラグア
5　「ジェ」の音は、「ジェ」と書く。ただし、慣用の固定したものは「ゼ」と書く。

〔例〕アーネスト・ヘミングウェー（Ernest Hemingway）

3　スペイン系では、自分の名の下に父方、母方の姓を重ねて書くので、略して書く場合は父方の姓だけを書く。ただし、本人が母方の姓を名乗っている場合は、この限りでない。

〔例〕ホセ（自分）・ミロ（父方）・カルドナ（母方）首相
　→ミロ首相

4　中国、朝鮮、インドシナなど、姓を名の前に書くことが一般に知られているところ以外では、姓（ファミリーネーム）を最後に書く。

〔注〕ハンガリーでは姓名の順に書くが、このようなところでも姓を最後に書く。フェレンツ・モルナール（本来は、Molnár Ferenc）

5　頭文字（イニシャル）は原則としてローマ字で書く。

〔例〕E・M・アーモンド（E.M.Almond）少将

6　名前を省略するときでも、二つのファミリーネームを持った人は二つとも書く。

〔例〕（デービッド）ロイドジョージ（David Lloyd Georgeで、Lloydも Georgeもファミリーネームだから、ただジョージとするのは誤り）

7　姓または名が複数の語から成っている場合、「・」や「＝」で区切らず、続けて表記する。

〔例〕カミーユ・サンサーンス（Camille Saint-Saëns）
　クロード・レビストロース（Claude Lévi-Strauss）
　ジャンポール・サルトル（Jean-Paul Sartre）

8　イギリスの「サー」の称号は、ファーストネームにつける。「サー」は個人に対して与えられるもので、姓を略すことができる。この場合は「氏」「さん」などの敬称はつけない。

〔例〕サー・ウィンストン・チャーチル　Sir Winston Churchill（またはサー・ウィンストン。サー・チャーチルとするのは誤り）

9　「サー」は敬称だが、下に官職名をつけても差し支えない。

〔例〕サー・ロバート・クレーギー大使

10　イギリスの「ロード」の称号のある人には、敬称として「卿」

「ピンイン」に基づき本社が定めた音を用いる。

■国名・地名

1　国名のうち次の略称は使ってもよい。ただし、2国以上の国名を列記する場合や形容詞的に使う場合以外は、カッコ内のように書き表すことが望ましい。

米（アメリカ）、加（カナダ）、英（イギリス）、仏（フランス）、独（ドイツ）、伊（イタリア）、露（ロシア）、豪（オーストラリア）、中（中国）、朝（北朝鮮）、韓（韓国）、越（ベトナム）、比（フィリピン）、印（インド）

〔例〕日米　英米仏　仏議会　駐英大使　日露交渉　中越国境

〔注〕オランダ（蘭）、オーストリア（墺）、ブラジル（伯）の漢字略称は使用しない。

2　州・市・山・川・島・湾などの地名は、必要に応じて日本語をつける。その他は、慣用が固定しているものを除き、できるだけ日本語に訳さない。

〔例〕イリノイ州（State of Illinois）　メキシコ市（Mexico City）　テムズ川（River Thames）　クイーンエリザベス諸島（エリザベス女王諸島）　ノースウェスト準州（北西地方）

〔注〕慣用が固定している地名の例　地中海、北海、黒海、紅海、太平洋、大西洋、北極海、南極海など。

3　2語以上から成る地名でも原則として「・」を使わずに表記する。

〔例〕New York　ニューヨーク　Dar es Salaam　ダルエスサラーム

〔例外〕Bosnia and Herzegovina　ボスニア・ヘルツェゴビナ
Sri Jayawardenepura Kotte　スリジャヤワルデネプラ・コッテ（スリランカ）

■人　名

1　代表的なファーストネームとファミリーネームを使用し、ミドルネームなどは原則として省く。

2　ファーストネーム、ファミリーネームを重ねて書くときは、その間に「・」を入れる。

外国の国名、地名、人名の書き方

1　外国（中国・朝鮮を除く）の国名、地名、人名は、原則として、その国の発音によってカタカナで書く。

〔例〕ベネチア（英語読みのベニスは使わない）
　　ゴッホ（英語読みのゴーは使わない）

　ただし、慣用の固定しているものは、それに従う。

〔例〕イギリス　ギリシャ　ブカレスト（慣用、現地の呼称はブクレシュチ）　ベートーベン（現地読みではベートホーフェン）

2　中国、朝鮮の国名、地名、人名は、原則として原表記の漢字で書く（北朝鮮は漢字を廃止したが、これまでの例に従う。中国の簡体字はその字に対応する日本の漢字に改める。常用漢字は常用漢字の字体を使う）。

〔例〕北京　釜山　平壌　張勉　金正日　毛沢東（毛泽东）

　ただし、中国辺境の地名で、漢字を当て字に使っているもの、中国語の方言による呼称が慣用されている華南の地名はカタカナで書く。

〔例〕チベット　ハルビン　フフホト　アモイ　スワトー
　　マカオ

　また韓国、北朝鮮で、当てはめる漢字がないときや明示されないときは、現地音をカタカナで書く。

〔例〕朴セリ　ペ・ヨンジュン

3　次のようなものは漢字を使わずカッコ内を使う。

〔例〕和蘭（オランダ）　印度（インド）　紐育（ニューヨーク）
　　基督（キリスト）

〔注〕ヨーロッパ、ラテンアメリカは原則として欧州、中南米とし、米国、英国、豪州も使ってよい。

4　難しい漢字を含む地名、人名には読み仮名を付ける。中国、台湾関係は、日本語読みを平仮名で示す。韓国、北朝鮮関係は、現地音読みをカタカナで付ける。中国、台湾関係は、日本語読みを平仮名で示すが、著名人らは現地音をカタカナで付ける。ただし、その場合はアルファベット発音表記である

外国地名集

- 外国の国名、地名、人名の書き方
- 50音順一覧
- アメリカの地名
- 韓国の地名
- 北朝鮮の地名
- 樺太の地名
- 千島列島の地名
- 南極の地名
- 間違えやすい首都
- 変更のあった地名
- 言語で呼称の違う地名
- 紛らわしい地名

サッカー女子W杯記録

回	年	開催国	優勝	準優勝
1	1991年	中国	米国	ノルウェー
			日本＝1次リーグ（3敗）	
2	1995年	スウェーデン	ノルウェー	ドイツ
			日本＝8強（1次リーグ1勝2敗）	
3	1999年	米国	米国	中国
			日本＝1次リーグ（1分け2敗）	
4	2003年	米国	ドイツ	スウェーデン
			日本＝1次リーグ（1勝2敗）	
5	2007年	中国	ドイツ	ブラジル
			日本＝1次リーグ（1勝1分け1敗）	
6	2011年	ドイツ	日本	米国
			（日本＝1次リーグ2勝1敗）	
7	2015年	カナダ	米国	日本
			（日本＝1次リーグ3勝）	
8	2019年	フランス	米国	オランダ
			日本＝16強（1次リーグ1勝1分け1敗）	
9	2023年	豪州・ＮＺ	スペイン	イングランド
			日本＝8強（1次リーグ3勝）	

※ＮＺはニュージーランド

サッカー男子W杯記録

回	年	開催国	優　勝	準優勝
1	1930年	ウルグアイ	ウルグアイ	アルゼンチン
2	1934年	イタリア	イタリア	チェコスロバキア
3	1938年	フランス	イタリア	ハンガリー
4	1950年	ブラジル	ウルグアイ	ブラジル
5	1954年	スイス	西ドイツ	ハンガリー
6	1958年	スウェーデン	ブラジル	スウェーデン
7	1962年	チリ	ブラジル	チェコスロバキア
8	1966年	イングランド	イングランド	西ドイツ
9	1970年	メキシコ	ブラジル	イタリア
10	1974年	西ドイツ	西ドイツ	オランダ
11	1978年	アルゼンチン	アルゼンチン	オランダ
12	1982年	スペイン	イタリア	西ドイツ
13	1986年	メキシコ	アルゼンチン	西ドイツ
14	1990年	イタリア	西ドイツ	アルゼンチン
15	1994年	米国	ブラジル	イタリア
16	1998年	フランス	フランス	ブラジル
		日本＝１次リーグ（３敗）		
17	2002年	日本・韓国	ブラジル	ドイツ
		日本＝16強（１次リーグ２勝１分け）		
18	2006年	ドイツ	イタリア	フランス
		日本＝１次リーグ（１分け２敗）		
19	2010年	南アフリカ	スペイン	オランダ
		日本＝16強（１次リーグ２勝１敗）		
20	2014年	ブラジル	ドイツ	アルゼンチン
		日本＝１次リーグ（１分け２敗）		
21	2018年	ロシア	フランス	クロアチア
		日本＝16強（１次リーグ１勝１分け１敗）		
22	2022年	カタール	アルゼンチン	フランス
		日本＝16強（１次リーグ２勝１敗）		
23	2026年	カナダ・メキシコ・米国		

☆2002年　ソルトレークシティー（アメリカ）銀1銅1

【スピードスケート】清水宏保（男子500ｍ銀）【フリースタイルスキー】里谷多英（女子モーグル銅）

☆2006年　トリノ（イタリア）金1

【フィギュアスケート】荒川静香（女子金）

☆2010年　バンクーバー（カナダ）銀3銅2

【スピードスケート】女子団体追い抜き銀、長島圭一郎（男子500ｍ銀）加藤条治（男子500ｍ銅）【フィギュアスケート】浅田真央（女子銀）高橋大輔（男子銅）

☆2014年　ソチ（ロシア）金1銀4銅3

【フィギュアスケート】羽生結弦（男子金）【ノルディック複合】渡部暁斗（個人ノーマルヒル銀）【スキージャンプ】葛西紀明（男子個人ラージヒル銀）男子団体銅【スノーボード】平野歩夢（男子ハーフパイプ銀）平岡卓（男子ハーフパイプ銅）竹内智香（女子パラレル大回転銀）【フリースタイルスキー】小野塚彩那（女子ハーフパイプ銅）

☆2018年　平昌（ピョンチャン＝韓国）　金4銀5銅4

【スピードスケート】女子団体追い抜き金、小平奈緒（女子500ｍ金、1000ｍ銀）高木菜那（女子マススタート金）高木美帆（女子1500ｍ銀、1000ｍ銅）【フィギュアスケート】羽生結弦（男子金）宇野昌磨（男子銀）【ノルディック複合】渡部暁斗（個人ノーマルヒル銀）【スノーボード】平野歩夢（男子ハーフパイプ銀）【スキージャンプ】高梨沙羅（女子ノーマルヒル銅）【フリースタイルスキー】原大智（男子モーグル銅）【カーリング】女子銅

☆2022年　北京（中国）金3銀6銅9〔*〕

【スピードスケート】高木美帆（女子1000ｍ金、500ｍ銀、1500ｍ銀）女子団体追い抜き銀、森重航（男子500ｍ銅）【スキージャンプ】小林陵侑（男子個人ノーマルヒル金、ラージヒル銀）【スノーボード】平野歩夢（男子ハーフパイプ金）冨田せな（女子ハーフパイプ銅）村瀬心椛（女子ビッグエア銅）【フィギュアスケート】鍵山優真（男子銀）団体銅*、宇野昌磨（男子銅）坂本花織（女子銅）【カーリング】女子銀【ノルディック複合】団体銅、渡部暁斗（個人ラージヒル銅）【フリースタイルスキー】堀島行真（男子モーグル銅）

*24年1月、国際スケート連合が銅から銀への繰り上げを発表

☆2026年　ミラノ・コルティナダンペッツォ（イタリア）　──

☆1932年　レークプラシッド（アメリカ）なし
☆1936年　ガルミッシュパルテンキルヘン（ドイツ）なし
☆1948年　サンモリッツ（スイス）不参加
☆1952年　オスロ（ノルウェー）なし
☆1956年　コルティナダンペッツォ（イタリア）銀1
【アルペンスキー】猪谷千春（男子回転銀）
☆1960年　スコーバレー（アメリカ）なし
☆1964年　インスブルック（オーストリア）なし
☆1968年　グルノーブル（フランス）なし
☆1972年　札幌　金1銀1銅1
【スキージャンプ】笠谷幸生（男子70m金）金野昭次（男子70m銀）青地清二（男子70m銅）
☆1976年　インスブルック（オーストリア）なし
☆1980年　レークプラシッド（アメリカ）銀1
【スキージャンプ】八木弘和（男子70m銀）
☆1984年　サラエボ（ユーゴスラビア）銀1
【スピードスケート】北沢欣浩（男子500m銀）
☆1988年　カルガリー（カナダ）銅1
【スピードスケート】黒岩彰（男子500m銅）
☆1992年　アルベールビル（フランス）金1銀2銅4
【ノルディック複合】団体金【スピードスケート】黒岩敏幸（男子500m銀）井上純一（男子500m銅）宮部行範（男子1000m銅）橋本聖子（女子1500m銅）【フィギュアスケート】伊藤みどり（女子銀）【ショートトラックスケート】男子5000mリレー銅
☆1994年　リレハンメル（ノルウェー）金1銀2銅2
【ノルディック複合】団体金、河野孝典（個人銀）【スキージャンプ】男子団体ラージヒル銀【スピードスケート】堀井学（男子500m銅）山本宏美（女子5000m銅）
☆1998年　長野　金5銀1銅4
【スキージャンプ】船木和喜(男子個人ラージヒル金、男子個人ノーマルヒル銀)男子団体ラージヒル金、原田雅彦（男子個人ラージヒル銅）【フリースタイルスキー】里谷多英(女子モーグル金)【スピードスケート】清水宏保(男子500m金、1000m銅)岡崎朋美(女子500m銅)【ショートトラックスケート】西谷岳文(男子500m金)植松仁(男子500m銅)

☆2021年　東京　金27銀14銅17　※新型コロナウイルス禍で１年延期

【水泳】大橋悠依（女子200ｍ個人メドレー金、400ｍ個人メドレー金）本多灯（男子200ｍバタフライ銀）【体操】橋本大輝（男子個人総合金、種目別鉄棒金）男子団体総合銀、萱和磨（男子種目別あん馬銅）村上茉愛（女子種目別ゆか銅）【柔道】高藤直寿（男子60kg級金）阿部一二三（男子66kg級金）大野将平（男子73kg級金）永瀬貴規（男子81kg級金）ウルフ・アロン（男子100kg級金）阿部詩（女子52kg級金）新井千鶴（女子70kg級金）浜田尚里（女子78kg級金）素根輝（女子78kg超級金）混合団体銀、渡名喜風南（女子48kg級銀）芳田司（女子57kg級銅）【レスリング】乙黒拓斗（フリー・男子65kg級金）須崎優衣（女子50kg級金）向田真優（女子53kg級金）川井梨紗子（女子57kg級金）川井友香子（女子62kg級金）文田健一郎（グレコ・男子60kg級銀）屋比久翔平（グレコ・男子77kg級銅）【卓球】水谷隼・伊藤美誠（混合ダブルス金）女子団体銀、男子団体銅、伊藤美誠（女子シングルス銅）【フェンシング】男子エペ団体金【ボクシング】入江聖奈（女子フェザー級金）田中亮明（男子フライ級銅）並木月海（女子フライ級銅）【野球】金【ソフトボール】金【空手】喜友名諒（男子形金）清水希容（女子形銀）荒賀龍太郎(男子組手75kg超級銅)【スケートボード】堀米雄斗（男子ストリート金）西矢椛（女子ストリート金）四十住さくら（女子パーク金）開心那（女子パーク銀）中山楓奈（女子ストリート銅）【陸上】池田向希（男子20km競歩銀）山西利和（男子20km競歩銅）【ゴルフ】稲見萌寧（女子銀）【自転車】梶原悠未（女子オムニアム銀）【バスケットボール】女子銀【サーフィン】五十嵐カノア（男子銀）都筑有夢路（女子銅）【スポーツクライミング】野中生萌（女子複合銀）野口啓代（女子複合銅）【重量挙げ】安藤美希子（女子59kg級銅）【バドミントン】渡辺勇大・東野有紗（混合ダブルス銅）【アーチェリー】男子団体銅、古川高晴（男子個人銅）

☆2024年　パリ（フランス）　――

☆2028年　ロサンゼルス（アメリカ）　――

冬季五輪日本人メダリスト

☆1924年　シャモニー・モンブラン（フランス）不参加

☆1928年　サンモリッツ（スイス）なし

55kg級銅）松本隆太郎（グレコ・男子60kg級銅）【ボクシング】村田諒太（男子ミドル級金）清水聡（男子バンタム級銅）【水泳】入江陵介（男子200m背泳ぎ銀、100m背泳ぎ銅）男子400mメドレーリレー銀（入江陵介・北島康介・松田丈志・藤井拓郎）鈴木聡美（女子200m平泳ぎ銀、100m平泳ぎ銅）立石諒（男子200m平泳ぎ銅）松田丈志（男子200mバタフライ銅）萩野公介（男子400m個人メドレー銅）寺川綾（女子100m背泳ぎ銅）星奈津美（女子200mバタフライ銅）女子400mメドレーリレー銅（寺川綾・鈴木聡美・加藤ゆか・上田春佳）【サッカー】女子銀【重量挙げ】三宅宏実（女子48kg級銀）【アーチェリー】古川高晴（男子個人銀）女子団体銅【バドミントン】藤井瑞希・垣岩令佳（女子ダブルス銀）【卓球】女子団体銀【フェンシング】男子フルーレ団体銀【陸上】室伏広治（男子ハンマー投げ銅）【バレーボール】女子銅

☆2016年　リオデジャネイロ（ブラジル）金12銀8銅21

【水泳】萩野公介（男子400m個人メドレー金、200m個人メドレー銀）金藤理絵（女子200m平泳ぎ金）坂井聖人（男子200mバタフライ銀）瀬戸大也（男子400m個人メドレー銅）男子800mリレー銅（萩野公介・江原騎士・小堀勇気・松田丈志）星奈津美（女子200mバタフライ銅）乾友紀子・三井梨紗子（シンクロ・デュエット銅）シンクロ・チーム銅【体操】男子団体総合金、内村航平（男子個人総合金）白井健三（男子種目別跳馬銅）【柔道】大野将平（男子73kg級金）ベイカー茉秋（男子90kg級金）田知本遥（女子70kg級金）原沢久喜（男子100kg超級銀）高藤直寿（男子60kg級銅）海老沼匡（男子66kg級銅）永瀬貴規（男子81kg級銅）羽賀龍之介（男子100kg級銅）近藤亜美（女子48kg級銅）中村美里（女子52kg級銅）松本薫（女子57kg級銅）山部佳苗（女子78kg超級銅）【レスリング】登坂絵莉（女子48kg級金）伊調馨（女子58kg級金）川井梨紗子（女子63kg級金）土性沙羅（女子69kg級金）樋口黎（フリー・男子57kg級銀）太田忍（グレコ・男子59kg級銀）吉田沙保里（女子53kg級銀）【バドミントン】高橋礼華・松友美佐紀（女子ダブルス金）奥原希望（女子シングルス銅）【陸上】男子400mリレー銀（山縣亮太・飯塚翔太・桐生祥秀・ケンブリッジ飛鳥）荒井広宙（男子50km競歩銅）【卓球】男子団体銀、女子団体銅、水谷隼（男子シングルス銅）【重量挙げ】三宅宏実（女子48kg級銅）【テニス】錦織圭（男子シングルス銅）【カヌー】羽根田卓也（男子スラローム・カナディアンシングル銅）

・山本貴司・奥村幸大）中村礼子（女子200m背泳ぎ銅）中西悠子（女子200mバタフライ銅）立花美哉・武田美保（シンクロ・デュエット銀）シンクロ・チーム銀【体操】男子団体総合金、冨田洋之（男子種目別平行棒銀）鹿島丈博（男子種目別あん馬銅）米田功（男子種目別鉄棒銅）【柔道】野村忠宏（男子60kg級金）内柴正人（男子66kg級金）鈴木桂治（男子100kg超級金）谷亮子（女子48kg級金）谷本歩実（女子63kg級金）上野雅恵（女子70kg級金）阿武教子（女子78kg級金）塚田真希（女子78kg超級金）泉浩（男子90kg級銀）横沢由貴（女子52kg級銀）【レスリング】吉田沙保里（女子55kg級金）伊調馨（女子63kg級金）伊調千春（女子48kg級銀）田南部力（フリー・男子55kg級銅）井上謙二（フリー・男子60kg級銅）浜口京子（女子72kg級銅）【自転車】男子チームスプリント銀【アーチェリー】山本博（男子個人銀）【野球】銅【ソフトボール】銅【ヨット】関一人・轟賢二郎（男子470級銅）

☆2008年　北京（中国）金９銀８銅８

【水泳】北島康介（男子100m平泳ぎ金、200m平泳ぎ金）松田丈志（男子200mバタフライ銅）男子400mメドレーリレー銅（宮下純一・北島康介・藤井拓郎・佐藤久佳）中村礼子（女子200m背泳ぎ銅）鈴木絵美子・原田早穂（シンクロ・デュエット銅）【柔道】内柴正人（男子66kg級金）石井慧（男子100kg超級金）谷本歩実（女子63kg級金）上野雅恵（女子70kg級金）塚田真希（女子78kg超級銀）谷亮子（女子48kg級銅）中村美里（女子52kg級銅）【レスリング】吉田沙保里（女子55kg級金）伊調馨（女子63kg級金）松永共広（フリー・男子55kg級銀）湯元健一（フリー・男子60kg級銀）伊調千春（女子48kg級銀）浜口京子（女子72kg級銅）【ソフトボール】金【体操】男子団体総合銀、内村航平（男子個人総合銀）【フェンシング】太田雄貴（男子フルーレ銀）【陸上】男子400mリレー銀（塚原直貴・末続慎吾・高平慎士・朝原宣治）【自転車】永井清史（男子ケイリン銅）

☆2012年　ロンドン（イギリス）金７銀14銅17

【体操】内村航平（男子個人総合金、種目別ゆか銀）男子団体総合銀【柔道】松本薫（女子57kg級金）平岡拓晃（男子60kg級銀）中矢力（男子73kg級銀）杉本美香（女子78kg超級銀）海老沼匡（男子66kg級銅）西山将士（男子90kg級銅）上野順恵（女子63kg級銅）【レスリング】米満達弘（フリー・男子66kg級金）小原日登美（女子48kg級金）吉田沙保里（女子55kg級金）伊調馨（女子63kg級金）湯元進一（フリー・男子

【水泳】岩崎恭子（女子200ｍ平泳ぎ金）奥野史子（シンクロ・ソロ銅、デュエット銅）高山亜樹（シンクロ・デュエット銅）【柔道】古賀稔彦（男子71kg級金）吉田秀彦（男子78kg級金）小川直也（男子95kg超級銀）田村亮子（女子48kg級銀）溝口紀子（女子52kg級銀）田辺陽子（女子72kg級銀）越野忠則（男子60kg級銅）岡田弘隆（男子86kg級銅）立野千代里（女子56kg級銅）坂上洋子（女子72kg超級銅）【陸上】森下広一（男子マラソン銀）有森裕子（女子マラソン銀）【体操】池谷幸雄（男子種目別ゆか銀）男子団体総合銅、松永政行（男子種目別平行棒銅）【射撃】渡辺和三（男子クレー・トラップ銀）木場良平（男子フリーライフル３姿勢銅）【野球】銅【レスリング】赤石光生（フリー・男子68kg級銅）

☆1996年　アトランタ（アメリカ）金３銀６銅５

【柔道】野村忠宏（男子60kg級金）中村兼三（男子71kg級金）恵本裕子（女子61kg級金）中村行成（男子65kg級銀）古賀稔彦（男子78kg級銀）田村亮子（女子48kg級銀）田辺陽子（女子72kg級銀）菅原教子（女子52kg級銅）【野球】銀【ヨット】重由美子・木下アリーシア（女子470級銀）【陸上】有森裕子（女子マラソン銅）【水泳】シンクロ・チーム銅【レスリング】太田拓弥（フリー・男子74kg級銅）【自転車】十文字貴信（男子1000ｍタイムトライアル銅）

☆2000年　シドニー（オーストラリア）金５銀８銅５

【陸上】高橋尚子（女子マラソン金）【柔道】野村忠宏（男子60kg級金）滝本誠（男子81kg級金）井上康生（男子100kg級金）田村亮子（女子48kg級金）篠原信一（男子100kg超級銀）楢崎教子（女子52kg級銀）日下部基栄（女子57kg級銅）山下まゆみ（女子78kg超級銅）【水泳】中村真衣（女子100ｍ背泳ぎ銀）田島寧子（女子400ｍ個人メドレー銀）中尾美樹（女子200ｍ背泳ぎ銅）女子400ｍメドレーリレー銅（中村真衣・田中雅美・大西順子・源純夏）立花美哉・武田美保（シンクロ・デュエット銀）シンクロ・チーム銀【ソフトボール】銀【レスリング】永田克彦（グレコ・男子69kg級銀）【テコンドー】岡本依子（女子67kg級銅）

☆2004年　アテネ（ギリシャ）金16銀９銅12

【陸上】室伏広治（男子ハンマー投げ金）野口みずき（女子マラソン金）【水泳】北島康介（男子100ｍ平泳ぎ金、200ｍ平泳ぎ金）柴田亜衣（女子800ｍ自由形金）山本貴司（男子200ｍバタフライ銀）森田智己（男子100ｍ背泳ぎ銅）男子400ｍメドレーリレー銅（森田智己・北島康介

レーボール】女子金【柔道】園田勇（男子中量級金）二宮和弘（男子軽重量級金）上村春樹（男子無差別金）蔵本孝二（男子軽中量級銀）遠藤純男（男子重量級銅）【レスリング】高田裕司（フリー・男子52kg級金）伊達治一郎（フリー・男子74kg級金）工藤章（フリー・男子48kg級銅）荒井政雄（フリー・男子57kg級銅）菅原弥三郎（フリー・男子68kg級銅）平山紘一郎（グレコ・男子52kg級銅）【アーチェリー】道永宏（男子個人銀）【重量挙げ】安藤謙吉（男子バンタム級銅）平井一正（男子フェザー級銅）

☆1980年　モスクワ（ソ連）不参加

☆1984年　ロサンゼルス（アメリカ）金10銀８銅14

【体操】具志堅幸司（男子個人総合金、種目別つり輪金、跳馬銀、鉄棒銅）森末慎二（男子種目別鉄棒金、跳馬銀）梶谷信之（男子種目別平行棒銀）男子団体総合銅、外村康二（男子種目別ゆか銅）【柔道】細川伸二（男子60kg級金）松岡義之（男子65kg級金）斉藤仁（男子95kg超級金）山下泰裕（男子無差別金）野瀬清喜（男子86kg級銅）【レスリング】富山英明（フリー・男子57kg級金）宮原厚次（グレコ・男子52kg級金）入江隆（フリー・男子48kg級銀）赤石光生（フリー・男子62kg級銀）長島偉之（フリー・男子82kg級銀）太田章（フリー・男子90kg級銀）江藤正基（グレコ・男子57kg級銀）高田裕司（フリー・男子52kg級銅）斎藤育造（グレコ・男子48kg級銅）【射撃】蒲池猛夫（男子ラピッドファイアピストル金）【水泳】元好三和子（シンクロ・ソロ銅、デュエット銅）木村さえ子（シンクロ・デュエット銅）【バレーボール】女子銅【重量挙げ】真鍋和人（男子52kg級銅）小高正宏（男子56kg級銅）砂岡良治（男子82.5kg級銅）【自転車】坂本勉（男子スプリント銅）【アーチェリー】山本博（男子個人銅）

☆1988年　ソウル（韓国）金４銀３銅７

【水泳】鈴木大地（男子100m背泳ぎ金）小谷実可子（シンクロ・ソロ銅、デュエット銅）田中京（シンクロ・デュエット銅）【柔道】斉藤仁（男子95kg超級金）細川伸二（男子60kg級銅）山本洋祐（男子65kg級銅）大迫明伸（男子86kg級銅）【レスリング】小林孝至（フリー・男子48kg級金）佐藤満（フリー・男子52kg級金）太田章（フリー・男子90kg級銀）宮原厚次（グレコ・男子52kg級銀）【射撃】長谷川智子（女子スポーツピストル銀）【体操】男子団体総合銅、池谷幸雄（男子種目別ゆか銅）

☆1992年　バルセロナ（スペイン）金３銀８銅11

夫(男子無差別銀)【レスリング】吉田義勝(フリー・男子フライ級金)上武洋次郎(フリー・男子バンタム級金)渡辺長武(フリー・男子フェザー級金)花原勉(グレコ・男子フライ級金)市口政光(グレコ・男子バンタム級金)堀内岩雄(フリー・男子ライト級銅)【ボクシング】桜井孝雄(男子バンタム級金)【重量挙げ】三宅義信(男子フェザー級金)一ノ関史郎(男子バンタム級銅)大内仁(男子ミドル級銅)【陸上】円谷幸吉(男子マラソン銅)【水泳】男子800mリレー銅(岩崎邦宏・岡部幸明・庄司敏夫・福井誠)【射撃】吉川貴久(男子フリーピストル銅)

☆1968年　メキシコ市(メキシコ)金11銀7銅7

【体操】男子団体総合金、加藤沢男(男子個人総合金、種目別ゆか金、つり輪銅)中山彰規(男子種目別つり輪金、平行棒金、鉄棒金、ゆか銀、個人総合銅)遠藤幸雄(男子種目別跳馬銀)監物永三(男子種目別鉄棒銅)加藤武司(男子種目別ゆか銅)【レスリング】中田茂男(フリー・男子フライ級金)上武洋次郎(フリー・男子バンタム級金)金子正明(フリー・男子フェザー級金)宗村宗二(グレコ・男子ライト級金)藤本英男(グレコ・男子フェザー級銀)【重量挙げ】三宅義信(男子フェザー級金)大内仁(男子ミドル級銀)三宅義行(男子フェザー級銅)【陸上】君原健二(男子マラソン銀)【バレーボール】男子銀、女子銀【サッカー】男子銅【ボクシング】森岡栄治(男子バンタム級銅)

☆1972年　ミュンヘン(西ドイツ)金13銀8銅8

【水泳】田口信教(男子100m平泳ぎ金、200m平泳ぎ銅)青木まゆみ(女子100mバタフライ金)【体操】男子団体総合金、加藤沢男(男子個人総合金、種目別平行棒金、鉄棒銀、あん馬銀)中山彰規(男子種目別つり輪金、ゆか銀、個人総合銅)塚原光男(男子種目別鉄棒金、つり輪銅)監物永三(男子個人総合銀、種目別平行棒銅、あん馬銅)笠松茂(男子種目別平行棒銀、鉄棒銅、ゆか銅)【バレーボール】男子金、女子銀【柔道】川口孝夫(男子軽量級金)野村豊和(男子軽中量級金)関根忍(男子中量級金)西村昌樹(男子重量級銅)【レスリング】加藤喜代美(フリー・男子52kg級金)柳田英明(フリー・男子57kg級金)和田喜久夫(フリー・男子68kg級銀)平山紘一郎(グレコ・男子52kg級銀)

☆1976年　モントリオール(カナダ)金9銀6銅10

【体操】男子団体総合金、加藤沢男(男子種目別平行棒金、個人総合銀)塚原光男(男子種目別鉄棒金、跳馬銀、個人総合銅、平行棒銅)監物永三(男子種目別あん馬銀、鉄棒銀)梶山広司(男子種目別跳馬銅)【バ

（男子400ｍ自由形銅）清川正二（男子100ｍ背泳ぎ銅）小池礼三（男子200ｍ平泳ぎ銅）【芸術】藤田隆治（絵画銅）鈴木朱雀（水彩銅）

☆1948年　ロンドン（イギリス）不参加

☆1952年　ヘルシンキ（フィンランド）金１銀６銅２

【レスリング】石井庄八（フリー・男子バンタム級金）北野祐秀（フリー・男子フライ級銀）【水泳】鈴木弘（男子100ｍ自由形銀）橋爪四郎（男子1500ｍ自由形銀）男子800ｍリレー銀（後藤暢・鈴木弘・谷川禎次郎・浜口喜博）【体操】上迫忠夫（男子種目別徒手銀、跳馬銅）竹本正男（男子種目別跳馬銀）小野喬（男子種目別跳馬銅）

☆1956年　メルボルン（オーストラリア）金４銀10銅５

【水泳】古川勝（男子200ｍ平泳ぎ金）山中毅（男子400ｍ自由形銀、1500ｍ自由形銀）吉村昌弘（男子200ｍ平泳ぎ銀）石本隆（男子200ｍバタフライ銀）【体操】小野喬（男子種目別鉄棒金、個人総合銀、あん馬銀、平行棒銅）男子団体総合銀、久保田正躬（男子種目別平行棒銀、つり輪銅）相原信行（男子種目別徒手銀）竹本正男（男子種目別鉄棒銅、平行棒銅、つり輪銅）【レスリング】笹原正三（フリー・男子フェザー級金）池田三男（フリー・男子ウエルター級金）笠原茂（フリー・男子ライト級銀）

☆1960年　ローマ（イタリア）金４銀７銅７

【体操】男子団体総合金、小野喬（男子種目別鉄棒金、跳馬金、個人総合銀、平行棒銅、つり輪銅）相原信行（男子種目別徒手金）竹本正男（男子種目別鉄棒銀）鶴見修治（男子種目別あん馬銅）【水泳】山中毅（男子400ｍ自由形銀）大崎剛彦（男子200ｍ平泳ぎ銀）男子800ｍリレー銀（石井宏・福井誠・藤本達夫・山中毅）男子400ｍメドレーリレー銅（大崎剛彦・清水啓吾・富田一雄・開田幸一）田中聡子（女子100ｍ背泳ぎ銅）【レスリング】松原正之（フリー・男子フライ級銀）【重量挙げ】三宅義信（男子バンタム級銀）【ボクシング】田辺清（男子フライ級銅）【射撃】吉川貴久（男子フリーピストル銅）

☆1964年　東京　金16銀５銅８

【体操】男子団体総合金、遠藤幸雄（男子個人総合金、種目別平行棒金、ゆか銀）早田卓次（男子種目別つり輪金）山下治広（男子種目別跳馬金）鶴見修治（男子個人総合銀、種目別あん馬銀、平行棒銀）女子団体総合銅【バレーボール】女子金、男子銅【柔道】中谷雄英（男子軽量級金）岡野功（男子中量級金）猪熊功（男子重量級金）神永昭

夏季五輪日本人メダリスト

☆1896年　アテネ（ギリシャ）不参加
☆1900年　パリ（フランス）不参加
☆1904年　セントルイス（アメリカ）不参加
☆1908年　ロンドン（イギリス）不参加
☆1912年　ストックホルム（スウェーデン）なし
☆1920年　アントワープ（ベルギー）銀２
【テニス】熊谷一弥（男子シングルス銀、ダブルス銀）柏尾誠一郎（男子ダブルス銀）
☆1924年　パリ（フランス）銅１
【レスリング】内藤克俊（フリー・男子フェザー級銅）
☆1928年　アムステルダム（オランダ）金２銀２銅１
【陸上】織田幹雄（男子三段跳び金）人見絹枝（女子800ｍ銀）【水泳】鶴田義行（男子200ｍ平泳ぎ金）男子800ｍリレー銀（新井信男・佐田徳平・高石勝男・米山弘）高石勝男（男子100ｍ自由形銅）
☆1932年　ロサンゼルス（アメリカ）金７銀７銅４
【陸上】南部忠平（男子三段跳び金、走り幅跳び銅）西田修平（男子棒高跳び銀）大島鎌吉（男子三段跳び銅）【水泳】宮崎康二（男子100ｍ自由形金）北村久寿雄（男子1500ｍ自由形金）清川正二（男子100ｍ背泳ぎ金）鶴田義行（男子200ｍ平泳ぎ金）男子800ｍリレー金（豊田久吉・宮崎康二・遊佐正憲・横山隆志）河石達吾（男子100ｍ自由形銀）牧野正蔵（男子1500ｍ自由形銀）入江稔夫（男子100ｍ背泳ぎ銀）小池礼三（男子200ｍ平泳ぎ銀）前畑秀子（女子200ｍ平泳ぎ銀）大横田勉（男子400ｍ自由形銅）河津憲太郎（男子100ｍ背泳ぎ銅）【馬術】西竹一（大障害金）【ホッケー】男子銀
☆1936年　ベルリン（ドイツ）金６銀４銅10
【陸上】田島直人（男子三段跳び金、走り幅跳び銅）孫基禎（男子マラソン金）原田正夫（男子三段跳び銀）西田修平（男子棒高跳び銀）大江季雄（男子棒高跳び銅）南昇竜（男子マラソン銅）【水泳】寺田登（男子1500ｍ自由形金）葉室鉄夫（男子200ｍ平泳ぎ金）男子800ｍリレー金（新井茂雄・杉浦重雄・田口正治・遊佐正憲）前畑秀子（女子200ｍ平泳ぎ金）遊佐正憲（男子100ｍ自由形銀）鵜藤俊平（男子400ｍ自由形銀、1500ｍ自由形銅）新井茂雄（男子100ｍ自由形銅）牧野正蔵

種類の細胞に変化できるｉＰＳ細胞（人工多能性幹細胞）作製に成功。再生医療や難病研究に新たな道を開いた

大村智（1935.7.12～）15年（北里大特別栄誉教授・80歳　山梨大）抗寄生虫薬「イベルメクチン」のもとになる物質を発見。途上国の寄生虫病患者の失明を防ぐ薬の開発につなげた

大隅良典（1945.2.9～）16年（東京工業大栄誉教授・71歳　東京大）細胞が自らたんぱく質などを分解してリサイクル（再利用）する細胞の自食作用（オートファジー）の仕組みを発見した

本庶佑（1942.1.27～）18年（京都大特別教授・76歳　京都大）免疫を抑制する働きを持つ分子「ＰＤ－１」を発見、人間がもともと持っている免疫力を活性化させる「がん免疫療法」に道を開いた

☆文学賞

川端康成（1899.6.14～1972.4.16）1968年（69歳　東京大）「雪国」、「千羽鶴」など、すばらしい感受性をもって、日本人の心の神髄を表現した

大江健三郎（1935.1.31～2023.3.3）94年（59歳　東京大）西洋のモダニズムの伝統に通暁、日本の戦後小説に新しい道を開き、現代における人間の様相を衝撃的に描いた

☆平和賞

佐藤栄作（1901.3.27～75.6.3）1974年（前首相・73歳　東京大）太平洋地域の平和確立のための核拡散防止などを通じて国際的和解政策を推進した

ノーベル賞　ダイナマイトの発明者アルフレッド・ノーベルの遺言に基づき創設。1901年に５部門でスタート、69年に経済学賞も加わった。経済学賞のみ賞金の原資がスウェーデン中央銀行であるため（他はノーベル財団）、厳密にはノーベル賞には含めない。

物理学、化学、経済学賞はスウェーデン王立科学アカデミー、生理学・医学賞はストックホルムのカロリンスカ研究所、平和賞はノルウェー国会内の選考委員会、文学賞はスウェーデン・アカデミーが選考する。授賞式はノーベルの命日の12月10日。日本の受賞者は2021年の真鍋氏が28人目。このほか日本関係では17年に文学賞を受けたカズオ・イシグロ氏（英国籍）がいる。

真鍋淑郎（1931.9.21〜）21年（プリンストン大上席研究員・90歳＝米国籍　東京大）コンピューターを使った気候変動モデルを構築、温室効果ガスによる地球温暖化を予測した。気候学分野の受賞は初めて

☆化学賞

福井謙一（1918.10.4〜98.1.9）1981年（京都大教授・63歳　京都大）有機化学反応を電子軌道で説明する「フロンティア軌道理論」を開拓した

白川英樹（1936.8.20〜）2000年（筑波大名誉教授・64歳　東京工業大）電気を通すプラスチック素材を開発。切符券売機のタッチパネルの表示画面などに応用されている

野依良治（1938.9.3〜）01年（名古屋大教授・63歳　京都大）有機化合物の合成法発展に寄与。さまざまな医薬品、調味料、香料などに実用化されている

田中耕一（1959.8.3〜）02年（島津製作所ライフサイエンス研究所主任・43歳　東北大）生体高分子を簡便に特定する手法を開発。新薬の開発に革命をもたらしたほか、がんの早期診断などの可能性を開いた

下村脩（1928.8.27〜2018.10.19）08年（ボストン大名誉教授・80歳　長崎医科大付属薬学専門部）オワンクラゲから緑色に発光する蛍光たんぱく質「ＧＦＰ」を発見。生命科学研究に発展をもたらした

根岸英一（1935.7.14〜2021.6.6）10年（米パデュー大特別教授・75歳　東京大）

鈴木章（1930.9.12〜）10年（北海道大名誉教授・80歳　北海道大）パラジウムなどの触媒を用い、二つの異なる有機化合物を結びつける「クロスカップリング」を発展させた

吉野彰（1948.1.30〜）19年（旭化成名誉フェロー・71歳　京都大）繰り返し充電できるリチウムイオン電池の原型を完成。化石燃料に頼らない社会の実現に貢献した

☆生理学・医学賞

利根川進（1939.9.5〜）1987年（マサチューセッツ工科大教授・48歳　京都大）バラバラに存在している抗体の遺伝子がどのように再構成されるかの発見に成功した

山中伸弥（1962.9.4〜）2012年（京都大教授・50歳　神戸大）様々な

日本のノーベル賞受賞者

氏名(生没年月日)、受賞決定年(当時の肩書・年齢　出身校)、受賞理由

☆物理学賞

湯川秀樹(1907.1.23〜81.9.8) 1949年(コロンビア大教授・42歳　京都大) 原子核の中の中性子と陽子の相互作用を媒介する中間子の存在を予言。中間子の存在は実証され、「湯川粒子」とも呼ばれる

朝永振一郎(1906.3.31〜79.7.8) 65年(東京教育大教授・59歳　京都大) 素粒子の運動法則を解明した「超多時間理論」と、それをさらに応用、発展させた「くりこみ理論」を発表、量子電磁力学の発展に寄与した

江崎玲於奈《れおな》(1925.3.12〜)73年(ＩＢＭ研究所研究員・48歳　東京大) 不純物を多く入れた半導体で急に抵抗が少なくなるトンネル効果の発見。エサキダイオードとして知られる

小柴昌俊(1926.9.19〜2020.11.12) 2002年(東京大名誉教授・76歳　東京大) 天体物理学、特に宇宙ニュートリノ検出への貢献。素粒子観測装置カミオカンデの建設計画を主導した

南部陽一郎(1921.1.18〜2015.7.5) 08年(シカゴ大名誉教授・87歳＝米国籍　東京大)「対称性の自発的破れ」という考え方を編み出し素粒子物理学に応用。物質が質量を持つ仕組みを解明する糸口となった

小林誠(1944.4.7〜) 08年(日本学術振興会理事・64歳　名古屋大)

益川敏英(1940.2.7〜2021.7.23) 08年(京都産業大教授・68歳　名古屋大) 基本粒子クォークが６種類以上存在すると「対称性の自発的破れ」が説明できるという「小林・益川理論」を発表した

赤崎勇(1929.1.30〜2021.4.1) 14年(名城大教授・85歳　京都大)

天野浩(1960.9.11〜) 14年(名古屋大教授・54歳　名古屋大)

89年に世界で初めて青色発光ダイオード(ＬＥＤ)の開発に成功した

中村修二(1954.5.22〜) 14年(カリフォルニア大サンタバーバラ校教授・60歳＝米国籍　徳島大) 青色ＬＥＤの独自製法を開発、実用化に道を開いた

梶田隆章(1959.3.9〜)15年(東大宇宙線研究所所長・56歳　埼玉大) ニュートリノが質量を持つことを示すニュートリノ振動を発見した

(38)**キャンプデービッド**（米） 12.5.18〜19 野田佳彦首相
欧州経済危機の克服に向け、財政健全化と経済成長の両立目指す
(39)**ロックアーン**（英・北アイルランド） 13.6.17〜18 安倍晋三首相
多国籍企業の課税逃れを防ぐ国際ルール作りで合意
(40)**ブリュッセル**（ベルギー） 14.6.4〜5 安倍晋三首相
ソチでのＧ８に代わりＧ７で開催。ロシアのクリミア編入を非難
(41)**エルマウ**（独） 15.6.7〜8 安倍晋三首相
国際法に基づく海洋秩序の維持を訴え、南シナ海で中国が進める岩礁埋め立てをけん制。温室効果ガスの日本の新しい削減目標を表明
(42)**伊勢志摩**（三重県志摩市） 16.5.26〜27 安倍晋三首相
世界経済の危機回避に、各国が財政出動を含むＧ７版「３本の矢」を必要に応じて実行。温暖化対策「パリ協定」年内発効を目指す
(43)**タオルミーナ**（伊） 17.5.26〜27 安倍晋三首相
「開かれた市場を堅持し、保護主義と闘う」と首脳宣言に明記。核・ミサイル開発を続ける北朝鮮を新たな段階の脅威と位置付け
(44)**シャルルボワ**（カナダ） 18.6.8〜9 安倍晋三首相
「自由で公正な貿易と投資」の重要性を明記したものの、トランプ米大統領は閉幕後に宣言を了承しないと表明、Ｇ７の亀裂が際立つ
(45)**ビアリッツ**（仏） 19.8.24〜26 安倍晋三首相
イラン問題や米中貿易摩擦を議題とするも、米欧の対立を避け議論は深まらず、共同宣言は５項目の合意事項が列挙された１枚紙のみ
〔(46)**米国** — 安倍晋三首相〕
2020年は対面形式での開催見送り。テレビ会議（3.16、4.16）で新型コロナウイルス感染症への対応を協議
(47)**コーンウォール**（英） 21.6.11〜13 菅義偉首相
コロナ禍からの回復に向けた連携で一致。首脳宣言で台湾問題に初めて言及し、平和的解決を促す。中国に人権問題で対応を要求
(48)**エルマウ**（独） 22.6.26〜28 岸田文雄首相
ロシアのウクライナ侵略を「不法で不当」と非難。ウクライナ支援の継続で一致し、対露制裁強化、途上国への食料支援で合意
(49)**広島**（広島市） 23.5.19〜21 岸田文雄首相
核軍縮に焦点を当てた初の独立首脳文書「広島ビジョン」を発表。ウクライナのゼレンスキー大統領も対面で参加

(12)**東京**　86.5.4〜6　中曽根康弘首相
7か国蔵相会議の創設で合意
(13)**ベネチア**（伊）　87.6.8〜10　中曽根康弘首相
ウルグアイ・ラウンド（新多角的貿易交渉）促進で一致
(14)**トロント**（カナダ）　88.6.19〜21　竹下登首相
(15)**アルシュ**（パリ、仏）　89.7.14〜16　宇野宗佑首相
(16)**ヒューストン**（米）　90.7.9〜11　海部俊樹首相
(17)**ロンドン**（英）　91.7.15〜17　海部俊樹首相
(18)**ミュンヘン**（独）　92.7.6〜8　宮沢喜一首相
(19)**東京**　93.7.7〜9　宮沢喜一首相
ウルグアイ・ラウンド交渉の年内妥結を確認。地球環境問題を討議
(20)**ナポリ**（伊）　94.7.8〜10　村山富市首相
(21)**ハリファクス**（カナダ）　95.6.15〜17　村山富市首相
(22)**リヨン**（仏）　96.6.27〜29　橋本竜太郎首相
(23)**デンバー**（米）　97.6.20〜22　橋本竜太郎首相
(24)**バーミンガム**（英）　98.5.15〜17　橋本竜太郎首相
(25)**ケルン**（独）　99.6.18〜20　小渕恵三首相
(26)**九州・沖縄**（沖縄県名護市）　2000.7.21〜23　森喜朗首相
安保理を含む国連改革が不可欠。ミサイル拡散監視システムを検討
(27)**ジェノバ**（伊）　01.7.20〜22　小泉純一郎首相
(28)**カナナスキス**（カナダ）　02.6.26〜27　小泉純一郎首相
(29)**エビアン**（仏）　03.6.1〜3　小泉純一郎首相
(30)**シーアイランド**（米）　04.6.8〜10　小泉純一郎首相
(31)**グレンイーグルズ**（英）　05.7.6〜8　小泉純一郎首相
(32)**サンクトペテルブルク**（露）　06.7.15〜17　小泉純一郎首相
(33)**ハイリゲンダム**（独）　07.6.6〜8　安倍晋三首相
(34)**北海道洞爺湖**（北海道洞爺湖町）　08.7.7〜9　福田康夫首相
2050年までに温室効果ガス排出量を半減させる長期目標を共有
(35)**ラクイラ**（伊）　09.7.8〜10　麻生太郎首相
G８が途上国に３年間で200億ドル以上拠出して農業・食料支援を行う
(36)**ムスコカ**（カナダ）　10.6.25〜26　菅直人首相
韓国哨戒艦沈没事件に関して北朝鮮を非難
(37)**ドービル**（仏）　11.5.26〜27　菅直人首相
東電福島第一原発事故を教訓に原発の安全性強化を図る方針で一致

	代	氏名	就任日	就任時年齢	通算在職日数
平成	94	菅　直人	10. 6. 8	63歳	452
	95	野田　佳彦	11. 9. 2	54歳	482
	96	安倍　晋三　②	12.12.26	58歳	
	97	安倍　晋三　③	14.12.24	60歳	
	98	安倍　晋三　④	17.11. 1	63歳	3,188
令和	99	菅　義偉	20. 9.16	71歳	384
	100	岸田　文雄　①	21.10. 4	64歳	
	101	岸田　文雄　②	21.11.10	64歳	

＊第101代の岸田氏まで歴代首相は計64人（重複を除く）

サミット（主要国首脳会議）一覧

（開催場所、開催日、日本の参加首脳、主な事柄の順）

※参加首脳　日本、米国、英国、フランス、ドイツ（16回までは西ドイツ）、イタリア、カナダ（２回から参加）、ロシア（23回から39回まで参加）、ＥＵ（３回から参加。19回まではＥＣ）

（１）**ランブイエ**（仏）　1975.11.15〜17　三木武夫首相

第１次石油危機後の世界経済の回復と為替相場の乱高下防止で合意

（２）**プエルトリコ**（米）　76.6.27〜28　三木武夫首相

インフレなき経済拡大を共通目標として協力を確認。Ｇ７体制確立

（３）**ロンドン**（英）　77.5.7〜8　福田赳夫首相

（４）**ボン**（西独）　78.7.16〜17　福田赳夫首相

（５）**東京**　79.6.28〜29　大平正芳首相

第２次石油危機を受け、石油の消費・輸入上限目標の設定で合意

（６）**ベネチア**（伊）　80.6.22〜23　大来佐武郎外相

ソ連のアフガニスタン侵攻を討議。政治問題が公式な議題に

（７）**オタワ**（カナダ）　81.7.20〜21　鈴木善幸首相

（８）**ベルサイユ**（仏）　82.6.4〜6　鈴木善幸首相

（９）**ウィリアムズバーグ**（米）　83.5.28〜30　中曽根康弘首相

（10）**ロンドン**（英）　84.6.7〜9　中曽根康弘首相

（11）**ボン**（西独）　85.5.2〜4　中曽根康弘首相

	代	氏名		就任日	就任時年齢	通算在職日数
昭和	62	佐藤 栄作	②	67. 2.17	65歳	
	63	佐藤 栄作	③	70. 1.14	68歳	2,798
	64	田中 角栄	①	72. 7. 7	54歳	
	65	田中 角栄	②	72.12.22	54歳	886
	66	三木 武夫		74.12. 9	67歳	747
	67	福田 赳夫		76.12.24	71歳	714
	68	大平 正芳	①	78.12. 7	68歳	
	69	大平 正芳	②	79.11. 9	69歳	554
	70	鈴木 善幸		80. 7.17	69歳	864
	71	中曽根康弘	①	82.11.27	64歳	
	72	中曽根康弘	②	83.12.27	65歳	
	73	中曽根康弘	③	86. 7.22	68歳	1,806
	74	竹下 登		87.11. 6	63歳	576
平成	75	宇野 宗佑		89. 6. 3	66歳	69
	76	海部 俊樹	①	89. 8.10	58歳	
	77	海部 俊樹	②	90. 2.28	59歳	818
	78	宮沢 喜一		91.11. 5	72歳	644
	79	細川 護熙		93. 8. 9	55歳	263
	80	羽田 孜		94. 4.28	58歳	64
	81	村山 富市		94. 6.30	70歳	561
	82	橋本竜太郎	①	96. 1.11	58歳	
	83	橋本竜太郎	②	96.11. 7	59歳	932
	84	小渕 恵三		98. 7.30	61歳	616
	85	森 喜朗	①	2000. 4. 5	62歳	
	86	森 喜朗	②	00. 7. 4	62歳	387
	87	小泉純一郎	①	01. 4.26	59歳	
	88	小泉純一郎	②	03.11.19	61歳	
	89	小泉純一郎	③	05. 9.21	63歳	1,980
	90	安倍 晋三	①	06. 9.26	52歳	
	91	福田 康夫		07. 9.26	71歳	365
	92	麻生 太郎		08. 9.24	68歳	358
	93	鳩山由紀夫		09. 9.16	62歳	266

	代	氏名		就任日	就任時年齢	通算在職日数
昭和	30	斎藤　　実		32. 5.26	73歳	774
	31	岡田　啓介		34. 7. 8	66歳	611
	32	広田　弘毅		36. 3. 9	58歳	331
	33	林　銑十郎		37. 2. 2	60歳	123
	34	近衛　文麿	①	37. 6. 4	45歳	
	35	平沼騏一郎		39. 1. 5	71歳	238
	36	阿部　信行		39. 8.30	63歳	140
	37	米内　光政		40. 1.16	59歳	189
	38	近衛　文麿	②	40. 7.22	48歳	
	39	近衛　文麿	③	41. 7.18	49歳	1,035
	40	東条　英機		41.10.18	57歳	1,009
	41	小磯　国昭		44. 7.22	64歳	260
	42	鈴木貫太郎		45. 4. 7	77歳	133
	43	東久邇宮稔彦		45. 8.17	57歳	54
	44	幣原喜重郎		45.10. 9	73歳	226
	45	吉田　　茂	①	46. 5.22	67歳	
	46	片山　　哲		47. 5.24	59歳	292
	47	芦田　　均		48. 3.10	60歳	220
	48	吉田　　茂	②	48.10.15	70歳	
	49	吉田　　茂	③	49. 2.16	70歳	
	50	吉田　　茂	④	52.10.30	74歳	
	51	吉田　　茂	⑤	53. 5.21	74歳	2,616
	52	鳩山　一郎	①	54.12.10	71歳	
	53	鳩山　一郎	②	55. 3.19	72歳	
	54	鳩山　一郎	③	55.11.22	72歳	745
	55	石橋　湛山		56.12.23	72歳	65
	56	岸　　信介	①	57. 2.25	60歳	
	57	岸　　信介	②	58. 6.12	61歳	1,241
	58	池田　勇人	①	60. 7.19	60歳	
	59	池田　勇人	②	60.12. 8	61歳	
	60	池田　勇人	③	63.12. 9	64歳	1,575
	61	佐藤　栄作	①	64.11. 9	63歳	

歴代内閣一覧

＊丸数字は「第〜次」内閣を示す

	代	氏名		就任日	就任時年齢	通算在職日数
明治	1	伊藤　博文	①	1885.12.22	44歳	
	2	黒田　清隆		88. 4.30	47歳	544
	3	山県　有朋	①	89.12.24	51歳	
	4	松方　正義	①	91. 5. 6	56歳	
	5	伊藤　博文	②	92. 8. 8	50歳	
	6	松方　正義	②	96. 9.18	61歳	943
	7	伊藤　博文	③	98. 1.12	56歳	
	8	大隈　重信	①	98. 6.30	60歳	
	9	山県　有朋	②	98.11. 8	60歳	1,210
	10	伊藤　博文	④	1900.10.19	59歳	2,720
	11	桂　太郎	①	01. 6. 2	53歳	
	12	西園寺公望	①	06. 1. 7	56歳	
	13	桂　太郎	②	08. 7.14	60歳	
	14	西園寺公望	②	11. 8.30	61歳	1,400
大正	15	桂　太郎	③	12.12.21	65歳	2,886
	16	山本権兵衛	①	13. 2.20	60歳	
	17	大隈　重信	②	14. 4.16	76歳	1,040
	18	寺内　正毅		16.10. 9	64歳	721
	19	原　敬		18. 9.29	62歳	1,133
	20	高橋　是清		21.11.13	67歳	212
	21	加藤友三郎		22. 6.12	61歳	440
	22	山本権兵衛	②	23. 9. 2	70歳	549
	23	清浦　奎吾		24. 1. 7	73歳	157
	24	加藤　高明		24. 6.11	64歳	597
	25	若槻礼次郎	①	26. 1.30	59歳	
昭和	26	田中　義一		27. 4.20	63歳	805
	27	浜口　雄幸		29. 7. 2	59歳	652
	28	若槻礼次郎	②	31. 4.14	65歳	690
	29	犬養　毅		31.12.13	76歳	156

んなでつくる党と改称

2020. 9.15　立憲民主党と国民民主党が合流し、新たな立憲民主党が発足（代表・枝野幸男）。合流に参加しなかった国民民主党の議員らが新たな国民民主党を結成（代表・玉木雄一郎）

9.16　自公連立の菅義偉内閣が発足

2021.10. 4　自公連立の岸田文雄内閣が発足

11.10　自公連立の第2次岸田文雄内閣が発足

2022. 7.10　参院選で参政党が議席を獲得

2023.12.13　国民民主党を離党した議員らが教育無償化を実現する会を結成（代表・前原誠司）

沼赳夫）。15年12月に**日本のこころを大切にする党**、17年２月に**日本のこころ**と改称

9.21 日本維新の会と結いの党の合流による**維新の党**が旗揚げ（橋下徹・江田憲司共同代表）

12.24 自公連立の第３次安倍晋三内閣が発足

2015. 1. 1 みんなの党に所属していた議員らが**日本を元気にする会**を結成（代表・松田公太）

11. 2 地域政党・大阪維新の会を母体に、**おおさか維新の会**（代表・橋下徹）が発足。維新の党から一部議員が参加

12.21 維新の党を離党した議員らが**改革結集の会**を結成（代表・村岡敏英）

2016. 3.27 民主党と維新の党による**民進党**が旗揚げ（代表・岡田克也）

8.23 おおさか維新の会が**日本維新の会**と改称（代表・松井一郎大阪府知事、共同代表・片山虎之助）

10.12 生活の党と山本太郎となかまたち（生活の党）が**自由党**と改称（共同代表・小沢一郎、山本太郎）

2017. 9.25 民進党を離党した議員らが**希望の党**を結成（代表・小池百合子東京都知事）

10. 3 民進党を離党した議員らが**立憲民主党**を結成（代表・枝野幸男）

11. 1 自公連立の第４次安倍晋三内閣が発足

2018. 5. 7 民進党を母体に、希望の党が事実上合流して**国民民主党**が発足（共同代表・大塚耕平、玉木雄一郎）

5. 8 国民民主党に参加しなかった議員が**希望の党**を結成（代表・松沢成文）

2019. 4.26 自由党が解散し国民民主党に合流

7.21 参院選で**れいわ新選組**、**ＮＨＫから国民を守る党**が議席を獲得。後者は20年12月に**ＮＨＫから自国民を守る党**、21年２月に**ＮＨＫ受信料を支払わない方法を教える党**、同５月に**古い政党から国民を守る党**、同６月に**嵐の党**、同７月に**ＮＨＫと裁判してる党弁護士法72条違反で**、22年１月に**ＮＨＫ受信料を支払わない国民を守る党**、同４月に**ＮＨＫ党**、23年３月に**政治家女子48党**、同11月にみ

馨らが**たちあがれ日本**を結成（代表・平沼赳夫、共同代表・与謝野馨）

4.23 改革クラブに自民党を離党した舛添要一らが入党し、**新党改革**と改称（代表・舛添要一）

5.30 社民党が連立離脱

6. 8 民主、国民新連立の菅直人内閣が発足

2011. 9. 2 民主、国民新連立の野田佳彦内閣が発足

12.28 政治団体「新党大地」の鈴木宗男代表が、3衆院議員らと大地・真民主党を結成（代表・鈴木宗男）。12年1月に新党大地・真民主、同年11月に**新党大地**と改称

2012. 1. 4 民主党を離党した衆院議員らが**新党きづな**を結成（代表・内山晃）

7.11 民主党を除籍された小沢一郎らが**国民の生活が第一**を結成（代表・小沢一郎）

9.28 地域政党・大阪維新の会を母体に、**日本維新の会**が発足（代表・橋下徹大阪市長）

10.31 地域政党・減税日本を母体に、**減税日本**が発足（代表・河村たかし名古屋市長）

11.13 たちあがれ日本を母体に、**太陽の党**が発足（共同代表・石原慎太郎、平沼赳夫）

11.15 参院会派・みどりの風を母体に、**みどりの風**が発足。新党きづなが解党

11.17 太陽の党が日本維新の会への合流を発表（代表・石原慎太郎）

11.22 減税日本が山田正彦、亀井静香らと「減税日本・反ＴＰＰ・脱原発を実現する党」（脱原発）の結成で合意

11.28 **日本未来の党**（代表・嘉田由紀子滋賀県知事）が発足。国民の生活が第一、脱原発が合流、みどりの風の一部も加わる

12.26 自公連立の第2次安倍晋三内閣が発足

12.27 日本未来の党が**生活の党**と改称（代表・森裕子）

2013.12.18 みんなの党から分裂した**結いの党**が発足（代表・江田憲司）

2014. 8. 1 日本維新の会から分党した**次世代の党**が発足（党首・平

7.30　自民党の小渕恵三内閣発足

10.20　新党さきがけが解党。武村正義らは新たに**さきがけ**を発足（のちに**みどりの会議**と改称）

11. 7　新党平和、公明が合流し**公明党**を再結成（代表・神崎武法、幹事長・冬柴鉄三）

12.28　参院の無所属議員らが**参議院クラブ**を結成（代表・椎名素夫）

1999. 1.14　自民党と自由党の連立で小渕第1次改造内閣が発足

10. 5　自民、自由、公明3党連立の小渕第2次改造内閣が発足

12.16　参議院クラブに無所属議員が加わり**無所属の会**を結成（代表・椎名素夫）

2000. 4. 1　自由党が自公との連立を解消。これを巡り自由党は分裂

4. 3　自由党の連立残留派が**保守党**を結成（党首・扇千景）

4. 5　緊急入院の小渕首相に代わって、自民、公明、保守の3党連立による森喜朗内閣が発足

2001. 4.26　自公保連立の小泉純一郎内閣発足

2002.12.25　保守党と民主党離党者で**保守新党**が発足（代表・熊谷弘）。野田毅・保守党党首らは自民党に合流

2003. 9.26　民主党が自由党と合併し自由党は解散（代表・菅直人）

11.19　自公連立の第2次小泉内閣が発足

11.21　保守新党が衆院選惨敗を受け自民党に合流

2005. 8.17　郵政民営化法案反対の議員らが**国民新党**を結成（代表・綿貫民輔）

8.21　郵政民営化法案反対の議員らが**新党日本**を結成（代表・田中康夫）

9.21　自公連立の第3次小泉内閣が発足

2006. 9.26　自公連立の安倍晋三内閣が発足

2007. 9.26　自公連立の福田康夫内閣が発足

2008. 8.28　民主党離党者と無所属議員が**改革クラブ**を結成（代表・渡辺秀央）

9.24　自公連立の麻生太郎内閣が発足

2009. 8. 8　元自民党の渡辺喜美らが**みんなの党**を結成

9.16　民主、社民、国民新3党の連立で鳩山由紀夫内閣が発足

2010. 4.10　元自民党で無所属の平沼赳夫、自民党を離党した与謝野

孜、代表幹事・小沢一郎）
8. 9　非自民・非共産の８党・会派連立による細川護熙内閣が発足。38年の自民党長期政権に幕
1994. 4.18　自民党を離党した鹿野道彦らが**新党みらい**を結成
4.20　自民党を離党した柿沢弘治らが**自由党**を結成
4.28　社会党の連立からの離脱で少数与党の羽田孜内閣発足
5.22　社民連が解散し日本新党に合流
6.30　自民、社会、さきがけ３党による村山富市内閣が発足
12. 5　公明党が「**公明新党**」と「**公明**」に分党
12.10　新生、日本新、公明新、民社、自由、新党みらい各党と自民党離党者らが**新進党**を結成（党首・海部俊樹、幹事長・小沢一郎）
12.21　新進党への参加を見送った柿沢弘治、大内啓伍らが**自由連合**を結成
1996. 1. 1　社会党を離党した矢田部理らが**新社会党**を結成
1.11　自社さ連立の橋本竜太郎内閣が発足
1.19　社会党が**社会民主党**と改称（党首・村山富市）
9.28　社民、さきがけなどから57人が参加して**民主党**を結成（代表・菅直人、鳩山由紀夫）
12.26　新進党を離党した羽田孜らが**太陽党**を結成
1997. 6.18　細川元首相が新進党を離党
12.26　細川元首相らが**フロムファイブ**を結成
12.27　新進党が両院議員総会で解党を決定、６党に分裂へ
1998. 1. 4　新進党から分かれる**自由党**（党首・小沢一郎）、**新党平和**（旧公明党系衆院、代表・神崎武法）、**黎明クラブ**（旧公明党系参院、代表・白浜一良、のちに公明に合流）、**新党友愛**（旧民社党系、代表・中野寛成）、**国民の声**（代表・鹿野道彦）、**改革クラブ**（代表・小沢辰男）の代表が分割協議書に署名
1.23　国民の声、太陽、フロムファイブが合流し**民政党**が発足（代表・羽田孜）
4.27　民主、民政、新党友愛、民主改革連合の合同で新**民主党**結成（代表・菅直人、幹事長・羽田孜）
5.30　社民党が閣外協力解消を決定。自社さ連立体制に幕

結成（6.13総裁に重光葵）
1953. 3.18 自由党反吉田派が**分党派自由（鳩山自由）党**を結成（総裁・鳩山一郎）
11.29 分党派自由党が解党され、鳩山一郎らは自由党に復党、三木武吉らは復党を拒否して**日本自由党**を結成
1954.11.24 自由党鳩山派・岸信介派、改進党、日本自由党が合流し**日本民主党**を結成（総裁・鳩山一郎、幹事長・岸信介）
12.10 日本民主党が第1次鳩山一郎内閣を発足
1955.10.13 **左右社会党が統一**される（委員長・鈴木茂三郎、書記長・浅沼稲次郎）
11.15 日本民主党、自由党の保守合同により**自由民主党**を結成。自民党長期政権の55年体制が始まる
1960. 1.24 安保条約改定をめぐり社会党を離党した右派が**民主社会党**（のちに民社党と改称）を結成（委員長・西尾末広）
1.30 緑風会が**参議院同志会**と改称（65年に解散）
1964.11.17 **公明党**が結成大会（委員長・原島宏治）
1976. 6.25 ロッキード事件をめぐり自民党を離党した河野洋平らが**新自由クラブ**を結成（代表・河野洋平）
1977. 3.26 社会党の江田三郎が離党し**社会市民連合**結成の意向を表明（5.22江田の急死で代表委員に江田五月、菅直人ら、10.29発足）
4.26 **革新自由連合**発足（代表・中山千夏ら）
1978. 3.26 社会市民連合と社会党離党者で**社会民主連合**を結成（代表・田英夫）
1983. 6.26 参院選で比例代表制が導入され、小政党の**サラリーマン新党**、**福祉党**、**二院クラブ**が議席を獲得
12.27 衆院選に大敗した自民党が新自由クラブと連立し第2次中曽根内閣を発足
1986. 8.15 新自由クラブが衆院選の敗北で解党、田川誠一を除き自民党に復党
9. 6 社会党委員長に土井たか子が当選。日本初の女性党首に
1992. 5.22 細川護熙前熊本県知事が**日本新党**を結成
1993. 6.21 自民党離党者が**新党さきがけ**を結成（代表・武村正義）
6.23 自民党羽田派の44人が離党し**新生党**を結成（党首・羽田

戦後政党変遷史

1945.10.10	政府が政治犯を釈放。**日本共産党**が合法化される（12.1～3の党大会で正式に再建、書記長に徳田球一）
11. 2	共産党を除く旧無産政党が統一組織として**日本社会党**を結成（書記長・片山哲）
11. 9	旧政友会久原派が**日本自由党**を結成（総裁・鳩山一郎、幹事長・河野一郎）
11.16	旧政友会中島派、旧民政党などが**日本進歩党**を結成（幹事長・鶴見祐輔、12.18総裁に町田忠治）
12.18	保守の最左派が協同組合主義を掲げ**日本協同党**を結成（委員長・山本実彦）
1946. 5.22	自由党と進歩党の連立で第１次吉田茂内閣発足
5.24	協同党が他の小政党と合併して**協同民主党**を結成（委員長・山本実彦）
9.25	笹森順造らが**国民党**を結成
1947. 3. 8	協同民主党が国民党などと合同して**国民協同党**を結成（書記長・三木武夫）
3.31	進歩党を母体に他党からの参加者を加えて**民主党**を結成（5.18総裁に芦田均）
5.17	参院選後、無所属議員を中心に院内会派**緑風会**を結成
5.24	社会・民主・国民協同の３党連立で片山哲内閣発足
1948. 3.10	民主・社会・国民協同の３党連立で芦田均内閣発足
3.15	自由党に民主党幣原派が合流し**民主自由党**を結成（総裁・吉田茂）
10.15	民主自由党の第２次吉田茂内閣発足
12. 2	社会党から離脱した黒田寿男らが**労働者農民党**を結成
1950. 3. 1	民主党連立派が民主自由党に合流して**自由党**を発足（総裁・吉田茂）
4.28	民主党野党派、国民協同党などが合同して**国民民主党**を結成（最高委員・苫米地義三ら）
1951.10.24	**社会党**が講和条約に賛成する右派と、反対する左派に**分裂**(右派書記長・浅沼稲次郎､左派委員長・鈴木茂三郎)
1952. 2. 8	国民民主党が公職追放を解除された旧議員らと**改進党**を

2021.10.31　**第49回衆院選**（定数465、55.93%、55.92%）【自民261　立民96　維新41　公明32　国民11　共産10　れいわ３　社民１　無所属10】自民党が公示前から議席を減らしたものの、絶対安定多数を単独で確保した。共産党などとの共闘を進めた立憲民主党は惨敗。日本維新の会が公示前から30議席増やして第３党に躍進した。衆院議員の任期満了日以降の投開票は、現憲法下で初めて

2022．7.10　**第26回参院選**（定数248・改選数124+1、52.05%、52.04%）【自民63　立民17　公明13　維新12　国民５　共産４　れいわ３　ＮＨＫ党１　社民１　参政党１　無所属５】改選定数124と神奈川選挙区の非改選の欠員１を補う「合併選挙」を合わせた125議席が争われた。総数は248に。自民党は１人区で28勝４敗と圧勝し、単独で改選定数の過半数を確保した。立憲民主党が議席を減らす一方、日本維新の会は改選６議席から倍増させた

権奪還を果たした。民主党は公示前の約4分の1の57議席に落ち込む惨敗。「第3極」が多くの候補者を擁立したため、候補者数1504人は現憲法下では過去最多となった

2013．7.21　**第23回参院選**（改選数121、52.61%、52.61%）【自民65　民主17　公明11　みんな8　共産8　維新8　社民1　諸派1　無所属2】自民党は1人区で29勝2敗と圧勝。非改選議席を含め自民、公明の両党で絶対安定多数を確保し、参院で与党が少数の「ねじれ国会」は解消された。民主党は獲得議席が結党以来、最少となる惨敗。日本維新の会も伸び悩んだが、共産党は改選議席を上回った

2014.12.14　**第47回衆院選**（定数475、52.66%、52.65%）【自民290　民主73　維新の党41　公明35　共産21　次世代の党2　社民2　生活の党2　無所属9】小選挙区の定数「0増5減」で実施。自民、公明両党で定数の3分の2を超える325議席を獲得、与党の定数に占める議席の割合は過去最高となった。民主党代表が結党以来初めて落選。共産党は1996年以来の小選挙区での議席獲得

2016．7.10　**第24回参院選**（改選数121、54.70%、54.69%）【自民55　民進32　公明14　おおさか維新の会7　共産6　社民1　生活1　無所属5】選挙権年齢が「18歳以上」に引き下げられて初の国政選。自民、公明の与党は改選定数の過半数を確保し、大勝した。民進党は振るわず、改選45議席を割り込んだ。民進、共産など野党4党による統一候補の擁立で注目された1人区は自民党が21勝11敗で勝ち越した。隣接する選挙区を統合する「合区」が初めて導入された

2017.10.22　**第48回衆院選**（定数465、53.68%、53.68%）【自民284　立憲民主55　希望50　公明29　共産12　日本維新の会11　社民2　無所属22】自民、公明の与党が憲法改正の発議に必要な定数の3分の2を維持した。公示直前に民進党が分裂、新たに結成された立憲民主党は躍進したが、希望の党は失速した。小選挙区の0増6減と比例定数減で総定数は戦後最少

2019．7.21　**第25回参院選**（定数245・改選数124、48.80%、48.79%）【自民57　立民17　公明14　維新10　共産7　国民民主6　れいわ新選組2　社民1　ＮＨＫから国民を守る党1　無所属9】自民、公明の与党は改選過半数に達したが、憲法改正に前向きな勢力を含めて定数の3分の2以上は維持できなかった。改選定数が3議席増。比例選で優先的に当選できる「特定枠」が導入された

対安定多数を確保。民主党は比例選で第1党となり躍進。共産党、社民党は惨敗。68小選挙区で区割りが変更された

2004. 7.11 **第20回参院選**（定数242・改選数121、56.57%、56.54%）【民主50 自民49 公明11 共産4 社民2 無所属5】自民党は改選議席数を割ったが与党は絶対安定多数を維持。民主党は自民党を上回り2大政党化が進んだ。定数が5議席削減で242に

2005. 9.11 **第44回衆院選**（定数480、67.51%、67.46%）【自民296 民主113 公明31 共産9 社民7 国民新4 新党日本1 諸派1 無所属18】自民党は絶対安定多数の269を大きく上回り、公明党と合わせた与党全体でも総定数の3分の2を超える327議席を獲得する圧勝。民主党は公示前から64減と惨敗した。郵政民営化法案に反対して自民党の公認を得られなかった候補者は、無所属、国民新党、新党日本合わせ17人が当選

2007. 7.29 **第21回参院選**（改選数121、58.64%、58.63%）【民主60 自民37 公明9 共産3 社民2 国民新2 新党日本1 無所属7】自民党は歴史的惨敗を喫し、自公両党の連立与党は非改選議席を含め参院の過半数を初めて割り込んだ。民主党は初めて参院の第1党となった

2009. 8.30 **第45回衆院選**（定数480、69.28%、69.27%）【民主308 自民119 公明21 共産9 社民7 みんなの党5 国民新3 新党日本1 諸派1 無所属6】民主党が過半数を上回る308議席を獲得して政権奪取を果たすことになった。自民党は結党以来初めて第2党に転落する歴史的惨敗を喫した。非自民政権の発足は細川政権以来、16年ぶり。衆院選で野党第1党が単独過半数を得ての政権交代は現憲法下で初

2010. 7.11 **第22回参院選**（改選数121、57.92%、57.92%）【自民51 民主44 みんな10 公明9 共産3 社民2 たちあがれ日本1 新党改革1】民主、国民新の連立与党が非改選議席を含め参院の過半数を割り大敗した。自民党は改選議席を超える51議席を得て、改選第1党になった。みんなの党は10議席を獲得する躍進を見せた

2012.12.16 **第46回衆院選**（定数480、59.32%、59.31%）【自民294 民主57 日本維新の会54 公明31 みんな18 日本未来の党9 共産8 社民2 国民新1 新党大地1 無所属5】自民党が圧勝し、自民、公明両党で定数の3分の2を超える325議席を獲得、政

二院ク1　スポ平1　諸派2　無所属5】自民党が大幅に議席を回復。社会党は後退し連合も惨敗。初参入の日本新党が健闘。初めて全都道府県で即日開票が行われた

1993. 7.18　**第40回衆院選**（定数511、67.26％）【自民223　社会70　新生55　公明51　日本新35　共産15　民社15　新党さきがけ（以下さきがけ）13　社民連4　無所属30】自民党が過半数割れし社会党も大敗。新生党や日本新党が躍進し、非自民・非共産の細川連立政権が発足。55年体制が終わる。9増10減の定数是正で総定数511に

1995. 7.23　**第17回参院選**（改選数126、44.52％、44.50％）【自民46　新進40　社会16　共産8　さきがけ3　民主改革連合（以下民改連）2　二院ク1　平和市民1　無所属9】新進党が選挙前議席を倍増。自民党、社会党は振るわず。投票率が初の50％割れで過去最低

1996.10.20　**第41回衆院選**（定数500、小選挙区59.65％、比例選59.62％）【自民239　新進156　民主52　共産26　社会民主（以下社民）15　さきがけ2　民改連1　無所属9】選挙制度改革で小選挙区比例代表並立制（小選挙区300、比例選200の定数500）による初の選挙。自民党が復調し新進党が後退。社民党と新党さきがけは惨敗で閣外協力に転じ自民党単独政権が発足

1998. 7.12　**第18回参院選**（改選数126、58.84％、58.83％）【自民44　民主27　共産15　公明9　自由6　社民5　無所属20】経済失政で自民党が惨敗し橋本内閣が退陣。民主党、共産党が躍進

2000. 6.25　**第42回衆院選**（定数480、62.49％、62.45％）【自民233　民主127　公明31　自由22　共産20　社民19　保守7　無所属の会5　自由連合1　無所属15】自民党は過半数割れしたが自民・公明・保守の与党3党で絶対安定多数を維持。民主党は躍進。比例選の定数を20減らし総定数480に

2001. 7.29　**第19回参院選**（定数247・改選数121、56.44％、56.42％）【自民64　民主26　公明13　自由6　共産5　社民3　保守1　無所属3】小泉首相人気で自民党が大勝。比例選で非拘束名簿式が導入され、政党名だけでなく候補者の個人名でも投票できるようになった。定数が5議席削減で247に

2003.11. 9　**第43回衆院選**（定数480、59.86％、59.81％）【自民237　民主177　公明34　共産9　社民6　保守新4　無所属の会1　自由連合1　無所属11】自民党は過半数割れしたが自公保の与党で絶

1980．6.22　**第36回衆院選**（定数511、74.57％）【自民284　社会107　公明33　民社32　共産29　新自ク12　社民連３　無所属11】
同　　　**第12回参院選**（改選数126、74.54％、74.51％）【自民69　社会22　公明12　共産７　民社５　社民連１　諸派２　無所属８】
社会党提出の内閣不信任案が自民党非主流派の欠席で可決された「ハプニング解散」で初の衆参同日選挙に。大平首相の選挙戦中の急死もあり自民党が圧勝

1983．6.26　**第13回参院選**（改選数126、選挙区57.00％、比例選57.00％）【自民68　社会22　公明14　共産７　民社６　新自由クラブ民主連合２　サラリーマン新（以下サラ新）２　福祉１　二院クラブ（以下二院ク）１　諸派２　無所属１】地方区が選挙区となり、全国区が廃止されて拘束名簿式比例代表制が導入された。ミニ政党が議席を獲得

1983.12.18　**第37回衆院選**（定数511、67.94％）【自民250　社会112　公明58　民社38　共産26　新自ク８　社民連３　無所属16】ロッキード事件での田中元首相の１審有罪判決後で自民党が過半数割れの大敗。新自由クラブと統一会派を結成し連立

1986．7．6　**第38回衆院選**（定数512、71.40％）【自民300　社会85　公明56　民社26　共産26　新自ク６　社民連４　無所属９】
同　　　**第14回参院選**（改選数126、71.36％、71.32％）【自民72　社会20　公明10　共産９　民社５　新自ク１　税金１　サラ新１　二院ク１　無所属６】
衆参同日選挙で自民党が衆院で300議席の圧勝。社会党は大敗。衆院は８増７減の定数是正で総定数512に

1989．7.23　**第15回参院選**（改選数126、65.02％、65.01％）【社会46　自民36　連合11　公明10　共産５　民社３　税金２　スポーツ平和（以下スポ平）１　二院ク１　諸派１　無所属10】リクルート事件や消費税導入、宇野首相の女性問題で自民党が与野党逆転の空前の大敗となり宇野内閣が退陣。初参入の連合が11議席獲得

1990．2.18　**第39回衆院選**（定数512、73.31％）【自民275　社会136　公明45　共産16　民社14　社民連４　進歩１　無所属21】参院に続き社会党が躍進。自民党は安定多数を確保

1992．7.26　**第16回参院選**（改選数127＝埼玉補選を含む、50.72％、50.70％）【自民68　社会22　公明14　共産６　民社４　日本新４

社会36　公明11　民社３　共産３　無所属３】東京地方区で自民党が全滅

1967．1.29　**第31回衆院選**（定数486、73.99％）【自民277　社会140　民社30　公明25　共産５　無所属９】自民党の得票率が初めて50％を割った。公明党が衆院で議席獲得。定数是正で19議席増の486に

1968．7．7　**第８回参院選**（改選数126、68.94％、68.93％）【自民69　社会28　公明13　民社７　共産４　無所属５】全国区で石原慎太郎、青島幸男、横山ノックらタレント出身者が上位当選

1969.12.27　**第32回衆院選**（定数486、68.51％）【自民288　社会90　公明47　民社31　共産14　無所属16】社会党が50議席減の大敗。自民党は無所属も加え300議席の圧勝

1971．6.27　**第９回参院選**（定数252・改選数126、59.24％、59.23％）【自民63　社会39　公明10　民社６　共産６　無所属２】社会党が議席を伸ばす。沖縄の復帰で定数が２増の252に

1972.12.10　**第33回衆院選**（定数491、71.76％）【自民271　社会118　共産38　公明29　民社19　諸派２　無所属14】自民党が後退し、社会党が復調。共産党は躍進して第３党に。沖縄の復帰で定数が５増の491に

1974．7．7　**第10回参院選**（改選数130、73.20％、73.20％）【自民62　社会28　公明14　共産13　民社５　諸派１　無所属７】自民党が議席を減らして与野党の議席差が７となり伯仲状態に

1976.12．5　**第34回衆院選**（定数511、73.45％）【自民249　社会123　公明55　民社29　共産17　新自由クラブ（以下新自ク）17　無所属21】任期満了による選挙。ロッキード事件の影響で自民党が過半数割れの大敗となり三木内閣が退陣。衆院でも保革伯仲に。定数是正で20議席増の511に

1977．7.10　**第11回参院選**（改選数126、68.49％、68.48％）【自民63　社会27　公明14　民社６　共産５　新自ク３　社会市民連合１　革新自由連合１　諸派１　無所属５】自民党がかろうじて与野党逆転を阻止

1979.10．7　**第35回衆院選**（定数511、68.01％）【自民248　社会107　公明57　共産39　民社35　新自ク４　社会民主連合（以下社民連）２　無所属19】一般消費税への反発で自民党が再び過半数割れ。新自由クラブは惨敗

1953. 4.19　**第26回衆院選**（定数466、74.22%）【自由199　改進76　社会（左派）72　社会（右派）66　分党派自由（鳩山自由）35　労農5　共産1　諸派1　無所属11】吉田首相のバカヤロー発言に端を発する不信任案可決で「バカヤロー解散」。社会党が躍進。自由党は少数党内閣に

1953. 4.24　**第3回参院選**（改選数128、63.18%、63.18%）【自由46　社会（左派）18　緑風会16　社会（右派）10　改進8　諸派1　無所属29】分党派自由、共産党が全滅

1955. 2.27　**第27回衆院選**（定数467、75.84%）【日本民主185　自由112　社会（左派）89　社会（右派）67　労農4　共産2　諸派2　無所属6】鳩山首相の日本民主党が第1党となるが過半数をとれず。革新勢力が憲法改正阻止に必要な3分の1の議席を確保。奄美群島復帰で定数が1増に

1956. 7. 8　**第4回参院選**（改選数127、62.11%、62.10%）【自由民主(以下自民)61　社会49　緑風会5　共産2　諸派1　無所属9】55年体制下で初の国政選挙。革新勢力が3分の1の議席を確保。社会党は全国区で自民党を上回る

1958. 5.22　**第28回衆院選**（定数467、76.99%）【自民287　社会166　共産1　諸派1　無所属12】55年体制下初の衆院選で自民党圧勝。社会党も戦後最高の議席を獲得

1959. 6. 2　**第5回参院選**（改選数127、58.75%、58.74%）【自民71　社会38　緑風会6　共産1　諸派1　無所属10】創価学会系候補6人が無所属で全員当選

1960.11.20　**第29回衆院選**（定数467、73.51%）【自民296　社会145　民主社会（以下民社）17　共産3　諸派1　無所属5】社会党から分かれた民社党が大敗

1962. 7. 1　**第6回参院選**（改選数127、68.22%、68.21%）【自民69　社会37　公明政治連盟9　民社4　共産3　参議院同志会2　無所属3】革新勢力が3分の1を割る。公明党の前身の公明政治連盟が全員当選

1963.11.21　**第30回衆院選**（定数467、71.14%）【自民283　社会144　民社23　共産5　無所属12】民社党が議席を増やし解党の危機を免れる

1965. 7. 4　**第7回参院選**（改選数127、67.02%、67.01%）【自民71

戦後国政選挙一覧と選挙制度の変遷

（　）内の定数・改選数の後の数字は投票率。第41回以降の衆院選の投票率は小選挙区、比例選の順。参院選の投票率は地方区（選挙区）、全国区（比例選）の順。【　】内は各党の獲得議席数で、第48回衆院選以降は当選直後の追加公認を含む

1946．4.10　**第22回衆院選**（定数466・欠員2、72.08％）【自由140　進歩94　社会92　協同14　共産5　諸派38　無所属81】衆議院議員選挙法が改正され都道府県単位の大選挙区連記制に。選挙権年齢を満20歳以上、被選挙権年齢を満25歳以上に引き下げ、性別による制限も撤廃。婦人参政権が初めて行使され女性議員39人が誕生。自由党が第1党となったが過半数をとる政党はなし

1947．4.20　**第1回参院選**（定数250、61.12％、60.93％）【社会47　自由38　民主28　国民協同9　共産4　諸派13　無所属111】貴族院に代わる参議院の初の選挙。都道府県単位の地方区（定数150）と全国区（定数100）で選出。社会党が第1党に。選挙後、無所属議員を中心に緑風会を結成

1947．4.25　**第23回衆院選**（定数466、67.95％）【社会143　自由131　民主126　国民協同31　共産4　諸派20　無所属11】選挙法改正で中選挙区単記制に変更。社会党が第1党となり、民主、国民協同との3党連立で片山哲内閣が発足

1949．1.23　**第24回衆院選**（定数466、74.04％）【民主自由264　民主69　社会48　共産35　国民協同14　労働者農民（以下労農）7　諸派17　無所属12】民主自由党が単独過半数を獲得。社会党は大敗し共産党が躍進。佐藤栄作、池田勇人ら官僚出身者が多数当選

1950．6．4　**第2回参院選**（半数改選で補選を含め改選数132、72.19％、72.19％）【自由52　社会36　緑風会9　国民民主9　共産2　諸派5　無所属19】自由、社会党が議席を伸ばす。緑風会が激減

1952.10．1　**第25回衆院選**（定数466、76.43％）【自由240　改進85　社会（右派）57　社会（左派）54　労農4　諸派7　無所属19】吉田茂首相が反吉田派の選挙準備が整わないうちに突如解散（抜き打ち解散）。社会党が大躍進したが共産党は全滅。公職追放解除者多数が当選

発生年月日	地震名	マグニチュード	被害状況(人)
03.12.26	イラン南東部地震	6.8	死者4万3000
04.12.26	インドネシア・スマトラ島沖地震	9.1	死者・不明22万8000
05.10. 8	パキスタン地震	7.7	死者8万6000
06. 5.27	インドネシア・ジャワ島中部地震	6.2	死者5700
08. 5.12	四川大地震（中国・四川省）	8.1	死者6万9000
10. 1.12	ハイチ地震	7.3	死者31万6000
11. 2.22	クライストチャーチ地震（ニュージーランド）	6.3	死者185
15. 4.25	ネパール地震	7.8	死者9000
18. 9.28	インドネシア・スラウェシ島地震	7.5	死者・不明5000
23. 2. 6	トルコ・シリア地震	7.8、7.5	死者6万

近年の主な気象災害（国内）

（気象庁、総務省消防庁発表など。台風はおおむね上陸日以降）

発生年月日	名称・通称	主な被災地	被害状況（人）
2011. 9. 3～ 5	台風12号	和歌山、奈良県	死者83、不明15
11. 9.21～22	台風15号	九州から東北	死者18、不明1
12. 7.11～14	九州北部豪雨	熊本、福岡県	死者30、不明2
13.10.15～16	台風26号	伊豆大島(東京)	死者40、不明3
14. 8.20	広島土砂災害	広島市	死者77
15. 9. 9～11	関東・東北豪雨	茨城、栃木県	死者20
16. 8.30	台風10号	岩手県	死者30、不明3
17. 7. 5～ 6	九州北部豪雨	福岡、大分県	死者40、不明2
18. 7. 6～ 8	西日本豪雨	広島、岡山県	死者263、不明8
18. 9. 4～ 5	台風21号	近畿地方	死者14
19. 9. 9	台風15号	千葉県	死者9
19.10.12～13	台風19号	東日本	死者105、不明3
20. 7. 4～ 7	九州豪雨	九州地方	死者79、不明2
21. 7. 3	熱海土石流災害	静岡県熱海市	死者28

07. 3.25	能登半島地震	6.9	死者1、負傷356
07. 7.16	新潟県中越沖地震	6.8	死者15、負傷2346
08. 6.14	岩手・宮城内陸地震	7.2	死者17、不明6、負傷426
08. 7.24	岩手北部地震	6.8	死者1、負傷211
09. 8.11	静岡沖地震	6.5	死者1、負傷319
11. 3.11	東日本大震災	9.0	死者・不明2万2000超
11. 3.12	長野県北部地震	6.7	死者3、負傷57
16. 4.14、16	熊本地震	6.5、7.3	死者276、負傷2811
18. 6.18	大阪北部地震	6.1	死者6、負傷462
18. 9. 6	北海道胆振東部地震	6.7	死者44、負傷785
24. 1. 1	能登半島地震	7.6（暫定値）	

【海　外】

発生年月日	地震名	マグニチュード	被害状況（人）
1948.10. 5	アシガバート地震（トルクメニスタン）	7.3	死者2万
49. 7.10	タジキスタン地震	7.4	死者1万2000
60. 2.29	モロッコ地震	5.7	死者1万3000
60. 5.22	チリ地震	9.5	死者5700（日本では津波により死者・不明142）
62. 9. 1	イラン北西部地震	7.2	死者1万2000
68. 8.31	イラン北東部地震	7.3	死者1万5000
70. 1. 5	通海地震（中国・雲南省）	7.8	死者1万6000
70. 5.31	ペルー地震	7.8	死者6万7000
72.12.23	マナグア地震（ニカラグア）	6.3	死者1万
76. 2. 4	グアテマラ地震	7.5	死者2万3000
76. 7.28	唐山地震（中国・河北省）	7.8	死者24万3000
76. 8.16	フィリピン・ミンダナオ島地震	7.9	死者8000
78. 9.16	イラン東部地震	7.4	死者1万8000
85. 9.19	メキシコ地震	8.1	死者9500
88.12. 7	アルメニア地震	6.8	死者2万5000
90. 6.21	イラン北西部地震	7.7	死者3万5000
93. 9.30	インド中西部地震	6.2	死者1万
99. 8.17	トルコ西部地震	7.8	死者1万7000
99. 9.21	台湾大地震	7.7	死者2400
2001. 1.26	インド西部地震	8.0	死者2万

戦後の大地震

（理科年表2024年版など）

【国　内】

発生年月日	地震名	マグニチュード	被害状況（人）
1946.12.21	南海地震	8.0	死者1330
48. 6.28	福井地震	7.1	死者3769
52. 3. 4	十勝沖地震	8.2	死者28、不明５
52. 7.18	吉野地震(奈良)	6.7	死者９
61. 8.19	北美濃地震	7.0	死者８
62. 4.30	宮城県北部地震	6.5	死者３、負傷276
63. 3.27	越前岬沖地震	6.9	——
64. 6.16	新潟地震	7.5	死者26
68. 2.21	えびの地震(鹿児島)	6.1	死者３、負傷42
68. 4. 1	日向灘地震	7.5	負傷15
68. 5.16	十勝沖地震	7.9	死者52、負傷330
72.12. 4	八丈島東方沖地震	7.2	——
73. 6.17	根室半島沖地震	7.4	負傷26
74. 5. 9	伊豆半島沖地震	6.9	死者30、負傷102
78. 1.14	伊豆大島近海地震	7.0	死者25、負傷211
78. 6.12	宮城県沖地震	7.4	死者28、負傷1325
82. 3.21	浦河沖地震	7.1	負傷167
83. 5.26	日本海中部地震	7.7	死者104、負傷163
84. 9.14	長野県西部地震	6.8	死者29、負傷10
87.12.17	千葉県東方沖地震	6.7	死者２、負傷161
93. 1.15	釧路沖地震	7.5	死者２、負傷967
93. 7.12	北海道南西沖地震	7.8	死者202、不明28、負傷323
94.10. 4	北海道東方沖地震	8.2	負傷437
94.12.28	三陸はるか沖地震	7.6	死者３、負傷788
95. 1.17	阪神・淡路大震災	7.3	死者6434、不明３、負傷４万3792
2000.10. 6	鳥取県西部地震	7.3	負傷182
01. 3.24	芸予地震	6.7	死者２、負傷288
03. 9.26	十勝沖地震	8.0	死者１、不明１、負傷849
04.10.23	新潟県中越地震	6.8	死者68、負傷4805
05. 3.20	福岡県西方沖地震	7.0	死者１、負傷1204

宮古島周辺で行方不明に
4.13 北朝鮮が固体燃料式の新型ＩＣＢＭ「火星18」の発射実験を初めて行う
4.15 和歌山市で、衆院補欠選挙の応援演説を始めようとした岸田首相に爆発物が投げ込まれる。24歳男を逮捕
5. 8 新型コロナウイルス「５類」移行
6. 2 改正マイナンバー法成立
6.14 岐阜市の陸自射撃場で18歳の自衛官候補生の男が指導役の自衛官３人に小銃を発砲し、２人死亡
6.16 ＬＧＢＴ法成立。23施行
7. 4 福島第一原発の処理水放出について、ＩＡＥＡが妥当性を認める。8.24処理水の海洋放出を開始
7.16 ＴＰＰ、英国の加入を正式承認
8. 8 米ハワイ州マウイ島で山火事、約100人死亡
8.23 ロシアで自家用ジェット機が墜落し、６月に反乱を起こした民間軍事会社「ワグネル」創設者エフゲニー・プリゴジンを含む10人死亡
8.23 インドの無人月探査機「チャンドラヤーン３号」が月の南極付近に軟着陸。南極への着陸は世界初
9. 1 内閣感染症危機管理統括庁発足
9. 7 ジャニーズ事務所が創業者による性加害を認めて謝罪
10. 1 米大リーグ・エンゼルスの大谷翔平、日本人初の本塁打王。11.16 ２年ぶり２度目のア・リーグＭＶＰ
10. 7 イスラム主義組織ハマスがイスラエルに大規模攻撃。イスラエルも報復。24.1.21 ガザでの死者が２万5000人を超える
10.11 将棋の藤井聡太が王座を奪取。21歳２か月で史上初の八冠独占
10.13 盛山文部科学相が世界平和統一家庭連合（旧統一教会）に対する解散命令を東京地裁に請求
11.29 米軍の輸送機ＣＶ22オスプレイが鹿児島県・屋久島の東方沖に墜落。米空軍は乗員８人全員の死亡を認定
12.28 米軍普天間飛行場の沖縄県名護市辺野古への移設工事で、国が地方自治体の事務で初となる代執行を行い、設計変更を承認。24.1.10埋め立て工事再開

2024年（令和６年）

1. 2 羽田空港の滑走路上で日本航空の旅客機と海上保安庁所属の航空機が衝突。海保機の乗員５人死亡
1.13 台湾総統選で民進党の頼清徳副総統が当選
1.20 宇宙航空研究開発機構の月面探査機「ＳＬＩＭ（スリム）」が月面着陸

（敬称・呼称略）

10. 6 連合新会長に芳野友子。初の女性

12.17 大阪・北新地クリニック放火殺人。26人死亡

2022年（令和4年）

1.15 トンガ近海の海底火山噴火。16気象庁、奄美群島などに津波警報

2.10 1月の大学入学共通テスト中に問題を外部に送って解答を得たとして、女子受験生らを書類送検

2.24 ロシアがウクライナ侵略

3. 4 特定の銘柄の株価を不正に維持したとして、SMBC日興証券の幹部4人を金融商品取引法違反容疑で逮捕

3.21 政府が初の「電力需給逼迫（ひっぱく）警報」発令

4. 1 改正民法施行。成人年齢18歳に引き下げ

4. 4 東京証券取引所で新たな市場区分「プライム」「スタンダード」「グロース」の株式取引開始

4.10 プロ野球ロッテの佐々木朗希が完全試合達成

4.23 北海道・知床半島沖で観光船沈没事故。乗客乗員20人死亡、6人不明

5.18 フィンランドとスウェーデンがNATOに加盟申請

6.12 福島県葛尾村の一部地域で避難指示解除。福島第一原発事故の帰還困難区域で初

6.30 米連邦最高裁判事にケタンジ・ブラウン・ジャクソン就任。黒人女性で初

7. 8 安倍晋三・元首相が奈良市内で参院選の街頭演説中に銃撃され死亡

8. 1 米大統領、アル・カーイダの指導者アイマン・ザワヒリ殺害を発表

8.17 東京五輪・パラリンピックで大会スポンサー側から賄賂を受け取ったとして、大会組織委元理事を受託収賄容疑で逮捕

9. 8 エリザベス英女王死去

9.23 西九州新幹線（武雄温泉―長崎間）開業

10. 3 プロ野球ヤクルトの村上宗隆、王貞治の記録を抜くシーズン56号本塁打

10.23 習近平・中国共産党総書記の3期目政権発足

10.29 韓国ソウルの繁華街・梨泰院雑踏事故、日本人留学生2人を含む150人以上死亡

11.15 世界の人口、80億人に

2023年（令和5年）

1. 5 高額寄付被害救済・防止法施行

3.17 戦争犯罪の疑いで国際刑事裁判所がプーチン露大統領に逮捕状

3.19 スイス金融大手UBSが経営危機に陥ったクレディ・スイスの買収を発表

3.21 ワールド・ベースボール・クラシックで日本が米国を破り3度目の優勝

4. 1 こども家庭庁発足

4. 4 フィンランドがNATOに加盟

4. 6 陸自隊員10人が乗った多用途ヘリコプターが沖縄県・

2.1 新型コロナウイルスを感染症法上の「指定感染症」とする政令施行
3.11 WHO、新型コロナのパンデミック（大流行）を宣言
3.14 高輪ゲートウェイ駅開業。ＪＲ山手線で49年ぶり新駅
3.24 東京五輪・パラリンピックの延期決定
4.7 コロナ感染拡大で東京都など７都府県に初の緊急事態宣言。16対象を全国に拡大
6.2 改正道路交通法成立。「あおり運転罪」新設
6.18 河井案里参院議員が当選した19年７月の参院選を巡り、同議員と夫で衆院議員の克行・元法相を公職選挙法違反容疑で逮捕
6.19 プロ野球、無観客で開幕
6.30 香港の反体制活動などを取り締まる国家安全維持法施行
7.1 レジ袋有料化スタート
7.4 九州豪雨。九州５県で死者・不明81人
9.15 イスラエルがＵＡＥ、バーレーンと国交正常化の合意文書に署名。10月にスーダン、12月にモロッコと合意
11.1 大阪都構想、２度目の住民投票も反対多数
11.15 日中韓など15か国、地域包括的経済連携（ＲＣＥＰ）に署名

2021年（令和３年）

1.6 米連邦議会占拠事件。トランプ大統領の支持者が議事堂に乱入、警官隊と衝突して警官１人含む５人死亡
2.1 ミャンマーで国軍がクーデター。アウン・サン・スー・チー国家顧問らを拘束
2.9 水虫治療薬に睡眠導入剤成分が混入し２人が死亡した問題で、福井県が製薬会社「小林化工」に116日間の業務停止命令
2.14 米ファイザー社製の新型コロナウイルスのワクチンを、厚生労働省が国内で初めて特例承認。17医療従事者へのワクチン接種開始
4.11 ゴルフのマスターズ・トーナメントで松山英樹が初優勝。海外メジャー大会制覇は日本男子初
6.11 改正国民投票法成立
7.3 静岡県熱海市で土石流。死者28人
7.7 ハイチのモイーズ大統領暗殺
7.26 広島への原爆投下直後に降った「黒い雨」を巡る集団訴訟で国が上告断念
8.15 アフガニスタンのイスラム主義勢力タリバンが首都カブールを制圧
8.30 アフガニスタン駐留米軍が完全撤収
9.1 デジタル庁発足
9.15 民間人４人搭乗の米宇宙船「クルードラゴン」が打ち上げ。民間人のみによる初の地球周回旅行成功
9.24 日米豪印４か国の枠組み「クアッド」がワシントンで初の対面での首脳会談

射されたとして、日本政府が韓国政府に抗議
12.30 環太平洋経済連携協定（ＴＰＰ）発効

2019年（平成31・令和元年）

1. 3 中国の無人探査機「嫦娥4号」が世界初の月の裏側への着陸に成功
4. 1 新元号が「令和」に決定
4.15 パリのノートルダム大聖堂で火災。屋根など崩落
4.21 スリランカの教会など8か所で爆破テロ。日本人1人を含む250人以上が死亡
5. 1 令和元年スタート
5.17 米、中国通信機器大手「華為技術」（ファーウェイ）に対する輸出規制を発動
5.28 川崎市でスクールバスを待っていた私立小学校の児童らに男が包丁で切りつけ、2人死亡、18人重軽傷
6. 9 香港で、逃亡犯条例改正案に反対する大規模デモ
6.20 米プロバスケットボール協会（ＮＢＡ）のドラフトで八村塁がワシントン・ウィザーズから1巡目指名
7.18 京都市のアニメ制作会社「京都アニメーション」で70人がいたスタジオに男が放火。36人死亡、32人負傷
8. 2 米露の中距離核戦力（ＩＮＦ）全廃条約失効
8.23 韓国が日韓の軍事情報包括保護協定（ＧＳＯＭＩＡ）の破棄を日本に通告。23.3.21韓国政府が撤回
9. 9 台風15号が関東上陸、千葉県で約2週間停電続く
9.19 福島第一原発事故を巡り、業務上過失致死傷罪で強制起訴された東電旧経営陣3人に対し、東京地裁が無罪判決。23.1.18 2審も無罪
9.20 ラグビーW杯日本大会開催（～11.2）。日本は初の8強
10. 1 消費税が10%に
10.12 台風19号が東日本を通過。105人死亡、3人不明
10.22 即位礼正殿の儀
10.31 那覇市の首里城で火災。正殿など主要部分が焼失
11.23 ローマ教皇フランシスコ来日
11.24 香港で区議会選挙。民主派が直接選挙による議席数の約85%を獲得し、大勝
12. 4 アフガニスタンで日本人医師の中村哲が銃撃され死亡
12. 8 中国・武漢で、最初の新型コロナウイルス患者が発症（発表は20年1月）
12.25 カジノを含む統合型リゾート事業を巡る汚職事件で、秋元司衆院議員を収賄容疑で逮捕
12.30 保釈中のゴーン日産自動車前会長が無断出国し、レバノンに入国

2020年（令和2年）

1. 3 米軍がイラン革命防衛隊のスレイマニ司令官を殺害
1.11 台湾総統選で蔡英文再選
1.17 約77万4000～約12万9000年前の地質時代を「チバニアン」と呼ぶことが決定
1.31 英国がＥＵ離脱

5.27 オバマ米大統領が広島訪問。現職大統領の訪問は初
6.19 選挙権年齢を18歳以上とする改正公職選挙法施行
6.23 ＥＵ残留か離脱かを問う英国の国民投票で離脱支持過半数
7. 1 バングラデシュで武装集団がレストランを襲撃、日本人７人を含む20人が死亡
7.14 仏ニースでトラック突入テロ。86人死亡
7.18 世界反ドーピング機関（ＷＡＤＡ）が、14年ソチ五輪・パラリンピックでロシアが国主導でドーピング不正を行っていたと認定
7.26 相模原市の知的障害者福祉施設に元職員の男が侵入、入所者19人を刺殺
8. 8 天皇が退位の意向を示唆
9. 9 北朝鮮が５度目の核実験
11.30 理化学研究所が合成した原子番号113番の新元素の名称がニホニウムに決定
12.19 ベルリンで開かれていたクリスマスの市にトラックが突入。13人死亡
12.21 高速増殖炉「もんじゅ」廃炉決定
12.22 新潟県糸魚川市で大規模火災。147棟、計約４万平方㍍を焼き、17人負傷

2017年（平成29年）

3.27 栃木県那須町のスキー場で雪崩発生、登山講習に参加していた高校生ら８人死亡
6. 9 天皇退位特例法成立
7. 4 北朝鮮がＩＣＢＭ「火星14」を発射
9. 3 北朝鮮が６度目の核実験
9. 9 桐生祥秀、陸上男子100㍍で日本人初の９秒台（９秒98）
10. 1 米ラスベガスで銃乱射事件。58人死亡
10.30 神奈川県座間市のアパートで、切断された計９人の遺体発見。31住人の男を逮捕

2018年（平成30年）

1.23 群馬県の草津白根山が噴火
3.23 米国が鉄鋼とアルミニウムの輸入制限を発動
5.14 米政府、在イスラエル大使館をテルアビブからエルサレムに移転
6.12 史上初の米朝首脳会談
7. 6 オウム真理教事件で死刑が確定した教団元幹部計13人のうち、教祖の麻原彰晃こと松本智津夫ら７人の刑執行。26残り６人の刑執行
7. 6 西日本豪雨で広島など11府県に大雨特別警報。263人死亡、８人不明（～8）
7.23 埼玉県熊谷市で国内観測史上最高の41.1度。20.8.17浜松市でも記録
9. 8 全米オープンテニスで大坂なおみが優勝
10. 6 築地市場、営業終える。11豊洲市場開場
11.19 役員報酬を過少申告したとして、日産自動車のカルロス・ゴーン会長を金融商品取引法違反容疑で逮捕
12.21 海自Ｐ１哨戒機が20日に能登半島沖で韓国海軍駆逐艦から火器管制レーダーを照

4.16 韓国の旅客船「セウォル号」が珍島沖で沈没。高校生ら304人死亡・不明
5.20 自動車運転死傷行為処罰法施行
8.20 広島市北部への局地的豪雨で土砂災害発生。死者77人
8.27 厚労省、約70年ぶりとなるデング熱の国内感染発表
9.18 英北部スコットランドで独立の是非を問う住民投票、反対多数で英残留
9.27 御嶽山（長野・岐阜県境）噴火。死者58人、不明5人
12.10 特定秘密保護法施行

2015年（平成27年）

1. 7 パリの政治週刊紙「シャルリー・エブド」本社が襲撃され、12人死亡
1.20 イスラム過激派組織「イスラム国」が拘束した日本人2人の映像公開。24 1人の遺体とみられる写真公開。2.1もう1人の殺害映像を公開
2.11 ウクライナ東部の紛争を巡り同国と露独仏首脳が会談。12ウクライナ政府と親露派武装集団が停戦合意文書に署名（ミンスク合意）
3.14 北陸新幹線（長野—金沢間）開業
3.18 チュニジアの博物館で銃撃テロ。日本人3人を含む外国人観光客ら22人が死亡
5.17 大阪市を廃止して特別区を新設する「大阪都構想」の住民投票。僅差で反対多数
7.20 米・キューバ、54年ぶり国交回復
9.19 集団的自衛権の行使を可能にする安全保障関連法成立（16.3.29施行）
10. 1 スポーツ庁、防衛装備庁発足
10. 5 共通番号制度関連法施行。マイナンバー制度スタート
11.13 パリ同時テロ。130人死亡
12.12 地球温暖化対策の国際的枠組み「パリ協定」を採択
12.28 慰安婦問題を巡り日韓合意

2016年（平成28年）

1. 6 北朝鮮が4度目の核実験
1.15 長野県軽井沢町でスキーツアーバスが崖下に転落、乗客乗員15人死亡
1.16 台湾総統選で民進党の蔡英文主席が当選。初の女性
1.24 西日本で記録的寒さ。奄美大島で115年ぶりの降雪
1.29 日銀、初のマイナス金利政策導入決定。2.16実施
3.22 ベルギー・ブリュッセルの空港と地下鉄駅で同時テロ、30人以上死亡
3.26 北海道新幹線（新青森—新函館北斗間）開業
3.30 ミャンマーでＮＬＤによる新政権誕生。4.6ＮＬＤ党首のスー・チーが国家顧問に就任
4.14 熊本地震。益城町で震度7（前震）。16益城町、西原村で再び震度7の地震（本震）
4.20 井山裕太が十段位獲得、史上初の囲碁七冠
5. 6 北朝鮮で36年ぶりに朝鮮労働党大会

8.20 シリアで日本人ジャーナリストが銃撃を受け死亡
8.22 ロシアがＷＴＯに加盟
9.11 政府が尖閣諸島を国有化
9.19 原子力規制委員会が発足
10. 6 米海兵隊の新型輸送機「ＭＶ22オスプレイ」を沖縄県の普天間飛行場に配備
11. 7 97年の東京電力女性社員殺害事件の再審で、無期懲役が確定していたネパール国籍の男性に対し無罪判決
12. 2 山梨県の中央自動車道笹子トンネルでコンクリート製天井板が崩落、９人死亡
12.12 北朝鮮が人工衛星と称して長距離弾道ミサイルを発射

2013年（平成25年）

1.16 アルジェリア東部で、イスラム武装勢力がプラントメーカー「日揮」の天然ガス関連施設を襲撃。日本人10人を含む約40人死亡
1.30 尖閣諸島北方の東シナ海で海上自衛隊護衛艦が中国海軍艦艇から火器管制レーダーを照射される
2.12 北朝鮮が３度目の核実験
2.15 ロシア中部ウラル地方の上空で隕石（いんせき）が爆発、落下。1200人以上が負傷
2.28 ローマ教皇ベネディクト16世退位。存命中の退位は約600年ぶり
4.15 米ボストンマラソンで爆弾テロ。観客３人が死亡
4.19 インターネットを使った選挙運動を解禁する改正公職選挙法が成立
6.23 米政府による情報監視を暴露した元中央情報局（ＣＩＡ）職員のエドワード・スノーデンがモスクワ到着
7. 1 クロアチアがＥＵ加盟。28か国目
9.19 ＪＲ函館線で貨物列車脱線事故。11.11 ＪＲ北海道が多数のレール計測データの改ざんがあったことを国土交通省に報告
10. 8 楽天・田中将大が開幕24連勝達成でプロ野球記録更新
10.16 台風26号に伴う豪雨により伊豆大島で土石流発生。36人死亡、３人不明
11.23 中国国防省が、尖閣諸島の上空を含んだ防空識別圏を東シナ海に設定したと発表
12. 6 特定秘密保護法成立
12.14 中国の無人月探査機「嫦娥３号」が月面着陸に成功
12.16 原爆症の認定基準改定。「非がん疾病」に関する基準を一部緩和

2014年（平成26年）

1. 7 国家安全保障局発足
3.18 プーチン露大統領がウクライナ南部クリミアのロシアへの編入を宣言
4. 1 消費税が８％に
4. 1 福島県田村市の一部地域で避難指示解除。福島第一原発事故の避難指示解除準備区域で初
4.14 ナイジェリア北東部の中学校で、イスラム過激派組織「ボコ・ハラム」が女子生徒200人以上を拉致

5.12 東京都立川市の警備会社で6億円強奪
5.24 67年の布川事件で無期懲役が確定していた男性2人に対し、再審で強盗殺人について無罪判決
6. 8 古川聡、ソユーズでISSへ。11.22帰還。宇宙での連続滞在期間は日本人最長の167日
7. 8 スペースシャトル「アトランティス」打ち上げ。21帰還。シャトル計画終了(81年から計135回打ち上げ)
7. 9 南スーダン独立
7.17 サッカー・女子W杯ドイツ大会で日本が初優勝
7.22 オスロのノルウェー政府庁舎前で爆弾テロ。近郊のウトヤ島でも乱射事件。爆弾テロ8人、銃乱射69人死亡
7.24 地上波テレビのアナログ放送終了。12.4.1岩手、宮城、福島でも終了
9. 3 台風12号が高知県に上陸。和歌山、奈良県を中心に死者83人、不明15人。21台風15号が静岡県に上陸。東北から九州にかけて死者18人、不明1人
10.20 リビアの最高指導者カダフィが銃撃戦で死亡。23国民評議会が全土解放を宣言
10.31 世界の推計人口70億人に
10.31 オセアニア市場で円相場が一時1㌦=75円32銭まで上昇し、戦後最高値を更新
12.14 オバマ米大統領がイラク戦争の終結を宣言
12.17 北朝鮮の金正日総書記死去

2012年(平成24年)

1.14 台湾総統選で馬英九再選
2.10 復興庁発足
2.18 天皇の心臓バイパス手術が東大病院で行われる
3.14 99年の山口県光市・母子殺害事件で被告(犯行時18歳)の死刑確定
4. 1 ミャンマーの議会補選で民主政党・国民民主連盟(NLD)が圧勝
4.11 北朝鮮の最高指導者・金正恩が朝鮮労働党第1書記に就任。21.1.10党総書記に
4.12 京都・祇園で車が暴走、通行人7人死亡
4.19 東日本大震災で津波に襲われた福島第一原発1~4号機廃止。14.1.31 5、6号機も廃止
4.22 新潟県佐渡市で放鳥したトキの卵が孵化(ふか)したと環境省が発表。自然界での孵化は国内では36年ぶり
4.29 群馬県の関越自動車道で、ツアーバスが防音壁に衝突、乗客7人死亡
5. 5 北海道電力泊原発3号機が定期検査のため停止。42年ぶりに国内の全原発が停止
5.21 東北南部から九州南部で金環日食が観測される
5.22 東京スカイツリー開業
7.11 九州北部で豪雨。30人死亡、2人不明(~14)
8.10 韓国の李明博大統領が竹島に日帰り上陸を強行。韓国大統領の竹島上陸は初めて

6.13 宇宙航空研究開発機構の小惑星探査機「はやぶさ」(03年5月打ち上げ）が帰還
7. 4 野球賭博に関与したとして日本相撲協会が大関琴光喜と大嶽親方を解雇
7.17 改正臓器移植法全面施行。脳死臓器提供者の年齢制限撤廃
9. 7 尖閣諸島周辺の日本領海内で、違法操業の中国漁船が海上保安庁の巡視船2隻と衝突。8中国人船長を逮捕。25処分保留のまま釈放
9.10 日本振興銀行が金融庁に破綻申請。同庁はペイオフを初めて発動
9.21 郵便不正事件に厚生労働省局長が関与したかのように証拠品を改ざんした疑いで、最高検が大阪地検特捜部の主任検事を逮捕
10.13 チリの鉱山で8月5日に起きた落盤事故により閉じこめられた33人を全員救出
10.21 羽田空港の4本目の滑走路と新国際線ターミナル開業
11. 1 ロシアのメドベージェフ大統領が北方領土の国後島を訪問。ロシア元首として初
11.13 ミャンマーの民主化運動指導者アウン・サン・スー・チー、7年半ぶりに解放
11.23 北朝鮮軍が韓国・延坪島を砲撃。韓国海兵隊員2人と民間人2人死亡
11.28 内部告発サイト「ウィキリークス」が米政府の外交公電25万点の公開を開始
12. 4 東北新幹線東京—新青森間の全線が開業

2011年（平成23年）

1.14 北アフリカ・チュニジアで反体制デモ拡大、独裁体制崩壊。中東各地で民主化求め民衆蜂起（アラブの春）
1.25 エジプト各地でデモ発生。2.11ムバラク大統領辞任
1.27 霧島連山・新燃岳で52年ぶりの爆発的噴火
2. 6 八百長問題で大相撲春場所中止決定
2.22 ニュージーランド地震。語学学校の日本人28人を含む185人が死亡
3.11 東日本大震災。地震によって大規模な津波が発生し、東京電力福島第一原発の全電源機能が失われる
3.12 九州新幹線（博多—新八代間）開業
3.15 シリアで反体制デモ。アサド政権が弾圧、内戦に発展
3.30 ミャンマー大統領にテイン・セイン就任。民政移管完了
4.12 15歳未満の少年が初めて脳死と判定される
4.22 原発事故で、福島県と関係市町村が「警戒区域」設定。政府は「計画的避難区域」「緊急時避難準備区域」を設定。12.4.1「帰還困難区域」「居住制限区域」「避難指示解除準備区域」への再編開始
5. 2 パキスタンで米特殊部隊がアル・カーイダ指導者ウサマ・ビンラーディンを殺害

際宇宙ステーション（ＩＳＳ）日本実験棟「きぼう」完成。*31*帰還。日本人初の長期宇宙滞在

3.19 群馬県渋川市の高齢者施設から出火、10人死亡

4. 5 北朝鮮が多段式の弾道ミサイルを発射

5.18 スリランカ陸軍が、タミル人武装組織「タミル・イーラム解放のトラ」の完全制圧と内戦終結を宣言

5.21 裁判員制度スタート

5.25 北朝鮮が２度目の核実験

6. 1 米自動車最大手ゼネラル・モーターズが経営破綻

6.11 新型インフルエンザの世界的流行でＷＨＯが警戒水準を最高のフェーズ６に

7. 4 北朝鮮が日本海に向けて弾道ミサイル７発を発射

7. 5 中国・新疆ウイグル自治区ウルムチで、ウイグル族による暴動が発生。漢族と衝突し197人死亡（当局発表）

7. 8 水俣病被害者救済法成立

7.16 北海道・大雪山系トムラウシ山と美瑛岳でツアー客ら遭難。計10人死亡

7.19 中国・九州北部豪雨。35人死亡

8.10 台風９号で近畿、中国、四国に豪雨。27人死亡、不明

9. 1 消費者庁発足

11.14 韓国・釜山市の室内実弾射撃場で火災。日本人観光客10人を含む15人が死亡

12. 1 原爆症救済法が成立

12. 1 ＥＵの新基本条約（リスボン条約）発効（調印は07年12月13日）

2010年（平成22年）

1. 1 日本年金機構発足。社会保険庁の後継組織

1.19 日本航空と子会社２社が会社更生法適用を申請

3.26 韓国海軍の哨戒艦「天安」が黄海で北朝鮮の魚雷攻撃を受けて沈没。46人死亡

3.26 足利事件(90年)の再審で、無期懲役が確定していた男性に無罪判決

4. 8 米露大統領が新戦略兵器削減条約(新ＳＴＡＲＴ)署名

4.10 タイのタクシン元首相派組織ＵＤＤが治安当局と衝突、日本人カメラマンら死亡

4.14 アイスランドの火山が噴火。火山灰が欧州上空に広がり７日間で約10万便欠航

4.20 米ルイジアナ州沖のメキシコ湾で英石油大手ＢＰの掘削施設が爆発、11人死亡。約78万キロ・リットルの原油が流出

4.20 宮崎県都農町で口蹄疫（こうていえき）発生を確認

4.20 2001年の明石歩道橋事故で、明石署の元副署長を改正検察審査会法に基づき全国初の強制起訴

4.27 改正刑事訴訟法と刑法が成立。殺人の公訴時効廃止

5. 2 欧州財政危機。ユーロ圏とＩＭＦがギリシャに３年間で総額1100億ユーロの協調融資を行うと発表。*11.28*ＥＵとＩＭＦがアイルランドに850億ユーロの緊急融資を決定

6.14 イスラム原理主義組織ハマスがガザ制圧
9.27 ミャンマーの反政府デモで軍が市民に発砲し、日本人映像ジャーナリストが死亡
10. 1 日本郵政公社が民営化。日本郵政グループとなる
12.27 パキスタンで、ベナジル・ブット元首相暗殺

2008年（平成20年）

1.11 57年ぶりの衆院再可決で新テロ対策特措法成立
1.11 薬害C型肝炎被害者救済法が成立
1.30 千葉と兵庫で10人が中国製冷凍ギョーザによる中毒症状。有機リン系殺虫剤検出
2. 7 大相撲の序ノ口力士急死事件で元時津風親方と兄弟子3人を傷害致死容疑で逮捕
2.17 コソボ自治州、セルビアからの独立を宣言
2.19 千葉県房総半島沖で海自のイージス艦「あたご」と漁船が衝突、漁船の2人不明
2.24 キューバのカストロ国家評議会議長が退任
3.14 中国チベット自治区のラサで大規模な民衆暴動が発生
3.19 日銀総裁人事案、参院で否決。総裁空席は戦後初
3.22 台湾総統選で国民党の馬英九・前主席が当選
4. 1 ガソリン税などの暫定税率失効。30暫定税率を復活させる税制関連法が衆院本会議で再可決、成立。みなし否決での再可決は56年ぶり
5. 2 サイクロンがミャンマーのヤンゴンなどを直撃。死者・不明約13万人（軍政発表）
5.28 ネパールが王制廃止
6. 8 秋葉原無差別殺傷事件で7人死亡。25歳の男を逮捕
7.11 ニューヨーク商業取引所でテキサス産軽質油の先物相場が一時、1バレル＝147.27ドルの史上最高値をつける
7.29 ＷＴＯの新多角的貿易交渉（ドーハ・ラウンド）決裂
8. 7 グルジア（現ジョージア）からの独立を求める南オセチア自治州にグルジア軍が進攻。8ロシアが軍事介入。16停戦合意成立
8.26 アフガニスタン東部で民間活動団体職員の邦人が拉致され、翌日遺体で発見
9.15 米証券4位のリーマン・ブラザーズが経営破綻。リーマン・ショックと呼ばれる金融危機の発端に
10. 1 観光庁発足
10. 1 大阪市浪速区の個室ビデオ店から出火、16人死亡
11.26 インド・ムンバイで同時テロ。ホテルの宿泊客らが人質に。29軍の掃討作戦で鎮圧。166人（邦人1人）死亡

2009年（平成21年）

1.15 米ニューヨークで旅客機がハドソン川に緊急着水。乗客・乗員155人全員を救出
2.15 イラク復興支援のためクウェートに派遣されていた航空自衛隊の撤収完了
3.15 若田光一搭乗の「ディスカバリー」打ち上げ。7.19国

開幕（～9.25）
4. 1 個人情報保護法全面施行
4. 1 ペイオフ凍結全面解除
4.25 兵庫県尼崎市のＪＲ福知山線で快速電車が脱線しマンションに激突、死者107人（運転士含む）、負傷者562人
6.27 天皇・皇后、サイパン訪問
7. 7 ロンドンの地下鉄・バスで同時爆破テロ、52人死亡。21地下鉄など４か所で爆発
7.21 中国が人民元を対ドルで２％切り上げ、通貨バスケット制導入
8. 8 小泉首相、参院での郵政民営化関連法案否決を受け衆院解散
8.24 つくばエクスプレス開業
8.29 ハリケーン「カトリーナ」が米ルイジアナ州に上陸。1800人以上が死亡
9.12 イスラエル軍のガザ撤退完了。38年間の占領終結
10. 1 道路関係４公団が民営化、高速道路会社６社発足
10.14 郵政民営化関連６法が成立
10.27 パリ郊外で移民による暴動。仏全土に拡大
11.15 紀宮、東京都職員・黒田慶樹と結婚
11.17 マンション、ホテルの耐震強度偽装問題が判明
12.25 山形県内で突風により羽越線脱線。死者５人

2006年（平成18年）

1.16 東京地検、ライブドアグループを証取法違反容疑で強制捜査
3. 1 気象庁が05～06年の大雪を「平成18年豪雪」と命名。死者152人
3. 9 日銀が量的緩和策を解除
3.20 第１回ワールド・ベースボール・クラシックで、日本がキューバを破り世界一に
5.20 イラクに本格政府発足
6. 7 ヨルダン人テロリスト、ザルカウィがイラクで米軍の空爆により死亡
6.25 陸自がイラク・サマワ撤収開始。7.25全員の帰国終了
7.12 レバノンの「ヒズボラ」がイスラエル兵２人拉致、イスラエルがレバノン南部に侵攻、空爆。8.14停戦発効
7.14 日銀、ゼロ金利政策を解除
8.11 京大の山中伸弥教授が世界初となるｉＰＳ細胞（人工多能性幹細胞）作製を発表
8.15 小泉首相が靖国神社参拝
8.24 国際天文学連合が太陽系惑星から冥王（めいおう）星を除外
9.19 タイ国軍がクーデター、タクシン政権崩壊
10. 9 北朝鮮が地下核実験実施と発表
12.30 フセイン・元イラク大統領の死刑執行

2007年（平成19年）

1. 9 防衛省が発足
4.16 米バージニア工科大で韓国人学生が銃を乱射、学生ら32人射殺、自身も自殺
4.17 選挙運動中の伊藤一長・長崎市長が組幹部に撃たれ、翌日死亡
5.14 国民投票法が成立

4. 2 新型肺炎（ＳＡＲＳ）流行。世界保健機関（ＷＨＯ）が中国広東省と香港への渡航自粛勧告を発表
4.14 日米欧などの国際チームが人間の全遺伝情報（ヒトゲノム）解読完了を宣言
7. 2 長崎市で４歳男児の遺体を発見。9中１男子を補導
7.26 イラク特措法成立
8.14 米カナダ大停電
8.27 北京で北朝鮮の核開発問題を巡る６か国協議開催
10.10 最後の日本産トキ「キン」が死ぬ
10.15 中国が有人宇宙船「神舟５号」の打ち上げに成功
11.29 イラクで日本人外交官２人が殺害される
11.29 足利銀行が破綻、一時国有化。地銀では初
12.13 イラク駐留米軍がティクリート近郊で、イラク元大統領サダム・フセインを拘束
12.24 ＢＳＥ問題で政府が米国産牛の輸入全面停止を決定

2004年（平成16年）

1.12 山口で鳥インフルエンザ確認。国内では79年ぶり
2. 8 イラク復興支援の陸自本隊第１陣がサマワ入り
3.11 マドリードで列車同時爆破テロ、191人死亡
3.13 九州新幹線（新八代―鹿児島中央間）開業
3.20 台湾総統選で陳水扁再選
3.22 イスラエル軍がハマス創始者アハマド・ヤシン師殺害
3.24 三菱ふそう欠陥ハブで11万2000台をリコール。その後、クラッチ欠陥のリコール隠しなどが発覚
4.15 イラクで人質になった３邦人がバグダッドで解放される。17別の２邦人も解放
5.22 小泉首相訪朝、拉致被害者家族の５人帰国
5.27 イラクで日本人ジャーナリスト２人が銃撃され死亡
6.28 イラクを統治する連合国暫定当局が主権移譲
7. 9 北朝鮮拉致被害者の曽我ひとみが夫、娘２人とジャカルタで再会。18帰国・来日
8. 9 福井県美浜原発で蒸気噴出事故、５人死亡、６人重軽傷
9. 1 ロシア北オセチアで武装勢力が学校に立てこもる。3治安部隊と銃撃戦、人質の児童ら331人死亡
9.18 近鉄とオリックスの統合を巡り、労組・日本プロ野球選手会が初のストを決行
10.15 関西水俣病訴訟上告審で原告実質勝訴確定
10.20 台風23号で死者・不明98人
10.30 旅行中にイラクで人質になった邦人男性、遺体で発見
11. 1 新１万円、５千円、千円札発行
11. 2 プロ野球パ・リーグに楽天参入。50年ぶりの新規球団

2005年（平成17年）

2. 1 三宅島避難指示を解除
2.16 温室効果ガス排出量削減を義務づけた京都議定書発効
2.17 中部国際空港開港
3.25 「愛・地球博（愛知万博）」

9．4 東京ディズニーシー開園
9.11 米で同時テロ。4機の航空機が乗っ取られ、2機がニューヨークの世界貿易センタービルに激突、同ビルは崩壊。1機は国防総省に突っ込み、炎上。もう1機はピッツバーグ郊外に墜落。死者・不明は2977人
9.19 日銀、公定歩合を史上最低の年0.10％とする
9.22 農林水産省、千葉県白井市の乳牛1頭のＢＳＥ（牛海綿状脳症）感染を発表
10．7 米英軍、アフガニスタンへの空爆を開始。11.13北部同盟が首都カブール制圧
10.29 テロ対策関連3法成立
11.20 米大リーグ・マリナーズのイチロー、首位打者と盗塁王に輝き日本人初のア・リーグＭＶＰ
11.28 刑法改正で危険運転致死傷罪を新設。12.25施行
12.22 奄美沖に北朝鮮工作船。海保巡視船と銃撃戦の末沈没

2002年（平成14年）

1．1 単一通貨「ユーロ」の現金流通開始
5．8 米国亡命を求める北朝鮮住民5人が、中国・瀋陽の日本総領事館に駆け込む。中国警察が館内に侵入、連行
5.20 東ティモール民主共和国が独立
5.28 経団連と日経連が統合、日本経済団体連合会発足
5.31 日韓共同開催のサッカーＷ杯が開幕
6.19 アフガニスタン暫定政府発足
6.19 林野庁に口利きし現金を受け取ったとして、鈴木宗男衆院議員をあっせん収賄容疑で逮捕
6.29 黄海沖で韓国海軍高速艇と北朝鮮警備艇が銃撃戦、韓国側は23人が死傷
7．9 アフリカ連合（ＡＵ）発足
8．5 住民基本台帳ネットワークシステム、サービス開始。03.8.25本格稼働
9.10 スイスが国連加盟
9.17 小泉首相が北朝鮮訪問、金正日総書記と会談、「日朝平壌宣言」に署名。10.15拉致被害者5人が帰国
10.12 インドネシア・バリ島のディスコで爆弾テロが発生、邦人2人を含む202人死亡
10.23 モスクワの劇場をチェチェン武装勢力が占拠。26救出作戦で人質ら約130人死亡
10.25 民主党の石井紘基衆院議員が、右翼の男に刺され死亡
12．1 東北新幹線盛岡—八戸間開業
12.12 北朝鮮が核関連施設の凍結解除を宣言

2003年（平成15年）

1.10 北朝鮮がＮＰＴ脱退を宣言
2．1 スペースシャトル「コロンビア」、大気圏突入中に空中分解、宇宙飛行士7人死亡
3.20 米英軍がバグダッド空爆を開始、イラク戦争始まる。4.9バグダッド陥落、フセイン政権崩壊

ユーゴ全土への空爆を開始
7.23 羽田発新千歳行き全日空機がハイジャックされ、機長が刺殺される
8.14 神奈川県の玄倉川が増水、のみ込まれた13人死亡
9.30 茨城県のＪＣＯ東海事業所で国内初の臨界事故。２人死亡

2000年（平成12年）

1.28 新潟県三条市で９年間監禁されていた女性を保護
3. 8 営団地下鉄日比谷線中目黒駅付近で車両が脱線し対向電車と衝突。５人死亡
3.18 台湾総統選で民進党の陳水扁が当選
3.31 北海道・有珠山噴火
4. 1 介護保険制度スタート
6.13 韓国・金大中大統領、平壌を訪れ金正日総書記と会談
6.29 雪印乳業大阪工場製造の低脂肪乳で食中毒。発症者は全国で約１万3000人
7. 8 伊豆諸島・三宅島で雄山が噴火。9.2全島民に島外への避難指示
7.25 パリ郊外でコンコルド墜落、乗員・乗客109人全員と地上の４人が死亡
8.11 日銀がゼロ金利政策解除を決定
8.12 バレンツ海でロシアの原潜クルスクが航行不能に。乗員118人全員の死亡を発表
11. 8 ハーグ事件で国際指名手配中の日本赤軍最高幹部・重信房子を大阪府警が逮捕
11.11 オーストリアでケーブルカー火災。日本人10人を含む155人死亡
11.28 改正少年法が成立
12.30 東京都世田谷区で一家４人が殺害される

2001年（平成13年）

1. 6 中央省庁、１府12省庁に
1.16 ＫＳＤからの受託収賄容疑で小山孝雄参院議員を逮捕。3.1村上正邦元参院議員を逮捕
2. 9 ハワイ・オアフ島沖で愛媛県立宇和島水産高校の実習船「えひめ丸」と米原潜が衝突。死者・不明９人
3. 3 サッカーくじ（ｔｏｔｏ）、全国で発売
3.10 外務省機密費流用事件で同省元要人外国訪問支援室長を詐欺容疑で逮捕
3.19 日銀が量的緩和政策導入を決定
3.31 ユニバーサル・スタジオ・ジャパン開業
4.23 ネギなどに国内初の一般セーフガードを暫定発動
5.11 ハンセン病国家賠償請求訴訟で熊本地裁が国の責任認める。23政府が控訴断念
6. 1 ネパール・ビレンドラ国王夫妻ら９人が射殺される
6. 8 大阪教育大付属池田小学校に刃物を持った男が乱入、児童８人刺殺
7.21 兵庫県明石市の花火大会で歩道橋上の見物客が転倒、11人死亡、183人重軽傷
9. 1 東京・歌舞伎町で雑居ビル火災、44人死亡

3.27 札幌地裁、二風谷ダム訴訟でアイヌ民族の「先住性」認める
4. 1 消費税が5％に
4.25 日産生命に生保初の業務停止命令
5.27 神戸の中学校正門に小学校6年男児の頭部。6.28中学3年男子を逮捕。その後3月16日の小学女児2人殺傷事件も自供
5.30 総会屋への利益供与事件で野村証券元社長を逮捕。4大証券と第一勧銀の幹部計36人が逮捕される事態に
6.17 臓器移植法成立。10.16施行
7. 1 香港、中国に返還
7. 2 タイ通貨当局がバーツの変動相場制への移行を発表、「アジア通貨危機」のきっかけに。11.21韓国が金融危機でＩＭＦに支援要請
8.29 最高裁が家永教科書裁判で国に賠償命令
8.31 ダイアナ元英皇太子妃、パリで交通事故死
10. 1 長野新幹線開業
10. 8 金正日が朝鮮労働党総書記就任
11.17 北海道拓殖銀行が経営破綻。都市銀行の破綻は初
11.17 エジプトのルクソールで銃撃テロ、邦人10人含む観光客58人、守衛ら4人死亡
11.19 土井隆雄、「コロンビア」で宇宙へ。日本人初の船外活動。12.5帰還
11.24 山一証券が自主廃業を決定
12.11 地球温暖化防止の京都議定書採択
12.18 東京湾アクアライン開通

1998年（平成10年）

3.11 金融機関による接待汚職事件に絡み収賄容疑で日銀から初の逮捕者。20松下康雄総裁が引責辞任
4. 1 改正外為法施行（金融ビッグバンのスタート）
4. 5 明石海峡大橋開通
4.10 北アイルランド紛争で和平合意発表
5.11 インドが24年ぶりの地下核実験。13日にも
5.28 パキスタンが初の地下核実験。30日にも
7.25 和歌山市の夏祭りで毒入りカレー事件発生、4人死亡
8. 7 ケニアとタンザニアの米大使館で爆弾テロ。224人死亡
8.31 北朝鮮がテポドン発射
10.23 日本長期信用銀行の一時国有化決定、事実上の破綻
12.13 日本債券信用銀行の一時国有化決定

1999年（平成11年）

1. 1 欧州連合（ＥＵ）加盟国中11か国で欧州単一通貨「ユーロ」導入
2.16 日銀がゼロ金利誘導方針を表明
2.28 高知赤十字病院で国内初の脳死判定。阪大病院などで脳死臓器移植手術
3.23 日本海に不審船、海上保安庁の巡視船が威嚇射撃。24初の海上警備行動発令、自衛艦が警告射撃
3.24 ＮＡＴＯ軍、コソボ紛争で

3.30 国松孝次警察庁長官が銃撃され重傷
4. 9 東京・青島幸男、大阪・横山ノックの無党派知事誕生
4.19 米連邦政府ビルで爆弾テロ、死者168人
5.11 核拡散防止条約（ＮＰＴ）の無期限延長決定
5.16 オウム真理教事件で松本智津夫(麻原彰晃)代表ら逮捕
6.29 韓国・ソウルのデパートが突然崩壊、死者502人
7.11 米とベトナムが国交正常化
9. 4 沖縄県で米兵３人による少女暴行事件
9. 5 仏がムルロア環礁で核実験。10.1ファンガタウファ環礁でも実施
11. 1 新食糧法施行
11. 2 米国債の不正取引による巨額損失事件で、米当局が大和銀行の米国内支店などの全面閉鎖を命令
11. 4 ラビン・イスラエル首相暗殺
11. 9 米大リーグ・ドジャースの野茂英雄がナ・リーグ新人王に
12. 6 信用組合破綻に絡む背任容疑で山口敏夫衆院議員逮捕
12. 8 高速増殖炉原型炉「もんじゅ」(福井県敦賀市)でナトリウムが漏れ運転ストップ
12.14 ボスニア・ヘルツェゴビナ紛争の包括和平協定調印
12.19 宗教法人法に基づくオウム真理教への解散命令が確定

1996年（平成８年）

1.20 アラファトがパレスチナ自治政府の初代議長に当選
2.10 北海道古平町の豊浜トンネル崩壊、20人死亡
2.14 羽生善治が王将位を獲得、史上初の将棋七冠達成
3.23 台湾の李登輝、初代民選総統に。5.20就任
3.29 薬害エイズ訴訟で正式和解調印、原告側の実質勝訴
6. 1 コメの自由販売スタート
6. 8 中国地下核実験(7.29にも)
6.18 住専処理法成立
7.13 堺市の小学校でO157集団食中毒。その後各所で発生
8. 4 新潟県巻町で原発建設めぐる住民投票。建設反対61％
9.18 北朝鮮の潜水艦が韓国侵入、銃撃戦
11.21 経営難の阪和銀行に銀行初の業務停止命令
12.17 ペルー・リマの日本大使公邸を過激派ゲリラが占拠。97.4.22特殊部隊が突入。犯人14人射殺、大使ら72人の人質のうち１人死亡

1997年（平成９年）

1. 2 隠岐島沖でロシアタンカー「ナホトカ号」沈没、大量の重油が日本海沿岸に漂着
1.29 オレンジ共済組合巨額詐欺事件で、友部達夫参院議員を逮捕
2.12 北朝鮮の黄長燁・朝鮮労働党書記が北京で亡命申請。4.20韓国に
2.19 中国の実力者・鄧小平死去
2.23 96年７月にクローン羊「ドリー」誕生と英紙が報道
3.22 秋田新幹線開業

結婚の儀
6.11 ５月末、北朝鮮が中距離弾道ミサイル「ノドン１号」の発射実験をしたことが判明
7.12 北海道南西沖地震。北海道・奥尻島に最大29㍍の津波
7.23 竹内藤男・茨城県知事を収賄容疑で逮捕。ゼネコン汚職拡大
9. 9 パレスチナ解放機構（ＰＬＯ）とイスラエルが相互承認を発表。13パレスチナ暫定自治合意調印式（オスロ合意）
9.30 政府、冷夏でコメの緊急輸入を決定。12.24コメの最終作況指数74
10.11 エリツィン・ロシア大統領来日
11. 1 欧州連合条約（マーストリヒト条約）発効
12.15 新多角的貿易交渉（ウルグアイ・ラウンド）合意。コメ市場の部分開放決まる
12.16 田中元首相死去、ロッキード裁判は公訴棄却に

1994年（平成6年）

1. 1 米・カナダ・メキシコの北米自由貿易協定発効
1.29 小選挙区比例代表並立制導入など政治改革関連４法が成立
2.28 米で銃砲規制法（ブレイディ法）発効（04年失効）
3.11 あっせん収賄容疑で中村喜四郎衆院議員を逮捕（ゼネコン汚職事件）
4. 6 ルワンダ大統領ら暗殺。内戦が激化し、フツ族過激派がツチ族やフツ族穏健派を虐殺。犠牲者約80万人
4.26 名古屋空港で中華航空機が着陸に失敗、264人死亡
5. 1 Ｆ１のセナが伊・サンマリノグランプリで激突死
5. 6 英仏（ドーバー海峡）を結ぶユーロトンネルが開通
5.10 マンデラが南ア大統領就任
6.27 長野県松本市でサリンが散布され７人死亡、600人以上が重軽傷（オウム真理教事件）。08.8.5第１通報者の妻が死亡、死者８人に
6.27 東京外為市場の円相場で終値が１㌦＝99.93円、戦後初めて100円を突破
7. 8 日本人初の女性宇宙飛行士・向井千秋が「コロンビア」で宇宙へ。23帰還
7. 8 金日成・北朝鮮主席が急死
9. 4 関西国際空港が開港
10.21 米朝が核問題で枠組み合意

1995年（平成7年）

1. 1 世界貿易機関（ＷＴＯ）発足
1.17 阪神・淡路大震災。震源は兵庫県淡路島北東の明石海峡、震源の深さは約16㌔。同県の神戸市、西宮市や淡路島などで甚大な被害
3.20 東京の地下鉄に毒ガスのサリンがまかれ、13人死亡、約6300人重軽傷（オウム真理教事件）
3.28 91年に東海大付属病院でがん患者を安楽死させ、殺人罪に問われた医師に横浜地裁が有罪判決。「医師による安楽死の４要件」を提示

6.17 南ア国会が人口登録法の廃止決定、デクラーク大統領がアパルトヘイト終結宣言
6.19 野村証券による大口投資家への損失補塡（ほてん）発覚。日興、大和、山一証券の補塡も判明し、補塡総額は準大手・中堅証券の分も含め2300億円超に
7.12 ペルーで邦人技術者３人が反政府ゲリラに射殺される
7.31 米ソ、ＳＴＡＲＴに調印
8.19 ソ連でクーデター。21失敗に終わる
8.24 ゴルバチョフ・ソ連大統領がソビエト共産党の事実上の解体を宣言
9. 6 バルト３国が独立
9.17 南北朝鮮が国連加盟
9.27 台風19号で死者62人
10.30 マドリードで米ソ共催の中東和平会議。アラブ側とイスラエルが初の直接交渉
12.13 南北朝鮮が「和解・不可侵」合意書に調印
12.21 ソ連消滅、69年の歴史に幕

1992年（平成４年）

1.13 「共和」事件。受託収賄容疑で阿部文男衆院議員逮捕
2.14 東京佐川事件で元社長ら４人を逮捕
3. 1 暴力団対策法を施行
3. 3 ボスニア・ヘルツェゴビナ、旧ユーゴ連邦からの独立を宣言。連邦崩壊、内戦本格化
3.15 国連カンボジア暫定統治機構（ＵＮＴＡＣ）活動開始
4.16 アフガニスタン・ナジブラ大統領失脚。共産政権崩壊
4.29 ロサンゼルス暴動
5.11 北方領ビザなし渡航実現
5.18 タイで民主化要求デモ隊に軍が発砲（５月流血事件）
6.15 国連平和維持活動(ＰＫＯ)協力法成立
7. 1 山形新幹線開業
7.15 今給黎教子、日本人女性初のヨット単独世界一周達成
8.24 中韓国交正常化
9.12 毛利衛、「エンデバー」で宇宙へ。20帰還
9.12 学校週５日制スタート
10.12 中国共産党、「社会主義市場経済」への移行を打ち出す
10.17 高２の留学生、米で射殺。93.5.23被告に無罪評決
10.21 佐川献金疑惑で金丸信衆院議員辞職
10.23 天皇・皇后、訪中

1993年（平成５年）

1. 3 米露、ＳＴＡＲＴ２に調印
1.27 曙、初の外国人横綱に
2.26 ニューヨークの世界貿易センタービルで爆弾テロ。６人死亡、1000人以上負傷
3. 6 金丸信・前自民党副総裁を脱税容疑で逮捕
4. 8 カンボジアでボランティアの中田厚仁が銃撃され死亡
4.23 天皇・皇后、戦後初の沖縄訪問
5. 4 カンボジアでＰＫＯ要員の日本警官が襲撃され１人死亡、４人負傷
5.15 サッカーＪリーグ開幕
5.23 カンボジアで制憲議会選挙
6. 9 皇太子、（小和田）雅子妃、

（5.20北京に戒厳令）
6.24 美空ひばり死去
7.23 警視庁八王子署が強制わいせつの現行犯で宮崎勤を逮捕。9月までに4幼女誘拐殺人を自供。06.2最高裁で死刑確定。08.6.17執行
8.24 ポーランドに非共産政権誕生
10. 7 ハンガリーが共産主義放棄
11. 4 横浜の坂本堤弁護士一家3人拉致殺人事件。95.9遺体発見（オウム真理教事件）
11. 6 第1回アジア太平洋経済協力会議（APEC）開催
11. 9 東独が西独国境を開放、ベルリンの壁崩壊
11.13 島根医科大学で国内初の生体肝移植
11.21 新「連合」（日本労働組合総連合会）発足
12. 3 米ソ首脳会談、冷戦終結を宣言
12.20 米軍がパナマ侵攻。90.1.3ノリエガ将軍が米に投降
12.22 ルーマニアのチャウシェスク政権崩壊。25チャウシェスク前大統領夫妻処刑

1990年（平成2年）

1.18 本島等・長崎市長、右翼に銃撃され重傷
2. 5 ゴルバチョフ・ソ連共産党書記長、一党独裁体制の放棄などを定めた党基本大綱草案を提案。7採択
2.11 南ア黒人指導者マンデラ、釈放
3.15 ソ連初代大統領にゴルバチョフ就任
4. 1 大阪「国際花と緑の博覧会」開幕（～9.30）
6. 1 ワシントンで米ソ首脳会談、戦略兵器削減条約（START）基本合意
6.10 ペルー、日系のフジモリ大統領選出
6.29 礼宮、（川嶋）紀子妃、結婚の儀。秋篠宮家創立
8. 2 イラク軍、クウェートに侵攻。湾岸危機発生
9.30 韓ソ国交樹立
10. 3 統一ドイツ誕生
11.12 即位礼正殿の儀
12. 2 TBS記者秋山豊寛、ソユーズで日本人初の宇宙飛行
12.27 仕手集団「光進」事件に絡み巨額の脱税をしたとして稲村利幸衆院議員在宅起訴

1991年（平成3年）

1.17 湾岸戦争始まる。2.28開戦43日目で終わる
2. 9 福井県美浜原発で、国内で初めて緊急炉心冷却装置が作動。原子炉が止まる
3.14 広島で橋桁落下、15人死亡
4.16 ゴルバチョフ・ソ連大統領が初来日
4.26 自衛隊初の海外派遣。掃海部隊がペルシャ湾へ出発
5.14 滋賀県信楽町で列車衝突、42人死亡
6. 3 長崎県雲仙・普賢岳で火砕流。死者40人、不明3人。93年6月の火砕流でも1人死亡
6.15 フィリピン・ルソン島のピナツボ火山大噴火。死者800人以上

11.21 伊豆大島三原山209年ぶり大噴火、全島民が離島避難

1987年（昭和62年）

1.16 中国・胡耀邦総書記が辞任
2. 9 ＮＴＴ株式上場、人気呼ぶ
3.31 国鉄115年の歴史に幕。4.1民鉄「ＪＲ」として再出発
4. 1 公示地価発表。東京都区部の住宅地が平均76.8％上昇
4.23 売上税廃案で国会混乱収拾
5. 3 朝日新聞阪神支局に男が侵入、小尻知博記者を射殺
6. 6 東京都東村山市の特養ホーム「松寿園」火災、17人焼死
7.17 石原裕次郎死去
7.29 ロッキード事件の田中元首相に東京高裁でも実刑判決
9.22 天皇、腸の通過障害で手術
10.19 ニューヨーク株大暴落（ブラックマンデー）。東京、ロンドンなどに波及
11.20 全日本民間労働組合連合会（連合）発足
11.28 南アフリカ航空機、モーリシャス沖で墜落。日本人47人含む159人全員死亡
12. 8 米ソ、中距離核戦力（ＩＮＦ）全廃条約に調印
12.20 フィリピンでフェリー沈没。犠牲者4000人ともいわれる海難史上最大級の惨事

1988年（昭和63年）

1.15 大韓航空機墜落（87.11.29）は北朝鮮の特殊工作員金賢姫らの犯行と韓国が発表
3.13 青函トンネル開通で、津軽海峡線全通営業始める
3.24 上海近郊で列車衝突、高知学芸高生ら日本人28人死亡
4. 1 マル優廃止
4.10 瀬戸大橋が開通
6.20 牛肉・オレンジの貿易自由化決まる
7. 3 米艦ビンセンズ、ペルシャ湾でイラン旅客機を撃墜
7.23 潜水艦「なだしお」、遊漁船「第1富士丸」と衝突。死者30人
8.17 パキスタンのハク大統領搭乗機が爆発。30人全員死亡
8.20 イラン、イラク停戦発効
9.18 ビルマ（現ミャンマー）でクーデター。全土で反対派を武力弾圧
12.15 埼玉県川越市の幼女（4歳）遺体で発見。89年にかけ幼女の誘拐殺人が続く

1989年（昭和64・平成元年）

1. 8 平成元年スタート
2.13 江副浩正リクルート社前会長を贈賄容疑で逮捕
2.15 ソ連軍、アフガン撤退完了
2.24 大喪の礼。164か国、27国際機関の代表らが参列
3. 6 リクルート疑惑でＮＴＴ前会長逮捕。8元労働事務次官逮捕。28前文部事務次官逮捕
3.18 世界フィギュアで伊藤みどりが日本選手初の金メダル
4. 1 消費税3％スタート
6. 1 ＮＨＫＢＳ1、ＢＳ2本放送開始
6. 3 イランのホメイニ師死去
6. 4 北京・天安門広場で民主化要求デモの学生らを武力制圧。3日夜から軍が投入されて発砲、死者3000人とも

で韓国大統領一行に爆弾テロ。閣僚4人含む21人死亡
10.12 ロッキード事件丸紅ルート公判で東京地裁が田中元首相に懲役4年の実刑判決
11. 9 レーガン米大統領来日

1984年（昭和59年）

1.18 三井三池・有明鉱で坑内火災、83人死亡
2.12 探検家植村直己、北米マッキンリー冬季単独登頂に成功。下山途中、消息を絶つ
3.18 江崎グリコ社長、誘拐される。「かい人21面相」によるグリコ、森永製菓などの脅迫事件に発展
6.30 日本人の平均寿命初の世界一（男74.20歳、女79.78歳）と厚生省発表
9. 6 全斗煥大統領来日。韓国元首として初めて
10.31 ガンジー・インド首相暗殺
11. 1 新1万円、5千円、千円札発行
11.16 東京・世田谷で地下ケーブル火災。電話9万回線マヒ
12. 8 エチオピアで770万人が飢餓に直面と国連発表

1985年（昭和60年）

3.11 ソ連共産党書記長にゴルバチョフ
3.17 科学万博つくば'85開幕（～9.16）
4. 1 日本電信電話株式会社、日本たばこ産業株式会社発足
5.17 三菱大夕張炭鉱でガス爆発、62人死亡
6.18 「金」会員権商法の豊田商事会長、自宅で殺害される
8.12 日航ジャンボ機、隔壁破壊で群馬山中に墜落。520人死亡（4人生存）
8.15 中曽根首相、靖国神社公式参拝
9.11 ロス疑惑・妻殴打事件（81年8月）で三浦和義逮捕。88.10.20銃撃事件（81年11月）について殺人容疑で逮捕。03.3銃撃事件無罪確定
9.22 日、米、西独、英、仏の蔵相、中央銀行総裁がニューヨークで会合。ドル高是正で合意（プラザ合意）
11.13 ネバドデルルイス火山（コロンビア）噴火。死者・不明約2万3000人
11.29 国鉄同時多発ゲリラ、首都圏で通信ケーブルを切断し、列車の運行止める

1986年（昭和61年）

1.28 米スペースシャトル「チャレンジャー」発射直後空中爆発、乗組員7人全員死亡
2.25 フィリピンでアキノ大統領就任、マルコス国外亡命
2.28 スウェーデンのパルメ首相暗殺
4. 1 男女雇用機会均等法施行
4.26 チョルノービリ（チェルノブイリ）原発事故
5. 8 英チャールズ皇太子・ダイアナ妃来日
8.22 カメルーンの湖で有毒ガス発生。死者1534人
10.26 タイ航空機内で手投げ弾爆発、大阪に緊急着陸
11.15 三井物産のマニラ支店長誘拐。87.3.31生還

3.26 エジプトとイスラエルが平和条約に調印
3.28 米スリーマイル島原発事故
7.11 東名高速道路日本坂トンネル（静岡）で玉突き衝突。死者7人、車両173台延焼
10.26 朴正熙・韓国大統領暗殺
10.28 木曽御嶽山、有史以来初の噴火。「死火山」「休火山」の用語を見直す契機に
11. 4 テヘランで学生が米大使館占拠
12.27 アフガニスタンでクーデター、ソ連軍侵攻

1980年（昭和55年）

5.18 韓国「光州事件」（〜27）
7. 1 ポーランド、食肉値上げでスト。全土に波及。9.22自主管理労組「連帯」創設
8.16 静岡駅前地下街でガス爆発、15人死亡
8.19 新宿駅西口でバスに放火され6人死亡
9.22 イラン・イラク戦争始まる
12. 8 元ビートルズのジョン・レノン、ファンに撃たれ死亡

1981年（昭和56年）

2.23 ローマ教皇、ヨハネ・パウロ2世来日
3. 2 中国残留孤児、初の集団来日
3.20 神戸ポートアイランド博覧会開幕（〜9.15）
4.12 米スペースシャトル、初の打ち上げ
10. 6 サダト・エジプト大統領暗殺
10.16 北炭夕張新鉱でガス爆発。救援隊員を含む93人死亡
11.13 沖縄で発見された新種の鳥、ヤンバルクイナと命名
12.13 ポーランドに戒厳令、「連帯」幹部多数を逮捕

1982年（昭和57年）

2. 8 東京・赤坂のホテル・ニュージャパンの火災で宿泊客33人死亡
2. 9 羽田で日航機墜落、24人死亡。機長の異常操作
4. 2 フォークランド諸島にアルゼンチン軍上陸、紛争始まる。6.14アルゼンチン軍、英軍に降伏
6. 6 イスラエル軍、レバノン侵攻
6.23 東北新幹線大宮－盛岡間開業
6.23 ＩＢＭ産業スパイ容疑で日立、三菱電機社員ら6人、米連邦捜査局（ＦＢＩ）おとり捜査で逮捕
7.26 中国、歴史教科書問題で日本政府に抗議。8.3韓国も
11.15 上越新幹線大宮－新潟間開業

1983年（昭和58年）

3.14 石油輸出国機構（ＯＰＥＣ）、初の原油値下げ
4.15 東京ディズニーランド開園
7.15 死刑囚初の再審無罪。免田栄被告、34年ぶりに自由に
8.21 フィリピンのアキノ元上院議員、マニラ空港で暗殺
9. 1 ソ連、サハリン沖で領空侵犯の大韓航空ジャンボ機を撃墜。269人全員死亡
10. 3 三宅島の雄山大噴火
10. 9 ラングーン（現ヤンゴン）

・田部井淳子、女性初の登頂
7. 5 テニス・ウィンブルドン、女子複で沢松和子がアン清村と組み日本女子初優勝
7.17 米ソの宇宙船、史上初の国際ドッキングに成功
7.20 沖縄海洋博開幕(〜76.1.18)
8. 4 日本赤軍、クアラルンプールの米、スウェーデン両大使館を占拠。政府、超法規的措置で過激派5人釈放
9.30 天皇・皇后、訪米

1976年(昭和51年)

1.31 鹿児島で日本初の五つ子誕生
2. 4 米上院の外交委員会多国籍企業小委員会でロッキード事件公表
3. 2 北海道庁で時限爆弾爆発。2人死亡、95人重軽傷
4.14 1972年衆院選の「1票の格差」について、最高裁が初めて違憲と判断
7.27 ロッキード事件で田中角栄前首相逮捕
8. 4 鬼頭史郎判事補、ロッキード事件で三木首相に偽電話
9. 6 ソ連ミグ25戦闘機、函館に強行着陸。9ベレンコ中尉、米へ亡命
9. 9 毛沢東・中国共産党主席死去
10.29 酒田大火、1774棟焼損

1977年(昭和52年)

1. 4 青酸コーラ事件。東京・品川駅近くで高校生ら2人死亡
2.15 49年の弘前大学教授夫人殺害事件の再審で、刑が確定していた男性に無罪判決
6.12 樋口久子、全米女子プロゴルフ選手権で日本女子初の優勝
7. 1 領海12ｶｲと漁業専管水域200ｶｲを設定
7.13 ニューヨークで大停電
8. 7 北海道・有珠山噴火
9. 3 王貞治、〝世界一〟の756本塁打
9.28 日本赤軍、ボンベイ離陸後の日航機を乗っ取る。政府、超法規的措置で6人釈放(ダッカ事件)
11.19 エジプトのサダト大統領がエルサレムを訪問
11.30 米軍立川基地全面返還

1978年(昭和53年)

3.26 成田空港に反対派が乱入、管制塔など破壊。30日開港予定が5月20日に延びる
5. 1 植村直己、単身犬ぞりで北極点到達
8.12 日中平和友好条約調印
9. 5 中東和平へ、米・エジプト・イスラエルが首脳会談。17キャンプデービッド合意
10.16 青木功、プロゴルフ世界マッチプレー選手権優勝、日本男子初の海外優勝

1979年(昭和54年)

1.16 イラン政変で国王亡命。第2次石油危機。2.1イスラム教シーア派指導者ホメイニ師、亡命先のパリからテヘランに戻る。2.11ホメイニ師が革命勝利宣言
1.26 三菱銀行北畠支店(大阪)で猟銃人質事件。行員ら4人射殺される

東京株式大暴落
8.28 1ドル＝360円の固定相場制停止、暫定的に変動相場制へ
9.27 天皇・皇后、訪欧
10.25 中国の国連復帰決まる
12. 3 第3次印パ戦争。16パキスタンが無条件降伏
12.18 スミソニアン合意。円切り上げで1ドル＝308円。再び固定相場制に

1972年（昭和47年）

1.24 グアム島で横井庄一元軍曹を発見
2.19 連合赤軍、軽井沢「あさま山荘」に主婦を人質に立てこもり、警官隊と銃撃戦。28犯人5人逮捕、人質救出
2.21 ニクソン米大統領が訪中
3.21 奈良県明日香村の高松塚古墳で極彩色壁画発見
4.16 川端康成ガス自殺
5.13 大阪・千日デパートビル火災、118人死亡
5.15 沖縄が本土復帰
5.30 岡本公三ら日本人ゲリラ、テルアビブのロッド空港で自動小銃乱射。24人射殺
6.14 日航機、ニューデリー空港近くで墜落。死者86人
9. 5 ミュンヘン五輪テロ事件。イスラエル選手団11人死亡
9.29 日中国交正常化。北京で田中・周首相が共同声明調印
11. 5 中国からのパンダ、カンカンとランラン上野動物園で公開
11.28 日航機、モスクワで離陸失敗。62人死亡

1973年（昭和48年）

1. 1 70歳以上の老人医療費無料化（83年廃止）
1.27 ベトナム和平協定調印。3.29米軍が完全撤退
2.14 変動相場制に移行。円急騰
7.20 パリ発の日航機、パレスチナゲリラらに乗っ取られる。24リビア・ベンガジで乗客らを解放後、機体爆破
8. 8 金大中、東京で誘拐される。13ソウルで解放
10. 6 第4次中東戦争始まる
10.17 アラブ側石油戦略発動、第1次石油危機起きる
10.22 巨人軍、セ・リーグ9連覇。11.1日本シリーズ9連覇

1974年（昭和49年）

3.10 フィリピン・ルバング島で小野田寛郎元少尉救出
5.11 足尾鉱毒事件、古河鉱業が被害者に15億5000万円支払い、調停成立
5.18 インド、初の地下核実験
8. 8 ニクソン米大統領、ウォーターゲート事件で辞任発表
8.30 東京の三菱重工ビル前で時限爆弾爆発、死者8人。その後も企業爆破事件続く
9. 1 原子力船「むつ」放射線漏れ
11.18 フォード米大統領来日（現職で初めて）

1975年（昭和50年）

3.10 山陽新幹線岡山―博多間開業
4.30 南ベトナムの首都サイゴン制圧、ベトナム戦争終結
5. 7 エリザベス英女王来日
5.16 エベレスト日本女子登山隊

ラハの春」終わる
8.24 仏、南太平洋で初の水爆実験
9.26 厚生省、水俣病（熊本、新潟）を公害病と認定
10.11 11月にかけ計4件の連続射殺事件。69.4.7犯行当時19歳の永山則夫逮捕。90.5死刑確定。97.8.1執行
10.21 国際反戦デー、学生ら新宿駅占拠。騒乱罪を適用
12.10 白バイ警官装った男、東京・府中の路上で3億円奪う。75.12.10時効

1969年（昭和44年）

1.16 ソ連宇宙船「ソユーズ4、5号」史上初有人ドッキング
1.18 東大安田講堂事件。19占拠の学生を機動隊排除
3. 2 中ソ国境のウスリー川珍宝島（ダマンスキー島）で両軍衝突
5.26 東名高速道全通、名神と接続
6.10 国民総生産（GNP）世界2位と経済企画庁発表
6.12 日本初の原子力船「むつ」が進水
7.20 人類初めて月を踏む（米アポロ11号のアームストロング船長、オルドリン飛行士）
8.12 北アイルランドでカトリック教徒の暴動始まる
9. 1 リビアでカダフィ大佐らの青年将校団クーデター
9. 3 ホー・チ・ミン北ベトナム大統領死去
11.21 沖縄72年返還決まる（佐藤・ニクソン共同声明）

1970年（昭和45年）

2.11 日本初の人工衛星「おおすみ」打ち上げ成功
3. 5 核拡散防止条約発効
3.15 大阪万博開幕（～9.13）
3.31 赤軍派学生9人、日航機「よど号」を乗っ取り北朝鮮に亡命
4. 8 大阪市北区の地下鉄工事現場でガス爆発、79人死亡
4.24 中国初の人工衛星打ち上げ
5. 1 ベトナム戦争、カンボジアに拡大。米・南ベトナム軍進撃
5.11 日本隊、エベレスト登頂
6.23 日米安保条約、自動延長
7.18 国内で初めて光化学スモッグ確認。東京・杉並など
8. 2 歩行者天国スタート。東京・銀座など
9. 7 厚生省、整腸剤キノホルムの販売・使用中止を通達（スモン対策）
11.25 三島由紀夫、自衛隊市ヶ谷駐屯地に乱入、割腹自殺

1971年（昭和46年）

5.14 群馬・女性8人連続殺人の大久保清逮捕
6.17 沖縄返還協定調印
7. 3 東亜国内航空機「ばんだい号」が函館北方の横津岳に衝突。68人全員死亡
7.30 岩手・雫石上空で全日空機と自衛隊機が衝突。乗客ら162人全員死亡
8.15 ニクソン米大統領、金とドルの交換一時停止を発表（ニクソン・ショック）
8.16 欧州の外国為替市場閉鎖。

1965年（昭和40年）

2. 7 米機、ベトナム北爆開始
3. 8 米海兵隊、ダナンに上陸。ベトナム戦争介入深まる
3.18 初の宇宙遊泳。「ボスホート2号」のレオーノフ中佐
4.24 ベ平連（ベトナムに平和を！市民連合）が発足
5.28 日銀、経営悪化の山一証券への特別融資実施を発表
5.31 新潟水俣病公式確認
6. 1 福岡県山野鉱ガス爆発、237人死亡
6.12 家永三郎東京教育大教授、「教科書検定は違憲」との訴訟起こす
6.22 日韓基本条約調印。12.18発効。日韓関係正常化
7.15 米の「マリナー4号」、火星を近接撮影
8. 3 長野・松代で群発地震始まる
8.19 佐藤首相、戦後初の首相沖縄訪問
9.30 インドネシアで左派クーデター。スハルト少将が鎮圧

1966年（昭和41年）

2. 4 全日空ボーイング727型機、東京湾墜落。133人全員死亡
3. 4 カナダ航空ＤＣ８型機、羽田空港防潮堤に激突。死者64人
3. 5 ＢＯＡＣボーイング707型機、富士山上空で空中分解。124人全員死亡
5.16 中国で文化大革命始まる
6.29 ビートルズ来日
11.13 全日空ＹＳ11型機、松山空港で海上に墜落。50人全員死亡

1967年（昭和42年）

4.16 東京に初の革新知事。15日投票の都知事選で美濃部亮吉が当選
5.15 ケネディ・ラウンド（関税一括引き下げ交渉）妥結
6. 5 第3次中東戦争始まる。イスラエルがシナイ半島、ガザ地区など占領
6.17 中国、初の水爆実験成功
8. 3 公害対策基本法公布
8. 8 東南アジア諸国連合（ＡＳＥＡＮ）結成
10.10 宇宙条約発効。宇宙の利用を平和目的に限る
10.20 吉田茂元首相死去、89歳。31戦後初の国葬
12. 3 南アフリカのバーナード教授、初の心臓移植手術

1968年（昭和43年）

1.17 米原子力空母エンタープライズの佐世保寄港反対デモ。19寄港
4. 4 米黒人運動指導者キング牧師暗殺される
4. 5 小笠原諸島返還日米協定調印。6.26復帰
4.12 日本初の超高層、霞が関ビル完成
5. 3 仏学生運動で「5月危機」
5. 8 厚生省、イタイイタイ病を国内で初めて公害病と認定
6. 5 ロバート・ケネディ米上院議員狙撃される。6死亡
7. 1 郵便番号制度実施
8. 8 札幌医大・和田寿郎教授が日本で初の心臓移植手術
8.20 ソ連軍、チェコ侵入。「プ

リカの年」独立ラッシュ
10.12 浅沼稲次郎社会党委員長、右翼少年に刺殺される

1961年（昭和36年）

4.11 イスラエルでユダヤ人大虐殺の責任者アイヒマン裁判始まる。12.15死刑判決
4.12 ガガーリン少佐、人類初の宇宙飛行。「ボストーク1号」で地球1周
5.16 韓国で軍事クーデター。7.3国家再建最高会議議長に朴正熙
6.12 農業基本法公布
6.24 梅雨前線豪雨、死者・不明357人
8.13 東独、西ベルリン境界線に「壁」構築
9. 1 初の非同盟諸国首脳会議、ベオグラードで開く
9.15 第2室戸台風、近畿中心に死者・不明202人

1962年（昭和37年）

2. 1 東京都、世界初の1000万都市に。常住人口推計で突破
2.20 米国初の有人宇宙飛行。フレンドシップ7号でグレン中佐地球3周
5. 3 常磐線三河島駅構内で二重衝突、死者160人
7. 3 アルジェリア独立
8.12 堀江謙一、小型ヨットで太平洋単独横断、サンフランシスコ着
9.12 国産第1号原子炉「JRR－3」臨界に
10.22 キューバ危機。ケネディ米大統領、ソ連のミサイル基地建設に海上封鎖宣言
11. 9 日中間でLT貿易始まる。高碕達之助、廖承志調印

1963年（昭和38年）

1.23 北陸地方に豪雪(三八豪雪)
3.31 吉展ちゃん誘拐事件
5. 4 埼玉県狭山市で女子高生の遺体発見（狭山事件）
5.25 アフリカ統一機構創設
6.16 女性初の宇宙飛行（ソ連のテレシコワ少尉）
8. 5 米英ソ、部分的核実験停止条約調印。地下除き停止
11. 9 横須賀線、横浜市鶴見区で二重衝突、死者161人
11. 9 三池三川鉱で炭じん爆発、死者458人
11.22 ケネディ米大統領暗殺
11.23 日米間で初のテレビ宇宙中継実験(大統領暗殺を報道)

1964年（昭和39年）

3.24 ライシャワー駐日米大使、少年に刺され負傷
4. 1 日本、国際通貨基金（IMF）8条国に移行。円、交換可能通貨に
4. 1 海外旅行自由化
4.28 日本、経済協力開発機構（OECD）に加盟
8. 2 トンキン湾事件。米、北ベトナム艇が米艦攻撃と発表
8. 6 東京、水不足深刻。1日15時間断水の給水制限
10. 1 東海道新幹線が開業
10.10 東京オリンピック（～24）
10.15 ソ連第1書記にブレジネフ
10.16 中国、初の原爆実験
11.12 初の米原潜入港（佐世保にシードラゴン号）

る（ハンガリー事件）
10.29 第2次中東戦争（スエズ戦争）始まる。英仏軍も進攻
12.18 国連総会、日本の加盟可決
12.26 シベリアからの最後の引き揚げ船「興安丸」が舞鶴入港

1957年（昭和32年）

1.29 南極観測隊東オングル島に上陸、「昭和基地」と命名
3.13 チャタレイ事件最高裁判決、出版社の有罪確定
3.25 欧州経済共同体（ＥＥＣ）条約調印
5.15 英、クリスマス島で水爆実験
7.25 九州西部に集中豪雨。諫早などで死者・不明722人
8.26 ソ連、大陸間弾道弾（ＩＣＢＭ）実験に成功と発表
8.27 茨城県東海村の原子炉に初めて「原子の火」ともる
10. 4 ソ連、世界初の人工衛星「スプートニク1号」打ち上げ

1958年（昭和33年）

1.20 インドネシアと平和条約・賠償協定調印
1.31 米人工衛星「エクスプローラー1号」打ち上げ
2. 1 アラブ連合共和国成立。エジプト、シリアが合邦
3. 9 関門国道トンネル開通
4. 1 売春防止法施行
8. 3 米原潜「ノーチラス」、北極点を潜航通過
8.12 全日空機、下田沖で墜落。33人全員死亡
9.26 狩野川台風、中伊豆を中心に死者・不明1269人
9.28 仏国民投票で第5共和国憲法承認

1959年（昭和34年）

2.16 革命軍のカストロ、キューバ首相に就任
4.10 皇太子、（正田）美智子妃、結婚の儀
5.13 南ベトナムと賠償協定調印
6.25 長嶋茂雄（巨人）天覧試合でサヨナラ本塁打
9.26 伊勢湾台風、被災家屋50万戸以上。死者・不明5098人
10. 7 ソ連月ロケット「ルーニク（ルナ）3号」、月の裏側を撮影
11.27 安保阻止で全学連などデモ隊2万人、国会構内に乱入
12. 1 南極条約に日本など12か国調印。平和利用を規定

1960年（昭和35年）

1.19 日米新安全保障条約に調印
1.25 三井三池炭鉱で全山ロックアウト。組合側は無期限ストライキで抵抗
4.19 韓国で学生や市民による反政府デモに警官隊発砲。27李承晩大統領辞任
5. 1 ソ連領空侵犯の米「Ｕ２」スパイ機撃墜される
5.24 チリ地震で北海道、三陸に大津波。死者・不明142人
5.28 グアム島から元日本兵（皆川文蔵、伊藤正）帰国
6.15 全学連、国会に突入し警官隊と乱闘。東大生樺美智子死亡
6.16 アイゼンハワー米大統領、訪日中止
6.19 新安保条約自然承認
10. 1 ナイジェリア独立。「アフ

原山に墜落。37人全員死亡
4.17 鳥取大火、5228戸焼失
4.28 対日講和条約、日米安保条約発効
5. 1 血のメーデー。皇居前でデモ隊と警官隊が衝突、2人射殺
5.19 白井義男、日本ボクシング界初の世界チャンピオンに
9.17 青ヶ島南方で海底火山爆発、明神礁誕生。24爆発で測量船遭難、31人死亡
11. 1 米、世界初の水爆実験

1953年（昭和28年）

2. 1 ＮＨＫ、テレビ放送開始
3. 5 スターリン・ソ連首相死去
5.29 エドモンド・ヒラリーら、エベレスト初登頂
7.27 板門店で朝鮮休戦協定調印
8.28 日本テレビ放送網、民放初の本放送開始
12.25 奄美群島、日本に復帰

1954年（昭和29年）

1. 2 皇居・二重橋付近に参賀者が殺到して転倒事故。死者17人
3. 1 ビキニ水爆実験で第五福竜丸被曝（ひばく）。9.23久保山愛吉無線長死去
3. 8 米国と相互防衛援助協定（ＭＳＡ協定）調印
5. 7 ベトナム・ディエンビエンフー陥落。ベトミン軍、仏軍を破る
6. 8 改正警察法公布
7. 1 防衛庁、自衛隊発足
7.21 ジュネーブ協定（インドシナ休戦協定）。ベトナム南北に分割
9.26 青函連絡船洞爺丸、函館沖で転覆。死者・不明1155人

1955年（昭和30年）

1.17 初の原子力潜水艦、米の「ノーチラス」号試運転成功
2.19 東南アジア条約機構（ＳＥＡＴＯ）発効
4.18 第1回アジア・アフリカ会議、バンドンで開催
5.11 国鉄宇高連絡船紫雲丸、瀬戸内海で沈没。修学旅行の学童ら168人死亡・不明
5.14 ワルシャワ条約調印
7.18 米英仏ソ4か国巨頭会談
8. 6 第1回原水爆禁止世界大会、広島で開く
12.19 原子力基本法公布

1956年（昭和31年）

1. 1 新潟県弥彦神社で群衆大混乱、圧死者124人
2.24 フルシチョフ・ソ連第1書記、スターリン批判演説
3.20 能代大火、1475棟焼損
4.17 コミンフォルム解散
5. 1 水俣病公式確認
5. 9 フィリピンと賠償協定調印
5. 9 日本登山隊、未踏峰のマナスルに登頂
7.26 ナセル・エジプト大統領、スエズ運河の国有化宣言
8.18 大館大火、1344棟焼損
9.10 魚津大火、1677棟焼損
10.12 立川基地拡張反対の砂川闘争で激突、負傷者多数
10.17 初の実用原子力発電所、英で操業開始
10.19 日ソ国交回復。モスクワで共同宣言に調印
10.23 ブダペストで反ソ暴動起こ

機元首相ら７人に絞首刑判決。12.23執行
12.10 国連総会、世界人権宣言を採択

1949年（昭和24年）

1.26 法隆寺金堂火災、壁画焼く
2.20 能代大火、2238棟焼損
3. 7 ＧＨＱドッジ顧問、インフレ収束政策（ドッジ・ライン）公表
4. 4 北大西洋条約機構（ＮＡＴＯ）成立
4.23 ＧＨＱ、１㌦＝360円の単一為替レート発表
5.23 ドイツ連邦共和国（西ドイツ）成立
6.30 共産党員ら福島県平市署を占拠（平事件）
7. 5 下山定則国鉄総裁、出勤途中失踪。翌日れき死体となって発見（下山事件）
7.15 中央線三鷹駅で無人電車が暴走、死者６人(三鷹事件)
7.19 ＧＨＱイールズ顧問、共産主義教授追放講演
8.17 東北線金谷川－松川間で列車転覆、死者３人（松川事件)。63.9.12全被告の無罪確定
8.31 キティ台風、死者・不明160人。関東で約14万戸が浸水
9.23 米、「ソ連が原爆保有」と発表
10. 1 毛沢東主席、天安門広場で中華人民共和国成立を宣言
10. 7 ドイツ民主共和国（東ドイツ）成立
11.26 プロ野球、２リーグ制に
12. 7 国民政府、台北に首都移転

1950年（昭和25年）

2. 9 米マッカーシー上院議員、〝赤狩り〟の口火切る
4.13 熱海大火、1461棟焼損
6. 6 マッカーサー、共産党中央委員の公職追放を指令
6.25 朝鮮戦争始まる。28北朝鮮軍、ソウル占領
7. 8 マッカーサー、警察予備隊の創設指令
7.11 総評（日本労働組合総評議会）結成
9. 3 ジェーン台風、関西で死者・不明539人、12万戸全半壊
10.25 中国人民義勇軍、朝鮮戦争に介入

1951年（昭和26年）

3. 4 第１回アジア大会、ニューデリーで開催
4.11 トルーマン米大統領、マッカーサー元帥を解任。後任リッジウェイ中将
4.19 米ボストンマラソンに日本から初参加。田中茂樹優勝
4.24 国鉄桜木町駅で車両火災、106人死亡
9. 1 ラジオ民間放送始まる
9. 8 サンフランシスコで対日講和条約調印（日本含む49か国)。日米安全保障条約調印
9.10 黒沢明監督の「羅生門」ベネチア映画祭でグランプリ
10.14 ルース台風、本州各地に被害。死者・不明943人

1952年（昭和27年）

2.28 日米行政協定に調印。基地の自由使用認める
4. 9 日航機「もく星号」大島・三

戦後史年表

1945年（昭和20年）

8.15 正午、終戦の詔勅放送
8.30 マッカーサー元帥厚木到着
9. 2 日本、ミズーリ艦上で降伏文書に調印
9.11 連合国軍総司令部（ＧＨＱ）、東条英機ら39人を戦争犯罪人として逮捕命令
9.17 枕崎台風、西日本で死者・不明約3800人
9.19 ＧＨＱ、プレスコード指令
9.27 天皇、マッカーサーを訪問
10. 9 ＧＨＱ、新聞事前検閲開始
10.15 治安維持法廃止
10.24 国際連合発足
11. 6 ＧＨＱ、財閥解体を指令
12.17 婦人参政権が実現。衆議院議員選挙法の改正公布
12.22 労働組合法公布
12.29 農地改革始まる。改正農地調整法公布

1946年（昭和21年）

1. 1 天皇「人間宣言」
1. 4 ＧＨＱ、公職追放に関する覚書を発出
2.13 ＧＨＱ、憲法改正草案提示
2.15 世界初のコンピューター、米で完成
2.17 旧円封鎖、新円発行
5. 1 11年ぶりにメーデーが復活。19食糧メーデー
5. 3 極東国際軍事裁判開廷
7. 1 米ビキニ環礁で原爆実験
11. 3 新憲法公布

1947年（昭和22年）

1.31 マッカーサー「2.1ゼネスト」の中止を指令
2.25 国鉄八高線で列車事故。買い出し客ら死者184人
4. 1 ６・３制の小・中学校スタート。高校は48年、大学49年
4. 7 労働基準法公布
4.14 独占禁止法公布
4.20 飯田大火、3742棟焼損
4.25 衆院で社会党第１党となる
5. 3 新憲法施行
6. 5 米、マーシャル・プラン（欧州復興計画）発表
8.15 インド独立
9.14 カスリーン台風、関東で死者・不明約1900人
10. 5 コミンフォルム結成発表
10.11 食糧難深刻、ヤミ買い拒否の山口良忠判事餓死
10.26 改正刑法公布。不敬罪、姦通（かんつう）罪を廃止
12.20 臨時石炭鉱業管理法公布。炭鉱を国家管理
12.22 改正民法公布

1948年（昭和23年）

1.26 帝国銀行椎名町支店で行員12人毒殺される（帝銀事件）
1.30 ガンジー暗殺される
4. 1 ソ連、ベルリン封鎖始める
5.14 イスラエル独立宣言。15第１次中東戦争始まる
8.15 大韓民国樹立
8.17 プロ野球初のナイター、横浜で巨人－中日戦
9. 9 朝鮮民主主義人民共和国（北朝鮮）樹立
9.15 アイオン台風、関東・東北で死者・不明約800人
11.12 極東国際軍事裁判、東条英

年　　表

- 戦後史年表
- 戦後の大地震
- 戦後国政選挙一覧と選挙制度の変遷
- 戦後政党変遷史
- 歴代内閣一覧
- サミット（主要国首脳会議）一覧
- 日本のノーベル賞受賞者
- 五輪日本人メダリスト
- サッカーW杯記録

年齢早見表

「年齢は2024年現在の満年齢。誕生日前なら1減らす。
数え年は1を加える。網掛けはうるう年」

西暦	年号	年齢	西暦	年号	年齢	西暦	年号	年齢
1908	明 41	116	1947	22	77	1986	61	38
1909	42	115	1948	23	76	1987	62	37
1910	43	114	1949	24	75	1988	63	36
1911	44	113	1950	25	74	1989	64平元	35
1912	45大元	112	1951	26	73	1990	2	34
1913	2	111	1952	27	72	1991	3	33
1914	3	110	1953	28	71	1992	4	32
1915	4	109	1954	29	70	1993	5	31
1916	5	108	1955	30	69	1994	6	30
1917	6	107	1956	31	68	1995	7	29
1918	7	106	1957	32	67	1996	8	28
1919	8	105	1958	33	66	1997	9	27
1920	9	104	1959	34	65	1998	10	26
1921	10	103	1960	35	64	1999	11	25
1922	11	102	1961	36	63	2000	12	24
1923	12	101	1962	37	62	2001	13	23
1924	13	100	1963	38	61	2002	14	22
1925	14	99	1964	39	60	2003	15	21
1926	15昭元	98	1965	40	59	2004	16	20
1927	2	97	1966	41	58	2005	17	19
1928	3	96	1967	42	57	2006	18	18
1929	4	95	1968	43	56	2007	19	17
1930	5	94	1969	44	55	2008	20	16
1931	6	93	1970	45	54	2009	21	15
1932	7	92	1971	46	53	2010	22	14
1933	8	91	1972	47	52	2011	23	13
1934	9	90	1973	48	51	2012	24	12
1935	10	89	1974	49	50	2013	25	11
1936	11	88	1975	50	49	2014	26	10
1937	12	87	1976	51	48	2015	27	9
1938	13	86	1977	52	47	2016	28	8
1939	14	85	1978	53	46	2017	29	7
1940	15	84	1979	54	45	2018	30	6
1941	16	83	1980	55	44	2019	31令元	5
1942	17	82	1981	56	43	2020	2	4
1943	18	81	1982	57	42	2021	3	3
1944	19	80	1983	58	41	2022	4	2
1945	20	79	1984	59	40	2023	5	1
1946	21	78	1985	60	39	2024	6	0

天平神護（てんぴょうじんご）　765～ 767
天平宝字（てんぴょうほうじ）　757～ 765
天福（てんぷく）　1233～1234
天文（てんぶん）　1532～1555
天保（てんぽう）　1830～1844
天明（てんめい）　1781～1789
天養（てんよう）　1144～1145
天暦（てんりゃく）　947～ 957
天禄（てんろく）　970～ 973
徳治（とくじ）　1306～1308
仁安（にんあん）　1166～1169
仁治（にんじ）　1240～1243
仁寿（にんじゅ）　851～ 854
仁和（にんな）　885～ 889
仁平（にんぺい）　1151～1154
白雉（はくち）　650～ 654
文安（ぶんあん）　1444～1449
文永（ぶんえい）　1264～1275
文応（ぶんおう）　1260～1261
文化（ぶんか）　1804～1818
文亀（ぶんき）　1501～1504
文久（ぶんきゅう）　1861～1864
文治（ぶんじ）　1185～1190
文正（ぶんしょう）　1466～1467
文政（ぶんせい）　1818～1830
文中（ぶんちゅう）　1372～1375
文和（ぶんな＝北朝）　1352～1356
文保（ぶんぽう）　1317～1319
文明（ぶんめい）　1469～1487
文暦（ぶんりゃく）　1234～1235
文禄（ぶんろく）　1592～1596
平治（へいじ）　1159～1160
平成（へいせい）　1989～2019
保安（ほうあん）　1120～1124
宝永（ほうえい）　1704～1711
保延（ほうえん）　1135～1141
宝亀（ほうき）　770～ 781
保元（ほうげん）　1156～1159
宝治（ほうじ）　1247～1249
宝徳（ほうとく）　1449～1452
宝暦（ほうれき）　1751～1764
万延（まんえん）　1860～1861
万治（まんじ）　1658～1661
万寿（まんじゅ）　1024～1028
明応（めいおう）　1492～1501
明治（めいじ）　1868～1912
明徳（めいとく＝北朝）1390～1394
明暦（めいれき）　1655～1658
明和（めいわ）　1764～1772
養老（ようろう）　717～ 724
養和（ようわ）　1181～1182
暦応（りゃくおう＝北朝）1338～1342
暦仁（りゃくにん）　1238～1239
霊亀（れいき）　715～ 717
令和（れいわ）　2019～
和銅（わどう）　708～ 715

＊令和は大化以来248番目の元号

貞応（じょうおう）	1222～1224
承応（じょうおう）	1652～1655
正嘉（しょうか）	1257～1259
貞観（じょうがん）	859～ 877
承久（じょうきゅう）	1219～1222
貞享（じょうきょう）	1684～1688
正慶（しょうけい＝北朝）	1332～1334
正元（しょうげん）	1259～1260
貞元（じょうげん）	976～ 978
承元（じょうげん）	1207～1211
正治（しょうじ）	1199～1201
貞治（じょうじ＝北朝）	1362～1368
昌泰（しょうたい）	898～ 901
正中（しょうちゅう）	1324～1326
正長（しょうちょう）	1428～1429
正徳（しょうとく）	1711～1716
承徳（じょうとく）	1097～1099
正平（しょうへい）	1346～1370
承平（じょうへい）	931～ 938
正保（しょうほう）	1644～1648
承保（じょうほう）	1074～1077
正暦（しょうりゃく）	990～ 995
承暦（じょうりゃく）	1077～1081
正和（しょうわ）	1312～1317
昭和（しょうわ）	1926～1989
承和（じょうわ）	834～ 848
貞和（じょうわ＝北朝）	1345～1350
治暦（じりゃく）	1065～1069
神亀（じんき）	724～ 729
神護景雲（じんごけいうん）	767～ 770
大永（だいえい）	1521～1528
大化（たいか）	645～ 650
大治（だいじ）	1126～1131
大正（たいしょう）	1912～1926
大同（だいどう）	806～ 810
大宝（たいほう）	701～ 704
長寛（ちょうかん）	1163～1165
長久（ちょうきゅう）	1040～1044
長享（ちょうきょう）	1487～1489
長元（ちょうげん）	1028～1037
長治（ちょうじ）	1104～1106
長承（ちょうしょう）	1132～1135
長徳（ちょうとく）	995～ 999
長保（ちょうほう）	999～1004
長暦（ちょうりゃく）	1037～1040
長禄（ちょうろく）	1457～1460
長和（ちょうわ）	1012～1017
天安（てんあん）	857～ 859
天永（てんえい）	1110～1113
天延（てんえん）	973～ 976
天応（てんおう）	781～ 782
天喜（てんぎ）	1053～1058
天慶（てんぎょう）	938～ 947
天元（てんげん）	978～ 983
天治（てんじ）	1124～1126
天授（てんじゅ）	1375～1381
天承（てんしょう）	1131～1132
天正（てんしょう）	1573～1592
天長（てんちょう）	824～ 834
天徳（てんとく）	957～ 961
天和（てんな）	1681～1684
天仁（てんにん）	1108～1110
天平（てんぴょう）	729～ 749
天平感宝（てんぴょうかんぽう）	749
天平勝宝（てんぴょうしょうほう）	749～ 757

寛和（かんな）　985～ 987
寛仁（かんにん）　1017～1021
観応（かんのう＝北朝）1350～1352
寛平（かんぴょう）　889～ 898
寛文（かんぶん）　1661～1673
寛保（かんぽう）　1741～1744
久安（きゅうあん）　1145～1151
久寿（きゅうじゅ）　1154～1156
慶雲（きょううん）　704～ 708
享徳（きょうとく）　1452～1455
享保（きょうほう）　1716～1736
享禄（きょうろく）　1528～1532
享和（きょうわ）　1801～1804
慶安（けいあん）　1648～1652
慶応（けいおう）　1865～1868
慶長（けいちょう）　1596～1615
建永（けんえい）　1206～1207
元永（げんえい）　1118～1120
元応（げんおう）　1319～1321
元亀（げんき）　1570～1573
建久（けんきゅう）　1190～1199
元久（げんきゅう）　1204～1206
乾元（けんげん）　1302～1303
元亨（げんこう）　1321～1324
元弘（げんこう）　1331～1334
建治（けんじ）　1275～1278
元治（げんじ）　1864～1865
元中（げんちゅう）　1384～1392
建長（けんちょう）　1249～1256
建徳（けんとく）　1370～1372
元徳（げんとく）　1329～1331
元和（げんな）　1615～1624
建仁（けんにん）　1201～1204
元仁（げんにん）　1224～1225
元文（げんぶん）　1736～1741
建保（けんぽう）　1213～1219
建武（けんむ）　1334～1336
建武（けんむ＝北朝）1334～1338
建暦（けんりゃく）　1211～1213
元暦（げんりゃく）　1184～1185
元禄（げんろく）　1688～1704
弘安（こうあん）　1278～1288
康安（こうあん＝北朝）1361～1362
康永（こうえい＝北朝）1342～1345
康応（こうおう＝北朝）1389～1390
弘化（こうか）　1844～1848
康元（こうげん）　1256～1257
興国（こうこく）　1340～1346
康治（こうじ）　1142～1144
弘治（こうじ）　1555～1558
康正（こうしょう）　1455～1457
弘長（こうちょう）　1261～1264
弘仁（こうにん）　810～ 824
康平（こうへい）　1058～1065
康保（こうほう）　964～ 968
康暦（こうりゃく＝北朝）1379～1381
康和（こうわ）　1099～1104
弘和（こうわ）　1381～1384
斉衡（さいこう）　854～ 857
治安（じあん）　1021～1024
治承（じしょう）　1177～1181
至徳（しとく＝北朝）1384～1387
寿永（じゅえい）　1182～1184
朱鳥（しゅちょう）　686
正安（しょうあん）　1299～1302
承安（じょうあん）　1171～1175
貞永（じょうえい）　1232～1233
正応（しょうおう）　1288～1293

元号一覧表

配列は50音順、数字は西暦、末年は改元の年を含む

安永（あんえい）	1772〜1781
安元（あんげん）	1175〜1177
安政（あんせい）	1854〜1860
安貞（あんてい）	1227〜1229
安和（あんな）	968〜 970
永延（えいえん）	987〜 989
永観（えいかん）	983〜 985
永久（えいきゅう）	1113〜1118
永享（えいきょう）	1429〜1441
永治（えいじ）	1141〜1142
永承（えいしょう）	1046〜1053
永正（えいしょう）	1504〜1521
永祚（えいそ）	989〜 990
永長（えいちょう）	1096〜1097
永徳（えいとく＝北朝）	1381〜1384
永仁（えいにん）	1293〜1299
永保（えいほう）	1081〜1084
永万（えいまん）	1165〜1166
永暦（えいりゃく）	1160〜1161
永禄（えいろく）	1558〜1570
永和（えいわ＝北朝）	1375〜1379
延応（えんおう）	1239〜1240
延喜（えんぎ）	901〜 923
延久（えんきゅう）	1069〜1074
延享（えんきょう）	1744〜1748
延慶（えんぎょう）	1308〜1311
延元（えんげん）	1336〜1340
延長（えんちょう）	923〜 931
延徳（えんとく）	1489〜1492
延文（えんぶん＝北朝）	1356〜1361
延宝（えんぽう）	1673〜1681
延暦（えんりゃく）	782〜 806
応安（おうあん＝北朝）	1368〜1375
応永（おうえい）	1394〜1428
応長（おうちょう）	1311〜1312
応徳（おうとく）	1084〜1087
応仁（おうにん）	1467〜1469
応保（おうほう）	1161〜1163
応和（おうわ）	961〜 964
嘉永（かえい）	1848〜1854
嘉応（かおう）	1169〜1171
嘉吉（かきつ）	1441〜1444
嘉慶（かけい＝北朝）	1387〜1389
嘉元（かげん）	1303〜1306
嘉祥（かしょう）	848〜 851
嘉承（かしょう）	1106〜1108
嘉禎（かてい）	1235〜1238
嘉保（かほう）	1094〜1096
嘉暦（かりゃく）	1326〜1329
嘉禄（かろく）	1225〜1227
寛永（かんえい）	1624〜1644
寛延（かんえん）	1748〜1751
寛喜（かんぎ）	1229〜1232
元慶（がんぎょう）	877〜 885
寛元（かんげん）	1243〜1247
寛弘（かんこう）	1004〜1012
寛治（かんじ）	1087〜1094
寛正（かんしょう）	1460〜1466
寛政（かんせい）	1789〜1801
寛徳（かんとく）	1044〜1046

資料集Ⅱ

読売新聞《よみうりしんぶん》 用字用語《ようじようご》の手引《てびき》 第7版《だいななはん》

2024年3月25日　初版発行

編著者　読売新聞社《よみうりしんぶんしゃ》

発行者　安部順一

発行所　中央公論新社

〒100-8152　東京都千代田区大手町1-7-1
電話　03-5299-1730（販売）
03-5299-1740（編集）
URL　https://www.chuko.co.jp/

装　幀　中央公論新社デザイン室
印　刷　図書印刷
製　本　大口製本印刷

Published by CHUOKORON-SHINSHA, INC.
Printed in Japan　ISBN978-4-12-005773-1 C1581